Carte et sites touristiques

Les microrégions du guide :
(voir la carte à l'intérieur de la couverture ci-contre)

Bretagne Nord

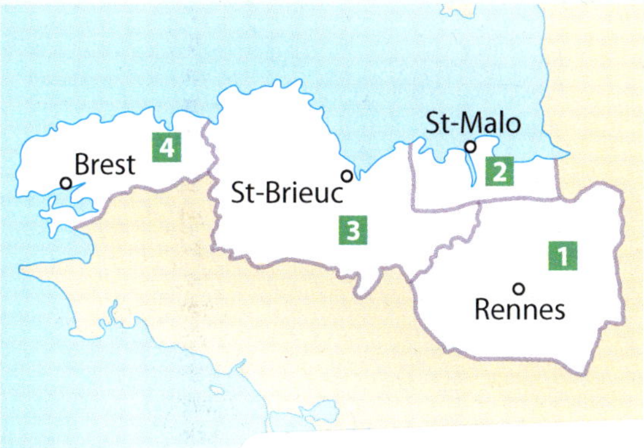

Le Guide Vert, mode d'emploi : un guide en 3 parties

Organiser son voyage :

- Avant de partir.
- À faire sur place de A à Z.
- Des activités pour tous.
- Un agenda des événements.

Comprendre la destination :

- La destination aujourd'hui.
- Histoire.
- Art et culture.
- Gastronomie.
- Nature...

Découvrir la destination :

- Notre sélection de sites.
- Des circuits conseillés.
- Des cartes.
- Notre sélection d'adresses pour tous les budgets.

En fin de guide :
l'explication des symboles et la table des cartes et plans

Sommaire

1/ ORGANISER SON VOYAGE

2/ COMPRENDRE LA BRETAGNE

Le Guide Vert :
découvrir la destination

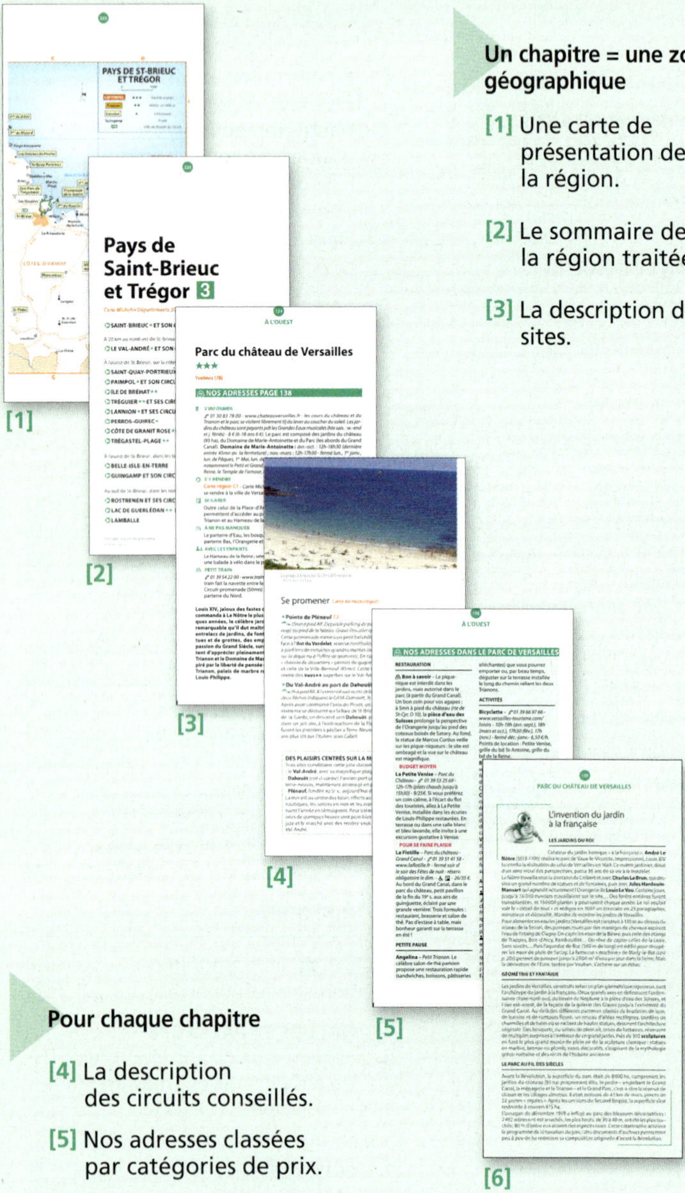

Un chapitre = une zone géographique

[1] Une carte de présentation de la région.

[2] Le sommaire de la région traitée.

[3] La description des sites.

Pour chaque chapitre

[4] La description des circuits conseillés.

[5] Nos adresses classées par catégories de prix.

[6] Des pages thématiques pour en savoir plus.

Retrouvez-nous sur : ***Voyage.ViaMichelin.fr***

3/ DÉCOUVRIR LA BRETAGNE NORD

1 RENNES ET LES MARCHES BRETONNES

2 DE SAINT-MALO AU MONT-SAINT-MICHEL

3 PAYS DE SAINT-BRIEUC ET TRÉGOR

4 FINISTÈRE NORD

1/ ORGANISER SON VOYAGE

Applications recommandées

M. Barraud/Ojo Images/Photononstop

ORGANISER SON VOYAGE

5 JOURS	DES MARCHES DE BRETAGNE À BROCÉLIANDE
De Vitré à Paimpont Env. 200 km	Le château de **Vitré** est un superbe exemple des châteaux forts édifiés « aux marches » de Bretagne à l'époque médiévale. Après la visite du château, flânez dans les rues anciennes bordées de belles maisons à pans de bois. Aux alentours, la petite cité de La Guerche-de-Bretagne évoque aussi cette époque tandis que le château des Rochers convoque le souvenir de la marquise de Sévigné. Rejoignez ensuite l'impressionnante forteresse de **Fougères**, l'une des plus grandes d'Europe et explorez le quartier du Marchix. Sur la route vers **Combourg**, prévoyez une halte au parc floral de haute-Bretagne ou dans le jardin du château de la Ballue à Bazouges-la-Pérouse. À Combourg, le château abrite des souvenirs de François-René de Chateaubriand, qui y passa son enfance. Pour rester dans une ambiance littéraire, rendez vous à **Bécherel**, la première « cité du livre » en France. Cette ville de libraires, bouquinistes et autres artisans du livre est aussi une ancienne place forte. Cap enfin vers la légendaire forêt de Brocéliande, ajourd'hui nommée **forêt de Paimpont**. Si maints récits bretons la prennent pour décor, c'est aussi l'une des plus belles forêts de la région : une occasion de faire des randonnées en pleine nature.
Transport	En voiture et à pied dans les villes et dans la forêt de Paimpont.
Conseils	Si vous avez plus de temps, prévoyez une promenade sur les bords du canal d'Ille-et-Rance à Hédé et découvrez les onze écluses.
5 JOURS	**CORSAIRES ET MERVEILLES MÉDIÉVALES**
De Rennes à Fougères Env. 245 km	Commencez par sillonner la vieille ville de **Rennes** avec ses maisons à pans de bois. Remontant vers le nord, visitez le château-forteresse de Combourg, où vécut le jeune Chateaubriand. Imprégnez-vous de l'atmosphère unique de **Dinan**, où la vieille ville médiévale est très bien conservée. Remontez la rive gauche de la Rance jusqu'à l'élégante station balnéaire de **Dinard**, avant de rejoindre **St-Malo**, la cité corsaire, et de vous étonner devant les curieux rochers sculptés de Rothéneuf. Longez la côte jusqu'à **Cancale** où vous attend l'authenticité préservée d'un port de pêche. En retrait de la mer, **Dol-de-Bretagne**, le berceau des Stuart, mérite le détour pour sa cathédrale et son centre Médiévalys, mais aussi pour son « marais » d'où le mont Dol émerge comme une île. L'incontournable **Mont-St-Michel**, puis **Fougères** et son château féodal, clôtureront votre parcours.
Transport	En voiture. Les sportifs pourront pédaler entre Dinard à Dinan sur la voie verte aménagée sur les hauteurs du Val de Rance.
Conseils	Évitez les foules de la haute saison, n'hésitez pas à prendre les chemins de traverse (pourquoi pas à vélo ?) et goûtez aux huîtres de Cancale.
1 SEMAINE	**LA CÔTE DU MONT-SAINT-MICHEL À BREST**
Du Mont-St-Michel à Brest Env. 525 km	Ce grand itinéraire littoral menant d'Ille-et-Vilaine au Finistère est ponctué de maintes étapes inoubliables : le **Mont-St-Michel**, **Dol-de-Bretagne**, **Cancale**, **St-Malo**, **Dinan**, **Dinard**, **Paimpol** et une échappée sur l'**île de Bréhat**, **Tréguier**, **Perros-Guirec**, **Morlaix**, **Roscoff** et une excursion sur l'île de Batz, **St-Pol-de-Léon**, Le Folgoët, Le Conquet et **Brest**.
Transport	En voiture et en bateau pour les îles.
Conseils	Privilégiez le printemps ou le mois de septembre et arrêtez-vous ici, pour déguster quelques coquillages, plus loin pour embarquer sur un vénérable navire d'autrefois, partout pour profiter de l'instant, de la magie des villes préservées et de la lumière sans cesse changeante. Si vous disposez d'un ou deux jours supplémentaires, suivez la côte des **abers**, de Brignogan au Conquet, ou explorez la **presqu'île de Crozon** : les paysages y sont sauvages et très bien préservés.

SUGGESTIONS D'ITINÉRAIRES

4 JOURS	ÉMERAUDE ET GRANIT ROSE
De St-Malo à Lannion Env. 200 km	Cet itinéraire précieux part de **St-Malo** : n'y manquez ni la cité intra-muros et ses villas en granit, ni ses malouinières. Changez radicalement d'ambiance à **Dinard**, station aux belles villas et parcs généreux ouvrant sur la **côte d'Émeraude** et ses plages, autant d'occasions de plaisirs balnéaires et visuels. Poussez bien sûr jusqu'au **cap Fréhel**, superbement sauvage ! Puis suivez la côte vers l'ouest en direction du **Val-André** et d'Erquy, où s'étendent des plages de sable fin. Arrêtez-vous à St-Brieuc puis mettez le cap au nord vers **Paimpol**, où plane encore le souvenir des « Islandais », et embarquez pour l'**île de Bréhat**. Rejoignez **Tréguier**, une cité hors du temps, puis **Perros-Guirec**, la corniche bretonne et ses amoncellements de rochers de granit rose. Terminez par **Lannion**, la capitale du Trégor.
Transport	En voiture et en bateau pour l'île de Bréhat. À pied sur le GR 34 qui parcourt la côte : idéal pour découvrir les plus beaux sites naturels tel le cap Fréhel.
Conseils	Profitez des plaisirs de la mer : baignades, balades en bateau sur de vieux gréements et dégustations de crustacés ou de fruits de mer.
3 JOURS	**UN VOYAGE INTÉRIEUR**
De Brest à St-Brieuc Env. 240 km	De **Brest** gagnez par Landerneau la région des **enclos paroissiaux**, symbolisant à la fois la piété des Bretons et la fortune acquise sur les mers aux 15e-18e s. en vous arrêtant à à Guimiliau, Lampaul-Guimiliau et à St-Thégonnec. Gagnez alors **Morlaix** pour découvrir les étonnantes maisons « à pondalez » puis continuez à vous enfoncer dans les terres : de **Belle -Isle en-Terre**, faites un crochet vers Carnoët afin de découvrir le projet titanesque de la « Vallée des Saints ». De là, et par le **lac de Guerlédan**, partez à la découverte du beau village perché de Moncontour, avant de retrouver la mer du côté de **St-Brieuc**.
Transport	En voiture.
Conseils	N'hésitez pas à multiplier les haltes gourmandes, la région est aussi une destination gastronomique, et si vous avez l'âme d'un randonneur, profitez des nombeux sentiers aménagés.
3 JOURS	**AU BOUT DU MONDE**
De Lannion à Brest Env. 550 km	Partant de **Lannion**, vous suivrez la côte des Grèves avant de rejoindre **Morlaix** : n'hésitez pas à parcourir les venelles de cette cité au relief spectaculaire, qui semble comme écrasée par son viaduc. En longeant la superbe baie (une petite pause à Carantec s'impose), vous atteindrez **St-Pol-de-Léon**, puis **Roscoff**, un port du bout du monde au charme prenant. Profitez-en pour aller faire un petit tour sur la tranquille île de Batz située à quelques encablures. Puis, par Le Folgoët et Le Conquet, vous rejoindrez **Brest**, la grande cité maritime finistérienne : ce sera notamment le moment d'aller à la découverte du fond des mers avec Océanopolis ou de découvrir le dynamisme de la vie brestoise.
Transport	En voiture ; en bateau et à vélo ou à pied sur l'île de Batz.
Conseils	Profitez de votre passage à Roscoff pour goûter au *kouign-amann* et/ou vous accorder une pause thalasso. Si vous disposez d'un peu plus de temps, prévoyez une excursion (avec une nuit sur place) sur l'**île d'Ouessant** : vous serez alors vraiment « au bout du monde ».

Venir en Bretagne

Par la route

LES GRANDS AXES

L'autoroute A 11 est le principal axe routier menant en Bretagne depuis Paris. Au Mans, elle continue sa route vers Angers puis Nantes, tandis que l'A 81, qui devient l'E 50, file à l'ouest vers Rennes et poursuit son chemin jusqu'à Brest *via* St-Brieuc et Guingamp. De Paris, on peut également rejoindre Rennes *via* Caen et l'A 13 puis l'A 84 (autoroute des estuaires), mais la route est sensiblement plus longue.

Bon à savoir – Il n'y a pas d'autoroute payante en Bretagne ; les voies express sont gratuites.

Informations autoroutières – *www.autoroutes.fr.*

LES CARTES MICHELIN

Cartes Départements 308 (Finistère, Morbihan) et **309** (Côtes-d'Armor, Ille-et-Vilaine).

Carte Région 512 (Bretagne).

Carte de France n° 721.

En ligne : calcul d'itinéraires sur **www.ViaMichelin.fr**.

En train

LE RÉSEAU GRANDES LIGNES

Le TGV relie **Paris-Montparnasse** aux principales villes de l'Ouest : **Nantes** (2h), **Rennes** (2h), **St-Malo** (3h), **Brest** (4h) *via* Rennes, Lamballe, St-Brieuc, Guingamp, Plouaret-Trégor, Morlaix et Landerneau, et enfin **Quimper** (4h) *via* Rennes, Redon, Vannes, Auray, Lorient, Quimperlé et Rosporden.

Les trains Intercités circulent entre Paris et la majeure partie des villes de Bretagne Nord (Brest, Quimper, Lorient, St-Brieuc, Morlaix, Lannion, Rennes…).

Informations et réservations – 3635 (0,34 €/mn) - www.voyages-sncf.com.

DISTANCES	Bordeaux	Lille	Lyon	Marseille	Paris	Strasbourg
Brest	631	762	1 012	1 285	594	1 072
Lorient	504	724	837	1 158	504	981
Morlaix	631	705	955	1 230	537	1 014
Nantes	334	602	666	970	385	863
Quimper	566	785	899	1 220	565	1 043
Rennes	450	574	719	1 043	350	828
Saint-Brieuc	545	619	869	1 144	451	929
Saint-Malo	520	560	838	1 113	405	897
Vannes	449	684	780	1 085	464	942

LES TRAINS EXPRESS RÉGIONAUX

En correspondance à Nantes, Rennes et Vannes, les **trains express régionaux** (TER) desservent la quasi-totalité des localités bretonnes. Au bout de ces lignes, des bus, voire des bateaux vous emmèneront dans les lieux inaccessibles en train.

Informations et réservations sur le réseau régional – ✆ 3635 (0,34 €/mn) - www.ter-sncf.com.

Voir « Transports en commun » p. 28.

En avion

LES COMPAGNIES AÉRIENNES

Air France – ✆ 0 820 820 820 (0,12 €/mn) - www.airfrance.fr. La compagnie dessert l'aéroport de Rennes depuis Paris CDG; celui de Nantes depuis Ajaccio, Nice et Paris-CDG. Elle assure également des liaisons journalières entre l'aéroport de Brest et ceux de Paris-CDG et Orly.

Hop! – Air France - ✆ 0 820 820 820 (0,12 €/mn) - www.hop.fr. La petite compagnie bretonne Brit Air est devue Hop! après sa fusion en 2013 avec d'autres compagnies régionales. Toujours sous l'égide d'Air France, elle dessert les villes suivantes :

Brest – depuis Lyon ;
Lannion – depuis Paris (Orly) ;
Lorient – depuis Paris (Orly) ;
Nantes – depuis Bordeaux, Calvi, Figari, Lille, Lyon, Montpellier et Strasbourg ;
Quimper – depuis Paris (Orly) ;
Rennes – depuis Lyon, Paris (Orly), Nice, Toulouse et Figari.

Ryanair – ✆ 0 892 562 150 (0,34 €/mn) - www.ryanair.com/site/fr. Liaisons vers Brest et Nantes au départ de Marseille.

Jet Air – ✆ 0 825 01 91 93 - www.jetairfly.com/fr. Liaison vers Brest en provenance de Toulon.

Vueling – www.vueling.com. Vols entre Rennes et Barcelone.

Iberia – ✆ 0 825 800 965 (0,15 €/mn) - www.iberia.com. Liaisons quotidiennes vers Nantes en provenance de Madrid et de Barcelone.

LES AÉROPORTS DE LA RÉGION

Aéroport de Rennes Saint-Jacques – BP 29155 - 35091 Rennes Cedex 9 - ✆ 02 99 29 60 00 - www.rennes.aeroport.fr.

Aéroport de Lorient Bretagne Sud – 56270 Ploemeur - ✆ 02 97 87 21 50 - www.lorient.aeroport.fr. Liaisons quotidiennes de/vers Paris-Orly et Lyon.

Aéroport de Lannion – Côte de Granit – Rte de Trégastel - 22300 Lannion - ✆ 02 96 05 82 22 - www.lannion.aeroport.fr.

Aéroport international de Brest-Bretagne – Situé à 9 km au nord-est de Brest - 29490 Guipavas - ✆ 02 98 32 86 00 - www.brest.aeroport.fr.

Aéroport de Quimper-Cornouaille – 29700 Pluguffan à 5,5 km au sud-ouest - ✆ 02 98 94 30 30.

Avant de partir

Météo

AU JOUR LE JOUR

Météo France : www.meteo.fr ou ✆ 3250 (1,35 €/appel + 0,34 €/mn).

ÉTÉ

Les températures clémentes et rarement caniculaires, en tout cas sur les côtes, et la brise marine rafraîchissent constamment le littoral. Les terres intérieures, en revanche, peuvent subir d'importantes vagues de chaleur.

PRINTEMPS ET AUTOMNE

C'est l'époque des **grandes marées**, toujours spectaculaires, mais qui permettent d'éviter au mauvais temps de s'installer trop durablement. Les éclaircies subliment alors l'arrière-pays : la lande se couvre de mauve, de rose et de bleu au printemps, et les forêts rougissent en automne. Seul inconvénient ponctuel : le brouillard.

Coefficient de marée : proportionnel à l'amplitude de la marée, il s'exprime en centièmes.	
Coef. 120	Marée exceptionnelle de vive-eau
Coef. 95	Marée moyenne de vive-eau
Coef. 70	Marée moyenne
Coef. 45	Marée moyenne de morte-eau
Coef. 20	Marée la plus faible de morte-eau

HIVER

Tempêtes sur les côtes, brouillard sur les terres : le tableau n'incite pas au tourisme. Pourtant, c'est l'époque où la Bretagne vit à son rythme. L'atmosphère très particulière de ses paysages sous la pluie ou en proie à la fureur des éléments reste une expérience à vivre que les amoureux de nature ne manqueront sous aucun prétexte.

Adresses utiles

LES INSTITUTIONS

Comité régional de tourisme de Bretagne
1 r. Raoul-Ponchon - 35069 Rennes Cedex - ✆ 02 99 28 44 30 - www.tourismebretagne.com.

Fédération régionale des pays touristiques
2 r. Jean-Claude Jégat - 56300 Pontivy - ✆ 02 97 51 46 16 - www.frpatb.net.

Comités départementaux de tourisme
Haute Bretagne Ille-et-Vilaine – 5 r. du Pré-Botté - BP 60149 - 35101 Rennes Cedex 3 - ✆ 02 99 78 47 47 - www.bretagne35.com.
Côtes-d'Armor Développement – 7 r. St-Benoît - BP 4620 - 22046 St-Brieuc Cedex 2 - ✆ 02 96 58 06 58 - www.cotesdarmor.com et www.cad22.com.
Finistère Tourisme, agence de développement touristique – 4 r. du 19-mars-1962 - CS 92005 - 29018 Quimper Cedex - ✆ 02 98 76 25 64 - www.finisteretourisme.com.

Offices de tourisme

Les adresses des offices de tourisme se trouvent dans la rubrique « S'informer » de chaque ville ou site dans la partie Découvrir.
En ligne : une mine d'informations pour faire du tourisme en France sur **www.franceguide.com**.

Autre adresse

Maison de la Bretagne – 8 r. de l'Arrivée - 75015 Paris - ✆ 01 53 63 11 50 - www.bretagne.fr.

Sites Internet

Outre les sites des comités régionaux et départementaux de tourisme, voici quelques adresses utiles :
www.bretagne-reservation.com
www.bretagne.fr
www.iles-du-ponant.com
www.bretagne.com
www.inet-bretagne.fr
www.sellor.com (ports de plaisance)
www.bretagne-environnement.org
www.tourisme.fr

TOURISME DES PERSONNES HANDICAPÉES

Le symbole ♿ signale les sites accessibles aux personnes à **mobilité réduite**.

Accessibilité des infrastructures touristiques

120 équipements touristiques bretons détiennent le label **Tourisme et Handicap**. Liste des sites labellisés sur le site **handi.tourismebretagne.com**. Sont recensées également des adresses d'hébergement et de restauration.
Association Tourisme et Handicaps – 43 r. Max-Dormoy - 75018 Paris - ✆ 01 44 11 10 41 - www.tourisme-handicaps.org.
Association des paralysés de France – Direction de la Communication - 17 bd Auguste-Blanqui - 75013 Paris - www.apf.asso.fr.

Accessibilité des transports

SNCF Accès Plus – ✆ 0 890 640 650 (0,11 €/mn, 7h-22h). Service gratuit facilitant le voyage des personnes handicapées, disponible sur réservation 48h avant le départ dans 350 gares de France.
En ligne : **www.accesplus.sncf.com**.
Avion – Air France propose aux personnes handicapées le service d'**assistance Saphir** - ✆ 09 69 36 72 77 - www.airfrance.fr.

Se loger

Retrouvez notre sélection d'hébergements dans « Nos adresses à… » situées en fin de description des principaux sites de la partie Découvrir.

NOTRE SÉLECTION

Hôtel, chambre d'hôte ou camping, à vous de choisir ! Pour vous aider dans vos choix, nous vous fournissons une **fourchette de prix** *(voir tableau page suivante)* : pour l'hébergement, les prix communiqués correspondent aux tarifs minimum et maximum d'une chambre double, en **haute saison**.
Bon à savoir – Pour compléter, reportez-vous aux autres publications Michelin : **Les Guides Michelin France, Camping & Hôtellerie de plein air France, Camping-car France et Dormez insolite**.

L'hôtellerie de plein air

Du camping traditionnel aux yourtes, tipis ou cabanes dans les arbres, l'hôtellerie de plein air bretonne ne manque pas d'initiatives.
Camping Plus Bretagne – www.campingplus.fr. Ce site propose une sélection de campings 3 et 4 étoiles en Bretagne.

NOS CATÉGORIES DE PRIX				
	Hébergement		Restauration	
	Petites agglomérations	Grandes agglomérations & stations balnéaires	Petites agglomérations	Grandes agglomérations & stations balnéaires
Premier prix	jusqu'à 45 €	jusqu'à 65 €	jusqu'à 14 €	jusqu'à 16 €
Budget moyen	de 45 € à 65 €	de 65 € à 100 €	de 14 € à 25 €	de 16 € à 30 €
Pour se faire plaisir	de 65 € à 100 €	de 100 € à 160 €	de 25 € à 40 €	de 30 € à 50 €
Une folie	plus de 100 €	plus de 160 €	plus de 40 €	plus de 50 €

L'« éco-tourisme »

Bretagne Tourisme Responsable – www.voyagez-responsable-tourismebretagne.com. Ce réseau recense des hébergeurs éco-labellisés pour leur engagement en termes de qualité d'accueil, de politique économique et sociale responsable et de respect de l'environnement.

L'hébergement rural

Maison des Gîtes de France et du Tourisme vert – 40 av. de Flandre - 75019 Paris - ✆ 01 49 70 75 75 - www.gites-de-france.com.

Fédération des Stations vertes de vacances et Villages de neige – BP 71698 - 21016 Dijon Cedex - ✆ 03 80 54 10 50 - www.stationverte.com.

Bienvenue à la ferme – Le guide *Bienvenue à la ferme*, édité par l'Assemblée permanente des chambres d'agriculture (service Agriculture et Tourisme - 9 av. George-V - 75008 Paris - ✆ 01 53 57 11 44), est aussi en vente en librairie, sur www.bienvenue-a-la-ferme.com ou sur Iphone.

Bon à savoir – Vous pourrez obtenir le guide sur la Bretagne auprès de la section régionale - ✆ 02 23 48 27 73 - www.bretagnealaferme.com.

Fédération Régionale Accueil Paysan Bretagne – 17 r. du Bas-Village - 35577 Cesson-Sévigné - ✆ 02 99 77 09 53. Les plaquettes d'informations sur la Bretagne peuvent être téléchargées gratuitement sur le site régional www.accueil-paysan-bretagne.com.

Maisons d'hôte

Créée à l'automne 2012, l'association « Charme Bretagne », réunit une cinquantaine de propriétaires des plus belles maisons d'hôte et gîtes de charme sur toute la région.

Le site **www.charme-bretagne.com** permet de visualiser ces maisons, de les sélectionner en fonction de différents critères (localisation, environnement, activités proches) et de réserver en ligne.

L'hébergement pour randonneurs

De nombreux gîtes, campings et petits hôtels accueillent les randonneurs. Pour réserver l'adresse la plus proche de votre itinéraire, consultez les organismes suivants :

Rando-Accueil – 7C r. Pierre-Texier - 35760 Montgermont - ✆ 02 99 26 13 50 - www.rando-accueil.com. Cette association bretonne des relais et itinéraires recense et labellise quatre types d'hébergement spécifiques aux randonneurs : Rando Plume, Rando Gîtes, Rando Toile et Rand'hôtel.

Guide et site Internet – Les randonneurs peuvent consulter le guide *Gîtes d'étape et refuges*, par A. et S. Mouraret (Rando Éditions La Cadole - 74 r. A.-Perdreaux - 78 140 Vélizy - ✆ 01 34 65 11 89) et www.gites-refuges.com.

Les locations saisonnières

Pour les séjours plus longs, la Bretagne dispose également de nombreuses offres de locations saisonnières en maison ou en gîte. Certains sites des comités départementaux de tourisme *(voir p. 12)* proposent une sélection. Vous pouvez aussi consulter les offres de la Maison des gîtes de France sur **www.gites-de-france-bretagne.com**.

Les auberges de jeunesse

Ligue française pour les auberges de jeunesse – 67 r. Vergniaud - Bâtiment K - 75013 Paris - ✆ 01 44 16 78 78 - www.auberges-de-jeunesse.com.

Fédération unie des auberges de jeunesse – Centre national - 27 r. Pajol - 75018 Paris - ✆ 01 44 89 87 27 - www.fuaj.org. La Fuaj propose le *Pass Bretagne*, une carte gratuite (pour les adhérents). Elle est remise lors de la première nuit en Bretagne. Chaque nuitée est ensuite tamponnée, la sixième est gratuite.

En Bretagne Nord, vous trouverez des auberges de jeunesse affiliées dans les villes et sites suivants : île de Batz, Brest, Camaret, Cancale, Dinan, Lannion, Ouessant, Pleine-Fougères, Rennes, St-Brieuc, St-Malo et Trébeurden.

LES BONS PLANS

Les offres spécifiques à la Bretagne

Sur leur site Internet, les **comités départementaux de tourisme** proposent régulièrement des bons plans et des idées séjours.

Pour les réservations en ligne :

En **Ille-et-Vilaine** – www.bretagne35.com.

Dans les **Côtes-d'Armor** – www.cotesdarmor.com et www.cad22.com.

Dans le **Finistère** – www.finistere-resa.com.

La plateforme Internet **www.breizh-voyages.fr** donne également accès aux offres et moteurs de réservations de sites partenaires (hôtels, billets d'avions, croisières, thalasso, etc.).

Les services de réservation

Fédération nationale des services de réservation Loisirs-Accueil – 280 bd Saint-Germain - 75007 Paris - ✆ 01 44 11 10 44 - www.loisirs-accueilfrance.com.

Fédération nationale Clévacances – 54 bd de l'Embouchure - BP 52166 - 31022 Toulouse Cedex - ✆ 05 32 10 82 30 - www.clevacances.com.

POUR DÉPANNER

Centrales de réservation des principales chaînes hôtelières :

B & B – ✆ 0 892 78 29 29 (0,34 €/mn) - www.hotel-bb.com.

Campanile – www.campanile.fr.

Kyriad – ✆ 0 825 003 003 (0,15 €/mn) - www.kyriad.com.

Ibis Hôtels – ✆ 0 825 882 222 (0,15 €/mn) - www.ibis.com.

Se restaurer

Retrouvez notre sélection de restaurants dans « Nos adresses à... » de la partie Découvrir. Pour repérer facilement ces adresses sur nos plans, nous leur avons attribué des pastilles numérotées.

NOTRE SÉLECTION

Pour répondre à toutes les envies, nous avons sélectionné des **restaurants** régionaux bien sûr, mais aussi classiques, exotiques ou à thème... et des lieux plus simples, où vous pourrez manger sur le pouce.

Pour vous aider, nous vous communiquons une **fourchette de prix** *(voir tableau p. 14)* : pour la restauration, les prix mentionnés correspondent aux tarifs minimum et maximum des menus proposés sur place. Les mentions « **Astuce prix** » et « **bc** » signalent :
pour la première, les formules repas à prix attractif, servies en général au déjeuner par certains établissements de standing ; pour la seconde, les menus avec boisson comprise (verre de vin ou eau minérale au choix).
Les prix que nous indiquons sont ceux pratiqués en **haute saison**.
Voir aussi **Le Guide Michelin France** et le réseau des **fermes-auberges** (www.bienvenue-a-la-ferme.com).

LES LABELS

Sites remarquables du goût

En Bretagne Nord, un site bénéficie de ce label : **Cancale** (huître). En ligne : www.sitesremarquablesdugout.com.

Cafés de pays

Signalons également le label **Café de pays** qui distingue des cafés de village, lieux de convivialité et de sociabilité par excellence, sous trois conditions : promouvoir les produits locaux, assurer la diffusion d'événements culturels et relayer l'information touristique du « pays ». Trente établissements ont obtenu ce label en Bretagne (infos sur www.frpatb.com).

Autres labels

Le label **Tables et Saveurs de Bretagne** rassemble une quarantaine de restaurants bretons qui participent chaque année au concours « Arts et Saveurs » - www.tablesetsaveursdebretagne.com.
Le label **Restaurant du Terroir** a pour objectif de faire découvrir et de promouvoir le patrimoine culinaire breton de manière originale, à travers une démarche qualité valorisant le travail des produits régionaux.
Le label **Crêperie Gourmande** distingue les spécialistes de la crêpe, disposant à ce titre d'un véritable savoir-faire et privilégiant les produits régionaux.
Pour ces trois labels, liste disponible dans la rubrique À Faire/ Les restaurants/Gastronomie du site www.tourismebretagne.com.

Sur place de A à Z

Les **comités départementaux** et **comités régionaux** de tourisme *(voir p. 12)* mettent à votre disposition de nombreuses documentations.

Pour trouver d'autres adresses de prestataires, reportez-vous aux rubriques « Visite » et « Activités » dans « Nos adresses à… » de la partie Découvrir.

Gastronomie

COURS DE CUISINE

Le Cercle culinaire de Rennes – 8 r. du 7e-Régt-d'Artillerie - 35012 Rennes Cedex - ✆ 02 99 31 45 45 - www.cercleculinaire.com - groupe de 8 pers. maximum, 60 €/4h30/pers. repas inclus. Ce cercle propose des stages et des ateliers d'une à quatre heures, accessibles à tous et toute l'année scolaire (sept.-juin). Vous y aborderez l'art des crêpes et des galettes, la cuisine aux algues, le menu gourmand d'un chef régional, les tables et les saveurs de Bretagne ou de plats beaucoup plus exotiques. Un atelier (« Délices des Lices ») est axé sur les produits du marché de la place des Lices !

École Treblec – Zone Atalante Champeaux - 8 r. Jules-Maillard-de-la-Gournerie - 35000 Rennes - ✆ 02 99 34 86 76 - www.ecole-maitre-crepier.com.

Les inconditionnels des **crêpes et des galettes** ne pourront échapper à la célèbre école qui forme les maîtres crêpiers. Au moins un samedi par mois pendant l'année, et davantage en mai, juin et juillet quand l'école ouvre ses portes à tous les gourmands pour un stage d'une journée de 9h à 17h30 ; dégustation entre 12h30 et 13h30 (90 €/pers., repas inclus).

CRIÉES

Les ventes des produits de la mer ont lieu, en général, tous les jours de la semaine, une demi-heure après le retour des chalutiers, et durent à peu près deux heures. Erquy, Roscoff et St-Quay-Portrieux sont les plus importantes.

Consultez également « Nos adresses à… » de la partie Découvrir.

LABELS

Les labels

Produits AOC – Pommeau de Bretagne, eaux-de-vie de cidre de Bretagne, coco de Paimpol, prés-salés (agneaux) du Mont-St-Michel, moules de bouchots de la baie du Mont-St-Michel ou oignons rosés de Roscoff.

Produits label Rouge de la Bretagne Nord – Les principaux sont les **porcs fermiers de tradition**, les **volailles fermières d'Argoat**, les **agneaux de Brocéliande**… Pour certains produits, comme les **coquilles Saint-Jacques** ou les **sardines**, le label Rouge se double parfois d'une **IGP** (indication géographique protégée).

Label AB – Cette filière regroupe 1 700 producteurs et concerne les **légumes** et les **fruits**, ainsi que le **lait**, les **œufs**, le **saumon naturel ou fumé** et les filets de **truite**.

MARCHÉS

Toutes les villes et presque tous les bourgs possèdent leur marché. Le tableau *(voir p. 20)* n'est qu'indicatif et précise les jours de gros marché de quelques places importantes.

LES MARCHÉS DE BRETAGNE	
Lundi	Combourg, Guerlesquin, Moncontour, Pontrieux, Saint-Quay-Portrieux, Trégastel, Vitré.
Mardi	Dinard, Fougères, Paimpol, Pléneuf, Quintin, Rostrenen, Saint-Malo, Saint-Pol-de-Léon, Trébeurden.
Mercredi	Roscoff, Saint-Brieuc, Tréguier.
Jeudi	Châteaugiron, Dinan, Dinard, Guingamp, Lamballe, Lannion.
Vendredi	Guingamp, Jugon-les-Lacs, Landerneau, Mûr-de-Bretagne, Perros-Guirec, Saint-Cast-le-Guildo, Saint-Malo, Le Val-André.
Samedi	Bécherel, Dinard, Dol-de-Bretagne, Fougères, Guingamp, Morlaix, Rennes, Saint-Brieuc, Saint-Renan, Vitré…

Certains sortent du lot. Le marché des Lices à Rennes est un des plus grands de France ; celui de Dinard du samedi matin rassemble les meilleurs produits de la côte.

SPÉCIALITÉS

Une soirée sardines ? – Implantées dans le centre de la plupart des villes de la région (Cancale, St-Malo, Paimpol, Roscoff, Dinan, Dinard, etc.), les boutiques de la marque La Belle-Îloise – la fameuse conserverie quiberonnaise – proposent des dégustations et de superbes coffrets cadeaux de conserves.

Les gourmandises – **Crêpes** de froment et **galettes** de sarrasin, **fars** aux pruneaux parfumés à la cannelle, **kouign-amann**, **gavottes** de Dinan, **pain plié** du Trégor, **madeleines** des Côtes-d'Armor, **craquelins**, **brise-lames** (une crème de caramel au beurre salé) et **œufs de mouette** de St-Malo (chocolats).

Les boissons – Le **cidre fermier** *(voir Pleudihen-sur-Rance, p. 195)* ; le **pommeau**, le **lambig** ou fine de Bretagne (eau-de-vie de cidre) ; la **cervoise** ; le **whisky** breton distillé du côté de Lannion, sans oublier l'eau minérale de Plancoët.

Pour plus d'informations sur la gastronomie bretonne, voir « Comprendre la Bretagne » p. 52.

Patrimoine

ARCHÉOLOGIE

DRAC Bretagne – Hôtel de Blossac - 6 r. du Chapitre - 35044 Rennes - 02 99 29 67 67 - www.culturecommunication.gouv.fr/regions/Drac-Bretagne.

Cerapar - Centre de recherches archéologiques du pays de Rennes – Maison de l'archéologie - La Métairie - 35740 Pacé - 02 99 68 74 56 - http://cerapar.free.fr.

Société d'histoire et d'archéologie de Bretagne – 1 r. Jacques-Léonard - 35000 Rennes - 02 99 02 40 00 - www.shabretagne.com.

ROUTES HISTORIQUES

En Bretagne Nord, vous ne pourrez parcourir qu'une seule Route historique mais de taille, celle de Chateaubriand, qui relie 17 sites dont 13 châteaux dans les départements d'Ille-et-Vilaine et des Côtes-d'Armor :

Château de Bourbansais - 35720 Pleugueneuc - 02 99 69 40 07 - www.chateaux-france.com/route-chateaubriand.

ROUTES THÉMATIQUES

Route des phares et balises, Route du lin *(voir Lac de Guerlédan p. 303)* ou Circuit des villes d'art : la

Bretagne voit naître chaque année de nouvelles routes thématiques. Évocateurs du patrimoine breton, architectural, naturel ou humain, ces itinéraires sont mis en place par des associations, des offices de tourisme et autres organismes, et bénéficient souvent d'une brochure explicative disponible dans les offices de tourisme.

VISITES GUIDÉES

Elles sont organisées toute l'année dans les grandes villes ou seulement en saison dans les plus petites. Dans tous les cas, informez-vous du programme à l'office de tourisme et pensez à vous inscrire.
Reportez-vous aussi à « Nos adresses à… », dans la partie Découvrir, où nous mentionnons les visites guidées qui ont retenu notre attention sous la rubrique « Visite ».

Petites cités de caractère

L'Association des petites cités de caractère de Bretagne rassemble 22 villages ou petites communes de moins de 5 000 habitants. Chacune se doit de présenter un ensemble urbain homogène et préservé. La charte de ces cités prévoit en sus la disparition des antennes de télévision et le contrôle de la pertinence et de l'esthétique des enseignes commerciales. Si l'on ajoute à cela la volonté de développer les circuits piétons et l'information touristique, les petites cités de caractère sont particulièrement attrayantes pour les touristes.
Les petites cités de caractère de Bretagne Nord sont : Bazouges-la-Pérouse, Bécherel, Châteaugiron, Châtelaudren, Combourg, Le Faou, Guerlesquin, Jugon-les-Lacs, Léhon, Moncontour, Pontrieux, Quintin, La Roche-Derrien, Roscoff et Tréguier.
www.tourismebretagne.com – Pour commander une brochure spécifique aux cités d'art.

Villes et Pays d'art et d'histoire

Ce réseau propose des visites générales ou insolites (1h30 ou plus), conduites par des guides-conférenciers et des animateurs du patrimoine agréés par le ministère. Visites-découvertes et ateliers du patrimoine pour les enfants (merc., sam. et vac. scol.).
Les villes de Bretagne Nord concernées sont : Dinan, Dinard, Fougères, Rennes et Vitré.
Renseignements auprès des offices de tourisme des villes ou sur le site **www.vpah.culture.fr**.
Voir aussi « En famille », *p. 30*.

Visites commentées des ports et criées

Une immersion dans l'ambiance du port d'Erquy ou de St-Quay port d'Armor permet d'assister au débarquement du poisson et de découvrir les bateaux, le matériel et les différentes techniques de pêche dont celle de la coquille Saint-Jacques, spécialité locale.
Renseignements auprès des offices de tourisme des villes concernées.
Consultez « Nos adresses à St-Quay-Portrieux » et « Nos adresses au Val-André » dans la partie Découvrir.

Souvenirs

Les adresses de boutiques ou d'artisans que nous avons retenues se trouvent dans la rubrique « Achats » dans « Nos adresses à… » de la partie Découvrir.
Les **vêtements de marins** sont incontournables, tels le **pull marin** bleu marine ou blanc ligné de bleu, les **bonnets** et **casquettes** bleus, l'inimitable **vareuse**, sans oublier le traditionnel **ciré** jaune, ni bien entendu le **kabic** de Paimpol, manteau en laine imperméable.
Les **sabots**, portés par les paysans jusqu'après guerre, restent un produit artisanal vendu dans les villages campagnards.

Plus tendance, les tee-shirts aux marques bretonnes de jeunes créateurs – comme Stered, À l'aise Breizh ou Emsaver – ont le vent en poupe.
Voir aussi Spécialités p. 20.

Sports et loisirs

BAIGNADE

En mer

Les plages de sable fin ne manquent pas en Bretagne, qu'elles soient confidentielles ou étendues à perte de vue. Les premières sont l'apanage des côtes sauvages et découpées (le Finistère et les îles en comptent beaucoup) ; les secondes font le bonheur de certaines stations réputées de la Côte d'Émeraude, St-Malo en tête.

Pour connaître le résultat des contrôles de qualité des eaux de baignade, effectués chaque mois de juin pour toutes les plages du littoral, consultez le site **http://baignades.sante.gouv.fr**.

Bon à savoir – Les plages sont classées en quatre catégories, de A (bonne qualité) à D…

En lac et en rivière

La baignade sur les rives du lac de Guerlédan (*voir p. 303*) est autorisée en certains points. Rivières et plans d'eau sont aussi accessibles à la baignade, mais renseignez-vous au préalable. La qualité de leurs eaux est contrôlée par la direction des Affaires sanitaires et sociales de Bretagne et l'observatoire de l'eau en Bretagne.

En ligne : www.observatoire-eau-bretagne.fr.

CALÈCHE OU ROULOTTE

Pour découvrir la Bretagne à un autre rythme.

Attelages du Kreiz Breiz – *Voir p. 302.*

Les roulottes bigoudènes – Rens. au Comité départemental du tourisme haute Bretagne Ille-et-Vilaine - 02 99 78 47 47 - www.bretagne35.com. Découvrez les richesses de la haute Bretagne au gré des paysages et des monuments chargés d'histoire.

CANOË-KAYAK

Rivières, canaux et mer : la Bretagne ne manque pas de lieux où pratiquer ces deux activités.

Comité régional de Bretagne de Canoë-kayak (CRBCK) – Base nautique Plaine-de-Baud - 35 r. J.-M.-Huchet - 35000 Rennes - 02 23 20 30 14 - www.crck.org/bretagne.

Consultez également « Nos adresses à… » de la partie Découvrir.

CROISIÈRES FLUVIALES

Rivières et canaux de Bretagne constituent un réseau de plus de 600 km de voies navigables.

Une liaison Manche-Océan emprunte le **canal d'Ille-et-Rance**, puis la Vilaine, en passant par Dinan, Rennes et Redon.

Le **canal de Nantes-à-Brest**, ouvrage exceptionnel de 360 km, constitue un moyen agréable d'appréhender la Bretagne intérieure. Partant de Lorient, la croisière sur le Blavet, le tronçon oriental du canal de Nantes-à-Brest et l'Erdre, permet de découvrir Josselin et Redon avant de gagner Nantes.

Du fond de la rade de Brest, la remontée de l'Aulne et de la partie occidentale du canal de Nantes-à-Brest conduit à Châteaulin et Carhaix-Plouguer.

Les principales compagnies de tourisme fluvial en Bretagne Nord sont installées à La Chapelle-aux-Filtzméens et Dinan.

SPORTS ET LOISIRS NAUTIQUES				
Chapitre du guide	Loisirs	Sports	Balades en bateau	Plaisance
Les abers et l'Iroise	Plages	Voile à l'Aber-Wrac'h, plongée à Plougonvelin		Port de l'Aber Wrac'h
Île de Bréhat	Plage de Guerzido	Voile, planche à voile et plongée	Tour de l'île en bateau	
Brest		Planche à voile, kayak, voile à la station nautique	Balade en mer sur La Recouvrance, croisière dans la rade	Ports du château et du Moulin-Blanc
Brignogan-Plages	Plages	Plongée, randonnées subaquatiques		
Cancale	Plages	Voile, planche à voile, kayak de mer	Sortie en mer en trimaran et à bord d'une bisquine	
Presqu'île de Crozon	Plages (Camaret, Morgat)	Kayak et paddle à Morgat	Vieux gréement à Camaret	Port de plaisance
Dinard	Plages (en ville et sur la côte), thalasso	Voile, planche à voile, kayak de mer	Croisières sur la Rance, cap Fréhel	Port de St-Cast-le-Guildo
Côte de Granit rose	Plages	Plongée, voile (Trébeurden)	Sorties en mer sur goémonier	Port de Trébeurden
Lannion			Kayak sur la baie	
Baie de Morlaix	Plages (Carantec)	Voile (Carantec)	Croisière dans la baie	Ports de Morlaix et Carantec
Île d'Ouessant		Voile, kayak de mer (Lampaul, Molène)		Port de Roscoff-Bloscon
Paimpol			Balade vers Bréhat à bord d'un sardinier	Port de plaisance
Perros-Guirec	Plage de Trestraou, thermes marins	Plongée, sports de glisse, voile	Excursions aux Sept-Îles	Port de plaisance
Presqu'île de Plougastel				Centre nautique de Lauberlach
Roscoff	Plages (Batz), thalasso	Sports de glissse, kayak (Santec)		Port de Roscoff-Bloscon
Saint-Brieuc	Plages de la baie, baignade à l'Aquabaie de Ploufragan	Voile, planche à voile, kayak		Port du Légué
Saint-Malo	Plages (St-Servan, Paramé, Rothéneuf), thalasso	Kayak de mer, Longe Côte, surf	Navire corsaire, croisières dans la baie et côte d'Émeraude	Port (sous les remparts)
Saint-Pol-de-Léon	Plage			
Saint-Quay-Portrieux	Plages (St Quay, Binic), piscine		Balade sur vieux gréement	Ports de St-Quay et Binic
Trégastel-Plage	Plages, Forum de Trégastel			
Le Val-André	Plages (Val-André, Erquy), Spa marin	Planche et char à voile, voile, kayak de mer (Erquy)	Vedettes d'Erquy, sortie en mer sur le lougre de Dahouët	Port de Dahouët

Comité des canaux bretons et des voies navigables de l'Ouest – 6 r. de Lourmel - 56300 Pontivy - ✆ 02 97 25 38 24 - www.canaux-bretons.net. Il propose une riche documentation et édite le guide des voies navigables en Bretagne (informations sur la navigation, la randonnée avec une présentation des escales).

www.bretagne-plaisance.fr – Pour louer une péniche (à la journée, à la semaine ou au mois) et partir naviguer sur les canaux et rivières de Bretagne.

GOLF

Ligue de Bretagne de golf – 104 r. Eugène-Pottier - 35000 Rennes - ✆ 02 99 31 68 80 - www.liguebretagnegolf.org. Liste des golfs, détail des parcours et des tarifs.

ILES

Pour des excursions à la journée ou un séjour plus long. Attention, certaines liaisons sont moins fréquentes hors saison. Sur place, visites à pied ou à vélo, les voitures n'étant pas autorisées sauf pour les îliens. Se reporter à la rubrique « Nos adresses à... » des îles concernées.
Voir le tableau pratique pour la desserte des îles ci-contre.

Voir aussi www.iles-du-ponant.com

PÊCHE

En eau douce

Quels que soient l'endroit et le type de pêche, il convient d'observer la réglementation nationale et locale; de s'affilier pour l'année en cours, dans le département de son choix, à une association de pêche agréée par la préfecture; d'acquitter les taxes afférentes au mode de pêche pratiqué; d'obtenir, pour pêcher dans des eaux du domaine privé, l'autorisation du propriétaire riverain.

Fédération nationale pour la pêche et la protection du milieu aquatique – 17 r. Bergère - 75009 Paris - ✆ 01 48 24 96 00 - www.federationpeche.fr. On peut se procurer des cartes et informations locales auprès des fédérations départementales pour la pêche et la protection du milieu aquatique.

À pied

Voir p. 92-93.

En mer

De petits patrons de pêche accueillent à leur bord des touristes attirés par la sportivité de la pêche en mer. Rappelons que la plupart de ces sorties ont lieu sur des bateaux de petite taille et dans des mers parfois agitées.

Bon à savoir – Les plaisanciers peuvent pratiquer la pêche en mer à partir de leur navire ou la chasse sous-marine, à titre d'agrément exclusivement.
La liste des engins de pêche autorisés figure sur leur titre de navigation. La chasse sous-marine est quant à elle soumise à une réglementation stricte et il convient de s'informer, préalablement à toute pratique, auprès du service des Affaires maritimes.

Fédération française des pêcheurs en mer – Résidence Alliance, centre Jorlis - 64600 Anglet - ✆ 05 59 31 00 73 - www.ffpm-national.com.

Bon à savoir – Certaines interdictions sont à respecter en ce qui concerne la pêche sous-marine.

PLAISANCE

Il existe près de 50 ports de plaisance en Bretagne. Les principaux ports de plaisance de la Bretagne Nord sont : St-Malo, Paimpol, Perros-Guirec, Aber-Wrac'h et Brest.

www.nautismebretagne.fr – Fournit la liste complète des

D'ÎLE EN ÎLE			
Île	**Point d'embarquement**	**Hébergement**	**À voir/à faire**
Batz	Roscoff	Hôtels, chambres d'hôte	Montée au phare, jardin Delesalle/Balades à vélo, baignades
Bréhat	Pointe de l'Arcouest (près de Paimpol) Saint-Quay-Portrieux (de mai à sept.)	Hôtels, chambres d'hôte	Verrerie de la Citadelle/ Balades, baignades, activités nautiques
Molène	Brest ou Le Conquet	non	Balade sur le sentier côtier
Ouessant	Brest ou Le Conquet	Hôtels, chambres d'hôte	Écomusée de l'île, visite de Lampaul, musée des Phares et Balises, découverte de la Côte sauvage
Les Sept-Îles	Perros-Guirec (le Trestraou)	non	Observation des oiseaux, balade sur l'île au Moine

ports de plaisance ainsi que des informations complémentaires sur le nautisme.

Bon à savoir – Pensez à réserver vos anneaux bien en avance, car les ports affichent souvent complets.

PLONGÉE SOUS-MARINE

Elle est très pratiquée en Bretagne. Les amateurs de chasse sous-marine ou de paysages sous-marins trouvent des criques limpides, poissonneuses et riches en algues.

Comité interrégional Bretagne-Pays de Loire de la Fédération française d'études et de sports sous-marins – Immeuble Pen Men - 39 r. de la Villeneuve - 56100 Lorient - ✆ 02 97 37 51 51 - www.ffessm.fr.

RANDONNÉES ÉQUESTRES

Un superbe circuit, **Equibreizh**, fait le tour de la Bretagne (environ 2 500 km) en reliant les principaux sites. Avec votre monture, ou encadré par un centre de tourisme équestre, vous pouvez choisir votre parcours et vos étapes.

Comité régional de tourisme équestre en Bretagne – ✆ 02 97 84 44 00 - www.equibreizh.com.

Bon à savoir – Pour les passionnés, un détour au haras de Lamballe (*voir p. 310*) s'impose.

Comités départementaux de tourisme équestre

CDTE des Côtes-d'Armor – Association des cavaliers d'extérieur des Côtes-d'Armor (ACECA) - 39 r. de la Mer - St-Laurent - 22190 Plérin - ✆ 02 96 74 68 05 ou 02 96 73 12 38 - www.ville-plerin.fr/aceca.

CDTE du Finistère – Château de Quimarc'h - 29380 Bannalec - ✆ 06 69 41 29 29 - www.equi29.com.

CDTE de l'Ille-et-Vilaine – Maison Départementale des Sports - 13 bis av. de Cucillé - 35065 Rennes Cedex - ✆ 02 99 85 66 21 - www.cdte35.com.

RANDONNÉES PÉDESTRES

Le GR 34 (sentier des douaniers) suit la côte tandis que les GR 37, 341, 380 sillonnent l'intérieur des terres. Les chemins de halage du canal de Nantes-à-Brest et les voies vertes *(voir ci-contre)* sont également très appréciés.

Fédération française de la randonnée pédestre – 14 r. Riquet - 75019 Paris -

✆ 01 44 89 93 93 - www.ffrandonnee.fr. La Fédération donne le tracé détaillé des GR, GRP et PR (topoguides) ainsi que des conseils utiles.

Comité régional de la randonnée pédestre de Bretagne – Etic Center - 9 r. des Charmilles - 35510 Cesson-Sévigné - ✆ 02 23 30 07 56 - http://bretagne.ffrandonnee.fr.

www.randobreizh.com – Ce site est idéal pour préparer ses randonnées en Bretagne. Vous y trouverez la description des sites et des itinéraires (GR, GRP, véloroutes et Voies vertes) ainsi qu'un guide complet des hébergements à proximité des sentiers.

Baccorb (Bureau des accompagnateurs de randonnées en Bretagne) – 2A r. Poullain-Duparc - 35000 Rennes - ✆ 02 99 78 83 72. Cette association fédère les guides, aide à leur formation et développe les circuits de découverte et de randonnée en Bretagne.

France Randonnée – 9 r. des Portes-Mordelaises - 35000 Rennes - ✆ 02 99 67 42 21 - www.france-randonnee.fr. Elle propose des séjours et organise des randonnées à pied, à vélo, à cheval avec ou sans accompagnateur.

Conservatoire du littoral, ONF, parcs naturels régionaux… – Ces organismes proposent des randonnées ou de la documentation bien utile pour découvrir la région. Les syndicats d'initiative et les offices de tourisme offrent également des dépliants de balades et de randonnées.

Notez que le CDT d'Ille-et-Vilaine propose une sélection des 40 plus belles balades et randonnées (à pied comme à vélo) dans le département sur le site **www.balades.bretagne35.com.**

Pour les Côtes-d'Armor, consultez le site **www.rando.cotesdarmor.com**. Vous pouvez également vous procurer les fascicules *Au Fil des Côtes-d'Armor,* édités par le conseil général (2,30 €) et qui décrivent de façon vivante (et schéma à l'appui) les balades possibles pays par pays…

THALASSOTHÉRAPIE ET BALNÉOTHÉRAPIE

Vous trouverez les coordonnées des centres accompagnées d'un bref descriptif dans « Nos adresses à… » de la partie Découvrir.

www.thalasso-bretagne.fr – Ce site, mis en place par le Comité régional du tourisme, associe les 13 centres de thalasso de Bretagne et permet de composer des séjours sur mesure.

Voir Dinard, Le Val-André, Perros-Guirec, Roscoff et St-Malo.

France Thalasso – www.thalasso.fr. Syndicat officiel de la thalassothérapie en France.

VÉLO

Les monts d'Arrée comme le lac de Guerlédan sont appréciés des amateurs de VTT, et les voies vertes (*voir ci-dessous*) offrent des parcours pour « toutes les jambes ». Sur place, les offices de tourisme et syndicats d'initiative fournissent généralement la liste des loueurs de cycles. Certaines gares SNCF proposent aussi des bicyclettes, qu'il est possible de restituer dans une gare différente - www.velo.sncf.com.

www.randobreizh.com – Ce site recense les principaux sites de balades à vélo.

Ligue Bretagne de cyclotourisme – BP 6 - 22400 St-Alban - www.ffct-bretagne.org. Pour découvrir les **sorties week-end** ou **les circuits** « **découverte** » avec des guides – organisés par les clubs cyclotouristes de la région.

Voies vertes

D'anciennes voies ferrées, des chemins forestiers ou de halage ont été réhabilités pour accueillir les sportifs, les familles et les

personnes à mobilité réduite, en toute sécurité.
www.voiesvertes.com.
En Bretagne Nord, les principales voies vertes sont les suivantes :
De Saint-Malo à Rennes – Il est possible de relier St-Malo-Dinard à Rennes en continu sur les 110 km de voie verte aménagés le long de la liaison Manche-Océan. Tout au long de votre périple, vous êtes guidé par une signalétique. Vous pouvez faire halte pour découvrir le patrimoine à votre rythme. De nombreux hébergements à la nuitée jalonnent la voie. *Voir aussi p. 12 et p. 174.*
Baie du Mont-Saint-Michel – Cette voie verte tracée sur une digue au milieu des polders longe la baie sur 12 km environ. Elle peut être parcourue par des randonneurs à pied ou à cheval, mais le sol bien stabilisé est assez roulant pour les VTT et VTC. Au départ de Cherrueix, on traverse Roz-sur-Couesnon avant d'arriver sur la rive de l'anse de Moidray, à 4 km environ du Mont. Variante possible en effectuant une boucle de 20 km environ dans le « marais de Dol ».
De Roscoff à Carhaix – Une route côtière vallonnée conduit de Roscoff à Morlaix, en passant par St-Pol-de-Léon. Après avoir longé par le sud les monts d'Arrée en empruntant une ancienne voie ferrée, l'itinéraire de 121 km se prolonge jusqu'à Carhaix.
De Carhaix à Saint-Méen-le-Grand – L'ancienne voie ferrée traverse des paysages de landes et de campagnes vallonnées, notamment entre les monts d'Arrée et le lac de Guerlédan. La section de Gouarec à St-Caradec réserve une trentaine de kilomètres, faciles, qui se conjuguent aisément avec les multiples activités nautiques proposées autour du lac.
Ces deux derniers parcours sont désormais intégrés dans le grand itinéraire **Vélodyssée®**, qui traverse la Bretagne (de Roscoff à Nantes) puis longe l'Atlantique jusqu'à la côte basque. www.lavelodyssee.com/

VOILE ET VIEUX GRÉEMENTS

Fédération française de voile – 17 r. Henri-Bocquillon - 75015 Paris - 01 40 60 37 00 - www.ffvoile.org.
France Station Nautique – 17 r. Henri-Bocquillon - 75015 Paris - 01 44 05 96 55 - www.france-nautisme.com.
Les stations de Bretagne Nord sont : St-Malo, St-Cast-le-Guildo, Pléneuf-Val-André, Perros-Guirec, la rade de Brest et Crozon-Morgat.

Naviguer sur les « vieux gréements »

Il est possible d'embarquer pour une demi-journée, une journée, un week-end ou le temps d'une longue croisière sur l'un de ces merveilleux voiliers restaurés. Tout au long de ce guide, « Nos adresses à… » vous renseignent sur les vieux bateaux sur lesquels naviguer.
Voir aussi tableau p. 23.

VU DU CIEL

Vous trouverez également quelques adresses dans « Nos adresses à… » des villes et sites décrits.
Aéroclub de la Côte de Granit rose – R. du Cdt-Coadou - 22300 Lannion - 02 96 48 47 42 - www.accg.asso.fr. Pour la région du Trégor.
Pour obtenir la liste, mise à à jour, des centres de vol libre et des lieux de pratique :
Fédération française de vol libre (deltaplane et parapente) – 4 r. de Suisse - 06000 Nice - 04 97 03 82 82 - http://federation.ffvl.fr.
Fédération française de planeur ultraléger motorisé – 96 bis r. Marc-Sangnier - BP 341 - 94709 Maisons-Alfort Cedex - 01 49 81 74 43 - www.ffplum.com.
Bon à savoir – N'oubliez pas de consulter la météo avant de partir en vol *(voir p. 12)*.

Traditions

D'origine celte, le **gouren,** technique de lutte traditionnelle, s'est développée dans la région en conservant des valeurs (loyauté, fair-play) exprimées dans un serment. Pratiqué en clubs, le gouren donne lieu à de passionnantes compétitions (en salle l'hiver, mais aussi en plein air, l'été, dans des fêtes traditionnelles). Vous pourrez notamment assister à un tournoi de gouren à Rostrenen dans le cadre du festival Fisel qui se déroule tous les ans en août *(voir « Nos adresses à Rostrenen » p. 302).*

Ti ar Gouren, la Maison de la lutte et des jeux bretons – Le Poullic - 29690 Berrien - ✆ 02 98 99 03 80 - www.tiargouren.fr.

Comité national de gouren de la Fédération française de lutte – ZA St-Ernel - 29800 Landerneau - ✆ 02 98 85 40 48 - www.gouren.fr.

Transports en commun

Le site **www.breizhgo.com** répertorie l'ensemble des transports en commun de la région. Pour connaître itinéraires, tarifs et horaires des réseaux de transports interurbains départementaux, consultez :

Pour l'Ille-et-Vilaine : www.imllenoo-services.fr.
Pour les Côtes-d'Armor : www.tibus.fr.
Pour le Finistère : www.viaoo29.fr.

Urgences

Police Secours – ✆ 17.
Pompiers – ✆ 18 ou 112.
SAMU – ✆ 15.
SOS Médecins – ✆ 36 24 (0,12 €/mn).
Centre antipoison – ✆ 02 99 59 22 22 (Rennes).

Chéquier et carte de crédit

En cas de perte ou de vol, déposez immédiatement plainte auprès de la police et faites opposition :
Chéquiers volés – ✆ 0 892 68 32 08 (0,34 €/mn).
Carte Visa – ✆ 0 892 705 705 (0,34 €/mn).
American Express – ✆ 01 47 77 72 00.
Mastercard – ✆ 01 45 16 65 65.

Téléphone portable

Orange – ✆ 0 800 100 740 (n° gratuit depuis un fixe).
Bouygues Télécom – ✆ 0 800 29 10 00 (n° gratuit depuis un fixe).
SFR – ✆ 06 10 00 19 00.

En famille

La Bretagne sait accueillir les familles. Sur les plages, vous trouverez clubs de voile et/ou activités accessibles dès 3 ans. Le réseau **Sensation Bretagne** regroupe ainsi 17 communes du littoral autour d'une charte de qualité d'accueil dont 12 d'entre elles se trouvent dans ce guide : Cancale, Dinard, St-Cast-Le-Guildo, Erquy, Binic, St-Quay-Portrieux, Perros-Guirec, Trébeurden, Carantec, Roscoff, Plouescat et Plougonvelin. **www.sensation-bretagne.com**.
Dans les terres, l'accent est davantage porté sur les activités nature grâce à des sorties guidées.
Nous avons sélectionné différents sites intéressants pour les enfants *(voir le tableau ci-dessous)*. Vous les repérerez dans la partie Découvrir grâce au pictogramme .

LES LABELS

Famille Plus

Ce label distingue les communes ayant une démarche globale en faveur de l'accueil des familles (hébergement, équipements, animations…). Sept stations du littoral nord breton portent ce label : Binic, Carantec, Perros-Guirec, Plougonvelin, Roscoff, St-Pol-de-Léon et St-Quay-Portrieux. **www.familleplus.fr**.

Villes et Pays d'art et d'histoire

Le réseau des Villes et Pays d'art et d'histoire *(voir « Visites guidées », p. 21)* propose des visites-découvertes et ateliers du patrimoine aux enfants, les mercredis, samedis ou durant les vacances scolaires. Munis de livrets-jeux et d'outils pédagogiques adaptés à leur âge, les enfants s'initient ainsi à l'histoire et à l'architecture, puis participent activement à la découverte de la ville. En atelier, ils s'expriment à partir de supports variés, au contact d'architectes, tailleurs de pierre, conteurs, comédiens…

Bon à savoir – En juillet-août, dans le cadre de l'opération « L'Été des 6-12 ans », ces activités sont également proposées pendant la visite des adultes.

SITES OU ACTIVITÉS À FAIRE EN FAMILLE

Chapitre du guide	Nature	Musées	Loisirs
Les abers et l'Iroise		Maison de l'algue	Château de Kergroadez
Bécherel			Vélorail de Médréac
Belle-Isle-en-Terre	Balades à thèmes, sentier de découverte dans la vallée du Léguer		
Île de Bréhat	Le tour de Bréhat en bateau		Balades sur l'île
Brest		Musée de la Marine	Océanopolis, La Récré des 3 Curés
Cancale		Ferme marine	
Combourg			Cobac Parc et Aqua'Fun Park, Récrénature

EN FAMILLE

Chapitre du guide	Nature	Musées	Loisirs
Presqu'île de Crozon	Grottes de Morgat		
Dinan	Croisière sur la Rance	Musée de la Pomme et du Cidre, moulin du Prat, Maison de la Rance, musée du Rail	Parc zoologique du château de la Bourbansais, Labyrinthe du corsaire
Dinard	Bords de Rance à vélo		
Dol-de-Bretagne		Musée de la Paysannerie, Médiévalys	Ferme pédagogique La Chèvrerie du désert
Les Enclos Paroissiaux	Maison de la rivière	Écomusée des Monts d'Arrée	
Fougères	Maison Pierres et Nature	Château de Fougères, musée de l'Horlogerie	Ferme de Chênedet
Cap Fréhel	Sorties-découvertes du cap	Visite du phare, fort La Latte	
Côte de Granit rose	Station ornithologique d'Île Grande	La Cité des Télécoms	Planétarium, Village gaulois
Guingamp			Armoripark
Lac de Guerlédan		Site sidérurgique des Forges-des-Salles, Maison des toiles	
Lamballe	Maison pêche et nature de Jugon-les-Lacs	La Ferme d'antan, le château de la Hunaudaye	Haras national
Landévennec		Maison des vieux métiers vivants	Parc de jeux bretons
Mont-Saint-Michel	Découverte de la baie et de la culture des moules en Mytili-mobile		
Baie de Morlaix		Musée du Loup, Écomusée de la Métairie	Excursions au Château du Taureau
Île d'Ouessant		Hameau de Niou Uhella	
Paimpol			Promenade en barque, la Vapeur du Trieux
Paimpont		Château de Comper, site mégalithique de Monteneuf	Domaine de Trémelin
Rennes	Parc ornithologique de Bretagne	Les Champs Libres, musée des Transmissions	Écomusée du Pays de Rennes, les jardins de Brocéliande
Roscoff			Circuit « Têtes en l'air sur les pas de Lilas »
Rostrenen		Musée rural de l'Éducation	
Saint-Brieuc		Maison de la baie, la Briqueterie	Le zoo de Trégomeur
Saint-Malo		L'Hôtel d'Asfeld	Le Grand Aquarium, *Étoile du Roy*
Saint-Pol-de-Léon			Chasse au trésor au château de Kerjean
Saint-Quay-Portrieux			Centre aquatique Goëlys
Trégastel-Plage		Aquarium marin	Piscine Forum,
Tréguier		Château de la Roche-Jagu	

Mémo

Agenda

Voici une sélection parmi les principaux festivals, fêtes, foires et marchés ainsi qu'une liste des **pardons** traditionnels.
Retrouvez ces manifestations plus détaillées, ainsi que d'autres de moindre importance, dans la rubrique « Agenda » de « Nos adresses à… » dans la partie Découvrir.

FESTIVALS

MAI/JUIN

St-Malo – Festival « Étonnants Voyageurs » : littérature internationale (w.-end de la Pentecôte) - ✆ 02 99 31 05 74 - www.etonnants-voyageurs.com.
St-Brieuc – Festival « Art Rock » : musique, théâtre, danse, arts plastiques - ✆ 02 96 68 18 40 - www.artrock.org.

JUILLET

Rennes – Festival « Les Tombées de la Nuit » (1re sem.) - ✆ 02 99 32 56 56 - www.lestombeesdelanuit.com.
Morlaix – Festival des arts dans la rue (de mi-juil. à mi-août) - ✆ 02 98 46 19 46 - www.artsdanslarue.com.
Guer-Coëtquidan – Triomphe des Écoles de St-Cyr-Coëtquidan (3e ou 4e sam.) - ✆ 02 97 70 72 57.

AOÛT

Paimpol – Festival du chant de marin (années impaires ; 1re quinz.) - ✆ 02 96 55 12 77.
Guingamp – Festival de la St-Loup (sem. du 15) - ✆ 02 96 43 73 89 - www.dansebretonne.com.
Abbaye de Bon-Repos – Spectacle son et lumière de Bon-Repos - ✆ 02 96 24 85 28 - www.pays-conomor.com.
Presqu'île de Crozon – Festival du Bout du Monde (10, 11 et 12) - ✆ 02 98 27 00 32 - www.festivalduboutdumonde.com.
St-Malo – « La Route du Rock » (mi-août) - ✆ 02 99 54 01 11 - www.laroutedurock.com.

OCTOBRE

Dinard – Festival du film britannique (du 1er au 2e w.-end) - ✆ 02 99 88 19 04 - www.festivaldufilm-dinard.com.
St-Malo – Quai des Bulles : festival de la bande dessinée et de l'image projetée (dernière sem.) - ✆ 02 99 40 39 63 - www.quaidesbulles.com.

DÉCEMBRE

Rennes – « Trans Musicales » (1re sem.) - ✆ 02 99 31 12 10 - www.lestrans.com.

FÊTES, FOIRES ET MARCHÉS

AVRIL

Bécherel – La Fête du livre (w.-end de Pâques) - ✆ 02 99 66 75 23.
St-Quay-Portrieux, Erquy et Loguivy-de-la-Mer – Fête de la coquille Saint-Jacques (dernier w.-end, chaque année, à tour de rôle dans l'un des trois ports coquilliers) - www.saintquayportrieux.com.

JUIN

Baie de Morlaix – Entre Terre et Mer (dernier w.-end) - www.tourisme-morlaix.fr.

JUILLET

Dinan – Fête des remparts (les années paires, les 19 et 20) - ✆ 02 96 87 94 94 - www.fete-remparts-dinan.com.
Vitré – Les jeudis de l'été « terroir et traditions » – Jeu. en juil.-août - www.ot-vitre.fr.

AOÛT

Bécherel – « Nuit du livre » (1er ou 2e sam.) - ✆ 02 99 66 83 73 - www.becherel.com.
Moncontour – Fête médiévale (déb. août, années impaires) - ✆ 02 96 73 49 57 - www.moncontour-medievale.com.
Roscoff – Fête de l'Oignon rosé - www.roscoff-tourisme.com.

PARDONS

MAI

Quintin – Pardon de N.-D.-de-Délivrance (2e w.-end) - ✆ 02 96 74 92 17.
Minihy-Tréguier – Pardon de St-Yves ou « pardon des pauvres » (3e dim.) - ✆ 02 96 92 30 19.

JUIN

Moncontour – Pardon de la St-Mathurin (w.-end de Pentecôte) - ✆ 02 96 73 49 57.
St-Jean-du-Doigt – Pardon de la St-Jean (dim. suivant la Saint-Jean) - ✆ 02 98 67 34 07.

JUILLET

Lampaul-Guimiliau – Pardon de la chapelle Ste-Anne à Lampaul (1er dim.) - ✆ 02 98 68 76 67.
Guingamp – Pardon de N.-D.-de-Bon-Secours (1er sam. ; procession de nuit) - ✆ 02 96 43 73 59 - http://paroisse-guingamp.org.
Carantec – Pardon de St-Carantec (3e dim.) - ✆ 02 98 67 02 72.
Le Vieux-Marché – Pèlerinage islamo-chrétien à la chapelle des Sept-Saints (3e dim.) - ✆ 02 96 38 91 73.

AOÛT

Bécherel – La troménie de haute Bretagne (le 15) - ✆ 02 99 66 75 23 - www.becherel.com.
Perros-Guirec – Pardon de N.-D.-de-la-Clarté (13, 14 et 15).
Plouguerneau – Pardon de la St-Pierre-et-St-Paul (le 15) - ✆ 02 98 04 71 02.
Plounéour-Ménez – Pardon de N.-D.-du-Relecq (le 15) - ✆ 02 98 78 43 86.
Carantec – Pardon de N.-D.-de-Callot (1er dim. après le 15) - ✆ 02 98 67 07 88.

SEPTEMBRE

Le Folgoët – Grand pardon de Notre-Dame (1er w.-end).
Lamballe – Pardon de N.-D.-de-Grande-Puissance (1er dim.) - ✆ 02 96 31 92 06.
Le Mont-St-Michel – Fête de l'archange St-Michel : messe dans l'église abbatiale, présidée par les évêques de Coutances et de Bayeux (4e dim. du mois) - ✆ 02 33 60 14 05.

Bibliographie

PRESSE

Quotidiens

Ouest-France, quotidien - www.ouest-france.fr.
Le Télégramme, quotidien - www.letelegramme.com.

Autres

ArMen, bimensuel - www.armen.net.
Bretagne magazine, bimensuel - www.bretagnemagazine.com.
Le Chasse-Marée, 9 numéros par an, pour les passionnés de voile et de bateaux - www.chasse-maree.com.
Bretons, mensuel dédié à la culture - www.bretons-mag.com.

OUVRAGES GÉNÉRAUX - ALBUMS

Atlas de Bretagne, M. Bodlore-Penlaez, D. Kervalla, Coop Breizh, 2011.
Bretagne, Y. Le Gallo, Le Télégramme, 2003.
Bretagne, S. Recouvrance, J.-P. Gisserot, 1999.
La Bretagne, images et histoire, dirigée par A. Croix, Apogée, 1999.
Dictionnaire amoureux de la Bretagne, Y. Queffélec, Plon-Fayard, 2013.
Les Éditions Bordessoules publient une collection traitant de l'histoire des départements bretons : *Les Côtes-d'Armor de la préhistoire à nos jours, Le Finistère…, L'Ille-et-Vilaine…*
Guide de la géologie en France, sous la direction de C. Sabouraud, Belin-Société géologique de France, 2004.

Histoire/Ethnographie

Anatole Le Braz et la Légende de la mort, D. Besançon, Terre de Brume, 1996.
Anne de Bretagne, H. Le Boterf, France-Empire, 1996.
Bretagne sacrée et légendaire, M. Déceneux, Ouest-France, 1996.
Contes et légendes de Bretagne, Y. Pinguilly, Nathan, 1998.
Histoire de Bretagne, H. Poisson et J.-P. Le Mat, Coop Breizh, 2000.
Histoire de la Bretagne et des Bretons, J. Cornette, Points Seuil (2 tomes), 2008.
La Bretagne, entre histoire et identité, A. Croix, Découvertes Gallimard, 2008.
Le Guide de la Bretagne, Bretagne mystérieuse, G. Le Scouëzec, Coop Breizh, 1997.
Le Cheval d'orgueil, P. J. Hélias, Terre Humaine, Plon, 1998.
Le Voyage en Bretagne, A. Lavalou (dir.), Bouquins Robert Laffont, 2012. Une anthologie de récits de voyage en Bretagne par les plus grands auteurs.
Un hiver en Bretagne, M. Le Bris, Nil Éditions, 1996.
La Mer pour mémoire, M. L'Hour, É. Veyrat, Somogy - Éditions d'art, 2005.
Dictionnaire de la tradition bretonne, G. Le Scouëzec, Éditions du Félin, 1999.
L'imaginaire celtique, T. Jigourel, Fetjaine, 2012. Une bonne synthèse par un spécialiste du sujet.
L'Institut culturel de Bretagne (Skol-Uhel ar Vro) édite différentes collections : *Cahiers de l'Institut culturel de Bretagne, Histoire de Bretagne, Patrimoine archéologique de Bretagne…*

Art/Architecture

Arts populaires de Bretagne, P. Le Stumm, Ouest-France, 1999.
La Bretagne au fil de ses couleurs, H. Jaouen et B. Louviot, Ouest-France, 1996.
100 peintres en Bretagne, H. Belbéoch et R. Le Bihan, Palantines, 1995.
Les Éditions du Patrimoine et la Caisse nationale des monuments historiques et des sites coproduisent des collections thématiques très documentées :
« Cahiers de l'inventaire » : *Le Manoir en Bretagne* ;
« Itinéraires du patrimoine » : *Églises d'Ille-et-Vilaine, Bretagne d'or et d'argent…* ;
« Images du patrimoine » : *Les Malouinières, Les Orgues en Bretagne…* ;
« Parcours du patrimoine » : petits circuits de tourisme culturel.

Marine

Bretagne, pays de mer, B. Le Nail et P. Plisson, Le Patrimoine maritime breton, Hachette, 1998.
De mémoire de phares, J. Guichard, Ouest-France, 2012. Témoignages des derniers gardiens de phares en mer d'Iroise.
Guide des gréements, Petite encyclopédie des voiliers traditionnels, Le Chasse-Marée/Ar Men, 2003.

Les Gens de mer, insolite et quotidien, N. Cazeils, Ouest-France, 1999.
Un photographe en mer d'Iroise, C. Courteau, Ouest France, 2005.
Quand les Bretons peuplaient les mers, I. Frain, Fayard, 1988.
À Éric, J. Tabarly et D. Gilles, Éditions du Chêne, 1999.

Romans

Gens de Bretagne, par six auteurs : P. Féval : *La Fée des grèves* ; P. Loti : *Pêcheur d'Islande* ; A. Le Braz : *Le Sang de la sirène* et *Les Noces noires de Guernaham* ; R. Vercel : *Remorques* ; Pollès : *Sophie de Tréguier* ; P. J. Hélias : *L'Herbe d'or*, Omnibus/Presses de la Cité.
Pêcheur d'Islande, P. Loti, Le Livre de Poche.
Le Sang noir, L. Guilloux, Folio.
Changer la vie, mon enfance et ma jeunesse, J. Guéhenno, coll. Cahiers Rouges, Grasset.
Ces messieurs de Saint-Malo (3 vol.), B. Simiot, Albin Michel.

À noter aussi les policiers régionaux : collections « Enquêtes et Suspense » et « POL'Art », Éditions Alain Bargain ; collection « Breizh Noir », Éditions Astoure.

Divers

La Bretagne par les voies vertes, M. Bonduelle, Ouest-France, 2008.
Cuisine des châteaux de Bretagne, G. et B. du Pontavice, Ouest-France, 2001.
Les Chemins du Tro Breiz, A. Guigny, Itinéraires et découvertes, Ouest-France, 1996.
Sentiers des douaniers de Bretagne, D. Dantec, Itinéraires et découvertes, Ouest-France, 2007.
Pêcheurs d'images, P. Plisson, Éditions du Chêne, 1999.
Jardins publics et jardins privés en Côtes-d'Armor, D. Lenclud et H. Guillaume, Le Lou du Lac éditeurs, 2007.

2/ COMPRENDRE LA BRETAGNE

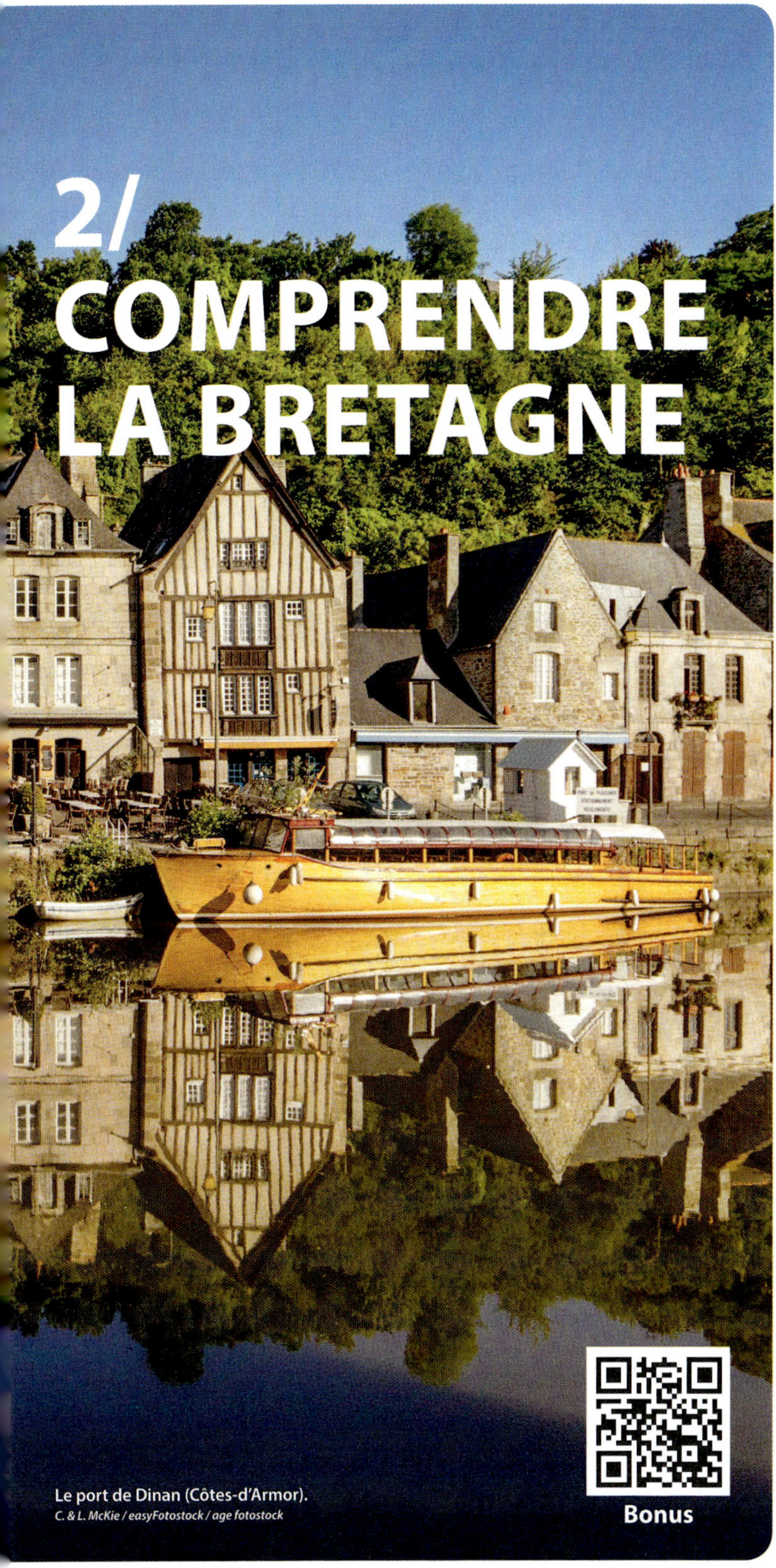

Le port de Dinan (Côtes-d'Armor).
C. & L. McKie / easyFotostock / age fotostock

Bonus

La Bretagne Nord

La Bretagne Nord a du caractère ! À l'image de ceux qui la font vivre, qu'ils soient pêcheurs, goémiers, agriculteurs... ou au travers de sa côte sauvage sculptée par les tempêtes. De phares pointés vers la mer en grèves de sable blanc, le sentier des douaniers relie des ports toujours actifs, des plages animées et des stations balnéaires. À l'abri d'un estuaire ou d'un aber, l'atmosphère est paisible. Dans des paysages changeant au fil des marées, faune et flore y célèbrent un hymne à la biodiversité. Mais la Bretagne Nord est aussi fière et authentique au cœur de paysages ruraux où se dressent mégalithes et autres trésors architecturaux, témoins de la ferveur religieuse. Ancien duché, cité corsaire ou encore baie classée au patrimoine mondial de l'Unesco... Sa richesse architecturale est le meilleur témoin de la prospérité qui a baigné son histoire. Aujourd'hui, elle constitue une région accueillante, grâce à celles et ceux qui font battre son cœur.

Haute Bretagne, entre patrimoine...

L'intérêt patrimonial de Rennes, la capitale régionale, rayonne jusque dans les petites villes alentour : **Dol-de-Bretagne**, l'ancienne cité épiscopale ou **Vitré** et **Fougères**, les médiévales. Au-delà du patrimoine architectural, la région s'apprécie aussi à travers sa campagne, dessinée de vergers et de bocages comme aux environs de **Bécherel**, illustre cité du livre qui rappelle l'attachement des Bretons à la culture. Un attrait qui se traduit aussi en termes de musique avec notamment de prestigieux festivals comme les Trans Musicales de Rennes.

Les rives de la Rance ont vu passer des siècles de patrimoine maritime et à proximité s'étendent **Dinard**, élégante avec ses villas du 19e s., et **Dinan**, historique et si vivante.

Sur la côte, de **St-Malo**, la cité corsaire, au majestueux **Mont-St-Michel**, longtemps disputé entre Bretons et Normands, l'attractivité touristique est importante. Il y en a pour tous les goûts ! Plages, sports nautiques, richesses culturelles... Le tout dans une ambiance animée. Quant à **Cancale**, c'est un port de pêche à l'authenticité et au charme indéniables. Où mieux qu'ici peut-on s'installer pour déguster un plateau de fruits de mer, une douzaine d'huîtres du cru ou quelques moules de la baie du Mont St-Michel ?

... et nature

Pour des sorties nature, la biodiversité de l'estuaire de la **Rance** se découvre à pied ou au fil de l'eau en bateau, ou mieux encore en kayak, pour aller au plus près d'une faune généreuse. La nature s'y déploie sur et sous l'eau, à l'ombre de ses bois et jusque dans ses marais. Elle s'exprime aussi sous sa forme sauvage au **cap Fréhel**, pointe sublime de la Côte d'Émeraude surplombant des eaux vertes et translucides.

Pays de Saint-Brieuc et Trégor

Avec sa frange littorale, le Trégor est largement tourné vers la mer. Les ports historiques de la grande pêche à la morue, à l'instar de **Binic**, **St-Quay-Portrieux**, Erquy ou **Paimpol**, s'illustrent aujourd'hui grâce à des produits comme l'huître ou la coquille Saint-Jacques. En mer, **Bréhat**, surnommée « l'île aux fleurs », offre une agréable sortie vers le large. Côté ville, **Tréguier** et sa cathédrale invitent à découvrir une partie du patrimoine religieux de la Bretagne Nord tandis que **Guingamp** et **St-Brieuc**, pôles de la vie culturelle, jouent les citadines.

Côte de Granit rose

Plus à l'ouest, la **Côte de Granit rose** a vu naître le tourisme balnéaire et abrite d'agréables stations familiales comme **Perros-Guirec** ou **Trégastel-Plage**. Mais c'est à **Ploumanach** qu'elle prend sa forme la plus étonnante, celle de curieux rochers sculptés par l'érosion. Au large, les oiseaux des Sept-Îles offrent un bon prétexte pour une sortie en bateau. Autre destination nature mais cette fois à vélo, le lac de Guerlédan et ses forêts. En cas de mauvais temps, les terres offrent aussi un refuge agréable notamment du côté de **Lannion**, capitale du Trégor, ou à Pleumeur-Bodou pour revivre la grande histoire des télécommunications à la Cité des Télécoms.

Finistère sauvage

Capitale du Finistère, **Brest**, la mal-aimée, porte en elle des siècles d'histoire maritime parfois douloureuse.
Mais au-delà des stigmates de la guerre, il reste la force d'une ville authentique, pleine de caractère, qui mérite d'être comprise tout autant que d'être visitée. L'extrême côte ouest de la Bretagne, jusqu'à **Brignogan-Plages**, est très découpée et donne l'impression que terre et mer ne font qu'un.
Les falaises déchiquetées, fouettées par des vents violents, succèdent aux paysages paisibles des abers que dessinent les marées.
Ici tout semble intact, hors du temps. Seuls les scoubidous, œuvrant sur le plus grand champ d'algues d'Europe, rappellent que la Révolution industrielle est passée par là. Généreuse, la **mer d'Iroise**, classée Parc naturel marin, accueille une faune marine et des paysages exceptionnels révélés notamment par les sentiers côtiers arpentant **l'île d'Ouessant**. Sur le littoral, au milieu des landes semées d'ajoncs et des dunes à perte de vue, les rivages réservent des surprises à l'instar des mégalithes, menhirs et allées couvertes bordant les rivages.

Le pays du Léon

Entre les **monts d'Arrée** et l'île de Batz, le pays du Léon a conservé la fierté de son ancienne cathédrale et surtout de ses **enclos paroissiaux**, témoins d'une prospérité liée tant à la culture du lin qu'au commerce maritime.
Roscoff, important centre de thalassothérapie, propose une ambiance balnéaire des plus appréciables avec de vastes plages en terrain de jeux.
La cité s'ouvre à l'est sur l'inoubliable **baie de Morlaix** et sa myriade d'îles dominées par le château du Taureau. Sur l'autre rive, Carantec, station balnéaire élégante, abrite le siège de la réserve ornithologique de la baie.

La Bretagne aujourd'hui

Tourisme vert, maritime ou culturel... Grâce à la diversité de ses paysages et à la richesse de son patrimoine, la Bretagne est la quatrième région touristique de France. Les étrangers, qui sont de plus en plus nombreux à choisir d'y résider, sont les premiers à le reconnaitre : il fait bon vivre en Armorique. Relation de cause à effet ? Le renouveau de la culture bretonne vient cimenter davantage une société régionale de plus en plus attrayante sur le plan culturel, ce que confirme le succès croissant des grands festivals devenus des événements européens. L'économie aussi compte des secteurs très dynamiques et, forte de ses pôles d'enseignement et de recherche, la région est par exemple très bien classée en matière de création d'entreprises innovantes.

Société

La société bretonne a entamé le 21e s. avec un dynamisme certain, stimulé par une économie saine, un engouement touristique qui ne se dément pas et une hausse de la démographie ne se limitant pas au retour des retraités : elle séduit désormais des Européens en quête de littoral et de « celtitude ».

DÉMOGRAPHIE

Autour des pôles urbains

La densité moyenne en Bretagne est sensiblement la même que celle du reste de la France, soit 117 hab./km^2 (115 hab./km^2 au niveau national). La particularité bretonne est que les habitants sont concentrés sur le littoral et les villes. Plus de 95 % de la population vit à moins de 60 km de la mer. Au nord, les Bretons se rassemblent dans les grandes villes comme Brest, Lannion, St-Brieuc ou St-Malo. Si l'on excepte Nantes (544 932 hab. avec l'agglomération), les grands pôles urbains de la région sont Rennes (207 000 hab.), devant Brest, suivis de villes intermédiaires comme Lorient, Vannes, Quimper, Lannion... La côte méridionale reste la plus prisée, puisqu'elle est habitée en continu de St-Guénolé à Vannes.

Le grand « retournement »

S'agissant de la démographie bretonne, certains observateurs s'amusent à parler de grand « retournement » par évocation du « grand dérangement » d'Amérique du Nord. Cette référence est suscitée par le solde migratoire positif de la région, c'est-à-dire qu'il y a plus d'arrivées que de départs. La tendance tient à différents facteurs, au nombre desquels il faut citer le retour au pays de retraités originaires de la région et surtout l'attractivité économique de la Bretagne, qui incite les actifs de plus de 30 ans à venir s'y installer.

Le succès des « Tonnerres de Brest » a largement dépassé les frontières de la Bretagne.
F. Guiziou/ hemis.fr

Avec en moyenne 25 000 habitants supplémentaires par an depuis 2000, la population bretonne ne cesse d'augmenter. En 2012, la Bretagne se plaçait au 8e rang des régions françaises avec 3,25 millions d'habitants.

Les nouveaux Bretons

Attirés par le climat, les infrastructures publiques et par la beauté du littoral, les étrangers sont de plus en plus nombreux à choisir la Bretagne pour lieu de villégiature ou de retraite. Confirmant une tendance amorcée il y a une dizaine d'années, les Britanniques sont de loin les plus nombreux à devenir Bretons, devant les Hollandais et les Belges.

RAYONNEMENT

De nos jours, les Bretons émigrés sont estimés à 9 millions. Leur première région d'élection est la région parisienne, qui accueillerait toujours 1 million de natifs ou de personnes originaires de Bretagne (pour mémoire, on en comptait plus de 2 millions à la fin du 19e s.). Tout le littoral français, riche en chantiers navals et en ports, est également une zone de prédilection pour les Armoricains, présents de Dunkerque à Bordeaux. En dehors des marins expatriés par voie maritime, portés par un esprit d'aventure certain, quelques vagues d'émigration collective (1921-1959) ont conduit nombre d'entre eux en Amérique (Argentine, États-Unis et Canada). Les Bretons sont partis de par le monde et partout ont fait souche. Ce qui caractérise le plus la diaspora, c'est son indéfectible esprit communautaire. Où qu'ils se trouvent, les Bretons se rassemblent en associations, communiquent, éditent, partagent et parlent du pays.

CULTURE

Considérées par l'Unesco « en danger sérieux d'extinction », les langues bretonnes sont aujourd'hui trois fois moins parlées qu'en 1900, avec un peu plus de 200 000 locuteurs. Cette évolution n'est pourtant pas synonyme de régression culturelle, bien au contraire. Elle masque paradoxalement le renouveau de la culture bretonne. Jamais les éditeurs de la région n'ont publié autant de livres en breton. Pour redonner place aux langues locales dans la société contemporaine, des moyens financiers et humains importants ont été mis en œuvre : apprentissage du breton à l'école, formation de nouveaux professeurs et développement des activités périscolaires bilingues. Créées en 1977, les écoles *Diwan* ont aussi permis de préserver la vitalité de ces langues en proposant une scolarité tout en breton, de la maternelle au baccalauréat : il y en avait 42 en 2012…

La volonté de décentralisation et les subventions européennes ont également beaucoup aidé les structures associatives à perpétuer la culture bretonne, mais rien n'aurait pu se faire sans la volonté d'irréductibles bretonnants.

Des fêtes locales aux festivals

Les grandes manifestations culturelles et les festivals sont assurément les vecteurs les plus charismatiques de la culture bretonne *(voir Musique celte et chanson bretonne, p. 51)*. Pourtant, ces grands rassemblements ne sont pas les seuls moments où la culture régionale s'exprime ; celle-ci se vit au quotidien au travers des pardons, des fêtes folkloriques ou familiales… La culture bretonne rayonne de nouveau et s'inscrit dans un vaste mouvement européen de reconnaissance et d'affirmation des cultures régionales.

Économie

Avec un produit intérieur brut (PIB) de 80 milliards d'euros en 2011 (source Insee), soit 4,2 % du PIB national, la Bretagne se situe au 7e rang des régions françaises. Après plus de dix ans de croissance moyenne supérieure à celle de la France, le PIB de la Bretagne connaît un léger recul et suit la tendance nationale. Relativement épargnée lors de son entrée dans la crise, la Bretagne a en revanche été particulièrement touchée en 2012-2013 : plusieurs milliers d'emplois salariés ont été perdus dans les secteurs marchands et industriels, soit des pertes supérieures aux autres moyennes régionales.

Recul également pour l'agriculture et la pêche qui conservent néanmoins leur place dans l'économie bretonne, même si la valeur ajoutée de ce secteur (3,4 %) est la plus faible des activités participant à la richesse régionale. L'activité industrielle (13 %) s'est développée autour de secteurs tels que l'agroalimentaire (39 % des emplois industriels bretons), l'automobile, la construction navale et les télécommunications (deuxième pôle national). Un dynamisme qui attire un nombre croissant d'entreprises de haute technologie, pérennisant sur place les formations supérieures des universités et des grandes écoles.

AGRICULTURE

Comptant près de 34 500 exploitations (presque un quart des entreprises bretonnes), l'agriculture conserve toute son importance en Bretagne, qui est la première région française productrice de lait, d'œufs, de porcs, de volailles et de veaux mais aussi de choux-fleurs, d'artichauts, d'échalotes et de tomates sous serre. Plus d'une exploitation bretonne sur deux fait de l'élevage de bovins et 15 % sont orientées vers l'élevage granivore (porcs et volailles).

Avec l'application de la politique agricole commune et des

nouvelles réglementations pour préserver l'environnement, l'agriculture bretonne a connu une transformation sans précédent. Depuis les années 2000, le nombre d'exploitations a chuté de 32 % du fait de la mondialisation des marchés et de la concurrence des pays émergents.
L'agriculture biologique attire un nombre croissant d'exploitants.

AGROALIMENTAIRE

Premier secteur industriel breton (43 % des entreprises), l'agroalimentaire, qui a connu un véritable essor en Bretagne depuis 25 ans, est le moteur économique de la région même s'il est soumis ces dernières années à de fortes tensions.
Sa capacité d'adaptation et d'innovation permettent à la Bretagne d'être aujourd'hui la première région agroalimentaire exportatrice d'Europe. Ses 68 000 salariés contribuent à près de la moitié des exportations nationales de viande et de poisson.
Les secteurs poids lourds concernent le lait, la viande, l'alimentation animale, la charcuterie salaison ; ceux d'excellence : la biscuiterie, les légumes et plats cuisinés, les produits de la mer...

PÊCHE

Avec plus de 2 730 km de côtes – un tiers des côtes françaises –, il n'est pas étonnant que la Bretagne soit la première région française productrice de produits de la mer (poissons, crustacés et mollusques).
Si les 22 ports de pêche bretons concentrent toujours près de la moitié du tonnage national de poissons et de crustacés, l'avenir de la pêche bretonne est cependant préoccupant.
La pêche maritime a rencontré par des difficultés croissantes : raréfaction des ressources, évolution contraignante de la réglementation communautaire sur le libre accès aux ressources maritimes, concurrence étrangère, et vieillissement d'une flotte difficilement rentable ; une situation plus dramatique encore quand elle se conjugue avec une augmentation drastique du prix du carburant.
La flottille bretonne comptait, fin 2011, 1 250 navires de pêche pour plus de 6 300 marins-pêcheurs (contre 22 400 en 1945). Elle représente 22,3 % de la flottille nationale et 28,3 % des effectifs nationaux.
On compte généralement trois emplois induits à terre par marin : de la réparation et la construction navale aux industries de transformation et de commercialisation des produits.
La pêche maritime bretonne fait donc vivre environ 15 000 personnes. Les 22 ports de pêche bretons concentrent près de la moitié du tonnage national de poissons et de crustacés. Si, en règle générale, les quantités de poissons débarquées sont en recul (politique de quotas, raréfaction des ressources), elles sont parfois compensées par les résultats en valeur (ce qui est rare devient plus cher). Mais encore faut-il que cette hausse compense l'inflation du gazole dont la facture peut absorber plus de la moitié du chiffre d'affaires du bateau. Si autrefois, il fallait en moyenne un litre de gazole pour pêcher un kilo de poissons, le ratio est plutôt de 3 pour 1 aujourd'hui (le poisson en raréfaction nécessitant plus de temps et de distance pour être pêché). Ce rapport est bien sûr corrélé au type de bateau et de pêche : grande pêche, pêche au large (ou pêche hauturière), pêche

EN TÊTE POUR LES ALGUES MARINES
Avec en moyenne 70 000 tonnes exploitées chaque année, la Bretagne – en particulier la mer d'Iroise (*voir p. 330*) – est la première région européenne de production des algues marines. Depuis longtemps récoltées comme engrais, puis matières premières de l'industrie chimique, elles sont ainsi largement utilisées comme gélifiants ou épaississants dans les glaces, les flans, les dentifrices et autres produits de consommation courante. La recherche laisse entrevoir de nouvelles utilisations, notamment dans le domaine des biomatériaux qui intéressent de près les constructeurs automobiles, ou encore dans les bio-isolants, qui ouvrent de nouvelles perspectives au secteur du bâtiment. Enfin, l'algue n'échappe pas à la tendance des carburants verts. Des recherches sur le sujet sont en cours.

côtière, petite pêche (*voir encadré p. 359*). Les chalutiers hauturiers, qui consomment de 20 000 à 40 000 l de gazole par marée de 14 jours, sont les premiers touchés par l'inflation du gazole. Paradoxalement, la pêche artisanale se porte plutôt bien grâce au dynamisme de petits patrons qui réagissent très vite aux réglementations et aux quotas qui changent sans cesse.

AUTRES RESSOURCES DE L'OCÉAN

Aquaculture et conchyliculture

Dans les années 1970, on prédisait à l'aquaculture marine un avenir enthousiasmant. Aujourd'hui la filière est en crise. En eau douce, grâce aux truites fario et arc-en-ciel, la production bretonne de l'aquaculture dite « nouvelle » se situe tout de même au deuxième rang français, après l'Aquitaine.
Du côté de la culture des coquillages ou conchyliculture, l'élevage des huîtres (ostréiculture) et des moules (mytiliculture) constitue une activité importante en Bretagne. Grande productrice d'huîtres plates appelées « belons », avec 1 500 tonnes par an, la région a aussi développé ses parcs d'huîtres creuses (fines de Bretagne), notamment dans la baie du Mont-St-Michel et plus précisément à Cancale. La production annuelle d'huîtres est de 43 500 tonnes, soit 34 % de la production française. La Bretagne Nord est la première région française de production de moules. Celles élevées sur bouchots (pieux en bois plantés dans le sable) sont cultivées de la baie du Mont-St-Michel à la baie de St-Brieuc, et dans l'estuaire de la Vilaine.

RECHERCHE ET INNOVATION

La recherche, tant privée que publique, constitue une activité essentielle en Bretagne, classée 6e région française pour la création d'entreprises innovantes et 5e pour les dépôts de brevets. Elle s'articule autour de quatre pôles majeurs : Rennes, Brest-Quimper-Roscoff, St-Brieuc-Lannion et Lorient-Vannes. Les deux grandes villes universitaires sont Rennes et Nantes (même si cette dernière ne fait pas partie de la région Bretagne). La création de l'Université européenne de Bretagne en 2007 a permis de regrouper l'ensemble des acteurs universitaires, des écoles d'ingénieurs et des organismes de recherche. Véritable pôle de recherche et d'enseignement supérieur, elle concourt à renforcer la visibilité internationale des équipes de recherche et de l'offre de formation en Bretagne.

Technologies de l'information et de la communication

Les technologies de l'information et de la communication bénéficient d'une implantation privilégiée qui s'appuie sur le partenariat entre les formations universitaires, les grandes écoles (ENST, Supelec, Enssat et INSA rien qu'à Rennes) et les industriels dominant le secteur. Ces entreprises sont organisées en pôles autour de grandes villes comme Rennes (Mitsubishi, Canon, Motorola), Lannion (Orange, Alcatel, Siemens) ou encore Brest avec Thalès. Le secteur emploie 47 000 personnes environ et 3 500 chercheurs. La Bretagne a acquis une réputation mondiale dans ce domaine, du fait, notamment, des innovations majeures qui sont sorties de ses laboratoires publics et privés à l'instar des technologies et des normes telles que le JPG, le MPG ou encore le MP3. Ce formidable potentiel de développement permet d'aborder l'avenir plutôt sereinement, notamment avec le développement du pôle de compétitivité Images et Réseaux, qui travaille sur l'avenir de la télévision numérique terrestre et de la TV 3D sur réseaux fixes et mobiles.

Agriculture et agroalimentaire

La recherche autour des productions agricoles animales et végétales, de la sécurité alimentaire et des biotechnologies mobilise ainsi de nombreuses équipes issues des universités, de l'Inra, de l'Afssa (Agence française de sécurité sanitaire des aliments), de l'Irstea (Institut de recherche en sciences et technologies pour l'environnement et l'agriculture) ou encore d'Agrocampus Ouest.

Sciences et technologies de la mer

Elles tiennent aussi une place prépondérante, grâce notamment au pôle européen de la recherche marine de Brest, qui a vu s'implanter l'Ifremer (Institut français de recherche pour l'exploration de la mer) et le CNRS.

INDUSTRIE

Les chantiers navals

Bien qu'ayant perdu en dix ans plus du tiers de ses effectifs, la construction navale reste le quatrième secteur industriel en Bretagne et représente encore 4 % de l'emploi. Ce secteur sinistré pendant des années regroupe les chantiers de construction et de réparation navale militaires et civils, au service de la pêche, de la plaisance, de l'océanographie et du transport de passagers.
Avec les chantiers navals de St-Nazaire, un site d'envergure mondiale capable de mettre en chantier des navires de 500 000 t, la construction navale s'est tournée vers la production de porte-conteneurs, de plates-formes de forage et de navires de croisière, comme ces paquebots géants commandés en 2012 par la Royal Caribbean. C'est grâce à ce secteur de prestige que les chantiers ont pu prouver leur dynamisme et leur savoir-faire.

Le secteur automobile

L'implantation de Citroën à Rennes dans les années 1960 a entraîné l'essor de l'industrie automobile en Bretagne autour d'un important réseau d'équipementiers et de sous-traitants. La filière automobile bretonne se distingue par son expérience et son savoir-faire dans le domaine du véhicule spécifique et dédié. L'activité est très concentrée, notamment avec l'usine PSA (Peugeot Citroën) à Chartres-de-Bretagne et les équipementiers satellites.
Ce secteur est aujourd'hui soumis à d'importantes difficultés. Dans un contexte économique tendu,

les industriels et équipementiers installés dans la région cherchent non plus seulement à accroître leur compétitivité, mais aussi malheureusement à rationaliser leurs coûts de production, à l'image de l'usine PSA qui a subi, en 2013, un important plan social.
Aujourd'hui, le poids des effectifs de la filière automobile (environ 13 % des effectifs industriels), en fait une filière certes importante mais non prédominante dans le paysage industriel régional.

TRANSPORTS

La Bretagne est traversée par deux axes rapides qui aboutissent à Brest. La N 165 longe le littoral sud au départ de Nantes et rejoint Brest en passant par Vannes, Lorient et Quimper. Au nord, la N 12 aboutit à Brest après un long périple depuis Paris, en desservant au passage Rennes, St-Brieuc, Guingamp et Morlaix. Aujourd'hui, la priorité est à la desserte est-ouest avec l'achèvement de la 2x2 voies reliant la N 12 à la N 165, traçant une ligne horizontale en plein cœur de la Bretagne.
Le train, notamment l'arrivée du TGV à Rennes et à Nantes, a fortement contribué au désenclavement des départements bretons en mettant les deux « capitales » régionales à 2h de Paris, et des villes comme Quimper et St-Malo en liaison directe avec la capitale (bien qu'à vitesse classique). Le projet LGV (Ligne Grande Vitesse) mettra Rennes à 1h30 de Paris à l'horizon 2017; le prolongement vers Brest et Quimper est repoussé à 2030.
Le transport maritime, enfin, voit sa fréquentation diminuer depuis dix ans, notamment avec une baisse du trafic des passagers transmanche. La concurrence des compagnies aériennes à bas coût explique en grande partie cette baisse. Malgré tout, entre commerce, pêche et tourisme, plus d'un million de passagers et huit millions de tonnes de marchandises transitent chaque année dans les ports bretons.

TOURISME

Le secteur touristique fait vivre près de 5 % des Bretons actifs, c'est dire son importance économique (estimée à 8 % du PIB régional en 2012). En terme de fréquentation, la clientèle française est de loin la plus représentée. Avec 3 millions de nuitées en 2012, la Bretagne se situe au 1er rang des séjours à la mer et en 4e position des régions touristiques françaises. Aux plaisirs de la plage et aux sports nautiques s'ajoutent la plaisance *(voir p. 24 et 57)* et la thalassothérapie. Résultat : 75 % des nuitées touristiques sont passées en bord de mer entre avril et septembre; ce qui n'est pas sans conséquence sur l'environnement : renforcement de l'urbanisation côtière, pics de déchets ménagers et d'eaux usées, dérangement de la faune, piétinement de la végétation, etc.
Pour mieux accompagner ce développement touristique, la région Bretagne s'est engagée depuis plusieurs années dans une démarche de développement durable (*voir Environnement p. 96*). Car pour être bleue, la Bretagne se veut également verte. Les parcs, réserves et espaces protégés sont nombreux, et il est possible de marcher, rouler ou trotter sur 3 700 km de sentiers de randonnée. Et si le temps ne s'y prête pas, la région recèle un patrimoine culturel et vivant d'une rare diversité.

Traditions et art de vivre

La Bretagne cultive son identité en entretenant jalousement une série de traditions séculaires, comme les pèlerinages ou les pardons encore empreints de ferveur. Religieuses, vestimentaires, linguistiques ou plus largement artistiques, ces coutumes traduisent une mentalité et une façon de vivre tout à fait particulières. Du renouveau de la langue bretonne à l'engouement pour les concerts de musique celtique, certaines anciennes pratiques restent ainsi bien ancrées, tout en étant adaptées au goût du jour. Cet attachement aux traditions se prolonge jusque dans l'assiette avec une cuisine simple et conviviale, qui porte haut les couleurs d'un terroir entre terre et mer. Parmi les fleurons de la gastronomie bretonne, poissons, coquillages et crustacés rappellent ainsi l'omniprésence d'un littoral rythmé par le ballet des marins et autres adeptes de nautisme en tout genre.

Traditions et folklore

Si la Bretagne a plus changé au cours de la première moitié du 20e s. qu'au cours des deux siècles précédents, elle a su retrouver depuis les années 1990 toute l'originalité de ses traditions, malgré le dépeuplement des villages et l'évolution économique et touristique de la région.

SYMBOLES BRETONS

Premier des symboles, le **drapeau breton**, le fameux *Gwenn ha du* (blanc et noir) a été dessiné en 1925 par Morvan Marchal. Ses cinq bandes noires symbolisent les cinq anciens évêchés de haute Bretagne (Rennes, Nantes, Dol, St-Malo et St-Brieuc) et ses quatre bandes blanches ceux de basse Bretagne (Léon, Cornouaille, Vannes et Tréguier).
Les **hermines**, quant à elles, rappellent l'ancien duché de Bretagne. Au 13e s., la fourrure de ce petit animal fut adoptée par les ducs de Bretagne comme symbole du pouvoir. Autre attribut, le **triskell**, ou triskèle, se présente sous une forme tournante à trois branches représentant la terre, le feu et l'eau. Son origine serait celte.

COSTUMES ET COIFFES

La Bretagne a conservé la mémoire d'une grande variété de costumes traditionnels, déclinés selon les pays. Transmis de génération en génération, ils étaient autrefois de toutes les fêtes familiales et publiques. Aujourd'hui, les costumes traditionnels ne sortent des armoires qu'à l'occasion des pardons ou des manifestations folkloriques. De satin ou de velours, brochés et brodés, garnis de dentelles, les tabliers rivalisent avec les robes de cérémonie.

LA BLANCHE HERMINE
La devise *Potius mori quam foedari*, « plutôt la mort que la souillure », est donnée comme celle des Bretons. La légende raconte qu'une petite duchesse aurait recueilli une blanche **hermine** blessée qui avait préféré braver les flèches des chasseurs plutôt que de trouver le salut en traversant un chemin boueux !

Généralement noires et souvent ornées de bandes de velours, celles-ci présentent parfois des broderies de soies multicolores et flamboyantes.

Parures de dentelle

La grande originalité du costume féminin breton reste néanmoins la coiffe, portée autrefois principalement dans le Finistère et le Morbihan.
La coiffe bigoudène (région de Pont-l'Abbé) est l'une des plus curieuses, et probablement la plus connue. Jadis de petites dimensions, cette ravissante et haute parure de dentelle a atteint, après 1930, des proportions déconcertantes. Il faut aussi évoquer la petite coiffe de Plougastel qui rappelle les hennins médiévaux, celle des monts d'Arrée, la *tintaman*, presque réduite à un bonnet de chignon en dentelle, la cornette du Trégor ou encore la poche plate du Léon. À Ouessant, le noir se porte jusque sur la coiffe, garnie d'un grand nœud haut placé.
Encore une fois, la Bretagne se décline en variétés et diversités, et le voyageur curieux en prendra pleinement conscience en visitant les musées de Rennes et Dinan mais aussi ceux de Nantes, Quimper, Guérande et Pont-l'Abbé.

LES PARDONS

Manifestations de ferveur religieuse, les pardons bretons ont lieu dans des églises ou chapelles consacrées par une tradition parfois millénaire, souvent d'origine païenne. Les fidèles viennent y chercher le pardon de leurs fautes, exécuter un vœu ou demander des grâces. Si les grands pardons sont les plus spectaculaires, les petits sont souvent les plus fervents. Les uns et les autres offrent l'occasion d'assister à une cérémonie haute en couleur au cours de laquelle on porte en procession des bannières, des reliques, des croix et des statues. En général, les pardons sont clos par une fête villageoise plus profane, animée par des danses traditionnelles.

La grande troménie

Un sanctuaire druidique serait à l'origine de ce pèlerinage renommé, qui se déroule tous les six ans à Locronan. Ce parcours de 12 km à 12 stations, créé au 12e s., ouvre, paraît-il, les portes du paradis à ceux qui le suivent rigoureusement. Il ne s'agit pas d'une fête folklorique mais d'un pèlerinage à marche lente, qui se déroule dans un esprit de dévotion. Il existe aussi une troménie à Bécherel *(voir « Nos adresses à Bécherel » p. 145)*.

Monsieur saint Yves

Saint Yves est l'un des saints les plus populaires de Bretagne. C'est le redresseur de torts et la consolation des pauvres. Fils d'un gentilhomme, Yves Hélori est né à Minihy-Tréguier *(voir p. 266)* en 1253. Magistrat et avocat, il a acquis une popularité inouïe par son esprit de justice et de conciliation. Un jour, un bourgeois assigne devant lui un mendiant qui, chaque jour, vient devant le soupirail de sa cuisine humer le fumet des plats.

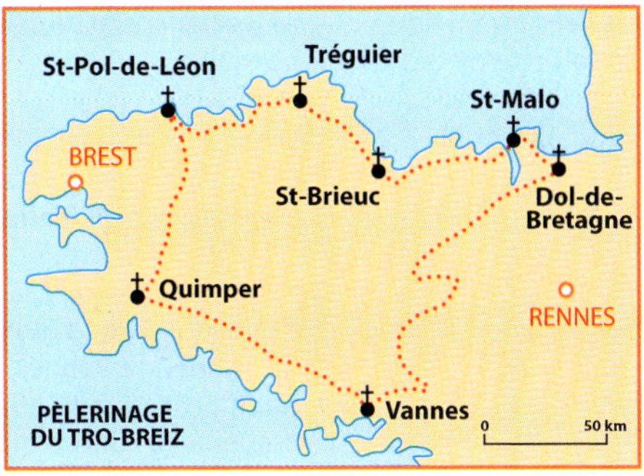

Yves saisit une pièce de monnaie, la fait sonner et renvoie le plaignant en disant : « Le son paie l'odeur. » Cet « avocat des pauvres » s'éteignit en 1303 et fut canonisé en 1347. En tant que patron des avocats et des gens de loi, son culte s'est étendu à toute l'Europe et jusqu'en Amérique. Cela explique que des délégations d'avocats étrangers se joignent à la foule des pèlerins qui, à Tréguier, assistent au « pardon des pauvres ».

Saints guérisseurs et saints protecteurs

Les relations des Bretons avec leurs saints ont toujours été empreintes de familiarité. Certains sont appelés pour combattre des **maladies** : sainte Apolline contre les maux de dents ; saint Colomban pour rendre l'esprit aux demeurés ; saint Hervé contre les maladies des yeux ; saint Hubert contre la rage ou la peur ; saint Mamert contre les maux de ventre ; saint Méen contre les troubles mentaux ; saint Mériadec contre la surdité ; sainte Eugénie contre la migraine… Ces saints guérisseurs exauçaient leurs invocateurs. Bien leur en prenait, car, faute de bienveillance, la statue était injuriée, quelquefois même fouettée ou traînée dans la boue !

Il y a aussi les saints **protecteurs** : saint Fiacre veille sur les jardiniers, saint Jacques sur les marins, sainte Barbe (invoquée par temps d'orage) sur les artificiers… Mais c'est à la Vierge Marie et à sa mère, sainte Anne, que va la ferveur la plus vive.

Sainte Anne

Son culte, répandu après les croisades, favorisé par la duchesse Anne, a fait de sainte Anne la patronne des Bretons. Le plus fameux pardon, celui de Ste-Anne-d'Auray, lui est consacré, de

LE TRO-BREIZ

Jusqu'au 16e s., une tradition exigeait que tout Breton fît, au moins une fois dans sa vie, le pèlerinage des sept cathédrales. C'est ainsi que le Tro-Breiz draina les foules les plus nombreuses. L'itinéraire avoisinait 700 km et permettait aux pèlerins d'aller se recueillir devant les reliques des saints fondateurs de Bretagne : saint Brieuc à… St-Brieuc, saint Malo à St-Malo, saint Samson à Dol-de-Bretagne, saint Patern à Vannes, saint Corentin à Quimper, saint Pol-Aurélien à St-Pol-de-Léon et saint Tugdual à Tréguier. Qui manquait à ce devoir devait effectuer le voyage après sa mort, en avançant tous les sept ans de la longueur de son cercueil ! De nos jours, des groupes de plus en plus nombreux suivent les traces des pèlerins d'autrefois.

même que celui, très important, de Ste-Anne-la-Palud, d'où ce dicton : « Mort ou vivant, à Ste-Anne une fois doit aller tout Breton. »

Langue et musique

La langue et la musique bretonnes connaissent un incroyable renouveau depuis une vingtaine d'années. Les grands festivals – comme le Festival interceltique de Lorient ou le Festival de Cornouaille à Quimper – y sont pour beaucoup ; néanmoins il convient d'y ajouter la fierté d'appartenir à une culture, longtemps opprimée, dont l'affirmation passe par la réappropriation de la langue et par les rassemblements festifs.

LA LANGUE BRETONNE

Du point de vue linguistique, les Bretons sont plus proches des Irlandais et des Gallois que des Français. Du 4e au 7e s., l'Armorique, à savoir la Bretagne actuelle, a donné asile aux Brittons chassés de Bretagne – la Grande-Bretagne actuelle – par l'invasion anglo-saxonne. Dès lors, le breton rivalisa avec le français, dérivé du bas latin. Il fallut le rattachement à la France au 15e s. et la Révolution pour renverser la situation en faveur du français.

On compte en fait deux Bretagne : la haute Bretagne, ou pays gallo, et la basse Bretagne ou Bretagne bretonnante. On parle français dans la première, français et breton dans la seconde. Outre la langue, cette limite, qui s'étend globalement de St-Brieuc à Vannes, reflète les traditions : c'est en effet en basse Bretagne (à l'ouest) qu'on a le plus de chances de retrouver les coutumes, contrairement à la haute Bretagne (à l'est) où il n'en reste presque plus de traces.

Plusieurs dialectes

Appartenant au groupe des langues celtiques, le breton actuel *(brezhoneg)* se décompose en quatre dialectes principaux : le cornouaillais (Sud Finistère), le léonard (Nord Finistère), le trégorrois et le vannetais. Si les trois premiers sont très proches et constituent la langue dénommée « KLT » (Kerne-Léon-Trégor), le vannetais s'en distingue, substituant notamment un « h » au « z » ; ainsi, *Breiz* (Bretagne) devient *Breih*. Pour remédier à ces différences, l'usage du « zh » a été institué pour tous les mots concernés, ce qui a par exemple donné *Breizh*, mot qu'on a souvent l'occasion de voir apposé à

PETIT LEXIQUE MUSICAL

Bagad (pluriel *bagadou*) : ensemble composé de binious, de bombardes, de caisses claires, de tambours et d'une grosse caisse.
Biniou kos ou cos : petite cornemuse traditionnelle sonnant à l'octave de la bombarde.
Biniou braz ou bras : grande cornemuse d'origine écossaise *(great highland bag pipe)*.
Bombarde : instrument à vent, ancêtre du hautbois, accompagnant toujours le biniou. Très populaire en Bretagne, il est pratiqué par des milliers de talabarders.
Cornemuse : instrument de musique à anche, composé d'un sac de cuir comportant plusieurs tuyaux sonores.
Fest-noz (pluriel *festou-noz*) : fête de nuit.
Harpe : la harpe celtique, ou harpe irlandaise, telle qu'on la voit de nos jours est directement issue de la harpe médiévale.
Kevrenn : ensemble des *bagadou* d'une ville.
Sonneur : joueur de biniou.

l'arrière des véhicules, sous forme de macaron.
Le **renouveau** de la langue bretonne ne peut échapper à l'automobiliste qui sillonne la Bretagne. Les panneaux d'entrée et de sortie d'agglomération sont doublés en breton, et la traduction s'étend désormais à la signalétique urbaine pour satisfaire les 200 000 bretonnants.

Associations et médias

Il existe même une association, l'Office de la langue bretonne *(www.ofis-bzh.org)*, qui s'attache au développement de l'usage du breton dans la vie quotidienne et dans la vie publique. Créée en 1999 par le conseil régional de Bretagne avec le soutien du ministère de la Culture, elle a pour mission d'accompagner et de conseiller toutes les personnes, organismes, entreprises ou élus qui souhaitent prendre en compte la langue bretonne au quotidien.
Aujourd'hui, les médias contribuent aussi à faire perdurer la culture bretonne. Plusieurs radios émettent en breton (Arvorig FM, Radio Kerne, Radio Bro Gwened, Radio Kreiz Breizh et France Bleu Breizh Izel). Des programmes sont diffusés sur certaines chaînes de télévision (France 3 Ouest, TV Rennes…) et il existe également une Web TV en breton *(www.brezhoweb.com)*. Concernant la presse écrite, un journal hebdomadaire (*Ya !*) et une dizaine de mensuels sont également publiés en breton. Et signe des temps, la Bretagne vient d'obtenir de l'autorité qui attribue les noms de domaines Internet le « .bzh » qui cohabite désormais avec le « .fr » et le « .com ».

MUSIQUE CELTE ET CHANSON BRETONNE

Le renouveau de la musique celtique s'est amorcé après la Seconde Guerre mondiale. En Bretagne, il a éclos avec la création de la *Bodaged ar Sonérion*, assemblée des sonneurs qui « inventa » le *bagad*, forme bretonne des *pipebands* écossais. Le plus connu aujourd'hui est celui de **Lann Bihouë**, immortalisé par la chanson d'Alain Souchon : « Tu la voyais pas comme ça ta vie… C'est pas toi qui y es, dans le bagad de Lann Bihouë. » Créé en 1956 et basé près de Lorient, il dépend toujours de la Marine nationale.

Dans les années 1970, **Alan Stivell**, formé à l'école des *festou-noz* et des *bagadou*, ressuscita la harpe celtique et s'inscrivit comme le chef de file de la nouvelle musique bretonne. Plus récemment, Dan Ar Braz (nom breton de Daniel Le Braz) a contribué à affirmer la vitalité de la musique celte actuelle. Et que dire du triomphe de l'album *Bretonne* de **Nolwenn Leroy** vendu à un million d'exemplaires ?
Héritière de très anciennes traditions mélodiques, la musique bretonne épouse aujourd'hui d'autres influences. De nombreux groupes (Alan Stivell, Tri Yann Am Naoned, Gilles Servat, Clam's, Denez Prigent, Yann Tiersen, etc.), qui se produisent lors de **festivals** réputés : les Trans Musicales et les Tombées de la nuit à Rennes, la Route du rock à St-Malo… ou encore le Festival de Cornouaille à Quimper, le Festival interceltique à Lorient, le Festival des Vieilles Charrues à Carhaix-Plouguer.

Chants populaires

En Bretagne, la langue doit aussi sa survie aux chansons populaires. Entonnées lors des pardons, des fêtes votives ou privées, elles sont longtemps restées cantonnées à l'ouest de la région, avant de se propager à nouveau après la Seconde Guerre mondiale, grâce notamment aux **sœurs Goadec**. Ce trio a remis au goût du jour l'art du *gwerziou* (la complainte) et le *kan ha diskan* ou chant et déchant (le premier chanteur entonne une phrase, répétée successivement et à l'identique par les autres). Aujourd'hui, leur art connaît un regain d'intérêt international grâce aux festivals et à la tradition du **fest-noz** (« fête de nuit »), recréation des veillées musicales paysannes. Le *fest-noz* s'est répandu dans toute la Bretagne sous l'égide du chanteur et « sonneur » **Loeiz Roparz** (1921-2007), et été inscrit en décembre 2012 par l'Unesco au patrimoine culturel immatériel de l'humanité.
Signalons enfin les chants marins entonnés lors de longues sorties en mer, dans les cafés ou dans des manifestations populaires comme le Festival du chant de marin à Paimpol *(voir p. 258)* –, une ville qui doit d'ailleurs beaucoup au succès de *La Paimpolaise* de **Théodore Botrel** dont le refrain se termine par : « J'aime surtout la Paimpolaise qui m'attend en pays breton. »

Gastronomie

Quelle que soit la raison de votre séjour en Bretagne, vous ne manquerez pas de vous asseoir devant un superbe plateau de fruits de mer, une belle assiette de poisson fraîchement pêché ou une bonne crêpe au beurre. Car la cuisine bretonne a deux caractéristiques, la simplicité et la qualité de ses produits.

LA MER ET SES DÉLICES

Autant vous mettre l'eau à la bouche tout de suite ! Palourdes farcies ou nature, langoustines et coquilles Saint-Jacques, croustilles et chaussons de crabes, huîtres creuses ou plates, homards grillés ou à la crème, crevettes et oursins… il existe mille et une façons de servir ces coquillages et crustacés, mais la meilleure reste encore l'incontournable **plateau de fruits de mer**. Il combine généralement deux variétés d'huîtres, des crevettes bouquets, des bigorneaux, des bulots et des palourdes, ainsi que des coques, des crevettes grises et un tourteau, sans oublier les langoustines en saison. On déguste le tout accompagné de citron, d'une vinaigrette à l'échalote et de pain de seigle, que l'on tartine de beurre salé ou de mayonnaise. Un must !

Parmi les incontournables du littoral nord, **l'AOC moules de bouchots de la baie du Mont St-Michel**, dont la chair onctueuse et la saveur sucrée s'apprécient de juillet à février. À cette spécialité vient s'ajouter la foule des poissons dressés sur les étals des marchés matinaux, du maquereau au bar de ligne, du rouget à la dorade…

Les algues ne sont pas oubliées et sont de plus en plus utilisées dans la cuisine, comme légume avec par exemple le haricot de mer *(Himanthalia elongata)* ou le goémon *(voir p. 339)*, mais aussi comme condiment, à l'instar de l'ouessane (*undaria*) cultivée en pleine mer autour d'Ouessant.

Le fleuron : les huîtres

Parmi les très nombreux coquillages de la côte, les huîtres font figure de stars. Classées en 12 crus, les huîtres bretonnes sont le plus souvent consommées crues, bien qu'un nombre croissant de chefs les proposent chaudes. Un impératif absolu : leur fraîcheur !

La Bretagne Nord compte à elle seule huit crus d'huîtres : **la Cancale**, élevée au rythme des grandes marées de la baie du Mont-St-Michel, présente une coquille lisse et une chair au goût de noisette ; **l'Arguenon**, du nom de l'estuaire où elle est produite, et où le mélange d'eau salée et d'eau saumâtre fait d'elle une huître charnue et iodée ; **la Fréhel** de la baie de la Fresnaye, reconnaissable à sa chair croquante et longue en bouche ; l**a Paimpol**, huître grasse et salée qui s'épanouit en pleine mer, au large de la baie de Paimpol ; **la Rivière de Tréguier**, dont les bénéfices du plancton marin donnent une huître ferme et généreuse aux notes végétales ; **la Morlaix-Penzé**, nourrie en baie de Morlaix du côté de Carantec, donne une chair moelleuse aux fines saveurs d'algues ; **la Nacre des Abers**, élevée dans les profondes rivières des abers Wrac'h et Benoît, est gorgée d'arôme d'iode et de noisette ; enfin, **la Rade de Brest**, qui doit sa chair fondante et puissante à son séjour entre estuaires et vasières riches en plancton.

Une coquille de prestige

Avec Erquy et St-Quay-Portrieux, la baie de St-Brieuc est l'épicentre de la pêche à la coquille Saint-Jacques des Côtes-d'Armor (IGP). Très réglementée, elle se pratique de la mi-octobre à avril, et se clôture par de grandes fêtes.

Afin de gérer la ressource, la campagne de pêche s'achève avant la période de reproduction, ce qui explique parfois l'absence de corail (organe reproducteur) ; seules deux sorties de 45mn sont autorisées par semaine, secret là aussi d'une fraîcheur incomparable.

TRÉSORS DE LA FERME

Comment parler de la gastronomie régionale sans évoquer les succulentes spécialités et recettes à base de porc : la saucisse bretonne, souvent associée à une galette, et, bien sûr, le fameux plat traditionnel breton, le *kig ha farz* (viande et farce), cuisiné comme

UNE RECETTE DE LA GALETTE DE SARRASIN

Ingrédients : 500 g de farine de sarrasin, 100 g de beurre salé, 2 œufs, 1/2 l de cidre. Faire un puits dans la farine, y casser les œufs, délayer avec le cidre et un peu d'eau, incorporer le beurre fondu jusqu'à l'obtention d'une pâte fluide. Laisser reposer quelques heures à température ambiante puis faire cuire à feu vif pendant 2mn. Retourner vivement, beurrer et garnir à volonté.

un pot-au-feu. Le mouton n'est pas en reste, notamment dans la baie du Mont-St-Michel avec le **pré-salé** (agneau) classé en AOC. Son goût et sa texture uniques (viande tendre et gras ferme) sont liés aux pâturages iodés sur lesquels les bêtes se nourrissent lorsque la marée se retire. Mais l'agriculture de la Bretagne Nord offre bien d'autres trésors; citons par exemple la poule coucou de Rennes, le chou-fleur et l'artichaut du pays de Léon, l'oignon rosé de Roscoff, la fraise de Plougastel ou encore le coco de Paimpol, haricot demi-sec facilement reconnaissable à sa robe jaune paille marbrée de violet.

CRÊPES, GALETTES ET GOURMANDISES

À tout seigneur tout honneur! La crêpe de froment ou de sarrasin fait les délices de tous les gourmands. Au beurre, au sucre, à la confiture, au fromage, aux œufs, au jambon, etc., elle s'accompagne de cidre ou de lait ribot (petit lait).
À l'ombre de ce monument, les amateurs de sucreries se régaleront de far et de *kouign-amann* (qui se traduit littéralement par « gâteau au beurre » et comme son nom l'indique n'est pas des plus légers), de gavottes de Dinan, d'œufs de mouettes et de patates de St-Malo ainsi que de pralines ou de parlementins de Rennes.

À CONSOMMER AVEC MODÉRATION

La boisson régionale est le cidre. Les plus réputés sont ceux produits à Fouesnant, Beg-Meil et Pleudihen-sur-Rance. Le cidre de Cornouaille, qui bénéficie d'une protection d'appellation d'origine contrôlée (AOC) depuis 1996, est connu depuis plus de mille ans, puisqu'on retrouve sa trace sur la presqu'île de Crozon en 870!

Le pommeau de Bretagne, mélange de moût de pomme et d'eau-de-vie *(lambig)*, est également produit en Cornouaille et titre 10°.
De la cervoise celtique à la bière il n'y a qu'un pas, et des brasseries bretonnes (Brasserie de Bretagne, Britt, Coreff, Lancelot, Mutine, Ste-Colombe, Tri Martolod) produisent des bières traditionnelles, mais aussi au blé noir ou à l'eau de mer...
Le seul vin breton est le muscadet, qui bénéficie de l'AOC depuis 1936. Les Nantais l'entourent d'un culte jaloux. Son cépage, le melon de Bourgogne, cultivé depuis le début du 17e s., donne un vin blanc sec et fruité, particulièrement recommandé pour la dégustation des poissons et fruits de mer.
Les apéritifs, eaux-de-vie et liqueurs ne manquent pas. Le chouchen, ou hydromel (eau-de-vie de miel), fait la fierté de Rosporden. Mais il y a aussi le bouchinot de St-Méen-le-Grand, le lambig ou fine de Bretagne, le pommeau, la liqueur de fraise et même... le whisky breton!

LES MARCHÉS, UNE TRADITION MILLÉNAIRE VIVACE

L'implantation massive des supermarchés dans les années 1970 n'a pas atteint la popularité des marchés. Depuis quelques années, grâce au retour des produits naturels et au développement de la filière bio, les marchés connaissent même un essor sans pareil. Chaque commune d'importance possède aujourd'hui un marché municipal, qui se tient parfois plusieurs fois par semaine *(voir tableau p. 20)*.
Si vous séjournez en Bretagne, ne manquez donc pas d'y effectuer vos courses, c'est la garantie de faire des rencontres et d'acheter des produits régionaux. Le plus grand marché du genre (15 ha) se tient à Rennes, chaque samedi matin, sur la place des Lices.

LES GRANDS CHEFS

Les saveurs authentiquement bretonnes se retrouvent dans l'assiette de deux chefs cuisiniers distingués, que nous vous recommandons.

À Carantec (Finistère)

Patrick Jeffroy, natif de Morlaix, est un grand amateur de voyages qui a fini par jeter l'ancre à quelques encablures de sa ville natale. Après avoir officié comme chef à l'hôtel de l'Europe à Morlaix, puis s'être installé dans son propre restaurant à Plounérin, il a ouvert les portes de son « Hôtel de Carantec » en 2000 après la rénovation totale d'une maison de 1936. Il réalise ainsi son rêve. La salle à manger panoramique, face à la magnifique baie de Morlaix, est le lieu idéal pour apprécier le registre culinaire étayé par des idées glanées sur tous les continents. Cependant, Patrick Jeffroy, qui a bénéficié d'une reconnaissance très rapide de son talent (une étoile en 2001, deux en 2002), aime travailler des produits du pays, simples comme ceux de la mer ou le sarrasin. C'est l'une des caractéristiques de sa cuisine personnalisée « terre-mer », qui ravit les palais les plus délicats.
Patrick Jeffroy - L'Hôtel de Carantec - ✆ 02 98 67 00 47.

À Plancoët (Côtes-d'Armor)

Maxime Crouzil signe, suite à son père aujourd'hui à la retraite, une cuisine fine et savoureuse. La famille est installée depuis plusieurs générations dans cette petite ville, célèbre pour son eau minérale. Maxime, après avoir fait ses classes chez les grands, a effectué son retour aux fourneaux paternels, permettant ainsi de continuer l'aventure familiale. Une aventure à laquelle il faut associer madame Crouzil qui s'occupe de l'accueil et de la décoration, raffinée et agrémentée de ses propres peintures ainsi que d'une impressionnante collection de volailles en porcelaine et faïence.
Maxime Crouzil - Maison Crouzil et Hôtel L'Écrin - 20, les Quais - ✆ 02 96 84 10 24.

Nautisme

Avec ses côtes découpées où alternent hauts caps de granit et de landes, criques secrètes et grandes plages de sable fin, avec ses baies, ses rades et ses rivières navigables, la Bretagne est une région privilégiée pour la pratique de la voile. Ses adeptes sont de plus en plus nombreux et, même si le développement des outils d'aide à la navigation la rend plus accessible, cette activité reste synonyme d'aventure, de sport, de grand air et surtout de liberté.

LA VOILE

Naviguer en Bretagne se révèle également très exigeant, notamment en raison du marnage et des courants de marée très importants sur ses côtes nord et ouest comme en témoignent les photos de tempête en mer d'Iroise, où la houle déferle sur le raz de Sein, le chenal du Four ou encore aux abords d'Ouessant. La région fabrique ainsi des générations d'excellents marins.

Les grands marins

Certes, tous les grands marins ne sont pas bretons… quoiqu'ils le soient tous un peu, tellement la Bretagne est pour eux un terrain de jeu incontournable. Et dans cet univers sans frontières, il n'y a pas un « voileux » qui ne connaisse Bernard Moitessier ou **Éric Tabarly,** l'idole des houles, disparu au large du pays de Galles en juin 1998. L'osmose entre ce dernier et ses bateaux, ainsi que sa droiture, ont ennobli l'image de la voile dans l'esprit des profanes en même

temps qu'il la démocratisait. Il laisse un souvenir impérissable et un sillage où navigue une pépinière de marins formés à ses côtés : Olivier de Kersauson, Alain Colas, Marc Pajot, Philippe Poupon, Jean Le Cam, Alain Thébault et Yves Parlier. Il a également donné son nom à la Cité de la Voile de Lorient, qui retrace l'histoire du « yaching » et de la course au large.

Des « formules 1 » de la mer

La famille des grands marins s'est nettement agrandie depuis quelques années, surtout depuis que la voile est réellement entrée dans le monde de la compétition. Grâce au financement de marques qui ont compris l'énorme force d'attraction que ce sport exerce sur les foules, des bateaux de plus en plus performants sortent des chantiers de Lorient, de Vannes ou de Nantes. Ils sont aussitôt engagés dans des courses au large souvent passionnantes, toujours éprouvantes comme la Route du Rhum qui partira de Saint-Malo en 2014, ou la Volvo Ocean Race, qui fera escale à Lorient en juin 2015. Ces « formules 1 » de la mer utilisent des matériaux à haute résistance tels le Dyneema®, le carbone ou le titane. Elles sont barrées par des vedettes comme Frank Cammas, Michel Desjoyeaux, Alain Gautier, Francis Joyon, Lionel Lemonchois, Loïck Peyron ou François Gabart.

Courses en solitaire ou en équipage et records de traversée animent le monde de la voile tout au long de l'année.

Les grandes courses

À tout seigneur tout honneur. La Bretagne est le cadre de départs ou d'arrivées de compétitions devenues prestigieuses. La plus célèbre est probablement la Route du Rhum, qui relie la pointe du Grouin à Pointe-à-Pitre à bord de monocoques et multicoques. Depuis 1978, elle a lieu tous les quatre ans ; ses vainqueurs ont pour nom Marc Pajot, Philippe Poupon, Laurent Bourgnon, Florence Arthaud, Ellen MacArthur, Michel Desjoyeaux, Franck Cammas… D'autres courses ont soulevé l'enthousiasme des foules, comme La Baule-Dakar, éprouvante à cause de la traversée du golfe de Gascogne en automne, ou Québec-St-Malo, du fait de ses baleines et ses icebergs. Citons aussi le Trophée Jules Verne, record du tour du monde en équipage, dont Ouessant marque l'extrémité sud de la ligne de départ et d'arrivée.

La régate, un sport qui se démocratise

Avec la construction en série, l'industrie nautique a délaissé l'artisanat pour produire aujourd'hui des embarcations réalisées en matériaux de synthèse,

Le port de plaisance de Perros-Guirec (Côtes-d'Armor).
Office de tourisme de Perros-Guirec

davantage résistants et faciles d'entretien, qui ont rendu cette discipline beaucoup plus accessible. En témoignent les 700 écoles de la Fédération française de voile, et les 1 000 clubs et quelque qui se répartissent sur l'ensemble de l'Hexagone. On est aujourd'hui bien loin des premières courses qui opposaient des canots de pêche vers 1850. Monocoques et multicoques de tous types sont amarrés aux pontons des ports de plaisance, et chacun rêve de participer un jour à une course, fût-elle la plus modeste d'entre toutes, ou au « Spi Ouest-France Intermarché », organisé à La Trinité-sur-Mer, qui permet aux anonymes de côtoyer certains grands noms de la voile. Près de 500 bateaux y participent chaque année.

L'encombrement des ports

Depuis les années 1960, la démocratisation de la plaisance a entraîné une hausse continue du nombre d'immatriculations de bateaux. Cette croissance pose le problème crucial du manque de places de port. La fréquentation des côtes et des zones de mouillage improvisé croît dans une même mesure, ce qui ne va pas sans une certaine dégradation des paysages et des fonds marins.
Pour pallier les atteintes à l'environnement et à la saturation des ports bretons, les autorités réfléchissent à des solutions qui permettraient de contenter les 10 000 plaisanciers en liste d'attente, tout en offrant des places d'escale pour les bateaux de passage. Il existe déjà des ports à sec à Concarneau, Lorient, St-Philibert ou Vannes. Par ailleurs, les ports de Brest, de Roscoff et du Légué, près de St-Brieuc, ont récemment converti certains bassins de commerce ou militaires en ports de plaisance.

LES VIEUX GRÉEMENTS

Tradition sur mer

Depuis la fin des années 1970, des passionnés de la mer ont entrepris de remettre en valeur des bateaux jugés périmés par la modernité. Sensibles à leur silhouette magnifique, des particuliers ou des associations décidèrent de les restaurer entièrement ou d'en construire des répliques.
Ainsi naquit un véritable engouement pour les « vieux gréements » qui, si l'on en croit les marins, procurent un plaisir inégalable à celles et ceux qui les barrent – en fait, un gréement est l'ensemble des cordages et poulies nécessaires à la manœuvre des navires à voiles.
Une passion que traduisent à merveille ces rassemblements d'envergure de voiliers

traditionnels organisés régulièrement par les grands ports. La France possède quelques bateaux de cet ordre. Le plus prestigieux, le plus grand, est le *Belem*, dont le port d'attache est Nantes. Ce trois-mâts barque (58 m de long, 1 200 m² de voilure) a été lancé dans ce port en 1896 pour transporter du cacao, du rhum et du sucre, et navigua comme « antillais » jusqu'en 1914. Entièrement restauré de 1979 à 1985, il accueille des stagiaires.
« Tonnerres de Brest », le grand rassemblement des vieux bateaux, a fêté ses 20 ans en juillet 2012. Cette manifestation témoigne de l'intérêt du grand public pour le patrimoine maritime.
Par ailleurs, les croisières proposées par certains centres nautiques sur des vieux gréements attirent aussi le visiteur.

Pour tous les goûts

– Les **goélettes**, bâtiments à deux mâts très voilées, sont mondialement connues (Brest en possède un magnifique exemplaire reconstruit, *La Recouvrance*, du nom de son quartier le plus célèbre).
– Les **bisquines**, bateaux de pêche à la ligne et au chalut, originaires de Normandie et en service à Cancale jusqu'au début du 20e s., sont probablement les plus renommées, grâce à la superbe *Cancalaise* à coque noire, qui a été entièrement reconstruite. Ces bateaux participaient à des régates qui attiraient déjà les touristes sur la Côte d'Émeraude durant la seconde moitié du 19e s.
– Également réputés, les **chasse-marée** sont des bateaux côtiers à trois mâts que l'on rencontrait près des abers; aujourd'hui, *La Belle Angèle* prouve à quel point ils tenaient bien la mer.
– Nettement plus petits, les **sinagots** étaient destinés au dragage des huîtres dans le golfe du Morbihan et en baie de Quiberon. Un des derniers exemplaires mouille dans le port de Séné, qui a donné son nom à ce type d'embarcation.
– Les **langoustiers** portent un nom plus explicite; *La Belle Étoile*, à la coque blanche et aux voiles rouges, est aujourd'hui amarrée au port de Camaret, ancien grand port langoustier.
– Les **lougres** effectuaient du cabotage, comme le *Corentin* au large de l'Odet ou le *Grand-Léjon* au large de St-Brieuc.
– Les **flambarts** naviguaient autrefois exclusivement sur les côtes septentrionales de Bretagne et servaient notamment au ramassage du goémon; on peut en revoir depuis qu'ont été lancés l'*An Durzunel* de Loguivy et l'*Ar Jentilez* de Perros-Guirec *(voir « Nos adresses » p. 284)*.
– Les **chaloupes sardinières** naviguaient, elles, sur les côtes méridionales de Bretagne; le *Telenn Mor* de Douarnenez en préserve le souvenir.
– Les **cotres** sont de petits bateaux à un seul mât. *Le Renard*, construit à l'occasion des festivités de « Brest 1992 », est la réplique du dernier bateau de Robert Surcouf, le corsaire malouin *(voir p. 83 et p. 163)*.
– Les **sloops** sont aussi de petites embarcations à mât unique qui se déclinent sous différents modèles : sloops coquilliers brestois, les forbans du Morbihan, les dragous des Côtes-d'Armor, etc.

Arts et culture

Façonnée pendant des siècles à l'écart des grands mouvements artistiques du fait de son enclavement péninsulaire, la Bretagne n'en a pas moins intégré des influences venues d'ailleurs grâce à son exceptionnelle façade maritime ouverte sur le monde. L'isolement a favorisé l'expansion de la religiosité et son cortège de richesses architecturales et coutumières, les préoccupations défensives ont produit des villes et des ports fortifiés, mais le commerce maritime a aussi importé de nouveaux dessins pour les broderies... Entre l'enclos paroissial, particularité régionale, la forteresse et la mer, les Bretons se sont constitué une culture originale et se sont illustrés dans différents arts et artisanats. De nos jours, ce dynamisme artistique transparaît non seulement dans l'intérêt porté aux arts plastiques, mais aussi dans le domaine littéraire, avec quelques auteurs d'envergure nationale.

Architecture

L'architecture bretonne peut paraître austère et massive au premier coup d'œil. Sa dureté doit beaucoup à la principale matière première des édifices : le granit. Le socle du Massif armoricain a été pioché avec pugnacité pendant des siècles par les Bretons, qui ont su à merveille marier la rudesse du matériau avec celle de leur paysage.

VILLES ET VILLAGES

Flâner dans les vieux quartiers fait partie des charmes de la région. Nombre de villes ou de bourgs ont conservé intactes des rues entières, ou tout au moins des maisons anciennes, en général magnifiquement restaurées.

Vieilles maisons

L'architecture traditionnelle des villes et des campagnes bretonnes est bien plus diverse qu'on ne l'imagine au premier abord. Au détour des villages, on croise de petites maisons de pêcheurs frappées d'une ancre de marine, des fours à pain voûtés de briques, des moulins à marée à proximité des abers, des fermes massives aux toits de chaume ou d'ardoise, en pierres apparentes à l'intérieur des terres, parfois enduites dans les régions côtières pour les protéger de l'air salin. Disséminées au bord des routes, ces curiosités ne peuvent être envisagées d'un seul coup d'œil. Si l'on veut découvrir l'archétype du village de pêcheur breton, il faut se rendre à Cancale, mais pour admirer le patrimoine balnéaire des villas de bord de mer, direction Dinard ou Carantec.

Dans les villes, le granit est bien sûr à l'honneur, mais on rencontre aussi du schiste, du grès ou du pisé (une maçonnerie de terre argileuse), ou encore une combinaison de matériaux qui rythment très élégamment le paysage urbain de villes comme Vitré ou Morlaix. Sans être rares, ces habitations ne sont pas légion.

De nombreuses maisons médiévales à pans de bois ont en effet disparu dans les grands

DE LA DÉFENSE À L'AGRÉMENT

L'aspect des forteresses bretonnes a évolué au rythme de l'histoire régionale. Des édifices d'allure médiévale comme Châteaugiron, Tonquédec ou Suscinio, construits dès le 13e s. à l'intérieur des terres, témoignent d'une époque de rivalités seigneuriales. Leurs contemporains élevés à Fougères, Vitré ou Chateaubriant, surnommés « les Marches de Bretagne », rappellent quant à eux le cordon défensif créé à l'intention du royaume de France. À partir de 1532, la Bretagne adoptant les intérêts français, le danger vient de la flotte anglaise et le littoral est fortifié.

Vauban intervient au 17e s. à Morlaix (château du Taureau) et à Belle-Île. Le Fort national protège St-Malo avec toute une série de fortins, et la citadelle de Port-Louis surveille la rade de Lorient. Les forteresses accueillent des garnisons. Dès lors, celles de l'arrière-pays, comme Josselin, libérées de leur vocation défensive, peuvent consacrer plus de moyens à leur embellissement et deviennent des lieux d'agrément, reflétant toujours la prospérité et le rang de leur propriétaire. C'est à cette époque qu'apparaissent des châteaux comme Kerjean ou Quintin, qui se parent d'emblée d'éléments décoratifs Renaissance ou classiques.

incendies du 18e s., comme celui de Rennes en 1720 *(voir p. 106)*, ou à cause des bombardements de la Seconde Guerre mondiale, notamment à Brest. Aussi les Bretons soignent-ils avec amour celles qui ont survécu, d'autant plus qu'à partir de la fin du 16e s. chaque terroir se singularisait par un type d'architecture propre. Au 18e s., à la suite d'édits interdisant le bois dans la construction, des hôtels particuliers en pierre ont remplacé ces belles demeures à détails gothiques, par trop inflammables. Les villes étant souvent closes par des murailles, il fallait aussi construire en hauteur pour trouver de la place. Apparurent alors des bâtiments classiques aux lignes plus sévères, mais qui ont toutefois su conférer un cachet élégant aux grandes villes de l'Ouest.

Les malouinières

À la fin du 17e s. et au 18e s., les armateurs de St-Malo s'étant considérablement enrichis *(voir la partie « Histoire », sur le commerce et la course, p. 83)*, des gentilhommières fleurirent dans cette campagne que l'on nomme le « Clos-Poulet », au sud-est de la ville. Bien qu'elles ne soient pas toutes de mêmes dimensions, elles présentent une architecture homogène : cheminées élancées, toits à pente raide percés de lucarnes, façades crépies de blanc, parements de granit. À ne pas manquer si l'on visite la cité des corsaires *(voir p. 157)*.

FORTERESSES ET CHÂTEAUX

Le granit breton est un matériau sévère qui ne vieillit pas. Sans les lignes générales et le mode de construction qui permettent de les différencier, il ne serait guère possible de donner un âge aux monuments. Si l'on excepte les forteresses *(voir encadré ci-dessus)*, on trouve peu de châteaux importants en Bretagne, contrairement aux édifices religieux. Cette répartition traduit parfaitement le caractère des Bretons dont tous les efforts artistiques furent dédiés à la religion.

On peut néanmoins encore admirer aujourd'hui de beaux exemples de fortifications et de châteaux.

St-Malo a conservé la totalité de la ceinture de pierre qui les enserrait.

Parmi les plus importantes forteresses, celles de **Fougères** et de **Vitré** sont particulièrement bien préservées. **Dinan** et **Combourg** ont leurs châteaux forts encore debout, tandis que **Tonquédec** offre des ruines imposantes. La sentinelle avancée du fort **La Latte** occupe un site magnifique. Et si les édifices mi-forteresses mi-palais, tel **Kerjean**, n'abondent pas, c'est que la noblesse bretonne était pauvre. On le voit, la diversité est au rendez-vous, à laquelle viennent s'ajouter les innombrables manoirs-fermes des gentilshommes campagnards qui, sans renoncer à leur rang, n'hésitaient pas à cultiver leurs terres comme des paysans.

ARCHITECTURE TECHNIQUE

Moulins à marée

Les moulins à marée existent au moins depuis le 12e s. Ils sont particulièrement abondants en Bretagne, notamment le long des rias et des fleuves soumis à de très forts marnages comme l'estuaire de la Rance. Leur nom l'indique, ces moulins ne pouvaient fonctionner sans les marées. Accolés à une digue, ils accumulaient de l'eau dans une réserve pendant les phases montantes de la marée. Au reflux, le retrait d'une simple vanne permettait d'actionner la roue et de moudre le grain. En période de mortes-eaux, les marées ne suffisaient pas à donner du travail à temps plein au minotier, qui construisait alors, sur une butte proche, un moulin traditionnel. D'allure austère et massive, les moulins à marée, aussi appelés moulins à eau bleue, constituent un superbe exemple d'architecture fonctionnelle bretonne.

Comme pour leurs homologues à vent, c'est l'arrivée du chemin de fer, de l'automobile et de la mécanisation qui a eu raison de leur activité. Les derniers ont tourné jusque dans les années 1960.

Certains moulins à marée sont encore en état de fonctionnement, comme le moulin du Prat dans la vallée de la Rance *(voir p. 194)*.

Phares

La Bretagne compte 50 phares (soit le tiers des phares français).

Les premiers critères de construction sont d'abord techniques. La portée géographique est induite par la rotondité de la terre. Plus un phare est haut, plus la rencontre du faisceau lumineux avec l'horizon est éloignée : le marin aperçoit le feu de plus loin. La portée lumineuse dépend avant tout de la puissance de la lampe, mais aussi de la composition de l'atmosphère qui se dégrade de nuit ou par temps pluvieux ou brumeux. Si la hauteur d'un phare est donc déterminée en fonction de la portée voulue (3 m de haut = 3,6 milles, 30 m = 11,5 milles, 100 m = 21 milles), sa forme l'est par l'endroit où il se trouve.

Sur terre, les phares sont presque toujours de forme carrée. En mer, ils sont systématiquement de forme cylindrique, de manière à subir le moins possible la pression que leur infligent les vagues et le vent. Pour admirer certains des plus beaux phares français, nous vous recommandons la Route des phares et le Chemin des phares, qui empruntent les routes et les sentiers côtiers de Brest à Brignogan *(se renseigner aux offices de tourisme de Brignogan-Plages et de Brest)*. En 2010, neuf phares bretons ont été classés Monuments historiques dont huit en Bretagne Nord : le phare des Héaux-de-Bréhat, à Bréhat ; le phare du cap Fréhel, à Plévenon ; le phare de Pontusval, à Brignogan-Plage ; les phares du Créac'h et du Stiff, à Ouessant ; le phare d'Eckmühl, à Penmarc'h ; le phare de l'île Vierge, à Plouguerneau ; le phare de St-Mathieu, à Plougonvelin mais aussi le grand phare de Belle-Île-en-Mer, dans le Morbihan.

Pour un panorama complet de l'histoire des phares, rendez-vous à Ouessant au musée des Phares et balises *(voir p. 352)*.

Art religieux et enclos paroissiaux

Non loin des plages et des sites géographiques les plus prisés, les villes et les campagnes protègent pieusement les témoignages artistiques de l'histoire bretonne. Profondément religieux, l'art a ici laissé des traces matérielles à la fois monumentales et originales, presque toujours taillées dans ce granit qui fait à la fois l'orgueil et la particularité de la Bretagne. Prendre le temps de s'intéresser à ces vestiges, c'est se donner toutes les chances de mieux comprendre cette « péninsule du bout du monde ».

UNE ARCHITECTURE MYSTIQUE

Neuf cathédrales, une vingtaine de sanctuaires importants, des milliers d'églises et de chapelles rurales forment un imposant ensemble de monuments religieux. La richesse et le réalisme de leurs détails traduisent encore toute la force de la foi qui animait le peuple breton.

Les cathédrales

Elles sont inspirées des grands édifices de Normandie ou d'Île-de-France, mais ne peuvent rivaliser, ni par les dimensions ni par l'ornementation, avec leurs modèles. Les ressources des bâtisseurs étaient limitées, et le granit local est une pierre dense et difficile à travailler. En outre, les difficultés de trésorerie ont prolongé les travaux de trois à cinq siècles, ce qui nous permet de repérer toutes les étapes du gothique, depuis l'arc dépouillé des débuts jusqu'à la folle exubérance du flamboyant. Enfin, la Renaissance est venue placer sa dernière touche au cœur de ces édifices dont les plus intéressants sont ceux de St-Pol-de-Léon *(voir p. 364)*, Tréguier *(voir p. 263)*, Dol *(voir p. 211)* ainsi que Quimper et Nantes.

Églises et chapelles rurales

À l'époque romane (11e et 12e s.), la Bretagne n'était pas florissante. Les sanctuaires furent donc rares, et souvent transformés aux siècles suivants. Du 12e au 17e s., le territoire se couvrit d'églises et de chapelles gothiques et Renaissance.
Jusqu'au 16e s., le plan général est un rectangle, parfois un plan en « T ». La nef est souvent sans bas-côtés et sans fenêtres, et aboutit à un chœur flanqué de chapelles, dont il est séparé par un arc de pierre.
Le chevet est plat et percé d'ouvertures. La voûte de pierre est très rare : on lui préfère une charpente lambrissée, souvent peinte et dont les entraits, les sablières et les têtes de blochets sont fréquemment sculptés. À partir du 16e s. est adopté le plan en forme de croix latine, avec un transept dont la présence efface l'arc central. Le chevet devient à trois pans et des fenêtres percent les bas-côtés.

UNE CURIOSITÉ

Les nombreuses statues qui ornent les églises bretonnes sont de véritables portraits et des documents de premier ordre pour l'histoire du costume. Le groupe trinitaire de sainte Anne, la Vierge et l'Enfant se retrouve assez fréquemment en Bretagne. Cette figuration, assez courante en Europe centrale, est relativement rare en France.

L'enclos paroissial de Guimiliau (Finistère).
B. Merle / Photononstop

On est surpris aujourd'hui de découvrir, dans des solitudes désolées, des chapelles qui feraient l'orgueil de localités importantes. Des édifices comme celui de N.-D.-du-Folgoët *(voir p. 332)* illustrent bien la foi des petits pays bretons de l'époque. Cependant, il est malheureusement assez courant de voir des chapelles modestes plus ou moins à l'abandon.

Les clochers

Ces bâtiments symbolisaient à la fois la vie religieuse et la vie municipale. Les populations y plaçaient toute leur fierté, et c'était un châtiment terrible de voir un souverain mécontent les abattre. Le type le plus fréquent est le clocher-pignon, plus léger et moins coûteux que le clocher classique. On y accède par des marches extérieures ou par des escaliers logés dans les tourelles qui le flanquent.

Les porches

Dans les églises bretonnes, un porche important s'ouvre sur le côté sud. Il a fréquemment servi de lieu de réunion pour les notables de la paroisse qui prenaient place sur les bancs de pierre garnissant les murs. Souvent, une double rangée d'apôtres le décore. On les reconnaît à leurs attributs : saint Pierre tient la clef du paradis ; saint Paul, un livre ou une épée ; saint Jean, un calice ; saint Thomas, une équerre ; saint Jacques le Majeur, un bâton de pèlerin ; saint Matthieu, une hachette ; saint Simon, une scie ; saint André, une croix ; saint Barthélemy, un couteau.

LE MOBILIER RELIGIEUX

Du 15e au 18e s., une armée de sculpteurs bretons a fourni aux églises divers éléments : chaires, stalles, buffets d'orgues, baptistères, clôtures de chœur, jubés, poutres de gloire, retables, niches à volets, confessionnaux, saints sépulcres et statues… On ne s'étonnera pas de constater au cours des visites que ces œuvres présentent un caractère plus abouti que les figures des calvaires. Il est en effet beaucoup plus aisé de travailler le chêne, le châtaignier ou l'albâtre que le granit.

Jubés et poutres de gloire

Nombreux dans les églises bretonnes, les jubés sont souvent d'une richesse inouïe. Quelques-uns sont sculptés dans le granit, mais la plupart, et c'est une des originalités de la Bretagne, sont en bois. Variée, la décoration diffère sur leurs deux faces, car le jubé sépare le chœur de la partie de l'église réservée aux fidèles et complète les clôtures latérales du chœur. Par ailleurs, le jubé sert à la prédication et à la lecture des prières, qui sont faites du haut de sa galerie supérieure. En général, il est surmonté d'un crucifix, entouré des statues de la Vierge et de saint Jean, qui font face à la foule. La poutre de gloire, ou tref, est à l'origine du jubé. Afin de l'empêcher de fléchir, on fut amené à la soutenir par des supports qui firent place à une clôture plus ou moins ouvragée. Décorée habituellement de scènes de la Passion (elle porte toujours le groupe du Christ entouré de la Vierge et de saint Jean), on la trouve surtout dans les petites églises et les chapelles.

Les retables

Nombreuses, surchargées, les œuvres Renaissance se retrouvent dans les fonts baptismaux et les chaires à prêcher, transformés en vrais petits monuments. Mais le cas le plus intéressant est celui des retables. À l'origine, l'autel primitif n'est qu'une table. Petit à petit, il va perdre en simplicité et atteindre des dimensions étonnantes. Du 12e au 14e s., les autels s'ornent d'un gradin peu élevé, le retable est de même longueur que l'autel, puis, la sculpture s'en empare et on voit apparaître des scènes extraites de la Passion. À partir du 15e s., l'autel est envahi de colonnes torses, de frontons et de niches ornées de statues et de panneaux sculptés, qui trouvent leur plein épanouissement au 17e s.

Le retable, dont le sujet principal s'est perdu parmi les angelots et les guirlandes, en arrive à occuper la totalité de la chapelle réservée à l'autel. Le paroxysme ornemental est même atteint lorsque, ne faisant qu'un avec les retables des autels voisins, il orne toute la muraille du chevet : c'est le cas à **Ste-Marie-du-Ménez-Hom** dans le Finistère Sud.

Citons aussi ceux de Guimiliau *(voir p. 387)*, Lampaul-Guimiliau *(voir p. 388)* et Commana *(voir p. 392)*.

La dévotion au Rosaire, que l'on doit au dominicain breton Alain de La Roche (15e s.), donna lieu, à partir de 1640, à l'érection de maints retables dans lesquels la Vierge est représentée remettant le chapelet à saint Dominique et à sainte Catherine de Sienne.

Arbre de Jessé et Mise au tombeau

Un grand nombre de niches à volets renferment un Arbre de Jessé. Jessé, qui appartenait à la tribu de Juda, eut un fils, David, de qui descend la Vierge Marie. Il est généralement représenté couché. Dans ses entrailles plongent les racines de l'arbre dont les rameaux portent, dans l'ordre chronologique, les rois et les prophètes, ancêtres du Christ.

La Vierge, au centre, figure la tige qui porte la fleur : Jésus. Voyez l'arbre de La Trinité-Porhoët, non loin de Ploërmel.

La Mise au tombeau, ou Saint-Sépulcre, groupe souvent sept personnages autour du Christ mort. Si elle est souvent traitée sur les calvaires, elle est rarement présente dans les églises, sauf à Lampaul-Guimiliau *(voir p. 388)* et à St-Thégonnec *(voir p. 385)*, où elles sont remarquables.

Vitraux

Si les peintures et les fresques sont rares, les verrières sont en revanche assez nombreuses.

Souvent inspirées par l'art italien ou flamand, elles se caractérisent toujours par une facture bretonne. La cathédrale de **Dol** en possède une très belle du 13e s. Les plus beaux exemples datent des 14e, 15e et 16e s., et sortent des ateliers de Rennes, Tréguier et Quimper ; on peut en voir à N.-D.-du-Crann et à St-Fiacre du Faouët.

Au 20e s., la restauration ou la création de nombreuses églises et chapelles a permis de parer ces édifices de nouveaux vitraux éclatants, souvent non figuratifs.

Une myriade de fontaines

Les fontaines liées au culte de l'eau sont innombrables en basse Bretagne. La plupart d'entre elles sont des **fontaines guérisseuses comme** celle de Pendréo *(voir p. 294)*. Presque tous les lieux de pardons possèdent une fontaine où vont boire les fidèles, comme celle de la basilique St-Folgoët (*voir p. 332*).

Elle est placée sous la protection d'un saint ou de la Vierge, dont les statues s'abritent dans de petits sanctuaires, tantôt frustes, tantôt ornés. Dans les lieux de pèlerinage importants, comme **Ste-Anne-d'Auray**, la fontaine a été aménagée de façon moderne, avec vasques, bassins et escaliers.

LES ENCLOS PAROISSIAUX

Une particularité bretonne : l'enclos paroissial est l'ensemble monumental le plus typique que l'on rencontre dans les bourgs. Il s'ouvre habituellement par une porte triomphale donnant accès à l'église, au calvaire et à l'ossuaire ; il permettait à la vie paroissiale de rester étroitement attachée à la communauté des morts, puisque l'enclos avait le cimetière pour centre. Souvent édifiée à proximité d'une source, une fontaine accompagne couramment l'ensemble architectural. À l'heure où la Bretagne s'enrichit notamment grâce au commerce maritime, une émulation entre villages voisins explique la richesse des enclos qui ont surgi en basse Bretagne à la Renaissance et au 17e s.

Portes triomphales et ossuaires

La porte monumentale ou porte des Morts, généralement très décorée, est traitée en arc de triomphe pour symboliser l'entrée du Juste dans l'immortalité.

Les portes latérales voient leur passage barré par une pierre haute, l'échalier ; cette clôture est symbolique car elle n'en empêche pas le franchissement.

Dans les petits cimetières bretons d'autrefois, les corps étaient exhumés pour laisser la place aux nouveaux défunts. On entassait les ossements dans des réduits que l'on élevait contre l'église ou le mur du cimetière. Ces ossuaires sont ensuite devenus des bâtiments isolés, et leur exécution devint plus soignée. Ils ont pris la forme de reliquaires et ont servi de chapelles funéraires.

Les calvaires

Ces petits monuments de granit regroupent autour du Christ en croix des épisodes de la Passion.

UNE HISTOIRE ÉDIFIANTE

Sur plusieurs calvaires (Plougastel-Daoulas, Guimiliau) figure l'histoire de Catell-Gollet (Catherine perdue). Cette jeune servante avait dissimulé en confession ses écarts de conduite, puis avait dérobé une hostie consacrée pour la donner au diable, qui avait pris les apparences de son amoureux. Elle fut donc condamnée aux flammes éternelles…

Nombre d'entre eux furent érigés pour conjurer la peste de 1598 ou, après sa disparition, en tant qu'action de grâces. Ils servaient à l'instruction religieuse : tout en prêchant, le prêtre désignait les scènes qu'il racontait. Le plus ancien des calvaires existants est celui de Tronoën (fin 15e s.) ; les plus célèbres sont ceux de Guimiliau, avec 200 personnages *(voir p. 387)*, Plougastel-Daoulas *(voir p. 396)* et Pleyben.

Si la sculpture est généralement fruste et naïve, c'est qu'il s'agit essentiellement d'un art de tailleurs de pierre villageois. Mais quel sens admirable de l'observation avaient ces artistes anonymes ! L'expression de la vie y est souvent saisissante. Ils choisissaient les scènes au gré de leur inspiration, sans les grouper de façon chronologique. Certaines se reconnaissent facilement, d'autres sont traitées plus sommairement.

Les calvaires ont eu pour prédécesseurs les croix de chemin. Elles étaient très nombreuses, mais beaucoup ont été détruites.

Peinture

Dès le 19e s., les artistes ont trouvé en Bretagne une source d'inspiration inépuisable. Peintres et graveurs ont sillonné le littoral, de la baie du Mont-St-Michel au golfe du Morbihan, à la recherche des secrets de la lumière et des couleurs, tandis que faïenciers et céramistes se sont plutôt tournés vers les sujets ethniques et culturels.

L'ÉCOLE DE PONT-AVEN

« Un petit trou pas cher », c'est ainsi qu'un ami peintre décrit le bourg de Pont-Aven à **Paul Gauguin**. En 1886, ce dernier a alors 38 ans et décide de troquer la vie bourgeoise contre la vie de bohème que lui promet la peinture. Construite au bord de l'Aven, la petite ville est connue pour ses moulins et l'activité portuaire induite par les minoteries. Les alentours, riches en églises, en champs couverts de meules jaunes ou de mégalithes épars, attirent déjà un cortège de peintres académiques, attirés par l'exotisme régional.

Gauguin, bientôt suivi par un large groupe d'amis, fait exploser leur vision stricte de l'art pictural. Leur courant, bientôt baptisé d'école de Pont-Aven, porte d'abord le nom de « synthétisme ». Les couleurs sont vives, couchées en aplats, les contours et les formes sont simplifiés et les visages souvent dépourvus de traits : le style de Pont-Aven s'affirme comme une nouvelle vision artistique de la nature. Émile Bernard et Paul Gauguin, les fondateurs, sont bientôt rejoints par le jeune Sérusier, Maurice Denis, Armand Seguin et par des peintres étrangers informés par la critique parisienne saluant la naissance du mouvement.

Le groupe, dont la tranquillité est perturbée par l'affluence de curieux, s'installe au Pouldu. Gauguin, lui, part dans le Pacifique chercher d'autres voies picturales. Il fait son dernier séjour breton en 1894. Pont-Aven jouit toujours de la renommée aquise grâce au peintre.

Bien plus tard, **Yves Tanguy** (1900-1955) qui a en partie grandi à Locronan et à Plestin-les-Grèves, deviendra le plus grand peintre surréaliste français, et ses toiles doivent beaucoup aux paysages chaotiques de la Bretagne.

L'ART CONTEMPORAIN

Le **Frac Bretagne** (Fonds régional d'art contemporain), situé à Rennes, a rassemblé depuis 1981 plus de 4000 œuvres, qui sont exposées régulièrement dans les quatre départements bretons. Outre un centre de documentation

et un service éducatif destiné à familiariser les plus jeunes à l'art, il publie aussi régulièrement des monographies d'artistes régionaux et des catalogues collectifs. La région compte aussi 3 centres d'art contemporain labellisés, La Criée à Rennes, Le Quartier à Quimper et La Passerelle à Brest.
Notez que toutes les grandes villes de Bretagne possèdent des centres d'art contemporain. Le musée des Beaux-Arts de Rennes ouvre ainsi régulièrement ses portes à des plasticiens locaux, alors que La Passerelle, à Brest, est un centre d'art plus ouvert sur la danse, la musique et la poésie. Afin de ne pas se laisser enfermer dans le cadre de son école historique, la ville de Pont-Aven s'est dotée depuis 2004 d'un **Centre international d'art contemporain**. Son but est de promouvoir l'innovation grâce à des pensions et à des masters classes : dans le domaine des arts plastiques, bien sûr, mais aussi en musique, en danse et en poésie. Les œuvres sont exposées ou jouées toute l'année.
Si vous êtes amateur de sculptures, ne repartez pas sans avoir visité l'atelier du sculpteur Pierre Manoli, installé sur la rive gauche de la Rance, à La Richardais (*voir p. 198*).
Enfin, certains lieux de cultes désacralisés accueillent des expositions temporaires d'œuvres contemporaines. C'est le cas notamment de diverses chapelles du Léon, dans le cadre de la manifestation annuelle intitulée « Art contemporain et patrimoine religieux dans les chapelles du Léon » (*voir p. 344*).
La mer aussi contribue au renouveau artistique régional grâce à une nouvelle utilisation des bois d'épaves. S'ils sont recherchés depuis des siècles par les Bretons du littoral pour la manufacture de mobilier, les bois flottés rejetés sur la laisse de mer (accumulation des détritus naturels rejetés par la mer) sont désormais récoltés et retravaillés par des artistes du cru.

Artisanat d'art

LE MOBILIER

Pendant des siècles, les artisans bretons ont exécuté lits clos, buffets, vaisseliers, armoires et gaines d'horloges selon des modèles identiques, ne différant d'une pièce à une autre que par de petits détails d'ornementation. Ce caractère répétitif les a portés à une grande maîtrise de leur art.
Le **lit clos**, pièce essentielle du mobilier breton, permettait de se protéger du froid mais aussi de s'isoler dans la grande pièce commune. Le lit est généralement fermé par deux portes coulissantes ; par une seule grande porte dans le Léon, par d'épais rideaux dans la région d'Audierne ou le Morbihan. Il se complète toujours d'un banc-coffre où l'on rangeait le linge.
Une riche ornementation les décore : des fuseaux, des guirlandes, des motifs religieux dont le monogramme du Christ ou le cœur chouan (cœur surmonté d'une croix), des figures géométriques, juxtaposées ou entrelacées, appelées décorations « au compas ». Ces motifs se retrouvent aussi sur les **armoires**, souvent coiffées d'une corniche plate débordante, ou parfois à double cintre comme dans le bassin de Rennes. Le **coffre** a également joué un rôle important : il abritait le linge ou le grain destiné à l'usage ménager.

LA FAÏENCE

Relevant davantage de l'art décoratif que du mobilier, la faïence en était pourtant un accessoire indissociable. La faïence de Quimper, la plus renommée, s'est enrichie au fil des siècles de nombreux apports qui ont à diverses reprises relancé cette production, marquant son évolution et témoignant de sa créativité. Un savoir-faire transmis de siècle en siècle aux « peinteurs » quimpérois a fait de cette ville le foyer d'une production dont l'originalité réside dans la diversité des styles.

C'est aux environs de 1840 qu'apparaissent les faïences à sujets bretons (avec notamment le fameux « petit Breton », personnage caricatural qui va détrôner les décors traditionnels), et que débute leur industrialisation. Créées par Alfred Beau (1829-1907), la série des « scènes bretonnes » inspirées de contes et de gravures, et, plus tard, celle des « légendes bretonnes » connaîtront un vif succès.

L'ORFÈVRERIE

C'est aux 14e et 15e s. que l'orfèvrerie bretonne a connu ses périodes les plus fastes. Les commandes étaient alors surtout religieuses, avec des pièces magnifiques, notamment les reliquaires. Nombre d'entre elles ont été fondues pour financer des guerres. Malgré ces pertes, la Bretagne recèle encore de très belles pièces dues à des artistes locaux, notamment du côté de Morlaix et de Vannes, où elles ont été jalousement mises à l'abri des convoitises. On en verra toutefois à Carantec, à St-Jean-du-Doigt, à Paimpont, etc.

LA BRODERIE

La broderie apparaît en Bretagne après la Révolution française. Avant, les matériaux (fil de soie, perles, velours…) étaient si chers que seuls les plus riches pouvaient se les offrir. Au 19e s., les costumes régionaux connaissent un développement extraordinaire : on n'en comptait pas moins de 1 200 différents en Bretagne !

Les ornements brodés, tant sur les costumes que sur les coiffes, étaient propres à chaque pays et permettaient de les identifier grâce aux points et aux motifs (floraux pour le pays de l'Aven, broderies orange et jaune pour le pays bigouden…). Presque disparue avec les confréries de brodeurs dans l'Entre-deux-guerres, l'activité perdure aujourd'hui de manière artisanale et connaît même un regain d'intérêt lié à l'essor de la culture celtique.

Légendes et littérature

D'est en ouest et du nord au sud, la Bretagne regorge de récits merveilleux. Croyances, rituels et contes ont ainsi créé au fil des siècles tout un univers, folklorique pour les uns, mystérieux pour les autres. Les légendes ont surtout su conserver la fraîcheur de mythes très anciens qui n'ont pas été sans imprégner la vie littéraire bretonne, du Moyen Âge à nos jours.

UNE TERRE DE LÉGENDES

La Table ronde

Après la mort du Christ, Joseph d'Arimathie, un de ses disciples, quitte la Palestine en emportant quelques gouttes du sang divin dans la coupe où le Rédempteur a bu lors de la Cène. Il débarque en Bretagne, séjourne en forêt de Brocéliande, l'actuelle forêt de Paimpont, puis disparaît sans laisser de traces.

Au 6e s., le roi Arthur et 50 chevaliers entreprennent de retrouver la précieuse coupe. Elle constitue à leurs yeux le **Saint-Graal**, que seul pourra conquérir un guerrier au cœur pur.

Cet homme idéal est Perceval (devenu le Parsifal de Wagner).

Le chêne des Hindre, dans la forêt de Brocéliande, aujourd'hui de Paimpont, (Ille-et-Vilaine).
Ph. Manguin / MICHELIN

La recherche du Graal a donné naissance à d'inépuisables récits d'aventures médiévaux qui forment le cycle de la Table ronde. Ronde parce qu'Arthur et ses chevaliers s'assemblaient autour d'une table qui, par sa forme, supprimait toute préséance.

Merlin et Viviane

Un des compagnons du roi Arthur, Merlin l'Enchanteur, vient en forêt de Brocéliande. Dans sa retraite, il rencontre Viviane et tombe amoureux de la fée ! Pour garder plus sûrement Merlin, Viviane lui soutire un à un ses secrets et l'enferme dans un cercle magique. Il pourrait certes se libérer, mais il accepte avec joie, et pour l'éternité, cette captivité amoureuse.

Tristan et Iseult

Tristan, prince de Léonois envoyé par son oncle Mark, roi de Cornouaille, ramène d'Irlande Iseult, que Mark va épouser. Sur le navire, Tristan et Iseult boivent par erreur le philtre destiné à lier d'un amour inaltérable Iseult à son époux. La passion éclate dans les deux cœurs. Les récits font varier les dénouements : tantôt Tristan est tué par Mark, ulcéré de sa trahison ; tantôt il se marie et meurt dans son château de Bretagne.
À chaque fois, Iseult le suit invariablement dans la tombe. L'opéra de Wagner et le livre de Joseph Bédier ont célébré ce drame de l'amour.

La ville d'Ys

Au temps du bon roi **Gradlon**, vers le 6e s., Ys est la capitale de la Cornouaille : la baie des Trépassés et la baie de Douarnenez en revendiquent les vestiges. La ville est protégée de la mer par une digue, et le roi garde toujours sur lui la clef d'or qui ouvre les écluses.
Sa fille, la belle Dahut, appelée encore Ahès, mène une vie de débauche et rencontre le diable sous la forme d'un séduisant jeune homme. Comme preuve d'amour, celui-ci lui demande d'ouvrir les portes des écluses. Dahut dérobe la clef pendant le sommeil de son père et bientôt la mer se rue dans la ville. Gradlon fuit à cheval, sa fille en croupe. Mais les vagues s'apprêtent

à l'engloutir lorsqu'une voix céleste lui ordonne, s'il veut être sauvé, de jeter à l'eau le démon accroché à lui. Le cœur serré, le roi abandonne sa fille aux flots qui se retirent aussitôt. Mais Ys est détruite.
Gradlon, qui choisit Quimper comme nouvelle capitale, finira ses jours en odeur de sainteté, guidé par saint Corentin. Quant à Dahut, changée en sirène, elle est devenue Marie-Morgane et entraîne depuis lors au fond de la mer les marins attirés par sa beauté. Il en sera ainsi jusqu'au vendredi de la Croix où la messe du rachat sera célébrée dans la cité engloutie. Alors Ys cessera d'être maudite et Morgane reprendra sa forme initiale.

LA VIE LITTÉRAIRE

Moyen Âge et Renaissance

Aucune œuvre rédigée en vieux breton n'ayant été conservée, seuls ont traversé les siècles des ouvrages en latin, ayant le plus souvent pour thèmes l'histoire de l'Église ou de la Bretagne, la morale et la vie des saints.
D'un côté, la littérature bretonne disparue a inspiré le cycle arthurien ; de l'autre, il nous reste des écrits de moines.
La grande figure médiévale est **Pierre Abélard** (1079-1142), brillant philosophe, natif du Pallet, près de Nantes, qui fut abbé de St-Gildas-de-Rhuys. Il y reçut la correspondance passionnée de la jeune Héloïse, épousée secrètement, et relata l'histoire de ses malheurs. On peut citer aussi **Guillaume Le Breton** (1165-1226), poète et historiographe de Philippe Auguste, auteur de douze volumes de *Philippide* où il exalte les événements du règne avec patriotisme.
Ce n'est qu'aux 15e et 16e s. qu'on cerne une véritable école d'historiens et de poètes, née après la création de l'université de Nantes au 15e s.

Aux 17e et 18e siècles

Bretonne par alliance, **Mme de Sévigné** (1626-1696) a, de son château des Rochers-Sévigné, daté maintes lettres décrivant Rennes, Vitré, Vannes et Port-Louis où elle a fait « le plus joli voyage du monde ». **Alain René Lesage** (1668-1747), spirituel auteur de *Gil Blas*, connut le succès avec ses œuvres réalistes où il transposa des souvenirs de son Vannetais natal. Élie Fréron s'est illustré à travers ses démêlés avec Voltaire, et fut le brillant directeur du périodique parisien, *L'Année littéraire*.

Du romantisme aux romans du terroir

« Il inventa la mélancolie et la passion moderne. » Cette opinion de Théophile Gautier souligne à quel point **François René de Chateaubriand** (1768-1848) a eu un rayonnement immense. Sa sensibilité, son éloquence passionnée, servies par un talent et un style brillants, expliquent l'influence qu'il exerça sur ses contemporains. Ses *Mémoires d'outre-tombe* évoquent son enfance à St-Malo et sa jeunesse au château de Combourg.
Royaliste et théocrate, **Lamennais** (1782-1854) devint un démocrate convaincu. L'évolution de sa philosophie se reflète dans ses œuvres, de l'*Essai sur l'indifférence* au *Livre du peuple* paru en 1837. Philologue, historien et philosophe, **Ernest Renan** (1823-1892) fut un esprit critique professant une foi absolue dans la science. Il écrivit de nombreux ouvrages parmi lesquels ses *Souvenirs d'enfance et de jeunesse* rappellent sa Bretagne natale. La jeunesse et la famille ont aussi été les thèmes de prédilection de **Zénaïde Fleuriot** (1829-1890) dont les romans ont été publiés dans la seconde moitié du 19e s.
Probablement moins puissants, mais fidèles interprètes du terroir,

quelques auteurs, nés ou ayant séjourné en Bretagne Nord, ont bien traduit la pensée bretonne : le conteur **Émile Souvestre** (1806-1854) qui écrivit *Les Derniers Bretons*; le chantre du cidre **Frédéric Le Guyader** (1847-1926); le folkloriste et poète **Anatole Le Braz** (1859-1926) avec *Les Légendes de la mort*; le romancier **Charles Le Goffic** (1863-1932), également poète avec *L'Amour breton*; le chansonnier **Théodore Botrel** (1868-1925) qui célébra *Les Chansons de chez nous* et *Les Chants du bivouac*.

Quelques auteurs célèbres des 19e et 20e s.

Parmi le grand nombre d'auteurs que l'on pourrait citer ici, signalons les poètes symbolistes **Villiers de L'Isle-Adam** et **Tristan Corbière** (1845-1875), ou encore le romancier **Paul Féval** (1817-1887), auteur du *Bossu*. **Pierre Loti** mérite d'être mentionné pour *Mon frère Yves* et *Pêcheur d'Islande* qui a Paimpol pour cadre. Enfin, il faut évoquer le poète surréaliste **Saint-Pol-Roux** (1861-1940), dit « le Magnifique », Marseillais mais Breton de cœur; le romancier et nouvelliste **Jakes Riou** (1899-1937), auteur de *Nominoé* qui écrivait en breton; le journaliste, essayiste et écrivain **Louis Guilloux** (1899-1980), originaire de St-Brieuc (ville qui apparaît souvent en filigrane dans *Le Sang noir*, *Le Pain des rêves* et *Le Jeu de la patience*).

Littératures d'aujourd'hui

Peu d'auteurs ont autant célébré la Bretagne qu'**Henri Queffélec** (1910-1992). Son roman le plus populaire reste *Un recteur de l'île de Sein*, adapté au cinéma en *Dieu a besoin des hommes*. Son fils **Yann** a brillamment pris la relève et a reçu d'ailleurs le prix Goncourt en 1985 pour son roman *Les Noces barbares*. Il faut également citer **Alain Robbe-Grillet** (1922-2008) : né à Brest, le « pape du nouveau Roman » a quelque peu puisé dans le fonds des légendes bretonnes (malicieusement détournées bien entendu !) pour son livre de « mémoires » *Le Miroir qui revient...*

Pierre Jakez Hélias (1914-1995) a consacré son œuvre à la Bretagne, publiant plus de 60 ouvrages, dont *Le Cheval d'orgueil*, publié en breton sous le titre *Marh*.

Glenmor (1931-1996), de son vrai nom Émile Le Scanff ou Milig ar Scanv, fut un inlassable défenseur de la culture bretonne. Ce chanteur a laissé de nombreux disques et recueils de poèmes.

Irène Frain, née en 1950 à Lorient, est une romancière et historienne parmi les plus lues du grand public. Elle a reçu le Grand prix du roman historique en 2009 pour *Les Naufragés de l'île Tromelin*.

Littérature, essais, contes et récits, BD : les auteurs bretons publient chaque année plusieurs centaines d'ouvrages, dont beaucoup sont désormais aussi édités en langue bretonne (le catalogue de Coop Breizh est riche de centaines de titres). Le dynamisme littéraire de la région se mesure aussi à la popularité de festivals comme **Les Étonnants Voyageurs**, lancé en 1990, à St-Malo, par **Michel Le Bris**, romancier, philosophe et cofondateur du quotidien *Libération* (entre autres), né à Plougasnou en 1944; ou encore le festival Quai des Bulles consacré à la BD. À **Bécherel, cité du livre**, les événements littéraires ne manquent pas avec en point d'orgue sa Fête du livre.

Claire Bretécher, née en 1940, est une dessinatrice de BD rendue célèbre notamment par ses albums *Agrippine* ou *Les Frustrés*.

ABC d'architecture

Les dessins présentés dans les planches qui suivent offrent un aperçu visuel de l'histoire de l'architecture dans la région et de ses particularités. Les définitions des termes d'art permettent de se familiariser avec un vocabulaire spécifique et de profiter au mieux des visites des monuments religieux, militaires ou civils.

ST-BRIEUC – Plan de la cathédrale St-Étienne (13e et 14e s.)

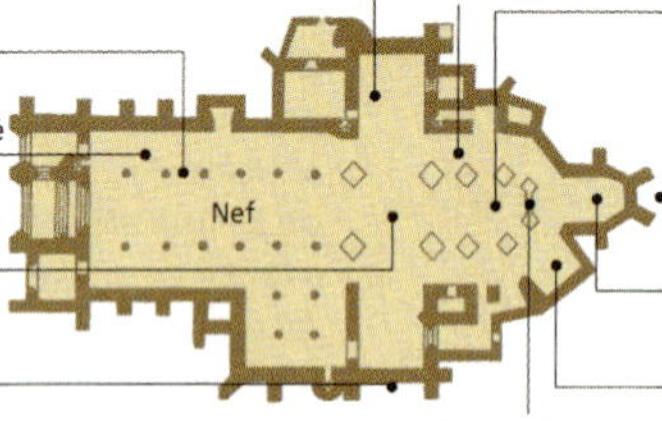

ST-POL-DE-LÉON – Élévation des deux premières travées Nord de la nef de l'ancienne cathédrale (13e et 14e s.)

DINAN – Porche à trois arcs de la basilique St-Sauveur (12e s.)

R. Corbel/MICHELIN

QUIMPER – Cathédrale St-Corentin (13e au 19e s.)

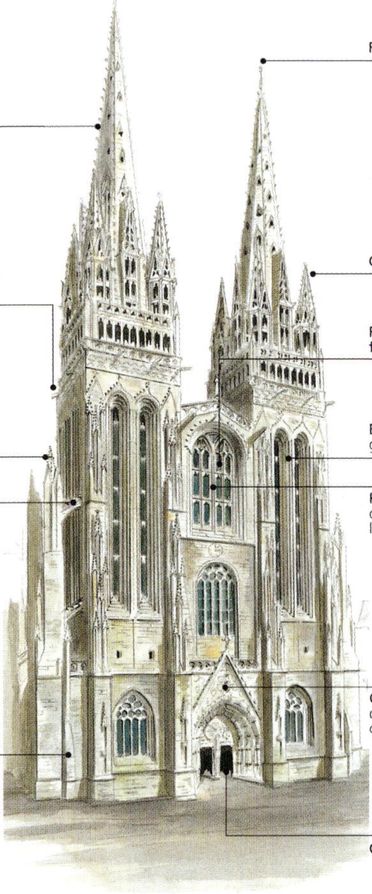

COMMANA – Retable Ste-Anne (1682-1691) dans l'église St-Derrien

Placé derrière l'autel et le surmontant verticalement, le retable de Commana est un véritable joyau de l'art baroque en Bretagne.

PLOUGASTEL-DAOULAS – Calvaire (17e s.)

Véritables pages d'évangile figées dans la pierre, les scènes de la vie de Jésus, sculptées sur le calvaire, permettaient au prédicateur d'illustrer son propos.

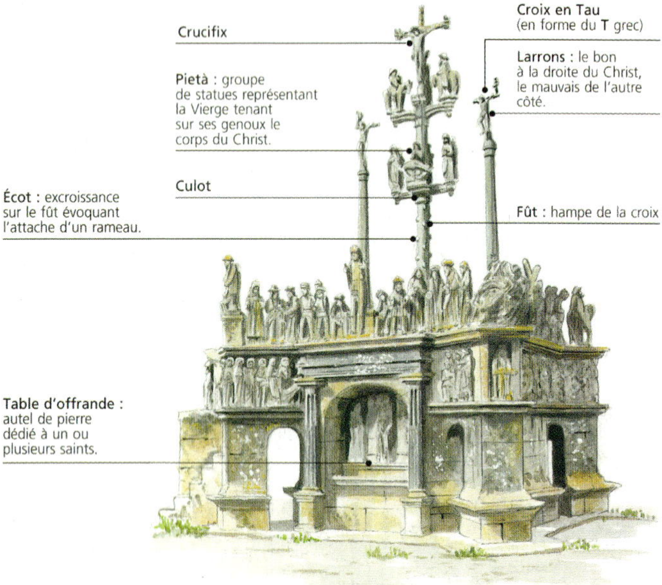

ST-THÉGONNEC – Porte triomphale de l'enclos paroissial (17e s.)

La « porte des morts », porte cochère très ouvragée marquant la frontière entre la vie profane et le monde spirituel, était réservée aux processions religieuses ou aux convois funèbres.

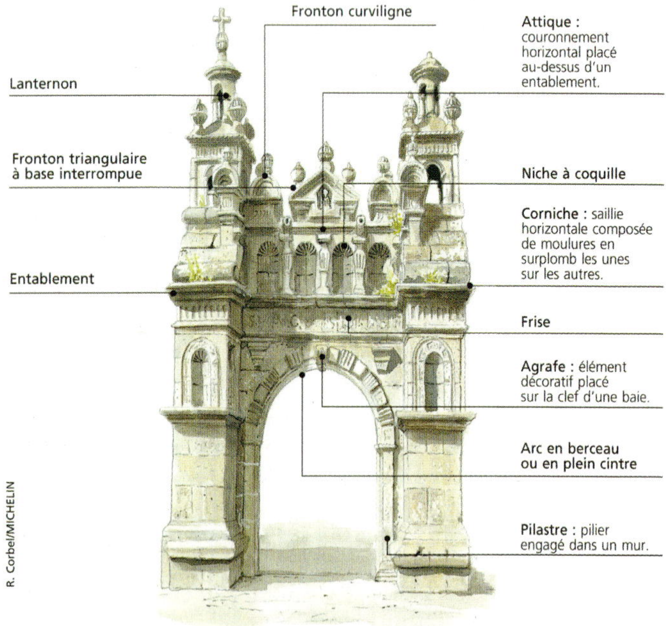

ARTS ET CULTURE

FORT LA LATTE – Château fort (14e s.)

Dominant la mer de plus de 60 m, ce fort du 14e s. remanié au 17e s. et restauré au 20e s. a conservé un aspect médiéval.

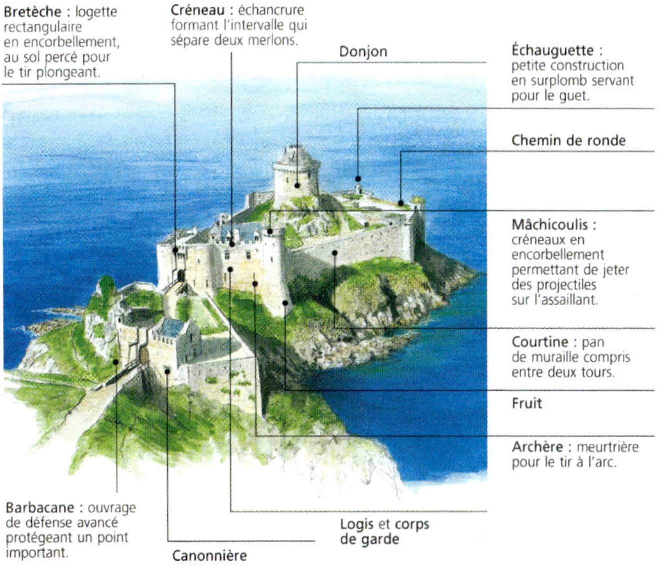

BELLE-ÎLE-EN-MER – Citadelle Vauban (17e s.)

Construite au 16e s., la citadelle de Belle-Île fut entièrement remaniée par Vauban au 17e s. Particulièrement bien conservée, elle est un témoin remarquable de l'architecture militaire classique.

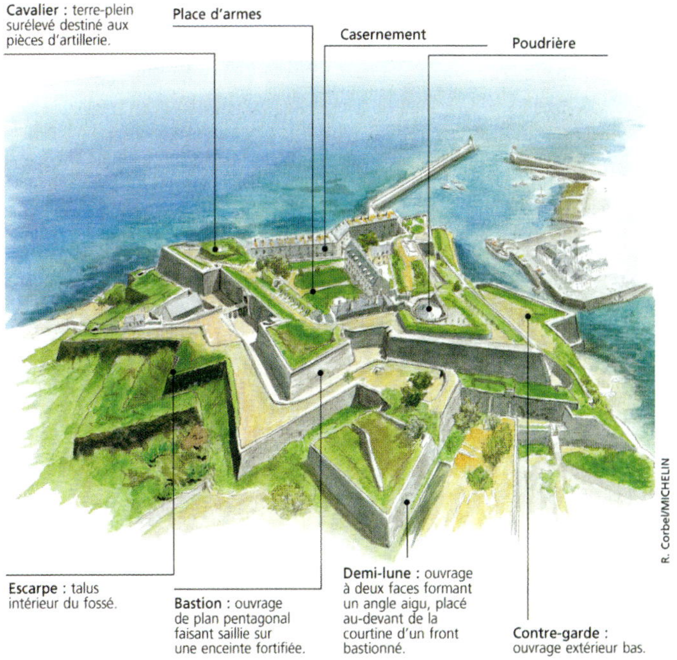

JOSSELIN – Façade intérieure du château (1490-1510)

Élevée tout au début du 16e s., cette magnifique façade sur cour montre l'exubérance, la fantaisie et la richesse des lucarnes sculptées à la mode de la Renaissance.

RENNES – Hôtel de ville (1730-1742)

Construit par l'architecte Jacques Gabriel ; le creusement central au niveau du beffroi produit un effet de mise en scène théâtral, typiquement baroque.

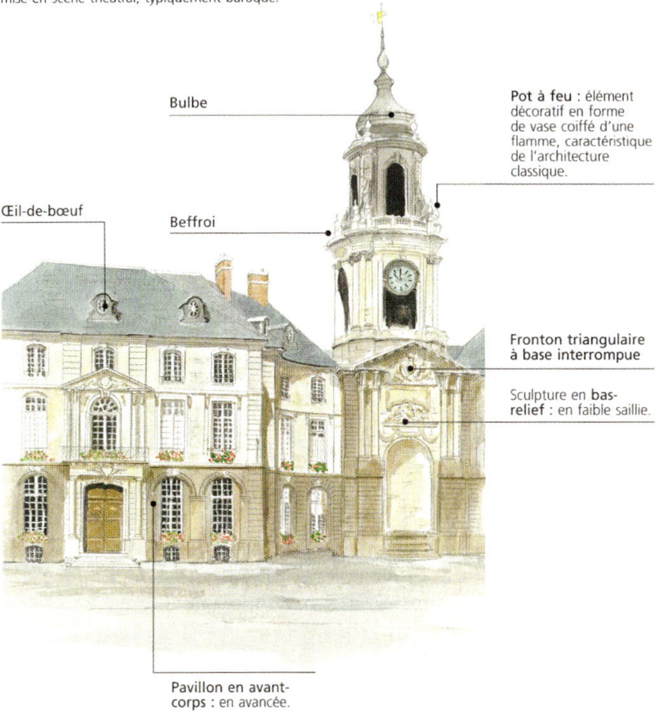

JOSSELIN – Maison « Lovys Piechel » (1624)

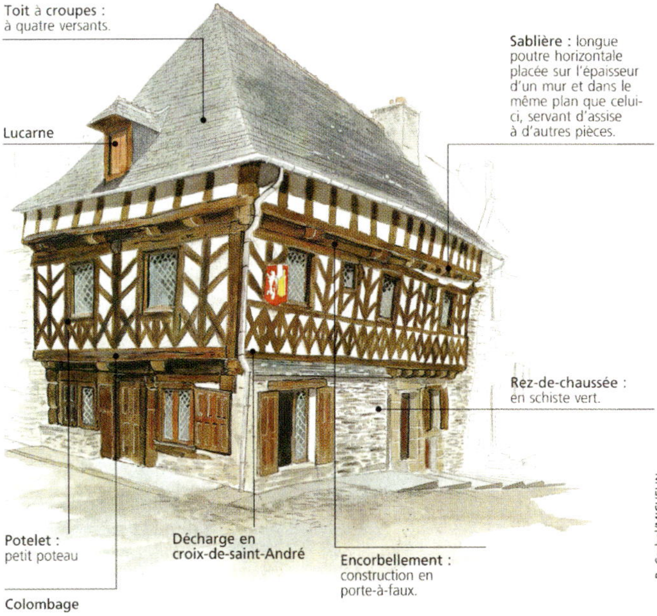

R. Corbel/MICHELIN

Une Bretagne de mégalithes

Ces monuments de pierre brute ont été à la source d'une inépuisable série de légendes et d'interprétations. La potion magique de nos irréductibles Gaulois n'est néanmoins pas responsable de toutes ces pierres levées qui ne cessent de nous intriguer par leur aspect colossal.

UNE CONSTELLATION DE PIERRES LEVÉES

Que sait-on au juste de cette mystérieuse civilisation des mégalithes qui a atteint son apogée dans le pays vannetais bien avant qu'Obélix ne devienne le plus illustre des tailleurs de menhirs ?

On dénombre en Bretagne quelque 6 000 menhirs et plus de 1 000 dolmens, sans compter les cairns, comme celui de Barnenez dans la baie de Morlaix (*voir p. 369*). Les cairns sont apparus au néolithique ancien (vers 5 000 av. J.-C.). Géographiquement cantonnés au littoral, ces assemblages de dolmens prennent des formes variées, tantôt agencés en coude, en transept, en V ou en simple couloir comme à Gavrinis. Au cours du néolithique moyen (vers 4 000 av. J.-C.), les **chambres funéraires** se sont allongées et ont progressivement changé de type architectural tout en se dotant d'un art pariétal très riche. À la fin du néolithique, elles évoluèrent en allées couvertes comme celle de la Roche-aux-Fées (*voir Vitré p. 130*) parallèlement à l'apparition de sépultures à entrée latérale. À la différence des cairns, menhirs et dolmens, les allées couvertes se répartissent sur l'ensemble de la Bretagne.

Les constructeurs

L'homme est présent en Bretagne depuis quelque 600 000 ans. À l'*Homo erectus* qui domestique le feu vers 450 000 av. J.-C. succède, vers 35 000 av. J.-C., l'homme « moderne », chasseur-cueilleur nomade qui se sédentarise progressivement. Vers 7 000 av. J.-C., les agriculteurs du Proche-Orient colonisent l'Europe. Vers 5 000 av. J.-C., l'océan Atlantique stoppe net leur progression. Arrivés à la fin de la terre (Finistère), ils vont remplacer les communautés locales et prendre possession du sol. Et voici que, pour enterrer leurs morts, ils élèvent des mégalithes, des « grandes pierres ». Quelques-uns sont visibles à Trébeurden sur la Côte de Granit rose (*voir p. 285).*

Leur masse, leur aspect cyclopéen sont très impressionnants. En effet, un mégalithe peut peser plus de 300 t. Le déplacer nécessitait donc le concours

PETIT LEXIQUE DES MÉGALITHES

Allée couverte : double rangée de pierres dressées recouvertes de dalles. Contrairement au tumulus, elle peut stocker les ossements de plusieurs centaines d'individus.

Cairn : tombe à couloir recouverte d'une structure de pierre ou de bois. Contrairement au tumulus, le cairn est accessible en permanence (cérémonies cultuelles ou nouvelle sépulture).

Dolmen : vestige de chambres funéraires.

Menhir : pierre dressée souvent alignée de façon rectiligne ou en cercle **(cromlech)**.

Tumulus : tombe fermée recouverte de terre.

de plusieurs centaines de personnes. Soit on faisait rouler la pierre sur des rondins (jusqu'à 10 km), soit on la plaçait sur un radeau pour descendre la rivière ou traverser la baie. Pour la dresser, on la faisait glisser dans une fosse sur une rampe inclinée, puis on la stabilisait avec de la terre et des cailloux. Et le tour était joué !

RELIGION ET SOCIÉTÉ

Il va de soi que seul un pouvoir politiquement fort avait la faculté d'« inviter » ses sujets à construire des tombes gigantesques pour une petite élite.
Un pouvoir fort et des divinités puissantes.
Les mégalithes avaient une fonction funéraire et de prestige. Placés sur des hauteurs, taillés dans des roches nobles, ils étaient visibles de loin. Ces **symboles des divinités** tutélaires veillaient sur les villages et structuraient le territoire. Les alignements paraissent orientés en fonction des équinoxes ou des solstices, mais il serait imprudent de se laisser aller à des théories astronomiques hasardeuses. On peut supposer que, dans une société d'agriculteurs, les travaux étaient rythmés par des cérémonies, comme ce fut le cas chez nous jusque dans les années 1950.

Survivances et folklore

Nombre de légendes se sont attachées à expliquer les mégalithes, de même qu'une myriade d'interprétations romantiques. Les unes et les autres ont engendré fées et farfadets sur un lit de superstitions. La réalité est plus simple.
Au 2e millénaire, à l'âge du bronze, le mégalithisme est progressivement abandonné. À l'âge du fer, certains mégalithes sont démolis et réincorporés dans d'autres ensembles. Eh non ! Les Gaulois n'élevaient pas de menhirs, dommage pour Obélix… Les Romains, eux, s'en servaient comme bornes routières.
Les Bretons ont cependant toujours éprouvé du respect pour ces grandes pierres, d'où un culte païen qui a survécu à tous les efforts d'une Église oscillant sans cesse entre destruction et tentative de récupération ; de nombreux menhirs sont ainsi christianisés comme en témoignent les croix élevées à leur sommet, tels ceux de Brignogan-Plages par exemple. De nos jours, le site de la Vallée des Saints à Carnoët *(voir p. 295)* n'est pas sans faire référence, par sa démesure, aux grands alignements des Bretons d'autrefois…
Des légendes pittoresques sont nées au cours des siècles. Ne dit-on pas que le soir de Noël, les menhirs de Carnac vont boire sur la grève de Saint-Colomban…

FOUILLES ET CONSERVATION

Depuis quelques années, les sites mégalithiques de Bretagne sont victimes de leur succès. Le meilleur exemple en est **Carnac**. Du fait d'une forte fréquentation, des allées ont commencé à se creuser entre les blocs, déchaussant ces derniers. Pour la sécurité du public et la préservation des alignements, le site a donc été clôturé. Son devenir et son mode d'exploitation sont au cœur du débat, sachant que la décision servira sans doute de modèle à d'autres sites confrontés aux mêmes problématiques. Comme pour tous les grands sites, la question se pose de l'équilibre à maintenir entre l'ouverture au public et la préservation du patrimoine.

Histoire

Dans l'imaginaire populaire français, la Bretagne druidique occupe une place de choix, au point d'avoir donné naissance au sympathique personnage d'Astérix qui résiste encore et toujours à l'envahisseur. Les sources manquent, il est vrai, sur ces premiers âges, permettant ainsi la libre interprétation. Et les impressionnants mégalithes, menhirs et autres, dressés sur les terres bretonnes bien avant l'arrivée des Celtes, ne font qu'ajouter au mystère… Ce n'est vraiment qu'à partir du Moyen Âge que les chroniqueurs commencent à relater en détail l'histoire bretonne, enrichie des heures de gloire de Du Guesclin et d'Anne de Bretagne, reine d'un duché encore distinct de la couronne de France. Plus tard, du 17e s. au 19e s., les armateurs, les corsaires et les pêcheurs succèdent à ces figures historiques, construisant à leur tour la légende et liant indéfectiblement la Bretagne à la mer.

Des origines à nos jours

L'ANTIQUE ARMOR

L'homme manifeste sa présence en Bretagne il y a près de 600 000 ans. Quelque 150 000 ans plus tard, voici qu'un *Homo erectus* y taille des galets, puis, vers 35 000 av. J.-C., passe un chasseur-cueilleur nomade, qui se sédentarise au mésolithique, soit vers 7 000 av. J.-C. *(voir p. 80)*.

Avant l'ère chrétienne

- **6e s. av. J.-C.** – Les Celtes arrivent dans la péninsule, pour eux *Armor* (pays au voisinage de la mer). Ils succèdent à un peuple mal connu, dresseur de mégalithes.
- **56 av. J.-C.** – César détruit la flotte des Vénètes, le peuple le plus puissant d'Armorique, et conquiert tout le pays.

Des Romains aux Francs

Pendant quatre siècles, jusqu'aux invasions barbares, la civilisation romaine accomplit son œuvre.

- **460** – Arrivée des Celtes de Grande-Bretagne (dénommée alors Bretagne, *Britannia*). Ils évangélisent l'Armorique, qu'ils nomment Petite Bretagne. L'État reste anarchique.
- **799** – Charlemagne soumet toute la Bretagne.

LE DUCHÉ DE BRETAGNE

En 826, Louis le Pieux fait duc de Bretagne un seigneur vannetais, Nominoé, qui se libère de la suzeraineté franque. Il rassemble toute la Bretagne sous son autorité et ouvre une dynastie royale indépendante. En 952 meurt le dernier roi de Bretagne, Alain. Suit alors une période de désordre et de misère qui se prolongera jusqu'à la fin du 14e s.

- **1341** – La guerre de Succession s'ouvre à la mort du duc Jean III. Sa nièce, Jeanne de Penthièvre, femme de Charles de Blois, que soutiennent les Français, et son frère Jean de Montfort, allié des Anglais, se disputent le duché.
- **1364** – Charles de Blois est battu et tué à Auray, malgré l'aide de Du Guesclin *(voir p. 188)*. Cette guerre ruine la Bretagne.

RÉUNION DE LA BRETAGNE À LA FRANCE

De 1364 à 1468, les ducs de la maison de Montfort relèvent la Bretagne. C'est la période la plus éclatante de son histoire. Les ducs, véritables souverains, ne rendent qu'un hommage théorique au roi de France.

En 1488, le duc François II, entré dans la coalition féodale dirigée contre la régente de France, Anne de Beaujeu, est battu à St-Aubin-du-Cormier et meurt. Sa fille, Anne de Bretagne, lui succède.

- **1491** – Anne de Bretagne épouse le roi de France Charles VIII, mais reste duchesse et souveraine de Bretagne.
- **1498** – Charles VIII meurt accidentellement, Anne retourne dans son duché.
- **1499** – Anne redevient reine de France en se mariant avec Louis XII. Le duché reste distinct de la Couronne.
- **1514** – Anne de Bretagne meurt. Sa fille, Claude de France, hérite du duché. Elle épouse François d'Angoulême, futur François Ier.
- **1532** – François Ier fait ratifier l'union définitive de la Bretagne et de la France par le parlement de Vannes *(voir ci-dessous)*.

LOYALISME ET RÉVOLTES

En 1588, la Bretagne se soulève contre son gouverneur, le duc de Mercœur, qui veut profiter des troubles de la Ligue pour s'approprier la province. Trop mystique pour verser dans le protestantisme, celle-ci ne connaît pour ainsi dire pas les guerres de Religion, d'autant plus qu'en 1598, Henri IV vient à Nantes signer l'édit qui met fin aux luttes religieuses.

- **1534** – Le Malouin Jacques Cartier découvre l'estuaire du St-Laurent au Canada.
- **1664** – Création à Lorient, par Colbert, de la première Compagnie des Indes orientales.
- **1675** – Révolte dite du « papier timbré » ou des « Bonnets Rouges », qui dégénère en jacquerie. À cette occasion sont rédigés des « codes paysans » très proches des futurs cahiers de doléances de la Révolution.
- **1720** – La tentative du marquis de Pontcallec d'établir une République bretonne échoue.
- **1764** – Le parlement de Rennes et son procureur général La Chalotais s'opposent au gouverneur d'Aiguillon, le représentant de Louis XV. Le prestige de l'autorité royale est entamé. La Révolution s'annonce.
- **1765** – De nombreux réfugiés acadiens (Canadiens) s'installent à Belle-Île.
- **1773** – Naissance de Surcouf à St-Malo.

LA RÉVOLUTION

- **1789** – Les Bretons accueillent la Révolution avec enthousiasme.

Dès la session des États de Bretagne de janvier 1789, la bourgeoisie régionale se heurte à la noblesse. Le conflit qui s'ensuit fait notamment

LES RAPPORTS AVEC LE POUVOIR CENTRAL

En août 1532, sous François Ier, les États de Bretagne, réunis à Vannes, proclament l'« union perpétuelle du pays et duché de Bretagne avec le royaume et couronne de France ». La Bretagne devient ainsi une province française. Mais certains droits et privilèges du duché sont néanmoins maintenus : les impôts doivent être consentis par les États ; le parlement de Bretagne garde la souveraineté juridique ; une armée bretonne peut être entretenue aux frais de la province.

3 morts à Rennes. La Révolution passe, mais les paysans bretons, qui représentent près de 90 % de la population, se méfient de plus en plus d'une bourgeoisie dont ils perçoivent mal les desseins. L'exécution de Louis XVI, la persécution des prêtres et la campagne de conscription nationale (300 000 hommes doivent être enrôlés dans l'armée) finissent de les convaincre de rejoindre l'insurrection royaliste.

- **1793** – Noyades en série à Nantes commandées par Jean-Baptiste Carrier, un des acteurs de la Terreur. Les prisons étant saturées, et la guillotine jugée trop lente, il ordonne que l'on fasse couler des bateaux entiers chargés d'hommes et de femmes.

LA CHOUANNERIE

- **1793-1804** – La chouannerie est le nom donné à l'insurrection royaliste dont les artisans avaient adopté le hululement du chat-huant comme signe de ralliement. Parallèlement au soulèvement de la Vendée, les chouans mènent leur propre mouvement dès l'automne 1793. Ils ne sont alors qu'une **poignée d'hommes** sans expérience, sans équipements et sans réel espoir de succès face à l'armée républicaine qu'ils se contentent de harceler. Le **renfort** d'effectifs de l'armée vendéenne, défaite à Savenay, et le ralliement de nobles exilés leur permettent de s'organiser et d'obtenir des promesses de soutien des Anglais. Dans le même temps, les républicains négocient la paix en leur promettant liberté de culte et amnistie. Le traité signé au château de **la Jaunaye** le 17 février 1795 est rapidement dénoncé par Charette. Les chouans doivent soutenir un important débarquement d'émigrés à **Quiberon** en juin de cette même année. Les troupes royalistes remportent quelques succès, mais les rivalités entre les chefs provoquent de grosses erreurs stratégiques. Repoussées dans la presqu'île, elles sont défaites et massacrées par les troupes du général Hoche.

La reprise des persécutions religieuses en 1797 marque le début du troisième mouvement chouan qui s'achève en 1804 par l'exécution de **Cadoudal**. Ce dernier, fils d'un cultivateur des environs d'Auray, était l'un des principaux chefs de la chouannerie bretonne avec le **marquis de La Rouërie**, né à Fougères.

- **1832** – Échec d'une tentative de révolte, organisée par la duchesse de Berry, à Nantes. C'est le dernier soubresaut.

LE 20e S. ET L'ESSOR D'UNE GRANDE RÉGION

- **1909** – La grève des soudeurs des conserveries concarnoises dégénère en émeute.
- **1914-1918** – La Bretagne paie un lourd tribut en vies humaines à la Grande Guerre (plus de 250 000 victimes).

Après les mesures de débretonnisation de la IIIe République, la région va voir briller le flambeau du nationalisme breton.

- **1918** – Fondation du parti nationaliste breton *Breiz Atao* (Bretagne toujours) qui donnera naissance au PAB (Parti autonomiste breton) en 1927 et au PNB (Parti nationaliste breton) en 1932.
- **1927-1928** – L'aviateur morbihanais Le Brix effectue, avec Costes, le premier tour du monde aérien.
- **1940** – Les habitants de l'île de Sein sont les premiers à rallier le général de Gaulle.
- **1941** – Le gouvernement de Vichy décide de redessiner le paysage régional français. Nantes

et la Loire-Atlantique (alors Loire-Inférieure) sont séparées de la Bretagne. Ce découpage est repris sous la IVe République, et la Loire-Atlantique est rattachée aux Pays de la Loire (1956).

- **1942** – Audacieux coup de main anglo-canadien contre la base de St-Nazaire. Il porte le nom d'opération « Chariot ».
- **1944-1945** – La fin de l'occupation nazie en Bretagne voit se multiplier les destructions, notamment à Brest, Lorient, St-Malo et St-Nazaire.
- **1951** – La formation du Comité d'études et de liaison des intérêts bretons (Celib) prélude au renouveau économique de la Bretagne.
- **1962** – Première liaison de télévision par satellite réalisée à Pleumeur-Bodou.
- **1965** – La langue bretonne est admise parmi les épreuves du bac.
- **1966** – Mise en service de l'usine marémotrice de la Rance et de la centrale nucléaire des monts d'Arrée. La centrale est aujourd'hui en cours de démantèlement.
- **1967** – Le naufrage, en mars, au large des côtes anglaises, du pétrolier *Torrey Canyon* engendre la première « marée noire » en Bretagne.
- **1969** – Création du Parc naturel régional d'Armorique.
- **1970** – Création du Parc naturel régional de Brière.
- **1975** – Premiers forages pétroliers entrepris en mer d'Iroise.
- **1977** – Naissance de l'école *Diwan*, dont les cours sont dispensés en breton.
- **1978** – Institution de la Charte culturelle et du Conseil culturel de Bretagne.
Échouage de l'*Amoco Cadiz* devant Portsall. Près de 80 communes refusent les indemnités et se portent partie civile contre le pétrolier.
- **1985** – Mise en place d'une signalisation routière en français et en breton.
- **1990** – Les Côtes-du-Nord deviennent les Côtes-d'Armor.
- **1992** – Indemnisation des communes sinistrées par l'*Amoco Cadiz*.
- **1994** – Grand incendie du parlement de Bretagne à Rennes.
- **2004** – « Brest 2004 » sacre la Fête de la voile dans une Bretagne plus que jamais maritime.
- **2012** – « Tonnerres de Brest », le grand rassemblement de vieux gréements, fête ses 20 ans.
Le *fest-noz* est inscrit par l'Unesco au patrimoine culturel immatériel de l'humanité.
- **2013** – Importantes manifestations anti-écotaxe dans toute la région, en réaction à la crise qui touche durement le secteur agroalimentaire breton.

Course et commerce

L'univers corsaire fascine volontiers, car il mêle tout à la fois l'esprit d'aventure du combat naval et la légitimité découlant de privilèges royaux. Indissociable du commerce maritime, la course connaît ses heures de gloire entre la fin du 17e s. et le début du 19e s., et s'éteint à chaque traité de paix.

L'ÂGE D'OR DES CORSAIRES

Contrairement à la piraterie, avec laquelle on la confond parfois, la **course** est extrêmement **codifiée**. Elle consiste à confier, en temps de guerre et, la plupart du temps, à des armements privés, la mission d'entraver le commerce ennemi grâce à la capture de ses bateaux. Le capitaine corsaire, muni d'une lettre de marque, sillonnait les routes commerciales en harcelant les navires ennemis.
Si l'histoire a retenu volontiers les noms de corsaires célèbres comme **René Duguay-Trouin** (1673-1736) ou **Robert Surcouf** (1773-1827), cette pratique était très répandue

dans les ports français, les deux principaux étant Dunkerque et St-Malo. Considéré comme le port corsaire entre tous sous le règne de Louis XIV, St-Malo a armé pas moins de 900 bâtiments qui ont capturé plus de 1 000 navires, sans compter ceux qui ont sombré.

Une source de richesse

Face à de tels chiffres, il est utile de préciser que la course n'attirait pas seulement les marins épris d'aventure et de fortune ; c'était une activité connexe des armateurs de commerce. En effet, soucieux de protéger leurs marchandises, ces derniers armaient leur bateau de plusieurs canons et sollicitaient une « commission de guerre et de marchandises » qui les autorisait à attaquer les navires ennemis et à s'emparer de leur cargaison. Le butin était ensuite partagé entre l'armateur, l'amirauté et les marins.
Durant son âge d'or, la course a eu d'énormes avantages pour la nation française. Le premier était sans aucun doute la contribution financière énorme des butins accumulés pour une économie qui peinait à financer les guerres successives. Le deuxième était d'obtenir un harcèlement constant du négoce ennemi, qui isolait un peu plus les îles britanniques. Le dernier intérêt, et non des moindres, était d'offrir une économie de substitution aux marins et armateurs qui se consacraient en temps de paix à la pêche ou au commerce.
La situation géographique de la Bretagne, son ouverture sur la Manche et sa position de sentinelle surveillant les principales routes maritimes anglaises passant au large de la Cornouaille, lui ont conféré une importance stratégique primordiale, à laquelle se sont ajoutées la qualité des marins et celle des chantiers navals locaux.

LA COMPAGNIE DES INDES

Au milieu du 17e s., la France raffolait de produits exotiques – épices, fruits et légumes, porcelaine, soies et cotons, thé et café... – introduits par la découverte des Amériques et par l'ouverture des grandes routes maritimes vers l'Asie. L'essentiel de ces produits, notamment les épices, était acheté à prix d'or aux Anglais et aux Hollandais qui maîtrisaient les mers et se procuraient ces denrées à bon compte dans leurs colonies d'Inde et de l'archipel de la Sonde (Indonésie). L'un des meilleurs moyens de s'enrichir était de faire commerce d'épices.

La prospérité de Lorient

La **Compagnie des Indes orientales** est créée à la demande de Colbert en 1664. Le siège de la compagnie est établi à **Port-Louis**. Les bateaux font escale sur l'île de Gorée (la Compagnie des Indes reçoit dès 1635 le monopole de l'approvisionnement des îles françaises en esclaves), avant de contourner l'Afrique, traverser l'océan Indien, relâcher en Arabie pour charger du moka, et rejoindre Pondichéry, le principal comptoir de la Compagnie. Ce commerce fait vite la fortune des armateurs et favorise le développement de la ville de **Lorient**, qui doit son nom au principal navire des débuts, le *Soleil d'Orient* (dit *L'Orient*).
Les guerres de Succession d'Espagne (1702-1714) et de la ligue d'Augsbourg (1688-1697) mettent à mal la rentabilité du commerce maritime, et la Compagnie des Indes fait une première fois faillite. En 1719, sous la houlette de John Law, elle conquiert de nouveaux marchés grâce au monopole des échanges commerciaux entre la France, les colonies des Antilles, la Louisiane et les comptoirs d'Afrique et d'Asie. C'est le temps du commerce triangulaire et de

l'extraordinaire prospérité de Lorient, devenue le centre du commerce maritime français. La perte des colonies des Antilles en 1763, due à l'occupation britannique, signe le déclin de la Compagnie des Indes, dont la dernière faillite est constatée en 1769.

Voir St-Malo et l'hôtel d'Asfeld p. 160 qui retrace l'histoire des armateurs.

NAUFRAGEURS OU SAUVETEURS ?

La mythologie populaire prête aux anciens Bretons la fâcheuse habitude de provoquer des naufrages, en installant par exemple d'improbables feux pour attirer les navires sur les falaises et autres écueils rocheux.

Aucun élément n'a jamais étayé ces hypothèses. Ce qui est en revanche certain, c'est que le littoral breton est hérissé de brisants et balayé par des courants aussi violents que capricieux. Difficile dans ces conditions d'accoster sereinement, qui plus est de nuit, dans la brume ou par grand vent. Si l'on ajoute à cela l'emploi pendant des siècles d'instruments de navigation rudimentaires, on comprend plus aisément les risques encourus à caboter le long des côtes bretonnes. L'apparition des phares et autres balises a heureusement simplifié le pilotage sans pour autant en supprimer les dangers.

Ces conditions de navigation parfois difficiles expliquent la tradition avérée du **sauvetage** en Bretagne. Dès qu'un naufrage était signalé, en effet, les habitants du lieu se rapprochaient des côtes pour porter secours aux éventuels survivants. Le sauvetage du *Drummond Castle* est à ce titre emblématique.

Un sauvetage resté célèbre

Le 15 juin 1896, ce paquebot anglais fait naufrage au large d'Ouessant, sans témoin. L'alerte est donnée le lendemain par des pêcheurs et par le vapeur qui assure la liaison postale entre Le Conquet et l'île. Les premiers ont repêché des survivants, le second a aperçu des morceaux de bois à la dérive. Les insulaires organisent alors des recherches en mer. Ils n'en ramènent que des cadavres. Seuls 4 passagers ont survécu sur les 243 personnes embarquées.

À terre, Ouessantins et Molénais donnent leurs draps pour faire des linceuls. Des chapelles ardentes sont dressées. En remerciement de leur dévouement, la Couronne britannique offrira à Molène un calice en vermeil orné de gemmes, ainsi qu'une citerne, et, à Ouessant, la flèche du clocher de l'église St-Pol-Aurélien, ainsi qu'une horloge… qui marque toujours l'heure officielle britannique !

Solidarité d'aujourd'hui

Cet exemple illustre bien la traditionnelle solidarité des gens de mer, qui a d'ailleurs présidé à la création de la **Société nationale de sauvetage en mer** (SNSM) en 1967. Cette dernière naît du rapprochement de deux associations créées au 19e s., dont celle des Hospitaliers sauveteurs bretons (1873). La SNSM dispose d'environ 3 500 sauveteurs permanents, tous bénévoles et disponibles, quelle que soit la météo. Ils répondent dans les 15 minutes aux appels reçus par les CROSS (Centre régional opérationnel de surveillance et de sauvetage), qui, en plus des missions de recherche et de sauvetage, s'occupent de la surveillance du trafic, des pêches et des alertes à la pollution. Parmi les cinq centres que compte la France, deux sont implantés en Bretagne, l'un à Corsen, dans les abers, et l'autre à Étel, en Bretagne Sud.

Nature et paysages

Quatre cinquièmes des contours bretons sont baignés par la Manche et l'océan Atlantique. La formation géologique de la Bretagne, unique en Europe, a pourtant façonné une extraordinaire diversité de paysages. Dunes, vasières, tourbières, landes, forêts, rivières et torrents… la Bretagne se renouvelle après chaque virage. Grâce à l'effort de protection des milieux et à l'action combinée des autorités (européennes, nationales et régionales) et des populations, la Bretagne n'est pas seulement un immense conservatoire naturel, elle est devenue une destination nature par excellence.

Un des plus anciens massifs d'Europe

L'âge du Massif armoricain est estimé à 2 milliards d'années. C'est l'ancêtre des massifs français et aussi l'une des plus anciennes formations géologiques d'Europe de l'Ouest.

LA GENÈSE

Le soubassement de la Bretagne actuelle, qui semble étrangement calqué sur ses frontières, s'est formé à des profondeurs comprises entre 20 et 30 km. À de telles distances, le jeu des plaques tectoniques soumet les roches à des pressions et des températures si importantes qu'il en modifie la composition : elles deviennent alors métamorphiques. L'essentiel des sous-sols de la région se compose de ce type de roches (schistes, gneiss…).
La chaîne de montagne originelle a subi l'érosion océanique, puis une nouvelle chaîne, dite « cadomienne », s'est formée il y a environ 650 millions d'années (c'est à cette période que naissent la plupart des granits, lors du refroidissement du magma).
Érodée à son tour, elle est plissée au carbonifère (il y a environ 300 millions d'années) par la pression des continents voisins. En effet, à cette époque, les terres émergées, qui formaient auparavant un immense et unique continent baptisé **Pangée**, étaient en phase de séparation. Pour prendre leur place actuelle, elles se sont poussées les unes les autres, entraînant des changements importants dans la géographie du globe : séismes, éruptions volcaniques, brusques changements climatiques, plissements… L'un d'entre eux a conduit à la création de la **chaîne hercynienne**, qui est le socle de toute l'Europe, Bretagne comprise.

L'ÉROSION

Après ces bouleversements de l'ère primaire, le Massif armoricain émerge d'un territoire « français » noyé. Il est alors fréquenté par les dinosaures, sous un climat tropical. Par la suite, au tertiaire et au quaternaire, tous les reliefs sont chamboulés par une mer qui se livre à d'incessants va-et-vient sur l'ensemble de l'Europe. Ces masses d'eau en érodent la moindre éminence et, en se retirant, déposent d'immenses quantités de sédiments.

De la géologie aux paysages

Le territoire breton, en tant que massif, est une entité géologique cohérente, qui subit depuis plusieurs centaines de millions d'années une érosion lente mais certaine. Tous les paysages actuels en découlent.

UN RELIEF CONTRASTÉ

La Bretagne est une immense presqu'île de 27 200 km² dont le relief est modeste, voire à peu près nul. C'est à l'ouest que vous verrez les paysages les plus tourmentés, notamment grâce aux Montagnes Noires et aux monts d'Arrée, qui culminent à 384 m au roc Trévezel. Dans tout le Finistère et dans les Côtes-d'Armor, ces reliefs sont souvent profondément entaillés par un nombre incalculable de cours d'eau, le plus imposant étant sans doute l'Aulne, qui semble pousser vers le large la presqu'île de Crozon.

Au centre et à l'est, seules quelques buttes rehaussent les paysages. En se rapprochant du Bassin parisien, les reliefs se font de plus en plus doux et se terminent en vastes plaines et en forêts. Pour schématiser, on pourrait dire que la Bretagne est une immense table dont les reliefs s'estompent à mesure qu'elle s'incline vers l'est.

LE SPECTACLE DU LITTORAL

Mer et climat ont modelé ces roches et produit de véritables tableaux naturels. Pour en juger, rendez-vous sur le littoral, car les côtes de la région présentent un intérêt géologique et paysager unique.

Pour voir des granits roses en Finistère, montez jusqu'à Morlaix et, de là, à la pointe de Primel-Trégastel. Un sentier des douaniers permet d'approcher au plus près ces falaises de 50 m de haut, dont la moindre entaille abrite des

KERSANTITE OU LOGONNA

Granits, schistes, grès... toutes les roches de Bretagne sont appréciées des bâtisseurs, qui ont su les marier pour construire des édifices aussi variés que solides. Parmi ces minéraux, il s'en trouve deux particulièrement prisés, la **kersantite** et la **pierre de Logonna** (ou de Daoulas). Les deux doivent leur nom aux villages du Finistère (Kersanton et Logonna-Daoulas) dans lesquels leurs gisements affleurent. La première, et la plus rare, est une roche magmatique (comme les granits et les basaltes). Elle s'est formée à de très grandes profondeurs et est remontée lentement à la surface dans des filons de schistes. Sa couleur varie du gris clair au plus foncé et sa texture très fine en fait un matériau de choix pour les sculpteurs. La pierre de Logonna, également née dans un magma, est un microgranit de couleur jaune, utilisé depuis des siècles pour le soubassement des monuments religieux et des grands bâtiments publics et privés. Ces deux pierres, aujourd'hui très rares, ont été assemblées notamment pour la construction du calvaire de Plougastel-Daoulas, édifié à partir du début du 17e s. pour conjurer la peste. Toutes les sculptures en kersantite reposent sur un socle en pierre de Logonna.

cristaux de sel qui fendront bientôt la roche. Ne manquez pas non plus le sentier des douaniers proche de Ploumanach. Surplombant les falaises de Trestraou, il découvre de spectaculaires exemples d'érosion avant d'aboutir à Porz Rolland par un chemin ombragé de pins maritimes.

Beaucoup plus à l'est, le cap Fréhel, avec ses falaises de grès, offre un spectacle aussi impressionnant. Ici, la base des falaises est une succession de couches horizontales qui évoquent des gradins. Les rouges et les ocres du grès se marient à merveille avec les bleus changeants qui irisent la Manche à cet endroit.

Les falaises du cap Sizun sont également à ce titre emblématiques. Toute la partie nord, de la pointe du Raz à Douarnenez, est une succession ininterrompue de falaises et d'escarpements dont les granits sombres changent de couleur selon la météo. Au sud du même cap, le socle de granit s'est adouci grâce à l'érosion, et la côte recèle dunes et plages.

LE MYSTÈRE DE L'ARRIÈRE-PAYS

La géologie bretonne est également riche de paysages moins spectaculaires que les falaises, mais tout aussi merveilleux. Citons la forêt de Paimpont (la mythique forêt de Brocéliande), qui montre à son échelle des richesses minéralogiques locales. Son sol, composé de schistes rouges et verts, vieux de seulement quelques centaines de millions d'années, laisse affleurer par endroits des filons de minerai de fer qui furent exploités jusqu'à la fin du 19e s. En surface, vous contemplerez ainsi des ruisseaux aux eaux rouillées par le minerai, mais aussi des étangs, des tourbières et des landes, dans une forêt dominée par les chênes et les hêtres.

En parcourant la Bretagne et en vous intéressant à ses richesses géologiques, vous découvrirez bien plus que des panoramas : vous apprendrez une méthode pour lire et comprendre la formation des paysages.

Bon à savoir – Avant d'aller admirer les roches bretonnes in situ, faites un détour par les Champs Libres, à Rennes *(voir p. 113)*. L'espace dédié aux sciences retrace dans la salle de la Terre l'histoire géologique du Massif armoricain.

L'Armor et les îles

Les quatre cinquièmes du pourtour breton sont baignés par les flots. Les Gaulois appelaient cette zone « Armor », ou plus rarement « Arvor », ce qui signifie « pays au voisinage de la mer », par opposition à l'Argoat, le « pays de l'intérieur ».

LA CÔTE BRETONNE

Extraordinairement découpée, elle totalise 2700 km ; elle n'en mesurerait que six cents si elle s'était contentée d'être rectiligne. Cette longue dentelle rocheuse se décline sous la forme de criques et de grève à Ouessant, d'îles, d'écueils et de larges baies à Morlaix, d'amas granitiques à Ploumanach, de promontoires escarpés à Fréhel et de rias dans les abers. En Bretagne Sud, elle s'apparente aux hautes falaises de Quiberon, aux caps déchiquetés de la pointe du Raz ou encore aux golfes comme celui du Morbihan (*voir* Le Guide Vert Bretagne Sud). Tous ces panoramas sont rythmés par le va-et-vient régulier des **marées** (*voir p. 92*), qui sont les deuxièmes plus fortes marées du monde, et le ballet incessant des bateaux. Cette merveilleuse diversité fait toute l'originalité de la côte bretonne.

Alors, au gré des promenades, on remarquera que la végétation est brûlée par le vent salin là où la côte est exposée, qu'elle est exubérante là où elle est abritée et qu'y poussent sans effort mimosas, palmiers, eucalyptus, lauriers roses et autres plantes emblématiques des climats méridionaux.

LES ÎLES

Les côtes bretonnes sont les plus riches de France en îles, îlots et archipels. On en compte plus de cent vingt, dont une petite vingtaine est habitée. La plus vaste, 86 km^2, est **Belle-Île**, suivie de loin par **Ouessant** (18 km^2) et **Groix** (15 km^2). Toutes les autres n'excèdent pas 3 km^2, la plupart étant d'une superficie inférieure au kilomètre carré.

Toutes les îles bretonnes appartiennent au Massif armoricain, qui, loin de se limiter aux terres visibles, se prolonge sous la mer. Au large du Léon et du Trégor, le massif court sur plusieurs kilomètres, et repousse ses limites jusqu'à 50 km dans les zones du golfe normando-breton et le long du Morbihan. Le littoral de Bretagne Sud, justement, est longé par une dorsale rocheuse qui supporte Belle-Île, Groix, **Hœdic** et les **Glénan**. Au nord et à l'ouest, les fonds marins sont composés de dépôts grossiers de graviers qui soutiennent des myriades d'affleurements rocheux (les **Sept-Îles**, **Bréhat**, **Callot**, **Cézembre**, etc.).

Quelle que soit leur taille, les milieux insulaires, même à un jet de pierre du continent, sont d'une importance écologique primordiale. Isolés et faiblement bâtis, ils constituent des sites de préservation exceptionnels de la faune et de la flore.

Les oiseaux sont les premiers à apprécier les îles, qui sont des sites de nidification et d'élevage privilégiés grâce à l'absence de prédateur naturel. Certaines îles ont bien été colonisées par des rats échappés de navires ou négligemment importés par l'homme, mais le Conservatoire du littoral et d'autres associations s'attachent à restaurer ces écosystèmes en faisant disparaître les prédateurs gourmands en œufs frais. C'est notamment le cas dans l'archipel des Sept-Îles au large de Perros-Guirec, et particulièrement de l'île **Rouzic** qui accueille 38 000 fous de Bassan *(voir p. 282)*.

LA FLORE

L'autre grande richesse des littoraux est la flore, dont les conditions de vie fluctuent énormément au rythme des marées et du climat.

Certaines plantes sont baignées plusieurs heures par jour par l'eau salée, comme la **soude maritime** ou l'**aster.** D'autres sont fouettées jour et nuit par les embruns. D'autres encore sont immergées dans des vasières (**spergulaires**), s'épanouissent dans les dunes (**oyats et liserons des dunes**) ou dans les baies (**salicornes**). Toutes font preuve d'une extraordinaire capacité d'adaptation en créant des stratégies de croissance et de reproduction en synergie avec leur milieu, si dur soit-il.

La faune marine

La situation géographique de la Bretagne, lieu de transition entre la Manche et l'océan Atlantique, favorise le passage de nombreuses espèces migratrices et offre un cadre de vie d'exception à une infinie variété de mammifères, de poissons et de coquillages.

OISEAUX

Le **goéland argenté** est l'oiseau le plus commun du littoral breton ; il repousse même son habitat jusqu'au cœur des villes. Il se reconnaît au gris clair qui recouvre ses ailes (1,40 m d'envergure) et à ses pattes roses. La **mouette tridactyle**, que l'on confond souvent avec le goéland argenté, est nettement plus petite (1 m) et l'extrémité de ses ailes est noire, ainsi que ses pattes. Avec 1,70 m d'un bout de l'aile à l'autre, le **fou de Bassan** est le plus imposant des oiseaux de mer. Sa tête jaunâtre achève son long cou et domine de grandes ailes dont la pointe est teintée de noir. Légèrement plus petit (1,50 m), le **grand cormoran** se distingue de son cousin huppé par sa taille et son corps plus imposants. Tous deux de noir vêtus, ils arborent un bec en forme de spatule de couleur jaune. La plupart des **sternes** ont le dessus de la tête couronné de noir et n'excèdent pas 90 cm d'envergure (pour la sterne caugek). Leurs ailes et leur queue pointues permettent de les identifier à coup sûr. Le **fulmar boréal** est assez proche des goélands par la taille, mais il se distingue par la rigidité de son vol plané et par les deux narines tubulaires qui dépassent de sa mandibule. Le fulmar boréal partage cette singularité avec les **puffins**, les **océanites tempête** et les **albatros**, autres espèces de la même famille. L'océanite tempête, justement, est le plus petit volatile à fréquenter les côtes bretonnes. Ses 25 g pour 40 cm d'envergure, ses plumes brun-noir et ses mœurs nocturnes en font aussi le plus difficile à observer.

Le **macareux moine**, rare, est nettement plus reconnaissable grâce à son bec tricolore et son œil cerclé de rouge. C'est un oiseau pélagique, c'est-à-dire qu'il passe le plus clair de son temps en mer, mais on peut l'observer facilement sur l'île Rouzic, dans l'archipel des Sept-Îles *(voir Perros-Guirec p. 282)*.

COQUILLAGES, MOLLUSQUES ET CRUSTACÉS

À marée basse, la mer dépose sur la grève planctons, micro-algues et autres nutriments qui favorisent la colonisation de

L'île d'Ouessant (Finistère), classée Réserve de la biosphère de la mer d'Iroise depuis 1998.
T. Deschamps / Photononstop

l'estran par les coquillages et autres mollusques. Ces derniers font à leur tour le délice des oiseaux, des poissons… et des pêcheurs à pied *(voir p. 92)*.

Les bivalves

Le plus célèbre, et le plus consommé des coquillages, est certainement la **coque**. Vivant en groupes, elle s'enfouit de 10 cm dans le sable humide. Tout aussi réputée, la **coquille Saint-Jacques** se pêche quant à elle en mer, surtout du côté de St-Quay-Portrieux et Erquy qui en est devenu la capitale.

Plus difficile à trouver, car solitaire, la **palourde** se repère grâce aux deux petits trous qu'elle laisse en surface (à ne pas confondre avec la **clovisse**, nettement moins savoureuse). Elle adore les cailloutis et noircit au contact de la vase. De son côté, la **praire** préfère les sables grossiers et il faut aller la chercher loin dans l'estran. On ne la ramasse pas en dessous de 4 cm.

Huîtres et **moules** sont parmi les plus faciles à repérer : elles restent accrochées à leur rocher, émergeant à marée basse. Les premières font la réputation de Cancale *(voir p. 204)* ou de Bélon et, les secondes, de la baie du Mont-St-Michel *(voir p. 224)*. Le dernier des bivalves pêchés sur la grève est le **couteau**, qui se trouve aisément grâce au trou en forme de huit qui aère sa galerie verticale.

Les monovalves

Les monovalves les plus courtisés sont les **patelles** et les **berniques**, reconnaissables à leur coque tronconique. Elles ne quittent pour ainsi dire jamais leur rocher. Les **bigorneaux**, que l'on peut ranger dans cette catégorie, cachent leur coquille en colimaçon dans les algues dont ils se nourrissent. Mentionnons ici un crustacé qui échappe à toute catégorie : le **pouce-pied**. Constitué d'un pédoncule mou (le pied) et d'un corps recouvert de plaques blanches, il foisonne particulièrement sur les rochers de Belle-Île où sa pêche est très réputée.

La vie marine

DES MARÉES EXCEPTIONNELLES

Les côtes bretonnes sont continuellement frappées par les vagues, qu'éloignent ou rapprochent les marées. Les **vagues**, ou, comme disent les marins, les lames, sont un mouvement ondulatoire produit par le vent. Même lorsque la brise ne souffle plus, l'ébranlement se propage à de grandes distances : c'est la **houle**. Par une illusion d'optique, l'eau semble se déplacer, mais il suffit de regarder flotter un bouchon pour constater qu'il reste immobile. Près du rivage, le mouvement ondulatoire des vagues est freiné par le fond : un déséquilibre se produit et la crête de la lame s'écroule en longs rouleaux d'écume avec un bruit sourd et rythmé, c'est le **ressac**. Quand la vague atteint un obstacle abrupt, rocher ou falaise, elle est soulevée, lance des embruns, puis retombe de tout son poids. Les jours de tempête, le spectacle peut être prodigieux.

Curieux phénomène que celui des **marées**. Il est causé par l'attraction de la Lune et, dans une moindre mesure, par celle du Soleil. Lorsque la Lune est au-dessus de la mer, elle attire l'eau vers elle, le niveau de la mer s'élève : c'est la marée haute. Six heures plus tard, la Lune n'est plus au-dessus de l'eau, l'attraction n'opère plus : c'est la marée basse. Lorsque le Soleil et la Lune sont à peu près alignés par rapport à la Terre, l'attraction est plus forte : c'est la marée de vive-eau ou grande marée. Ce phénomène se reproduit tous les quinze jours, lors de la pleine lune ou de la nouvelle lune. En Bretagne, les plus importantes se produisent en mars et septembre, lors des équinoxes. L'amplitude des marées varie selon les zones littorales qu'elles concernent. Elle est particulièrement importante en Bretagne Nord. Dans la baie du Mont-St-Michel, elle atteint un record avec 14 m de **marnage**. En allant vers l'ouest, ce dernier diminue peu à peu jusqu'à se limiter à 6 m à Brest. En Bretagne Sud comme dans tout le golfe de Gascogne, l'amplitude moyenne des marées est de 5 m.

Quelle que soit son importance, la marée transporte de gigantesques quantités d'eau, qui soumettent la faune et la flore à de fortes turbulences et à des périodes successives d'immersion et d'émersion (*voir les estrans ci-après*). Leur régime provoque aussi la formation de courants plus ou moins puissants selon la morphologie des côtes. Dans les baies (comme St-Brieuc, Douarnenez, Mont-St-Michel, Morlaix, etc.), ils sont relativement faibles et excèdent rarement 1 nœud, alors qu'ils atteignent facilement 3 nœuds sur le littoral nord. Dans les passages très étroits, comme les raz de Sein et d'Ouessant, ils peuvent monter jusqu'à 9 nœuds, soit 4,50 m/s.

Dans tous les cas, la transformation des paysages littoraux au fil des heures – et les effets de lumière qui l'accompagnent – est superbe !

LA PÊCHE À PIED

La pêche sur les **estrans**, les surfaces de rochers ou de sable découvertes à marée basse, est toujours très pratiquée, en particulier sur les archipels de Molène, de Glénan ou dans le golfe du Morbihan, où la zone d'estran est particulièrement étendue. Les jours de grande marée, chacun arpente la grève à la recherche de coquillages et de crustacés ou même de poissons tels que la sole, que l'on pique avec un gros harpon (foëne).

Sur les **estrans rocheux**, pour pêcher les petits crustacés (bouquets, étrilles) ou les coquillages (bigorneaux, patelles), munissez-vous de chaussures en caoutchouc ou d'une paire de tennis, d'un coupe-vent ou d'un ciré, d'un gant épais, d'un panier en bandoulière, d'une épuisette, d'un crochet métallique et d'un couteau.

Sur les **estrans sableux**, les grandes étendues délaissées momentanément par la mer laissent apparaître les silhouettes des pêcheurs accroupis près de leur panier, fouillant méthodiquement le sable à l'aide d'une griffe ou d'un grattoir, à la recherche de coques, donaces, palourdes, pétoncles ou praires.

Les couteaux se pêchent à la ruse en déposant un peu de sel sur le petit trou en forme de serrure laissé par le bivalve quand il s'enfouit dans le sable. Croyant que la marée remonte, l'animal ressort : il suffit de bien le tenir par la coquille en le laissant se fatiguer jusqu'au moment où l'on peut le sortir.

La pêche au filet permet de piéger les crevettes, roses ou grises, à déguster encore tièdes au retour de la pêche après les avoir jetées quelques minutes dans une eau bouillante salée.

Réglementation et sécurité

La pêche à pied ne demande aucune autorisation particulière, sauf pour l'usage des filets qui nécessite une autorisation délivrée par les Affaires maritimes (contact régional : ✆ 02 99 33 47 60). Elle est cependant formellement interdite dans certaines zones ostréicoles et à proximité des écluses à poissons.

Pour certaines espèces, il existe un calendrier très précis de jours ouverts à la pêche et des quantités maximales de prise. C'est le cas, par exemple, du pouce-pieds.

Avant toute partie de pêche, renseignez-vous sur la **réglementation en vigueur** (interdiction sanitaire ou restrictions locales éventuelles).

Écotourisme

Pour sauvegarder les espèces, il est recommandé de ne prélever que la quantité nécessaire à sa consommation personnelle. De même, les coquillages et les crustacés se ramassent à la saison autorisée et à la dimension voulue. Les femelles porteuses d'œufs sont relâchées et les cailloux replacés in situ, souvent camouflés par le goémon. Le fruit de la pêche se couvre d'algues coupées et non arrachées, afin de permettre leur repousse. Ces gestes évitent un microcataclysme écologique.

Sécurité

Il convient de se renseigner sur les horaires des marées. La plus grande prudence est nécessaire lors du retour de marée. Pour ne pas se laisser surprendre, il est préférable de ne pas rester seul sur le rivage et de remonter aussitôt que les autres pêcheurs quittent l'estran. Il est également prudent de se renseigner pour savoir si un arrêté n'a pas été délivré en cas de **pollution momentanée.**

HORAIRES DES MARÉES

On les trouve généralement dans les offices de tourisme, à la capitainerie du port, et dans la presse locale. Par téléphone, au 0 899 71 08 08, ou sur les sites http://maree.frbateaux.net et www.nature-planete.fr. Avec les horaires sont donnés les coefficients de marée *(voir p. 12)*, importants pour vos parties de pêche à pied, et le calendrier des grandes marées.

Les nageurs et les marcheurs
Les **crevettes** sont également très présentes sur les grèves. Il s'agit pour l'essentiel de crevettes grises, aussi appelées crevettes des sables. Plus rares, les bouquets se dénichent dans des mares profondes. De leur côté, les **crabes** sillonnent l'estran dès la marée descendante. Les verts sont de loin les plus fréquents et parfument à merveille les soupes de poisson. Nettement plus coriace, l'**étrille** est également plus recherchée pour sa saveur que l'on compare souvent à celle du **homard**. Vous aurez peut-être aussi la chance d'attraper un jeune **tourteau**, reconnaissable à ses pinces disproportionnées. En revanche, ne comptez pas trop attraper un grand crustacé comme la **langouste**. Autrefois négligée, elle est aujourd'hui victime de son succès et a quasiment disparu des côtes bretonnes. Le homard, quant à lui, ne fréquente que les fonds rocheux proches du littoral et aurait aussi tendance à se raréfier. Par respect pour l'écosystème, mieux vaut éviter de le pêcher.

POISSONS ET AUTRES NAGEURS

Pour les découvrir, vous pouvez visiter un aquarium ou assister à un retour de pêche.
Sardines et **maquereaux** composent le gros de la faune aquatique côtière. Les premières possèdent un corps fin, élancé et une peau argentée recouverte de fines écailles. Les maquereaux sont beaucoup plus gros, jusqu'à 30 cm, et le dessus de leur peau présente une irisation bleu-vert. Ces deux espèces se déplacent en banc.
Vous avez peu de chance de vous retrouver face à face avec une **lotte**, aussi appelée baudroie. Ce poisson particulièrement impressionnant – son énorme tête représente la moitié du corps – vit dans les fonds vaseux et peut atteindre 50 kg. Sa chair est fine et délicieuse.
Le **lieu jaune**, à ne pas confondre avec le lieu noir qui fréquente les eaux écossaises, est un poisson très prisé des amateurs ; il mesure jusqu'à 1,30 m. Le **bar**, poisson très combatif apprécié des pêcheurs pour sa sportivité, est également recherché par les gourmands. Pouvant peser 8 kg, il se rencontre dans les eaux agitées et se reconnaît à ses deux nageoires dorsales de même taille et à sa grande tache noire proche de l'ouïe.
Ces vingt dernières années, pas moins de vingt-cinq espèces de mammifères marins ont été observées le long des côtes bretonnes. **Phoques** gris et veaux marins les fréquentent assidûment, tout comme les **dauphins** (bleu et blanc, grand dauphin) qui résident à l'année en Bretagne. Vous pourrez en apercevoir en cabotant dans le Parc naturel marin de la mer d'Iroise ou encore au large de l'île de Sein. Le **rorqual** à museau pointu se laisse aussi régulièrement apercevoir, alors que le rorqual commun est rare.
Du côté des cétacés de grande taille, on observe au large la visite de quelques spécimens de **baleines** à bosse et de cachalots.

L'Argoat

Longtemps enclavé par un relief tourmenté et des conditions de vie plus rudes que sur la côte, l'Argoat, ou « pays au voisinage de la forêt », a toujours été moins peuplé que l'Armor. Cette différence lui assure aujourd'hui un côté « sauvage » et préservé qui ne manque pas de charme : un pays de vallons et de prairies, avec un avant-goût de montagne.

LA FORÊT

Autrefois, la Bretagne possédait d'immenses forêts de chênes rouvres et de hêtres (*faou* en

breton), aux sous-bois de houx et de fougères. Les études menées sur des fossiles trouvés dans des tourbières ont prouvé que la quasi-totalité de la région en était recouverte il y a 5 000 ans.
Les générations qui se sont succédé depuis les Romains ont porté la hache dans ces massifs. Il n'en reste plus que des tronçons épars, dont la forêt de **Paimpont** *(voir p. 138)*. Sur les 330 000 ha boisés que compte la Bretagne (dont 90 % privés), seuls une dizaine de massifs dépassent 2 000 ha. Ce sont des bois accidentés, coupés de gorges, de ravins, de chaos de rochers, dont **Huelgoat** est l'exemple accompli.
Le domaine forestier breton évoque donc un ensemble de confettis reliés çà et là par des haies bocagères qui favorisent la circulation d'une faune spécifique. Rapaces, pics, chevreuils, cerfs et sangliers se partagent les espaces boisés. On trouve même des espèces rarissimes et menacées comme l'escargot de Quimper, qui ne fréquente que les sous-bois de la Cornouaille, ou le carabe à reflets d'or, un insecte que vous ne verrez que dans les forêts humides de la région, telles Huelgoat, le Cranou ou Clohars-Carnoët.

LA LANDE

Des landes au départ non cultivées ont remplacé les forêts. Hors des sommets, elles ont presque partout cédé devant l'effort paysan et sont devenues des terrains de culture, comme les landes de Lanvaux qui recouvrent le pays vannetais, par exemple. Aujourd'hui, la plupart des landes bretonnes font l'objet d'une protection spécifique, en zones spéciales de conservation ou zones Natura 2000 *(voir la partie Environnement ci-après)*.
En fonction de leur proximité avec le littoral, de leur altitude ou de la qualité de leur milieu (sec, humide, etc.), les landes sont fréquentées par une faune très variée. Les oiseaux en composent l'essentiel, et beaucoup bénéficient d'une protection nationale. C'est le cas du courlis cendré, du busard St-Martin ou de la linote mélodieuse. Dans les pelouses ou les mares des landes, l'avifaune vient se régaler de lézard vivipare, de triton marbré ou de rainette.

LES TOURBIÈRES

L'humidité et une acidité extrêmes des tourbières favorisent le développement d'une faune et d'une flore exceptionnelles. C'est probablement leur richesse en matières organiques qui permet l'épanouissement d'un si grand nombre d'espèces.
Les papillons y pullulent, comme la noctuelle de la myrtille et le damier de la Succise. On y trouve aussi une belle variété de criquets, de libellules et de grillons qui font le délice des batraciens et des reptiles, dont la couleuvre à collier et la vipère péliade. Tout ce beau monde attire naturellement une pléiade d'oiseaux, migrateurs ou sédentaires (courlis cendré et bécassine des marais), souvent rejoints par des putois, des loutres, des chevreuils et autres mammifères terrestres.
Disséminés un peu partout en Bretagne intérieure, et notamment dans les **monts d'Arrée**, ces milieux si spécifiques sont désormais préservés et étudiés.

LES DUNES

Si les dunes sont désormais systématiquement protégées, ce n'est pas pour retenir le sable des plages, mais parce qu'elles accueillent 20 % de la flore menacée de Bretagne.
Celle-ci se répartit en fonction de l'étagement de la dune, lui-même déterminé par le degré d'humidité du sable. Au plus près de la base,

humide et salée, on trouve des plantes halonitrophiles (qui aiment l'eau). En revanche, plus on monte vers le sommet, très sec, plus les plantes grandissent. Les oyats, liserons et autres fétuques laissent alors la place à des arbrisseaux. Cette végétation si particulière et ce sol sableux accueillent principalement des insectes (grande nébrie des sables et puce de mer), des vers, des mollusques et de petits crustacés (crabes et crevettes grises). Les oiseaux ne marchent dans les dunes qu'à l'heure de se nourrir; quant aux poissons, ils ne sont représentés que par la redoutable **vive**, qui se laisse enterrer sous le sable mouillé.
Les dunes sont présentes tout le long du littoral sableux, les plus notables en Bretagne Nord étant celles de la Côte de Granit rose, de Crozon, de Guisseny et de Keremma.

L'environnement

Pauvre en énergies fossiles et longtemps isolée, la Bretagne est restée à l'écart de l'industrialisation massive des 19e et 20e s. Elle doit cependant faire face à des défis environnementaux liés notamment à ses besoins énergétiques, à son agriculture et à son succès touristique.

L'ÉNERGIE

La Bretagne est une des régions françaises parmi les plus dépendantes en énergie. Ainsi, la production d'électricité, assurée pour plus de la moitié par la seule **usine marémotrice de la Rance**, couvre à peine 5 % des besoins annuels. L'enjeu est donc de taille. Depuis la ratification par la France du protocole de Kyoto (2002), la région privilégie dans ses recherches les énergies renouvelables, bois-énergie et éolienne en tête.
Le premier semblerait faire l'unanimité. Le **bois** présente en effet différents avantages. C'est une source d'énergie renouvelable (qui se substitue aux énergies fossiles); les plantations contribuent à la qualité des paysages et, enfin, son utilisation contribue au recyclage dans l'atmosphère du gaz carbonique (CO^2) absorbé par les forêts. Le chauffage aux plaquettes de bois est en constante progression. Des installations de chaufferies au bois ont été réalisées pour alimenter des équipements collectifs (hôpitaux, piscines, lycées…) et les secteurs industriel et agricole (usines, serres, élevages…). Fin 2011, 245 chaufferies bois étaient en fonctionnement (contre 32 en 2000) et, dans le même temps, la puissance cumulée a été multipliée par 5.
De son côté, l'**énergie éolienne**, ressource jusqu'ici sous-exploitée, connaît aujourd'hui un réel essor, la Bretagne faisant figure de pionnière en la matière. Actuellement, 460 éoliennes sont en activité, réparties sur 92 communes. Leur implantation

UNE MINE D'INFORMATIONS

www.bretagne-environnement.org est un site spécialisé sur l'environnement. Ce portail rassemble tous ceux qui interviennent sur la question : biologistes, industriels, élus, citoyens et associations. Vous y trouverez de très nombreuses informations sur la faune et la flore, la géologie et les différents types de paysages bretons, ainsi que plusieurs articles sur l'eau, l'énergie et toutes les problématiques liées à la nature et à sa protection.

Pêche à pied sur la Rance à St-Samson (Côtes-d'Armor).
P. Frilet / hemis.fr

reste néanmoins sujette à polémiques, du fait de l'impact sur le paysage et du bruit provoqué par les pales. Pour cette raison, plusieurs projets expérimentaux sont en cours, comme l'installation d'un prototype d'éolienne flottante en eau profonde et la construction d'une ferme hydrolienne pilote au large de l'île de Bréhat. Des projets d'éoliennes offshore à l'horizon 2015 sont évoqués, notamment au large d'Erquy et de St-Malo, mais là encore les impacts sur l'environnement maritime seront passés à la loupe. En 2011, l'éolien a fourni 52 % de la production d'éléctricité régionale.

La dernière alternative énergétique est le plan Soleil, mis en œuvre par l'Agence de l'environnement et de la maîtrise de l'énergie (Ademe) depuis 1999.

Il vise à diffuser des applications solaires thermiques comme le système combiné de production d'eau chaude sanitaire et de chauffage, ou encore le chauffe-eau solaire individuel.

Également d'origine solaire, le photovoltaïque (procédé qui consiste à transformer la lumière solaire en tension électrique) arrive peu à peu en Bretagne, et éclaire déjà les phares et les balises.

Au total, en 2011, 10 % de l'énergie consommée dans la région était d'origine renouvelable.

L'EAU, RICHESSE EN PÉRIL

Le Massif armoricain présente des reliefs peu fracturés et relativement imperméables, ce qui ne favorise pas vraiment la formation de grands bassins d'eau potable comme les nappes phréatiques. L'essentiel de l'eau potable consommée en Bretagne (70 %) provient donc de la captation d'eaux de surface (cours d'eau et retenues naturelles ou artificielles).

L'activité humaine est responsable de la dégradation générale des eaux de surface, altérées notamment par la présence d'engrais (phosphore, nitrates) et autres produits phytosanitaires (pesticides). Ces rejets massifs ont provoqué une forme de pollution, qui se manifeste par la présence d'**algues vertes** dans les estuaires et certaines baies comme celles de Lannion, St-Brieuc et Morlaix, mais aussi de Douarnenez en Bretagne Sud.

Conscientes de la rareté des ressources et de leur fragilité, les autorités ont mis en place une série de mesures, comme le ramassage systématique de ces algues, et surtout le **traitement des eaux usées** qui a permis la réduction sensible des nitrates.

La mesure la plus radicale est l'obligation faite, aux communes non reliées à un système d'assainissement collectif, de contraindre maisons et immeubles à se doter de systèmes individuels.

De leur côté, les industriels doivent désormais limiter les rejets d'eaux non asssainies.

Depuis quelques années, l'eau potable et les eaux de baignade (classement annuel) font ainsi l'objet d'une **surveillance constante**. L'objectif est de vérifier le travail d'amélioration des eaux de rivière et des plages du littoral, et ainsi s'assurer de la restauration des milieux aquatiques bretons.

LA PROTECTION DU LITTORAL

Long de 2 730 km, le littoral breton représente le tiers du linéaire côtier métropolitain. Au large du Finistère, particulièrement dans le rail d'Ouessant, la Bretagne voit de plus passer 25 % du trafic maritime hexagonal. C'est dire si les sources de pollution ou les risques industriels venus de la mer sont élevés. La surveillance et la protection d'une telle frange côtière posent bien sûr de vrais problèmes.

En mer, les choses se sont plutôt améliorées grâce à la mise en place de mesures juridiques et de nouveaux moyens de répression. Il faut mentionner à cet égard la création des CROSS, centres régionaux opérationnels de surveillance et de sauvetage *(voir aussi p. 85)*. Dès qu'une nappe d'hydrocarbure est repérée, ils ont toute autorité pour arraisonner les navires.

Aujourd'hui, les amendes pour dégazage peuvent atteindre plusieurs centaines de milliers d'euros.

Sur terre, la problématique est différente. Le tourisme étant surtout balnéaire, la nécessité de protéger de larges portions de côte est devenue une priorité pour les autorités et les associations. Le but est de conserver les nombreux écosystèmes fragiles du littoral et de réfréner l'ardeur immobilière des stations en pleine expansion.

Une cinquantaine de sites Natura 2000

Le plan **Natura 2000** rassemble à l'échelle européenne des sites naturels choisis pour la fragilité ou la rareté de leurs espèces végétales et animales. Il privilégie une gestion équilibrée et durable des milieux, tout en prenant en compte les facteurs économiques et sociaux.

En 2011, le programme concernait 73 sites en Bretagne dont 35 dans le Finistère parmi lesquels les abers, Ouessant ou encore la baie de Morlaix, 18 dans les Côtes-d'Armor dont la Côte de Granit rose et l'estuaire de la Rance, ainsi qu'une dizaine en Ille-et-Vilaine.

Certains de ces sites sont classés en zones spéciales de conservation (ZSC) pour l'habitat et en zones de protections spéciales (ZPS) pour répondre à la directive « oiseaux ».

La plupart des îlots et des îles sont ainsi protégés, de même que l'estuaire du Trieux ou la baie du Mont-St-Michel.

Le **Parc naturel régional d'Armorique**, créé en 1969, est centré essentiellement sur les monts d'Arrée, tandis que le **Parc**

naturel marin d'Iroise, créé en 2007, est dédié à la préservation des zones maritimes et notamment la Réserve internationale de la biosphère d'Iroise (îles d'Ouessant et de Molène). Un autre projet de Parc naturel régional devrait prochainement voir le jour en Bretagne Nord, celui de la Rance-Côte d'Émeraude.

Au-delà des sites d'exception, le littoral breton recèle des richesses naturelles moins impressionnantes mais d'un intérêt écologique certain.

C'est là qu'intervient le **Conservatoire de l'espace littoral et des rivages lacustres**. Cet organisme possède ou gère 93 sites en Bretagne, qui est ainsi la région française la plus protégée (le Conservatoire édite une carte des sites enrichie de la faune et de la flore littorales).

Enfin, le panorama de la protection du littoral breton ne serait pas complet sans l'évocation de l'association loi de 1901 **Bretagne vivante**. Créée en 1958 par une poignée de naturalistes passionnés, elle gère de nombreux espaces protégés, tant le long des côtes que dans les terres, et reste un interlocuteur privilégié entre les structures publiques et les citoyens épris de nature.

Bon à savoir – L'association Bretagne vivante publie un semestriel, *Bretagne vivante*; une revue naturaliste trimestrielle, *Penn ar Bed*, et *L'Hermine vagabonde*, trimestriel pour petits et grands à partir de 8 ans.

www.bretagne-vivante.org

ÉCOTOURISME

Depuis plusieurs années, la Bretagne s'est engagée, en termes de développement touristique, dans l'accompagnement de projets adoptant une démarche de développement durable. Ainsi, après la constitution du réseau Bretagne Tourisme Responsable qui sélectionne les acteurs autour de trois critères (qualité d'accueil, politique économique et sociale responsable, respect de l'environnement) et la sortie du guide *TAO Bretagne*, miniguide pour voyager autrement (www.viatao.com), le Comité régional du tourisme lance le premier site régional entièrement dédié au tourisme durable.

www.voyagez-responsable-tourismebretagne.com

3/ DÉCOUVRIR LA BRETAGNE NORD

Couleurs de la Côte de Granit rose, près de Trébeurden (Côtes- d'Armor).

E. Berthier / hemis.fr

AUBERGE

+ d'adresses

Rennes et les marches bretonnes 1

Carte Michelin Départements 309 – Ille-et-Vilaine (35)

Vitré, le château et la rue d'En-Bas.

F. Guiziou / hemis.fr

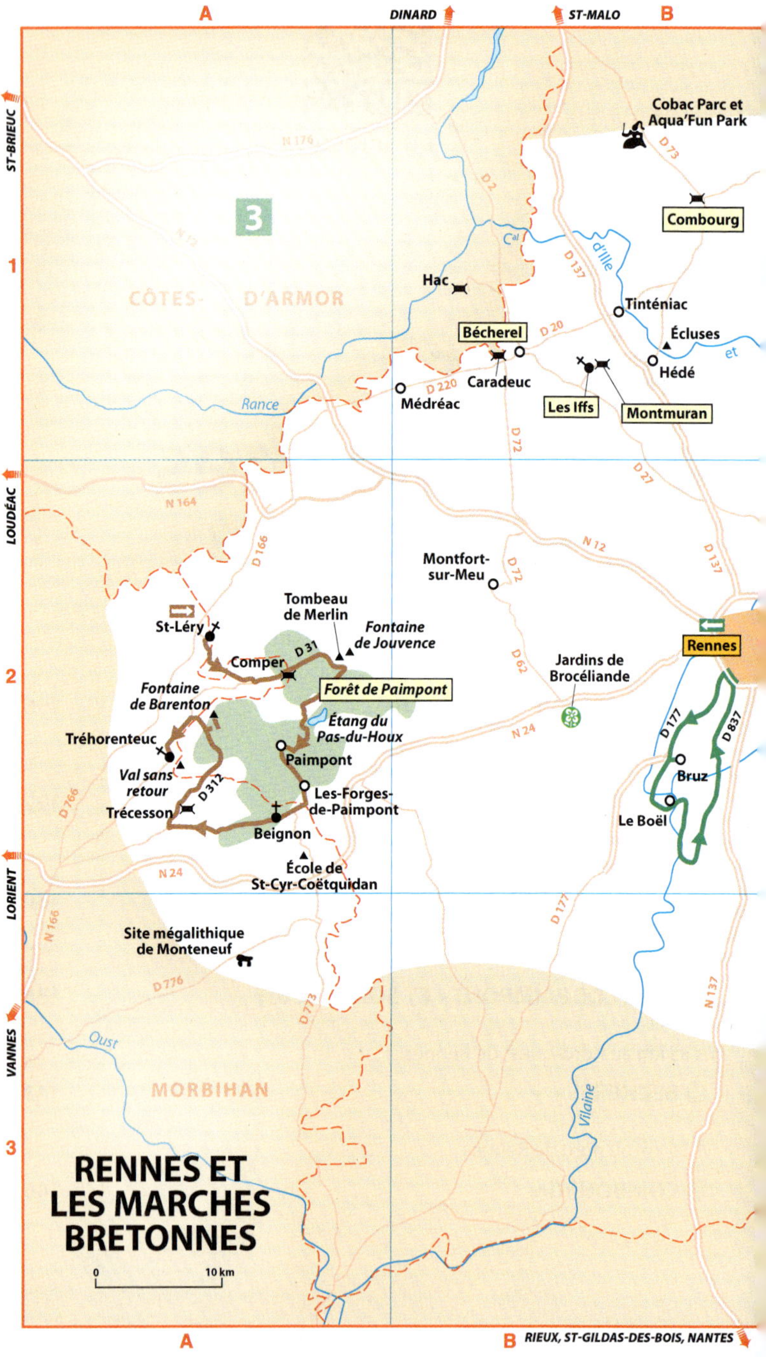
A
DINARD
ST-MALO
B
ST-BRIEUC
LOUDÉAC
LORIENT
VANNES
1
2
3
3
CÔTES-D'ARMOR
MORBIHAN
Cobac Parc et
Aqua'Fun Park
Combourg
Hac
Tinténiac
Écluses
Bécherel
Caradeuc
Hédé
Médréac
Les Iffs
Montmuran
Rance
Montfort-
sur-Meu
Tombeau
de Merlin
Fontaine
de Jouvence
St-Léry
Comper
Forêt de Paimpont
Jardins de
Brocéliande
Rennes
Fontaine
de Barenton
Étang du
Pas-du-Houx
Tréhorenteuc
Paimpont
Val sans
retour
Bruz
Les-Forges-
de-Paimpont
Trécesson
Le Boël
Beignon
École de
St-Cyr-Coëtquidan
Site mégalithique
de Monteneuf
Oust
Vilaine
N 176
N 12
D 2
D 137
D 73
D 20
D 220
D 72
D 27
N 164
D 166
D 31
D 62
D 177
D 837
D 312
N 24
D 766
N 166
D 776
D 773
N 137
RENNES ET
LES MARCHES
BRETONNES
0
10 km
A
B
RIEUX, ST-GILDAS-DES-BOIS, NANTES

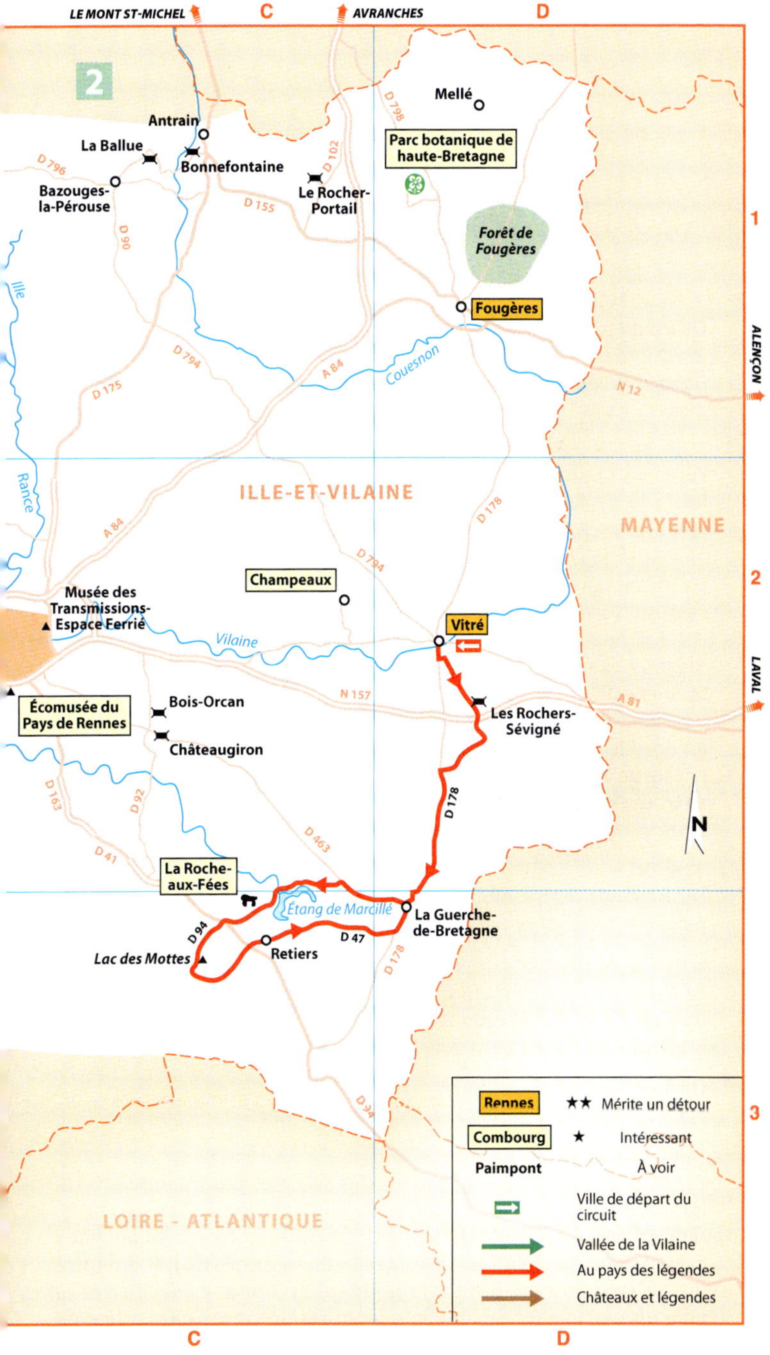
LE MONT ST-MICHEL
AVRANCHES
C
D
2
Antrain
La Ballue
Bonnefontaine
Bazouges-la-Pérouse
Le Rocher-Portail
Mellé
Parc botanique de haute-Bretagne
Forêt de Fougères
Fougères
D 796
D 155
D 102
D 798
D 90
Ille
D 794
D 175
A 84
Couesnon
N 12
ALENÇON
1
Rance
ILLE-ET-VILAINE
MAYENNE
A 84
D 178
D 794
Champeaux
Musée des Transmissions-Espace Ferrié
Vilaine
Vitré
2
LAVAL
N 157
A 81
Écomusée du Pays de Rennes
Bois-Orcan
Châteaugiron
Les Rochers-Sévigné
D 163
D 92
D 178
D 463
D 41
N
La Roche-aux-Fées
Étang de Marcillé
La Guerche-de-Bretagne
D 94
D 47
Lac des Mottes
Retiers
D 178
D 94
3
LOIRE - ATLANTIQUE
Rennes
★★ Mérite un détour
Combourg
★ Intéressant
Paimpont
À voir
Ville de départ du circuit
Vallée de la Vilaine
Au pays des légendes
Châteaux et légendes
C
D

Rennes

★★

207 178 Rennais (agglomération : 304 729 habitants) – Ille-et-Vilaine (35)

NOS ADRESSES PAGE 117

S'INFORMER

Office du tourisme de Rennes Métropole – *11 r. St-Yves - 35064 Rennes - ✆ 02 99 67 11 11 - www.tourisme-rennes.com - juil.-août : 9h-19h, dim. et j. fériés 11h-13h, 14h-18h ; reste de l'année : lun. 13h-18h, mar.-sam. 10h-18h, dim. et j. fériés 11h-13h, 14h-18h - fermé 1er janv. et 1er Mai.*

SE REPÉRER

Carte de microrégion BC2 (p. 104-105) – *carte Michelin Départements 309 L6.*
Rennes est l'un des nœuds routiers les plus importants de Bretagne. Ainsi, la N 137, qui vient de Nantes (113 km au sud), la traverse pour continuer vers St-Malo (74 km au nord). De sa rocade, souvent embouteillée à la sortie des bureaux, rayonnent aussi la N 157, qui part sur Laval (75 km à l'est) en frôlant Vitré, et la N 24, qui file vers Vannes (115 km) et Lorient (153 km) au sud-ouest. Quant à la N 12, elle continue son chemin jusqu'à Brest (242 km) en desservant toute la Bretagne Nord, à commencer par St-Brieuc (99 km au nord-ouest).
La ville en elle-même organise son centre autour de la Vilaine, avec au nord le cœur historique comprenant la cathédrale, le parlement, l'hôtel de ville, et toutes les demeures à pans de bois, tandis qu'au sud se trouvent le quartier des Halles, la gare et le complexe des Champs Libres.

SE GARER

Les parkings sont nombreux aux abords du centre, notamment vers la place des Lices et vers les Champs Libres.

À NE PAS MANQUER

Le patrimoine architectural du vieux Rennes avec en particulier le palais du parlement, les collections du musée des Beaux-Arts et du musée de Bretagne et… un pique-nique dans le parc du Thabor.

ORGANISER SON TEMPS

Pensez à réserver la visite du parlement de Rennes.

AVEC LES ENFANTS

Faites des expériences à l'Espace des sciences des Champs Libres, intéressez-vous aux technologies de l'information à l'Espace Ferrié, rendez-vous à l'écomusée du Pays de Rennes, caressez les animaux de la ferme aux jardins de Brocéliande, apprenez à reconnaître les oiseaux au parc ornithologique de Bretagne et découvrez la ville en participant aux ateliers ludiques proposés par l'office de tourisme.

Rennes, transats intallés place de la mairie devant le théâtre Opéra.
E. Berthier/ hemis.fr

60 000 étudiants animent la vie de la capitale régionale de la Bretagne, lui donnant une image dynamique, largement tournée vers la culture. Ses deux places royales, qui expriment l'élégante solennité du 18e s., forment le cœur battant de la ville. Entre ruelles médiévales et façades classiques, Rennes s'apprécie également au travers de ses commerces, ses nombreux cafés et son magnifique marché.

Se promener Plan de ville

★★ LE VIEUX RENNES AB1

Circuit de 1h30 environ tracé en vert sur le plan p. 110. N'hésitez pas à prendre les ruelles dont il est fait mention ci-après sous le titre « Maisons anciennes ».

La capitale régionale bretonne tire son nom des Riedones, une tribu gauloise qui peuplait la région au 2e s. av. J.-C. Les vestiges encore visibles de ses remparts médiévaux portent toujours la trace de murs défensifs gallo-romains.

Son histoire est donc ancienne, mais ce que l'on appelle aujourd'hui le vieux Rennes désigne surtout la partie de la ville au nord de la Vilaine qui a échappé au grand incendie de 1720. Elle a conservé de nombreuses maisons des 15e et 16e s. aux étages en encorbellement, des hôtels aristocratiques aux façades sculptées ainsi que des rues aux pavés irréguliers.

Basilique Saint-Sauveur A1

Cet édifice a été élevé aux 17e et 18e s. À l'intérieur, beau **baldaquin** en bois doré et **buffet d'orgue** du 17e s. À droite en entrant, chapelle dédiée à N.-D.-des-Miracles qui sauva Rennes lors du siège de la ville par les Anglais, en 1357. On peut y admirer de nombreux ex-voto.

SAVOIR LIRE LES MAISONS À PANS DE BOIS
La présence alentour de nombreuses forêts a favorisé le développement d'une tradition architecturale qui a perduré jusqu'au 19e s.
Rennes compte 280 maisons à pans de bois, dont les plus anciennes, qui se distinguent par un encorbellement prononcé, remontent au 15e s. Celles du 16e s. se reconnaissent à leurs façades, plus alignées, et à leur décoration inspirée des motifs de la Renaissance (rinceaux, oves, putti…). Les façades du 17e s. sont quant à elles totalement plates et rigoureusement symétriques, avec des baies verticales, par opposition à l'éclairage horizontal des siècles précédents. Enfin, celles du 18e s. se caractérisent par l'abandon progressif des pans de bois apparents au bénéfice de l'enduit.
La préservation de ce bâti ancien, parfois très dégradé, a conduit la ville à mettre en place un vaste projet de réhabilitation pour tout le centre ancien.

Maisons anciennes A1

Rue St-Sauveur, au n° 6, se trouve une maison canoniale – maison affectée à une communauté de chanoines – du 16e s. **Rue St-Guillaume**, au n° 3, la maison Ti Koz, la plus belle de style médiéval, sert de cadre au bar de nuit El Teatro. La **rue de la Psalette** a conservé ses maisons anciennes. **Rue du Chapitre**, on peut admirer, au n° 22, une maison de style Renaissance ; au n° 8, l'hôtel de Brie (17e s.) ; au n° 6, l'hôtel de Blossac (18e s.), qui possède un très bel escalier monumental en granit à décor de marbre et rampe en fer forgé.
La **Rue St-Yves**, aux nos 6 et 8, accueille des maisons du 16e s. Au n° 11, la chapelle St-Yves (15e s.), accolée à l'office de tourisme, abrite une exposition sur l'histoire et le patrimoine de la ville. **Rue des Dames**, au n° 10, se remarque l'hôtel Freslon de La Freslonnière.

Cathédrale Saint-Pierre A1

Elle fut achevée en 1844, après cinquante-sept ans de travaux. Le précédent édifice avait été démoli à partir de 1762, à l'exception des deux tours, de style classique, qui encadrent la façade. À l'**intérieur★**, on admire le **retable★★** en bois sculpté et doré qui se trouve dans la chapelle précédant le croisillon droit. Par ses dimensions et son exécution, cette œuvre flamande du 16e s. est l'une des plus importantes du genre. Les scènes représentent la vie de la Vierge.

Portes Mordelaises A1

Vestiges de l'enceinte du 15e s., elles servaient d'entrée principale à la ville. Les ducs de Bretagne y passaient pour se faire couronner à la cathédrale. En 1598, on y présenta à Henri IV les clefs de la ville, en argent doré. Pour ce genre de cérémonie, le Béarnais avait une formule rituelle dont l'effet était sûr : « Ces clefs sont belles, mais j'aime encore mieux les clefs des cœurs des habitants. » Depuis juillet 1997, un pont-levis, construit sur le modèle de celui du château de Montmuran, a été remis en place.

Place des Lices A1

Sur cette place se déroulaient jadis joutes et tournois ; c'est aujourd'hui un des lieux préférés des jeunes Rennais pour leurs soirées. Au n° 34, l'hôtel de Molant (17e s.) est coiffé d'un toit à la Mansart et abrite un bel escalier en chêne, dont la cage est décorée au plafond d'un ciel et de boiseries en trompe l'œil.
Sur la place elle-même se dressent deux halles contruites par Martenot au 19e s. Elles servent de point de ralliement au célèbre marché des Lices du samedi matin, l'un des plus importants de France.

De Condate à Rennes

DU DUCHÉ À LA PROVINCE

Les origines de la cité

Condate, l'ancienne cité de la tribu gauloise des Riedones (ou Redones), est établie à la confluence de l'Ille et de la Vilaine. Elle est conquise par les Romains en 57 av. J.-C. et s'entoure au 3e s. d'une large muraille, qui marquera les limites de la ville jusqu'au 15e s.

Le rattachement à la France (1532)

En 1488, quand le duc de Bretagne François II (1435-1488) meurt, son héritière **Anne de Bretagne** n'a que 12 ans. Très vite, elle choisit d'épouser Maximilien d'Autriche, futur empereur, et le mariage religieux a lieu en 1490, par procuration. Mais le roi **Charles VIII**, qu'un mariage blanc lie à Marguerite d'Autriche, fille de Maximilien, sollicite pour lui-même la main de la duchesse. Éconduit, il vient l'assiéger dans Rennes, en 1491. La population, qui souffre de la disette, presse la souveraine de consentir à l'épouser. Les fiançailles sont célébrées à Rennes, et les noces, au château royal de Langeais, dans le Val de Loire, le 6 décembre 1491. Cette liaison marque un premier rapprochement de la Bretagne avec la France, mais le rattachement définitif ne sera ratifié que sous François Ier, en 1532.

L'émergence d'une capitale provinciale

Idéalement située au carrefour des voies terrestres et fluviales, la ville est choisie en 1561 pour accueillir le parlement de Bretagne et se voit ainsi propulsée au rang de capitale provinciale. Au 17e s., la construction de couvents, d'édifices publics et d'hôtels particuliers confirme la place de Rennes dans le royaume.

CATASTROPHE ET RENOUVEAU

Le grand incendie de 1720

Au 18e s., la ville a encore son aspect médiéval : ruelles étroites, maisons en torchis et en bois. Le 23 décembre 1720, un menuisier ivre enflamme, avec sa lampe à huile, un tas de copeaux. Le feu se propage : 900 maisons à pans de bois disparaissent. La ville est reconstruite sur les plans de l'architecte du roi **Jacques Gabriel** (1667-1742) : elle reçoit de belles rues rectilignes, bordées de maisons de granit à l'élégance sévère. Pour reloger au plus vite la population, les constructions neuves sont divisées en appartements, vendus séparément.

Un nouveau visage se dessine

Le remodelage de la ville se poursuit au 19e s. avec la canalisation de la Vilaine, la construction de la gare (1857), l'apparition de quartiers résidentiels et du tramway en 1897 ! En 1899, toute la France a les yeux rivés sur Rennes où se déroule le second procès du capitaine Alfred Dreyfus.

Une ville universitaire

Dans la seconde moitié du 20e s., Rennes confirme son rôle de ville universitaire et connaît l'un des taux de croissance démographique les plus élevés de France grâce à la présence d'importantes infrastructures industrielles comme les usines Citroën. Elle s'affirme par ailleurs comme un pôle technologique et de recherche majeur, avec près de 3 500 chercheurs dans l'électronique, les télécommunications et les bio-industries.

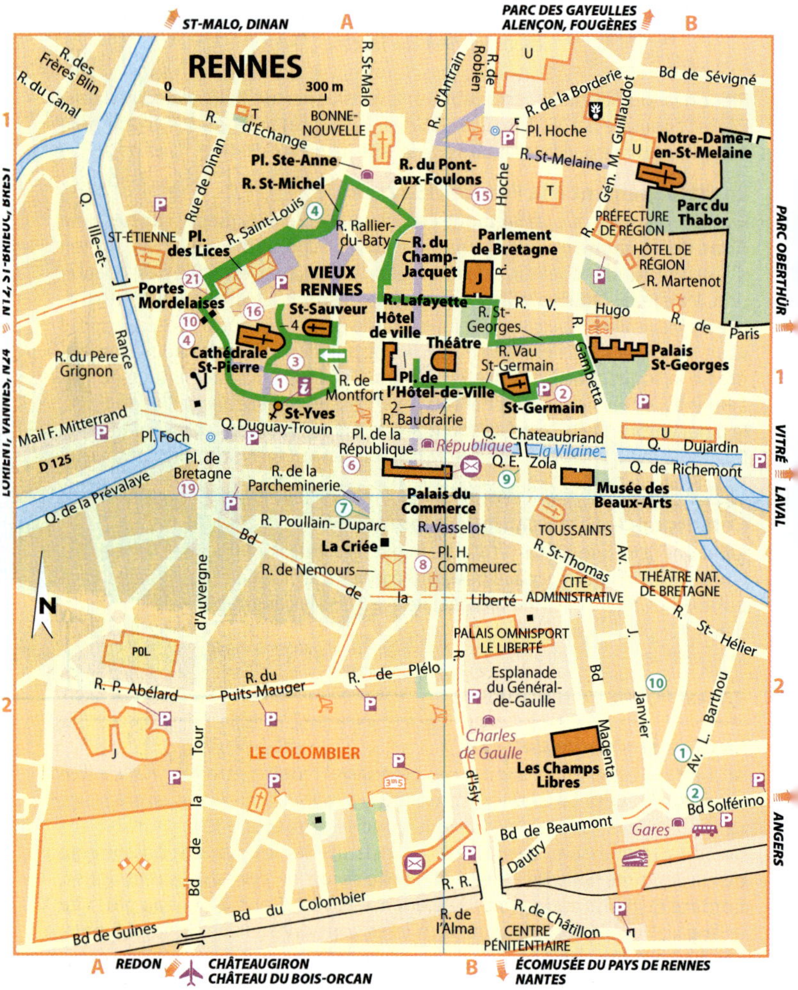

SE LOGER

- Astrid (Hôtel) 1
- Ibis Styles Rennes Centre Gare Nord 2
- Lices (Hôtel des) 4
- Nemours (Hôtel de) 7
- Rennes Attitude (Appartements d'hôte) 9
- Victoria (Hôtel Le) 10

SE RESTAURER

- Baron Rouge 1
- Café breton 4
- Café Populaire (Le) 6
- Cantina Mia 2
- Comptoir des Halles (Le) 8
- Guehennec (Le) 10
- Kub (Chez) 3
- Portes Mordelaises (Crêperie des) 16
- Quatre B (Le) 19
- Réserve (La) 15
- Thé au Fourneau 21

INDEX DES RUES

- Rohan (R. de) 2
- St-Guillaume (R.) 4

Rue Saint-Michel A1

Elle est bordée de vieilles maisons à pans de bois. Jadis, elle faisait partie des faubourgs de Rennes et elle a conservé de cette époque ses auberges et ses tavernes.

Place Sainte-Anne A1

Les maisons colorées à pans de bois sont de tradition gothique et Renaissance : celle du maire Jean Leperdit (1752-1823) est au n° 19. Elles entourent une église néo-gothique du 19e s. et jouxtent le couvent des Jacobins *(rue d'Échange)* où eurent lieu les fiançailles d'Anne de Bretagne avec le roi de France, Charles VIII. De nombreux cafés et restaurants dotés de grandes terrasses occupent aujourd'hui la place qui est très animée en fin d'après-midi et en soirée.

Rue du Pont-aux-Foulons A1

Rue commerçante aux maisons à pans de bois du 17e s.

Rue du Champ-Jacquet A1

Elle conduit à la curieuse place de forme triangulaire, de même nom, bordée au nord de hautes maisons du 17e s., à pans de bois, et sur laquelle donne la façade en pierre et en bois de l'ancien hôtel de Tizé *(n° 5)*.
Le circuit qui se poursuit par les rues La Fayette et Nationale permet de découvrir une partie de la ville classique où s'élèvent de majestueux édifices, dont le palais du parlement de Bretagne. On pénètre dans la partie construite après l'incendie de 1720.

★★ Palais du parlement de Bretagne B1

11 r. St-Yves - ✆ 02 99 67 11 66 - www.tourisme-rennes.com - visite guidée sur demande préalable, h se rens. - 7,20 € (-18 ans 4,60 €) - réserv. à l'office de tourisme.
Le parlement de Bretagne, l'un des dix-sept parlements provinciaux que comptait le royaume, siégea d'abord tantôt à Rennes, tantôt à Nantes, avant de se fixer définitivement à Rennes en 1561. Cour suprême des 2 300 justices bretonnes, il jouait aussi un rôle législatif et politique. Son installation hissa Rennes au rang de capitale régionale et de cité aristocratique.
Germain Gaultier, un architecte local, dessina le palais, d'inspiration italienne. Ses plans furent repris, pour la façade, par l'architecte de la cour de Marie de Médicis, Salomon de Brosse (1571-1626). La construction dura près d'un siècle : de 1618 à 1655 pour l'architecture, et jusqu'à 1706 pour le décor. Ce fut, en pays breton, l'arrivée d'un art royal et parisien, marqué par l'alternance de matériaux – granit au rez-de-chaussée et tuffeau à l'étage – et par la belle unité de la toiture d'ardoise en façade.
L'intérieur, très richement orné, contraste avec la sobriété du décor extérieur. La **Grand'Chambre** est le joyau du palais, avec son imposant plafond en bois doré, dessiné par Charles Errard et son disciple Noël Coypel,

LA RENAISSANCE DU PARLEMENT

Le 4 février 1994, un dramatique incendie endommagea gravement le palais du parlement de Bretagne, actuel siège de la cour d'appel de Rennes. La remise en état du bâtiment, achevée en 1999, a représenté 400 000 heures de travail et un coût de 38 millions d'euros pour la reconstruction, sans compter les 22 millions attribués à la restauration des décors et des œuvres d'art. La récompense ? Un édifice magnifique, reconstitué à l'identique (galerie du rez-de-chaussée et salle des Assises du premier étage).

servant d'écrin à des toiles allégoriques sur le thème de la Justice. Avec les autres salles d'audience, réalisées dans le même style, ce superbe ensemble décoratif affirme la puissance des parlementaires bretons aux 17e et 18e s.
La **place** qui précède le Parlement, conçue par Jacques Gabriel, rassemble de beaux immeubles du début du 18e s.

Rue Saint-Georges B1
Dans cette rue animée, toutes les maisons sont anciennes. Au n° 3, l'hôtel de Moussaye (16e s.) possède une splendide façade Renaissance. Les nos 8, 10 et 12 forment un ensemble remarquable de maisons à pans de bois du 17e s., qui abrite la grande librairie Le Failler.
Tournez à droite dans la rue Gambetta ; au n° 2 se trouve la piscine St-Georges.

Piscine Saint-Georges
Inaugurée en 1926, toute en mosaïque et en faïence bleues et blanches signées Odorico (une famille de mosaïstes qui a travaillé à Rennes de 1882 à 1978), cette piscine arbore une façade et un intérieur Art déco au charme désuet.

Palais Saint-Georges B1
Fondée au 11e s., cette ancienne abbaye bénédictine a conservé son palais abbatial (1670), qui abrite aujourd'hui les services administratifs de la ville. Il est précédé d'un beau jardin (*ouvert au public*).

Église Saint-Germain B1
De style gothique flamboyant (15e-16e s.), cette église (*pignon sud* 17e s.) présente des caractéristiques bretonnes par sa voûte en bois et ses poutres à embouts sculptés. Dans le transept droit, un **vitrail** du 16e s. retrace la vie de la Vierge et la Passion du Christ ; dans la nef, vitraux modernes par Max Ingrand.

Place de l'Hôtel-de-Ville A1
Cette place royale constitue le noyau central du quartier classique. Elle est bordée à l'ouest par l'hôtel de ville et à l'est par le théâtre. Au sud, au-delà de la rue d'Orléans, la perspective est fermée par le **palais du Commerce**, imposant bâtiment décoré de sculptures monumentales.
Hôtel de ville – *☎ 02 23 62 10 10 - www.rennes.fr - ♿ - 8h30-17h, sam. 9h30-12h - fermé dim. et j. fériés - gratuit - possibilité de visite guidée (40mn) sur demande préalable à l'office de tourisme.* Il a été bâti en 1734 par Jacques-Jules Gabriel (1667-1742), qui édifia la place de la Bourse à Bordeaux. Une tour centrale en retrait portant l'horloge – le « Gros » pour les Rennais – se raccorde à deux imposants pavillons par deux bâtiments incurvés. L'aile droite renferme le « Panthéon rennais », salle consacrée au souvenir des morts pour la France.
Le **théâtre**, que jouxtent des immeubles à galeries, fut construit en 1832.

À voir aussi Plan de ville

★ Musée des Beaux-Arts B1
☎ 02 23 62 17 45 - www.mbar.org - ♿ - 10h-12h, 14h-18h, mar. 10h-18h - fermé lun. et j. fériés - 4,85 € (-18 ans gratuit).
Le « cabinet de curiosités » constitué par Christophe Paul de Robien, président du parlement de Bretagne au 18e s., est à l'origine de ce musée très éclectique, de l'archéologie aux primitifs italiens puis à l'art contemporain.
La pièce maîtresse de la collection archéologique est la **Dame d'Antinoé★** (3e à 4e s. apr. J.-C.), une momie peinte exhumée en Égypte en 1909. Des salles sur la Grèce, l'Étrurie et le monde romain complètent la présentation des civilisations antiques.

La rue de la Psalette avec ses maisons anciennes dans le quartier de la cathédrale.
R. Mattes / hemis.fr

Le département Peinture possède un beau *Saint Luc peignant la Vierge* de Martin Van Heemskerk (16e s.) et une riche série d'œuvres du 17e s. Voyez surtout l'exubérante *Chasse au tigre* de Rubens et le célèbre **Nouveau-Né★** de Georges de La Tour. Le *Panier de prunes* de Chardin illustre avec bonheur le 18e s. Le *Massacre des Innocents*, chef-d'œuvre de Cogniet, voisine pour le 19e s. avec des toiles de l'école de Pont-Aven, comme *Solitude* de Paul Sérusier, *L'Arbre jaune* d'Émile Bernard ou **Effet de vagues★** de Georges Lacombe : un superbe paysage onirique, proche de l'estampe japonaise, qu'il réalisa vers 1893 à Camaret. À voir aussi : des Corot, Jongkind, Sisley, Denis et Caillebotte. Le 20e s. est illustré par Magnelli, Kupka, Tanguy, De Staël, Poliakoff, Sam Francis, Aurélie Nemours et Geneviève Asse, sans oublier Picasso. *La Baigneuse*, l'une des figures féminines disloquées que ce dernier peignit en 1928 à Dinard, compte parmi les plus surréalistes de ses toiles. On y retrouve l'anatomie recomposée chère à son cœur, associant les vues de face et de profil.

★ Les Champs Libres B2

02 23 40 66 00 - www.leschampslibres.fr - ♿ - 9 juil.-1er sept. : 13h-19h, w.-end 14h-19h ; reste de l'année : 12h-19h, mar. 12h-21h, w.-end 14h-19h - fermé lun. et j. fériés - 7 € (-26 ans 5 €) - planétarium ou pass expos accès à ttes les expositions, valable 1 j., gratuit expositions (-26 ans) mar. 19h-21h - cantine numérique au rdc.

Ce pôle culturel rassemble en un même lieu trois institutions : le musée de Bretagne, l'Espace des sciences et la bibliothèque. Le bâtiment ultracontemporain est l'œuvre de l'architecte Christian de Portzamparc, qui a imaginé un édifice composé de trois « corps » imbriqués : un parallélépipède horizontal monté sur pilotis (le musée) traversé par une pyramide inversée (la bibliothèque) et par un cône coiffé d'un dôme (l'Espace des sciences). Au dernier étage, jolie vue sur la ville.

Musée de Bretagne – Le cœur du musée est constitué par l'exposition permanente « **Bretagne est univers** » : ce parcours rappelle l'histoire de la région en mettant en scène 2 300 objets (du galet taillé datant du paléolithique au minitel en passant par le gilet bigouden) en alternance avec des séquences vidéo. Une section indépendante retrace le **procès de Dreyfus** (qui eut lieu à Rennes) à travers une muséographie interactive. Au rez-de-chaussée, une seconde exposition permanente à caractère plus artistique, « **Bretagne des mille et une images** », présente la région à travers des tableaux et des photos. Des expositions temporaires abordant différents thèmes liés aux collections ou au territoire sont présentées dans deux salles dédiées.

Espace des sciences – Il regroupe plusieurs expositions : la **salle de la Terre** (qui s'intéresse à la biodiversité) ; le **Laboratoire de Merlin** où les enfants sont invités à réaliser une trentaine d'expériences interactives permettant de mieux comprendre les phénomènes scientifiques ; la **salle Eurêka** où une nouvelle exposition temporaire est présentée tous les 6 mois sur des thèmes très variés, et le **Planétarium numérique**, où sont proposées des séances d'astronomie pilotées et commentées en direct.

★★ Parc du Thabor B1

Au 16e s., hors des murs de la ville, se dressait l'abbaye bénédictine St-Melaine, sur un lieu élevé que les moines auraient baptisé Thabor en souvenir de la montagne de Palestine. Les terrains abritaient à l'origine les jardins et vergers de l'abbaye. La ville en devient propriétaire en 1793. Dessiné en 1866-1867 par le célèbre paysagiste Denis Bühler, ce parc de 10 ha comprend un jardin à la française, un jardin botanique, une roseraie, un jardin paysager et une volière. On y prend le frais en admirant roses, dahlias, chrysanthèmes, camélias, rhododendrons, séquoias, cèdres, etc. Le kiosque à musique (œuvre de l'architecte J.-B. Martenot, 1875) a été restauré en 2010.

Tout à côté, l'**église N.-D.-en-St-Melaine** a été en partie reconstruite aux 14e et 17e s. La tour et le transept du 11e s. datent de l'ancienne abbaye St-Melaine. Elle recèle, dans le bras droit du transept, une fresque du 15e s. (en partie effacée) représentant le baptême du Christ.

La Criée A2

Pl. Honoré-Commeurec - halles centrales - ✆ 02 23 62 25 10 - www.criee.org - 12h-19h, w.-end 14h-19h - fermé lun. et j. fériés - gratuit.

Ce centre d'art offre un espace de rencontre avec la création contemporaine, destiné aux adultes comme aux enfants. Cinq à sept manifestations sont organisées chaque année. Outre les expositions temporaires, un espace de documentation et un fonds vidéo sont disponibles en consultation.

FRAC Bretagne Hors plan

19 av. André-Mussat - ✆ 02 99 37 37 93 - www.fracbretagne.fr - mar.-dim. 12h-19h - fermé lun., 1er janv., 1er Mai et 25 déc. - 3 €, visite guidée sam. 15h gratuit.

Dans le quartier de Beauregard, au nord-ouest de la ville, ce bâtiment résolument actuel abrite la collection (4 000 pièces) du Fonds régional d'art contemporain *(voir p. 66)*.

À proximité Carte de microrégion

★ Écomusée du Pays de Rennes C2

8 km au sud par l'av. Henri-Fréville en direction de Noyal-Châtillon-sur-Seiche, puis suivez la signalisation. Rte de Châtillon-sur-Seiche - la Bintinais - ✆ 02 99 51 38 15 - www.ecomusee-rennes-metropole.fr - avr.-sept. : 9h-18h, sam. 14h-18h, dim. 14h-19h ; reste de l'année : 9h-12h, 14h-18h, sam. 14h-18h, dim. 14h-19h - fermé lun. et j. fériés - 4,60 € (-14 ans 2,30 €) - gratuit Printemps des musées et J. du patrimoine.

Située aux confins de la ville et de la campagne, la **ferme de la**

Bintinais fut longtemps l'une des exploitations les plus grandes et les plus modernes du pays de Rennes. À travers son histoire richement documentée, on découvre l'évolution du monde rural depuis le 16e s. Les techniques anciennes de construction sont également abordées. Un parcours à travers le domaine de 19 ha permet de s'intéresser au jardin, au rucher et aux vergers, ainsi qu'aux parcelles cultivées montrant l'évolution des pratiques agricoles.
Au conservatoire végétal s'est ajouté un cheptel de races de ferme rustiques en voie de disparition. Chevaux (trait-postier breton), vaches (pie noir, froment du Léon, nantaise et armoricaine), cochons (porc blanc de l'Ouest et porc de Bayeux), chèvres (des fossés), moutons (d'Ouessant, des landes de Bretagne et de l'Avranchin) et volailles (poules de La Flèche, coucou de Rennes et gauloise dorée) : toutes les anciennes races de la Bretagne se trouvent ici rassemblées.
Bon à savoir – L'écomusée propose régulièrement des journées thématiques (cheval, bois…), des expositions (dans le pavillon d'accueil), fêtes et démonstrations : Fête du pommé, tonte des moutons, vannerie, mycologie, récolte du miel.

Musée des Transmissions - Espace Ferrié C2

À Cesson-Sévigné, 8,5 km à l'est de Rennes par la rocade nord, sortie n° 15. Suivez le bd des Alliés et tournez à droite au 3e rond-point, av. de La Boulais. 6 av. de la Boulais - 02 99 84 32 43 - www.espaceferrie.fr - - 9h30-12h, 13h30-18h, dim. 9h-12h, 13h-19h - fermé sam. et mar., vac. de Noël, 1er Mai - 4 € (-18 ans gratuit) - audioguide disponible.
Ce musée est une mine de renseignements sur les systèmes d'information et de communication… mais aussi pour les techniques d'espionnage ! On y découvre l'histoire des transmissions civiles et militaires, des premiers signaux de fumée jusqu'aux satellites et, grâce à des maquettes interactives, on pénètre dans l'univers de la télématique, du GPS ou de la télévision terrestre numérique.

1

Châteaugiron C2

16 km au sud-est par la D 463.
Cette petite cité de caractère, déjà réputée au 17e s. pour ses toiles de voiles en chanvre utilisées par les vaisseaux de haut bord, a conservé de pittoresques maisons à pans de bois et un imposant **château**. De cette forteresse, plusieurs fois assiégée, il subsiste les douves, le donjon du 13e s. coiffé en poivrière au siècle suivant, et, lui faisant face, la tour de l'Horloge du 15e s.
Pour découvrir le site du château, empruntez le boulevard du Château.

Château du Bois-Orcan C2

À Noyal-sur-Vilaine, 19 km au sud-est par la D 463 puis par la D 92. 02 99 37 74 74 - - 14 Juil.-8 sept. : 11h-13h, 14h30-18h30 ; 1er w.-end de juin : 14h-18h - fermé lun. - 8 € (-18 ans 5 €) - possibilité de visite guidée (2h30).
Construit par l'argentier d'Anne de Bretagne, ce manoir en pierre du 15e s. abrite une importante collection d'objets et de meubles médiévaux. Contigu au château, le jardin de la Fontaine de Vie a retrouvé sa facture médiévale et le parc de sculptures présente l'**Athanor★**, ensemble d'œuvres d'Étienne Martin (1913-1995), artiste majeur du 20e s. Ces deux espaces ont reçu en 2009 le label Jardin remarquable.

Montfort-sur-Meu B2

17 km à l'ouest par la D 125.

Située au confluent du Meu et du Garun, cette petite ville bâtie en pierre rouge du pays possède un certain cachet. La **maison natale de saint Louis-Marie Grignion de Montfort** se trouve 15 r. de la Saulnerie. Ce missionnaire, qui naquit dans cette maison le 31 janvier 1673, fit élever le calvaire de Pontchâteau. *02 99 09 15 35 - ♿ - visite sur demande préalable, h se rens. - gratuit.*

Jardins de Brocéliande B2

18 km à l'ouest par la D 62. 02 99 60 08 04 - www.jardinsdebroceliande.fr - ♿ - juil.-août : 11h-19h ; 26 mars-30 juin et 1er sept.-20 oct. : tlj sf dim., j. fériés et lun. 13h30-18h - 8 € (enf. 4 €).

Deux circuits balisés (45mn ou 1h30). Ces jardins inspirent tous les sens : les massifs colorés attirent le regard, les anciennes variétés fruitières cultivées dans les vergers titillent le goût, les cascades charment l'ouïe et la vingtaine de collections florales, dont la première collection de lilas en France et 1 000 variétés d'iris, enivre l'odorat.

Quant au toucher, pour le plus grand ravissement des enfants, il est également satisfait car il est permis de caresser les animaux de la ferme, dont le célèbre coucou de Rennes !

Circuit conseillé Carte de microrégion

VALLÉE DE LA VILAINE B2

Circuit de 40 km tracé en vert sur la carte p. 104 - environ 1h. Quittez Rennes par la D 177 vers Redon. Allez vers Bruz.

Bruz

Le 8 mai 1944, un bombardement allié aussi violent qu'inexplicable raya la commune de la carte, occasionnant de terribles pertes : 183 morts dont 51 enfants, des centaines de blessés... Complètement reconstruit après la Seconde Guerre mondiale, le bourg de Bruz apparaît comme une réussite de l'urbanisme rural.

★ **Église** – *02 99 05 56 56 - ♿ - h, se rens. - possibilité de visite guidée (1h) sur demande à l'office de tourisme (gratuit).* Elle fut construite en 1950 en schiste veiné de rose. Une flèche pointue coiffe le clocher carré qui forme le porche. L'éclairage intérieur est très harmonieux. Dans la nef, des dalles de verre sont décorées de trois poissons dans un cercle. Dans l'abside, des vitraux représentent les sept sacrements. Au transept, deux verrières figurent à droite le Christ, à gauche la Vierge.

Parc ornithologique de Bretagne – *02 99 52 68 57 - www.parc-ornithologique.com - ♿ - juil.-août : 10h-12h30, 14h-19h ; de mi-avr. à fin juin et de déb. à mi-sept. : 14h-19h ; vac. de fév. et de la Toussaint : 14h-18h - 6,90 € (-18 ans 4,20 €).*

Ce parc présente une collection intéressante de plus de 1 000 oiseaux, venus de tous les continents. Les enfants *(6-8 ans)* reçoivent un petit questionnaire dès l'entrée.

Poursuivez votre circuit vers le sud par la D 577. La route franchit le fleuve à Pont-Réan, dans un beau site.

Le Boël

On peut faire une agréable promenade au bord de la Vilaine qui coule entre des collines rocheuses, dans un site verdoyant. Une petite écluse et un barrage semblent relier la rive droite au vieux moulin situé sur l'autre rive.

Revenez à Rennes.

NOS ADRESSES À RENNES

TRANSPORTS

Bus, métro – La ville de Rennes est desservie par un métro, le Val, qui la traverse du nord-ouest *(terminus J.-F. Kennedy)* au sud-est *(terminus La Poterie, parc relais pour voitures)*. De nombreuses lignes de bus sillonnent la ville. Ces transports en commun sont gérés par le STAR qui propose plusieurs titres de transport dont le ticket Unité *(1,40 €, 1h)* et le ticket Journée *(3,70 €)*. Tarif réduit avec le Rennes métropole City Pass *(voir ci-dessous)*. Informations et vente dans les trois agences STAR – *12 r. du Pré-Botté (centre-ville) - ✆ 09 70 821 800 (n° gratuit) - www.star.fr.*

Vélo STAR – *www.levelostar.fr.* Service de vélos en libre-service 24/24h et 7/7 j dans 83 stations proches des arrêts de métro, de bus et de la gare; premières 30mn gratuites puis 1 € pour la demi-heure suivante, 2 € de 1h à 2h, etc.

VISITE

Rennes métropole City Pass – *15 €, en vente à l'office de tourisme.* Valable 72h, il permet d'accéder aux principaux monuments de Rennes et de sa métropole à des conditions privilégiées et de bénéficier de tarifs préférentiels sur certains spectacles ou activités de loisirs et de bien-être.

Rennes, Ville d'art et d'histoire – *Rens. à la billetterie de l'office de tourisme - ✆ 02 99 67 11 66 - 7,20 € (-7 ans gratuit; 7-18 ans 4,60 €).* Visites-découvertes (1h30 à 2h) et circuits-découvertes.

Ateliers ludiques du patrimoine – Pour les 6-12 ans, animés par des guides-conférenciers agréés par le ministère de la Culture et de la Communication.

Visite audioguidée – Téléchargeable au format MP3 sur www.tourisme-rennes.com ou location d'un audioguide à la boutique de l'OT *(4,50 €, dispo. en 5 langues).*

Applications pour mobile – Proposées gratuitement par l'office de tourisme (adresses, parcours thématiques et autres fonctionnalités).

Visite avec un greeter – *www. rennes-greeters.com - sur RV au moins une sem. à l'avance.* Pour découvrir la ville autrement, au travers des échanges avec un des ses habitants.

HÉBERGEMENT

BUDGET MOYEN

Hôtel Astrid – *32 av. Louis-Barthou - ✆ 02 99 30 82 38 - http:// www.hotel-astrid-rennes.eu/ - 30 ch. 69/75 € - ☕ 8,50 €.* Dans une rue proche de la gare, cet hôtel a du cachet avec sa décoration actuelle dans les tons noir, gris et rose. Chambres presque toutes rénovées; certaines peuvent accueillir les familles. La salle du petit-déjeuner donne sur un minuscule patio.

Ibis Styles Rennes Centre Gare Nord – *15 pl. de la Gare - ✆ 02 99 67 31 12 - www.ibis.com - 99 ch. à partir de 80 € ☕.* Outre sa situation à deux pas de la gare, cet hôtel a l'avantage de proposer des chambres pour les familles. Chambres contemporaines. Tarifs avantageux sur Internet, notamment pour le week-end.

Hôtel Le Victoria – *35 av. Jean-Janvier - ✆ 02 99 31 69 11 - www.hotel-levictoria.com - ♿ - P - 37 ch. 58/80 € - ☕ 9 € - ✗ formules 9/11/13,50 €.* Une cure de jouvence est venue réveiller cet hôtel situé à proximité de la gare. Ses petites chambres sobres et fraîches en font une étape convenable. Côté restaurant, ambiance brasserie. Sur un des murs de la salle, une fresque évoque un voyage de la reine Victoria.

Hôtel de Nemours – *5 r. de Nemours - ✆ 02 99 78 26 26 - www.hotelnemours.com - 29 ch. 61/150 € - ☕ 9,50 €.* Sis dans une rue fréquentée à proximité du métro République, cet hôtel est heureusement bien insonorisé. Ses chambres, rafraîchies, sont desservies par un minuscule ascenseur. Jolie salle de petit-déjeuner à la décoration épurée.

Hôtel des Lices – *7 pl. des Lices - ✆ 02 99 79 14 81 - www.hotel-des-lices.com - ♿ - 48 ch. 69/96 € - ☕ 8,80 €.* La fameuse place des Lices, avec ses maisons à colombages et son marché, est à vos pieds. Chambres modernes avec petits balcons. Sur l'arrière, vue sur les vieux remparts.

POUR SE FAIRE PLAISIR

Appartements d'hôte Rennes Attitude – *4 r. du Capitaine-Dreyfus - ✆ 06 31 64 61 38 - www.rennesattitude.com - 6 appart. 105 €/nuit en sem., forfait w.-end 170 €, tarif dégressif selon nombre de nuits - jusqu'à 4 pers. (2 adultes, 2 enfants).* En plein centre-ville près du musée des Beaux-Arts, et pourtant au calme, ces trois petits appartements ont un charme fou. Décoration originale, accueil aux petits soins : une formule particulièrement attrayante pour un séjour de plusieurs nuits. Trois autres appartements du même style, toujours dans le centre (r. E.-Cavell et r. du Pré-Botté).

À proximité

POUR SE FAIRE PLAISIR

Hôtel Ar Milin' – *24 km à l'est de Rennes par N 136 puis N 157 - 30 r. de Paris - 35220 Châteaubourg - ✆ 02 99 00 30 91 - www.armilin.com - fermé 21 déc.-6 janv. et 25 fév.-3 mars - 32 ch. 88/157 € - ☕ 12 € - ✕ (fermé lun. et mar. midi en juil.-août), menus 26/46 €, carte 41/53 €.* Au calme d'un parc agrémenté d'œuvres contemporaines monumentales, ce moulin de pierre du 19e s. abrite de chaleureuses chambres (plus petites dans l'annexe). Salle à manger claire avec vue sur la rivière ; cuisine traditionnelle.

RESTAURATION

PREMIER PRIX

Crêperie des Portes Mordelaises – *6 r. des Portes-Mordelaises - ✆ 02 99 30 57 40 - www.portesmordelaises.fr - fermé 1er-14 janv., mar. et merc. - ♿ - formule déj. 8,50 €.* À deux pas des portes mordelaises, on ne peut rêver meilleure situation pour déguster galettes et crêpes traditionnelles (farines bio et bretonnes) près de la cheminée, dans un cadre simple et familial. Terrasse d'été. Accords de vins avec chaque galette.

Thé au fourneau – *11 r. des Portes-Mordelaises - ✆ 02 99 78 25 36 - fermé 3 sem. en août, dim. et lun. - 6,50 à 15 €.* Salé ou sucré ? Tartes, salades, thés, tartines et scones : de quoi composer en toute liberté votre escale gourmande dans cette maison bien située à quelques pas de la cathédrale et de la place des Lices. Vente de thé en vrac.

Le Café populaire – *5 quai Lamennais - ✆ 02 99 78 23 43 - fermé sam. midi et dim. - formules déj. 11,20/14,50 €, dîner 15/19 €.* Sympathique bistrot à deux pas de la place de la République. Parquet, tomettes et murs de pierre apparente forment un cadre chaleureux dans lequel on déguste une cuisine goûteuse :

cocotte de poissons sauce aux crustacés, aiguillettes de poulet à la méditerranéenne, cheese-cake au citron vert, pain perdu et coulis caramel au beurre salé.

Le Comptoir des Halles – *17 r. Jules-Simon - ✆ 02 99 78 20 07 - www.lecomptoirdeshalles.com - 12h-14h, 19h30-21h30 - fermé dim. - plat 9 € (déj. en sem.), formules à partir de 12 € (midi) et 16 € (soir).* En face des halles centrales, cette brasserie fait souvent le plein grâce à ses prix sages et à sa carte variée. Grande salle au décor contemporain ouverte sur la cuisine et terrasse.

BUDGET MOYEN

Cantina Mia – *7 pl. St-Germain - ✆ 02 99 78 33 42 - fermé sam.-dim. - plats à partir de 10,20 €.* Ce petit restaurant aux coloris acidulés et au design années 1950 deviendra très vitre votre cantine. Savoureuses recettes italiennes, renouvelées chaque jour au gré du marché et beau choix de vins. Petite terrasse sur la place.

Chez Kub – *20 r. du Chapitre - ✆ 02 99 31 19 31 - www.chezkub.fr - fermé dim. midi et lun. - menu déj. 11,50 € - 18/25 €.* Spécialités de grillades préparées au four à bois (entrecôte, bavette, brochettes et gambas), dans une ambiance conviviale près de la cheminée. Aux beaux jours, la terrasse s'ouvre sur la rue médiévale.

Café breton – *14 r. Nantaise - ✆ 02 99 30 74 95 - fermé dim. et lun. - formules déj. 13/17 € - 22/28 €.* Cette ancienne épicerie est un incontournable de la cité bretonne. La recette du succès : suggestions du marché présentées à l'ardoise, vieux mobilier de bistrot, terrasse et service décontracté.

Le Quatre B – *4 pl. de Bretagne - ✆ 02 99 30 42 01 - www.quatreb.fr - fermé sam. midi et dim. - formule 12 €, menu 16 € (déj. sem.), 24/29 €.* Tout le monde à Rennes connaît Le Quatre B ! Il faut dire que son concept est une réussite, alliance d'un décor branché (objets design, éclairage étudié…) et d'une cuisine à la fois soignée et gourmande. Beaucoup d'invention, beaucoup de succès.

Baron Rouge – *15 r. du Chapitre - ✆ 02 99 79 08 09 - fermé dim. et lun. - formule déj. 13 € - 23/32 €.* Atmosphère chic et décontractée dans ce lieu dont l'enseigne évoque le grand aviateur allemand de la Première Guerre mondiale. Cuisine du marché, renouvelée bien entendu au gré des saisons. Plaisant cadre contemporain.

La Réserve – *36 r. de la Visitation - ✆ 02 99 84 02 02 - www.lareserve-rennes.fr - fermé dim. - formules déj. 13,50/16 € - menus 23/30 €.* Des expositions de peintures sont régulièrement organisées dans ce restaurant à étages, très lumineux. Cuisine de marché traditionnelle et goûteuse : ne manquez pas le pot de foie gras chutney, mangue et ananas, ou la crème brûlée aux pistaches et à la griotte !

Le Guehennec – *33 r. Nantaise - ✆ 02 99 65 51 30 - www.leguehennec.com - fermé 2 sem. en août, sam. midi, lun. soir et dim. - ♿ - menu 22,50 € (déj. sem.), 32,50/42,50 €.* Près de la place des Lices, ce petit restaurant intime propose une cuisine soignée, rythmée par les saisons et les produits du marché. Décor contemporain.

BOIRE UN VERRE

Bon à savoir – Les bars des rues St-Michel et St-Georges, ou de la rue St-Malo dans un style plus alternatif, proposent souvent des concerts de rock.

Fougères

★★

19 779 Fougerais – Ille-et-Vilaine (35)

NOS ADRESSES PAGE 128

S'INFORMER

Office du tourisme du pays de Fougères – *2 r. Nationale - 35300 Fougères - 02 99 94 12 20 - www.ot-fougeres.fr - juil.-août : 9h-19h, dim. et j. fériés 10h-12h, 14h-18h ; 2e quinz. de juin et 1re quinz. de sept. : 9h30-12h30, 14h-18h, dim. 14h-18h ; du lun. de Pâques à mi-juin et de mi-sept. à la Toussaint : tlj sf dim. 9h30-12h30, 14h-18h ; reste de l'année : se rens. - fermé 1er janv., 1er et 11 Nov.*

SE REPÉRER

Carte de microrégion D1 (p. 104-105) – *carte Michelin Départements 309 O4.* Ancienne forteresse médiévale, Fougères marque la frontière orientale de la Bretagne, non loin de l'A 84 qui relie Avranches (44 km au nord) à Rennes (55 km au sud-ouest). Rejoignez St-Malo (100 km à l'ouest) via Dol-de-Bretagne par la D 155.

SE GARER

En centre-ville, les zones de stationnement bleues sont gratuites pendant 1h30. L'été, vous trouverez des parkings (non gardés) en périphérie. Évitez le centre le samedi matin, jour de marché.

ORGANISER SON TEMPS

Offrez-vous une visite guidée du château et du quartier médiéval pour profiter pleinement du patrimoine de cette ville labellisée « d'art et d'histoire ».

À NE PAS MANQUER

Le site impressionnant du château dont l'enceinte est miraculeusement préservée et les maisons du 16e s. du quartier médiéval du Marchix.

AVEC LES ENFANTS

Après une visite du château, visitez le musée de l'Horlogerie ou la Maison Pierres et Nature à Mellé, puis louez des VTT au centre de loisirs de la ferme de Chênedet.

Cette ancienne ville forte domine la douce et sinueuse vallée du Nançon. En contrebas, sur une éminence rocheuse presque entièrement entourée par la rivière, se dresse un magnifique château féodal dont l'enceinte compte parmi les plus considérables d'Europe. Le quartier médiéval et les jardins situés au cœur même de la ville transportent le voyageur dans une balade entre histoire et littérature.

Découvrir

★★ LE CHÂTEAU A1

Pl. Pierre-Symon - 02 99 99 79 59 - www.chateau-fougeres.com - juil.-août : 10h-19h ; mai-juin et sept. : tlj sf lun. 10h-19h ; reste de l'année : tlj sf lun. 10h-12h30, 14h-17h30 - fermé 1er janv., 1er Mai et 25 déc. - 8 € (-18 ans 5 €) - audioguide disponible - possibilité de visite guidée (60mn).

FOUGÈRES

Son site en contrebas de la ville haute est inhabituel. Un méandre de la rivière, qui baignait une éminence rocheuse en forme de presqu'île très étroite, fournissait un excellent site défensif. L'architecture militaire a tiré parti de cet emplacement en y élevant des remparts et des tours, et en transformant la presqu'île en île, par une courte dérivation du Nançon. Reliée à la ville haute par des remparts, la garnison pouvait participer à sa défense et même s'y replier en cas de chute de la ville, pour jouer son rôle de garde-frontière du duché de Bretagne. Au fil des batailles, les assaillants ont pu néanmoins se rendre maîtres de ces hautes murailles, soit par surprise, soit par de longs sièges.

La forteresse a beaucoup souffert au cours des siècles. L'enceinte est complète avec ses courtines et ses treize tours. Mais on ne voit plus l'imposant donjon qui, du point le plus élevé du rocher, commandait toutes les défenses : il fut rasé en 1166 par le roi d'Angleterre. Le grand logis, qui occupait une partie de la cour intérieure, a été également réduit à ses substructures au début du 19e s. Une scénographie, à la fois sobre et design, accompagne la visite du château. À l'extérieur, le parcours invite à comparer l'architecture d'hier

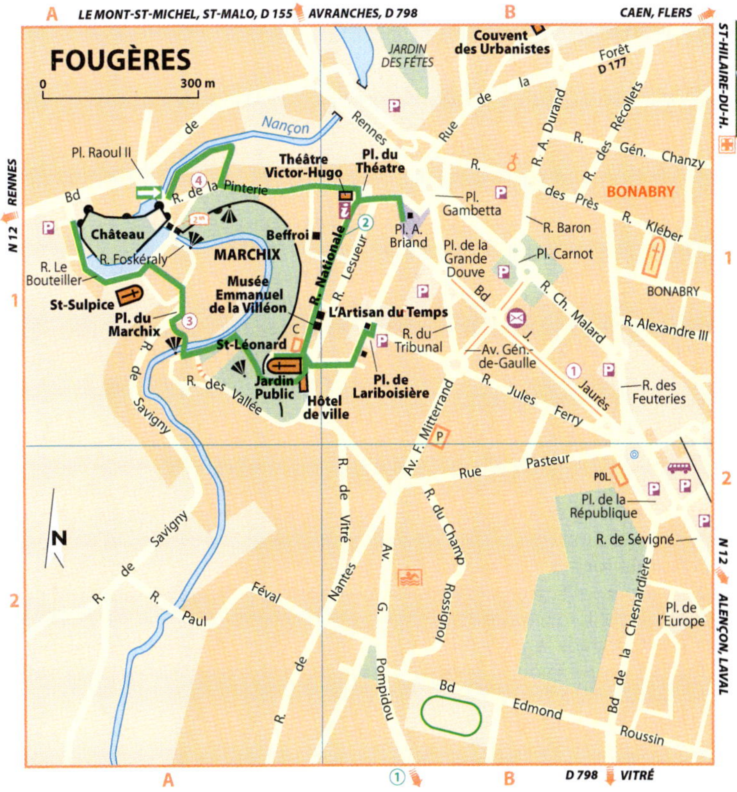

SE LOGER

Balzac Hôtel .... ②

Ferme de Mésauboin (Chambre d'hôte) .... ①

SE RESTAURER

Haute Sève (La) .... ①

Remparts (Crêperie des) .... ④

Ti Vabro .... ③

1

UNE IMPORTANTE PLACE FORTE

À la frontière de la Bretagne et de la France, Fougères a toujours eu une grande importance militaire. Le plus célèbre de ses barons, Raoul II, a vécu au milieu du 12e s. sous la suzeraineté du duc de Bretagne Conan IV, soumis à Henri II Plantagenêt, roi d'Angleterre et duc de Normandie. Le fier Raoul, révolté, forma une ligue avec une partie de la noblesse bretonne et entra en lutte contre Plantagenêt. En 1166, Henri II investit Fougères et démolit le château. Raoul le reconstruit aussitôt. Une partie de son œuvre est aujourd'hui encore debout.

Au 13e s., le fief passe par mariage à des seigneurs poitevins, les Lusignan. Ils se disent descendants de la fée Mélusine (mère Lusigne) et donnent son nom à la plus belle des tours qu'ils ajoutent à l'enceinte.

Fougères offre l'exemple, assez rare, d'une forteresse formidable très souvent prise. Y sont entrés : Saint Louis, Du Guesclin, Surienne, capitaine aragonais au service des Anglais, La Trémoille, le duc de Mercœur, les Vendéens… Après la réunion de la Bretagne à la France, des gouverneurs se succèdent à Fougères : dix des tours portent leurs noms. Au 18e s., le château devient propriété privée. La ville l'achète en 1892.

et d'aujourd'hui en se glissant dans la visière de personnages historiques. À l'intérieur des tours Mélusine, Surienne et Raoul, le contexte historique des Marches de Bretagne – la frontière historique du duché de Bretagne – se dévoile au fil d'illustrations et de films projetés à même les pierres.

★ Tour extérieur

Partez de la place Raoul-II, longez les fortifications (dans le sens inverse des aiguilles d'une montre), puis suivez, à gauche, la rue Le Bouteiller.

Au centre du rempart nord, la **tourelle de Guibé** (14e s.) formait un poste de guet élevé, en encorbellement sur la courtine. En contournant l'éperon que forment à l'ouest les remparts, on remarque la puissance des défenses réunies en ce point. La poterne du 15e s. s'ouvre aujourd'hui sur le vide, mais se prolongeait autrefois par une double arcade qui franchissait le fossé, pour communiquer avec un ouvrage avancé.

La **tour du Gobelin** (13e et 14e s.), à gauche, et la **tour Mélusine** (14e s.), à droite, sont rondes. Jadis munies de mâchicoulis et probablement remaniées dans leurs parties hautes, elles ont perdu de leur fière allure. La seconde est un chef-d'œuvre de l'architecture militaire de l'époque : 13 m de diamètre extérieur, 3,50 m d'épaisseur de mur et 31 m de hauteur au-dessus du rocher.

Deux tours en fer à cheval et trapues, les **tours Surienne et Raoul** (15e s.), marquent la dernière étape de la reconstruction du château. Elles témoignent des méthodes de la guerre de siège qui, à la fin du 15e s., prenait la forme d'un duel d'artillerie à courte portée. Leurs murs présentent ainsi une épaisseur de 7 m, pour résister aux tirs, et elles-mêmes ont été conçues pour servir de plate-forme d'artillerie.

Elles conservent d'ailleurs des canonnières très puissantes et bien préservées. En outre, le dessin des mâchicoulis montre qu'à cette époque l'art militaire n'excluait pas la décoration.

Face aux deux tours s'élèvent l'église St-Sulpice et le quartier du Marchix.

En suivant toujours l'enceinte, on voit la tour du Cadran (13e s.). Carrée et de dimension réduite, elle est très endommagée. Plus loin, la **porte Notre-Dame** est la seule qui subsiste des quatre portes des boulevards précédant les quatre

portes de l'enceinte fortifiée qui entourait la ville elle-même. La tour de gauche, plus élevée et percée d'étroites archères, remonte au 14e s. La tour de droite, pourvue de mâchicoulis très décorés, date du 15e s.
Passez sous la porte et suivez la rue de la Fourchette ; montez à droite dans la rue de la Pinterie.
À 50 m, traversez à droite les jardins aménagés en bordure du chemin de ronde reconstitué : belle vue sur la vallée du Nançon et l'ensemble du château.
Passez sous les ruines d'un joli portail de chapelle pour sortir du jardin et reprendre à gauche la rue de la Pinterie, qui conduit à l'entrée du château.

★★ Intérieur

L'entrée, précédée d'un fossé alimenté par une dérivation du Nançon, se fait par la **tour carrée de La Haye-St-Hilaire**.
Le château comprend **trois enceintes** successives. Percée d'archères, l'avancée (fortification en saillie - 13e s.) constituait le premier obstacle. Cette ligne franchie, les assaillants pénétraient dans une petite cour où ils étaient soumis aux tirs convergents des défenseurs postés sur les quatre côtés. Ainsi exposés, les assaillants devaient donc traverser un second fossé avant d'atteindre l'enceinte principale défendue par quatre tours (12e et 15e s.). Ces deux lignes de défense enlevées, c'était la ruée dans la grande cour où s'élevaient le **logis seigneurial** et la **chapelle**. Mais la défense pouvait se ressaisir... Une troisième enceinte, le réduit, était située au point le plus élevé ; elle permettait – avec le donjon, qui existait encore au 12e s. – une longue résistance. Délogée de ces positions, la garnison pouvait encore trouver le salut en fuyant par la poterne.
La visite révèle la puissance d'une telle forteresse. Par la courtine la plus élevée de l'édifice, atteignez la tour Mélusine *(75 marches jusqu'au sommet)* et replongez dans l'histoire du château au fil des projections.

1

Se promener Plan de ville

LA VILLE HAUTE AB1

Circuit tracé en vert sur le plan p. 123. En sortant du château, empruntez la promenade aménagée le long du Val Nançon.
En face des jardins collectifs s'élève **L'Œuvre à la Vie**. Inaugurée en 2000, cette demi-sphère en acier habillée de huit compositions picturales est signée de l'artiste Louis-Marie Catta.
Rejoignez la rue de la Pinterie par la ruelle des Vaux et remontez-la jusqu'à la place Aristide-Briand.

Place Aristide-Briand B1

L'**hôtel de la Bélinaye** (tribunal d'instance) est la maison natale d'**Armand Taffin de La Rouërie**, l'un des chefs de la chouannerie bretonne *(voir p. 82)*.
Descendez la rue Nationale.

★ Rue Nationale AB1

La plus belle rue de la ville dont les façades de granit (18e s.) sont ornées de balcons en fer forgé.
Beffroi – *Sur la droite en descendant la rue.* Cette tour octogonale (14e et 15e s.) se dresse fièrement au-dessus des remparts. Elle est décorée de gargouilles et surmontée d'une flèche recouverte d'ardoise.
L'Artisan du Temps – Musée de l'Horlogerie – *✆ 02 99 99 40 98 - ♿ - de mi-juin à fin août : 9h-12h, 14h-19h, dim. et lun. 14h-18h ; reste de l'année : tlj sf*

dim., j. fériés et lun. 9h-12h, 14h-19h - fermé Vend. saint et 26 déc. - 5 € (-18 ans 4 €) - possibilité de visite guidée sur demande (60mn). Petite exposition sur la passionnante quête de la mesure du temps. Plus de 200 pièces de collection sont présentées par un horloger passionné toujours en activité dans son atelier.
Depuis la rue Nationale, vous apercevez à droite la place de Lariboisière.

Place de Lariboisière B1

La statue équestre, de Louis Derbre, rend hommage au **comte de Lariboisière** (1759-1812). Né à Fougères, ce brillant officier se distingua dans les armées napoléoniennes avant de mourir pendant la terrible retraite de Russie.
Poursuivez sur la rue Nationale.

Musée Emmanuel-de-La Villéon

51 r. Nationale - ✆ 02 99 99 79 59 - juil.-sept. : 14h-19h ; vac. scol. (zone A) : tlj sf lun. 14h-18h ; mai : w.-end 14h-18h - fermé 1er janv., 1er et 8 Mai, 1er et 11 Nov., 25-26 déc. - 2 € (-18 ans gratuit) - gratuit Printemps des musées - possibilité de visite guidée, se rens.
Installé dans une maison du 16e s., il présente, outre une collection des 17e et 18e s., des œuvres d'Emmanuel de La Villéon (1858-1944), peintre impressionniste né à Fougères.

Église Saint-Léonard A1

Construite aux 15e et 16e s. avec une façade richement ornée sur le bas-côté nord, elle est dominée par une tour du 17e s. Des vitraux modernes de Lorin l'éclairent, mais on remarquera quelques fragments anciens : dans la chapelle de la Croix, à gauche en entrant, deux scènes de la vie de saint Benoît, du 12e s., et, dans la chapelle des fonts baptismaux, deux parcelles de **vitraux★** du 16e s. sont incorporées dans un vitrail plus récent.

Hôtel de ville A1

Édifice Renaissance. Remarquez la porte en partie murée.

★ Jardin public A1

Fort apprécié d'Honoré de Balzac, qui l'a introduit au cœur de son roman *Les Chouans*, et de Victor Hugo qui y vint avec Juliette Drouet, il est établi en partie en terrasses, sur l'emplacement des anciens remparts de la ville, et en partie sur les pentes qui descendent dans la vallée du Nançon. Depuis la terrasse clôturée par la balustrade, on jouit d'une **vue★** d'ensemble intéressante sur le château et le quartier du Marchix.
Un escalier permet de rejoindre le quartier médiéval en contrebas.

DE LA CHAUSSURE À L'AGROALIMENTAIRE

Non seulement Fougères a vu naître l'un des précurseurs de la chouannerie, le marquis de La Rouërie (1756-1793), dont la vie fut un véritable roman d'aventures, mais elle a aussi occupé une place prépondérante dans la production de chaussures. En 1832 commence la fabrication des chaussons de laine. En 1852, on y ajoute la chaussure, cousue à la main. L'année 1870 voit arriver la machine qui coud mécaniquement et, en 1890, une trentaine d'usines produisent en série des chaussures bon marché. Mais cette prospérité nouvelle connaîtra la parenthèse du bombardement de juin 1944. Une diversification amorcée dans les années 1970 oriente les entreprises locales vers les métiers du verre, de l'électronique, de l'information et de la robotique, sans oublier l'important secteur agroalimentaire.

La ville basse de Fougères.
M. Triano / MICHELIN

LE QUARTIER MÉDIÉVAL A1

★ Quartier du Marchix

La place du Marchix occupe le site de l'ancien marché au cœur de la vieille ville ; aux nos 13 et 15 s'élèvent deux belles maisons du 16e s.

La rue Foskéraly longe le Nançon, offrant une belle vue sur les remparts aménagés en jardin public. La rue du Nançon est bordée de maisons du 16e s. et d'autres habitations intéressantes s'élèvent à l'angle de la rue de la Providence et de la rue de Lusignan. Prenez la rue des Tanneurs et passez le pont sur le Nançon.

★ Église Saint-Sulpice

Construite en gothique flamboyant du 15e au 18e s., elle présente une grande homogénéité. La flèche d'ardoise très élancée (15e s.) est d'une facture originale. Le chœur est riche de boiseries du 18e s., mais on remarque surtout les **retables★** de granit du 15e s. des chapelles. Celle de gauche, ou chapelle N.-D.-des-Marais (statue qui aurait été découverte à proximité du château en 1300), abrite le retable dédié à Anne de Bretagne, sa donatrice.

À voir aussi Plan de ville

Le Couvent des Urbanistes B1

02 99 94 12 20 - rens. à l'office de tourisme.

Cette galerie d'art occupe un ancien couvent du 17e s. *(expositions toute l'année)*.

À proximité Carte de microrégion

Forêt domaniale de Fougères D1

3 km au nord-est. Quittez Fougères par la D 177, route de Flers.

La promenade permet de parcourir de belles futaies de hêtres. On pourra voir deux dolmens ruinés et un alignement mégalithique appelé Cordon des Druides, situé près du carrefour de Chênedet. En poursuivant en direction de Landéan, à l'orée de la forêt, près du carrefour de la Recouvrance, se trouvent des celliers du 12e s. Aujourd'hui fermés, ils constituaient la cachette des seigneurs de Fougères.

★ Parc botanique de haute-Bretagne D1

Le Châtellier, 10 km au nord-ouest. Quittez Fougères au nord en direction de St-James (D 798) jusqu'à la D 19 qu'il faut prendre à gauche. Suivez le fléchage. 02 99 95 48 32 - www.jardinbretagne.com - - juil.-août : 10h30-18h30 ; avr.-juin et sept. : 11h-18h ; reste de l'année : 14h-17h30 - fermé de mi-nov. à fin fév. - 10,80 € (-18 ans 8,80 €).

Dépaysement garanti au **château de la Foltière** aménagé en parc floral (25 ha). Le parcours proposé relie vingt-quatre jardins aux noms évocateurs (Cité antique, labyrinthe de Cnossos, vallée des Rois, vallon des Poètes, jardin perse, la source bleue, l'antre des plantes carnivores…) qui offrent, selon les saisons, une palette inépuisable d'ambiances, de couleurs et de parfums. Chambres et boutique au château, jardinerie.

Mellé D1

21 km au nord. Quittez la ville par la D 177. À Louvigné-du-Désert, prenez la D 14.

Maison Pierres et Nature – *02 99 17 14 24 - 02 99 17 14 24 - www.melle-durable.com - - tte l'année sur demande préalable - gratuit.* C'est un espace d'interprétation du patrimoine rural local. Vous y apprendrez à lire un paysage, à reconnaître les roches, les types de sols, les plantes, vous découvrirez les énergies renouvelables… *11 km. Départ pl. de l'Église. Plan disponible à la Maison Pierres et Nature.* La visite peut se poursuivre par le **Circuit Pierres et Nature**, un sentier accessible à tous et qui « explique la campagne ». Les panneaux qui le jalonnent donnent des clefs pour comprendre et reconnaître le patrimoine bâti et paysagers.

NOS ADRESSES À FOUGÈRES

VISITES

Ville d'art et d'histoire – *Rens. au château 02 99 99 79 59 ou à l'office de tourisme - www.fougeres.fr.* Fougères, Ville d'art et d'histoire, propose des visites-découvertes (1h30) de son patrimoine millénaire, animées par des guides-conférenciers agréés par le ministère de la Culture et de la Communication. Il est également possible de découvrir la ville en empruntant le **petit train touristique**.

HÉBERGEMENT

BUDGET MOYEN

Balzac Hôtel – *15 r. Nationale - 02 99 99 42 46 - www.balzac-hotel.fr - 19 ch. 56/60 € - 8/12 €.* Aménagé dans un hôtel particulier du 18e s., en plein centre historique de Fougères. L'accueil est charmant et les chambres sont desservies par un ascenseur.

À proximité

BUDGET MOYEN

Chambre d'hôte Ferme de Mésauboin – *Le Grand Mésauboin - 35133 Billé - 8 km au sud de Fougères - ✆ 02 99 97 61 57 - www.ferme-de-mesauboin.com - fermé 2 sem. en mars et 2 sem. en oct. - P - 5 ch. 54/58 € ☕ - gîtes à partir de 350 €/sem. - repas 18,90/33,50 €.* Le calme et la simplicité de cette ferme-manoir du 17e s. combleront tous ceux qui rêvent d'effectuer un petit séjour « de tout repos » à la campagne. Produits du terroir à l'auberge, chambres d'hôte et gîtes.

RESTAURATION

PREMIER PRIX

Ti Vabro – *13 pl. du Marchix - ✆ 02 99 17 20 90 - fermé lun., dim. soir et merc. soir (juil.-août, fermé uniquement lun.) - 7/15 €.* Située au cœur du quartier médiéval dans une belle maison à pans de bois, cette crêperie propose une carte de 15 cidres pour accompagner crêpes et galettes réalisées avec soin.

Crêperie des Remparts – *102 r. de la Pinterie - ✆ 02 99 94 53 53 - fermé vac. de fév. et merc. hors saison - 9/15 €.* À deux pas du château, l'une des plus vieilles maisons de Fougères abrite cette crêperie aux poutres massives et aux murs décorés d'objets anciens et régionaux. Aux beaux jours, la terrasse est dressée devant le jardin public bordant les remparts.

BUDGET MOYEN

La Haute Sève – *37 bd J.-Jaurès - ✆ 02 99 94 23 39 - fermé 23 juil.-23 août, 1er-20 janv., dim. soir et lun. - 21/45 €.* L'avenante façade à colombages abrite une salle à manger relookée dans un esprit contemporain. Cuisine régionale au goût du jour.

BOIRE UN VERRE

Le Coquelicot – *18 r. de Vitré - ✆ 02 99 99 82 11 - http://le-coquelicot.fr - 15h-3h - fermé dim. et lun., de mi-juil. à mi-août.* Ouvert en 1979, ce petit bar musical accueille toutes les semaines chanteurs, groupes de rock, de jazz ou de blues.

ACHATS

Marché – *Sam. mat.*

ACTIVITÉS

La Granjagoul - Maison du patrimoine oral en haute Bretagne – *2 ter r. de la Bascule - 35120 Parcé - ✆ 02 99 95 37 99 - www.lagranjagoul.fr - merc. 10h-13h, 14h-18h, jeu. et vend. 14h-18h - spectacles, se rens.* Expositions, spectacles, veillées… Ce centre de ressources invite à découvrir le patrimoine culturel de l'histoire locale, des contes, des chansons et musiques du pays gallo.

Ferme de Chênedet – *À Landéan, 7 km au nord-ouest de Fougères - ✆ 02 99 97 35 46 - ♿ - visite guidée sur demande préalable (60mn) 9h-12h, 14h-17h30, sam. 9h-12h, 14h-19h, dim. 9h-12h, j. fériés sur demande - gratuit.* Au cœur de la forêt domaniale de Fougères, ce centre de loisirs regroupe à la fois des activités équestres (cours d'équitation, promenade) et nautiques (location de kayaks et de barques en été) sur le plan d'eau situé juste à côté. Location de VTT toute l'année. Hébergement sur place en 4 gîtes collectifs.

1

Vitré

★★

16 834 Vitréens – Ille-et-Vilaine (35)

NOS ADRESSES PAGE 136

S'INFORMER

Office du tourisme du pays de Vitré – *Pl. du Gén.-de-Gaulle - 35500 Vitré - ✆ 02 99 75 04 46 - www.ot-vitre.fr - juil.-août : 9h30-12h30, 14h-18h30, dim. et j. fériés 10h-12h30, 15h-18h (se rens.) ; avr.-juin et sept. : tlj sf dim. et j. fériés 9h30-12h30, 14h30-18h, sam. 10h-12h30, 15h-17h, lun. 14h-18h30 ; reste de l'année : 9h30-12h30, 14h30-18h, sam. 10h-12h30, 15h-17h, lun. et mar. 14h30-18h.*

Visites-découvertes – *Juil.-août : 1 visite/j. à 15h et nocturne sam.-dim. à 22h sur réserv. ; mai-juin et sept. : w.-end - 5 € (6-18 ans 2,50 €).* Dix visites thématiques à travers la ville.

SE REPÉRER

Carte de microrégion D2 (p. 104-105) – *carte Michelin Départements 309 O6.* Vitré se situe à l'intersection des D 857 et D 178. La première mène à Rennes (40 km à l'ouest) et la seconde relie Nantes à Fougères (30 km au nord).

ORGANISER SON TEMPS

Comptez une bonne demi-journée pour faire le tour de la cité, à prolonger par de petites excursions aux alentours.

À NE PAS MANQUER

La visite du château et des ruelles en contrebas, le panorama sur la ville depuis les Tertres-Noirs, l'ensemble de mégalithes de la Roche-aux-Fées, pour ses dimensions impressionnantes.

Dynamique et animée, cette ville des marches bretonnes ne paraît pas son âge même si remparts et ruelles n'ont guère changé depuis 500 ans ! Son superbe château, exemple parfait d'architecture militaire médiévale, et ses belles demeures à pans de bois vous replongent dans un passé prestigieux. Aux alentours, d'intéressantes excursions complètent la visite.

Découvrir Plan du château

★★ Le château

Pl. du Château - ✆ 02 99 75 04 54 - www.mairie-vitre.com - avr.-sept. : 10h30-12h30, 14h-18h30, dim. 14h-18h30 ; reste de l'année : 10h30-12h15, 14h-17h30, dim. 14h-17h30 - fermé mar., 1er janv., dim. de Pâques, 1er nov. et 25 déc. - 4 € (enf. 2,50 €) - la Tour de Montafilant ne se visite pas pour des raisons de sécurité - possibilité de visite guidée (45mn).

L'ancienne ville close est bâtie sur un éperon qui domine d'un côté la vallée encaissée de la Vilaine, de l'autre une dénivellation où passe la voie ferrée. Le château est fièrement campé à la pointe du promontoire.

Vitré, le château et l'église Saint-Martin.
F. Guiziou/ hemis.fr

1

Le premier château datait du 11e s. et fut rebâti aux 13e, 14e et 15e s. L'entrée est défendue par un pont-levis et un puissant châtelet flanqué de deux grosses tours à mâchicoulis.
À l'angle sud se dresse le donjon, ou tour St-Laurent ; à l'angle nord-est, la tour de la Madeleine ; à l'angle nord-ouest, la tour de Montafilant. Ces divers ouvrages sont reliés par une enceinte que renforcent d'autres tours.
Dans la cour, sur la droite, un porche roman **(1)** présente des claveaux de couleurs alternées (granit roux et schiste noir) ; l'hôtel de ville (1913) est adossé au front nord. Devant vous, remarquez, sur la tour de l'Oratoire, un joli oratoire, plus ancien témoignage architectural Renaissance en Bretagne **(2)**.

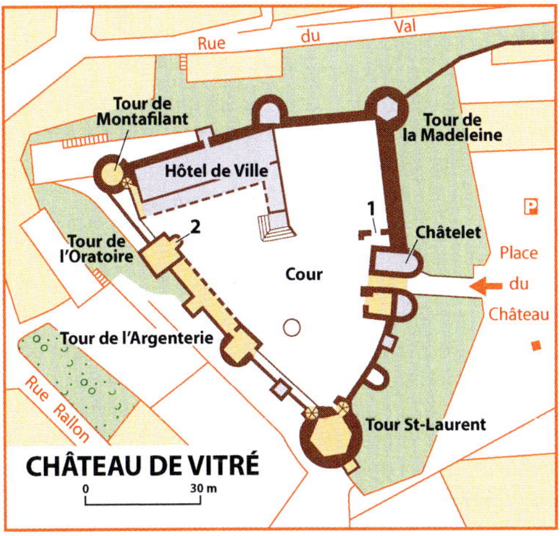

La tour St-Laurent abrite, entre autres, des sculptures des 15e et 16e s. provenant de maisons de Vitré : une belle cheminée (1583) d'une maison de la rue de la Poterie a été remontée. On voit aussi le tombeau de Gui X, seigneur de Laval et de Vitré (15e s.), des tapisseries des Flandres (16e s.) et d'Aubusson (17e s.) ainsi que des blasons de marchands d'outre-mer *(voir encadré ci-dessous)*.
La tour de l'Argenterie conserve un cabinet de curiosités dont la collection d'histoire naturelle remonte à la fin du 19e s.
Quant aux 82 marches de la tour de Montafilant *(accès lors des visites guidées)*, elles mènent à une plate-forme d'où l'on a une superbe **vue★** sur la ville, les quartiers des Tertres-Noirs et du Bourg-aux-Moines, la Vilaine et une ancienne tannerie.
Rejoignez, par la courtine, la tour de l'Oratoire, où un beau **triptyque★** du 16e s. est orné de trente-deux plaques d'émaux de Limoges.

Se promener Plan de ville

★ CIRCUIT URBAIN AB

Partez de la place du Château, prenez la rue Notre-Dame, puis tournez à droite.

★★ Rue de la Baudrairie A

Cette rue, qui tire son nom de la confrérie des baudroyeurs, ou artisans du cuir, est la plus curieuse de Vitré. Chaque maison mérite d'être détaillée, comme celle du n° 5 qui a conservé son escalier extérieur, son décor peint de la fin du 15e s. (restauré) et son étal. Au n° 25, maison à pans de bois ornée de quatre têtes sculptées ; au n° 27, les ornements sont des têtes de lion. En face, au n° 30, belle porte en pierre sculptée.

Rue d'En-Bas A

Admirez les nombreuses maisons à pans de bois. Au n° 10 se dresse l'ancien **hôtel du Bol d'Or** (fin 15e s.), entièrement en pierre, dont la tourelle d'escalier flanquée d'un pavillon carré est fort curieusement coiffée. La bâtisse du n° 20 a été construite en 1513 pour le marchand Thibault Le Coq. Longez la maison sur la gauche en admirant au passage la fenêtre à meneaux et sa frise sculptée ; la maison se prolonge autour d'une cour intérieure. Au n° 30, autre belle demeure en pierre et pans de bois au décor sculpté.
À l'extrémité de la rue, au niveau de la tour (vestige d'une des portes de la ville), prenez à gauche la promenade St-Yves. En arrivant place du Gén.-de-Gaulle, tournez à gauche dans la rue Garangeot.
Croisez la rue Sévigné : au n° 9, l'hôtel de Sévigné-Nétumières, construit au début du 18e s., se situe à l'emplacement de la « Maison de la tour de Sévigné » où habita la célèbre marquise.
Tournez à droite.

TOILES DE CHANVRE ET BAS DE FIL

Du 15e au 17e s., Vitré fut une des plus actives cités bretonnes. Ses draps de laine, ses toiles de chanvre et ses bas de fil se vendaient en France, en Angleterre, en Allemagne, en Espagne et jusqu'en Amérique et aux Indes. Groupés à partir de 1472 au sein de la confrérie des Marchands d'outre-mer, les commerçants vitréens – pour partie protestants – construisent à cette époque les riches demeures à pans de bois que vous pouvez voir encore aujourd'hui.

SE LOGER	SE RESTAURER	INDEX DES RUES
Château (Hôtel du) .... ①	Calèche (La) .... ①	Garengeot (R.) 2
Ibis (Hôtel) .... ④	Clé des Champs (La) .... ③	Gén.-de-Gaulle (Pl. du) 3
Petit Billot (Hôtel Le) .... ⑥	Vieux Vitré (Au) .... ⑤	

Rue de la Poterie AB

Elle conserve de pittoresques maisons à porches et à pans de bois. Remarquez la **maison de l'Isle**, au carrefour de la rue de la Poterie et de la rue Sévigné : elle a la particularité d'être non mitoyenne et à double encorbellement.

Rejoignez à gauche la place du Marchix, puis prenez à droite la rue Notre-Dame qui conduit à la place de la République.

★ Remparts B

Place de la République, la tour de la Bridolle (13e-15e s.) est couronnée de mâchicoulis. Au sud de la ville, les remparts suivaient, un peu en retrait, l'actuelle rue de la Borderie (vestiges de la tour des Claviers au n° 16, intégrés dans un immeuble moderne), la place St-Yves, et rejoignaient le château. Il n'en reste que des fragments, enclavés dans les propriétés. Au nord et à l'est, l'enceinte est toujours debout.

La rue de Paris, qui s'ouvre sur cette même place, conserve encore des maisons anciennes.

Sur la place de la République, franchissez une belle grille (à gauche) ; elle ouvre sur la promenade du Val qui fait le tour de l'enceinte. Vers le bas de l'allée, après avoir dépassé une ancienne barrière, prenez à gauche la rampe qui passe sous la poterne St-Pierre ; suivez la rue du Bas-Val, en montée, et tournez à droite en arrivant sur la place, puis à gauche dans la rue Notre-Dame.

★ Église Notre-Dame B

Elle fut édifiée aux 15e et 16e s. sur une église plus ancienne (11e s.). La construction fut largement financée par les riches marchands vitréens. La partie la plus curieuse est la façade sud avec ses sept pignons décorés de pinacles, ses deux portes finement sculptées et leurs vantaux, et sa chaire extérieure d'où s'effectuait la prédication pour les fidèles rassemblés. À l'intérieur, on peut voir de nombreux retables et, dans le bas-côté droit *(3e travée)*, un beau vitrail Renaissance figurant l'entrée du Christ à Jérusalem.

Centre français du Patrimoine culturel immatériel de l'Unesco

2 r. des Bénédictins - ✆ 02 99 75 82 04 - www.cfpci.fr - mar.-vend. 14h-18h.

Installé dans l'ancien **prieuré des Bénédictins** (17e s.), voisin de l'église Notre-Dame, il propose une petite exposition permanente d'instruments de musique du monde ainsi que des expositions temporaires.

Avancez-vous dans la rue Notre-Dame pour admirer, au n° 27, l'ancien hôtel Ringues de la Troussanais (16e s.), aux porches et lucarnes finement ouvragés.

Faites demi-tour et gagnez la place du Château.

QUARTIERS PÉRIPHÉRIQUES

Faubourg du Rachapt A

Pendant la guerre de Cent Ans, ce faubourg fut occupé plusieurs années par les Anglais, alors que la ville et le château résistaient à toutes les attaques. Les Vitréens achetèrent le départ des envahisseurs, d'où le nom donné à l'agglomération. Au pied du château, ce faubourg traverse la vallée de la Vilaine et escalade le flanc nord.

En suivant la rue Pasteur, on a une vue panoramique sur la rivière et le **pré des Lavandières**. Cet espace naturel permet de pique-niquer agréablement face aux anciens lavoirs.

Musée Saint-Nicolas A

Entrez par la petite porte à gauche et longez la chapelle. R. Pasteur - ✆ 02 99 75 04 54 - www.mairie-vitre.fr - mai-sept. : 10h-12h45, 14h-18h, dim. 14h-18h ; reste de l'année : tlj sf mar. 10h-12h15, 14h-17h30, dim. 14h-17h30 - fermé 1er janv., dim. de Pâques, 1er nov. et 25 déc. - 4 € (-18 ans gratuit).

Cette chapelle du 15e s., qui conserve des peintures murales des 15e et 16e s., abrite un musée d'art sacré. Le maître-autel en bois doré est du 18e s.

★★ Tertres-Noirs Hors plan par A

Accès par la rue de Brest et le chemin des Tertres-Noirs, à droite après le pont sur la Vilaine.

De ce terre-plein ombragé par les sapins et les marronniers, on jouit d'une belle **vue★★** sur Vitré, son site et son château.

★ Jardin du Parc Hors plan par B

Prenez la direction de Redon.

Le Jardin du Parc, verdoyant jardin de style anglais étendu sur 7 ha et agrémenté, entre autres, d'un plan d'eau et d'un kiosque à musique, constitue lui aussi un lieu de pique-nique appréciable.

À proximité Carte de microrégion

★ Champeaux C2

▷ 9 km à l'ouest. Quittez Vitré en direction de Rennes. À 2 km de la ville, tournez à droite (D 29).

La **place★** du village compose un harmonieux tableau avec son église collégiale, sa mairie coiffée d'un grand toit à quatre pans et ses maisons, anciennes demeures des chanoines, groupées autour du puits du Chapitre.

La **collégiale** (14e et 15e s.), à nef unique, présente des **stalles★** à baldaquin de la Renaissance et une élégante porte de même époque qui donne accès à la sacristie, ancienne salle capitulaire. Deux beaux **vitraux★** Renaissance de fabrication rennaise retiennent également l'attention : l'un dans l'abside représente la Passion du Christ, l'autre dans la sacristie figure le sacrifice d'Abraham. Dans la nef, la chapelle de droite abrite un retable du 17e s. illustrant des scènes de la Passion, et celle de gauche, une Vierge du 14e s., tous les deux en bois polychrome.

Parc du Bois-Cornillé – *5 km au nord de Champeaux par Val-d'Izé - ✆ 06 07 79 11 32 - de déb. juil. à déb. sept. : 10h-19h - 3 € (-18 ans gratuit).* L'été, il fait bon y flâner. De grands paysagistes – les frères Bülher en 1872, puis Édouard André – ont donné rigueur et fantaisie à ce domaine où se cache un étang muré, avec ses chênes d'Amérique et ses petits ponts de bois.

Circuit conseillé Carte de microrégion

AU PAYS DES LÉGENDES CD2-3

Circuit de 80 km, tracé en rouge sur la carte p. 105 - une demi-journée. Quittez Vitré par la D 88 en direction d'Argentré-du-Plessis.

Château des Rochers-Sévigné D2

À la sortie de la forêt du Pertre, prenez à gauche l'allée du château. Rte d'Argentré-du-Plessis - ✆ 02 99 75 04 54 - visite guidée (45mn) avr.-sept. : 10h30-12h30, 14h-18h30 ; reste de l'année : vend., sam. et dim. 14h-17h30 - fermé 1er janv., dim. de Pâques, 1er nov. et 25 déc. - 4 € (-18 ans gratuit).

Construit au 15e s. et remanié au 17e s., le **château** est formé de deux ailes en équerre. Outre la chapelle construite en 1671 pour le « bien bon » abbé de Coulanges, oncle maternel de la marquise, on visite deux pièces dans la grosse tour nord. Dans le Cabinet vert, on voit encore quelques objets familiers de Mme de Sévigné : des tableaux de famille, son portrait et, dans une vitrine, des autographes et divers documents.

Le **jardin à la française** a été refait d'après les dessins de Le Nôtre. Au-delà s'étend le grand parc boisé, traversé par des allées dont les noms évoquent la marquise et son milieu littéraire : le Mail, la Solitaire, l'Infini... Le mur en hémicycle du jardin produit l'écho que Mme de Sévigné appelait « ce petit rediseur de mots jusque dans l'oreille ». Cet écho est double *(occupez les emplacements marqués par des pierres).*

Empruntez la D 88 en direction de Craon, puis à Cuillé prenez à droite la D 32.

La Guerche-de-Bretagne D3

Office de tourisme – *14 r. d'Anjou - 35130 La Guerche-de-Bretagne - ✆ 02 99 96 30 78 - www.vivre-au-pays-guerchais.com - en saison : 9h45-12h30, 14h-17h45, sam. 8h45-12h30, jeu. 9h45-12h30 ; reste de l'année : tlj sf lun. 9h45-12h30, 14h-17h45, sam. 8h45-12h30, jeu. 9h45-12h30 - fermé dim. et j. fériés.*

Cette ancienne baronnie, dont Du Guesclin fut le seigneur, se situe à la frontière de la Bretagne et de la Mayenne. Sa forêt cache de nombreux sentiers.

Collégiale – De l'époque de sa fondation (1206) ne subsistent que le chœur, son abside et la tour romane. La nef et le collatéral sud ont été reconstruits au 16e s. Le bas-côté nord et le clocher à galeries hautes datent de la fin du 19e s. On remarquera les sablières ornant la voûte en bois de la nef et, au fond de l'abside, un vitrail représentant l'Assomption. Notez les **stalles** du début du 16e s., ornées d'amusantes miséricordes gothiques. Leurs boiseries sont plus récentes, comme en témoigne la décoration de style Henri II.

Maisons anciennes – Une quinzaine de maisons à porches et à pans de bois (16e-17e s.) se dressent place du Gén.-de-Gaulle et près de l'église, rue du Cheval-Blanc et rue de Nantes.

Quittez La Guerche-de-Bretagne par la D 463 en direction de Rennes, puis à Visseiche prenez à gauche la D 48 en direction de Marcillé-Robert. On atteint une branche de l'étang de Marcillé, formé au confluent des vallées de la Seiche et de l'Ardenne (ce qui explique sa forme en accolade).
À la sortie de Marcillé-Robert, prenez à gauche vers Retiers; longez la seconde branche du lac. Tournez à droite 800 m plus loin en direction du Theil, puis encore à droite, à 3 km. À 800 m à droite de la route se trouve la Roche-aux-Fées.

★ La Roche-aux-Fées C3

C'est l'un des beaux monuments mégalithiques de Bretagne, vraisemblablement construit au néolithique moyen (4e millénaire) à partir de schiste rouge. Des recherches ont montré que ses pierres ont été déplacées sur près de 4 km, mais la légende raconte que des fées les auraient en fait transportées dans leur tablier!
Il s'agit d'une tombe à couloir, composée de 42 pierres, dont une demi-douzaine de 40 à 45 t chacune. Elle comprend une entrée monumentale en portique, suivie d'un couloir bas conduisant à une vaste chambre compartimentée (14 m de long, 4 de large et 2 de hauteur).
Maison de la Roche-aux-Fées – *La Roche - 35150 Essé - ✆ 0 820 20 52 35 -0,09 €/mn) - www.cc-rocheauxfees.fr - ♿ - juil.-août : 11h-18h ; du dim. de Pâques à fin juin et sept. : dim. et j. fériés 11h-18h - gratuit - possibilité de visite guidée (45mn) juil.-août.* Près du site, le point d'information touristique propose des animations, des expositions et la projection d'un court-métrage sur le mégalithisme. Un espace d'interprétation invite à imaginer ce qui inspirait ces hommes du néolithique.
Faites demi-tour, gagnez Le Theil et prenez à gauche vers Ste-Colombe.
De la route, vue sur le **lac des Mottes**, charmant plan d'eau artificiel entouré d'arbres superbes.
Rejoignez Retiers par la D 47.

Retiers C3

Dans cette coquette localité, l'église abrite cinq tableaux et trois retables des 17e et 18e s. en bois sculpté.
Vous pouvez regagner La Guerche par Arbrissel et Rannée en continuant sur la D 47, puis la D 178.

NOS ADRESSES À VITRÉ

HÉBERGEMENT

BUDGET MOYEN

Hôtel du Château – *5 r. Rallon - ✆ 02 99 74 58 59 - www.hotelduchateauvitre.fr - ♿ P - 23 ch. 53/66 € - ☕ 8,50 €.* Cet hôtel familial est posté au pied du château de Vitré et certaines de ses chambres bénéficient d'une jolie vue sur l'édifice. Patio pour les petits-déjeuners. L'accueil est chaleureux. Accès wifi gratuit.

Le Petit Billot – *5 pl. du Gén.-Leclerc - ✆ 02 99 75 02 10 - www.hotel-vitre.com - P - 20 ch. 58/68 € - ☕ 9 €.* Bien placé à deux pas de la gare, ce petit hôtel abrite des chambres toutes différentes. Le service aux petits soins compense la décoration désuète (rénovation prévue). Quelques chambres familiales.

Hôtel Ibis – *1 bd Chateaubriant - ✆ 02 99 75 51 70 - www.ibishotel.com - ♿ - 62 ch. 60/85 € - ☕ 9 €.*

Cet hôtel récent, à proximité du centre médiéval, dispose de chambres au mobilier fonctionnel (mini-dressing). Celles donnant sur le parc à l'arrière sont plus calmes.

RESTAURATION

PREMIER PRIX

La Clé des Champs – *1 Bd de Laval - ✆ 02 23 55 24 40 - fermé lun.-merc., dim. soir et 5-26 août - formules 8/12,40 €.* Cette crêperie, un peu excentrée, mérite le détour pour la qualité de ses produits (presque tous bio). Également des salades et des tartes aux légumes. Décor tout simple, agrémenté de tableaux.

Au Vieux Vitré – *1 r. d'En-Bas - ✆ 02 99 75 02 52 - fermé dim., lun. et 2 sem. en août - formule déj. en sem. 11,90 €.* C'est la seule maison privée de Vitré classée Monument historique ; la façade et la cheminée datent du 16e s. C'est aujourd'hui une pizzeria-grill au feu de bois, tenue par un couple chaleureux et dynamique.

À proximité

BUDGET MOYEN

La Calèche – *16 av. du Gén.-Leclerc - 35130 La Guerche-de-Bretagne - ✆ 02 99 96 21 63 - www.restaurant-la-caleche.fr - fermé vend. soir et dim. soir, 2-25 août, 25-31 déc. - 16/38 € - 12 ch. 66 € - ☕ 11 €.* Généreuse cuisine du terroir, servie dans une sobre salle à manger complétée par une véranda et un petit espace bistrot. Chambres fonctionnelles. Accueil familial.

BOIRE UN VERRE

Bon à savoir – La rue d'En-Bas est la rue des bars et des restaurants. Plusieurs bars de nuit comme l'Aston Bar, le Machin Truk ou le Triskell sont très fréquentés par la jeunesse vitréenne.

Bar du Golf des Rochers-Sévigné – *Les Rochers - ✆ 02 99 96 52 52 - www.vitre-golf.com - 9h-18h - fermé lun. nov.-mars et 25 déc.-3 janv.* Charmant bar du golf établi dans les anciennes écuries du château où séjourna régulièrement Mme de Sévigné. La terrasse permet d'admirer cette magnifique demeure tout en prenant un verre.

ACHATS

Marché – *Lun. mat. à Vitré, pl. de la République, sam. mat. pl. du Marchix ; mar. mat. à La Guerche-de-Bretagne.*

Les Fermettes – *15 r. Garengeot - ✆ 02 99 74 58 14 - 8h-12h45, 15h-19h30, sam. 8h-19h30, dim. 9h-12h.* Dans cette épicerie, vous trouverez une sélection de spécialités bretonnes mais aussi de quoi confectionner un pique-nique à base de produits frais.

ACTIVITÉS

ANCPV – *Bassin de Haute-Vilaine - ✆ 02 99 76 74 46 - www.ancpv.com - lun.-vend. 9h-12h, 14h-17h30, sam. 14h-17h30 - fermé dim.* Base nautique (catamaran, dériveur, planche à voile, aviron et canoë…). Location possible. Stages initiation et perfectionnement.

AGENDA

Les jeudis de l'été « terroir et traditions » – *Esplanade de la Gare - jeu. en juil.-août.* Produits du terroir, artisanat et animations.

Forêt de Paimpont

★

Ille-et-Vilaine (35)

NOS ADRESSES PAGE 142

S'INFORMER

Office du tourisme du pays de Mauron en Brocéliande – *Pl. de l'Abbé-Gillard - 56430 Tréhorenteuc - ✆ 02 97 93 05 12 - www.valsansretour.com - juil.-août : 9h-18h ; fév.-juin et sept.-nov. : 9h-12h30, 14h-17h30 ; reste de l'année : tlj sf dim. 9h-12h30, 14h-17h30 - fermé 25 déc.-1er janv.*

Office du tourisme de Brocéliande – *1 pl. du Roi-St-Judicaël - 35380 Paimpont - ✆ 02 99 07 84 23 - www.tourisme-broceliande.com - juil.-août : 9h30-19h ; avr.-juin : 9h30-12h30, 14h-18h ; reste de l'année : tlj sf lun. et mar. 9h30-12h30, 14h-17h - fermé 1er janv.*

Visites guidées et contées – *De mi-juin à mi-sept. : 10h ou 14h30 sur demande à l'office du tourisme du pays de Mauron en Brocéliande - 8-15 € (-12 ans gratuit). Balades guidées à thème pdt vac. scol. Prévoir de bonnes chaussures et éventuellement un porte-bébé, le site n'étant pas accessible aux poussettes.* Suivez une demi-journée de découverte à pied et en voiture en forêt de Brocéliande.

SE REPÉRER

Carte de microrégion A2 (p. 104-105) – *carte Michelin Départements 309 I6.*
À 30 km à l'ouest de Rennes, la forêt s'étend entre la N 24 et la D 766. Elle est traversée d'est en ouest par la D 40, et du nord au sud par la D 71.

À NE PAS MANQUER

Les balades dans le Val sans retour pour plonger dans la mythologie bretonne ; le musée du Souvenir de St-Cyr-Coëtquidan.

ORGANISER SON TEMPS

Entre les randonnées du matin et de l'après-midi, prévoyez un déjeuner sur les rives du lac des Forges-de-Paimpont, le long de la D 724.

AVEC LES ENFANTS

Immergez-vous dans les légendes arthuriennes en tentant un jeu légendaire sur le Moyen Âge au château de Comper, participez aux ateliers de la préhistoire du site mégalithique de Monteneuf, puis rendez-vous au domaine de Tremelin pour le loisir et la détente.

Le bourg de Paimpont aux maisons bien alignées semble surgi comme par enchantement du massif forestier qui l'entoure. Les 7 000 ha dédiés aux écoles militaires de St-Cyr-Coëtquidan abritent le musée du Souvenir, tandis que Merlin et la fée Viviane ont laissé leurs empreintes dans cette légendaire forêt de Brocéliande où futaies, landes, étangs et ruisseaux invitent aujourd'hui à de nombreuses excursions « vertes ».

La forêt de Brocéliande et son atmosphère mystérieuse ont inspiré maintes légendes.
Ph. Manguin / MICHELIN

Circuit conseillé Carte de microrégion

CHÂTEAUX ET LÉGENDES A2

Circuit tracé en marron sur la carte p. 104 - une journée environ, en comptant les visites, le déjeuner et la promenade du Val sans retour.

Depuis St-Léry, l'itinéraire permet de faire un circuit complet à travers la forêt de Paimpont, en passant par les sites les plus connus. Après l'immense incendie de septembre 1990, la nature a repris le dessus. Si des arbres centenaires ont à jamais disparu, les ajoncs, les bruyères, les genêts et les fougères ont recomposé un paysage nouveau, dont le charme est indéniable.

Église de Saint-Léry

Datée du 14e s., elle présente sur le flanc droit un porche Renaissance, où deux belles portes en anse de panier sont surmontées d'accolades finement sculptées. Des personnages encadrent celle de droite : la Vierge, l'ange de l'Annonciation, saint Michel terrassant le dragon et un damné.

Près de l'église, une maison du 17e s. est ornée de trois belles lucarnes.

Château de Comper - Centre de l'imaginaire arthurien

02 97 22 79 96 - www.centre-arthurien-broceliande.com - juil.-août : 10h-19h ; de fin mars à fin juin et sept.-oct. : tlj sf mar. 10h-17h30 - fermé merc. - 6 € (-18 ans 5 €) - possibilité de visite guidée (45mn).

Les Montfort, Charette, Rieux, Laval, Coligny, La Trémoille, Rosmadec : autant de grands noms qui furent, un temps, les propriétaires du lieu. Du château deux fois ruiné, au 16e s. et au 18e s., il ne reste que deux courtines, la poterne et une grosse tour. Le corps de logis a été reconstruit au 19e s.

Le site accueille le Centre arthurien, qui organise chaque année des expositions, des animations et des « jeux légendaires » sur le Moyen Âge, l'univers celtique et les légendes arthuriennes. Ne dit-on pas que la fée Viviane serait née à Comper ? Elle y aurait élevé Lancelot, le preux compagnon d'Arthur, en son château de cristal caché au fond des eaux du lac.

Tombeau de Merlin

Deux dalles de schiste et un pied de houx signalent le tombeau de l'Enchanteur. Ce vestige d'une allée couverte marquerait l'emplacement où Viviane enferma Merlin, en traçant autour de lui neuf cercles magiques. Cela suffira sans doute à faire le bonheur des amateurs de légendes, mais décevra peut-être ceux qui n'ont pas envie de se laisser emporter par les mystères de la forêt.
Toute proche, la « **fontaine de Jouvence** » est en fait un simple trou d'eau.

Étang du Pas-du-Houx

C'est le plus vaste plan d'eau de la forêt (86 ha). En 1912, deux châteaux ont été construits sur ses berges, très agréables : Brocéliande et Pas-du-Houx.

Paimpont

Ce bourg, situé en pleine forêt, auprès d'un étang bordé de grands arbres, date de la fin du 18e s. Malgré une occupation dès le néolithique, il doit son origine à la fondation au 7e s. d'un monastère qui, érigé en abbaye à la fin du 12e s., subsista jusqu'à la Révolution.
L'**église abbatiale** du 13e s. a été décorée au 17e s. de **boiseries** d'une riche ornementation. Des bustes, des médaillons sculptés, des guirlandes de fleurs et de fruits ont été réalisés avec un talent remarquable. Le **trésor**, dans la sacristie, présente une statue de sainte Anne portant la Vierge et l'Enfant Jésus (15e s.), un curieux bras reliquaire du 15e s. de saint Judicaël qui a fondé le monastère de Paimpont, et, surtout, un magnifique **Christ** en ivoire du 18e s.

Les Forges-de-Paimpont

☏ 02 99 61 85 48 - www.forges-de-paimpont.eu - ♿ - de mi-juil. à mi-août : 10h-12h, 14h-18h ; 1re quinz. de juil. et 2e quinz. d'août : tlj sf lun. 10h-12h, 14h-18h ; de fin fév. à fin juin et de déb. sept. à déb. déc. : tlj sf lun. 14h-18h - 4 € (-12 ans gratuit) - 6 € visite guidée - possibilité de visite guidée (1h) dim. et j. fériés.
Ce hameau pittoresque, auprès d'un étang, tire son nom des forges qui s'y trouvaient du 16e s. à la fin du 19e s. et qui produisaient de la fonte et du fer.

Église de Beignon

L'église renferme de beaux vitraux du 16e s. ; dans le chœur, on reconnaît le Crucifiement de saint Pierre et, dans le transept gauche, l'Arbre de Jessé.

Château de Trécesson

Accès seulement à la cour intérieure, 1er juil.-15 août.
Entouré des eaux de son étang, ce château construit en schiste rougeâtre à la fin du 14e s. a conservé son aspect médiéval. Un imposant châtelet flanqué de tourelles en encorbellement en commande l'entrée.

Fontaine de Barenton

Accès à pied seulement.
Elle avait des pouvoirs merveilleux, comme celui de déchaîner des tempêtes

BROCÉLIANDE, TERRE DE LÉGENDES

Les lieux de la forêt mythique sont hantés par quelques grandes figures du cycle arthurien. La plus célèbre de ces figures est sûrement l'enchanteur Merlin, dont le tombeau, non loin de la fontaine de Jouvence, recèlerait tous les secrets. La légende ne dit pas où se trouve le rocher d'où Arthur arracha Excalibur, ni où se situe la Table ronde qui accueillait ses 365 chevaliers, mais la seule évocation des noms de Lancelot, d'Uterpendragon ou encore de la fée Viviane suffit à réveiller les légendes.

lorsqu'on versait de l'eau de sa source sur le « perron de Merlin », une pierre toute proche.

Église de Tréhorenteuc

Dans l'**église** (17e s.) et la sacristie, des mosaïques et des tableaux illustrent la légende des chevaliers de la Table ronde. Dans le chœur, vitrail consacré au Saint-Graal. Une visite guidée s'impose pour comprendre les multiples références aux légendes arthuriennes, au monde celte et à la chrétienté.

Val sans retour

C'est l'un des sites les plus mythiques de la forêt de Brocéliande. D'après la légende, la fée Morgane, jalouse d'un chevalier, aurait jeté un sort à travers le Val pour empêcher d'en sortir tous ceux qui auraient quelque faute à se reprocher. Seul Lancelot, fidèle à Guenièvre, put mettre un terme à l'enchantement.

Jolie promenade de 3,5 km. Empruntez le chemin non revêtu, après le deuxième parking. Vous atteindrez le **Miroir aux fées** et le **Rocher des faux amants**. *L'Arbre d'or*, œuvre réalisée par Fr. Davin en 1991, marque la limite extrême de l'incendie de 1990. Cet « arbre » (en fait les restes calcinés d'un châtaignier recouverts de feuille d'or) symbolise la beauté des landes et de la forêt, et le respect qui leur est dû.

À proximité Carte de microrégion

Canton de Guer-Coëtquidan A2

12 km au sud de Paimpont par la D 773.

École de St-Cyr-Coëtquidan – Elle compte l'École spéciale militaire créée en 1802 par Napoléon Bonaparte, communément appelée St-Cyr, l'École militaire interarmes établie en 1961 par le général de Gaulle et l'École militaire du corps technique et administratif instituée en 1977.

★ **Musée du Souvenir** – *02 97 70 77 49 - www.st-cyr.terre.defense.gouv.fr - 10h-12h, 14h30-17h, w.-end 10h-12h, 14h-18h, jeu. 10h-12h - fermé lun. et j. fériés - 6 € (-18 ans gratuit).* À droite de la cour Rivoli, il retrace l'histoire des écoles et de la formation des officiers de l'Ancien Régime à nos jours ; il rassemble de nombreux documents, uniformes, décorations, objets personnels et armes. Son mémorial conserve le souvenir des 17 000 officiers morts au champ d'honneur.

Saint-Méen-le-Grand A2

20 km au nord de Paimpont par la D 773 jusqu'à Gaël, puis la D 166.

Au 6e s., saint Méen, moine venu de Grande-Bretagne, fonda une abbaye.

Église – Elle conserve une belle **tour** carrée du 12e s. À l'intérieur, on voit dans le transept droit la statue et le monument funéraire de saint Méen. Récemment découvertes sous l'enduit, des fresques des 13e et 14e s. ont été restaurées.

Musée Louison-Bobet – *02 99 09 58 04 - http://louison.bobet-tousavelo.fr - juil.-août : 9h30-12h, 14h-17h30, dim. 14h-17h ; reste de l'année : tlj sf lun. 9h30-12h, 14h-17h, dim. 14h-17h - 5 € (-18 ans 2 €).* Né à St-Méen, **Louison Bobet (1925-1983)** fut ce légendaire coureur cycliste, plusieurs fois vainqueur du Tour de France dans les années 1950. Il fut aussi un précurseur dans le domaine de l'entraînement sportif et de la diététique. Le musée rappelle la brillante carrière du champion à travers divers livres, documents, objets et souvenirs.

Site mégalithique de Monteneuf A3

25 km au sud de Paimpont, le long de la D 776 entre Guer et Monteneuf.
02 97 93 26 74 - www.centreleslandes.com - tte l'année - gratuit - possibilité de visite guidée juil.-août - organisation d'ateliers, se rens.

Le site mégalithique des « **Pierres droites** » est implanté dans la réserve naturelle régionale des Landes de Monteneuf. Des zones de taille ont été mises au jour lors des fouilles archéologiques réalisées depuis 1989. Aujourd'hui, une quarantaine de blocs de schiste pourpre sont redressés sur le site : en particulier un monolithe de 36 t.
Deux espaces de reconstitution sont proposés : un « espace chantier mégalithique », qui présente toutes les étapes de l'extraction à l'érection d'un menhir, et un « espace vie quotidienne au néolithique » (maison, foyer ...).
Nombreuses animations proposées tout au long de l'année.
Deux circuits piétonniers de 7 km permettent de découvrir la Loge Morinais, la Pièce couverte, le Rocher Maheux et les Bordoués (allées couvertes en schiste) ainsi que les menhirs de Chomet, de Coëplan et des Pierres droites. Le long de la D 776, plus de 420 monolithes, abattus vers la fin du 1er millénaire, probablement sur décision de l'autorité religieuse, sont actuellement recensés.

NOS ADRESSES AUTOUR DE LA FORÊT DE PAIMPONT

HÉBERGEMENT

BUDGET MOYEN

Hôtel Au Relais du Porhoët – *11 pl. de l'Église - 56490 Guilliers - 13 km au nord de Ploërmel par D 766 et D 13 - 02 97 74 40 17 - www.aurelaisduporhoet.com - fermé 2 sem. en janv. - 12 ch. 47/61 € - 8 € - formule 11 €, menus 15 € (sem.), 22/42 € (fermé 2 sem. en janv., dim. soir et lun. sf juil.-août).* La façade fleurie de cet hôtel cache d'agréables chambres insonorisées, réservées aux non-fumeurs. Une cheminée monumentale réchauffe l'une des salles de restaurant où l'on sert une goûteuse cuisine régionale.

Chambre d'hôte La Corne de Cerf – *Le Cannet - 35380 Paimpont - 2 km au sud de Paimpont par D 731 et D 71 - 02 99 07 84 19 - fermé de mi-déc. à fin fév. - - 3 ch. 59 €* . Cette vénérable demeure décorée de peintures et de tapisseries respire l'élégance et le bon goût. Ses chambres, lumineuses et printanières, s'ouvrent sur un délicieux jardin arboré et fleuri. Nombreux sentiers de randonnée et activités nautiques à proximité.

POUR SE FAIRE PLAISIR

Auberge des VoyaJoueurs – *R. du Chaperon-Rouge - 56380 Monteneuf - 02 97 93 22 18 - www.auberge-des-voyajoueurs.com - 10 ch. 62/92 € - 9 €.* Cette adresse originale est entièrement tournée vers les jeux de société. Le bâtiment, très épuré, abrite des chambres simples dont la décoration est déclinée sur le thème d'un jeu en particulier. Dîner en buffet *(sur réserv.)*, location de vélos et veillées contées pour petits et grands.

ACTIVITÉS

Sun Loisirs Domaine de Trémelin – *35750 Iffendic - 3,5 km au sud - 06 23 83 44 24 ou 06 26 56 28 48 - www.loisirs35.fr ou www.domaine-de-tremelin.fr - juil.-août : 10h-19h ; avr.-juin et sept. : 14h-18h, w.-end 10h-19h ; oct.-mars : sur RV.* Loisirs et détente vous attendent en plein pays de Brocéliande. « Escaladd'arbres » dès 3 ans, loisirs nautiques, paint-ball, escalade en site naturel, loisirs pour enfants. Hébergement et restauration sur place.

Bécherel

★

758 Bécherelais – Ille-et-Vilaine (35)

NOS ADRESSES PAGE 145

S'INFORMER

La Maison du Livre et du Tourisme du pays de Bécherel – *4 rte de Montfort - 35190 Bécherel - 02 99 66 65 65 - www.becherel.com - juil.-août : 10h-12h30, 13h30-18h30 ; avr.-juin et sept. : tlj sf lun. 9h30-12h30, 13h30-17h30 ; reste de l'année : tlj sf lun., sam. et 3 derniers dim. du mois 9h30-12h30, 13h30-17h30.* Outre le fait qu'elle abrite l'office de tourisme, cette Maison est aussi un centre de ressources pour les métiers du livre. À ce titre, elle dispose d'un auditorium et d'une salle d'expositions temporaires. Se renseigner pour le programme des ateliers et animations.

SE REPÉRER

Carte de microrégion B1 (p. 104-105) – *carte Michelin Départements 309 K5.* On y accède par la D 137 puis la D 27 ou la D 20 à partir de Rennes nord (environ 35 km), ou bien par la D 68 depuis Dinan (23 km).

À NE PAS MANQUER

Les grandes manifestations autour du livre qui ont lieu tout au long de l'année.

ORGANISER SON TEMPS

Suivez donc une visite guidée le matin et flânez parmi les nombreuses librairies de la ville l'après-midi.

AVEC LES ENFANTS

Une escapade en vélorail à Médréac pour s'ouvrir l'appétit avant de se restaurer autour d'un bon pique-nique.

1

Première « cité du livre » en France et troisième en Europe, Bécherel abrite de nombreux libraires, bouquinistes et autres artisans du livre. Cette ancienne place forte, dominant sur un promontoire rocheux la vallée de la Rance, a également conservé bon nombre de vieilles maisons en granit, empreintes de sa richesse passée liée au commerce du lin.

Se promener

Après avoir admiré le point de vue depuis la hauteur près de l'église, vous parcourrez les rues aux noms évocateurs de la Beurrerie, de la Filanderie, de la Chanvrerie… dont une quinzaine de maisons abritent des librairies. Et si vous avez encore le temps, vous descendrez jusqu'à l'ancien lavoir.

À proximité Carte de microrégion

Château de Caradeuc B1

1 km à l'ouest. 02 99 66 81 10 - www.caradeuc.com - ♿ - juil.-août : 12h-18h ; RV au jardin et J. du patrimoine : 14h-18h - 6 € (-15 ans gratuit).

L'ancienne demeure du célèbre procureur général rennais, Louis René, marquis de Caradeuc de La Chalotais (1701-1785), est entourée d'un beau

parc★ – labellisé Jardin remarquable – peuplé de monuments et de statues inspirés de l'histoire et de la mythologie.

★ Église des Iffs B1

7 km au sud-est par la D 27 - 02 99 45 83 69 - ♿ - possibilité de visite guidée sur demande à Mme Arbey - clef disponible au café tlj sf merc.

Elle garde neuf belles **verrières★** inspirées des écoles hollandaise et italienne (16e s.) : scènes de la Passion *(chœur)*, enfance du Christ *(chapelle à gauche)* et histoire de Suzanne *(chapelle à droite)*.

★ Château de Montmuran B1

800 m au nord des Iffs - 02 99 45 88 88 - www.montmuran.com - visite guidée juin-sept. : 14h-18h - fermé sam. - 5 € (-11 ans 3 €).

La façade du corps de logis, remaniée au 18e s., s'inscrit dans une architecture médiévale : deux grosses tours rondes à mâchicoulis du 12e s., dont les 84 marches mènent à un vaste panorama tourné vers Hédé et Dinan, et un châtelet du 14e s. Un pont-levis enjambe les douves, précédant l'entrée défendue par une herse. Au revers de ce même châtelet, un escalier conduit à la chapelle où Du Guesclin aurait été armé chevalier en 1354, après un combat livré aux Anglais. Il y épousa Jeanne de Laval en secondes noces.

Château de Hac B1

8 km au nord par la D 68, puis à gauche par la D 26, et encore à gauche par la D 39 avant de longer Le Quiou. 02 96 83 43 06 - visite guidée août-sept. : 13h-19h - fermé vend. et sam. - 6,50 € (enf. 3,50 €).

Résidence seigneuriale du 14e s., ce manoir bien préservé, construit en pierre calcaire de Faluns, ne manque ni de grâce ni d'élégance. Il abrite un beau mobilier gothique et Renaissance et, en particulier, une intéressante collection de coffres, pour la plupart bretons.

Musée de l'Outil et des Métiers à Tinténiac B1

8 km au nord-est de Bécherel, par la D 20. 02 99 23 09 30 - ♿ - juil.-sept. : 10h-12h, 15h-18h, dim. 15h-18h - fermé lun. - 3 € (-18 ans 1,50 €) - possibilité de visite guidée (30mn).

Sur les bords du canal, dans un bâtiment en bois, il fait revivre le travail du forgeron, du tonnelier, du charron et du sabotier, parmi bien d'autres.

Hédé B1

14 km à l'ouest de Bécherel par la D 20 puis la D 137. Au lieu-dit la Magdeleine. Passez le pont sur le canal et tournez immédiatement à gauche.

À Hédé, **onze écluses**, trois en amont du pont et huit en aval, ont été installées sur le canal d'Ille-et-Rance, appelé aussi Manche-Océan. Elles permettent de franchir une dénivellation de 27 m.

L'ancien chemin de halage est aujourd'hui un lieu de promenade très agréable.

Maison du canal d'Ille-et-Rance – *02 99 45 48 90 - http://maisonducanal.free.fr - ♿ - juil.-août : 10h30-12h30, 13h30-18h ; mai-juin et sept.-oct. : tlj sf mar. 14h-18h ; reste de l'année : dim. et merc. 14h-17h - fermé 1er janv. et 1er Mai - 2,50 € (-8 ans gratuit).* La visite de cette maison, aménagée sur le site dans une ancienne maison éclusière, s'impose pour en savoir plus sur l'histoire de ce canal commencé en 1804.

NOS ADRESSES À BÉCHEREL

HÉBERGEMENT

À proximité

POUR SE FAIRE PLAISIR

Chambre d'hôte Les Effourneaux – *Les Effourneaux - 22630 St-Juvat - 14 km de Bécherel par D 20, D 220 et D 12 - ☏ 02 96 88 17 52 - www.leseffourneaux.com - - 5 ch. 65/75 €* . Cette demeure du 19e s., restaurée, bénéficie d'un entretien scrupuleux, assuré par un propriétaire attentionné. Les chambres et la suite mansardée mêlent sobriété et d'élégance. Craquelins au beurre salé à déguster au petit-déjeuner.

RESTAURATION

À proximité

POUR SE FAIRE PLAISIR

La Vieille Auberge – *Rte de Tinténiac - 35630 Hédé - ☏ 02 99 45 46 25 - www.lavieilleauberge35.com - fermé de mi-août à déb. sept., 2 sem. en fév., dim. soir et lun. - formule 17 € - 26/78 € - carte 50/150 €.* Moulin du 17e s. au décor rustique et au charme bucolique avec une verdoyante terrasse située au bord d'un étang et d'un jardinet fleuri. Ambiance familiale et cuisine alléchante. Goûtez à l'agneau, élevé par le père du maître des lieux.

ACHATS

Marché – *Sam. mat.*

ACTIVITÉS

Velorail – *6 r. de la Gare - 35360 Médréac - ☏ 02 99 07 30 48 - http://lagaredemedreac.fr - avr.-oct. : 10h-18h - 6-8 € (-8 ans 3-4 €) selon le parcours.* Sur l'ancienne ligne de chemin de fer La Brohinière-Dinan-Dinard, la gare de Médréac propose des balades en vélorail pour découvrir la campagne environnante. *Deux parcours au choix : 6 km AR (1h) dép. tte les h 10h-17h ou 14 km AR (2h) dép. 10h30, 14h et 16h.*

AGENDA

Marché aux livres – *1er dim. du mois.* Il attire 40 000 visiteurs par an !

Fête du Livre – *W.-end de Pâques.* Rencontres, spectacles et expositions.

La « Nuit du livre » – *Nuit du 2e sam. d'août.* Animations au cours desquelles les librairies de la localité restent ouvertes.

Lire en fête – *En oct.* Animations littéraires et artistiques.

Rens. auprès de l'office de tourisme *☏ 02 99 66 65 65.*

La Troménie de haute Bretagne – *☏ 02 99 66 75 23 - www.becherel.com - 15 août.* La troménie est un pèlerinage qui part tous les ans à 15h de l'église de Bécherel. Procession avec bannières, suivie d'une messe. À 21h30, marche lente aux flambeaux. Chaque année, le pardon est placé sous le signe de Marie ou d'un saint protecteur.

1

Combourg

★

5 637 Combourgeois – Ille-et-Vilaine (35)

NOS ADRESSES PAGE 149

S'INFORMER

Office de tourisme – *23 pl. Albert-Parent - 35270 Combourg - ☏ 02 99 73 13 93 - www.combourg.org - avr.-sept. : 9h30-13h, 14h30-18h30, dim. et j. fériés 10h-12h30 ; reste de l'année : tlj sf dim. et j. fériés 9h30-13h, 14h30-18h.*

Circuit Chateaubriand – Onze panneaux rythment cette promenade à pied évoquant le séjour à Combourg du célèbre écrivain. Également une chasse au trésor en geocoaching.

SE REPÉRER

Carte de microrégion B1 (p. 104-105) – *carte Michelin Départements 309 L4.* En venant de Rennes en direction de St-Malo par la D 137 (42 km), prenez à droite la D 795, après Hédé : elle mène directement à Combourg.

À NE PAS MANQUER

Le château de Combourg, et celui de la Ballue pour son jardin.

ORGANISER SON TEMPS

La visite de la ville et du château se fait en une matinée, vous avez donc l'après-midi pour rayonner aux alentours.

AVEC LES ENFANTS

Ils apprécieront sûrement les jeux du Cobac Parc et Aqua'Fun Park ainsi que les bateaux de Récrénature, port miniature de Villecartier.

Combourg reste intimement liée au plus grand des écrivains romantiques français. À la fin du 18e s., le château d'allure féodale qui domine le vieux bourg abrita en effet les premiers élans poétiques de François René de Chateaubriand. À deux pas de la forteresse, un vaste étang contribue à la vue charmante que vous découvrez en arrivant par la route de Rennes.

Se promener

★ Château

☏ 02 99 73 22 95 - www.chateau-combourg.com - visite guidée (45mn) juil.-août : 14h-17h ; avr.-juin et sept. : tlj sf sam. 14h-17h ; oct. : tlj sf sam. 14h-16h30 - 8 € (-12 ans 4 €).

« Des cachots et des donjons, un labyrinthe de galeries, des souterrains murés [...] partout, silence et obscurité et visage de pierre : voilà le château de Combourg. » (Chateaubriand).

Puissante forteresse aux épaisses murailles flanquée de quatre tours massives coiffées en poivrière, le château a été restauré grâce aux conseils de Viollet-le-Duc. L'intérieur, largement réaménagé en 1876, recèle notamment des souvenirs de l'illustre écrivain. Dans la tour du Chat se trouve l'austère chambre de son enfance. Très belle vue sur la localité, le lac et le **parc** depuis le chemin de ronde crénelé.

Le château de Combourg où vécut Chateaubriand.
A. Chicurel / hemis.fr

À proximité Carte de microrégion

Cobac Parc et Aqua'Fun Park à Lanhélin B1

8 km au nord-ouest par la D 73. À Lanhélin, suivez la signalisation Parc de loisirs. 02 99 73 80 16 - www.cobac-parc.com - - juil.-août : 10h30-18h30 ; juin : tlj sf lun. 11h-18h ; reste de l'année : se rens. - fermé de fin sept. à déb. avr. - 17 € (-12 ans 13,50 €) - 23 € billet combiné avec l'Aqua'Fun Park. Ce parc (15 ha de verdure) réunit toutes les attractions auxquelles ne résistent pas les enfants : jeux couverts, carrousel 1900, petit train, manèges, parc d'oiseaux, île aux champignons géants, poneys et ânes… Tandis que l'espace aquatique, chauffé, se

CHATEAUBRIAND À COMBOURG

Construit au 11e s., agrandi aux 14e et 15e s., restauré au 19e s., le château appartint à la famille Du Guesclin, puis au comte de Chateaubriand, père de François René. Dans ses *Mémoires d'outre-tombe*, l'écrivain évoque les souvenirs des deux années de jeunesse passées à Combourg. D'humeur taciturne, le comte de Chateaubriand vivait très retiré, se promenant des heures durant sans que personne n'ose ouvrir la bouche. Malade, la comtesse ne s'occupait de ses enfants que de très loin. François René et sa sœur Lucile étaient livrés à eux-mêmes, dans l'ennui comme dans le rêve. Autour d'un château désert au point d'en être lugubre, bois et lande portaient à la tristesse. La tour du Chat, où François René avait sa chambre, était hantée : un ancien seigneur des lieux y revenait la nuit sous la forme d'un chat noir que l'enfant guettait anxieusement. Le vol des chouettes ainsi que le vent ébranlant portes et couloirs faisaient frissonner l'enfant. Là s'est nourrie l'âme de celui qui allait ouvrir la voie au romantisme français.

décline en toboggans géants, rivière rapide, plaine de jeux d'eau... Un musée expose plus de 200 animaux naturalisés de la région. Aire de pique-nique, relais bébé et restaurant.

Bazouges-la-Pérouse C1

14 km à l'est par la D 796.

Peintres, sculpteurs, photographes céramistes... nombreux sont les artistes qui fréquentent cet agréable village. Expositions dans différentes galeries, surtout en saison.

Château de la Ballue – *02 99 97 47 86 - www.laballuejardin.com - mars-oct. : 10h-18h30 - 9,50 € (-10 ans gratuit) - visite des extérieurs du château et jardins uniquement - possibilité de visite guidée sur demande (90mn).* Aux yeux de certains écrivains romantiques, ce beau bâtiment de schiste et de granit symbolisait la chouannerie, d'où les visites de Musset, Balzac et Hugo. Il est célèbre pour son **jardin★** d'inspiration maniériste : « **bosquet-attrape** » élaboré sur le principe du jeu d'eau, « **bosquet de musique** » formé de cyprès très serrés, temple de Diane, labyrinthe... Il s'est vu décerner le label Jardin remarquable. Chambres d'hôte *(voir « Nos adresses »)*. Manifestations en lien avec le jardin et concerts de musique classique et baroque l'été.

Château de Bonnefontaine C1

1,5 km au sud d'Antrain. Quittez Antrain par les r. du Gén.-Lavigne et de Bonne-Fontaine - 02 99 98 31 13 - www.bonnefontaine.com - ♿ - visite du parc uniquement en saison : 10h-12h, 14h-18h - 5 € (-18 ans gratuit).

Le château (*ne se visite pas*), élevé en 1547 sous forme de manoir fortifié, a été remanié au 19e s. L'élégance des tourelles qui ornent son grand corps de logis, ses hautes fenêtres et ses lucarnes sculptées corrigent la sévérité de ses tours trapues à mâchicoulis coiffées de toits en poivrière.

Il s'inscrit dans un vaste parc à l'anglaise, dessiné et réalisé dans la seconde moitié du 19e s. par les paysagistes Édouard André et Denis Bühler. Ce dernier est également à l'origine de la conception et réalisation du parc du Thabor *(voir Rennes p. 114)*.

Antrain C1

21 km à l'est par les D 796 et D 313.

Perchée sur un promontoire, Antrain est une ville-marché dont les petites rues en pente conservent des demeures des 16e et 17e s. L'**église St-André** (en grande partie du 12e s.) est repérable à son imposant clocher du 17e s. coiffé d'un dôme avec lanternon. Sur le portail en plein cintre, les chapiteaux et tailloirs sont décorés d'oves et de dents-de-scie.

Château du Rocher-Portail

8 km à l'est d'Antrain, par D 155 puis D 102 à St-Brice-en-Coglés. Ne se visite pas.

Visible au-delà d'un étang, l'imposant édifice en granit, construit au début du 17e s., est en forme de U. Il a fière allure avec ses hautes cheminées de pierre et ses toits d'ardoise pentus.

NOS ADRESSES À COMBOURG

HÉBERGEMENT

POUR SE FAIRE PLAISIR

Hôtel du Château – *1 pl. Chateaubriand - ✆ 02 99 73 00 38 - www.hotelduchateau.com - fermé 6 déc.- 5 janv. - P - 33 ch. 70/140 € - ☕ 11 € - ✕ - formule 16 € - menus 19 € (sem.), 26/55 € (fermé 6 déc.- 5 janv., dim. soir sf juil.-août, lun. midi, mar. midi et sam. midi).* Au pied du château et du lac célébrés par Chateaubriand, belle maison ancienne et ses annexes. Chambres personnalisées, en partie rafraîchies. Alléchante cuisine mâtinée de notes régionales. L'été, terrasse donnant sur le jardin.

À proximité

POUR SE FAIRE PLAISIR

Chambre d'hôte La Haye d'Irée – *35560 St-Rémy-du-Plain - 14 km au sud de Combourg par D 794 et 1,5 km au sud de St-Rémy-du-Plain par D 90 puis D 12 - ✆ 02 99 73 62 07 - www.chateaubreton.com - avr.-oct. - 4 ch. 90/140 € ☕ - table d'hôte 25 €.* Dans un grand parc, ce manoir en granit vous plonge dans une atmosphère typique : salon avec cheminée, pierres, poutres, chambres au mobilier ancien. Repas traditionnel (sur réservation) servi dans une salle à manger rustique.

UNE FOLIE

Chambre d'hôte Le Château de la Ballue – *35560 Bazouges-la-Pérouse - 14 km à l'est de Combourg par D 796 et 4 km au nord-est de Bazouges-la-Pérouse - ✆ 02 99 97 47 86 - www.la-ballue.com - 5 ch. 190/220 € - ☕ 18 €.* De superbes jardins d'esprit baroque et à la française entourent ce château du 17e s. Grandes chambres raffinées : hauteur sous plafond, boiseries d'époque, mobilier ancien. Table d'hôte sur demande.

RESTAURATION

Hôtel du Château – *Voir « Hébergement ».*

ACHATS

Marché – *Lun. mat.*

ACTIVITÉS

Récrénature – *Dans la forêt de Villecartier, accès fléché à partir de la D 155 - 35560 Bazouges-la-Pérouse - ✆ 02 99 98 37 24 ou 06 85 32 55 15 - juil.-août : 11h-19h ; avr.-juin et sept. : w.-end et j. fériés 14h-19h - 5 € (-10 ans 3 €).* Devenez capitaine d'un jour et embarquez sur un ferry, un vapeur du Mississipi ou un chalutier de la petite flotte de bateaux miniatures.

DE SAINT-MALO AU MONT-SAINT-MICHEL

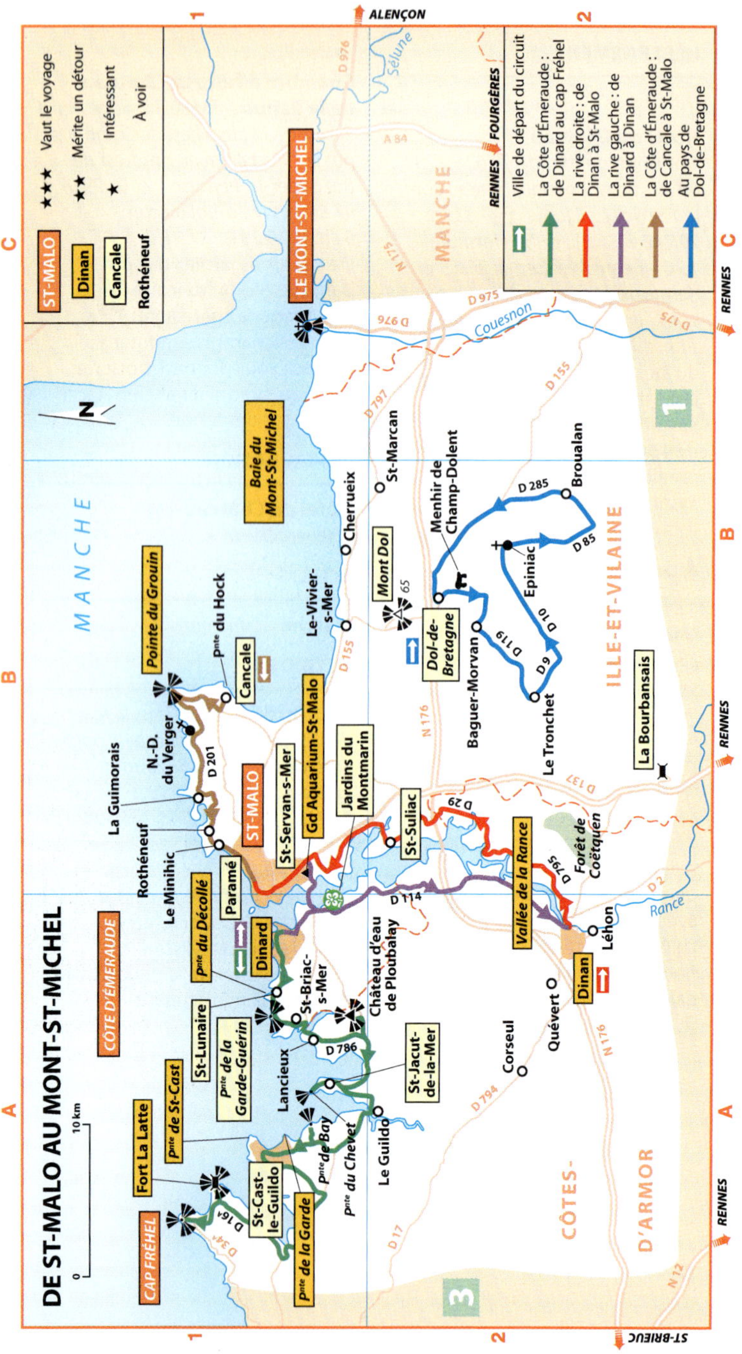

+ d'adresses

De Saint-Malo au Mont-Saint-Michel 2

Cartes Michelin Départements 309 et 303 – Ille-et-Vilaine (35), Côtes-d'Armor (22) et Manche (50)

Saint-Malo

★★★

46 342 Malouins – Ille-et-Vilaine (35)

NOS ADRESSES PAGE 165

S'INFORMER

Office de tourisme – *Espl. St-Vincent - 35400 St-Malo - ✆ 0 825 13 52 00 (0,15 €/mn) - www.saint-malo-tourisme.com - juil.-août : 9h-19h30, dim. et j. fériés 10h-18h ; avr.-juin et sept. : 9h-13h, 14h-18h30, dim. et j. fériés 10h-12h30, 14h30-18h ; reste de l'année : tlj sf dim. 9h-13h, 14h-18h - fermé 1er janv.*

Visites guidées de l'Intra-Muros – *✆ 0 825 13 52 00 (0,15 €/mn) - www.saint-malo-tourisme.com - juin-sept. : h, se rens. - dép. de l'office de tourisme (1h30) - possibilité de visite libre avec audioguide - 6 € (-12 ans gratuit).* Également applications pour iPhone et smartphones *(St-Malo Tour et St-Malo Ze Visit). Infos sur www.saint-malo-tourisme.com.*

SE REPÉRER

Carte de microrégion AB1 (p. 150) – *carte Michelin Départements 309 J3.*
Au nord de Dinan (35 km) et de Rennes (75 km), St-Malo contrôle l'embouchure de la Rance. Sa partie historique fortifiée, appelée l'Intra-Muros, se cantonne à une presqu'île, entourée d'anciennes communes progressivement intégrées, comme St-Servan, au sud, ou Paramé et Rothéneuf, à l'est.

SE GARER

Dans l'Intra-Muros, le piéton règne en maître. En été, les parkings du vieux centre et de ses abords immédiats (remparts et port) saturent vite. Mieux vaut laisser sa voiture dans l'un des parkings prévus à cet effet en périphérie *(voir « Nos adresses »)*, puis emprunter les navettes mises en place par la municipalité pour désengorger la presqu'île.

À NE PAS MANQUER

Le tour des remparts pour la double vue sur les toits de St-Malo et la mer, et la visite d'une malouinière comme la Ville Bague pour mieux connaître la vie des riches armateurs malouins au 18e s.

La cité corsaire protégée par ses remparts.
ANP PHOTO/ ANP Photo / age fotostock

ORGANISER SON TEMPS

Visiter l'Intra-Muros le matin, se détendre sur la plage l'après-midi et savourer une galette aux abords de la cathédrale en soirée : le pouls de St-Malo peut se prendre en une journée. Renseignez-vous sur les horaires de marée, car certains sites (Grand-Bé, Fort national) ne sont accessibles à pied sec qu'à marée basse.

AVEC LES ENFANTS

Allez caresser les poissons dans le bassin tactile du Grand Aquarium de St-Malo, visitez l'Hôtel d'Asfeld, véritable demeure de corsaire, embarquez sur le navire l'*Étoile du Roy* pour découvrir ce qu'était la vie des corsaires en mer, et choisissez une plage pour finir la journée.

Derrière ses remparts de granit fortifiés, la cité corsaire, entièrement détruite en août 1944, a été si bien restaurée qu'elle a retrouvé l'altière harmonie qu'elle arborait à la grande époque de la course et de la flibuste. Ce port légendaire où planent les ombres de tant de loups de mer est aujourd'hui une station balnéaire réputée où thalassothérapie, clubs nautiques et plages de sable fin offrent toute la détente souhaitée.

Se promener Plans de ville I et II

La ville **intra-muros** enserrée dans les remparts est surtout administrative et commerçante. Elle vaut surtout pour ses remparts qui offrent de très belles vues sur la ville, la mer, l'ensemble du système de défense et les plages du Môle et de Bonsecours.

Au sud, **St-Servan-sur-Mer** conserve les vestiges de l'ancienne cité gallo-romaine d'Aleth et bénéficie de beaux espaces verts. L'anse des Sablons abrite sa plage principale ainsi que le port de plaisance.

À l'est, la ville est prolongée par le quartier de **Paramé**, surtout connu pour sa vaste étendue de sable fin, **la Grande Plage**, qui s'étire des remparts malouins à la pointe de Rochebonne. Cette cité balnéaire est riche d'un patrimoine d'hôtels et de villas du début du 20e s.

Après la pointe de Rochebonne, les plages du Minihic et du Pont, on arrive à **Rothéneuf**, qui présente une côte découpée, parsemée de criques. Ses deux plages se complètent admirablement, celle du Val s'ouvrant sur la mer tandis que celle du Havre borde une anse presque fermée entourée de dunes.

ST-MALO
PARAMÉ-ST-SERVAN
Plan I
0
500 m
N
Fort national
Île du Grand-Bé
FORT DU PETIT-BÉ
SARK, GUERNSEY, JERSEY
CORK, PLYMOUTH, POOLE
PORTSMOUTH, WEYMOUTH
voir plan II
ST-MALO
CASINO
Chaussée du Sillon
Digue
Q. Duguay-Trouin
PARC DES EXPOSITIONS
BASSIN DUGUAY-TROUIN
BASSIN VAUBAN
BASSIN JACQUES CARTIER
BASSIN BOUVET
TERMINAL DU NAYE
MÔLE DES NOIRES
GARES MARITIMES
Chée E. Tabarly
Chée des Corsaires
ANSE DES SABLONS
Av. L. Martin
Médiathèque
Bd T. Botrel
Bd de la République
Av. J. Jaurès
Av. A. Briand
Av. Pasteur
Av. Moka
Av. du 47ème R.I.
Villa Duguay-Trouin
Bd Hébert
Grand Hôtel
THERMES MARINS
Villa Remember
Av. de Marville
Av. F. Roosevelt
Bd des Talards
Q. de Trichet
Q. du Val
R. G. Clemenceau
R. P. de Coubertin
R. J. P. de Triquerville
R. des Antilles
R. de la Motte
Bd Tréhouart
R. de la Marne
R. Dauphine
R. des Bas-Sablons
St-Servan-sur-Mer
Fort de la Cité
Pl. St-Pierre
Corniche d'Aleth
Pl. Mgr-Duchesne
R. des Hauts-Sablons
Tour Solidor
(MUSÉE DU LONG COURS CAP-HORNIER)
STE-CROIX
R. Jean XXIII
Rue Ville-Pépin
R. J. Jugan
R. P. Certain
Boulevard du Rosais
Bd Douville
Bd de l'Espadon
Bd L. Demaivilain
R. de la Balue
R. Doutreleau
D 137
RANCE
Belvédère du Rosais
PARC DE LA BRIANTAIS
DINARD
RENNES
ST-SULIAC
GD AQUARIUM DE ST-MALO
MALOUINIÈRE DU PUITS SAUVAGE

SAINT-MALO

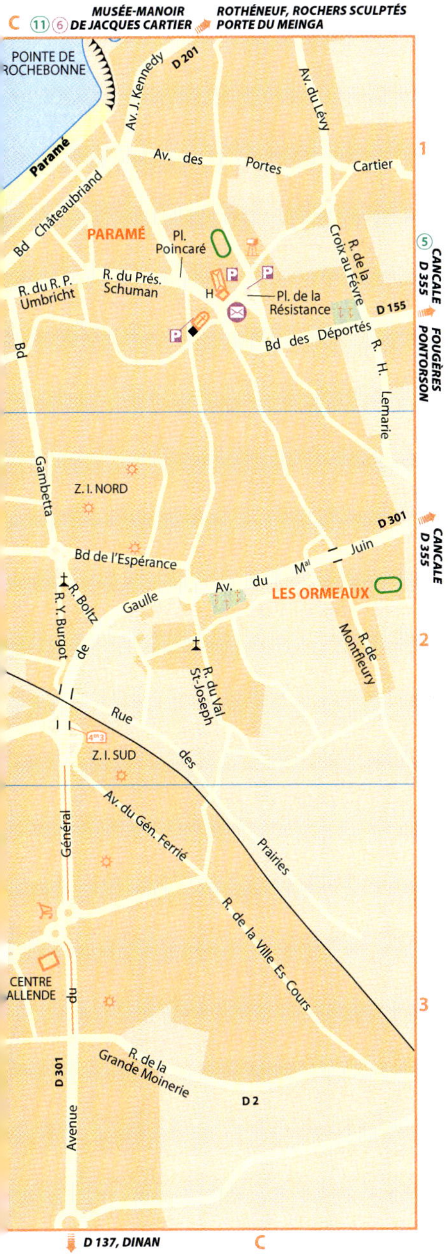

SE LOGER

Ascott (Hôtel L').. (2)

Aubade (Hôtel).. (1)

Beaufort (Hôtel).. (3)

Best Western Balmoral (Hôtel)............ (4)

Croix Gibouins
(Chambre d'hôte Les).................. (5)

Goëletterie (Chambre d'hôte La)....... (7)

Villa Esprit de Famille
(Chambre d'hôte)........................ (11)

SE RESTAURER

Bénétin (Le).. (6)

Buveurs de Lune (Les)............................ (8)

Corderie (La).. (2)

Gourmandise (La).................................... (4)

INDEX DES RUES

Solidor (Quai)..16

Le GR 34 permet de découvrir ce littoral jusqu'à la **pointe de la Varde**, qui fait face à l'ouest aux remparts de St-Malo et à la Grande Plage. C'est un bourg familial et résidentiel que l'on découvre à l'occasion de la visite des fameux Rochers sculptés et du manoir de Jacques Cartier *(voir p. 164)*.

★★ LA CITÉ INTRA-MUROS Plan de ville II

Les vieux **remparts** de St-Malo abritent des rues étroites et pavées, aux façades de granit parfaitement alignées. Difficile d'imaginer que la plupart ont été restaurées, voire reconstruites après 1944 !

En saison et le week-end, l'ensemble bourdonne d'animation grâce à ses commerces et à ses restaurants, principalement concentrés entre le château et la cathédrale.

La cité jouit également de la proximité de plages de sable fin, réparties en corolle au pied de ses remparts. Les Malouins fréquentent plutôt celle du **Môle**, qui jouxte l'avant-port, mais la plus étendue est celle du **Bon Secours**. On la repère à sa piscine d'eau de mer et à son centre nautique. La baignade y est surveillée. Elle sert de point de départ à tous ceux qui veulent accéder à pied sec aux îles de Petit-Bé et Grand-Bé (uniquement à marée basse).

Si vous n'avez que deux heures devant vous et que le temps le permet, faites absolument le tour des remparts. Après, vous pouvez découvrir la ville intra-muros, ses rues commerçantes et quelques monuments décrits le long du circuit proposé.

★★★ Les remparts

▶ *Visite : 2h. Partez de l'esplanade St-Vincent.*

Commencés au 12e s., les remparts ont été agrandis et modifiés jusqu'au 18e s. Ils sont sortis intacts des destructions de 1944.

La promenade sur les remparts offre des **vues★** magnifiques. Elle est recommandée à marée haute, dont la grande amplitude (de 8 à 14 m) modifie de façon spectaculaire l'aspect du rivage et des flots.

Passez sous la porte St-Vincent et prenez, à droite, l'escalier qui donne accès au chemin de ronde.

De la porte St-Vincent D1 **au bastion St-Louis** D2 – Aussitôt après la Grande Porte, couronnée de mâchicoulis, la vue se développe sur l'isthme étroit qui relie la vieille ville à ses faubourgs, sur les bassins du port et, au-delà, sur St-Servan.

Du bastion St-Louis D2 **au bastion St-Philippe** C2 – Le rempart borde les maisons des riches armateurs malouins. Deux d'entre elles sont restées intactes, près du bastion St-Louis, précédant une succession de murailles et de façades qui furent remontées pierre à pierre. Ce bel ensemble de hautes toitures, surmontées de cheminées monumentales, a été totalement reconstitué. La vue se développe sur l'avant-port, sur le rocher d'Aleth couronné par le fort de la Cité, sur l'estuaire de la Rance, ainsi que sur Dinard, avec la plage du Prieuré et la pointe de la Vicomté.

Du bastion St-Philippe C2 **à la tour Bidouane** C1 – À droite de la pointe du Moulinet, vous apercevez une partie de la grande plage de Dinard. Vous distinguez aussi la pointe des Étêtés séparant Dinard de St-Lunaire, la pointe du Décollé, l'île des Ebihens, la pointe de St-Cast et le cap Fréhel ; plus proche, l'île Harbour et, toujours vers la droite, les îles du Grand-Bé et du Petit-Bé, puis à l'arrière-plan, l'île de Cézembre et le fort de la Conchée.

De la tour Bidouane C1 **à la porte St-Vincent** D1 – Après avoir longé les bâtiments de l'École nationale de la marine marchande, découvrez le Fort national et la grande courbe qui unit St-Malo à la pointe de la Varde : ici se déploient les plages du Sillon, de Rochebonne et du Minihic.

L'identité malouine

DE ST-SERVAN À ST-MALO

Saint-Servan à l'origine de Saint-Malo

Au 6e s., le moine gallois Malo (ou Maclow ou encore Maclou, l'un des sept saints fondateurs de la Bretagne) évangélise la cité d'Aleth et devient son évêque. En 1144, l'île voisine est suffisamment peuplée pour que l'évêché y soit transféré et qu'elle prenne le nom de « St-Malo-de-l'Isle », tandis qu'Aleth se place sous la protection d'un autre saint local : Servan. Au 12e s. débutent les travaux de construction de la cathédrale St-Vincent.

Une cité à l'identité forte

La ville, qui se développe autour de son port, devient rapidement une place stratégique, convoitée par le duc de Bretagne et la couronne française ; en 1308, les habitants constituent une commune jurée d'une durée éphémère. Après la défaite du duc François II à St-Aubin-du-Cormier en 1488, la ville est rattachée définitivement à la France.

Mais au moment de la Ligue, au 17e s., la ville se proclame république et maintient son indépendance durant quatre ans. Naît la devise : « Ni Français ni Breton : Malouin suis. »

À la même époque, St-Malo abrite bon nombre de corsaires. Ces hardis marins recevaient du roi des « lettres de course » *(voir p. 79)* qui leur permettaient d'attaquer les navires de guerre ou marchands ennemis sans être traités en pirates, c'est-à-dire pendus. Aux 17e et 18e s., ils infligèrent aux Anglais, aux Hollandais et aux Espagnols des pertes inouïes.

Cette activité profite aussi aux armateurs malouins, déjà prospères grâce aux routes commerciales ouvertes vers l'Europe et l'Amérique depuis la fin du 15e s. Entre 1660 et 1720, la ville connaît un véritable âge d'or, le nombre d'habitants intra-muros atteint 20 000 au milieu du 18e s., contre 2 000 aujourd'hui.

UNE VILLE DE GRANIT

À partir de la fin du 16e s., le granit de Chausey est employé pour toutes les constructions dans la ville intra-muros, ce qui lui donne une grande unité mais également un aspect un peu sévère. De rares maisons en bois subsistent de l'époque antérieure, la majorité ayant été détruites par des incendies.

Tandis que l'ingénieur Siméon Garangeau (1647-1741), nommé par Vauban, dirige à partir de 1691 les travaux d'agrandissement et de fortifications de la cité (Fort national, fort du Petit-Bé), les armateurs investissent dans des appartements locatifs ou se font construire de véritables hôtels particuliers, comme François Auguste Magon de la Lande, rue d'Asfeld (*voir p. 160*).

LES MALOUINIÈRES

Voulant échapper à la surpopulation de la ville et afficher leur richesse, de nombreux négociants se dotent d'une résidence secondaire à distance raisonnable (2h de cheval). Entre 1650 et 1730, plusieurs dizaines de gentilhommières fleurissent dans cette campagne que l'on nomme le « **Clos-Poulet** », au sud-est de la ville. Bien qu'elles ne soient pas toutes de mêmes dimensions, ces demeures présentent une architecture homogène : cheminées élancées, toits à pente raide percés de lucarnes, façades crépies de blanc, parements de granit. Certaines d'entre elles se visitent (*voir notre sélection p. 165 et p. 196*).

★ LA VILLE CLOSE CD1-2

Circuit 1 tracé en vert sur le plan au départ de la place Chateaubriand où se trouve le château - 1h30.

★★ Château et ★musée d'Histoire D1

02 99 40 71 57 - avr.-sept. : 10h-12h30, 14h-18h ; reste de l'année : tlj sf lun. 10h-12h, 14h-18h - fermé 1er janv., 1er Mai, 1er et 11 Nov., 25 déc. - 6 € (-8 ans gratuit) - gratuit 1er vend. du mois, Printemps des musées et J. du patrimoine.

Symbole du pouvoir ducal puis royal, le château est accolé à la tour Quic-en-Groigne. On y découvre les façades des casernes des 17e et 18e s. qui abritent aujourd'hui l'**hôtel de ville**, la citerne, le grand donjon et le castelet. Édifié en 1395, le petit donjon flanque l'ancien mur d'enceinte.

Élevé en 1424, le grand donjon domine le château : des tourelles de guet, on jouit d'un beau **panorama★★** sur la ville, le port, la côte et la mer. Les tours d'angle datent des 15e et 16e s., la chapelle et « la galère » du 17e s.

SE LOGER

Ajoncs d'Or (Hôtel Les)........ 6
Nautilus (Hôtel Le)........ 8
San Pedro (Hôtel)........ 10

SE RESTAURER

Bistro de Jean (Le)........ 13
Boujaron (Le)........ 20
Brigantine (La)........ 7
Chalut (Le)........ 9
Coquille d'Œuf (La)........ 11
Éveil des Sens (L')........ 12
Margaux (Crêperie)........ 15
Petit Crêpier (Le)........ 14
Ti Nevez (Crêperie)........ 18

Occupant le grand donjon et le castelet, le **musée d'Histoire de la ville et d'Ethnographie du pays malouin★** est consacré à l'histoire de St-Malo et de ses hommes célèbres. Documents, maquettes de navires, peintures et armes rappellent le passé maritime de la cité.

De l'ancienne chapelle, un passage conduit à la Tour générale où sont présentés l'économie, les modes de vie et les événements marquants du pays malouin.

La tour **Quic-en-Groigne★** est située dans l'aile gauche du château. Son nom rappelle la réplique d'Anne de Bretagne aux Malouins : « Qui qu'en groigne, ainsi sera, car tel est mon bon plaisir. »

Place Chateaubriand D1

Chateaubriand résida enfant au n° 2 *(hôtel White)*. La façade du 18e s. a été refaite à l'identique. Au n° 3 rue Chateaubriand, l'**hôtel de La Gicquelais** (17e s.) le vit naître.

Prenez la rue Chateaubriand.

Cour de La Houssaye D1

Cette petite cour, où se dressent la tour de la maison dite de la **Duchesse-Anne**, du 15e s. *(n° 2)*, ainsi qu'un hôtel malouin *(n° 10)*, donne une idée de la ville à la fin du Moyen Âge.

Prenez à gauche la rue du Pelicot.

De la cour de La Houssaye à la cathédrale D-C1

Rue du Pélicot, vous passez devant des **façades de bois** et de verre dont celle de la Maison internationale des poètes et écrivains. Parvenu à l'intersection avec la rue du Collège, tournez à droite dans la rue du Gras-Mollet.

Dans son prolongement commence la rue Mahé-de-la-Bourdonnais. Elle a été baptisée ainsi car le gouverneur des îles Maurice et de La Réunion (1699-1753) y aurait vu le jour, au n° 2 précisément. Notez le **portail** en bois sculpté Renaissance (1652).

Du bout de la rue, belle **vue** sur le Fort national.

Prenez à droite la rue de la Victoire.

Rue de la Victoire, à côté de la façade du n° 8 (17e s.), se dressent l'ancienne chapelle des Bénédictines (1622) et, plus loin, l'École nationale de la Marine marchande.

Par la rue Maclow, rejoignez la place Jean-de-Châtillon sur laquelle donne la cathédrale.

Cathédrale Saint-Vincent C1

Commencée au 12e s., achevée au 18e s., elle fut coiffée au 19e s. d'une flèche ajourée. Couverte de voûtes d'ogives très bombées, de type angevin, la nef contraste avec le chœur (13e s.) qu'éclairent de magnifiques **vitraux★** de Jean Le Moal : éclatante rose aux flammes orangées, rouges et jaunes, qu'encadrent des verrières grenat, indigo, rose ardent, bleu ciel. Dans le transept, les vitraux ont des tonalités plus assourdies que dans les bas-côtés où les verrières de Max Ingrand offrent des couleurs froides. Une Vierge du 16e s., N.-D.-de-la-Croix-du-Fief, provenant d'une maison médiévale, est conservée dans la deuxième chapelle, côté gauche du déambulatoire où se trouvent aussi les restes de Duguay-Trouin. La chapelle voisine abrite le chef de Jacques Cartier.

De la cathédrale à l'hôtel d'Asfeld C1-2/D2

En sortant de la cathédrale, prenez à gauche la petite rue Pourpris.

La **place du Pilori** constitue le cœur de l'Intra-Muros.

Continuez par la rue Broussais et la rue des Vieux-Remparts à gauche, puis tournez à droite dans la rue Feydeau, pour rejoindre la rue d'Orléans.

Face aux remparts, la **rue d'Orléans** présente les plus belles façades de **demeures d'armateurs** du 18e s.
Prenez-la à gauche et tournez encore à gauche dans la rue d'Asfeld.

Maison de Corsaire - Hôtel d'Asfeld D2

5 r. d'Asfeld - ✆ 02 99 56 09 40 - www.demeure-de-corsaire.com - visite guidée (1h15) vac. scol. : 10h30-11h30, 14h30-17h30, dim. 14h30-17h30 ; reste de l'année : tlj sf lun. 15h - fermé déc.-janv. - 5,50 € (-12 ans 4 €).

Épargnée en 1944, cette demeure du 18e s. est aujourd'hui classée Monument historique. Elle appartenait à François Auguste Magon de La Lande, corsaire du roi, directeur de la Compagnie des Indes orientales et l'un des plus puissants armateurs malouins. Visite des salons conçus selon les codes de discrétion nécessaires aux échanges commerciaux ou encore des caves qui abritaient les marchandises rapportées des Indes. Anecdotes corsaires et malouines pimentent la visite.
Suivez les rues d'Asfeld, des Cordiers et Jacques-Cartier, puis revenez place Chateaubriand.

LE SYSTÈME DÉFENSIF Plan de ville I

★ Fort national A1

Accès par la plage de l'Éventail à marée basse, 15mn à pied AR. ✆ 06 72 46 66 26 - www.fortnational.com - visite guidée (35mn) juin-sept., vac. scol. et ponts : h variables en fonction des marées - 5 € (-16 ans 3 €) - rens. auprès de Véronique Véron.

Construit par Vauban en 1689, le « Fort royal » est devenu « Fort national » après 1789, puis propriété privée. Au cours de sa visite, on évoque le duel mémorable de Robert Surcouf qui défendit l'honneur de la France contre 12 adversaires. Il épargna le dernier… comme témoin de ses exploits !

Des remparts, la **vue★★** est exceptionnelle : de l'estuaire de la Rance aux îles Chausey. Et la visite du cachot, impressionnante !

Île du Grand-Bé A1

À marée basse, 45mn à pied AR. Quittez St-Malo par la porte des Champs-Vauverts et traversez la plage obliquement, pour gagner la chaussée qui conduit à l'île. Suivez le chemin accroché au flanc droit de l'île.

Le **tombeau de Chateaubriand** se trouve du côté du large : une simple dalle sans nom, surmontée d'une lourde croix de granit. Du sommet de l'île, superbe **panorama★★** sur toute la Côte d'Émeraude.
Traversez le terre-plein, descendez quelques marches et tournez à gauche dans un chemin qui ramène à la chaussée empruntée à l'aller.

Le Petit-Bé Hors plan par A2

✆ 06 08 27 51 20 - www.petit-be.com - tte l'année en fonction des marées et de la météo - 6 € (-7 ans gratuit) - accès à pied ou en bateau à partir du Grand-Bé. Accès possible en bateau passeur, gratuit à certaines h.

Située après le Grand-Bé, l'île possède un remarquable fort construit à partir de 1693 par Vauban et restauré par un passionné. La visite présente les fortifications de la baie de St-Malo et le phénomène des marées. Très belle vue sur la baie.

Port A2

Aménagé au cœur de la vaste rade qui séparait jadis la cité corsaire du continent, le port de St-Malo possède quatre bassins à flot, protégés par une écluse. Son avant-port est équipé de deux gares maritimes pour le trafic des

car-ferries et des **vedettes** rapides. Des liaisons quotidiennes *(en haute saison)* desservent l'Angleterre (Portsmouth) et les îles Anglo-Normandes de Jersey et Guernesey *(voir « Nos adresses »).*
Pour la navigation de plaisance, de nombreux pontons ont été aménagés sous les remparts.
Étoile du Roy – *41 quai Duguay-Trouin - ✆ 02 99 40 48 72 - www.etoile-marine.com - juin-sept. et vac. scol. : 10h-19h ; de la Toussaint au dim. de Pâques (hors vac. scol.) : w.-end 10h30-18h30 - 6 € (enfant 3 €). Le bateau naviguant encore, assurez-vous de sa présence à quai au préalable.* Réplique d'une frégate malouine du 18e s., ce trois-mâts de 47 m, propriété d'Étoile Marine Croisières *(voir « Nos adresses »)*, est ouvert à la visite. La reconstitution du mobilier d'époque donne une bonne vision de la vie à bord au temps des corsaires malouins.

★ ST-SERVAN-SUR-MER Plan de ville I

Circuit 2 tracé en vert sur le plan autour de la corniche d'Aleth.
L'ancienne cité d'Aleth bénéficie de beaux espaces verts, dont le parc de la Briantais au sud. L'**anse des Sablons**, tournée vers l'Intra-Muros, abrite sa plage principale, un port de plaisance et un centre nautique. St-Servan dispose également de trois autres ports : le bassin du Bouvet, dédié au commerce et à la pêche, qu'elle partage avec St-Malo, port St-Père et l'ancien port militaire **Solidor**, orienté vers la Rance et Dinard. Ses principales artères, les rues Ville-Pépin et Georges-Clemenceau, concentrent l'essentiel de ses commerces.
Partez du bout de l'anse des Sablons.

2

★ La corniche d'Aleth A3

Elle dévoile de très belles **vues★★** : d'abord sur la cité malouine, les îles du Petit-Bé et du Grand-Bé ainsi que sur l'île de Cézembre ; puis sur l'ensemble de la rade où se détachent l'île fortifiée de la Grande Conchée, le phare du Grand-Jardin *(à gauche)*, l'île Harbour et son fort, avec, dans le lointain, le cap Fréhel. En soirée, le regard est immédiatement attiré par les lumières de Dinard.
Le **fort de la Cité** abrite le Mémorial 39/45.
Mémorial 39/45 – *La Cité d'Aleth - ✆ 02 99 82 41 74 - www.ville-saint-malo.fr - visite guidée (60mn) juil.-août : 10h15, 11h, 14h, 15h, 16h et 17h ; juin et sept. : tlj sf lun. 14h30, 15h15 et 16h30, dim. 10h, 14h30, 15h15 et 16h30 ; avr.-mai : tlj sf lun. 14h30, 15h15 et 16h30 ; reste de l'année : se rens. - fermé 1er janv., 1er Mai, 1er et 11 Nov., 25 déc. - 6 € (-18 ans 3 €) - 11 € billet combiné avec le musée d'Histoire et le musée du Long Cours cap-hornier.* Dans un authentique blockhaus de la Seconde Guerre mondiale qui comptabilise 500 m^2, la visite du mémorial est répartie sur trois niveaux. Elle retrace cette période douloureuse à partir de nombreux documents et objets d'époque.

Anse Saint-Père A3

Cette petite anse bien abritée jouxte le marégraphe (appareil enregistrant la hauteur des marées).

★ Tour Solidor A3

Bâtie en 1382, restaurée au 17e s., cette ancienne prison (27 m de haut) commande l'estuaire de la Rance. Elle abrite le musée du Long Cours cap-hornier.
★ **Musée du Long Cours cap-hornier** – *✆ 02 99 40 71 58 - www.ville-saint-malo.fr - avr.-sept. : 10h-12h30, 14h-18h ; reste de l'année : tlj sf lun. 10h-12h,*

14h-18h - fermé 1er janv., 1er Mai, 1er et 11 Nov., 25 déc. - 6 € (-8 ans gratuit) - billet combiné avec le château, gratuit 1er vend. du mois et J. du patrimoine.

Ce musée est consacré à l'histoire des navigations commerciales par la route du cap Horn. La visite, par paliers, permet d'atteindre sans fatigue le chemin de ronde d'où le visiteur profite d'une belle **vue★** sur l'estuaire, St-Servan-sur-Mer, St-Malo, Dinard et la Rance.

Revenez à votre voiture et poursuivez vers le sud jusqu'au belvédère du Rosais puis jusqu'au parc de la Briantais.

Port Solidor

Face à Dinard et accolé à la tour Solidor, ce petit port dispose de quelques bouées de mouillage.

★ Belvédère du Rosais B3

Situé près du petit cimetière marin (tombe des parents de Chateaubriand *après l'entrée, à droite*), il offre une jolie **vue★** sur le barrage de la Rance, le rocher Bizeux surmonté d'une statue de la Vierge, la pointe de la Vicomté et Dinard.

Continuez jusqu'au parc de la Briantais.

★ Parc de la Briantais Hors plan par B3

Direction Quelmer, barrage de la Rance. Stationnement payant - R. Maurice-Nogues - ✆ 02 99 81 83 42 - www.ville-saint-malo.fr - ♿ - juil.-août : 9h-19h ; juin : 14h-18h, w.-end et j. fériés 9h-19h ; mars-mai et sept. : 14h-18h, w.-end et j. fériés 9h-18h ; reste de l'année : se rens. - gratuit.

Pendant près d'un siècle, la Briantais a appartenu à la famille La Chambre, dont le dernier représentant fut **Guy La Chambre**, maire de St-Malo de 1947 à 1965, grand artisan de la reconstruction de la ville.

Ce grand domaine de 27 ha bénéficie d'une situation panoramique exceptionnelle à l'ouest de St-Servan. Le château (1850) a remplacé un ancien manoir du 17e s. et accueille des expositions temporaires. Mais l'intérêt principal des lieux est ce vaste et agréable parc qui dévoile d'intéressantes **vues★** sur St-Servan et la tour Solidor, Dinard et la vallée de la Rance.

★ PARAMÉ ET SES VILLAS Plan de ville I

Ce quartier accolé à l'Intra-Muros prolonge St-Malo à l'est. Son principal atout réside dans la vaste étendue de sable fin qui s'étire des remparts malouins à la pointe de Rochebonne : la **Grande Plage★**. Une belle digue-promenade, exclusivement réservée aux piétons, borde ses 3 km.

Bon à savoir – La Grande Plage porte différents noms en fonction des secteurs. Le plus connu, hérissé de brise-lames, est celui du **Sillon**. Il commence au niveau du château. Lui succèdent la Hoguette, avec son centre de voile, installé au niveau des Thermes marins et du Grand Hôtel, puis la plage de Rochebonne, qui s'achève à la pointe du même nom. Ne manquez pas de pousser jusqu'à elle, car ce site offre l'un des meilleurs **points de vue** sur la cité malouine, tout spécialement le soir.

★ Le patrimoine balnéaire de Paramé B1

Il se concentre particulièrement le long des plages du Sillon et de Rochebonne ainsi que dans les rues adjacentes. Suivez la digue et n'hésitez pas à pousser vos pas dans l'une ou l'autre artère pour découvrir de nouvelles façades.

La **digue de Paramé**, construite de 1883 à 1913 pour protéger les anciennes dunes de sable et permettre leur lotissement, s'étend sur toute la longueur de la plage.

Quelques Malouins célèbres

MARINS ET CORSAIRES

Jacques Cartier (1494-1557) – En 1534, il part chercher de l'or dans la région de Terre-Neuve et du Labrador. Il découvre l'estuaire du St-Laurent, qu'il prend pour l'embouchure d'un grand fleuve d'Asie. Comme le mot *Canada*, qui signifie « village » en huron, revient souvent dans les propos des Indiens du même nom, il appelle ainsi le pays. Cartier en prend possession au nom du roi de France, mais c'est Champlain qui le colonise et qui fonde Québec en 1608.

René Duguay-Trouin (1673-1736) – Fils d'un riche armateur, Duguay-Trouin est embarqué à 16 ans sur un navire corsaire pour mettre fin à une jeunesse orageuse. Ses talents sont tels qu'il passe à 24 ans dans le « Grand Corps » de la Marine royale, comme capitaine de frégate. Il meurt anobli, lieutenant général et commandeur de St-Louis.

Robert Surcouf (1773-1827) – Robert Surcouf embarque comme mousse dès l'âge de 13 ans. À 20 ans, il est déjà capitaine-marchand. Épris d'aventure, il se lance dans la course dès 1796 et gagne rapidement ses premiers combats contre les navires anglais. Hardi marin et capitaine loyal, Surcouf fait très vite fortune et revient s'établir à St-Malo, où il prend à 36 ans une retraite de la mer précoce. À terre, il poursuit une carrière d'armateur et arme des corsaires, ainsi que des navires marchands.

ÉCRIVAINS ET SAVANT

François René de Chateaubriand (1768-1848) – Il est le dixième et dernier enfant d'une famille bretonne désargentée de très ancienne noblesse. Son père, parti chercher fortune aux Amériques, put au retour s'établir armateur à St-Malo. C'est dans cette ville que François René vit le jour, dans un immeuble près de la tour Quic-en-Groigne. L'enfant passe ses premières années à vagabonder sur le port, puis étudie successivement aux collèges de Dinan, Dol, Rennes, Brest, rêvant d'être marin ou prêtre. Il reste deux années dans la solitude de Combourg *(voir p. 146)* avec ses parents et sa sœur Lucile : un épisode que le grand écrivain romantique évoquera dans ses *Mémoires d'outre-tombe*. C'est par le métier des armes qu'il commencera, en 1786, une carrière mouvementée qui se terminera en 1848 dans l'isolement grandiose du Grand-Bé.

Lamennais (1782-1854) – Ce fils d'armateur tient une place importante dans le mouvement romantique. Orphelin, il est élevé par un oncle au château de la Chesnaye, près de Dinan ; à 22 ans, il devient professeur de mathématiques au collège de St-Malo. Ordonné prêtre en 1816, ses polémiques passionnées le mettent en difficulté avec Rome. Ayant rompu avec l'Église, il se retire à la Chesnaye. Apologiste de l'ultramontanisme (ensemble des doctrines théologiques considérant la primauté spirituelle et juridictionnelle du pape sur le pouvoir politique), ses idées politiques le font condamner à un an de prison en 1840, mais lui valent un siège à l'Assemblée nationale de 1848.

Maupertuis (1698-1759) – Fils d'un corsaire anobli, Pierre Louis Moreau de Maupertuis est un grand savant trop méconnu. Membre de l'Académie des sciences, il s'illustre en organisant une expédition en Laponie pour mesurer un degré du méridien terrestre. Il publie d'intéressants ouvrages de biologie et se voit confier la présidence de l'Académie royale de Berlin par le roi de Prusse Frédéric II.

Le **Grand Hôtel** fut édifié en 1881-1882 par la société immobilière du banquier parisien Hébert. Sa situation en bord de plage, sa vue à 180° et ses **thermes** réputés *(voir « Nos adresses »)* le classent parmi les établissements les mieux lotis du front de mer.

Plus loin, la **villa Duguay-Trouin** se reconnaît à son plan semi-circulaire, imaginé pour offrir moins de prise au vent. Elle a été construite en 1888 pour Antoine Périvier, journaliste au *Figaro*. Sur le boulevard Hébert, parallèle à la digue, au n° 65, admirez la **villa Remember**, de type néoflamand, élevée en 1903, puis faites un crochet par le boulevard Chateaubriand, parallèle, pour admirer, au n° 42, la façade émaillée et la tour octogonale de la **villa l'Argonne.**

À voir aussi

★★ Grand Aquarium - Saint-Malo Hors plan I par B1

La Madeleine - dir. Dinard - av. du Gén.-Patton. Suivez le fléchage - ✆ 02 99 21 19 00 - www.aquarium-st-malo.com - de mi-juil. à mi-août : 9h30-21h ; 1re quinz. de juil. et 2e quinz. d'août : 9h30-20h ; avr.-juin et sept. : 10h-19h ; reste de l'année : se rens. - 16 € (-12 ans 12 €).

Des eaux glacées du pôle Nord jusqu'au sud de l'Australie, on y découvre quelque 500 espèces, accompagné par le robot-pieuvre Octobot. Un bassin présente des animaux venus du froid, tel le poisson-loup, croqueur d'oursins. Dans le bac des Couleurs de l'Atlantique reposent un homard de 5 kg âgé de plus de 30 ans, des coraux jaunes, des grondins... À voir aussi : la salle Méditerranée, les coraux, les mangroves.

Le **bassin tactile** permet de caresser les poissons des côtes bretonnes : raie bouclée, turbot, roussette... L'**Anneau des Requins** offre, lui, un panorama de 360° sur les requins gris, le requin taureau, le requin nourrice, les squales, les tortues marines... Le **Vaisseau englouti** reconstitue une épave de galion avec un sol de cale en légère pente, de l'eau suintante, des morceaux de gréement sur le plancher et des bruits de vagues. Enfin, le **Nautibus**, sous-marin à quatre places, plonge dans un bassin géant (1,5 million de litres d'eau) : à travers le hublot, on distingue des poissons tropicaux, des statues celtes, une cité engloutie. Puis on s'enfonce dans les abysses...

Rothéneuf Hors plan par B1

★ Musée-manoir de Jacques Cartier – *R. David-Macdonald-Stewart - ✆ 02 99 40 97 73 - www.musee-jacques-cartier.fr - ♿ - visite guidée (55mn) juil.-août : 10h-11h30, 14h30-18h ; juin et sept. : tlj sf dim. et j. fériés 10h-11h30, 14h30-18h ; reste de l'année : tlj sf dim. et j. fériés 10h et 15h - 6 € (-8 ans gratuit).*
Après tous ses voyages d'exploration au Canada, Jacques Cartier acheta une ferme qu'il agrandit et appela Limoëlou (« tertre chauve »). Cette maison des 15e et 16e s., avec sa partie ajoutée au 19e s., a été restaurée et meublée selon le style de l'époque. Présentation audiovisuelle sur les voyages de l'explorateur et la « Nouvelle-France, colonie vulgairement appelée Canada ».

Rochers sculptés – *Chemin des Rochers-Sculptés - Rothéneuf - ✆ 06 68 98 23 95 - juin-sept. : 9h-19h ; reste de l'année : tlj sf merc. 10h-12h, 14h-18h - fermé 1er janv. - 2,50 € (-10 ans gratuit).* Après avoir été victime d'un accident vasculaire cérébral, l'abbé Fouré consacra vingt-cinq années de sa vie (après 1870) à sculpter sur les rochers l'histoire de la terrible famille de Rothéneuf comptant parmi les siens corsaires, contrebandiers et naufrageurs qui aveuglaient les bateaux afin qu'ils s'échouent sur les récifs de manière à récupérer leurs cargaisons. Près de 300 petits personnages sont ainsi figés dans le granit, étonnant exemple d'« art brut » en Bretagne que l'on observera en se gardant bien de s'écarter du sentier, vu le côté escarpé du site.

À proximité Plan de ville I

LES MALOUINIÈRES

L'arrière-pays malouin – « le Clos-Poulet » – s'est couvert au 18e s. de belles résidences de campagne, qui témoignent de la fortune des armateurs de la ville *(voir p. 157)*. La plupart d'entre elles sont encore aujourd'hui privées et ne se visitent pas.

Malouinière du Puits Sauvage Hors plan par B3

Au sud de St-Malo, dir. Château-Malo/La Grassinais - 4 r. du Puits-Sauvage - Hameau de St-Étienne - ✆ 02 99 82 22 48 - http://lepuitssauvage.blogspot.com - ♿ - visite guidée de l'intérieur juil.-août : tlj sf merc. 14h-18h ; mai-juin et sept. : w.-end et j. fériés 15h-16h30 - 7 € (-10 ans gratuit) avec exposition.

Demeure champêtre, cette malouinière a conservé tout l'esprit du 18e s. que l'on retrouve dans le grand salon, la bibliothèque et le bureau de l'armateur. Beau verger, fournil, charmant oratoire, piscine à chevaux et surprenante terrasse en forme de bateau corsaire, garnie de canons miniatures, dans le jardin à la française. Collection ancienne de cactées dans la grande verrière (19e s.).

Malouinière de la Ville Bague Hors plan par C1

12 km de St-Malo, à St-Coulomb, dir. plage des Chevrets - ✆ 02 99 89 00 87 - www.la-ville-bague.com - visite guidée (90mn) juil.-août : 14h30 et 16h ; de fin mars à fin juin et sept. : tlj sf merc. 14h30 et 16h - 8,50 € (enf. 3,50 €).

La passionnante visite guidée de cette malouinière vous entraîne en 1715 à l'époque où l'armateur Guillaume Éon la fit construire. Il venait s'y reposer à l'écart de l'animation du port. Parmi les trésors que comptent les collections de la Ville Bague, remarquez le fameux papier peint du salon (1820), représentant Pizarro chez les Incas. Les propriétaires, grands collectionneurs, font aussi découvrir de merveilleuses collections de maquettes de bateaux, de marines, de *scrimshaws* (dents de cachalot et défenses de morse en ivoire gravées et sculptées) et d'armes. Belle perspective depuis le parc et la chapelle joliment restaurée.

2

NOS ADRESSES À SAINT-MALO

TRANSPORTS

En voiture

Parking – *✆ 02 99 40 71 11 - www.saint-malo.fr - laissez la voiture au parking de l'hippodrome (forfait journalier 4 €) et empruntez les navettes gratuites (ttes les 15mn en saison et longs w.-ends).*

En bus de mer

Compagnie Corsaire – *✆ 0 825 138 100 (0,15 €/mn) - www.compagniecorsaire.com - avr.-oct. : 9h-19h50, 1 à 2 dép./h ; juil.-août : 9h-19h10, dép. ttes les 20mn - durée de la traversée : 10mn - 7,80 € (-12 ans 5 €), avec vélo (14,80 €, 12 €) en haute saison (de fin avr. à mi-mai et de déb. juil. à fin août) ; 7,20 € (enf. 4,70 €) le reste de l'année.* Service de navettes entre St-Malo (dép. cale de Dinan) et Dinard (dép. promenade du Clair de Lune, près du Yacht-club ou cale du Bec de la Vallée).

À vélo

Cycles Nicole – *11 r. Robert-Schuman - ✆ 02 99 56 11 06 - www.cyclesnicole.com - mar.-sam. 9h-12h, 14h-18h45 - vélo : 12 €/j.,*

63 €/sem. ; scooter : 22/52 €. Location de vélos traditionnels ou électriques et scooters.

Îles Anglo-Normandes

Condor Ferries – *Gare maritime du Naye - ✆ 0 825 135 135 (0,15 €/mn) - www.condorferries.fr.* Condor Ferries assure des liaisons quotidiennes en haute saison avec Jersey (*1h15*), Guernesey (*1h45*) et la Grande-Bretagne (Weymouth et Poole) au dép. de St-Malo par car-ferry à grande vitesse (*les horaires peuvent varier en fonction des marées*). Traversées piétons et véhicules. Tarifs et réservations sur le site Internet de la compagnie.

Voir le descriptif des îles Anglo-Normandes dans *Le Guide Vert Week-end Îles Anglo-Normandes*.

VISITE

Carnet de bord du p'tit corsaire – *En vente (1 €) à l'office de tourisme.* Jeux d'observations, énigmes, kit de coloriage... Une façon ludique de découvrir la cité corsaire pour les enfants de 6 à 11 ans. Récompense à la clef !

Pass Malo – *En vente (1 €) à l'office de tourisme.* Ce chéquier loisir comprend des bons de réduction valables dans plus de 80 sites sur St-Malo et sa région (musées, parcs d'attractions, restaurants, compagnies maritimes, etc.).

HÉBERGEMENT

Intra-Muros

BUDGET MOYEN

Le Nautilus – *9 r. de la Corne-de-Cerf - ✆ 02 99 40 42 27 - www.lenautilus.com - fermé mi-nov.- mi-fév. - 15 ch. 62/75 € - 8 €.* Une demeure de 1692 nichée dans les ruelles du vieux St-Malo abrite des chambres confortables et dispense un accueil charmant.

Hôtel San Pedro – *1 r. Ste-Anne - ✆ 02 99 40 88 57 - www.sanpedro-hotel.com - fermé déc.-mi-mars - 12 ch. 61/77 € - 9 €.* À deux pas de la plage de Bon Secours, un hôtel de poche dont l'accueil chaleureux est incomparable. Petites chambres impeccablement tenues et petits-déjeuners très soignés.

Hôtel Les Ajoncs d'Or – *10 r. des Forgeurs - ✆ 02 99 40 85 03 - www.st-malo-hotel-ajoncs-dor.com - 22 ch. 80/150 € - 11 €.* Dans une rue tranquille de la vieille ville, chambres personnalisées (marines aux murs). Salle des petits-déjeuners agrémentée de gravures et de boiseries.

Hors les murs

PREMIER PRIX

Chambre d'hôte Les Croix Gibouins – *Les Croix-Gibouins - ✆ 02 99 81 12 41 - www.les-croix-gibouins.com - fermé du 15 nov. au dim. des Rameaux - P - 3 ch. 62/67 €.* Oubliez la route qui passe à proximité de cette séduisante gentilhommière du 16e s., car l'épaisseur de ses murs garantit à elle seule le calme de ses intérieurs. Les chambres, douillettes et remarquablement restaurées, ouvrent leurs fenêtres sur un verger.

Chambre d'hôte La Goëletterie – *20 r. de la Goëletterie - ✆ 02 99 81 92 64 - www.la-goeletterie.fr - P - avr.-oct. - 5 ch. 59/64 €.* St-Malo côté campagne. Cette jolie ferme dominant la Rance bénéficie d'une tranquillité très appréciée. Chambres rajeunies et accueil charmant.

BUDGET MOYEN

Hôtel Aubade – *8 pl. Du-Guesclin - ✆ 02 99 40 47 11 - www.aubade-hotel.com - fermé 7-31 janv. et1 9 nov.-2 déc. - ♿ - 20 ch. 76/129 € - 12 €.* Un hôtel pensé selon le concept du « décor comme à la maison » : accueil-bibliothèque, bar orange et chocolat, mobilier design… Bonne literie.

Hôtel L'Ascott – *35 r. du Chapitre - ✆ 02 99 81 89 93 - www.ascotthotel.com - P - 10 ch. 85/155 € - ☕ 13 €.* Heureux mariage de meubles contemporains et d'objets chinés (lustres à pendeloques, tableaux) dans cette demeure bourgeoise d'un quartier résidentiel.

Hôtel Best Western Balmoral – *24 r. Théodore-Monod - ✆ 02 99 56 16 73 - www.balmoral-saintmalo.fr - 77 ch. 80/145 € - ☕ 11 €.* Situé face à la médiathèque et la gare TGV, cet hôtel propose des chambres tout confort dans un cadre contemporain. Service impeccable.

POUR SE FAIRE PLAISIR

Hôtel Beaufort – *25 chaussée du Sillon - ✆ 02 99 40 99 99 - www.hotel-beaufort.com - 22 ch. 89/249 € - ☕ 13 €.* Chambres de style colonial pour cette fière demeure malouine datant de 1860. Celles situées côté rue du Sillon sont moins calmes.

À proximité

BUDGET MOYEN

Villa L'Esprit de Famille – *19 pl. du Canada (à l'église) - 35400 Rothéneuf - ✆ 02 99 20 12 30 ou 06 26 14 33 93 - www.villaespritdefamille.com - 5 ch. et 2 appart. 69/109 € ☕.* Une grande villa qui abritait jadis un magasin d'articles de plage. Tout a été repensé, décoré de façon contemporaine en respectant l'existant. Véranda fleurie pour le petit-déjeuner et accueil adorable.

POUR SE FAIRE PLAISIR

Hôtel La Malouinière des Longchamps – *35430 St-Jouan-des-Guérets - 11 km au sud de St-Malo par D 137 puis D 117 - ✆ 02 99 82 74 00 - www.malouiniere.com - fermé 5 janv.- 6 fév. - 9 ch. à partir de 110 € - ☕ 13 €.* Pour un séjour au calme, cette ferme à la campagne est parfaite. Jardin fleuri, piscine, espace bien-être. Chambres actuelles ; duplex plus classique dans l'annexe.

RESTAURATION

Intra-Muros

PREMIER PRIX

Crêperie Ti Nevez – *12 r. Broussais - ✆ 02 99 40 82 50 - fermé mar. et merc. sf vac. scol., janv. et oct. (se rens.) - galettes 3,40/7,50 €, crêpes 2,30/7,40 €.* Cette minuscule crêperie fondée en 1959 joue la carte de la tradition, tant dans son décor de meubles bretons et photos anciennes que dans ses recettes : les crêpes sont retournées comme autrefois, en salle devant les convives. Essayez aussi le fameux gâteau breton.

La Brigantine – *13 r. de Dinan - ✆ 02 99 56 82 82 - www.la-brigantine.fr - fermé mar. et merc. hors saison sf vac. scol. - 10/18 €.* Cette crêperie emprunte son nom à une voile trapézoïdale située à l'arrière des vieux gréements. Galettes et crêpes, élaborées avec des farines biologiques et des produits de la région, sont servies dans une salle claire remise au goût du jour.

Le Petit Crêpier – *6 r. Ste-Barbe - ✆ 02 99 40 93 19 - fermé mar. et merc. sf juil.-août, janv. et 15 j. mi-nov. - 15 €.* Tentures rouges, bibelots et tableaux marins, maquettes de bateaux et cartes des côtes bretonnes sur les tables créent une atmosphère plaisante. Quelques galettes et crêpes originales s'ajoutent aux grands classiques du genre.

BUDGET MOYEN

Le Boujaron – *1 r. St-Philippe - ✆ 02 99 56 87 73 - www.leboujaron.com - fermé merc. soir, dim. soir et lun. soir hors saison - menus 15/24 €.* Il faut gagner la porte de Dinan pour trouver ce restaurant. Cadre simple et soigné, ponctué de quelques évocations marines, et bonne cuisine traditionnelle avec produits locaux. Spécialité de rôtisserie.

Crêperie Margaux – *3 pl. du Marché-aux-Légumes - ✆ 02 99 20 26 02 - www.creperie-margaux.com - fermé mar. et merc. (sf vac. scol.) - 15/22 €.* En terrasse ou dans la salle intérieure au décor contemporain, on se régale de galettes et de crêpes agrémentées de produits frais. Salon de thé-glacier l'après-midi.

POUR SE FAIRE PLAISIR

La Coquille d'Œuf – *20 r. de la Corne-de-Cerf - ✆ 02 99 40 92 62 - fermé midi et merc. - ♿ - 27/47 €.* Dans ce cadre plaisant où se côtoient sur les murs les œuvres d'une jeune artiste et des objets anciens, vous apprécierez une cuisine créative, relevée et parfumée.

Le Chalut – *8 r. de la Corne-de-Cerf - ✆ 02 99 56 71 58 - fermé mar. soir sf juil.-août et lun. - 27/70 €.* Belle façade évoquant la vie des marins, intérieur convivial et cuisine raffinée axée sur les produits de la mer : trois bonnes raisons de ne pas prendre le large !

Le Bistro de Jean – *6 r. de la Corne-de-Cerf - ✆ 02 99 40 98 68 - fermé merc., sam. midi et dim. - 35 €.* Mis en valeur par une décoration sobre et élégante, ce bistrot présente une cuisine savoureuse et inspirée avec des produits du marché. Belle sélection de vins au verre. Accueil chaleureux, service irréprochable.

L'Éveil des Sens – *6 r. Ste-Barbe - ✆ 02 99 40 92 46 - www.leveildessens.fr - fermé dim. soir hors saison et lun. - menus 25/35 €, carte 35/64 €.* Menu du marché aux recettes volontiers rehaussées de condiments exotiques. Et le fromage vient de chez Bordier : une référence ! *(voir « Achats »)*

Hors les murs

BUDGET MOYEN

La Corderie – *9 chemin de la Corderie - 35400 St-Servan-sur-Mer - ✆ 02 99 81 62 38 - www.lacorderie.com - fermé lun. sf j. fériés et dim. soir - 🅿 - formule déj. 15 € - 18/32 €.* Perchée au-dessus de la tour Solidor, la villa domine superbement la Rance et son barrage. Aux beaux jours, la terrasse est prisée et, en hiver, ses deux salles à manger font étalage de leur charme : grandes baies vitrées et mobilier ancien.

Bistrot-cave Les Buveurs de Lune – *8 av. du R.-P.-Umbricht (Courtoisville) - ✆ 02 99 40 82 03 - www.lesbuveursdelune.com - rest. fermé mar. et merc. soir - formule déj. 12 €, formule soir 25/35 €.* Dans la journée *(10h-13h, 16h-20h)*, c'est une épicerie cave à vins privilégiant les produits bio. À midi et en soirée, c'est une « mangerie et buverie de qualité », fameuse pour ses « dîners dans le noir » *(sur réserv.)*

La Gourmandise – *2 r. des Bas-Sablons - www.lagourmandise.book.fr - ✆ 02 99 21 93 53 - fermé mar. soir, sam. midi et dim. - formule déj. 19 € - 28 €.* Située derrière l'anse des Sablons (quartier St-Servan), cette table simple mais soignée propose une cuisine de saison aux accents méditerranéens. Accueil souriant.

À proximité

POUR SE FAIRE PLAISIR

Le Bénétin – *4 chemin des Rochers-Sculptés - 35400 Rothéneuf - ✆ 02 99 56 97 64 - www.restaurant-lebenetin.com - tlj midi et soir, réserv. conseillée - menus déj. 20/25 €, dîner 39/65 €.* Un restaurant tout de bois et de verre perché au-dessus des flots. Décor épuré pour une cuisine entre terre et mer, à la fois moderne et raffinée. Vaste terrasse avec vue splendide sur la mer.

BOIRE UN VERRE

Le Java (Le Café du coin d'en bas de la rue du bout de la ville d'en face le port) – *3 r. Ste-Barbe - ✆ 02 99 56 41 80 - 8h23-20h42.* Tout est dit dans le nom et les horaires de ce café de quartier aimablement fantaisiste.

Le Cunningham – *2 r. des Hauts-Sablons, St-Servan - ✆ 02 99 81 48 08 - mar.-vend. 18h-3h, sam.-dim. 16h-3h.* Située sur le port des Bas-Sablons, l'adresse fait référence pour déguster bières ou whisky dans un décor nautique acajou en admirant la vue.

ACHATS

Marché – *Mar. et vend. mat. à St-Servan ; lun., jeu. et sam. mat. à Rocabey ; merc. et sam. mat. pl. Georges-Coudray à Paramé.*

Épices-Roellinger – *12 r. St-Vincent - ✆ 06 18 80 44 10 - www.epices-roellinger.com - 14 juil.-31 août : 10h-12h, 14h30-19h30 ; reste de l'année : mar.-sam. 10h-12h, 14h30-19h30, dim. 10h-14h.* Laissez-vous guider par les conseils de Daniel dans la découverte des merveilles épicées que recèle ce comptoir de l'Intra-Muros, reflet de l'esprit voyageur de la cité corsaire et du célèbre cuisinier cancalais.

Maison du Beurre Bordier – *R. de l'Orme - tlj sf lun., merc. et dim. 9h-12h30, 15h30-19h45.* Fromager réputé, Jean-Yves Bordier est connu pour son beurre délicieux. Sa boutique (fondée en 1927) compte un espace-découverte consacré à l'histoire du beurre. Tout à côté, le **Bistrot Autour du Beurre**, « maison de picorage et de grignotage », où l'on déguste les produits maison.

La Maison Guella – *8 r. Porcon-de-la-Barbinais.* La maison cancalaise *(voir p. 210)* a son étal au cœur de l'Intra-Muros. Les gourmands pourront déguster ici, entre autres douceurs, des « œufs de mouette » ou des « patates de St-Malo », bonbons en pâte d'amande enrobée de cacao.

Philippe Bouvier – *5 r. de la Vieille-Boucherie - ✆ 02 99 21 31 47 - www.chocolats-bouvier.fr.* Encore une halte pour les gourmands ! Nougats maison, chocolats et délicieux macarons.

EN SOIRÉE

Le Théâtre de St-Malo – *6 pl. Bouvet - ✆ 02 99 81 62 61 - www.theatresaintmalo.com - tlj sf dim. et lun. 10h-12h, 14h-18h30 (sam. 18h).* Théâtre regroupant les principaux spectacles de St-Malo : théâtre, variétés, musique classique, ballet, cabaret…

Casino Barrière de St-Malo – *2 chaussée du Sillon - ✆ 02 99 40 64 00 - www.lucienbarriere.com - ♿ - à partir de 10h.* 125 machines à sous, jeu de boule, black-jack et roulette anglaise pour cet établissement qui comprend également un restaurant, un bar et une piste de danse pour des thés ou des soirées à thème. Design confortable et ambiance feutrée garantis.

ACTIVITÉS

Activités nautiques

Société Nautique de la Baie de St-Malo – *Quai du Bajoyer - ✆ 02 23 18 20 30 - www.snbsm.com - fermé de mi-déc. à fin avr.* D'un stage à la simple location de matériel, découvrez toutes les activités nautiques possibles en baie de St-Malo. Trois sites sont à votre disposition : la plage du Bon Secours (au pied de la cité corsaire, *✆ 02 99 40 11 45*), la Naye (aviron) et le havre de Rothéneuf (voile habitable - *Cale de Bon Secours, havre de Rothéneuf - ✆ 02 99 56 16 33*).

Corsaires Malouins - Kayak de mer – *7 r. de la Clouterie - ✆ 02 99 40 92 04 - www.kayakdemer35.fr - haute saison : tlj sf dim. 9h-17h, sam. 14h-17h30 ; basse saison : lun., merc., sam. 14h-17h30 - 25/32 €.* Le kayak de mer est une embarcation idéale pour découvrir de près la côte. Initiations, randonnées et stages avec des moniteurs diplômés de la FFCK.

Longe Côte – *Association Sports Mer Santé - contact Corentin Rousseau au ✆ 06 30 49 31 23 - www.saintmalo.longecote.fr - RV au Surf school de St-Malo, 2 av. de la Hoguette - baptême 1h : 10 € (location combi 3 €), inscription obligatoire.* Marcher en mer, le long de la côte, muni d'une pagaie, tel est le principe de cette activité à la fois tonique, vivifiante, conviviale. À pratiquer encadré par un professionnel.

Surf School – *2 av. de la Hoguette - ✆ 02 99 40 07 47 - www.surfschool.org - 9h-12h, 13h30-18h, dim. sur RV - stages planche-char à voile 155 €, stage catamaran 200 € (enf. à partir de 9 ans 160 €), stage mousse-moussaillon (à partir de 6 ans) 145 €.* Ce club organise des cours de planche, funboard, char à voile et catamaran ainsi que des sorties sur un vieux gréement. Possibilité de louer du matériel.

Bien-être

Thermes Marins – *Grande plage du Sillon - ✆ 02 99 40 75 00 - www.thalassotherapie.com - 9h-19h, dim. 9h-12h.* Algues, douches, bains à jets, sauna, piscine, parcours Aquatonic, restaurants : voilà le programme rêvé pour un week-end ou une journée dans cet établissement cossu, idéalement situé. Bâtiments contemporains ou Belle Époque dotés d'un cadre moderne. Club-enfant.

Croisières

Étoile Marine Croisières – *Pôle technique Duguay-Trouin, quai de Terre-Neuve - ✆ 02 99 40 48 72 - www.etoile-marine.com - tlj sf w.-end et j. fériés 9h-12h30, 14h-18h - à partir de 75 € pour une sortie journée ; devis sur demande pour croisière, w.-end.* Embarquez à bord de vieux gréements (comme *Le Renard* de Robert Surcouf) et de bateaux modernes d'exception en direction de Chausey, des îles Anglo-Normandes, du golfe du Morbihan ou du Havre.

Compagnie corsaire – *✆ 0 825 13 81 00 - www.compagniecorsaire.com.* Promenades commentées dans la baie de St-Malo mais aussi vers les îles Chausey, le cap Fréhel ou encore dans la vallée de la Rance.

Excursion au Mont-St-Michel – En juillet-août, en train et/ou car avec le Pass Ligne Baie (*voir p. 225*).

AGENDA

St-Malo accueille un grand nombre **d'événements**, certains ayant une renommée nationale.

Festival des Étonnants Voyageurs – *www.etonnants-voyageurs.com - w.-end de Pentecôte.* Animé de main de maître par l'écrivain Michel Le Bris, il réunit les écrivains voyageurs.

Festival de Musique sacrée – *De mi-juil. à mi-août.*

Branlebas de régates – *www.branlebas.fr - en août.* Rassemblement de bateaux toutes catégories.

Route du Rock – *www.laroutedurock.com - en août.* Le festival se décline aussi en collection hiver au mois de février.

Quai des Bulles – *www.quaidesbulles.com - en oct.* Festival de bande dessinée.

Dinard

★★

10 579 Dinardais – Ille-et-Vilaine (35)

NOS ADRESSES PAGE 178

S'INFORMER
Office de tourisme – *2 bd Féart - 35800 Dinard - ✆ 02 99 46 94 12 - www.ot-dinard.com - juil.-août : 10h-12h30, 14h30-18h45, dim. et j. fériés 10h-12h30, 15h-18h30 ; reste de l'année : tlj sf dim. et j. fériés 10h-12h30, 14h30-18h30.*

SE REPÉRER
Carte de microrégion A1 (p. 150) – *carte Michelin Départements 309 J3.* Sur la rive gauche de l'estuaire de la Rance, Dinard fait face à St-Malo (14 km). Rennes n'est qu'à 76 km au sud par la D 137, via Dinan.

SE GARER
Parkings des Tennis et des Halles (gratuit l'après-midi), en plein centre-ville, et parking Veil (gratuit) à côté du marché.

À NE PAS MANQUER
Les pointes du Moulinet, de la Malouine et de la Vicomté, la promenade du Clair-de-Lune, les 14 km de sentier côtier, les nombreuses galeries d'art et la Côte d'Émeraude.

ORGANISER SON TEMPS
Le tour de la ville demande 2h. Pour parfaire la journée, après un pique-nique, baladez-vous sur la côte, vers St-Lunaire et la pointe du Décollé.

AVEC LES ENFANTS
Découvrez les bords de Rance à vélo en suivant la voie verte.

Avec sa promenade en corniche, son casino, ses superbes demeures et la douceur de son climat, Dinard est un peu la « Nice du Nord ». Sa côte découpée, formant une suite de plages et de promontoires, lui a permis de devenir au 19e s. l'une des stations balnéaires les plus élégantes de France. Aujourd'hui, le plaisir de la découvrir est toujours aussi grand, surtout après un bon bain sur la plage de l'Écluse aux célèbres tentes rayées.

Se promener Plan de ville

Dinard offre un contraste saisissant avec St-Malo : en face, une vieille cité resserrée dans ses remparts, une plage familiale, un port de commerce ; ici, une station raffinée aux villas luxueuses, aux jardins et aux parcs splendides.

★★ Pointe du Moulinet B1

Partez de la Grande Plage.

Des **vues** magnifiques s'offrent sur la côte, du cap Fréhel à gauche à St-Malo à droite, puis sur l'estuaire de la Rance.

★ Grande Plage ou plage de l'Écluse B1

Cette belle plage est bordée par le palais des Arts et du Festival, le casino et de luxueux hôtels. Une statue du cinéaste Alfred Hitchcock rappelle que la station bretonne accueille chaque automne un festival dédié au cinéma britannique (*voir « Nos adresses »*).

En suivant la promenade qui longe la plage à gauche, on parvient à une terrasse d'où l'on découvre St-Malo. Au-delà, on se dirige vers la **pointe des Étêtés**, et les quartiers de la Malouine et de St-Énogat.

SE LOGER
- Clos du Pont Martin (Chambre d'hôte Le) 1
- Comfort Hôtel Balmoral 15
- Plage (Hôtel de la) 9
- Printania (Hôtel) 11
- Vallée (Hôtel de la) 17

SE RESTAURER
- Appel du Large (L') 1
- Balnéum (Le) 16
- Café Rouge (Le) 18
- Citrus (Le) 14
- Didier Méril 4
- Roy (Crêperie du) 10

★ Pointe de la Malouine et quartier de Saint-Énogat B1-A1

Au départ de la plage de l'Écluse.

Jusqu'à la plage de St-Énogat, le sentier longe la mer au-dessous de **somptueuses villas** qui témoignent du passé prestigieux de la station. Lancé en 1880, le lotissement balnéaire de luxe de la Malouine, greffé sur sa pointe rocheuse, demeure, de par son emplacement et son architecture, une prouesse architecturale.

Située à l'extrémité de la pointe, la villa **Les Roches brunes** compte parmi les témoignages les plus emblématiques du Dinard de la Belle Époque. Son style architectural néo-Louis XIII s'illustre avec son parement de briques rouge foncé. Devenue propriété de la ville, elle accueille des expositions temporaires en saison *(entrée libre)*, offrant ainsi aux visiteurs l'occasion de découvrir ses salons de réception et sa terrasse qui bénéficie d'une vue superbe sur la côte.

La promenade passe par le beau **jardin** en terrasse du **Port-Riou** (vue jusqu'au cap Fréhel) qui annonce la **plage de St-Énogat**, située au bas de rochers escarpés.

Le quartier du même nom est considéré comme le « berceau de Dinard », lieu prisé dès le milieu du 19e s. par de nombreux poètes et écrivains (Leconte de Lisle, Lautréamont…).

★ Promenade du Clair-de-Lune B1-2

Réservée aux piétons et plantée de beaux parterres fleuris doublés d'une remarquable végétation méditerranéenne, cette digue-promenade suit le bord de l'eau. Elle permet d'apprécier au mieux, en particulier au coucher du soleil, la beauté des villas et les jolies vues sur St-Malo, St-Servan et l'estuaire de la Rance. À l'extrémité, la **plage du Prieuré** doit son nom à un prieuré fondé en 1324 à cet emplacement.

Côté « ville », n'hésitez pas à vous engager dans la rue des Français-Libres, depuis la place du Général-de-Gaulle. Au no 12, face à l'église, s'ouvre le jardin de la villa Eugénie.

2

UNE STATION MONDAINE

Ancien village de pêcheurs, Dinard est « lancée » vers 1850 par un Britannique, Robert Monteith. L'installation d'un établissement de bains de mer en 1856 est particulièrement appréciée des Anglais.

En 1866, Dinard se prépare pour l'arrivée de Napoléon III. La villa Eugénie est construite pour recevoir l'impératrice. Les souverains ne viennent pas, mais la station bénéficie d'une certaine médiatisation et, en 1870, un promoteur d'origine libanaise, Rochaïd Dahdah, lance des projets audacieux d'urbanisme et obtient que Dinard soit reliée par le train à Dinan. Il est suivi par Albert Lacroix et ses luxueux lotissements, dont celui de la Malouine.

Entre les deux guerres, la ville compte quatre casinos et des hôtels de luxe. Des digues, promenades et piscines d'eau de mer sont aménagées.

Après la Seconde Guerre mondiale, Dinard devient une destination plus familiale et reste très appréciée pour ses belles plages et celles de ses voisines, St-Lunaire et St-Briac.

Fière de son patrimoine architectural balnéaire exceptionnel (plus de 400 villas et immeubles sont classés), Dinard compte le partager avec les visiteurs et les estivants grâce à un **Centre d'Interprétation de l'Architecture et du Patrimoine** qui devrait à terme être implanté dans les locaux occupés par l'office de tourisme.

La villa Eugénie B2

Visible de l'extérieur uniquement.

Elle fut construite en 1868 pour l'épouse de Napoléon III qui devait inaugurer la saison balnéaire, mais, suite à une dispute, le couple n'y vint jamais.

★★ Pointe de la Vicomté B2

Ce beau domaine loti devient peu à peu l'un des quartiers les plus agréables de Dinard. Au départ de l'avenue Bruzzo, le chemin de ronde *(à faire à pied)* offre de splendides **échappées** sur la rade et l'estuaire de la Rance, la tour Solidor et le rocher de Bizeux surmonté d'une statue de la Vierge.

Randonnée

À VÉLO SUR LA VOIE VERTE ENTRE DINARD ET DINAN

Aménagée sur l'ancienne voie ferrée qui courait autrefois sur les hauteurs du Val de Rance, la voie verte mène à Dinan la médiévale en 17 km tout juste. L'aller-retour est à la portée de tous.

Point de départ : la vaste aire de repos de Pleurtuit, à 2 km au sud de Dinard, avec parking, tables de pique-nique, point d'eau et commodités. La voie verte, balisée tout du long, vous mènera directement de là jusqu'au bout de l'estuaire de la Rance, avec pour seul dénivelé une plongée finale sur le bourg de Taden *(voir p. 199)* et le port de Dinan *(voir p. 190)*, juste au-dessous de la ville haute. Vous n'aurez qu'à y monter à pied, en laissant votre vélo en bas des rues du Petit Fort et du Jerzual. Elles sont très pentues et vous n'en aurez pas besoin là-haut pour visiter la vieille ville et son château Adieu…

En revanche, pas d'orgueil mal placé au retour. N'hésitez pas à mettre pied à terre, à Taden, quand il s'agira de grimper la côte menant à la voie verte de Dinard !

Circuit conseillé Carte de microrégion

★★★ LA CÔTE D'ÉMERAUDE : DE DINARD AU CAP FRÉHEL

Circuit de 73 km tracé en vert sur la carte p. 150 – environ 4h. Quittez Dinard à l'ouest par la D 786 qui longe la côte.

Entre St-Malo et le cap Fréhel, stations et plages se succèdent.

★ Saint-Lunaire A1

Office de tourisme – *72 bd du Gén.-de-Gaulle - 35800 St-Lunaire - 02 99 46 31 09 - www.saint-lunaire.com - juil.-août : 9h30-19h ; avr.-juin et 1re quinz. de sept. : 10h-13h, 14h-18h30, lun. 14h-18h30, dim. 10h-13h ; reste de l'année : se rens. - fermé lun. de Pentecôte et 25 déc.*

Cet élégant centre balnéaire possède deux belles plages : à l'est, St-Lunaire, la plus animée, regarde St-Malo ; à l'ouest, Longchamp, la plus vaste, est tournée vers le cap Fréhel.

★★ Pointe du Décollé – Elle est reliée à la terre ferme par un pont naturel qui franchit la profonde crevasse du saut du Chat ; au-delà du pont s'étendent les promenades.

Prenez, à gauche de l'entrée du pavillon du Décollé, le chemin conduisant à la pointe où est érigée une croix en granit.

La **vue★★** sur la Côte d'Émeraude, depuis le cap Fréhel jusqu'à la pointe de la Varde, est splendide.

À Dinard, piscine d'eau de mer sur la pointe du Moulinet.
B. Stichelbaut / hemis.fr

★ **Grotte des Sirènes** – *Ne se visite pas.* Le pont franchit la faille par laquelle cette grotte s'ouvre vers la mer, et dont on voit le fond ; à marée haute, les vagues l'assaillent avec puissance.

2

Vieille église St-Lunaire – Dressé parmi les arbres dans un ancien cimetière, l'édifice a conservé sa nef du 11e s. où se trouve le tombeau de saint Lunaire, (ou Léonor) moine gallois du 6e s., dont le gisant (14e s.) repose sur un sarcophage gallo-romain. Sept autres tombeaux sont visibles dans le transept, parmi lesquels celui richement sculpté d'une dame de Pontual (13e et 14e s.) et celui d'un chevalier et d'une dame (15e s.).

★ Pointe de la Garde-Guérin A1

15mn à pied AR.

En franchissant la pointe, prenez à droite, au cours de la descente, un chemin qui conduit à la base de la colline, truffée de casemates *(parc de stationnement)*. Atteignez le haut du promontoire : beau **panorama**★★ du cap Fréhel à la pointe de la Varde.

La route traverse le Golf de Dinard, magnifique terrain de 60 ha qui s'étend le long du rivage. Implanté en 1887 par la colonie anglaise de Dinard, il abrite un élégant club-house de style Art déco (1927).

Saint-Briac-sur-Mer A1

Office de tourisme – *02 99 88 32 47 - www.tourisme-saint-briac.fr - juil.-août : 9h30-18h30, dim. 10h-13h, 14h-17h, j. fériés 9h30-13h, 14h-18h30 ; mai-juin et sept.-oct. : 9h30-13h, 14h-17h30, dim. et j. fériés 10h-13h ; reste de l'année : tlj sf dim. 9h30-13h, 14h-17h30 - fermé 1er janv. et 25 déc.*

Cette jolie station balnéaire possède un port de pêche et de plaisance, ainsi que plusieurs belles plages. Parmi les élégantes villas du 19e s., voir le château du Nessay, en brique polychrome.

Du « Balcon d'Émeraude », route tracée en corniche, et de la croix des Marins, jolies vues sur la côte *(accès : à partir du Balcon d'Émeraude, par un sentier à gauche avant un pont)*.

« PAYSAGES BRETONS »

Une côte magnifiquement découpée, des lumières subtiles et changeantes, des scènes du quotidien pittoresques... St-Briac et ses environs ont inspiré toute une génération d'artistes, à la fin du 19e s. En 1886, **Auguste Renoir** (1841-1919), s'éloignant des polémiques académiques de Paris, s'y était installé. Le jeune peintre **Henri Rivière** (1864-1951) a eu l'occasion de le saluer : il était dans la région sur le conseil de son ami **Paul Signac** (1863-1935), qui avait séjourné là en 1884. Il y réalisa une série de gravures sur bois, *Paysages bretons*, s'inspirant des estampes japonaises. **Émile Bernard** (1868-1941) s'installa sporadiquement à St-Briac dès 1886, y développant une technique qui sera déterminante pour l'école de Pont-Aven : le synthétisme (*voir p. 66*).

En sortant de St-Briac-sur-Mer, traversez le Frémur sur le pont de 300 m. Belle vue à droite sur la station et sur un îlot au centre duquel se dresse un château.

La route longe une série de baies propices à la culture des moules et des huîtres.

Lancieux A1

Ce village possède une plage très étendue de sable fin, d'où l'on a une belle vue sur l'île Ebihens et les pointes avancées de la côte, St-Jacut-de-la-Mer, St-Cast et le cap Fréhel. À la sortie du village, à gauche de la route, remarquez le moulin restauré du 16e s.

Gagnez Ploubalay, prenez la direction de Dinard et à 800 m tournez à gauche sur la D 2.

Château d'eau de Ploubalay A1

Fermé pour travaux.

Sa terrasse circulaire de 54 m de hauteur permet d'avoir un **tour d'horizon★★** complet sur Ploubalay et le pays de Dinan, le fleuve côtier Frémur, St-Jacut, la pointe de St-Cast, le cap Fréhel, St-Malo et, par temps clair, les îles Chausey.

La route suit une presqu'île et passe à St-Jacut.

★ Saint-Jacut-de-la-Mer A1

Petit port de pêche, St-Jacut possède 11 plages. Les mieux équipées pour un séjour familial sont la Pissote et le Rougeret. Après avoir longé cette dernière, on atteint la falaise de la **pointe du Chevet**, appelée « Chef de l'île ». Belle **vue★** en face sur l'île **Ebihens** et sa tour du 17e s. ; à gauche, sur la baie de l'Arguenon et St-Cast ; à droite, sur la baie de Lancieux.

Le Guildo A2

Du pont, on aperçoit, sur la rive droite de l'Arguenon, les ruines du château. Ce fut au 15e s. la résidence de Gilles de Bretagne. Insouciant, galant et poète, il menait joyeuse vie, d'où l'expression « courir le guilledou ». Gilles, soupçonné de machinations par son frère, fut emprisonné. Comme il ne mourait pas assez vite, on l'étouffa. Avant d'expirer, Gilles soumit son frère au jugement de Dieu, et le duc, bourrelé de remords, passa de vie à trépas.

Les Pierres Sonnantes – À hauteur des ruines du château *(à droite, sur l'autre rive, juste après le pont)*, on rencontre un amoncellement de rocs d'amphibolite surnommé « les Pierres Sonnantes ». Connues depuis la plus haute Antiquité, ces phonolithes se présentent sous forme de laves compactes. Lorsqu'on les frappe avec des cailloux de même nature, elles rendent un son quasi métallique dû au grain parfaitement homogène des roches.

Prenez la direction de St-Cast par la côte.

Pointe de Bay A1

Une belle route, à droite, mène à une vaste aire de stationnement. La **vue★** s'étend sur l'estuaire de l'Arguenon, planté de rangées de bouchots à moules, la presqu'île de St-Jacut et l'île Ebihens.

La route longe l'élégante plage de sable fin de **Pen-Guen**.

★★ Pointe de la Garde A1

Un balcon surplombant les plages de St-Cast et de Pen-Guen offre de magnifiques **vues★★**. Un sentier touristique contourne la pointe : il emprunte la corniche de la Plage près de l'hôtel Ar Vro, passe non loin de l'oratoire, suit la falaise à la pointe et se raccorde, sur le versant sud, au chemin d'accès à la cale près de l'oratoire.

★ Saint-Cast-le-Guildo A1

Office de tourisme – *Pl. Charles-de-Gaulle - 22380 St-Cast-le-Guildo - 02 96 41 81 52 - www.saintcastleguildo.com - juil.-août : 9h-19h, dim. et j. fériés 10h-12h, 14h-18h ; reste de l'année : tlj sf dim. 9h-12h, 14h-18h - fermé 1er janv., 1er Mai et 11 Nov.*

Cette station familiale a déjà une longue histoire de tourisme balnéaire, dont témoignent ses belles villas du quartier des Mielles. St-Cast possède aussi un charmant port de pêche, dont la flottille se consacre plus spécialement aux coquilles Saint-Jacques et aux prairies : vous l'apercevrez peut-être à l'œuvre du haut des pointes de St-Cast et de la Garde.

Église – *Au Bourg.* À l'intérieur de cette église (fin 19e s.), remarquez un curieux bénitier (12e s.) orné de grotesques (peintures et décorations murales), et les statues de saint Clément et saint Cado, du 17e s. Ce dernier saint, très populaire au pays de Galles, a donné Cast en breton. On retrouve sa trace ailleurs en Bretagne, notamment à St-Cado et à Pleucadec si l'on n'évoque que le Morbihan.

Chapelle Ste-Blanche – *À l'Isle.* Au-dessus du maître-autel, une antique statue de sainte Blanche, mère de triplés, est traditionnellement l'objet de vénération.

★★ Pointe de Saint-Cast A1

À l'extrême pointe, un monument est dédié à la mémoire des : « Évadés de France qui préfèrent mourir debout que vivre à genoux. » On l'atteint par un sentier le long de la falaise. Il rejoint le chemin de St-Cast à la plage de la Mare. Là se trouve un autre monument, à la mémoire des victimes de la frégate *Laplace*, qui sauta sur une mine en 1950. De superbes **vues★★** se déploient depuis la table d'orientation, où l'on découvre la Côte d'Émeraude.

Au départ de St-Cast, la route décrit un long crochet, pour contourner la baie de la Frênaye, dont elle longe le fond.

Après Trécelin, prenez la D 16A menant à l'entrée du fort où se trouve un parc de stationnement.

★★ Fort La Latte A1 *(voir p. 183)*

★★★ Cap Fréhel A1 *(voir p. 182)*

2

NOS ADRESSES À DINARD

VISITE

Ville d'art et d'histoire – *www.ot-dinard.com - avr.-nov. : dép. de l'office de tourisme, h se rens. - 5 € (-15 ans 3 €).* Dinard, qui porte le label Ville d'art et d'histoire, propose différentes visites-découvertes *(1h30)* animées par des guides conférenciers agréés par le ministère de la Culture et de la Communication. Circuits-découvertes : brochures pour visite libre disponibles gratuitement à l'OT.

HÉBERGEMENT

BUDGET MOYEN

Hôtel de la Plage – *3 bd Féart - ✆ 02 99 46 14 87 - www.hoteldelaplage-dinard.com - 18 ch. 70/155 € - ☕ 10,50 €.* Une nuit sereine dans une chambre joliment rénovée, voici la belle promesse tenue par ce sympathique hôtel, fort bien situé de surcroît.

Comfort Hôtel Balmoral – *26 r. du Mar.-Leclerc - ✆ 02 99 46 16 97 - www.hotel-dinard-balmoral.com - 29 ch. 65/119 € - ☕ 10 €.* Hôtel agréable et confortable à deux pas du centre. Accueil très aimable.

POUR SE FAIRE PLAISIR

Hôtel de la Vallée – *6 av. George-V - ✆ 02 99 46 94 00 - www.hoteldelavallee.com - fermé de déb. janv. à mi-fév. - 23 ch. 80/180 € - ☕ 14 €.* Chambres contemporaines, colorées et de bon confort dans un bâtiment représentatif de l'architecture balnéaire de Dinard. Avis aux nostalgiques : l'ancien hôtel Roche-Corneille va devenir (après transformation et sous le nom de La Villa) l'annexe de l'hôtel.

Hôtel Printania – *5 av. George-V - ✆ 02 99 46 13 07 - www.printaniahotel.com - P - 55 ch. 79/87 € (côté rue) et 137/162 € (côté mer) - ☕ 10,50 € - ✕ 26/40 €.* Ceux qui aiment le folklore vont être servis ! La salle à manger et le salon de cet hôtel avec vue sur la mer sont bretons à souhait : meubles « à gâteau » et tableaux anciens en décorent les moindres recoins… Même les serveuses du restaurant arborent un costume régional !

Côte d'Émeraude

PREMIER PRIX

Camping Les Castels - Le château de Galinée – *R. de Galinée (16 km au sud de Dinard, accès par D 786, près du carrefour avec la rte de St-Cast-le-Guildo) - 22380 St-Cast-le-Guildo - ✆ 02 96 41 10 56 - www.chateaudegalineee.com - de mi-mai à mi-sept. - 273 empl. 28,40/43,50 € - locatif : 2 roulottes - 41/86 € - 4 ⌂ - 6 bungalows toilés - nuitée 41/126 €.* Une adresse idéale pour les familles. Emplacements spacieux et bien ombragés, au calme, pour camper. Beau parc locatif. Installations sanitaires particulièrement adaptées aux familles avec jeunes enfants.

BUDGET MOYEN

Chambre d'hôte Le Clos du Pont Martin – *35800 St-Briac-sur-Mer - ✆ 02 99 88 38 07 ou 06 68 37 62 65 - www.briac.com - P ⊬ - 3 ch. 69/78 € ☕.* Cette demeure contemporaine nichée dans un parc, à 5 minutes des plages de St-Briac-sur-Mer, vous réserve un accueil douillet. Chambres conjuguant avec bonheur mobilier de style et confort moderne. En hiver, le petit-déjeuner est servi au coin du feu.

Chambre d'hôte La Belle Noé – *22130 Créhen - 1,5 km au nord-est de Créhen par D 768 - ✆ 02 96 84 08 47 ou 06 89 94*

69 18 - www.crehen.com - P ⊭ - 5 ch. 72/110 € ☕. Nichée dans un écrin d'arbustes et de roses rares, avec des champs pour unique horizon, cette ancienne ferme a été brillamment rénovée. Meubles chinés et bibelots en tous genres trouvent leur place dans un intérieur pittoresque.

RESTAURATION

PREMIER PRIX

Crêperie du Roy – *9 bd Féart - ✆ 02 99 46 10 57 - galettes 2,30/9,80 €, crêpes 2,20/7,40 €.* Une vaste salle rustique, décorée de maquettes de bateaux, pour un grand choix de crêpes et de galettes maison.

Le Balnéum – *3 bis bd Wilson - ✆ 02 99 16 32 90 - 15 €.* Petite restauration à midi, mais aussi petits-déjeuners pour les appétits matinaux et, dans l'après-midi, salon de thé, dans un espace clair et cosy. À noter, les week-ends « five o'clock » *(17h-19h)* avec piano-bar.

BUDGET MOYEN

Le Café Rouge – *32 bd Féart - ✆ 02 99 46 70 52 - www.lecaferouge-dinard.fr - formule déj. 16/19 € bc - 29,50/45 €.* Cuisine de brasserie à déguster en terrasse, ou dans la salle au décor épuré, à dominante rouge naturellement.

L'Appel du Large – *4 bd Wilson - ✆ 02 99 16 30 38 - www.casino-barriere-dinard.com - fermé lun. et mar. sf juil.-août, 2e sem. janv. et 1re sem. fév. - ♿ - formule déj. 19,90 € - 20/30 €.* La vaste salle de restaurant, attenante à celle des machines à sous du casino, offre une vue panoramique sur la grande plage de Dinard. Décor d'esprit « croisière », banc d'écailler. Carte de brasserie (viandes, poissons et plateaux de fruits de mer).

Le Citrus – *14 r. Yves-Verney - ✆ 02 90 04 03 54 - fermé dim. soir, lun. et merc. soir - 21/28 €.* Un jeune et prometteur chef malouin s'est lancé en 2013 dans l'aventure de créer son propre restaurant en lieu et place de l'emblématique Atypic. Dans un décor sobre, il propose une cuisine raffinée et inventive.

POUR SE FAIRE PLAISIR

Didier Méril – *1 pl. du Gén.-de-Gaulle - ✆ 02 99 46 95 74 - www.restaurant-didier-meril.com - formule déj. 25 € - 35/80 € - 6 ch. 65/160 € - ☕ 12 €.* Tons orange et gris, cave vitrée, mobilier design et – clou du spectacle – vue splendide sur la baie du Prieuré : la rencontre d'un cadre moderne et d'une cuisine traditionnelle. Chambres cosy à l'étage.

Côte d'Émeraude

PREMIER PRIX

Café des Sports – *1 r. du colonel Pleven - 22650 Ploubalay - ✆ 02 96 27 20 07 - en saison : tlj midi et soir ; hors saison : dim.-merc. à midi, jeu.-sam. midi et soir.* Une bonne adresse qui ne paie pas de mine : derrière la salle du café, une autre salle, simple, où l'on vous servira de délicieuses et gargantuesques choucroutes de la mer, à prix doux (16 €). Les gens du coin viennent s'y retrouver pour les repas de famille. Réservation conseillée.

L'Amirauté – *1 pointe du Décollé - 35800 St-Lunaire - ✆ 02 99 46 33 38 - de fév. aux vac. de la Toussaint - fermé dim. soir et lun. hors saison - galettes 11,50/15 €, crêpes 7,50/9,50 €, salades 13,50/15 €.* Sur la pointe du Décollé, ce bar-crêperie jouit d'une vue panoramique sur la baie de Saint-Malo, la mer et les rochers qui émergent de l'écume… Grande terrasse.

BUDGET MOYEN

Ker Flore – *40 r. Rioust-des-Villes-Audrains - 22380 St-Cast-le-Guildo* *(au bourg, près de l'église) - ✆ 02 96 81 03 79 - www.kerflore.com - fermé dim. soir, lun., mar. soir et merc. soir sf juil.-août, 21 déc.-2 fév. - formule déj. 14 € - 23/40 €.* Cadre champêtre, égayé de murs ensoleillés et d'objets chinés, où déguster des plats traditionnels, réalisés en fonction du marché.

Sucré-salé – *41 Grande-Rue - 35800 St-Briac-sur-Mer - ✆ 02 99 88 32 45 - www.restaurant-sucre-sale.com - avr.-nov. - fermé jeu., vend., sam. midi - formules déj. 14,90/18,90 €.* Étape gourmande sympathique dans ce restaurant situé entre les plages et le centre du bourg. Savoureuse cuisine aux accents exotiques proposée dans un décor sobre et élégant.

BOIRE UN VERRE

Dinard

Bar à chocolat Balthazar – *30 r. du Mar.-Leclerc - ✆ 02 90 10 28 14 - juil.-août : 12h-14h, 16h-20h ; reste de l'année : mar.-sam. 12h-14h, 16h-19h, dim. 16h-19h.* Salon de thé, « tarterie » et chocolats, à boire et à croquer. Formule déj. tarte salée + dessert (10,50 €). Bref, idéal pour une pause gourmande.

ACHATS

À Dinard

Marché – *Pl. Crolard, mar., jeu. et sam. mat. et esplanade des halles chaque mat.* Ce marché attire une clientèle fidèle, spécialement le samedi.

À Saint-Cast-le-Guildo

Marché – *Vend. mat.*

ACTIVITÉS

Équitation

Dinard Émeraude Équitation – *20 r. du Val-Porée - ✆ 02 99 46 23 57 - www.dinardequitation.com - accueil : 10h-12h, 15h-18h - fermé sept.* Ce centre équestre donne des cours, organise des stages et des randonnées. Compétition internationale de jumping en août.

Écuries de St-Lunaire – *Le Pont - 35800 St-Lunaire - ✆ 02 99 46 06 20 - www.equitation-saint-lunaire.fr - tlj sf dim.* Ce centre un peu en retrait de St-Lunaire dispense cours et stages d'équitation, et organise des promenades.

Golf

Dinard Golf à St-Briac-sur-Mer – *53 bd Houle - 35800 St-Briac-sur-Mer - ✆ 02 99 88 32 07 - www.dinardgolf.com - été : 8h30-20h ; hiver : 9h-19h - fermé 25 déc. - 50/80 €.* Ouvert toute l'année, ce superbe parcours de 18 trous est un des plus anciens du continent.

Activités nautiques

Wishbone Club Dinard – *Plage de l'Écluse - ✆ 02 99 88 15 20 - www.wishbone-club-dinard.com - fermé déc.-fév.* Ce club nautique propose plusieurs formules : stages avec encadrement (voile et windsurf), cours particuliers à la carte ou simple location de matériel (planche à voile, catamaran, kayak, bateau à moteur sans permis).

Yacht Club de St-Lunaire – *Bd du Gén.-de-Gaulle - 35800 St-Lunaire - ✆ 02 99 46 30 04 - www.ycsl.net - avr.-oct. : tlj sf lun. ; nov.-mars : tlj sf w.-end - fermé déc.-janv. - stages de 5 j. (Optimist, catamaran, planche à voile) : 113/213 € - kayak de mer 28 € (enf. 23 €).* Doté d'un parking à bateaux à l'extrémité de la plage, ce centre nautique propose des stages de planche, kayak de mer et voile, sur tout support : Optimist, topper et catamaran (15 pieds, Hobie cat 16 avec ou sans spi). Club des Moussaillons pour les enf. de 5 à 8 ans (28 €/ demi-journée).

Promenades en bateau

St-Malo *(traversée : 10mn, voir « Nos adresses » p. 165)* ; **Dinan, par la Rance** *(voir p. 193)* ; **Croisières au cap Fréhel** *(voir « Nos adresses » p. 184)*.

Croisières sur la Rance et vers l'île de Cézembre – Elles permettent de découvrir des petites criques et des malouinières accrochées à flanc de coteau, ou de se rendre à l'île de Cézembre et sa vaste plage de sable fin exposée plein sud. Excursions en mer et sur la Rance. Croisières au cœur de la Côte d'Émeraude et vers les îles… S'adresser à l'office de tourisme.

Escapades en avion

Aéroclub de la Côte d'Émeraude – *℘ 02 99 88 23 42 - www.aeroclub-dinard.com - baptêmes de l'air (30mn) - 120 € (3 pers. par avion).*

Bien-être

Thalassa Dinard – *1 av. du Château-Hébert - ℘ 02 99 16 78 10 - www.novoteldinard.com - 9h-13h, 14h-18h - fermé 3 sem. en déc.* Créée en 1990, cette structure moderne et lumineuse jouit d'un très beau point de vue sur la mer jusqu'aux remparts de St-Malo. Outre les cures traditionnelles, vous pourrez y tester les soins-découvertes pour un week-end ou une demi-journée.

AGENDA

La promenade du Clair-de-Lune – *Juil.-août.* Elle est le cadre d'animations musicales (son et lumière).

Palais des Arts et du Festival – *Mi-juin à mi-sept.* Chaque été, le palais accueille une grande exposition d'art.

Festival du film britannique – *www.festivaldufilm-dinard.com - 1er w.-end d'oct.* Le festival, qui a fêté son 24e anniversaire en 2013, propose chaque année le meilleur de la production d'outre-Manche.

Cap Fréhel

★★★

Côtes-d'Armor (22)

NOS ADRESSES PAGE 184

S'INFORMER

Office du tourisme du pays de Fréhel – *Pl. Chambly - 22240 Fréhel - ✆ 02 96 41 57 23 - www.paysdefrehel.com - 10h-12h30, 14h-18h - fermé j. fériés.*
Antenne de Plurien-Sables-d'Or-les-Pins – *Manoir Montangué - 22240 Plurien - ✆ 02 96 72 18 52 - www.plurien-tourisme.com - en saison : 9h30-12h30, 14h-18h30, dim. 10h-12h ; reste de l'année : tlj sf w.-end 9h30-12h, jeu. 9h30-12h, 14h30-17h30, vend. 9h30-12h, 15h30-17h30.*

SE REPÉRER

Carte de microrégion A1 (p. 150) – *carte Michelin Départements 309 I2.*
Entre St-Brieuc (43 km à l'ouest par la D 786) et Dinard (40 km à l'est par les D 786 et D 168), le cap pointe en plein cœur de la Côte d'Émeraude, au nord-ouest de St-Cast-le-Guildo.

SE GARER

Parkings payants en haute-sais. uniquement (2 €/voiture).

À NE PAS MANQUER

La vue sur le site spectaculaire du fort La Latte et les randonnées côtières qui dévoilent au plus près toutes les beautés naturelles du cap.

ORGANISER SON TEMPS

Préférez la marée montante pour emprunter le chemin qui mène au cap : la houle se fracasse alors sur les falaises. C'est le moment le plus impressionnant pour cette promenade.

AVEC LES ENFANTS

Le château féodal du fort La Latte et son site impressionnant, mais aussi la visite du phare et les sorties nature du cap.

Le cap Fréhel est l'un des sites les plus grandioses de la Côte d'Émeraude. Ses falaises hautes de 70 m et ses îlots forment un habitat naturel pour une grande variété d'oiseaux nicheurs. En toile de fond de cette réserve ornithologique, des landes de bruyères et d'ajoncs, des eaux couleur émeraude et des murailles de grès rose, gris et noir nuancées par la lumière. Par temps clair, l'horizon s'étend jusqu'aux îles Anglo-Normandes…

UNE TÊTE DE PONT ROCHEUSE

Empiétant sur les eaux de la Manche, les falaises du cap Fréhel, hautes par endroits de presque 100 m, subissent de plein fouet le vent du large et une houle parfois furieuse. Pourtant, une légende raconte que, dans les temps anciens, il était possible de gagner les îles Anglo-Normandes à pied. Les scientifiques ont prouvé l'absurdité du récit ; néanmoins, dans la baie de la Frênaye, certains assurent avoir aperçu sous les eaux les plus basses une allée dallée !

LA GESTION D'UN SITE D'EXCEPTION
Le cap dépend de la commune de Fréhel, créée en 1973 après fusion des villages de Pléhérel et de Plévenon, eux-mêmes fondés au 5e s. par des Bretons d'outre-Manche nommés Hérel et Venon. Son classement en zone de protection spéciale (1993) l'a inscrit d'office dans le réseau Natura 2000. Acteurs locaux et régionaux surveillent ce site protégé pour ses 400 ha de landes et sa réserve ornithologique. Lichens, ajoncs, bruyères et œillets marins couvrent le sud-sud-est du cap, tandis que ses falaises servent de lieux de nidification à de nombreuses espèces, dont les mouettes tridactyles.

Découvrir Carte de microrégion

★★★ Panorama A1

Le cap Fréhel sépare la côte de Penthièvre de la Côte d'Émeraude. Le panorama, particulièrement beau en fin d'après-midi, est immense par temps clair : il s'étend de la pointe du Grouin à l'est, jusqu'à l'île de Bréhat à l'ouest. Même les îles Anglo-Normandes sont parfois visibles. À droite du cap se dresse l'illustre silhouette féodale du fort La Latte *(voir ci-dessous)*.

Phare A1

02 96 41 43 06 - juil.-août : 11h-17h ; avr.-juin et sept.-oct. : tlj sf mar. 15h-17h - 2 € (enf. 1,50 €).

Construit en 1950, il est l'un des cinq phares les plus puissants des côtes françaises. La portée de sa lampe à arc au xénon varie de 200 m (brouillard très dense) à 120 km (beau temps). Du haut de ses 145 marches, la vue est à couper le souffle.

★★ Fort La Latte A1

02 96 41 57 11 - www.castlelalatte.com - 8 juil.-28 août : 10h30-19h ; 1er avr.-7 juil. et 29 août-30 sept. : 10h30-18h ; reste de l'année : se rens. - fermé 1er janv. - 5,20 € (-12 ans 3,20 €) - possibilité de visite guidée (40mn).

Ce château, construit au 14e s. par les seigneurs de Gouyon-Matignon (dont un descendant, Jacques de Matignon, prendra en 1715 le nom de Grimaldi en épousant la fille du prince de Monaco), a été remanié au 17e s. et restauré au début du 20e s. Il a conservé son aspect féodal et occupe un **site**★★ spectaculaire. Du portail, suivez l'allée qui mène à l'entrée du fort et passez devant un menhir dit « doigt de Gargantua ». Dominant la mer de plus de 60 m, le fort est séparé de la terre ferme par deux crevasses que l'on franchit sur des ponts-levis.
Visite du fort – On découvre alors les deux enceintes et la **cour intérieure** autour de laquelle s'ordonnent le corps de garde, le logis du gouverneur, la citerne et la chapelle. Passé l'épais mur pare-boulets, on atteint la tour de l'Échauguette et le curieux four à rougir les boulets, et, par un poste de guetteur, on accède au donjon. Du chemin de ronde, apparaît un **panorama**★★ étonnant sur toute la Côte d'Émeraude : l'anse des Sévignés, le cap Fréhel, la baie de la Frênaye, la pointe de St-Cast, l'île Ebihens, St-Briac et St-Lunaire, la pointe du Décollé, St-Malo, Paramé et Rothéneuf, l'île de Cézembre et la pointe du Meinga. Il est également possible d'accéder au sommet de la tour.

Randonnées Carte de microrégion

Tour du cap A1

Circuit de 30mn. À la pointe extrême surgit l'ancien phare. Cette **tour à feu** en granit fut édifiée en 1702 sur les plans de l'ingénieur architecte Siméon Garangeau (1647-1741). Elle a initialement fonctionné au charbon avant d'être

2

alimentée à l'huile de poisson puis à l'huile végétale avec la mise en place en 1774 de réverbères sphériques. Poursuivez le sentier qui domine les **rochers de la Fauconnière**, peuplés de goélands, cormorans, pétrels et guillemots. Près du restaurant, le sentier en forte pente sur la droite aboutit, à mi-hauteur, à une plate-forme d'où la vue est saisissante sur les rochers ruiniformes.

★★ Des landes au fort La Latte A1

2h AR sans la visite du fort. Certains passages peuvent être délicats pour les jeunes enfants. Après la **Fauconnière**, le GR 34 longe la côte jusqu'au château. Restez sur ce sentier balisé en rouge et blanc afin de préserver la flore et la faune de cette végétation fragile et trop souvent malmenée à force de piétinements. Après la pointe de Château-Renard, se dévoilent l'**anse des Sévignés** et son rocher solitaire. Elle est délimitée à l'est par la pointe de la Pie. Tout au long de cette balade au milieu des bruyères, observez le ballet offert par les mouettes et les goélands, et tentez d'apercevoir le fulmar boréal ou encore le pingouin torda qui comptent parmi les espèces de cette généreuse faune.

NOS ADRESSES AU CAP FRÉHEL

HÉBERGEMENT

BUDGET MOYEN

Chambre d'hôte Le Relais de Fréhel – *Ville Besnard - rte du Cap-Fréhel - 22240 Plévenon - à 1,5 km de Plévenon - ☎ 02 96 41 43 02 - www.relaiscapfrehel.fr - P - 5 ch. 64 € et 3 gîtes - panier pique-nique 7 €.* Dans un parc boisé, une ancienne ferme de granit rose. La rhumerie fera le bonheur des amateurs. Chambres et gîtes coquets et confortables.

RESTAURATION

PREMIER PRIX

La Potinière – *4 allée des Acacias - Sables-d'Or-les-Pins - ☎ 02 96 41 54 69 - 14,50/16,50 €.* Une crêperie sans prétention près du cap.

BUDGET MOYEN

Le Victorine – *Pl. de Chambly - 22240 Fréhel - ☎ 02 96 41 55 55 - www.levictorine.net - fermé vac. de fév., dim. soir et lun. - formule déj. 15 € - menu déj. 21 € - 24/40 €.* Ce restaurant familial vous reçoit dans une sobre salle à manger néorustique ou en terrasse. Cuisine du marché.

ACTIVITÉS

Sorties-découvertes – *R. Notre-Dame - 22240 Plévenon - ☎ 02 96 41 50 83 - www.grandsite-capserquyfrehel.com.* Le Grand site cap d'Erquy - cap Fréhel propose des balades et des randonnées guidées pour découvrir les falaises et la lande, observer les oiseaux, pêcher à pied, arpenter les dunes et le marais des Sables-d'Or.

Promenades en mer

Compagnie Corsaire – *☎ 0 825 13 81 00 - www.compagniecorsaire.com - promenades commentées dans la baie de St-Malo mais aussi vers les îles Chausey, le cap Fréhel ou encore dans la vallée de la Rance. (voir « Nos adresses » à Saint-Malo et à Dinard).* De St-Malo, St-Cast et Dinard, des vedettes permettent de contempler le cap Fréhel de la mer. C'est sous cet aspect qu'il est le plus impressionnant.

Dinan

★★

10 819 Dinannais – Côtes-d'Armor (22)

NOS ADRESSES PAGE 199

S'INFORMER

Office du tourisme Dinan-Vallée de la Rance – *9 r. du Château - 22100 Dinan - ☏ 02 96 87 69 76 - www.dinan-tourisme.com - juil.-août : 9h30-19h, dim. et j. fériés 10h-12h30, 14h30-18h ; reste de l'année : tlj sf dim. et j. fériés 9h30-12h30, 14h-18h - fermé Vend. saint et 26 déc.*

SE REPÉRER

Carte de microrégion A2 (p. 150) – *carte Michelin Départements 309 J4.* À 30 km environ au sud de St-Malo, Dinan marque la naissance de l'estuaire de la Rance. On y accède par la N 176 (sortie Dinan-Quévert) ou par les D 137 et D 794 en venant de Rennes (50 km).

SE GARER

Nombreux parkings, gratuits le premier quart d'heure.

À NE PAS MANQUER

La vieille ville, avec ses remparts et son château. La croisière Dinan-St-Malo pour découvrir les paysages cachés de la Rance.

ORGANISER SON TEMPS

Prévoyez au minimum une journée pour sillonner les ruelles pentues de la vieille ville (n'oubliez pas de mettre de bonnes chaussures). Réservez un après-midi pour la croisière sur la Rance, et le jeudi matin pour le marché de la place Du-Guesclin.

AVEC LES ENFANTS

La découverte de la ville sous forme de jeu de l'oie, le musée du Rail, les croisières sur la Rance et la visite de la Maison de la Rance, le parc zoologique du château de la Bourbansais, le Labyrinthe du corsaire à Quelmer, le musée de la Pomme et du Cidre à Pleudihen-sur-Rance et le moulin à marée du Prat.

Dinan possède un petit bijou : sa vieille ville ceinturée de remparts que son imposant château semble toujours défendre. Égayée d'arbres et de jardins, la cité se dresse sur le bord escarpé d'un plateau qui domine la Rance et son petit port de plaisance. Celui-ci constitue un point de départ tout trouvé pour découvrir les berges de ce fleuve à l'estuaire prestigieux.

Se promener Plan de ville

★★ LA VIEILLE VILLE

Une promenade dans les rues du vieux Dinan permet d'admirer de nombreuses maisons à pans de bois du Moyen Âge remarquablement restaurées.

Place Du-Guesclin B2

Cet ancien champ de foire est bordé d'hôtels des 18e et 19e s. La statue équestre du connétable est l'œuvre de Frémiet.

Prenez la rue Ste-Claire jusqu'à la rue de l'Horloge, à gauche.

Hôtel Kératry B2

4 r. de l'Horloge - ✆ 02 96 87 36 69 - www.harpe-celtique.fr - juin-sept. : 10h30-12h, 13h30-17h30 ; vac. scol. (hors juil.-août) : tlj sf sam. 13h30-17h30 ; reste de l'année : se rens. - fermé dim. et lun. - 2 € (-18 ans 1 €).

Charmante construction du 16e s., reconnaissable à ses trois piliers de granit. Elle abrite désormais la **Maison de la harpe**, à la fois lieu d'expositions ainsi que centre de documentation et d'animations sur la harpe celtique et les harpes traditionnelles du monde.

Maison du Gisant B2

Une restauration de cette maison à porche du 17e s. a permis de découvrir le gisant (14e s.) exposé à l'extérieur.

Tour de l'Horloge B2

R. de l'Horloge - ✆ 02 96 87 58 72 - de mi-avr. à fin sept. : 10h-18h - 4 € (-12 ans gratuit) - gratuit J. du patrimoine.

Le passage de l'Horloge, derrière la tour, permet de la voir avec du recul. Dans ce beffroi se trouve l'horloge achetée par la communauté de ville en 1498. Du sommet *(158 marches)* se révèle un **panorama★★** sur la ville ainsi que sur la campagne environnante. Exposition sur Anne de Bretagne.

★ Place des Merciers B2

Elle est bordée de belles maisons à pignons triangulaires et forme, avec la rue de l'Apport et la place des Cordeliers qui la prolongent, un bel ensemble de maisons à pans de bois typiquement dinannaises des 15e, 16e et 17e s. : à étages en encorbellement, à porches reposant sur des piliers de bois, à vitrines avec leurs hautes fenêtres en avancée.

Jetez un coup d'œil dans les rues avoisinantes de la Cordonnerie et du Petit-Pain, avec leurs maisons à encorbellement. Dans la rue de la Mittrie naquit au n° 10 le chansonnier **Théodore Botrel** (1868-1925).

Passez devant l'ancien couvent des Cordeliers (voir ci-dessous) et continuez dans la Grande-Rue.

Église Saint-Malo A1

Commencée en 1490 et terminée au 19e s., cette église, précédée d'un spectaculaire magnolia planté en 1850, est de style gothique flamboyant. Voyez le chœur, le chevet et le transept (fin du 15e s.). Les **vitraux** (20e s.) évoquent la vie dans différents quartiers de Dinan : le Jerzual, le Vieux-Pont et la place des Cordeliers.

Reprenez en sens inverse la Grande-Rue prolongée par la rue Lainerie.

Ancien couvent des Cordeliers AB1

Pl. des Cordeliers - ♿ - juil.-août : 11h-18h - gratuit - les lieux sont occupés par un collège qui est ouvert à la visite uniquement pdt les vac. d'été.

Cet ancien couvent de franciscains fondé au 13e s. a conservé son cloître gothique (15e s.) et sa cour d'honneur, avec des tourelles en poivrière.

★ Rue du Jerzual B1

Cette ancienne voie d'accès au port était jadis la rue des bourgeois, des artisans et des marchands. Pavée et en pente raide, elle est bordée de boutiques des 15e et 16e s. abritant aujourd'hui tisserands, fileurs de verre, sculpteurs et

SE LOGER

Challonge (Hôtel Le)................ 1

France (Hôtel de)...................... 4

Ibis (Hôtel)................................... 7

Maison Pavie (Maison d'hôte La)................ 2

St-Sauveur (Pub-hôtel).......................... 10

Villa côté cour (Chambre d'Hôte La)......... 5

SE RESTAURER

Artisans (Crêperie des)......... 1

Beaumanoir (Crêperie)........ 4

Courtine (La)........................... 7

Marmite (La)........................... 13

Mère Pourcel (Chez La)........ 17

Table de Bernadette (La)..... 19

Viaduc (Le Bistrot du)........... 21

graveurs. Remarquez les étals extérieurs, aujourd'hui garnis de jardinières, et qui servaient à exposer les marchandises : au Moyen-Âge, on n'entrait pas dans les boutiques.

Maison du Gouverneur B1

24 r. du Petit-Fort.

Cette belle demeure du 15e s. abrite des expositions temporaires l'été. Possibilité de gagner le port de plaisance (*voir p. 190*) en descendant la rue. Au retour, montez sur les remparts par un escalier au niveau de la porte de Jerzual. La tour du Gouverneur offre une belle **vue★★** sur la vallée de la Rance. *Remontez la rue Michel, puis la rue du Rempart pour gagner le Jardin anglais.*

Jardin anglais B1

Ce jardin public offre, depuis la tour Ste-Catherine en particulier, une belle **vue★★** d'ensemble sur la Rance, le port et le viaduc (250 m de long, 40 m de haut), ainsi que sur les remparts.

L'épopée de Du Guesclin

UN HÉROS FRANÇAIS

Bertrand Du Guesclin, né vers 1320 près de Dinan, est l'incarnation du héros français. Entré au service du roi en 1356, il est armé chevalier au château de Montmuran, le lendemain de la prise de Rennes. Ses victoires lui valent titres et honneurs : gouverneur de Pontorson, comte de Longueville, duc de Molina, duc de Transtamarre, roi de Grenade et, enfin, connétable de France. À sa mort, les possessions de la Couronne s'étaient considérablement agrandies aux dépens des Anglais *(voir carte ci-contre)*.

1	1356	Prise de Rennes.
2	1359	Délivrance de Dinan.
3	1363	Prise de plusieurs villes bretonnes.
4	1364	Prise de Mantes et de Meulan.
5	–	Victoire de Cocherel (16 mai).
6	–	Défaite d'Auray. Du Guesclin est fait prisonnier.
7	1366	Les « Grandes Compagnies » pénètrent en Espagne. Succession de victoires sur Pierre le Cruel et les Anglais.
	1367	Défaite de Nájera (3 avril) : Du Guesclin est fait prisonnier par les Anglais à Bordeaux.
	1369	Du Guesclin est libéré contre une rançon (17 janvier).
8	1370	Prise de Moissac. Libération du Périgord.
9	–	Libération du Mans. Victoire de Pontvallain. Le Maine et l'Anjou sont libérés.
10	–	Prise de Bressuire.
11	–	Défaite du Pont-de-Juigné. Du Guesclin est fait prisonnier.
12	1371	Prise de Briouze.
13	1372	Victoire de Mortain. Le bocage normand est libéré.
14	1372-1373	Prise de nombreuses villes en Poitou-Saintonge-Angoumois.
15	1373	La Bretagne est conquise, sauf Brest et Derval.
16	1374	Prise de St-Sauveur-le-Vicomte.
17	1378	La Normandie est soumise, sauf Cherbourg.
18	1380	Prise de Chaliers (27 juin).
19	–	Prise de Châteauneuf-de-Randon (13-14 juillet). Mort de Du Guesclin.

CANTORBÉRY, L'ANGLAIS FÉLON

En 1357, le duc de Lancastre vient assiéger Dinan, que défendent Bertrand Du Guesclin et son frère Olivier. Devant la supériorité des Anglais, Bertrand demande une trêve de quarante jours, au bout de laquelle la ville se rendra si elle n'est pas secourue. Olivier, sorti sans armes dans la campagne, est fait prisonnier, en violation de la trêve, par le chevalier Cantorbéry qui exige une rançon de 1 000 florins. Bertrand lance un défi en champ clos à l'Anglais. Présidée par Lancastre, la rencontre a lieu à Dinan, sur l'actuelle place du Champ. Cantorbéry est vaincu. Il donne ses armes à Du Guesclin et est banni de l'armée anglaise. Ce succès vaut au héros l'admiration d'une jolie Dinannaise, Tiphaine Raguenel, qui deviendra son épouse en 1363.

LES TOMBEAUX DE DU GUESCLIN

Après avoir guerroyé durant plus de vingt ans pour le roi de France, Bertrand Du Guesclin meurt en Auvergne, le 13 juillet 1380, durant le siège de Châteauneuf-de-Randon.

Le connétabe avait demandé à être inhumé à Dinan. Le cortège funèbre s'achemine donc vers cette ville… Mais, au Puy, le corps est embaumé, les entrailles enterrées dans l'église des Jacobins (actuelle église St-Laurent). L'embaumement étant insuffisant, à Montferrand on fait bouillir les chairs pour les détacher du squelette et les ensevelir dans l'église des Cordeliers (détruite en 1793). Au Mans, un officier royal apporte l'ordre de conduire le corps à la basilique de St-Denis : le squelette lui est alors remis. Seul le cœur arrive à Dinan, où il est déposé dans l'église des Jacobins – aujourd'hui, il se trouve dans l'église St-Sauveur. Alors que les rois de France n'avaient que trois tombeaux (cœur, entrailles, corps), Du Guesclin eut donc quatre monuments funéraires !

★ Basilique Saint-Sauveur B2

La façade s'ouvre par un porche roman, surmonté d'un pignon gothique flamboyant. La construction de l'édifice s'est étalée du 12e s. *(mur de droite)* au 16e s. Le dôme de la tour a été remplacé par une flèche au 18e s.

À l'intérieur, la dissymétrie de la construction est frappante : la partie droite est romane, tandis que la partie gauche, le chœur et le transept sont flamboyants. Dans l'aile gauche du transept, derrière la pierre tombale du 14e s. englobée dans un tombeau du 19e s., est conservé le **cœur de Du Guesclin** *Voir « Les tombeaux de Du Guesclin », p. 189.* Les vitraux modernes ont été créés par l'atelier Barillet.

En sortant sur la place St-Sauveur, remarquez à gauche une maison à piliers où naquit, en 1847, Auguste Pavie, diplomate et explorateur en Indochine. Restaurée, elle abrite aujourd'hui des chambres d'hôte (*voir « Nos adresses »*).

Ancien hôtel Beaumanoir B1-2

Le portail Renaissance, dit du Pélican, commande l'entrée. Dans la cour, observez la décoration des fenêtres et une tourelle du 16e s. abritant un bel escalier.

AUTOUR DES REMPARTS

Promenade de la Duchesse-Anne B2

Tracée sur les remparts, elle offre une belle **vue★** sur la Rance, le viaduc et le port.

Promenade des Petits-Fossés A2

Elle longe extérieurement les remparts (13e-15e s.). À droite, elle est dominée par la masse du château et les tours du Connétable et de Beaufort.

★ Château A2

R. du Château - ✆ 02 96 93 45 20 - juin-sept. : 10h-18h30 ; reste de l'année : 13h30-17h30 - fermé de mi-nov. à mi-avr. - 4,60 € (-18 ans 1,90 €) - gratuit Printemps des musées et J. du patrimoine.

La porte du Guichet, encadrée par deux tours percées d'archères, date du 13e s. Élevé au 14e s., le donjon présente de beaux mâchicoulis. Il abrite un **musée** consacré d'une part à l'histoire de Dinan, de la préhistoire au début du 20e s., d'autre part à l'artisanat local. De la terrasse dominant le chemin de ronde, on jouit d'un beau **panorama★** sur la région. Ancienne tour d'artillerie, la tour de Coëtquen (15e s.) expose au rez-de-chaussée des pierres tumulaires.

Promenade des Grands-Fossés AB1

Ce magnifique mail est bordé par les tours St-Julien, de Vaucouleurs, Beaumanoir et par la porte St-Malo.

LE PORT

La rue du Petit-Fort, bordée de maisons à pans de bois, débouche face au **pont gothique** ou vieux pont (B2), dont l'origine remonte au 10e s. Seul point d'accès à Dinan sur la Rance jusqu'à la construction du viaduc au 19e s., il a été dynamité en 1944, puis reconstruit.

Le port de Dinan.
R. Mattes/ hemis.fr

Port de Dinan-Lanvallay B1

Le quartier du port constitue l'un des lieux animés de Dinan. Aux beaux jours, les terrasses des nombreux restaurants permettent de déjeuner au soleil face aux bateaux de plaisance. C'est aussi le point de départ pour partir à la découverte de la Rance à pied ou en bateau (*voir p. 193*).

2

Maison de la Rance Hors plan par B1

Quai Talard - port de Dinan - ✆ 02 96 87 00 40 - www.codi.fr/lamaisondelarance - ♿ - juil.-août : 10h-19h ; avr.-juin et sept.-nov. : tlj sf lun. 14h-18h ; reste de l'année : dim. 14h-18h - fermé 1er janv. - 3,90 € (-15 ans gratuit).

La Rance n'est pas seulement le simple plan d'eau si prisé des plaisanciers. Cette rivière possède également une histoire, riche et mouvementée, et des écosystèmes très variés qui sont présentés, de manière interactive, dans ce lieu d'exposition de 300 m². Pour mieux comprendre les paysages, la faune et la flore ou encore les activités humaines d'hier et d'aujourd'hui qui font de la vallée de la Rance un patrimoine naturel d'exception (*voir p. 197*), des sorties nature à pied ou en bateau à moteur sont également proposées tout au long de l'année.

Musée Yvonne Jean-Haffen - Maison d'artiste de la Grande Vigne Hors plan par B1

103 r. du Quai - ✆ 02 96 87 90 80 - www.mairie-dinan.com - de mi-mai à fin sept : 14h-18h30 - 3,10 € (-12 ans gratuit) - gratuit Printemps des musées et J. du patrimoine.

Élève et amie du peintre Mathurin Méheut (*voir p. 311*), **Yvonne Jean-Haffen** (1895-1993) vécut dans cette maison dominant le port. Elle recèle des centaines de peintures et dessins représentant la Bretagne d'autrefois. Un livret-parcours est distribué gratuitement à chaque enfant.

Bords de la Rance B2

Prenez à droite l'ancien chemin de halage qui passe sous le viaduc. Il longe la rivière dans un **site** verdoyant et encaissé où il est agréable de flâner.

À voir aussi Plan de ville

Musée du Rail Hors plan par A1

Pl. du 11-Nov.-1918 - gare SNCF - ✆ 02 96 39 81 33 - http://museedurail-dinan.com - ♿ - de déb. juin à mi-sept. : 14h-18h ; vac. de la Toussaint : 15h-17h ; reste de l'année : se rens. - 4,50 € (-12 ans 3,50 €).

Deux réseaux de trains y sont reconstitués en miniature, ainsi qu'un poste d'aiguillage Vignier de 1889. Pour les amoureux du rail : affiches, pendules, lanternes, plaques de locomotives et de gares, outils…

À proximité Carte de microrégion

Léhon A2

2 km au sud.

Ce bourg, niché dans la vallée de la Rance, conserve le **prieuré de St-Magloire**, construit au 12e s. *Visite 45mn.*

Abbatiale – *✆ 02 96 87 40 40 - juil.-août : 10h30-12h30, 14h30-18h30, dim. 14h30-18h30 - fermé certains j. fériés - 3 € (-18 ans 2 €) - possibilité de visite guidée (1h-1h30) lun., merc. et vend. - 4 € (-18 ans 3 €).* Reconstruite au 13e s. et restaurée à la fin du 19e s. La nef, aux voûtes bombées et nervurées à la façon angevine, abrite les pierres tombales des Beaumanoir et un bénitier (13e s.) sur le rebord duquel les moissonneurs, soucieux d'une bonne récolte, venaient aiguiser les faucilles.

Bâtiments conventuels – Un petit **musée lapidaire** expose des chapiteaux de l'ancien cloître roman. Le **réfectoire**, la plus ancienne salle de l'abbaye (13e s.), a été joliment restauré. On y remarque la chaire du lecteur avec son escalier et sa tribune, et la façade gothique ajourée. Le **dortoir** abrite quelques éléments du trésor dont un reliquaire contenant des ossements de saint Magloire. Dans les combles, on découvre une belle charpente en forme de carène renversée, et de curieux box qui ont été réalisés pour le tournage d'un feuilleton télévisé, *Les Compagnons du Nouveau Monde.*

Jardins – Les fouilles ont mis au jour un canal couvert reliant l'abbaye à la Rance qui coule plus bas.

Quévert A2

3,5 km au nord-ouest. Accès par la D 68.

Ce village est connu des amateurs pour être le paradis des fleurs, et surtout des roses, grâce au **Courtil des senteurs★.** Ce jardin public *(R. du Val - ✆ 02 96 85 81 80 - ♿ - accès libre)* compte plus de 700 variétés de roses, de plantes vivaces et de bulbes parfumés. Sa visite procure un rare plaisir des yeux et du nez, en particulier à la fin du printemps ou au début de l'été.

1h, 2h ou 3h - départ à l'entrée du jardin, devant la mairie - accessible à tous.
Le Courtil est également le point de départ de plusieurs **balades à thème** : les rosiers, les roches et les arbres fruitiers.

Forêt de Coëtquen B2

10 km à l'est. Accès par la D 68 au sud ou la VC 3 à partir de St-Hélen.

Cette forêt de 557 ha, composée essentiellement de feuillus, est un lieu de promenade très agréable. Plusieurs sentiers sont balisés et des sorties sont organisées par la Maison de la Rance à Dinan *(voir p. 191).*

Corseul A2

11 km à l'ouest. Quittez Dinan en direction de St-Brieuc, puis prenez à droite la route de Plancoët (D 794).

Déjà connue des Celtes et des Gaulois, la capitale des Coriosolites (peuple gaulois vivant vers 50 av. J.-C. sur un territoire correspondant aujourd'hui aux Côtes-d'Armor et à l'Ille-et-Vilaine) fut romanisée, comme l'ensemble de l'Armorique. Elle conserve de nombreux vestiges, notamment dans le jardin des Antiques (colonnes, chapiteaux).

Plus remarquable encore, le **temple du Haut-Bécherel**, dit temple de Mars *(1,5 km en direction de Dinan et une route à droite en montée)*. Cette tour polygonale gallo-romaine, construite en petit appareil, daterait de l'époque de l'empereur Auguste (63 av. J.-C.-14 apr. J.-C.).

★ **Château de la Bourbansais** B2

14 km au sud-est.

Implanté au cœur d'un vaste et agréable domaine, cet imposant édifice (fin du 16e s., agrandi au 18e s.) fut embelli durant trois générations par les Huart, conseillers au parlement de Bretagne. La visite de l'intérieur du château est une option *(payante)*, mais aujourd'hui, la propriété est surtout connue pour son zoo, qui fait le bonheur des enfants.

Bon à savoir – Prêtez bien attention aux conditions de visite ci-dessous.

Parc zoologique et jardin – *02 99 69 40 07 - www.labourbansais.com - - avr.-sept. : 10h-19h ; vac. de fév. (zone A) et vac. de la Toussaint (zone A) : 10h30-17h30 ; reste de l'année : 13h30-17h30 - fermé 1er janv. - 18,50 € (-12 ans 13 €) - 22,50 € billet combiné avec le château.* Ce parc animalier abrite des espèces des cinq continents (girafes, autruches, dromadaires, cervidés, kangourous, fauves, oiseaux, singes...). Des panneaux dispensent des informations à la fois pédagogiques et amusantes pour découvrir leurs habitudes et leurs secrets. Animations plusieurs fois par jour : spectacles de vénerie *(20mn)* et de fauconnerie en vol libre *(30mn)*, goûter des animaux... On se déplace à son rythme dans les allées, en suivant ou pas le parcours conseillé sur le dépliant remis à l'entrée. En traversant les jardins à la française, on gagne le château, dont le corps de logis est flanqué de tourelles et de pavillons aux toits à double pente caractéristiques du 18e s.

Intérieur du château – *02 99 69 40 07 - www.labourbansais.com - - visite guidée (45mn) avr.-sept. : 11h15, 14h, 15h, 16h et 17h - 18,50 € (-12 ans 13 €) - 22,50 € billet combiné avec le parc zoologique.* Le rez-de-chaussée présente une décoration et un mobilier du 18e s., des tapisseries d'Aubusson du 17e s. et une belle collection de porcelaines de la Compagnie des Indes. Dans le péristyle (19e s.), documents et objets évoquent le passé de cette demeure.

Excursions

★★ **Croisières sur la Rance**

- Compagnie Corsaire : balade sur la Rance AR de St-Malo à Dinan ; pour tout renseignement, s'adresser aux bureaux des vedettes ou aux offices de tourisme de ces villes : vedettes à St-Malo et à Dinard 0 825 138 100 (0,15 €/mn) - www.compagniecorsaire.com.

- Bateau Le Jaman IV, *promenade commentée (1h) avr.-oct. : dép. de Dinan vers Léhon - 02 96 39 28 41 - www.vedettejamaniv.com - 12,50 € (-12 ans 8,50 €).*

- Bateau Le Maltess, *croisière déjeuner (2h30) avr.-nov. : dép. port du Lyvet (La Hisse) à St-Samson-sur-Rance - 02 96 39 28 41 - www.lemaltess.com - à partir de 41 €.*

2

- Croisières Chateaubriand - croisière gourmande (3h) et croisière commentée (1h30) vers le barrage de la Rance, entre St-Malo et Dinard. Embarquement à la gare maritime du barrage de la Rance - ✆ 02 99 46 44 40 - www.chateaubriand.com.

Bon à savoir – Évitez de partir de Dinan après 17h si vous souhaitez visiter St-Malo.

Quittant Dinan, la Rance s'élargit de plus en plus jusqu'à l'écluse du Châtelier. Par une suite de plans d'eau, le bateau descend la rivière, encaissée entre des versants verdoyants. Il emprunte l'écluse du barrage de la Rance, puis passe à hauteur du rocher Bizeux et de la pointe de la Vicomté avant de laisser, sur la droite, la corniche d'Aleth (St-Servan-sur-Mer). St-Malo et Dinard se dévoilent à l'horizon.

La Rance, au fil de l'eau

Pour découvrir la Rance à votre rythme et apprécier la richesse de sa faune et de sa flore, vous pouvez opter pour des formules libres en bateau motorisé ou des visites accompagnées en kayak *(voir « Nos adresses » à Dinan)*.

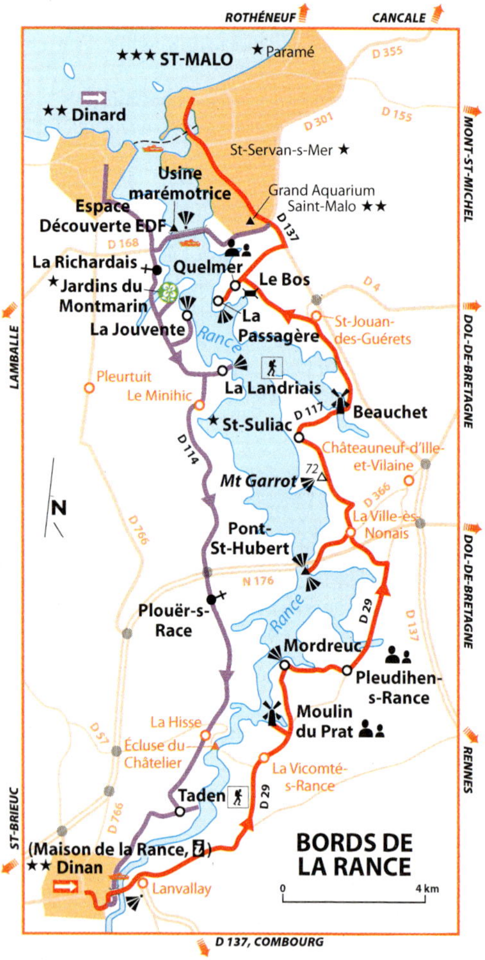

Circuits conseillés Carte Bords de la Rance

★★ VALLÉE DE LA RANCE

Circuit de 87 km tracé en rouge et violet sur la carte ci-dessous – une journée pour découvrir les deux rives.

Cette rivière, d'obscure naissance, connaît une fin de parcours prestigieuse entre Dinan, Dinard et St-Malo. Elle a connu la force redoutable des grandes marées, vu s'élancer les élégantes goélettes des terre-neuvas, avant d'être canalisée, fermée par une usine marémotrice en 1966 (*voir p. 196*). Son estuaire est aujourd'hui un superbe plan d'eau dont les rives offrent un patrimoine très varié, riche d'histoires et de légendes, qu'il faut prendre le temps de découvrir.

LA RIVE DROITE : DE DINAN À SAINT-MALO

Circuit tracé en rouge sur la carte ci-contre. Empruntez la route qui passe sous le viaduc de Dinan et redescendez sur le quai. À Lanvallay, prenez la D 795 sur 6 km, puis à gauche la D 29 en direction de Pleudihen-sur-Rance. 300 m après La Vicomté-sur-Rance, vous trouverez une aire de stationnement. 500 m à pied.

Moulin du Prat

02 96 83 21 41 - http://lavicomtesurrance.free.fr - ♿ - juil.-août : 10h-12h, 15h-19h ; reste de l'année : se rens. - 3 € - possibilité de visite guidée (60mn).

Restauré par la commune de La Vicomté-sur-Rance, ce moulin à marée du 15e s. est le seul de la vallée en état de fonctionnement sur les quinze qui existaient autrefois et, depuis 2004, le seul à pouvoir se visiter. Exposition sur le rôle et l'évolution technique des moulins. Aux alentours, on peut observer toute une faune aquatique (hérons, aigrettes…).

Reprenez la D 29 sur 1 km, puis tournez à gauche en direction de Mordreuc.

Cale de Mordreuc

De ce très joli site, belles vues sur le pont St-Hubert en aval, le promontoire du Chêne-Vert que couronnent les vestiges d'un château et la vallée encaissée en amont. Avec un peu de chance, vous pourrez apercevoir le phoque qui a élu domicile dans cette anse de la Rance !

De Mordreuc, suivez la D 48 sur 1 km.

Musée de la Pomme et du Cidre à Pleudihen-sur-Rance

02 96 83 20 78 - www.museeducidre.fr - ♿ - juil.-août : 10h-12h30, 14h-19h, dim. 10h-12h30 ; avr.-juin et sept. : tlj sf dim. 14h-18h30 - 4 € (-15 ans 2,50 €).

Il est abrité dans les dépendances d'une ferme. Le verger est planté de différentes espèces de pommiers aux noms savoureux (doux évêque, chevalier, bénédiction de Ste-Anne). La visite évoque l'origine du fruit, ses différentes espèces, ses maladies, sa récolte et la fabrication du cidre (dégustation). *Empruntez la D 29 sur 7 km et prenez à gauche la D 366 en direction de la Ville-ès-Nonais ; traversez la ville puis continuez jusqu'au pont St-Hubert.*

Pont Saint-Hubert

De ce pont suspendu, très belle vue sur la Rance, la cale de Port-St-Jean et, sur l'autre rive rocheuse, la cale de Port-St-Hubert.

De la Ville-ès-Nonais, prenez la D 407 et la D 7 en direction de St-Suliac, puis tournez à gauche sur la route du Mont-Garrot. Laissez la voiture près d'une tour de guet crénelée, environ 1 km avant St-Suliac.

Mont Garrot

15mn à pied AR.
Un chemin à droite se dirige vers la pointe et passe derrière une ferme. Belles vues sur la Rance. Du pied de la tour, vaste **panorama★** sur l'anse de St-Suliac et St-Malo, le pays de Dol, la Rance et le pont St-Hubert.
Continuez sur la route du Mont-Garrot durant 1 km.

★ Saint-Suliac

Saint Suliac, fils aîné d'un souverain du pays de Galles au 6e s., renonça au trône et vint fonder vers 560 un monastère sur les bords de la Rance. La légende lui attribue l'apparition de la mer en lieu et place de la « plaine de St-Suliac », pour empêcher les ânes de l'autre rive de venir manger le raisin. On lui doit aussi la destruction d'un serpent maléfique qu'il lança du haut du mont Garrot. Aujourd'hui, ce charmant **village de pêcheurs**, qui détient le label « des plus beaux villages de France », porte son nom et a conservé de nombreuses maisons anciennes de granit, à découvrir en parcourant des ruelles tortueuses. Au-dessus se détache la massive silhouette de la tour de l'église (13e-17e s.), accompagnée d'un bel **enclos paroissial**. La rue qui descend conduit sur les bords de la Rance, animés en saison par l'école de voile.
1h30 à pied au départ de St-Suliac. Prévoyez de bonnes chaussures, certains passages sont escarpés. Depuis le parking du port, longez la Rance jusqu'au centre nautique pour rejoindre le sentier qui s'enfonce dans une zone boisée. Il mène jusqu'au pied du **mont Garrot** que vous rejoignez en empruntant le chemin qui monte au milieu des genêts. Un sentier redescend vers l'anse au centre de laquelle émergent les vestiges d'un ancien **camp viking** établi au 10e s. Remontez par le chemin situé au niveau de la grève pour rejoindre la route. Dirigez-vous vers la gauche pour trouver tout de suite sur votre droite le chemin qui redescend vers St-Suliac.
Quittez St-Suliac par la D 117.
Vous remarquerez sur votre gauche le **moulin du Beauchet**, ancien moulin à marée, ancré sur sa digue.
À St-Jouan-des-Guérets, prenez la C 2 vers la plage du Vallion, puis Le Fougeray. Poursuivez sur 1 km avant de remarquer sur votre gauche le château du Bos.

Château du Bos

Fermé à la visite.
C'est l'exemple même d'une malouinière du 18e s., c'est-à-dire une maison de campagne de riches armateurs, corsaires ou négociants *(voir p. 157)*. Doté d'un jardin à la française, le domaine s'étend sur 10 ha et profite de la vue sur la Rance.
Continuez jusqu'au croisement. Tournez à gauche au niveau de la chapelle du Bos.

Quelmer

Le circuit continue devant l'ancienne villa du commandant Charcot *(privé)* et conduit à la cale de **la Passagère** qui offre une belle vue sur la Rance. Attention : la baignade y est dangereuse à cause de la proximité du barrage. Non loin de là, le cimetière de bateaux compose un tableau empreint de nostalgie.
Labyrinthe du corsaire – *02 99 81 17 23 - www.labyrintheducorsaire.com - -8 juil.-30 août : 10h30-19h - 8 €.* Il comprend quatre parcours différents.
Rejoignez St-Malo par la D 137.

★★★ Saint-Malo *(voir p. 152)*

Regagnez l'autre rive en direction de Dinard par le circuit direct qui emprunte la crête du barrage.

La Rance : un site d'exception

UN ÉCOSYSTÈME FLUVIO-MARITIME UNIQUE

Un site Natura 2000

Comptant parmi les sites du réseau Natura 2000 qui vise à la protection des espèces naturelles, cette zone humide se décline en eaux salées, douces ou saumâtres, ponctuées de vasières ou d'anciens marais salants. Un site qui représente un capital écologique précieux pour la biodiversité.

Un refuge pour la faune

L'avifaune aquatique se dénombre ainsi en quelque 20 000 oiseaux parmi lesquels des mouettes et goélands, mais aussi des bécasses et bécassines, des hérons cendrés, des cormorans et des canards, colvert, bernache cravant ou encore tadorne de Belon devenu l'une des espèces emblématiques de la Rance. Côté mammifères, la loutre, espèce protégée, fait actuellement l'objet d'une recolonisation. De même, deux marsouins semblent avoir élu domicile en Rance, tout comme le phoque veau marin de la cale de Mordreuc *(voir p. 195)*. La présence de ces espèces est un bon indicateur quant à la qualité des eaux et de la ressource trophique.

Une flore riche et variée

La flore se décline en fonction de la salinité des secteurs. Ainsi, l'armérie maritime laisse place à certains endroits aux orchidées sauvages tandis que du côté de la Rance fluviale, davantage soumise aux apports d'eau douce, se développent des plantes telles que le jonc de Gérard, le scirpe maritime, le céleri sauvage ou encore l'œnanthe de Lachenal. Quant aux zones boisées, elles se voient peuplées de hêtres, frênes, érables, ormes et tilleuls.

DES CHANTIERS NAVALS, ENTRE HIER ET AUJOURD'HUI

C'est à partir de la seconde moitié du 18e s. que commencèrent à s'établir, sur les bords de la Rance, des chantiers de construction navale et plus particulièrement sur les territoires de La Richardais *(voir p. 198)* et du Minihic-sur-Rance. Initialement voués à la marine de guerre, leurs activités s'orientèrent rapidement vers la réparation et la construction de bateaux de pêche, notamment les terre-neuvas, ces bateaux équipés pour la pêche à la morue pratiquée sur les Grands Bancs de Terre-Neuve au Canada. La cale sèche de La Landriais *(voir p. 199)* en est un témoignage. Conçu par François Lemarchand, ancien capitaine au long-cours, l'ouvrage entièrement constitué de bois assemblés était dédié au doublage en cuivre des parties immergées des coques des terre-neuvas. Laissée à l'abandon depuis 1959, la cale sèche de La Landriais a fait l'objet d'une restauration dès 1996 et s'offre aujourd'hui une seconde jeunesse. L'histoire raconte également que le commandant Charcot (1867-1936), insatiable explorateur de l'Antarctique, fit réparer son navire le *Pourquoi pas ?* en 1930 dans les chantiers navals de la Rance. Aujourd'hui encore, dans les cales de l'estuaire, de La Richardais au Minihic en passant par Quelmer ou Pleudihen, s'entretient, se restaure et se construit une partie du patrimoine maritime breton.

Voir la Maison de la Rance à Dinan (p. 191) et les croisières en bateau sur la Rance (p. 193).

CAPTER L'ÉNERGIE DES MARÉES

L'utilisation des marées à des fins énergétiques n'est pas nouvelle dans la vallée de la Rance. Déjà, au 12e s., des riverains avaient imaginé de construire des bassins de retenue qui, en se vidant, au reflux, actionnaient des moulins à aubes appelés **moulins à marée**. Entre 1960 et 1966, innovant dans la technique de production d'électricité, EDF a construit dans la basse vallée de la Rance une usine hydroélectrique actionnée par la marée et utilisant des « groupes bulbes », qui travaillent alternativement dans un sens et dans l'autre, suivant le mouvement des flots. Une digue de 750 m ferme l'estuaire de la Rance, constituant un bassin de retenue de 22 km². La route qui relie St-Malo et Dinard la surmonte ; au moyen de ponts-levants, elle traverse l'écluse, longue de 65 m. Inaugurée par le général de Gaulle en novembre 1966, l'usine alimente plus de 300 000 habitants.

LA RIVE GAUCHE : DE DINARD À DINAN

Circuit tracé en violet sur la carte des bords de la Rance p. 194.

Usine marémotrice de la Rance

℘ 02 99 16 37 14 - http://la-rance.edf.com - ♿ - juil.-août : 9h-12h30, 14h-18h ; avr.-juin et sept. : 9h-12h30, 14h-17h ; reste de l'année : se rens. - gratuit - possibilité de visite guidée (1h30) sur demande préalable 10h30 et 14h30 (sf le 1er Mai). Les sacs à dos sont interdits. C'est dans le vaste tunnel de 390 m de long, construit dans le cœur même de la digue, que se trouve la **centrale** du type « bulbe », qui produit 550 millions de kWh par an. Ce groupe « bulbe » est un ensemble turbine-alternateur monobloc. L'ouvrage en compte 24 exemplaires, soit une puissance totale de 240 000 kW (*voir encadré ci-dessus*).

Espace Découverte EDF – *Sur la rive gauche de la Rance, au bout du barrage - 35780 La Richardais - P ♿ - ℘ 02 99 16 37 14 - www.edf.com - juil.-août : 9h-12h30, 14h-18h ; mai-juin, sept. et vac. scol. : 9h-12h, 14h-17h - visites commentées lun.-vend. 14h30, w.-end 10h30 et 14h30 - gratuit.* Cet espace souterrain peut se diviser en trois parties : une présentation du milieu naturel et de l'écosystème de l'embouchure de la Rance (géologie, flore et faune) où l'on fera connaissance avec un phoque devenu la mascotte de l'endroit et baptisé de façon – assez peu poétique –« L9 » ; une approche de l'histoire de l'électricité et des différentes sources de production (nucléaire, hydraulique, éolien, photo voltaïque) déployées par EDF ; et une présentation de l'usine marémotrice, à la fois défi technique et chantier titanesque, qui se termine par une vision digne de Jules Verne : la salle des machines, longue de 332,50 m, et large (à hauteur de la chaussée) de 38,50 m.

Continuez sur 3 km.

La Richardais

À l'entrée du village, vue sur l'usine marémotrice et l'estuaire de la Rance.

Église St-Clément – Les murs de la nef portent une fresque de Xavier de Langlais (1955) figurant le **Chemin de croix** ; dans le transept, la fresque représente l'arrivée sur les côtes bretonnes de saint Lunaire et de saint Malo. Belle voûte de bois en carène renversée ; cinq vitraux sont de Max Ingrand.

Manoli, musée et jardin de sculptures – *9 r. du Suet - ℘ 02 99 88 55 53 - www.manoli.org - ♿ - juil.-août : 11h-19h ; avr.-juin et sept. : tlj sf mar. 14h-19h - 5,50 € (-8 ans gratuit) - audioguide disponible (2,50 €) - possibilité de visite guidée (50mn) juil.-août : lun. et jeu. 17h.* Du sculpteur **Pierre Manoli** (1927-2001) on connaît surtout la *Grande Voile* de la gare Montparnasse ou le mobilier liturgique de la cathédrale de Quimper. Mais ici, c'est toute une œuvre et toute une vie que le département, propriétaire des lieux, propose de découvrir au travers

des quelque 300 créations qui parsèment l'atelier et le jardin. Les principaux thèmes sont la figure humaine, les assemblages et un riche bestiaire, avec une recherche perpétuelle de mouvement.
Suivez la D 114 sur 500 m et tournez à gauche.

★ Jardins du Montmarin

✆ 02 99 88 58 79 - www.domaine-du-montmarin.com - avr.-oct. : 14h-18h - fermé sam., 1er janv., 1er et 11 Nov., 25-26 déc. - 6,50 € (-14 ans 4 €).
Décor de rêve pour cette élégante malouinière du 18e s., la seule de cette rive, dont les jardins descendent en terrasses jusqu'à la Rance. Les parterres à la française, mais aussi le dédale de chemins du parc offrent de séduisantes **perspectives★**. Pépinière.
Continuez sur la D 114 puis prenez la prochaine à gauche.

Cale de la Jouvente

Face à la Passagère. Belle vue sur la Rance et l'île Chevret.
Reprenez la D 114 sur 1 km et tournez à gauche.

La Landriais

La cale sèche de La Landriais *(voir p. 197)*, encore visible dans le chantier naval, est un ouvrage unique en Europe (45 m de long, 10 m de large, 5 m de hauteur). Elle a été entièrement restaurée grâce à la passion d'une association locale.
Du parking part la promenade des Hures *(chemin de ronde des douaniers)* qui longe sur 2 km la rive de la Rance et offre de beaux points de vue.
L'église de **Plouër-sur-Rance** *(à 7 km par les D 114 et D 12)* date du 18e s. et présente, à l'intérieur, deux pierres tumulaires sculptées.
Reprenez la D 12 jusqu'à Taden.

Taden

Par ce bourg (donjon flanqué d'une tourelle du 14e s.), on atteint le chemin de halage qui reliait Dinan à l'écluse du Châtelier *(7 km)*. Très apprécié des pêcheurs, il suit le cours sinueux de la Rance et constitue la promenade favorite des Dinannais. De nombreux oiseaux aquatiques (foulques, mouettes rieuses, goélands argentés…) y sont visibles.

2

NOS ADRESSES À DINAN

VISITE

Ville d'art et d'histoire – Dinan, qui porte le label Ville d'art et d'histoire, propose différentes visites-découvertes *(1h30)* animées par des guides-conférenciers agréés par le ministère de la Culture et de la Communication. *Juil.-août : 15h ; reste de l'année : sur demande - 5 € (12-18 ans 3 €).* L'office de tourisme propose également des visites contées « Laissez-vous conter Dinan au Moyen-Âge », *calendrier sur www.dinan-tourisme.com - 7 € (8-18 ans 5 €) - ✆ 02 96 87 69 76.*

Un fascicule (gratuit) intitulé *« Raconte-moi les rues de Dinan »* est disponible à l'office de tourisme. Les enfants peuvent également découvrir la cité sous la forme d'un jeu de l'oie très bien conçu *(3,40 €)*.

HÉBERGEMENT

PREMIER PRIX

Pub-Hôtel St-Sauveur – *19 pl. St-Sauveur - ✆ 02 96 85 30 20 - www.hotelpubsaintsauveur.com - 6 ch. 40/52 € - ☕ 6,50 €.* Si la demeure à colombages, en plein quartier historique, date du 15e s., son intérieur a bénéficié d'un sacré coup de jeune. La salle de pub accueille les fêtards jusqu'à 2h en été dans une ambiance chaleureuse. Chambres mignonnes et sans prétention aux étages.

BUDGET MOYEN

Hôtel de France – *7 pl. du 11-Novembre - ✆ 02 96 39 22 56 - www.hoteldefrance-dinan.com - rest. fermé vac. de Noël et w.-end - P - 14 ch. 55 € - ☕ 6 €.* Cet établissement ancien dispose de chambres bien insonorisées, qui ont toutes été rénovées. Salle à manger redécorée et agrémentée d'une véranda. La cuisine ne connaît que les produits frais.

POUR SE FAIRE PLAISIR

Hôtel Le Challonge – *29 pl. Du-Guesclin - ✆ 02 96 87 16 30 - www.hotel-dinan.fr - ♿ - 18 ch. 77/88 € - ☕ 10 €.* En centre-ville, cet hôtel à la longue façade classique vous accueille chaleureusement. Les chambres, confortables et bien insonorisées, ont un petit air british.

Hôtel Ibis – *1 pl. Duclos - ✆ 02 96 39 46 15 - www.ibishotel.com - ♿ - 62 ch. 82/105 € - ☕ 10 €.* Fonctionnel et rénové, un hôtel bien placé, à proximité des remparts et du château, disposant de chambres spacieuses et climatisées.

Chambre d'hôte La Villa côté cour – *10 r. Lord-Kitchener - ✆ 02 96 39 30 07 - www.villa-cote-cour-dinan.com - fermé 23 fév.-10 mars - 5 ch. 89/239 € ☕.* Charmante villa en granit du pays située dans le quartier de la gare. Cadre contemporain et soigné. Confort (baignoires, balnéo, espace sauna) et agréable petit jardin.

UNE FOLIE

Maison d'hôte La Maison Pavie – *10 pl. St-Sauveur - ✆ 02 96 84 45 37 - www.lamaisonpavie.com - 5 ch. 90/150 € ☕ - table d'hôte sur réserv.* Classée Monument historique, cette demeure du 15e s. a été entièrement restaurée avec goût et raffinement. La décoration rend hommage à l'un de ses anciens occupants, l'explorateur Auguste Pavie qui a parcouru le Siam et l'Indochine. Excellentes prestations et accueil convivial.

Vallée de la Rance

BUDGET MOYEN

Chambre d'hôte Les Mouettes – *17 Grande-Rue - 35430 St-Suliac - ✆ 02 99 58 30 41 - www.les-mouettes-saint-suliac.com - 💳̸ - 5 ch. 58 € ☕.* De bien jolies chambres, avec leur plancher massif et leurs tableaux choisis par la maîtresse de maison, vous attendent dans cette bâtisse du 19e s. Au cœur du village, agrémenté d'un petit jardin, un nid douillet où il fait bon séjourner.

POUR SE FAIRE PLAISIR

Chambre d'hôte Spa Maison de la Vallée – *Lieu-dit Le Val Hervelin - 22690 Pleudihen-sur-Rance - 3 km au sud-est de Pleudihen-sur-Rance près de la D 795 - ✆ 02 96 83 35 61 - www.maisondelavallee.com - 💳̸ P - 5 ch. 89/99 € ☕ - table d'hôte sur réserv. 29 €.* Construite en 1894 en granit bleu de Lanhélin, dans le style si particulier des demeures malouines, cette demeure offre, de sa véranda, une belle vue sur la vallée. Aux étages, 3 chambres et 2 suites abritent un mobilier en merisier et des poutres cérusées. L'établissement propose également 2 gîtes dans une maison indépendante et un espace bien-être (Jacuzzi et sauna). Petits-déjeuners copieux.

UNE FOLIE

Hôtel Manoir de Rigourdaine – *R. Rigourdaine - 22490 Plouër-sur-Rance - ✆ 02 96 86 89 96 - www.hotel-rigourdaine.fr - fermé de mi-nov. à fin mars - ♿ (2 ch.) P - 19 ch. 97/105 € - ☕ 10 €.* Située en pleine campagne, cette ancienne ferme domine l'estuaire de la Rance. Ses bâtiments rénovés ne manquent pas de charme, et si ses chambres modernes montrent moins de caractère, elles vous permettront néanmoins de profiter de la tranquillité.

Manoir de St-Meleuc – *St-Meleuc - 22690 Pleudihen-sur-Rance - 11 km au nord-ouest de Dinan par la D 795 puis D 29 - ✆ 02 96 83 34 26 - www.manoir-de-saint-meleuc.com - P - 4 ch. 135/190 € ☕.* Petit manoir du 14ᵉ s. bien rénové, au cœur d'un parc de 2,5 ha. Chambres d'hôte de style ancien. Petits-déjeuners servis dans une grande salle avec pierres et poutres apparentes.

RESTAURATION

PREMIER PRIX

Crêperie Beaumanoir – *6 Grande Rue - ✆ 02 96 39 33 91 - fermé mar. soir et dim. - 9/15 €.* Vous dégusterez ici salades, crêpes, galettes et glaces artisanales dans un cadre rénové aux murs de granit. Galettes réalisées en salle devant les clients.

Crêperie des Artisans – *6 r. du Petit-Fort (Le Jerzual) - ✆ 02 96 39 44 10 - juil.-août : tlj ; hors saison : fermé mar., déc. et janv. - 9,90/14,50 €.* Gravir cette ruelle pavée reliant le port à la vieille ville vous a ouvert l'appétit ? Arrêtez-vous ici pour déguster des crêpes traditionnelles et des produits fermiers, puis admirer par la même occasion une étonnante collection de percolateurs et de cafetières. À moins que vous ne préfériez vous installer devant la massive table commune qui fait office de terrasse.

La Marmite – *91 r. de Brest - ✆ 02 96 39 04 42 - marmitedinan.fr.st - fermé sam. soir et dim. - ♿ - formule déj. 10,50 € - 12/19,50 € - 5 ch. 45/59 € - ☕ 6 €.* Cette petite adresse a prodigué ces dernières années de nombreux efforts de rénovation. Le résultat ? Une salle de restaurant chaleureuse et gaie, où l'on peut déguster notamment une choucroute de la mer et des spécialités de moules – murs patinés couleur mimosa, boiseries en frêne, poster fleuri –, et des chambres personnalisées.

BUDGET MOYEN

Chez la Mère Pourcel – *3 pl. des Merciers - ✆ 02 96 39 03 80 - www.chezlamerepourcel.com - formule bistrot 15 € - 24/36 €.* C'est dans une demeure du 15ᵉ s., dont la façade à pans de bois en partie recouverte d'ardoise semble ne conserver son équilibre que par quelque intervention divine, que la mère Pourcel a ouvert son auberge en 1927. Dans les salles aux murs recouverts de boiseries et au sol dallé de ce « restaurant du terroir », vous dégusterez des recettes régionales.

La Courtine – *6 r. de la Croix - ✆ 02 96 39 74 41 - fermé dim. soir, mar. soir et merc., 15-30 mars, 12-19 juil., 1ᵉʳ-15 nov. - 17/22 €.* Murs en granit et poutres composent le cadre chaleureux de ce restaurant installé dans une pittoresque maison de 1832. Service d'une grande efficacité, cuisine traditionnelle et spécialités de poisson.

Brasserie La Table de Bernadette – *1 pl. Duclos - ✆ 02 96 39 15 39 - www.tabledebernadette.com - 17/26 €.*

Dans la grande tradition des brasseries avec crustacés, plateaux de fruits de mer *(22/49 €)* et pour les amateurs de viande rouge, steaks tartares. Glaces artisanales au dessert.

POUR SE FAIRE PLAISIR

Le Bistrot du Viaduc – *22 r. du Lion-d'Or - ✆ 02 96 85 95 00 - www.bistrot-du-viaduc.fr - fermé sam. midi, dim. soir et lun., 20 déc.-15 janv. - ♿ P - formule déj. 19,50 € - 32/42 €.* Ce bistrot à la sortie du viaduc surplombe Dinan, offrant une belle vue sur les remparts, la ville et le port. Le passage devant les fourneaux vous mettra dans les meilleures dispositions pour apprécier une généreuse cuisine traditionnelle servie dans un cadre rétro de bon ton.

Vallée de la Rance

POUR SE FAIRE PLAISIR

La Ferme du Boucanier – *2 r. de l'Hôpital - 35430 St-Suliac - 25 km au nord-ouest de Dinan par D 795 puis D 137 et D 117 - ✆ 02 23 15 06 35 - fermé merc. soir sf mai-sept. et mar. de fin déc. à déb. fév. - formule 17 € - 30/40 €.* Deux restaurants en un : l'été, salle rétro et plats actuels relevés d'épices ; l'hiver, cadre régional avec cheminée où l'on rôtit les viandes. Cuisine rustique.

BOIRE UN VERRE

Bon à savoir – Dinan possède des atouts simples mais néanmoins séduisants. Sa petite « rue de la soif » **(r. de la Cordonnerie)** est flanquée d'une dizaine de bars accolés, aux styles bien différents, ouverts tard le soir.

« Au Vieux Port » est une vieille et belle maison, de même que « La Licorne » et le « Saut de la Puce », fréquentés par une clientèle plus jeune.

À la Truye qui file – *14 r. de la Cordonnerie - ✆ 02 96 39 72 29 - été : 11h-2h, dim. 17h30-2h ; hiver : tlj sf lun. 11h-1h, dim. 17h30-1h ; j. fériés 17h30-1h.* Au 15e s., une truie fila la laine avec sa quenouille en place de Grève, numéro considéré à l'époque comme un acte de sorcellerie : la truie et son dresseur furent donc brûlés vif. En hommage « à la truye qui file », une dizaine de bars en France portent aujourd'hui ce nom. L'un d'entre eux se trouve à Dinan. Il arrive souvent au patron, dit « Nounours », un ancien musicien professionnel, de filer des sons tendres en souvenir de cette « grasse bébête ».

Le Bistrot d'en bas – *20 r. Haute-Voie - ✆ 02 96 87 34 71 - mar.-sam. 11h-15h, 18h-1h, dim. 18h-1h - fermé 2 premières sem. mars.* Cette maison propose une belle gamme de vins au verre dont de nombreux crus du Languedoc-Roussillon. Il est possible de les accompagner de tartines de charcuterie, de fromage ou de légumes, à déguster dans un joli décor (fresques, boiseries, ardoises, miroirs…) ou sur la terrasse installée côté rue piétonne.

ACHATS

Marché – *Jeu. mat. pl. Du-Guesclin et pl. du Champ-Clos.*

Les Puces Dinannaises – *Pl. St-Sauveur - ✆ 02 96 39 63 00 - à partir du 1er merc. de juil. jusqu'au 2e merc. de sept.*

Art'Dinan – *✆ 02 96 87 59 88 - www.art-dinan.com.* Cette association regroupe les nombreux artistes et artisans d'art de Dinan concentrés notamment autour de la rue du Jerzual.

Loc Maria - les Gavottes – *Rte de Dinard - ✆ 02 96 87 42 55 - www.locmaria.fr - P - 9h30-12h15, 14h-18h (vend. 17h) ; juil.-août : tlj sf sam. apr.-midi - fermé dim.*

et j. fériés. Cette adresse est le point de vente de l'entreprise les Gavottes, célébrissime maison qui concocte les fameuses crêpes dentelle de Dinan, biscuit croustillant roulé très fin, nature ou enrobé de chocolat. La recette fut inventée en 1886 par Marie-Catherine Cornic qui, dit-on, avait oublié sa crêpe sur le feu. Autres spécialités : la galette punch et le palet de Pleyben.

EN SOIRÉE

Théâtre des Jacobins – *R. de l'Horloge - ✆ 02 96 87 03 11 - www.codi.fr - accueil : mar.-jeu. 10h-12h30, 14h30-18h30, vend.-sam. 14h30-18h30 - fermé lun. et j. fériés, août - prix moyen 20 € (-25 ans 14 €)*. Valeurs sûres et jeunes talents se succèdent sur les planches de cette scène dont la programmation marie avec bonheur théâtre, concert, danse, art du cirque nouveau, humour et spectacles jeune public.

ACTIVITÉS

Randonnée

Communauté de communes de Dinan – *34 r. Bertrand-Robidou - ✆ 02 96 87 14 14 - www.codi.fr - randonnées avr.-août - se rens.* Chaque été, la communauté de communes de Dinan organise des randonnées pour découvrir la nature environnante : la Rance, le bocage, les forêts, les oiseaux de printemps, etc. La place de la mairie de Quévert est aussi le point de départ de randonnées à thèmes : les rosiers, les roches, les arbres fruitiers…

Équitation

St-Valay Équitation – *St-Valay - 22100 Taden - ✆ 02 96 39 22 08 - www.saintvalay-equitation.fr - tlj sf lun. 8h30-19h*. Outre les stages et les cours d'équitation, les moniteurs encadrent des promenades à l'heure, à la journée ou à la demi-journée, le long de la Rance et vers Lancieux.

Activités nautiques

Danfleureen Nautic – *21 r. du Quai - 22100 Dinan - ✆ 06 07 45 89 97 - www.danfleurenn-nautic.com - avr.-vac. de la Toussaint : 10h-19h - 30/42 €/h, 130/148 €/j.* Location de bateaux sans permis de 4 à 8 pers.

Centre Nautique Rance Frémur – *Terrain de l'Enclos - 22490 Plouër-sur-Rance - ✆ 02 96 86 95 30 ou 06 78 01 72 50 - www.rance-fremur.com - juil.-août : tlj sf w.-end*. Balades accompagnées en kayak (2h30 à 3h) au départ de la cale du centre nautique de Plouër-sur-Rance *(11/25 € + adhésion obligatoire)*.

Croisières

Voir « Croisières sur la Rance » p. 193.

AGENDA

Rencontres internationales de la harpe celtique – *✆ 02 96 87 36 69 - www.harpe-celtique.com - En juil.* Cité-phare de la harpe celtique, Dinan accueille chaque année ce festival qui propose notamment des concerts aux quatre coins de la ville, et des ateliers de découverte destinés aux enfants…

Fête des remparts – *Juil. années paires - 12 € (TR 8 € ; -12 ans gratuit), pass 2 jours 20 €*. Travail des artisans, défilés de gentes dames et de beaux damoiseaux, marchés et combats de chevaliers forment l'essentiel des animations assurées par plusieurs milliers de figurants costumés.

Cancale

★

5 324 Cancalais – Ille-et-Vilaine (35)

NOS ADRESSES PAGE 207

S'INFORMER

Office de tourisme – *44 r. du Port - 35260 Cancale - ☎ 02 99 89 63 72 - www.cancale-tourisme.fr - juil.-août : 9h30-13h, 14h30-19h ; reste de l'année : 9h30-13h, 14h30-18h, mar. 14h30-18h - fermé 1er janv.*

SE REPÉRER

Carte de microrégion B1 (p. 150) – *carte Michelin Départements 309 K2.* Pour bien apprécier le **site★**, il faut arriver à Cancale par la route touristique à sens unique, qui s'embranche à droite sur la D 76 en venant de Rennes (82 km au sud), à 2,5 km après le carrefour des Portes-Rouges.

À NE PAS MANQUER

Le sentier des douaniers et le panorama de la pointe du Grouin.

ORGANISER SON TEMPS

Partager son temps entre la plage et le sentier qui serpente le long de la falaise jusqu'à Rothéneuf.

AVEC LES ENFANTS

Les huîtres de la Ferme marine de Cancale.

Qui ne connaît pas l'huître plate de Cancale ? Ce centre ostréicole, réputé pour ses belons, sait ainsi attirer et retenir les gourmets, d'autant que les restaurants de qualité abondent aux abords du pittoresque port de pêche de la Houle. Mêlez-vous à l'animation chaleureuse qui y règne ou faites le plein de grands espaces et de paysages somptueux en parcourant le sentier des douaniers... et vous comprendrez vite que Cancale constitue une étape incontournable pour tout visiteur de la Bretagne Nord.

Se promener Plan de ville

★ Port de la Houle

Les allées et venues des tombereaux chargés d'huîtres, les marchands et le retour des bateaux de pêche à marée haute contribuent à donner au port une animation particulière. Il fait bon flâner le long du quai et dans le quartier adossé à la falaise, dont les ruelles étroites étaient autrefois peuplées des marins-pêcheurs, voire s'installer à l'une des nombreuses terrasses pour une halte gourmande devant une douzaine d'huîtres. Un chemin en forte pente, le Vau-Baudet, reliait le port au bourg de Cancale, le quartier haut où habitaient les « terriens » et les commerçants ; c'est aujourd'hui la rue du Port et les voitures y ont remplacé les ânes porteurs de jadis.

205

CANCALE

SE LOGER
Alg Hôtel........ (15)
Chatellier (Hôtel Le)........ (1)
Duguay Trouin........ (3)
Manoir des Douets Fleuris (Hôtel Le)........ (5)
Motte Jean (Hôtel Auberge de la)........ (7)
Pastourelle (Chambre d'hôte La)........ (9)
Pointe du Grouin (Hôtel La)........ (11)
Victor Hugo (Chambre d'hôte Le)........ (13)

SE RESTAURER
À l'Abordage........ (24)
Breizh Café et La Table de Breizh Café........ (2)
Cancalaise (Crêperie La)........ (4)
Coquillage (Le)........ (7)
Côté Mer........ (12)
C Comme à la maison........ (22)
Houle (La)........ (28)
Marché aux Huîtres (Le)........ (10)
Pied d'Cheval (Au)........ (13)
Port (Crêperie du)........ (16)
Surcouf (Le)........ (19)
Troquet (Le)........ (20)
Villa (La)........ (26)

La Ferme marine de Cancale

L'Aurore, au bout du chemin de la corniche, à 1 km env. du port - en voiture, dir St-Méloir-des-Ondes - ✆ 02 99 89 69 99 - www.ferme-marine.com - visite guidée (60mn) de déb. juil. à mi-sept. : 11h, 15h et 17h ; reste de l'année : tlj sf w.-end 15h - fermé de déb. nov. à mi-fév. - 7 € (-16 ans 3,70 €).

Au cœur d'une entreprise ostréicole, ce musée explique l'évolution des techniques de culture de l'huître, ainsi que le métier de l'ostréiculteur à travers les âges. Belle collection de coquillages (plus de 1 500, venus du monde entier).

★ Sentier des douaniers

Emprunté par le GR 34, cet ancien chemin de ronde s'embranche dans le bas de la rue du Port, après quelques marches. Dès le **monument aux morts**, on profite d'une large perspective sur la baie du Mont-St-Michel et le mont Dol. Un peu plus loin, la **pointe du Hock** révèle une jolie **vue★** sur le rocher de Cancale ; à droite et en contrebas, au pied de la falaise, s'étendent les parcs à huîtres. De part et d'autre de la pointe du Hock, le sentier surplombe les grèves.

En suivant la côte jusqu'à Port-Mer, vue splendide sur la pointe de la Chaîne, face au rocher de Cancale. Le sentier *(7 km depuis Cancale)* rejoint la pointe du Grouin *(voir p. 206)*.

UNE HUÎTRE RÉPUTÉE

On ne pratique plus à Cancale que l'« élevage » de jeunes huîtres venues d'Auray, une maladie mystérieuse ayant, vers 1920, décimé les bancs de la baie qui fournissaient le naissain. On s'efforce désormais de le recréer localement : il se développe dans des parcs de pleine mer, donnant une huître plate appelée belon. Son goût de noisette est dû à la richesse en plancton de la baie du Mont-St-Michel. La côte est quadrillée par les parcs ostréicoles, 400 ha de découpages géométriques, qui participent au paysage.

HISTOIRE DE BATEAU

La bisquine trouverait son origine, au début du 19e s., dans le golfe de Gascogne. Arrivée en Bretagne Nord et en Normandie, ses formes sont adaptées aux conditions maritimes de la baie du Mont-St-Michel, à savoir une extraordinaire amplitude de marée, donnant parfois des vents et des courants violents et imprévisibles. Au tournant du 20e s., ce bateau, à la fois puissant et rapide, fait la fortune de la région, et notamment celle de Cancale et de Granville, à la fois chantiers navals et ports de pêche.

La **bisquine cancalaise** se distingue de celle de Granville, grâce à sa coque noire et non blanche. D'une longueur de 18 m environ et doté d'une très grande voilure, ce type de bateau servait à draguer les huîtres et participait également, au 19e s., à quelques compétitions. La rivalité entre les ports breton et normand donnait en effet lieu à des régates passionnées dans la baie du Mont-St-Michel.

Musée des Arts et Traditions populaires

02 99 89 79 32 - ♿ - juil.-août : 10h-12h30, 14h30-18h30 ; reste de l'année : se rens. - fermé de mi-sept. à fin mai - 2,50 € (-12 ans gratuit) - gratuit J. du patrimoine - possibilité de visite guidée (60mn).

Installé dans l'ancienne église St-Méen (1714), il est consacré aux arts et traditions du pays cancalais : pêche, ostréiculture, agriculture (pomme de terre), vie des Cancalaises, coiffes et costumes, mobilier. Il évoque aussi la vie de sainte Jeanne Jugan et présente l'École de navigation des Rimains, que la cité abrite depuis plus d'un siècle.

Maison natale sainte Jeanne Jugan

69 av. du Gén.-de-Gaulle - 02 23 15 14 22 - http://rennes.cef.fr/jeannejugan - de mi-juin à mi-sept. : 14h30-18h30 - gratuit - possibilité de visite guidée (45mn).

La fondatrice de la congrégation des **Petites Sœurs des pauvres** est née dans cette maison. Placée comme domestique à St-Servan chez une vieille demoiselle, **Jeanne Jugan** (1792-1879), canonisée en 2009, acheta une masure pour accueillir des vieillards avec l'aide de trois amies. Lors d'aménagements routiers, la modeste bâtisse a été démontée puis reconstruite un peu en retrait. Son intérieur est resté à l'identique.

Circuit conseillé Carte de microrégion

★★★ LA CÔTE D'ÉMERAUDE : DE CANCALE À SAINT-MALO

Circuit de 23 km tracé en marron sur la carte p. 150 – environ 5h. Quittez Cancale par la rue du Stade puis par la D 201.

La route qui longe la Côte d'Émeraude est l'une des plus touristiques de France. Elle ne borde pas la mer sur tout son parcours, mais offre des excursions vers les sites côtiers, dont les vues et les panoramas révèlent le caractère de ce rivage très découpé.

★★ Pointe du Grouin B1

Laissez la voiture sur l'aire de stationnement et suivez, à droite du sémaphore, un sentier qui conduit directement à la pointe. La pointe est souvent très ventée. Le **panorama** s'étend du cap Fréhel à Granville, en passant par la baie du Mont-St-Michel. Au large, on distingue les îles Chausey. Un sentier permet d'aller, à marée basse, explorer une grotte creusée dans la falaise (hauteur 10 m, profondeur 30 m).

L'île des Landes, située en face de la pointe du Grouin, constitue une réserve ornithologique et botanique, où nichent de nombreux oiseaux : tadornes de Belon, cormorans huppés, grands cormorans, goélands…
La route, en corniche jusqu'au Verger, suit la côte, en offrant de belles vues.

Chapelle Notre-Dame-du-Verger B1

Prenez à droite vers la plage. Cette chapelle est vénérée par les marins de Cancale (pardon le 15 août). Reconstruite au 19e s., elle abrite de nombreuses maquettes de navires : bisquines, sloops, goélettes et trois-mâts.

La Guimorais B1

La plage des Chevrets s'allonge entre la pointe du Meinga et la presqu'île Bénard. La route contourne le havre de Rothéneuf, fermé par une passe étroite. Cette étendue d'eau se vide presque complètement à marée basse. Remarquez sur la droite le **château du Lupin**, élégante demeure construite au 17e s. par un riche armateur de St-Malo.

Rothéneuf B1 *(voir St-Malo, p. 164)* et le Minihic B1 *(voir St-Malo, p. 156)*

★ Paramé B1 *(voir St-Malo, p. 162)*

★★★ Saint-Malo B1 *(voir p. 152)*

NOS ADRESSES À CANCALE

2

HÉBERGEMENT

POUR SE FAIRE PLAISIR

Chambre d'hôte Le Victor-Hugo – *20 r. Victor-Hugo (accès en voiture par la rue de l'Épi, interphone) - ✆ 02 99 89 92 81 - www.le-victor-hugo.com - 1er avr.-11 nov. - non-fumeur - 5 ch. 65/75 € petit-déj. compris.* Nombre d'habitués fréquentent cette ancienne maison de pêcheurs pour son calme et sa situation au cœur du quartier bordant le port de la Houle. Chambres simples, pas très grandes, mais bien entretenues.

Chambre d'hôte La Pastourelle – *Les Nielles - 35350 St-Méloir-des-Ondes - ✆ 02 99 89 10 09 - www.la-pastourelle-35.com - fermé 15 déc.-15 janv. - P non-fumeur - 5 ch. 68/77 € petit-déj. compris - table d'hôte sur réserv. 28 €.* Cette belle longère tapissée de vigne vierge borde la route côtière de la baie du Mont-St-Michel. Les chambres, spacieuses et insonorisées, offrent un pimpant décor immaculé et de jolies salles de bains. Au rez-de-chaussée, le salon et la salle à manger marient avec bonheur poutres anciennes et vieilles pierres. Bar et ravissant jardinet.

Hôtel Le Chatellier – *Quatrevais - à 1 km par D 355 - ✆ 02 99 89 81 84 - www.hotellechatellier.com - fermé de mi-nov. à fin mars - ♿ P - 13 ch. 69/100 € - petit-déj. 10 €.* Belle demeure bretonne au charme familial préservé, avec de coquettes chambres de style « campagnard chic », mansardées à l'étage ; certaines donnent sur le jardin.

Hôtel Auberge de la Motte Jean – *2 km par D 355 - ✆ 02 99 89 41 99 - www.hotel-mottejean.com - fermé déc.-janv. - P - 13 ch. 88/140 € - petit-déj. 8 €.* Ancien corps de ferme isolé dans la campagne cancalaise. Grand calme, jardin soigné avec étang. Chambres personnalisées garnies de meubles anciens. Accueil « sur mesure ».

Hôtel Le Manoir des Douets Fleuris – *À 1,5 km par D 365 - ✆ 02 23 15 13 81 - www.manoirdesdouetsfleuris.com - fermé déc.-fév. - P - 7 ch. 81/160 € - ☕ 13 € - ✕ 29/55 €.* Ce manoir du 17e s., assorti d'un jardin et d'une mare où barbotent les oiseaux, cache des chambres personnalisées, dont une suite avec ciel de lit et cheminée en granit. Âtre monumental au salon.

Hôtel Duguay Trouin – *11 quai Duguay-Trouin - ✆ 02 23 15 12 07 - www.hotelduguaytrouin.com - ♿ - 7 ch. 85/150 € (selon vue) - ☕ 10 €.* On vous reçoit avec simplicité et gentillesse dans cet hôtel du port de pêche entièrement rénové. Les chambres sont sobrement marines (quelques malles-postes), côté baie ou rochers.

Hôtel La Pointe du Grouin – *✆ 02 99 89 60 55 - www.hotelpointedugrouin.com - 1er avr.-15 nov. - P - 15 ch. 90/125 € - ☕ 9,50 € - ✕ 24/82,50 €.* Il règne comme un délicieux air de bout du monde autour de cette demeure bretonne perchée sur une falaise, face aux îles et au Mont-St-Michel. Chambres agréables. Panorama exceptionnel depuis les tables proches des baies vitrées.

Alg Hôtel – *59 bis av. du Gén.-de-Gaulle - ✆ 02 99 89 50 00 - www.alghotel.com - fermé de mi-déc. à mi-janv. - P - 30 ch. 59/119 € - ☕ 11 €.* À l'entrée de Cancale, un hôtel entièrement dédié au bien-être. Chambres fonctionnelles, décorées dans un esprit zen. Au bistrot, des brochettes en bambou piquées de viandes, de légumes et de fruits de mer; le tout cuit à la plancha.

RESTAURATION

PREMIER PRIX

Crêperie du Port – *1 pl. du Calvaire (sur le port) - ✆ 02 99 89 60 66 - creperie-du-port@wanadoo.fr - fermé 15 nov.-15 déc. et mar. soir sf vac. scol. - ♿ - 8/16 € - huîtres (n° 3) 6/9/12 € selon nombre.* Ambiance marine dans cette crêperie agrémentée de tableaux, d'affiches, de maquettes et d'un plafond décoré d'une fresque. On apprécie sa véranda installée en toutes saisons face au port.

Le Marché aux Huîtres – *Au bout du quai Thomas sur le port de Cancale - 9h-19h - prix selon cours du jour.* « Du producteur au consommateur » : face aux parcs et à la baie du Mont-St-Michel, assis sur le muret au bout du quai, en plein air, vous dégusterez les huîtres toutes fraîches que les ostréiculteurs du lieu proposent sur ce petit marché protégé des intempéries par des toiles de tente. Ils en assurent l'ouverture et la vente à emporter toute l'année.

La Houle – *4 pl du Calvaire - ✆ 02 99 89 69 82 - 12,50/23,50 €.* Huîtres et fruits de mer face au port.

C comme à la maison – *39 bis r. du Port, face à la mairie - ✆ 02 99 58 96 39 - lun.-vend. à midi - 6,80/9,50 €.* Tartes salées ou sucrées et salades, le tout travaillé sur place par deux jeunes femmes souriantes. À déguster en salle ou sur l'agréable terrasse située à l'arrière.

BUDGET MOYEN

Crêperie-brasserie À l'Abordage – *1, quai Duguay-Trouin - ✆ 02 99 89 55 55 - formules 12,90/16,90 €, assiettes 12 huîtres creuses 12,50 €, galettes 3,50/9,50 €.* Idéalement situé face au port avec une salle à l'étage dotée d'une vue panoramique, cet établissement aux murs couverts de boiseries claires propose à ses commensaux crêpes et galettes, mais aussi moules ou grillades de viande.

Au Pied d'Cheval (la Maison de l'Huître) – *10 quai Gambetta - ✆ 02 99 89 76 95 - fermé* *merc. sf juil.-août, de mi-nov. à fin mars - 20/25 €.* Tenue par un conchyliculteur local, cette adresse est dédiée à la dégustation des huîtres *(de 7 à 23 € la douzaine)* et des fruits de mer élevés dans la baie du Mont-St-Michel. Petites salles à manger rustiques et simples ; celle de l'étage a vue sur la mer.

Crêperie La Cancalaise – *3 r. Vallée-Porcon (près de l'église) - ✆ 02 99 89 71 22 - lacancalaise@wanadoo.fr - juil.-août : midi et soir ; hors saison : lun.-jeu. à midi, vend. et sam. midi et soir - fermé 1 sem. en mars, 1 sem. en juin, 2 sem. après le 11 Nov. - ♿ - 15/30 € bc.* Cette vénérable demeure bretonne jouit d'une excellente réputation. L'accueil y est sympathique, le cadre rustique plaisant, et les crêpes et galettes, copieusement garnies de produits « cent pour cent » terroir, sont tout simplement savoureuses.

La Villa – *8 pl. du Calvaire - ✆ 02 99 58 35 06 - formule déj. 12,50 € - 15,90/27,90 €.* Un « bistrot de chef » où, dans un décor sobrement design, vous dégusterez huîtres et crustacés, à moins que vous ne vous laissiez tenter par le menu « tout carpaccio ». Accueil et service particulièrement aimables.

Le Surcouf – *7 quai Gambetta - ✆ 02 99 89 61 75 - fermé mar. et merc., déc.-janv. - ♿ - 15,50/44 €.* Un joli petit bistrot marin qui sort du lot, parmi la foule d'établissements bordant le port de Cancale : vue sur la jetée (plus étendue à l'étage) et goûteuse cuisine de la mer.

POUR SE FAIRE PLAISIR

Côté Mer – *4 r. E-Lamort, rte de la corniche - ✆ 02 99 89 66 08 - www.restaurant-cotemer.fr - fermé mar. soir, dim. soir hors saison et merc., 1 sem. fin juin, 2 sem. en nov. et vac. de fév. - formule 24 € - 39,50/74 €.* La vue sur la baie et le port est bien agréable. Poissons, coquillages et crustacés ont ici le vent en poupe et sont préparés avec finesse. Plateaux de fruits de mer sur commande.

Le Coquillage – *Château Richeux, rte du Mont-St-Michel, à 6,5 km par D 76, D 155 et voie secondaire - ✆ 02 99 89 25 25 - www.maisons-de-bricourt.com - fermé de mi-janv. à fin fév. - ♿ 💳̸ - menu déj. 27 € - 58/135 €.* Séduisant bistrot dont la cuisine de la mer influencée par Olivier Rœllinger (un menu reprend ses créations) est servie dans une salle panoramique ou en terrasse sous les pins.

Le Troquet – *19 quai Gambetta - ✆ 02 99 89 99 42 - fermé jeu. et vend. sf août, mi-nov.-fin janv. - formules déj. 18/25,50 € - 38,50/60 €.* Un sympathique bistrot à dénicher parmi les nombreuses enseignes qui bordent le quai. Poissons et crustacés de premier choix, dont les fameuses huîtres de Cancale.

UNE FOLIE

Breizh Café et **La Table de Breizh Café** – *7 quai Thomas - ✆ 02 99 89 61 76 - www.breizhcafe.com - fermé mar. sf juil.-août, merc. et janv. - crêperie 13/34 € - menu 38 € (en sem.), carte 48/120 €.* Sur le port, au rez-de-chaussée, une crêperie de qualité ; à l'étage, un restaurant gastronomique étoilé dirigé par un chef japonais. La cuisine est subtilement nipponisante, même si on y déguste les huîtres de Cancale. Le décor, lui, ne déparerait pas au pays du Soleil Levant, à ceci près que le mont Fuji cède ici la place au Mont-St-Michel.

BOIRE UN VERRE

Bar Le Tapecul – *10 pl. du Calvaire - ✆ 02 99 89 80 83.* Bienvenue à bord ! Ambiance marine pour ce café à matelots dont le bar est en forme de coque de bateau. Concerts certains soirs.

Le Tangon – *2 quai Thomas - ✆ 02 99 89 60 71 - 9h-21h - sandwichs 3,50/5,20 €, moules 11,50/12,40 €, huîtres 8,20/14,50 €.* Placé sous l'égide d'Arthur Rimbaud et de son vers devenu fameux (les « flots abracadabrantesques »), une vaste terrasse, idéale pour se poser devant un verre et suivre l'animation du port. On peut aussi y satisfaire une petite faim, peut-être en dégustant quelques huîtres sur le pouce.

Grain de Vanille (Les Maisons de Bricourt) – *12 pl. de la Victoire - ✆ 02 23 15 12 70 - tlj sf mar.-merc. 9h-12h30, 14h30-18h30.* Salon de thé, biscuiterie et confiserie où l'on se plaît à se poser devant un chocolat aux épices ou une glace.

ACHATS

Les Petits Fruits de la Baie – *5 r. des Clossets - 35350 St-Méloir-des-Ondes - ✆ 02 99 89 10 06 - mai-sept. : tlj sf dim. 8h-12h, 15h30-18h30 ; janv.-avr. : lun., merc. et vend. 9h-12h, 13h30-16h30 - fermé oct.-déc. et j. fériés.* Exploitation spécialisée dans les fruits rouges et les kiwis. Boutique de vente des produits de la ferme : fruits – récoltés sur place, leur qualité et leur fraîcheur sont garanties –, miel et confitures maison. Possibilité de cueillette.

Le Panier des Saveurs - *19 r. du Port - ✆ 02 99 80 35 97 - mar.-sam. 8h30-13h, 15h-19h, dim. 8h30-12h30.* Tout pour le pique-nique : primeurs, crêpes et épicerie fine… On y trouve même du sucre pétillant !

La Maison Guella – *1 r. du Brocanteur (par l'av. du Gén.-de-Gaulle, puis à droite au 3e rond-point) - ✆ 02 99 40 83 43 - www.confiserie-guella.com.* Découverte de l'atelier de fabrication d'une biscuiterie artisanale légendaire, spécialiste également de caramels au beurre salé et de bien d'autres friandises (boutiques à Saint-Malo, *voir p. 169*, Dinan et Dinard).

ACTIVITÉS

Centre nautique de Cancale – *À droite de la plage de Port-Mer – ✆ 02 99 89 90 22 - centrenautiquecancale.fr - mars-nov.* Optimist, catamaran KL 13.5, Hobie cat 16 max ou planche à voile : une équipe jeune et dynamique vous initiera à tous ces supports depuis la plage de Port-Mer. Location possible de ces matériels et de bateaux à moteur ; point passion plage. Balades en mer d'une demi-journée sur un bateau traditionnel. Balade ornithologique en kayak.

Défi Saint-Malo Aggio – *✆ 06 46 48 76 35 - www.defistmaloagglo.com - juin-sept. - 90 €/pers., 1/2 j., sur réserv.* Sortie en mer sur le trimaran de la Route du Rhum skippé par Gilles Lamiré.

Bisquine La Cancalaise – *✆ 02 99 89 77 87 - http://lacancalaise.org - de mi-avr. à fin oct. - navigation et escale commentée : 72 € (enf. 45 €)/j.* Sortie-découverte du milieu maritime à bord d'un voilier de pêche traditionnel.

Balade corsaire – *Plage de Port-Mer - ✆ 02 99 89 63 86 - www.cuisine-corsaire.fr.* Une balade dégustation proposée par le chef Emmanuel Tessier, ancien second d'Olivier Roellinger. *Juin à août : vend. 17h à 21h ; avr., mai et sept. : vend. 10h à 14h - 124 €/pers (groupe de 4 pers. minimum).*

Excursion au Mont-St-Michel – En juillet-août, en train et/ou car avec le Pass Ligne Baie (*voir p. 225*).

Dol-de-Bretagne

★

5 335 Dolois – Ille-et-Vilaine (35)

NOS ADRESSES PAGE 214

S'INFORMER

Office du tourisme du pays de la baie du Mont-St-Michel – *5 pl. de la Cathédrale - 35120 Dol-de-Bretagne - ✆ 02 99 48 15 37 - www.pays-de-dol.com - juil.-août : 10h-13h, 14h-18h ; juin et sept. : 10h-12h30, 14h-18h, dim. 14h-18h ; reste de l'année : tlj sf dim. 10h-12h30, 14h-18h, lun. 14h-18h - fermé 1er janv., 1er Mai et 25 déc.*

SE REPÉRER

Carte de microrégion B2 (p. 150) – *carte Michelin Départements 309 L3.* Traversée par la N 176, Dol se trouve à l'intérieur des terres, à mi-chemin du Mont-St-Michel et de St-Malo. Rennes est à 70 km plus au sud.

À NE PAS MANQUER

La cathédrale St-Samson et la vue du mont Dol.

ORGANISER SON TEMPS

Soyez sur le mont Dol au coucher du soleil pour admirer le panorama sous sa plus belle lumière.

AVEC LES ENFANTS

Visitez le Médiévalys et le musée de la Paysannerie à Baguer-Morvan avant de vous rendre à la Chèvrerie du désert.

2

Ancienne cité épiscopale, Dol est située sur le bord d'une falaise que le flot venait encore battre au 10e s. Aujourd'hui, son sommet offre une vue dégagée sur la région, de Cancale jusqu'au Mont-St-Michel. À mi-chemin de cette merveille et de St-Malo, la ville propose aux visiteurs de passage un patrimoine architectural de grande qualité.

Se promener Plan de ville

★★ Cathédrale Saint-Samson

✆ 02 99 48 00 48 - 9h-18h - possibilité de visite guidée en juil.-août.

Ce très vaste édifice de style gothique, qui porte le nom du premier évêque de Dol, mort en 565, fut bâti aux 12e et 13e s. puis complété jusqu'au 16e s. Il donne une idée de l'importance qu'avait alors l'évêché de Dol. À l'extérieur, côté sud, voyez le **grand porche★** (14e s.) et le petit porche (13e s.). Au nord, la cathédrale offre l'aspect d'une forteresse.

Intérieur – Le vaisseau atteint 100 m de long. Dans le chœur, on admire la **verrière★★** à médaillons du 13e s. qui a été restaurée, les 80 stalles (14e s.) et le trône épiscopal (16e s.) en bois sculpté. Dans le croisillon gauche, on remarque le tombeau de l'évêque Thomas James, gouverneur du château St-Ange à Rome, exécuté par les Florentins Antoine et Jean Juste (16e s.). Dans le bas-côté nord, Christ aux outrages. Et une curiosité : le double puits, à la fois intérieur et extérieur.

SE LOGER

Croix Galliot (Chambre d'hôte La)....... 4

Domaine des Ormes (Le).. 5

Ferme de la Haute Lande (Chambre d'hôte)........... 7

Golf & Country Club (Hôtel) 11

Hôtel de la Gare................... 10

Mesnil des Bois (Chambre d'hôte Le)...... 12

Mont-Dol (Château de)..................... 14

SE RESTAURER

Cour Verte (Auberge de la)................ 1

Food Shop............................. 2

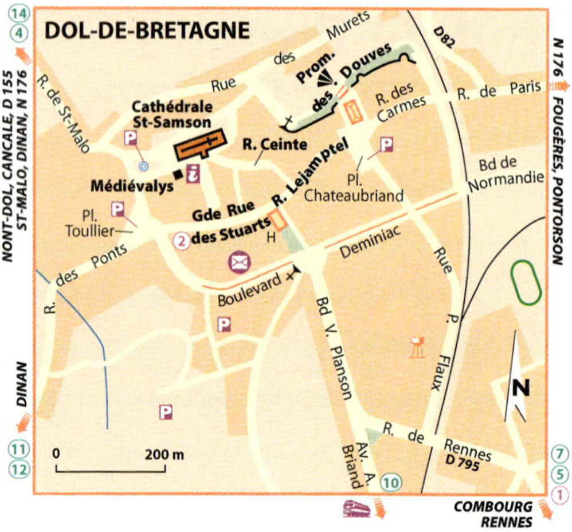

★ Médiévalys

✆ 02 99 48 35 30 - www.medievalys.fr - ♿ - juil.-août : 10h-19h ; mai-juin : 10h-18h ; reste de l'année : se rens. - 6,50 € (-18 ans 5 €) - 19 € billet famille (2 adultes + 2 enf.), audioguide disponible. Animations enf. juil.-août et vac. de la Toussaint : merc. - possibilité de visite guidée (75mn). Sous titrée « les secrets des cathédrales », cette exposition, dans l'ancien palais épiscopal, nous plonge dans l'univers des compagnons bâtisseurs du Moyen Âge. Films pédagogiques, maquettes et reconstitutions d'atelier nous initient aux techniques et au vocabulaire de la construction, aux outils (la corde à 13 nœuds) et à la symbolique des grandes cathédrales gothiques. Jeu-questionnaire pour les enfants.

Promenade des Douves

Appelé aussi promenade Jules-Revert, ce jardin public joliment réaménagé longe la douve des remparts nord. On y voit la grosse tour des Carmes, l'une des 12 tours de défense. De là, belle **vue★** sur le mont Dol et le « marais ».

Maisons anciennes

Au cœur de la cité médiévale subsistent de belles maisons à colombages.

Grande-Rue-des-Stuarts – Son nom rappelle que la famille royale des Stuarts (Écosse et Angleterre) est originaire de Dol. Au n° 17, « les Petits Palets » (11e et 12e s.) présentent une belle arcature romane ; au n° 27, maison de la Guillotière (13e s.) ; au n° 33, demeure de 1617 à belles lucarnes ; au n° 18, le logis de la Croix verte et du donjon est une ancienne auberge des Templiers avec cave voûtée (12e s.) ; au n° 32, charmante cour « es Chartier et Hostel es Pledran » (16e s.).

Rue Lejamptel – Au n° 31, « la Grisardière » (12e ou 13e s.) ; au n° 27, maison à piliers (15e s.).

Rue Ceinte – Au n° 1, dans la portion de rue autrefois de la Poissonnerie, vieille maison de marchand (15e s.) avec étal de granit, de même qu'au n° 4, « la Grabottais » ; au n° 16, manoir du Grand Chantre (1668).

LE MARAIS DE DOL

On appelle ainsi le terrain gagné sur les marais et la mer, dans la baie du Mont-St-Michel. Il s'étend sur 15 000 ha, de l'embouchure du Couesnon au voisinage de Cancale. Grâce à un travail d'assèchement séculaire, ce polder se présente aujourd'hui comme une plaine de polyculture.

À proximité Carte de microrégion

★ Mont Dol B2

2 km au nord. Quittez Dol-de-Bretagne en direction de Cancale.

La légende raconte que dans son combat avec Satan, **saint Michel** perça un trou dans le roc du mont Dol et y précipita son ennemi. Mais le diable réapparut sur le Mont-St-Michel. Le bond que fit alors l'archange pour l'atteindre nécessita une détente si vigoureuse que l'empreinte de son pied resta imprimée dans la roche ! Dans la réalité, cette éminence granitique (65 m) domine une vaste plaine, faisant figure de petite montagne. Enroulé à son pied, le bourg abrite une **église** dont la nef conserve un bel ensemble de fresques des 12e et 14e s. retraçant la vie du Christ.

Une route mène au sommet du mont, où sont dispersés un moulin (crêperie), un premier belvédère à gauche, qui regarde vers l'arrière-pays, et une tour en haut de laquelle vous aurez le **panorama★** le plus étendu sur : au nord, les îles Chausey, Cancale et la pointe du Grouin ; au nord-est, le Mont-St-Michel, Avranches, Granville ; du calvaire, au sud, à la lisière du marais, Dol et sa cathédrale et, à l'arrière-plan, les hauteurs d'Hédé ; enfin, à ses pieds, le bocage du marais de Dol.

Saint-Marcan B2 *(voir Le Mont-St-Michel, p. 224)*

Le Vivier-sur-Mer et Cherrueix *(voir Le Mont-St-Michel, p. 224)*

Circuit conseillé Carte de microrégion

2

AU PAYS DE DOL-DE-BRETAGNE B2

Circuit de 30 km tracé en bleu sur la carte p. 150 – environ 2h30. Quittez Dol par la D 795. Laissez la route d'Epiniac à gauche ; 600 m après, tournez à gauche, puis prenez un chemin goudronné, à droite.

Menhir de Champ-Dolent

C'est l'un des plus beaux menhirs de Bretagne (9,50 m de haut, 8,70 m de circonférence). Il provient du filon granitique de Bonnemain situé 5 km au sud. L'appellation Champ-Dolent – champ de douleur – évoque un combat légendaire qui se serait livré ici.

Faites demi-tour et reprenez la D 795 vers Combourg.

Musée de la Paysannerie à Baguer-Morvan

06 33 43 33 87 - www.museedelapaysannerie.com - - de mi-juin à mi-sept. : 10h-18h - fermé sam. - 5 € (-12 ans 3 €). Il retrace plus d'un siècle de vie paysanne : reconstitution d'intérieurs, présentation de matériel agricole, véhicules hippomobiles, outils d'autrefois, vieilles reproductions de scènes agricoles. Dégustation de cidre en fin de visite.

Prenez la D 119 jusqu'au Tronchet.

Le Tronchet

Dans le village, le cloître de l'abbaye N.-D.-du-Tronchet est construit sur les ruines d'un couvent bénédictin du 12e s. Au milieu trône un houx géant vieux de trois cents ans.

Suivez les panneaux « Forêt du Mesnil » pour sortir du village par la D 9, puis ceux indiquant « La Maison des fées ». Garez-vous sur le parking, puis faites 300 m à pied.

La Maison des fées – Cette allée mégalithique, aussi appelée « Dolmen de Tressé », est couverte de huit grandes dalles. Les sculptures de seins et de colliers sur les vestiges de la chambre funéraire symbolisent le culte de la déesse-mère et sont à l'origine de son nom actuel.

Revenez au Tronchet, et suivez la D 9 puis la D 10.

Église d'Epiniac

Dans le bas-côté gauche de l'**église**, l'autel présente une Dormition de la Vierge, haut-relief polychrome du 16e s.

Prenez la D 85 vers le sud et tournez à gauche dans la D 285.

Broualan

Au centre du village, près d'un remarquable petit calvaire, se dresse l'église du 15e s., agrandie au 16e s. Son chevet est orné de contreforts à pinacles et de belles fenêtres flamboyantes. À l'intérieur, de nombreux autels de granit, des crédences ouvragées, un tabernacle du maître-autel soutenu par des anges et une pietà polychrome du 16e s.

Château de Landal – *4 km jusqu'au hameau de la Chevillonais - ✆ 06 85 29 48 93.* Ce château médiéval est situé dans un domaine (parc, chapelle, étang) ouvert au public en été.

Par La Boussac, regagnez Dol.

NOS ADRESSES À DOL-DE-BRETAGNE

HÉBERGEMENT

PREMIER PRIX

Hôtel de la Gare – *21 av. Aristide-Briand - ✆ 02 99 48 00 44 - www.hoteldelagare35.com -13 ch. 35/50 € - ☕ 6,50 €.* Les chambres de cet hôtel (qui fait bar-PMU) ne sont pas très grandes mais plaisamment colorées et bien insonorisées ; certaines permettent l'accueil de familles. Belle salle des petits-déjeuners.

À proximité

BUDGET MOYEN

Chambre d'hôte La Croix Galliot – *28 La Croix-Galliot - 35120 Cherrueix - 8 km rte de Cherrueix par D 82, puis dir. Baguer-Pican par D 85 - ✆ 02 99 48 90 44 - www.la-croix-galliot.fr - fermé janv. - P - 5 ch. 47/51 € ☕.* À 3 km de la plage de Cherrueix, ancienne ferme céréalière disposant de chambres confortables, au calme, et d'un salon qui s'ouvre sur le jardin. Deux gîtes et six emplacements de camping sont aussi disponibles.

Chambre d'hôte Ferme de la Haute Lande – *3 km de Dol-de-Bretagne rte de Rennes, puis dir. Epiniac et rte secondaire à gauche - ✆ 02 99 48 07 02 - www.lahautelande.fr - fermé 1 sem. en hiver - P - 3 ch. 55 € ☕ - 1 gîte (450/550 €/sem.).* Jouissant d'une situation isolée, cette ferme en pierre qui poursuit son activité laitière est l'adresse idéale pour se mettre au vert. Vous y dormirez dans des chambres sobres et nettes, desservies par un bel escalier en bois datant du 17e s.

POUR SE FAIRE PLAISIR

Le Domaine des Ormes – *35120 Epiniac - 7 km au sud par rte de Combourg - ✆ 02 99 73 53 40 - www.lesormes.com - ♿ P - 45 ch. 85/115 € - ☕ 12 € - ✕ 30/40 € (le soir seult).* Un domaine de 200 ha avec activités variées (équitation, golf, parc aquatique) et repos mérité dans des chambres sobres et pratiques ou pour les aventureux, dans des cabanes logées dans les arbres. Pause gourmande simple et traditionnelle ; détente au bar face à la piscine.

Hôtel Golf & Country Club – *Domaine St-Yvieux - 35540 Le Tronchet - 11 km au sud-ouest par D 119 puis D 75 - ✆ 02 99 58 98 99 - www.saintmalogolf.com - fermé 20 nov.-1er mars - 30 ch. 90/136 € - ☕ 12 € - 🍴 menu 27 € - 25/40 € (le soir seult).* Cet ancien prieuré du 19e s. abrite de grandes chambres dans des tons clairs, disposant d'une loggia ou d'une miniterrasse. Le restaurant donne sur l'étang et offre une vue panoramique sur les greens. Cuisine traditionnelle.

Château de Mont-Dol – *1 r. de la Mairie - 35120 Mont-Dol - ✆ 02 99 80 74 24 - www.chateaumondol.com - 5 ch. 87/98 € - table d'hôte 36 € bc.* Beaucoup de charme dans cette vaste demeure dotée d'un superbe jardin fleuri. À table, le chef met à l'honneur avec talent les produits de la région.

UNE FOLIE

Chambre d'hôte Le Mesnil des Bois – *35540 Le Tronchet - 2 km au sud-ouest du Tronchet par D 9 et D 3 - ✆ 02 99 58 97 12 - www.le-mesnil-des-bois.com - P - fermé de mi-nov. à fin fév. - 5 ch. 120/140 € ☕ et 1 gîte 4/5 pers.* Cette belle ferme-manoir (16e s.) isolée en lisière de forêt appartenait aux descendants de Surcouf. Jolies chambres aux meubles anciens.

RESTAURATION

BUDGET MOYEN

Auberge de la Cour Verte – *Rte de Rennes - ✆ 02 99 48 41 41 - www.auberge-de-la-cour-verte.com - fermé lun. et sam. midi. - ♿ P - formule déj. 10,80 € - 23/35 €.* Ce restaurant aménagé dans une ferme de 1640 doit sa réputation à ses grillades. Salle à manger animée par le spectacle de la cheminée en pierre devant laquelle officie le patron. La carte propose également des spécialités belges et des crêpes.

Food Shop – *43 Grande-Rue-des-Stuarts - ✆ 02 99 48 01 54 - www.foodshop.fr - fermé lun.-jeu. le soir et dim. - formule déj. 11,50 € - 23/25 €.* Dans ce bistrot contemporain orné de magnifiques photos culinaires, la cuisine met en scène l'huile d'olive et les épices dans des plats ensoleillés et exotiques, en pays de beurre salé. L'endroit est convivial, l'accueil sympathique et le patron plein d'humour.

BOIRE UN VERRE

Bistrot Boris – *6 r. Lejamptel - ✆ 02 99 80 91 36 - fermé mar. soir et dim. soir.* Un café à l'ancienne au décor gentiment loufoque.

ACHATS

Marché – *Sam. mat. dans la Grande-Rue.*

La Chèvrerie du désert – *« Le Désert », 35540 Plerguer - 9 km à l'ouest de Dol par D 676 - ✆ 02 99 58 92 14 - www.chevreriedudesert.com - juil.-août : 11h-18h30 - avr.-juin : 14h30-18h30 sf lun.-mar. - ♿ P - 6,50 € (enf. 5,50 €).* Ferme pédagogique et récréative avec élevage de chèvres, ânes du Poitou, moutons d'Ouessant, cochons du Vietnam, vaches jersiaises… Les enfants peuvent rejoindre les chèvres naines dans leur enclos. Traite à 17h30. Boutique et goûter à la ferme.

ACTIVITÉS

Excursion au Mont-St-Michel – En juillet-août, en train et/ou car avec le Pass Ligne Baie (*voir p. 225*).

2

Le Mont-Saint-Michel

★★★

72 Montois – Manche (50)

NOS ADRESSES PAGE 225

S'INFORMER

Office du tourisme du Mont-St-Michel – *Bd Avancée - 50170 Le Mont-St-Michel - ✆ 02 33 60 14 30 - www.ot-montsaintmichel.com - juil.-août : 9h-19h ; vac. de Pâques, ponts de mai et sept. : 9h-18h30, dim. 9h-12h30, 14h-18h ; du dim. de Pâques à fin juin : 9h-12h30, 14h-18h30, dim. 9h30-12h30, 14h-18h ; reste de l'année : se rens. - fermé 1er janv.*

Centre d'information touristique – *Parc de stationnement - 50170 Mont-St-Michel - ✆ 02 33 70 74 65 - www.projetmontsaintmichel.fr - tlj, h se rens. - espace présentant le projet de rétablissement du caractère maritime du Mont.*

SE REPÉRER

Carte de microrégion C1 (p. 150) – *carte Michelin Départements 303 C8.* Le Mont se situe à l'extrême nord de la D 976, qui naît à Pontorson, 10 km au sud. De là, la N 175 file au nord-est vers Avranches (21 km). Dol-de-Bretagne se situe 20 km à l'ouest par la N 176.

SE GARER

Le vaste parking public payant est bien indiqué. Il jouxte le Centre d'information touristique et la place des Navettes d'où partent les transports vers le Mont (*voir « Nos adresses »*). Parking payant *(12 € la journée par voiture, paiement en espèces ou en carte aux bornes placées contre le Centre d'information, ou aux bornes de sortie, en carte uniquement).*

À NE PAS MANQUER

Le panorama sur la baie depuis les remparts et l'abbaye. Les randonnées et traversées de la baie à pied ou à cheval.

ORGANISER SON TEMPS

Renseignez-vous sur les horaires de marée, pour observer l'arrivée ou la fuite de la mer depuis les remparts.

AVEC LES ENFANTS

Découvrez la baie et les moules en Mytili-mobile au départ du Vivier-sur-Mer.

Pourquoi le Mont-St-Michel fascine-t-il autant ? Certainement parce que, au-delà de la beauté de son architecture et de la richesse de son histoire, un mystère s'en dégage, lié au rythme des marées, à la tombée du jour, au cri des mouettes rieuses, au sable mélangé à l'herbu… On ne peut aimer le Mont-St-Michel sans prendre la mesure de l'immensité sauvage qui l'entoure. Le rocher et la baie ne font qu'un. C'est la raison pour laquelle l'un comme l'autre sont classés sites du Patrimoine mondial de l'Unesco et que des projets sont mis en œuvre pour que le Mont redevienne bientôt une île.

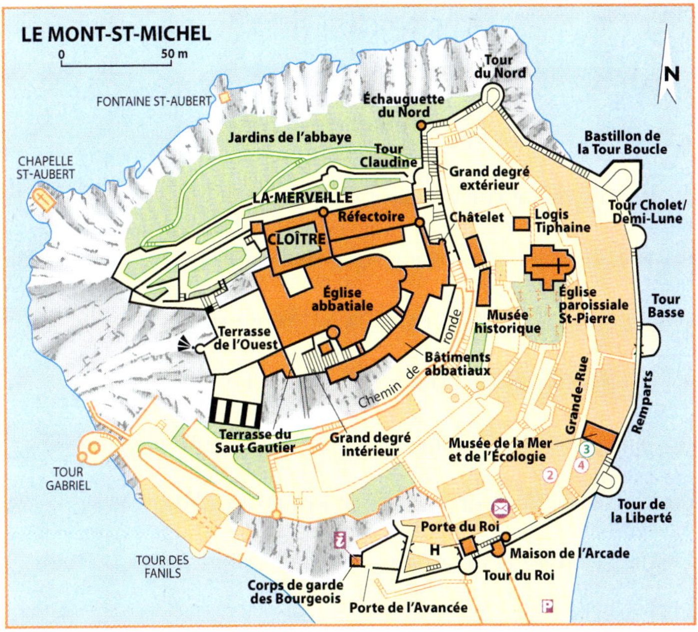

SE LOGER	SE RESTAURER	
St-Pierre (Auberge)............ (3)	Mère Poulard (La)................ (2)	Sirène (La)................................ (4)

Se promener

LE BOURG Plan du Mont

Défenses avancées

La porte de l'Avancée donne accès à une première cour fortifiée. À gauche, le **corps de garde des Bourgeois** (16e s.) est actuellement le siège de l'office de tourisme ; à droite, les « michelettes », bombardes anglaises (machines de guerre lançant des boulets) prises au cours d'une attaque militaire pendant la guerre de Cent Ans. Après une deuxième porte et une seconde cour fortifiée, la **porte du Roi** (15e s.) possède encore ses mâchicoulis et sa herse. On l'appelle ainsi parce qu'y était logé le contingent symbolique que le roi entretenait au Mont, pour rappeler ses droits. On débouche enfin dans la Grande-Rue. La jolie maison de l'Arcade, à droite, servait de caserne aux soldats de l'abbé.

★ Grande-Rue

Étroite et en pente, elle est bordée de maisons anciennes (15e-16e s.) dont plusieurs ont gardé leur nom d'antan : le **Logis St-Étienne**, le **Vieux Logis**, la **Sirène** et la **Truie-qui-file**. Coupée de marches à son sommet, elle est extrêmement fréquentée en été. Les étalages de marchands de souvenirs l'envahissent, tout comme à l'époque des plus fervents pèlerinages, au Moyen Âge.

★★ Remparts

13e-15e s. La promenade sur le chemin de ronde offre de belles **vues** sur la baie, particulièrement depuis la tour nord : on distingue le rocher de Tombelaine, sur lequel Philippe Auguste avait fait bâtir des fortifications.

Un site du Patrimoine mondial

CAPRICIEUSE GÉOGRAPHIE

Entre Bretagne et Normandie

Le Mont-St-Michel est un îlot granitique d'environ 900 m de circonférence et 80 m de haut, relié au continent par une digue construite en 1877. Le site est le plus souvent cerné par d'immenses bancs de sable, dont les mouvements, suite aux marées, ont maintes fois déplacé l'embouchure des rivières côtières : la Sée, la Sélune et le Couesnon. Celui-ci, jadis orienté au nord-ouest à partir de Pontorson, constituait la frontière entre les duchés de Normandie et de Bretagne. Ses divagations menaçant les digues et les polders, il fut canalisé en 1863, fixant définitivement la ligne de partage entre les deux régions.

Quand le Mont redevient une île

Le grand projet de désensablement du Mont-St-Michel avait pour objet de lui rendre son caractère maritime. La construction du barrage du Couesnon a marqué la première étape de ce vaste projet ; l'ouvrage contribue notamment à repousser plus efficacement le sable vers le large. Les parkings sont quant à eux éloignés sur la terre ferme dans un cadre paysager et les visiteurs peuvent emprunter des navettes motorisées silencieuses ou des maringotes tractées par des chevaux de trait. Enfin, un pont-passerelle mis en service au printemps 2014 remplace la digue-route plus que centenaire (1879) ; sa destruction programmée en 2015 marquera la fin du projet… non sans de nombreuses polémiques liées à son coût de réalisation (185 millions d'euros), mais également à son aspect peu pratique. L'éloignement des parkings rallonge le temps d'accès de 45mn environ, et les navettes sont parfois trop petites ce qui occasionnent des files d'attente... dans le vent ou sous la pluie... que vous aurez vite oubliées cependant lorsque vous dominerez cette magnifique baie.

Pour plus d'informations, vous pouvez visiter le Centre d'information touristique *(voir p. 216)* ou consulter le site *www.projetmontsaintmichel.fr.*

L'ÎLOT SACRÉ

La fondation

L'archange saint Michel étant apparu trois fois en songe à Aubert, évêque d'Avranches, ce dernier fonda sur le mont Tombe un oratoire. Celui-ci fut remplacé par une abbaye carolingienne au début du 8e s.

Les premiers pèlerinages

Peu de temps après la fondation du sanctuaire, les fidèles affluent au Mont, même pendant la guerre de Cent Ans. Les Anglais, alors maîtres de la région, accordent, moyennant finances, des sauf-conduits aux fidèles. On voit ainsi arriver pêle-mêle des nobles, des riches bourgeois et des gueux, qui vivent d'aumônes pendant leur voyage et sont hébergés gratuitement par les moines à l'aumônerie. L'hôtellerie comme le commerce des « souvenirs » sont déjà florissants au Moyen Âge. Les pèlerins, appelés « miquelots », achètent des insignes portant l'effigie de saint Michel et des ampoules de plomb qu'ils remplissent du sable de la grève. Ils prennent aussi des risques : la traversée de la baie n'allait pas sans enlisements ou noyades. C'est pourquoi le Mont fut également dénommé St-Michel-au-Péril-de-la-Mer.

De l'abbaye à la prison

Au 17e s., les mauristes, moines bénédictins appartenant à la congrégation de St-Maur, sont chargés de réformer le monastère.

En matière architecturale, ils font œuvre décevante, se contentant de tailler et de rogner dans les bâtiments. La transformation de l'abbaye en prison ajoute encore aux déprédations. « Bastille » provinciale avant la Révolution, le Mont devient, en 1811, une prison pour les condamnés de droit commun et pour quelques détenus politiques, comme Barbès, Blanqui et Raspail.

Le retour des religieux

En 1874, l'abbaye et les remparts sont confiés au service des Monuments historiques. Ce n'est qu'en 1969 que le site retrouvera en partie sa vocation d'origine avec l'installation de quelques religieux, qui assurent depuis cette date une présence spirituelle permanente.

LES ÉTAPES DE LA CONSTRUCTION

Apporter des blocs de granit, parfois des îles Chausey ou de Bretagne, et les hisser à pied d'œuvre ne fut pas une mince affaire. L'arête du sommet étant fort étroite, on dut chercher appui sur les flancs du rocher.

11e-12e s.

Une église est bâtie (1017-1144) au sommet du rocher. L'édifice carolingien antérieur est utilisé comme crypte (N.-D.-sous-Terre) pour soutenir la plate-forme où s'élèvent les trois dernières travées de la nef romane.

13e-16e s.

Édification de l'abbaye gothique *(entrée à l'est)*. Les bâtiments conventuels sont élevés sur le flanc ouest du Mont et de part et d'autre de la nef. Sont également construits à cette époque : – au nord, les magnifiques bâtiments de la Merveille (1211-1228) affectés aux moines, aux pèlerins et à la réception des hôtes de marque ; – au sud, les bâtiments abbatiaux (13e-15e s.) consacrés à l'administration, au logement de l'abbé et à la garnison ; – à l'est, le châtelet et les défenses avancées (14e s.) qui protègent l'entrée.
Le chœur roman de l'église, qui s'était écroulé, est rebâti (1446-1521) sur une nouvelle crypte. Plus magnifique encore, il est de style gothique flamboyant.

18e-19e s.

En 1780, les trois dernières travées de la nef sont démolies, ainsi que la façade romane. En 1897, on édifie le clocher actuel : surmonté d'une belle flèche que termine le *Saint Michel* de Frémiet, il culmine à 157 m.

L'HISTOIRE DE L'OMELETTE DE LA MÈRE POULARD

Née en 1851 à Nevers, Annette Boutiaut, femme de chambre de son état, accompagne la famille d'Édouard Corroyer (1837-1904), élève de Viollet-le-Duc et architecte chargé de la restauration de l'abbaye. Elle se marie avec Victor Poulard, fils du boulanger local. Ils prennent en gérance l'hôtel-restaurant St-Michel Tête d'Or. Vers 1875, touristes et pèlerins accèdent encore au Mont à pied ou à cheval, selon la marée. Une bonne aubergiste ne devant se laisser prendre au dépourvu, Annette a toujours des œufs en réserve, prête à battre une omelette pour ses hôtes. Son accueil et la qualité de sa cuisine font grandir sa notoriété. Elle disparaît en 1931 et les critiques gastronomiques s'interrogent encore : est-ce parce que les jaunes d'œufs sont battus séparément des blancs, qui eux, sont montés en neige, que son omelette est si mousseuse ?

Musée de la Mer et de l'Écologie

✆ 02 33 60 85 12 - 9h-18h - 9 € (-18 ans gratuit) - 18 € billet combiné avec le logis Tiphaine, le Musée historique et l'Archéoscope.

Visite audioguidée présentant à travers des films l'environnement naturel du Mont, les mécanismes des marées et les dangers de la baie, ainsi que le phénomène d'ensablement. Collection de 250 **maquettes** anciennes de bateaux.

Église paroissiale Saint-Pierre

Datant du 11e s., elle a été très remaniée. L'abside enjambe une ruelle menant au cimetière. L'église abrite du mobilier provenant de l'abbaye. Dans la chapelle du bas-côté droit, statue de saint Michel, et dans la chapelle à droite de l'autel, statues de la Vierge à l'Enfant (15e s.) et de sainte Anne.

Logis Tiphaine

✆ 02 33 60 23 34 - www.lemontsaintmichel.info - 9h30-17h30 - fermé 12 nov.-15 fév. - 9 € (-18 ans gratuit) - 18 € billet combiné avec le musée de la Mer et de l'Écologie, le Musée historique et l'Archéoscope - possibilité de visite guidée (20mn).

Pendant qu'il allait combattre en Espagne, Du Guesclin, qui fut capitaine du Mont, aurait fait loger ici sa femme Tiphaine Raguenel, jolie Dinannaise cultivée et connue pour ses dons d'astrologue. Le logis, meublé du 15e au 19e s. et très restauré au 19e s., s'organise sur trois étages (une pièce et un jardinet par étage).

Musée historique

✆ 02 33 60 07 01 - 15 fév.-11 Nov. : 9h30-17h30 - 9 € (-18 ans gratuit) - 18 € billet combiné avec le musée de la Mer et de l'Écologie, le logis Tiphaine et l'Archéoscope - possibilité de visite guidée (20mn).

Il retrace les 1 000 ans d'histoire du Mont à travers un court son et lumière et des vitrines d'objets de collection (armes, peintures, sceaux et cachets, coffres de corsaire). La visite se termine dans les cachots de la prison.

★★★ ABBAYE Plan de l'abbaye

✆ 02 33 89 80 00 - http://mont-saint-michel.monuments-nationaux.fr - mai-août : 9h-19h ; reste de l'année : 9h30-18h - fermé 1er janv., 1er Mai et 25 déc. - 9 € (-25 ans gratuit) - accès à l'abbaye gratuit pour participer à l'office : messe chantée tlj sf lun., RV à 12h, dim. 11h15 devant les grilles d'entrée de l'abbaye - possibilité de visite guidée.

Bon à savoir – Petite **astuce** pour accéder à l'abbaye en évitant d'emprunter la rue principale, très vite bondée : au lieu de franchir la porte de l'Avancée qui donne accès au Mont, suivez la muraille à gauche en direction de la tour des Fanils. Passez sous le porche et suivez la voie qui serpente jusqu'au chemin de ronde. Ce dernier vous mènera au pied des marches de l'abbaye.

La visite s'effectue à travers un dédale de couloirs et d'escaliers, par étage et non par bâtiment ou par époque.

Défenses avancées

On atteint le Grand Degré, escalier qui conduit à l'abbaye. Une porte pivotante pouvait l'obstruer. En haut et à droite s'ouvre l'entrée des jardins, puis s'amorce l'escalier des remparts.

On passe sous l'arche d'une ancienne porte pour pénétrer dans une cour fortifiée que domine le **châtelet**. Il se compose de deux hautes tours, en forme de bombardes dressées sur leur culasse et reliées par des mâchicoulis. Même dans cet ouvrage militaire, on retrouve le souci d'art du constructeur : la muraille est bâtie en assises alternées de granit rose et gris, d'un heureux effet. De là part un escalier couvert d'une voûte en berceau surbaissé, peu éclairé : ce passage abrupt est appelé l'**escalier du Gouffre**.

Salle des gardes ou Porterie

C'était la plaque tournante de l'abbaye. Les pèlerins indigents étaient dirigés, en passant par la cour de la Merveille, vers l'aumônerie. Les visiteurs de l'abbé et les fidèles se rendant à l'église empruntaient l'escalier abbatial.

Escalier abbatial (ou Grand Degré)

Cet imposant escalier se développe entre les bâtiments abbatiaux à gauche, et l'église à droite. Il était défendu par un pont fortifié (15e s.). L'escalier aboutit, devant le portail sud de l'église, à une terrasse appelée le « **Saut Gautier** », nom d'un prisonnier qui, de là, se serait jeté dans le vide. C'est également de ce point que partent les visites. La plate-forme de l'Ouest est une vaste terrasse créée par l'arasement des trois dernières travées de l'église : la **vue**★ s'étend sur la baie du Mont-St-Michel.

★★ Église

Le **chevet**, avec ses contreforts, arcs-boutants, clochetons et balustrades, est un chef-d'œuvre de grâce et de légèreté. À l'intérieur, le contraste entre la nef romane, sévère et sombre, et le chœur gothique, élégant et lumineux, est saisissant.

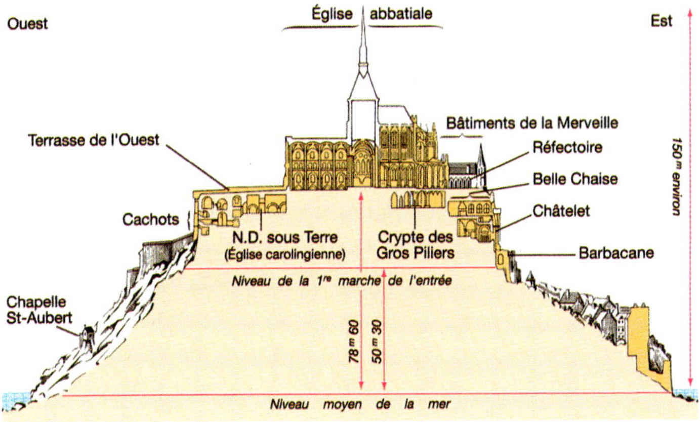

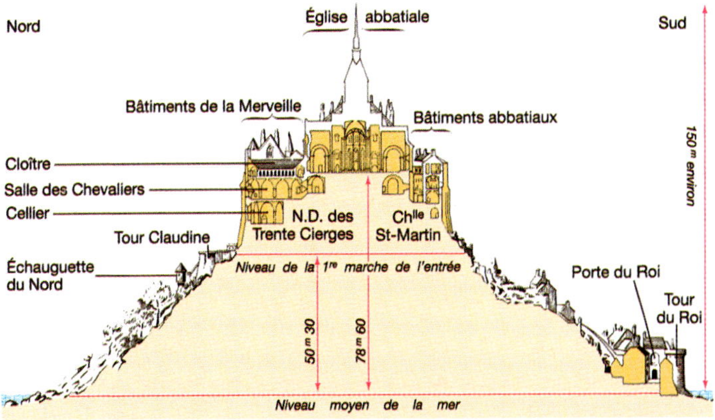

★★★ Merveille

Ce nom désigne les superbes bâtiments gothiques qui occupent la face nord. La partie est de ces constructions (1211-1218) comprend, de bas en haut, l'aumônerie, la salle des Hôtes et le réfectoire ; dans la partie ouest (1218-1228) leur correspondent : le cellier, la salle des Chevaliers et le cloître.

Extérieurement, la Merveille a l'aspect puissant d'une forteresse, tout en accusant, par la noblesse et la pureté de ses lignes, sa destination religieuse. À l'intérieur, on se rend compte de l'évolution accomplie par le style gothique. Depuis les salles basses qui expriment une simplicité presque romane jusqu'au cloître, chef-d'œuvre de finesse, de légèreté et de goût, en passant par l'élégance de la salle des Hôtes, la majesté de la salle des Chevaliers et la luminosité mystérieuse du réfectoire.

★★★ Cloître

Il est comme suspendu entre mer et ciel. Dans son espace clos, les arcades des galeries sont soutenues par de ravissantes colonnettes, disposées en quinconce pour accentuer l'impression de légèreté. Leur ornementation comporte des **sculptures** remarquablement fouillées, dans un décor de feuillage orné çà et là de formes humaines et d'animaux. On y découvre aussi des motifs poétiques illustrant l'art sacré. La teinte même des divers matériaux employés ajoute à l'harmonie de l'ensemble. À droite de l'entrée, le *lavatorium* (lavabo) évoque la célébration du « lavement des pieds » qui se renouvelait tous les jeudis à l'abbaye.

★★ Réfectoire

L'impression est étonnante : il règne une belle lumière diffuse qui, à l'évidence, ne peut provenir des deux baies percées dans le mur du fond ; l'acoustique y est remarquable.

En avançant, on découvre l'artifice de l'architecte : pour éclairer la salle sans affaiblir la muraille soumise à la forte pression de la charpente, il a ménagé des **ouvertures** très étroites et très hautes au fond d'embrasures. Une voûte lambrissée coiffe l'ensemble.

Ancienne abbaye romane

Ses voûtes d'ogives marquent la transition entre le roman et le gothique. On visite le **promenoir des moines**. Une partie du dortoir subsiste.

Grande roue

Elle rappelle l'époque où l'abbaye faisait office de prison. Mue par cinq ou six prisonniers qui marchaient à l'intérieur, cette roue servait à faire monter provisions et matériaux.

Le Mont-Saint-Michel et sa baie où sont enregistrées les plus grandes marées d'Europe.
R. Mattes / hemis.fr

Cryptes

Des trois cryptes qui supportent les croisillons et le chœur de l'église abbatiale, la plus émouvante est **Notre-Dame-sous-Terre** *(accès uniquement lors des visites guidées)*. L'édifice carolingien, qui s'élève à l'endroit même où saint Aubert avait officié, est un simple rectangle de 8 m sur 9, divisé en deux petites nefs par deux arcades retombant sur un pilier central. Le lieu est saisissant, tant par le silence absolu qui y règne que par le souvenir des événements survenus il y a plus d'un millénaire.

En revanche, la plus impressionnante est la **crypte des Gros-Piliers★** (15e s.), merveille de force et de grâce, avec ses dix piliers de 5 m de tour, dont le granit provient des îles Chausey.

2

★ Salle des Hôtes

L'abbé y accueillait les rois (Saint Louis, Louis XI, François Ier) et les visiteurs de marque. L'élégante salle (35 m de longueur) aux voûtes gothiques présente deux nefs séparées par de fines colonnes. Lors des grandes réceptions, cette salle était divisée en deux par un rideau de tapisseries. Une partie servait de cuisine (deux cheminées) et l'autre de salle à manger (cheminée d'ambiance).

★ Salle des Chevaliers

Ce nom fait peut-être allusion à l'ordre militaire de Saint-Michel, qui fut fondé en 1469 par Louis XI, et dont l'abbaye était le siège. Majestueuse et très vaste (26 m sur 18), la pièce est divisée en quatre vaisseaux par trois rangs de robustes colonnes. Chauffée par deux grandes cheminées, c'était le *scriptorium* où travaillaient les moines : travaux d'enluminure, copie de manuscrits, étude des textes religieux ou profanes.

Certains incunables du Mont-St-Michel sont aujourd'hui conservés au Scriptorial d'Avranches qui est ouvert à la visite.

Cellier

Il est divisé en trois par deux lignes de piliers carrés qui soutiennent des voûtes d'arêtes. C'était le magasin d'approvisionnement.

Aumônerie

Cette salle gothique, partagée en deux par une rangée de colonnes, a conservé ses voûtes romanes.

★ Jardins de l'abbaye

Fermés les j. de trop mauvais temps. Entrée libre par la boutique de l'abbaye.

Ils permettent d'apercevoir la façade occidentale du Mont ainsi que la chapelle St-Aubert.

À proximité Carte de microrégion

★★ BAIE DU MONT-SAINT-MICHEL

Environ 100 km de côte bordent cette baie, inscrite depuis 1979 par l'Unesco dans la liste du Patrimoine mondial naturel et culturel. Les îles, les falaises, les plages et les dunes forment des zones riches d'une faune et d'une flore très variées. Le parcours du littoral réserve des **vues★** étonnantes sur le Mont et procure d'agréables promenades entre les polders et les herbus.

Attention ! La baie enregistre le record de France des **marées** avec une amplitude de 14 m. L'eau avance à la vitesse d'un homme marchant d'un bon pas et les courants peuvent parfois créer des phénomènes d'encerclement.

Saint-Marcan B2

21 km à l'ouest. À Pontorson, prenez la N 176, puis la sortie pour la D 89, direction St-Marcan.

Le télégraphe de Chappe – *02 99 80 37 31 - www.cc-baie-mont-st-michel.fr - visite guidée (60mn) juin-sept. : 10h-12h30, 14h-18h30 - fermé lun. et mar. - 3 € (-18 ans 1 €) - gratuit J. du télégraphe (juin) et J. du patrimoine.* Ce télégraphe permettait de transmettre des messages de Paris à Brest en 20mn. Visite du musée et manipulation du mécanisme reconstitué.

Cherrueix B1

27 km à l'ouest sur la D 82.

Le vent est très apprécié à Cherrueix, même si les moulins alignés en bord de mer ont presque tous perdu leurs ailes. Le spectacle est désormais assuré par les amateurs de char à voile qui profitent des magnifiques étendues de sable. Une Fête de l'ail *(juillet)* et de nombreux points de vente témoignent de l'intérêt pour cette culture.

Maison des Produits du Terroir et de la Gastronomie – *11 La Saline - 02 99 80 84 79 - www.lamaisonduterroir.fr - 4 €.* La maison et le moulin attenant présentent de façon attrayante et interactive les produits de la terre et de la mer illustrés par des recettes de Y. Goulvestre, du Château de Mont-Dol *(voir p. 215)*. Vidéo sur la fabrication traditionnelle du cidre et boutique de produits locaux.

Le Vivier-sur-Mer B1

35 km à l'ouest sur la D 155.

Les kilomètres de piquets que l'on aperçoit dans la baie, ainsi que les curieux bateaux à roues en aluminium, ne laissent aucun doute sur l'activité locale : la mytiliculture sur bouchots.

Maison de la baie – *02 99 48 84 38 - www.maison-baie.com - juil.-août : 9h-12h30, 14h-18h30 ; reste de l'année : tlj sf dim. 9h-12h30, 14h-17h30 - tarif, se rens. - promenades guidées et sorties en Mytili-Mobile (5-13,50 €).* Elle propose une exposition permanente pour en savoir plus sur la moule ou sur les richesses naturelles de la baie. La Maison de la baie organise aussi des balades *(voir « Nos adresses »)*.

Pour visiter le reste de la baie, reportez-vous au Guide Vert Normandie-Cotentin.

NOS ADRESSES AU MONT-SAINT-MICHEL

ARRIVER/PARTIR

Pass Ligne Baie – *Infos au ☏ 0 825 00 33 00 (0,15 €/mn) ou sur www.lignebaie.fr.* Mis en place par les régions Bretagne et Basse-Normandie, il permet d'accéder au Mont par les transports en commun (train, train + car ou train + car + vélo) en **juillet-août**, au départ de St-Malo, Cancale et Dol-de-Bretagne. Pass 1 j : 12 € (enf. 4-11 ans 6 €).

En train – La gare de Pontorson (Manche) est la plus proche du Mont. De là, une navette directe, le « midibus », rejoint la station d'arrivée au Mont (3 € le trajet).

En voiture – Du parking, rejoignez la place des Navettes. De là, trois manières de gagner le mont : à pied par un sentier conduisant au pont passerelle ; en empruntant le « Passeur », navette gratuite (trajet 5 à 10mn) ou bien la « Maringote », navette hippomobile *(5 € le trajet, -4 ans gratuit).* Navettes et maringotes vous déposent à 450 m environ des remparts.

Les chiens ne sont pas admis à bord des navettes. Si vous ne voulez pas gagner le Mont à pied, une seule solution : le chenil du Centre d'Information (8 € par jour et par chien).

VISITE

Balade nocturne – En été, des éclairages subtils illuminent le Mont et il est possible de parcourir l'abbaye en nocturne. *Rens. au service des visites au ☏ 02 33 89 80 00 - tlj sf dim. 19h-23h.*

Balades-découvertes – *☏ 02 99 48 84 38.* La Maison de la baie organise différentes sorties dont des balades guidées et commentées de 8 km à 12 km *(4 à 5h - réserv. obligatoire - 13,50 €, 6-12 ans 9 €).* Prévoir coupe-vent, coupe-faim, eau, bottes et vêtements chauds en hiver.

Visite en Mytili-mobile – *Visite guidée (2h) - réserv. obligatoire.* De la Maison de la baie, il est possible de découvrir la baie et les bouchots en petit train.

Visites guidées du barrage sur le Couesnon – *Juil.-août : 15h30 ; mai-juin et sept. : w.-end et j. fériés 15h30 - gratuit - se rens. au Pavillon d'information (voir* *« S'informer » p. 216).* Découvrez les multiples facettes de ce barrage mis en service en 2009. Il contribue notamment au désensablement du Mont-St-Michel en chassant les sédiments vers le large. Le barrage est accessible 24h/24 et 7j/7.

HÉBERGEMENT ET RESTAURATION

BUDGET MOYEN

La Sirène – *Grande-Rue - ☏ 02 33 60 08 60 - aubergesaintpierre@wanadoo.fr - fermé janv.- 18/20 €.* Cette maison du 14e s. au long passé d'auberge abrite désormais une crêperie à laquelle on accède par un escalier en colimaçon. L'aspect des fenêtres, aux carreaux de verre dépoli sertis d'étain, confirme l'authenticité des lieux.

POUR SE FAIRE PLAISIR

La Mère Poulard – *Grande-Rue - ☏ 02 33 89 68 68 - www.mere-poulard.com - 39/58 € - 27 ch. 165/256 € - ☕ 18 €.* La Mère Poulard ne met pas tous ses œufs dans le même panier : sur la carte, d'appétissantes recettes régionales côtoient la célébrissime omelette. Chaleureuses chambres bénéficiant, pour certaines, d'une vue panoramique.

2

Auberge St-Pierre – *Grande-Rue - ✆ 02 33 60 14 03 - www.auberge-saint-pierre.fr - 21 ch. 198/225 € - ☕ 15 € - ✕ formule déj. 19 € - 23/62 €.* La demeure à pans de bois du 15e s. abrite le restaurant et de petites chambres correctement tenues. À l'annexe, elles sont plus grandes et offrent des échappées sur la mer. Brasserie côté rue, salle à manger à l'étage ou terrasse adossée aux remparts.

À proximité

PREMIER PRIX

Hôtel La Tour Brette – *8 r. Couesnon - 50170 Pontorson - ✆ 02 33 60 10 69 - www.latourbrette.com - fermé 14-22 mars, 1er-20 déc. et merc. sf juil.-août - 10 ch. 40/48 € - ☕ 7 € - ✕ 11/35 €.* Ce petit hôtel central doit son nom à la tour qui jadis protégeait la Normandie des assauts du duché de Bretagne. Chambres pas très grandes mais fraîchement rénovées. Au restaurant, cadre simple et longue carte traditionnelle.

La Gourmandise – *21 rte du Mont-St-Michel - 50170 Beauvoir - 4 km au sud du Mont-St-Michel - ✆ 02 33 58 42 83 - fermé mar. sf juil.-août, nov.-mars - P - formules 8,50/14,50 €, menu w.-end 25,90 € - 4 ch. 40 € (pas de ☕).* Maison bretonne transformée en crêperie dont la présence anime cette toute petite localité. Décor simple, éclairé par de larges baies vitrées.

Auberge de la Baie – *44 rte de la Rive - 50170 Ardevon - 3 km au sud-est du Mont-St-Michel dir. Avranches par D 275 - ✆ 02 33 68 26 70 - www.aubergedelabaie.fr - fermé merc. déc.-mars - 10/17,50 € - 31 ch. 47/50 € - ☕ 6,50 €.* Placé en bordure de départementale, cet hôtel-restaurant est une étape bienvenue pour qui veut échapper, le temps d'un week-end ou d'un repas, à l'effervescence touristique du Mont-St-Michel. À la carte, plats traditionnels et régionaux (viande de prés-salés, fruits de mer) associés à un petit choix de galettes.

BUDGET MOYEN

Pré-Salé – *Rest. de l'hôtel Mercure - 2 km au sud du Mont-St-Michel par D 976 - ✆ 02 33 60 14 18 - www.le-mont-saint-michel.com - formule déj. 15,90 € - 21/49,50 €.* Bordant le Couesnon à l'amorce de la digue, l'hôtel Mercure vous invite dans sa lumineuse salle à manger, aux tables bien espacées. Dégustez-y les fameuses viandes des prés-salés de la baie du Mont-St-Michel.

BUDGET MOYEN

Chambre d'hôte Les Vieilles Digues – *Rte du Mont-St-Michel - 50170 Beauvoir - 3 km au sud du Mont-St-Michel dir. Pontorson - ✆ 02 33 58 55 30 - www.bnb-normandy.com - fermé déc.-janv. - P - 5 ch. 70/85 € ☕.* Cette jolie maison en pierre abrite de grandes chambres aménagées avec soin et joliment meublées ; celle avec vue sur le Mont-St-Michel est bien sûr très demandée. Plaisante salle des petits-déjeuners agrémentée de colombages. Jardin paysager.

ACHATS

Brasserie de la Baie – *6 rte de Roche-Torin - 50220 Courtils - ✆ 02 33 60 37 65 - www.brasseriedelabaie.com - mai-sept. : mar.-dim. 15h30-19h ; hors saison : w.-end apr.-midi - fermé janv. et 25 déc.* Six sortes de bières sortent des cuves de cette petite brasserie artisanale implantée à deux pas de l'ancienne Maison de la baie : une blonde bien plaisante, une ambrée de caractère, une brune hivernale aromatisée à l'hydromel une blanche estivale, une cervoise médiévale et une bière bio. Dégustation et vente sur place.

Les Craquelins de la Baie – *Hirel (à 5 km du village, suivre signalisation) - ✆ 02 99 48 19 21 - lescraquelinsdelabaie.com - tlj sf w.-end 10h-17h30.* Fabrication et vente des craquelins ou « échaudés », délicieux lorsqu'ils sont accompagnés de confiture.

ACTIVITÉS

Randonnées

Échappées Baie – Programme de visites (avril à septembre) pour découvrir à pied ou à vélo les sites naturels et le patrimoine de la baie. *Infos et réservation ✆ 02 99 80 37 31 et www.cc-baie-mont-st-michel.fr.*

Atouts Baie – *6 r. de la Métairie - 50170 Boucey - ✆ 02 33 60 68 00 - www.mont-saint-michel-voyages.com - promenade à pied dans la baie 10 €.* Agence proposant des promenades et traversées de la baie à pied, accompagnées d'un guide passionné de nature, ainsi que des balades en calèche au gré des polders et des herbus. Visite virtuelle du rocher et de l'abbaye du Mont-St-Michel pour des groupes de personnes à mobilité réduite.

La Tanière (centre équestre) – *La Grève - 50170 Moidrey - ✆ 02 33 58 13 53 ou 06 82 29 49 63 - www.club-taniere.fr.* Posté sur la route du Mont-St-Michel après l'hippodrome, ce centre équestre propose différentes randonnées à cheval : à travers la baie (5h, 94 €), découverte (2h/48 €, 115 €/j.), etc.

Chemins de la Baie du Mont-St-Michel – *34 r. de l'Ortillon - 50530 Genêts - ✆ 02 33 89 80 88 - www.cheminsdelabaie.com - avr.-oct. : tlj 9h-12h30, 13h30-18h - fermé w.-end et j. fériés de nov. à mars - tarif selon nombre - traversée commentée aller-retour à pied.* Cette société propose des traversées de la baie du Mont-St-Michel, traditionnelles ou commentées, ainsi que des randonnées à thème autour du littoral, de la faune et du patrimoine. Boutique nature et randonnée.

Didier Lavadoux – *36 Grande-Rue - 50530 Genêts - ✆ 02 33 70 84 19 - www.traversee-baie.com - réserv. conseillée - 8 à 12 € traversée commentée, formule guide privée personnalisée sur devis (-12 ans 5 €).* Ce guide, naturaliste aussi chevronné (diplômé d'État) que passionné, connaît la baie comme personne et vous invite à partager son attachement en organisant des traversées – commentées – du site. Durée des promenades variable *(2 ou 5h)*, à choisir selon votre endurance…

À vélo – *Voir « voies vertes » p. 26.*

Vu du ciel

Sensations inoubliables garanties !

En ULM – *Aérodrome du Val St-Père - 50300 Avranches - ✆ 02 33 48 67 48 ou 06 07 54 91 92 - www.ulm-mont-saint-michel.com - 50 € (100 €, survol du mont).*

En autogire – *Air Mont-St-Michel - La Rabotière, 35610 St-Georges-de-Grehaigne (suivre ULM) - à 10 km du Mont-St-Michel - ✆ 06 59 06 98 10 - www.air-montsaintmichel.com.* Survol de la baie et du Mont dans une sorte de petit hélicoptère *(80/120 €).*

2

+ d'adresses

Pays de Saint-Brieuc et Trégor 3

Carte Michelin Départements 309 – Côtes-d'Armor (22) et Morbihan (56)

Ploumanac'h, côte de Granit rose.

L. Montico / hemis.fr

PAYS DE SAINT-BRIEUC ET TRÉGOR

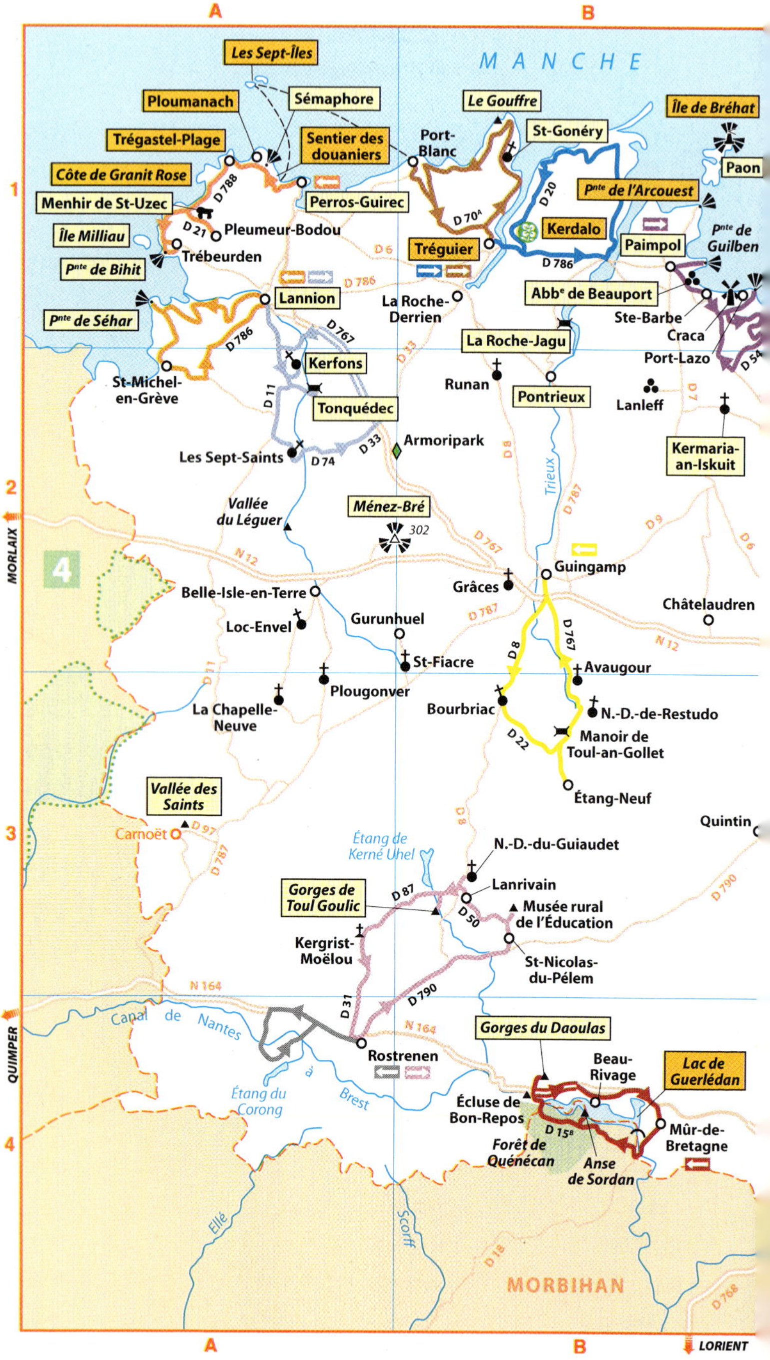

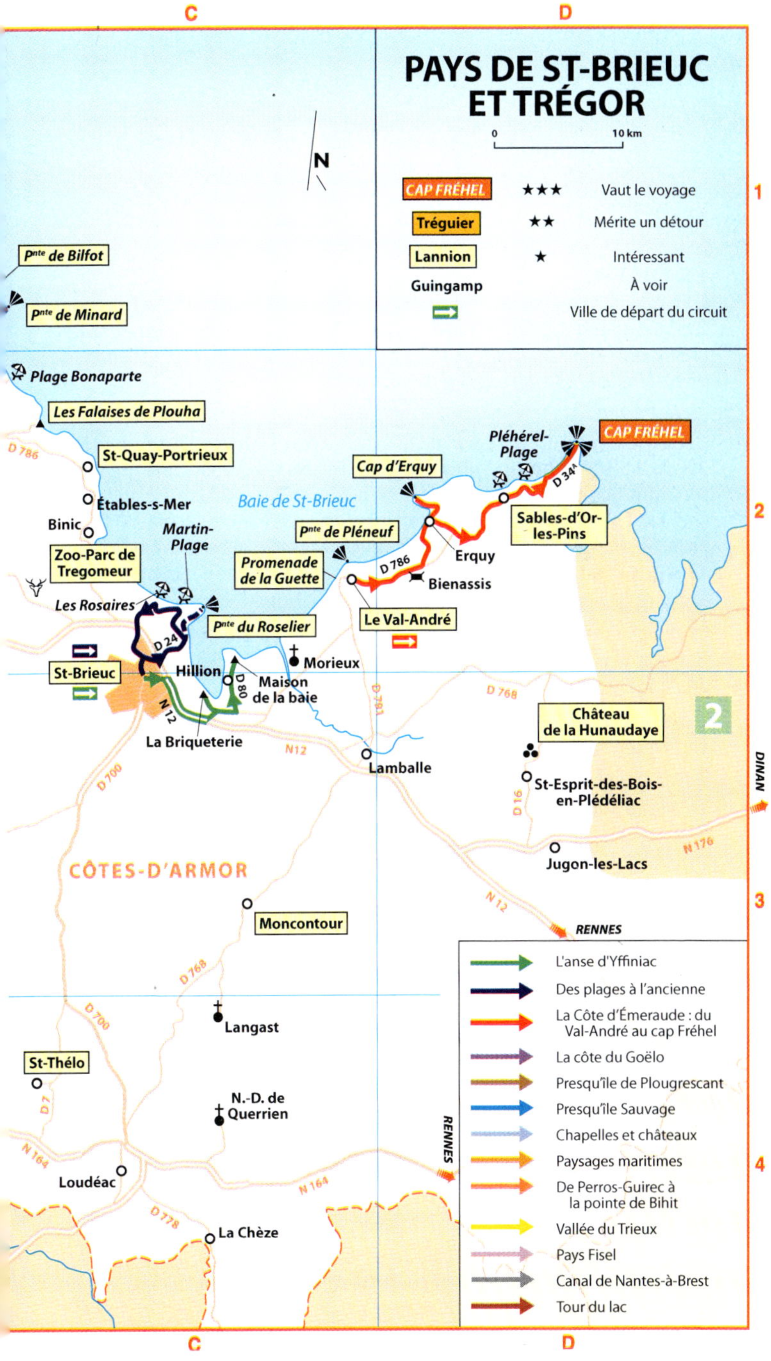

PAYS DE ST-BRIEUC ET TRÉGOR
0
10 km
CAP FRÉHEL ★★★ Vaut le voyage
Tréguier ★★ Mérite un détour
Lannion ★ Intéressant
Guingamp À voir
Ville de départ du circuit
N
Pnte de Bilfot
Pnte de Minard
Plage Bonaparte
Les Falaises de Plouha
D 786
St-Quay-Portrieux
Étables-s-Mer
Binic
Baie de St-Brieuc
Zoo-Parc de Tregomeur
Martin-Plage
Les Rosaires
Pnte de Pléneuf
Promenade de la Guette
Pnte du Roselier
Cap d'Erquy
Pléhérel-Plage
CAP FRÉHEL
D 34A
Sables-d'Or-les-Pins
Erquy
D 786
Bienassis
Le Val-André
D 24
St-Brieuc
Hillion
Morieux
Maison de la baie
D 80
N 12
La Briqueterie
D 791
D 768
Château de la Hunaudaye
2
N12
Lamballe
St-Esprit-des-Bois-en-Plédéliac
D 16
DINAN
D 700
N 176
Jugon-les-Lacs
CÔTES-D'ARMOR
Moncontour
N 12
RENNES
D 768
D 700
Langast
St-Thélo
D 7
N.-D. de Querrien
N 164
Loudéac
N 164
RENNES
D 778
La Chèze
1
2
3
4
C
D
L'anse d'Yffiniac
Des plages à l'ancienne
La Côte d'Émeraude : du Val-André au cap Fréhel
La côte du Goëlo
Presqu'île de Plougrescant
Presqu'île Sauvage
Chapelles et châteaux
Paysages maritimes
De Perros-Guirec à la pointe de Bihit
Vallée du Trieux
Pays Fisel
Canal de Nantes-à-Brest
Tour du lac

Saint-Brieuc

★

46 209 Briochins – Côtes-d'Armor (22)

NOS ADRESSES PAGE 237

S'INFORMER

Office de tourisme et des congrès de la baie de St-Brieuc – *7 r. St-Gouéno - 22000 St-Brieuc - 02 96 33 32 50 - www.baiedesaintbrieuc.com - juil.-août : 9h30-19h, dim. et j. fériés 10h-13h ; reste de l'année : 9h30-12h30, 13h30-18h - fermé 1er janv. et 1er Mai.*

SE REPÉRER

Carte de microrégion C2-3 (p. 230-231) – *carte Michelin Départements 309 F3.* St-Brieuc occupe un site bien abrité au fond de la baie qui porte son nom. Elle est traversée par la N 12, qui relie Dinan (60 km à l'est) à Brest (145 km à l'ouest) en passant par Guingamp (35 km) et Morlaix (90 km). La D 786 longe la côte de part et d'autre de la ville, desservant les plages ainsi que les stations balnéaires de la Côte d'Émeraude et celle du Goëlo.

À NE PAS MANQUER

La cathédrale St-Étienne au cœur du quartier historique, et l'exceptionnel panorama sur la baie de St-Brieuc depuis la pointe du Roselier.

ORGANISER SON TEMPS

Entre ses plages à « l'ancienne » et son patrimoine urbain, St-Brieuc peut vous retenir une journée.

AVEC LES ENFANTS

Promenez-vous au milieu de la « Galerie des oiseaux » à la Maison de la baie d'Hillion, marchez sur les pas de Jean Fêdébric à la Briqueterie et, surtout, visitez le zoo à Tregomeur, qui vous transportera, le temps d'une promenade, en Asie du Sud-Est.

Blottie au fond de sa baie, St-Brieuc est une ville jeune, animée et accueillante, fière de ses belles maisons à pans de bois. La ville des écrivains Villiers de L'Isle-Adam et Louis Guilloux recèle en effet un quartier historique digne d'intérêt. La mer, située à seulement 3 km, en fait aussi une station balnéaire prisée des amateurs de voile et de glisse, et les plages dominées par les falaises offrent joies de la baignade et promenades iodées. Et chaque année, lors du festival Art'Rock, les Briochins savent faire résonner le cœur de la ville d'une ferveur musicale communicative.

Se promener Plan de ville

★ Maisons anciennes A1

Le quartier situé au nord de la cathédrale a conservé de belles demeures des 15e et 16e s. à pans de bois et encorbellement. Il faut contempler la place du Martray, la rue Fardel *(à l'angle de la place au Lin, maison du Ribeault ; au no 15, maison dite « hôtel des Ducs de Bretagne » ; puis nos 17, 19, 27, 29, 31, 32 et 34)*, la rue Quinquaine *(no 9)* et la rue de Gouët *(nos 6, 16 et 22)*.

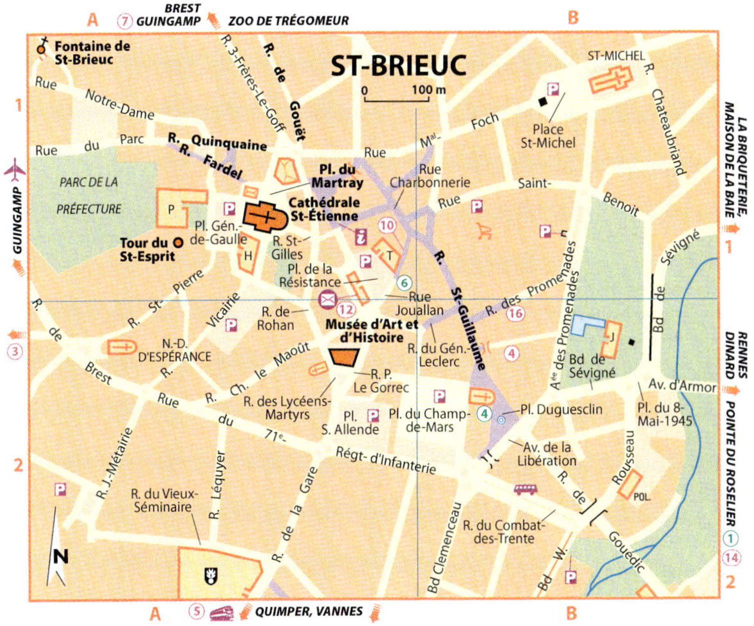

SE LOGER
- Château de Bonabry (Chambre d'hôte) ... ①
- Duguesclin (Hôtel Le) ... ④
- Edgar (Hôtel) ... ⑥

SE RESTAURER
- À Moules (Bistrot Le) ... ⑭
- Arbalaise (L') ... ⑫
- Koadenn (Le) ... ④
- Ô Saveurs ... ⑤
- Pesked (Aux) ... ⑦
- Sucré Salé (Salon de Thé) ... ⑩
- Promenades (Crêperie Des) ... ⑯
- Youpala Bistrot ... ③

3

★ Cathédrale Saint-Étienne A1

Possibilité de visite guidée sur demande préalable à l'office de tourisme.

Cet édifice du 13e s., reconstruit au 14e s., malmené par les Ligueurs au 16e s., fut restauré aux 18e et 19e s. Son allure massive d'église-forteresse surprend quand on la découvre. La façade austère est encadrée par deux grosses tours à mâchicoulis, épaulées par de robustes contreforts. Les bras du transept, très saillants, sont protégés par des tours à poivrière.

La nef a été remaniée au 18e s. Remarquez la finesse du triforium, au-dessus des grandes arcades, avec ses balustrades à quadrilobes et à arcs trilobés. Dans le bas-côté droit, **autel baroque** de la chapelle du Saint-Sacrement, en bois sculpté, exécuté par Yves Corlay vers 1745. Le bras droit du transept présente une belle verrière du 15e s. et, dans la petite chapelle, repose le tombeau de saint Guillaume, mort en 1234. Notez le *Chemin de croix* de Saupique, œuvre rennaise de 1958, en granit.

Tour du Saint-Esprit A1

Cette belle construction Renaissance (15e s.) rehausse un manoir du 16e s.

Fontaine de Saint-Brieuc A1

Protégée par un joli porche du 15e s., cette fontaine est adossée au chevet de la chapelle N.-D.-de-la-Fontaine. En ce lieu se serait installé le moine gallois Brieuc, au 5e s., lors de l'évangélisation de la région.

★ **Tertre Aubé** Hors plan par B1

Ce terre-plein, aménagé en jardin, offre une belle **vue★** sur la vallée du Gouët, le port du Légué et la baie de St-Brieuc.

À voir aussi Plan de ville

Musée d'Art et d'Histoire A2

☏ 02 96 62 55 20 - www.saint-brieuc.fr - ♿ - 10h-12h, 13h30-18h, dim. et j. fériés 14h-18h - fermé lun., 1er janv., 1er Mai et 25 déc. - gratuit - expositions temporaires 10h-18h.

Il retrace l'histoire et le développement du département des Côtes-du-Nord (aujourd'hui Côtes-d'Armor) au 19e s. Plusieurs thèmes : baie de St-Brieuc, tradition de la lande, drapiers et toiliers, relations villageoises.

Port du Légué Hors plan par B1

Après des années de douce torpeur, le port du Légué s'est agrandi et modernisé. En 2000, une plateforme de réparation navale a vu le jour et un avant-port est désormais accessible aux bateaux de plaisance. Depuis lors, boutiques et restaurants se sont installés sur le port, au grand bonheur des Briochins.

Le *Grand-Léjon*, réplique d'un lougre (bateau de travail dans la baie datant de la fin du 19e s.), prend ses quartiers ici quand il ne navigue pas.

Domaine de la Villa Rohannec'h – *Quai Armez (autre entrée 9 r. de Rohannec'h) - ☏ 02 96 77 32 96 - parc : 9h-19h (17h hiver) ; villa : mars-nov.* Des quais rive droite, quelques marches puis une promenade en sous-bois permettent d'accéder à la **Villa Rohannec'h** et à son parc de 7 ha. Cette ancienne villa d'armateur accueille des animations « culturelles et citoyennes ».

À proximité Carte de microrégion

★ Zoo-Parc de Trégomeur C2

16 km à l'ouest de St-Brieuc. Prenez la voie express N 12 vers Morlaix. Sortez pour prendre la D 6 vers Paimpol puis suivez les panneaux jusqu'à Trégomeur. ☏ 02 96 79 01 07 - www.zoo-tregomeur.com - ♿ - avr.-sept. : 10h-19h ; vac. de fév. et vac. de la Toussaint : 10h30-17h30 ; reste de l'année : w.-end, j. fériés, merc. et vac. de Noël 13h30-17h30 - fermé 1er janv. et 25 déc. - 14,80 € (-12 ans 10 €).

Installé dans un vallon, parcouru de ruisseaux serpentant autour de petites îles, ce zoo propose une promenade au son des chants d'oiseaux.

Tout ici a été conçu autour du thème de l'Asie du Sud-Est. Les bâtiments en bois rappellent la Thaïlande, l'Indonésie ou le Vietnam (ferme pédagogique), tandis que la végétation donne la préférence aux bambous et autres plantes exotiques. Le visiteur suit un circuit qui mène de la cage du tigre à des animaux moins connus comme quelques espèces de lémuriens, des binturongs, des chameaux de Bactriane, des chevaux de Przewalski, des gibbons, une grue de Manchourie… La plupart de ces animaux originaires d'Asie sont peu représentés dans d'autres zoos. Un parc de jeux pour les enfants achèvera la visite.

Quintin B-C3

20 km au sud-ouest de St-Brieuc, au carrefour de la D 7 et de la D 790.

Office de tourisme de Quintin Communauté – *6 pl. 1830 - 22800 Quintin - ☏ 02 96 74 01 51 - www.tourisme-quintin-communaute.fr - juil.-août : 9h30-12h30, 14h-18h, dim. et j. fériés 10h-13h ; reste de l'année : tlj sf lun., jeu., dim. et j. fériés 9h30-12h, 14h-17h.* Il propose des visites guidées *(en saison lun. à 10h, 11h, 14h30 et 15h30)* et des visites multisensorielles, « Quintin au

La cathédrale Saint-Étienne aux allures de forteresse.
B. Gardel / hemis.fr

doigt et à l'oreille » *(merc. à 15h)*. Originales, les visites nocturnes estivales où, muni d'une lampe à pétrole, vous vous laissez guider à travers les ruelles et les venelles *(en saison mar. à 21h)*. Cette « petite cité de caractère », connue jadis pour ses toiles de lin, conserve une atmosphère typique des villes de Bretagne intérieure.

De **belles demeures** des 16e et 17e s. bordent la place 1830, la rue au Lait *(nos 12 et 13)* et la Grande-Rue *(nos 37 et 43)*. La place du Martray, l'hôtel du Martray, l'hôtel de ville et la maison sise au no 1 sont du 18e s. 3

La **basilique**, reconstruite à l'emplacement de l'ancienne collégiale en 1887, conserve, avec les reliques de saint Thurian, un morceau de la ceinture de la Vierge, rapporté de Jérusalem au 13e s. par un seigneur de Quintin, Geoffroy Botrel ou Botherel. On peut également y voir une statue couronnée de N.-D.-de-Délivrance, vénérée plus particulièrement par les femmes qui attendent un enfant. Remarquez les bénitiers faits de coquilles provenant de Java. Au chevet de la basilique se dresse la Porte-Neuve, du 15e s., vestige des remparts qui ceinturaient la ville.

Château – *Accès par la pl. 1830 - ✆ 02 96 74 94 79 - www.chateaudequintin.fr - ♿ - juil.-août : 10h30-12h, 14h-18h ; de fin mars à fin juin et sept.-oct. : 14h-16h30 ; reste de l'année : dim. 14h-16h30 - fermé 25 déc. - 5 € (-14 ans 3 €) - possibilité de visite guidée (60mn)*. Cet édifice se compose d'un château construit au 17e s. et d'un autre du 18e s., flanqué d'une aile basse que l'on découvre sitôt la porte d'entrée franchie. Il appartient depuis l'origine à la même famille. Les propriétaires font visiter leurs appartements privés. Les cuisines renferment un objet rare : un fourneau en granit du 18e s., utilisé pour faire cuire doucement les plats en sauce et les potages, d'où son nom de « potager ». Une exposition insolite est présentée dans le château : une collection de **pots de chambre** comptant plus de 630 pièces de toutes provenances : vases de nuit, chaises percées en porcelaine, en métal, en pierre…

Musée-atelier du Tisserand et des Toiles – *✆ 02 96 74 01 51 - www.maisondutisserandquintin.com - ♿ - visite guidée (75mn) juin-sept. : 11h-12h30,*

LE COMMERCE DES TOILES
Bien que son nom dérive de *kistinn*, « pays des châtaignes », Quintin doit sa renommée aux toiles. Les tisserands firent en effet la fortune de la ville avec leurs fines toiles de lin, qui servaient à la confection de bonnets et de cols. Aux 17e et 18e s., ils étendirent leur savoir-faire aux toiles dites « de Bretagne » (chanvre et lin), exportées alors jusqu'en Amérique. Cette période de prospérité explique l'intéressant patrimoine architectural de la cité *(voir aussi St-Thélo p. 304 et encadré p. 305)*. Le déclin de cette activité vint avec la Révolution.

14h-18h - 4,50 € (-18 ans 1,80 €). Déjà tissées au Moyen Âge, les toiles de lin surnommées les « Quintin » ont connu un grand développement de 1650 à 1830. Cette maison de tisserand reconstituée présente leur histoire. Démonstration par une tisserande-fileuse.

Menhir de Roche-Longue – *800 m. Empruntez la route qui s'embranche après le calvaire, puis longe l'étang*. En haut de la montée, dans un champ à gauche, se dresse le menhir, mesurant 7,40 m.

Circuits conseillés Carte de microrégion

L'ANSE D'YFFINIAC

Circuit de 22 km tracé en vert sur la carte p. 231 – environ 2h. Quittez St-Brieuc par la N 12 à l'est. Prenez « Langueux centre », puis dir. « Parc de Boutdeville ».
Entre la pointe de Cesson et la pointe des Guettes, la profonde entaille de l'anse d'Yffiniac est une véritable « usine à plancton ».

La Briqueterie de Saint-Ilan C3

02 96 63 36 66 - www.saintbrieuc-agglo.fr - - juil.-août : 10h30-18h30, w.-end et j. fériés 13h30-18h30 ; vac. scol. (hors juil.-août) : tlj sf lun. 14h-18h ; reste de l'année : merc., vend. et dim. 14h-18h - fermé janv. - 4 € (-18 ans 2,50 €) - gratuit Printemps des musées et J. du patrimoine.

L'ancienne briqueterie de St-Ilan présente les différentes activités économiques de la baie au 19e s. Elle rappelle aussi l'épopée du petit train des Côtes-d'Armor avec la reconstitution grandeur nature d'un quai de gare et une grande maquette de train animée. Exposition sur l'histoire du bâtiment avec son four Hoffmann (1870) restauré. Un livret découverte destiné aux 6-12 ans, *Sur la piste de Jean Fêdébric*, est remis gratuitement à l'entrée.
Rejoignez Yffiniac, gagnez Hillion par la D 80 et suivez le fléchage.

Maison de la baie, à Hillion C3

Site de l'Étoile - 02 96 32 27 98 - nombreuses sorties nature tte l'année, se rens.
La Maison de la Baie présente un parcours muséographique dont l'ambition est de promouvoir le patrimoine naturel des lieux. De nombreuses animations nature (calendrier sur le site) permettent de se familiariser avec tel ou tel sujet, de la mytiliculture aux mille secrets de la vase…

DES PLAGES À L'ANCIENNE C2

Circuit de 25 km tracé en bleu sur la carte p. 231 – environ 2h. Quittez St-Brieuc au nord par le port du Légué, puis prenez à droite en longeant le quai rive gauche et gagnez la D 24.

Sur la droite, dans la verdure, se profile la tour ruinée de Cesson ; au cours de la montée, belle vue sur la pointe des Guettes au fond de la baie et sur la côte jusqu'au cap d'Erquy à l'est.

★ Pointe du Roselier

En empruntant le sentier à droite de la longue-vue, on peut faire le tour de la pointe. Belles **vues★** sur St-Quay-Portrieux et la côte à l'ouest ; le chemin passe près d'un ancien four à rougir les boulets, puis longe une villa. La vue se porte sur la pointe de Cesson et, derrière, sur le fond de la baie de St-Brieuc, puis les bouchots à moules de la pointe des Guettes et la côte vers le Val-André. Des sentiers à flanc de falaise ramènent au point de départ.
Faites demi-tour et, à 2 km, tournez à droite.

Martin-Plage

Cette jolie plage s'étire entre la pointe du Roselier et le rocher des Tablettes. *La route s'élève ensuite rapidement et, à Ville-Fontaine, prenez à droite une agréable route qui descend entre des talus boisés.*

Plage des Rosaires

La plage est encadrée de falaises boisées, hautes de près de 100 m. La **vue** embrasse toute la baie de St-Brieuc.

NOS ADRESSES À SAINT-BRIEUC

HÉBERGEMENT

POUR SE FAIRE PLAISIR

Hôtel Le Duguesclin – *2 pl. Du-Guesclin - ✆ 02 96 33 11 58 - www.hotel-duguesclin.fr - 33 ch. 96/118 € - ☕ 12 € - ✕ 30/35 €.* Cette hôtel vaut par sa situation à l'entrée du quartier piéton, près de deux parkings publics. Chambres à choisir plutôt côté place. Brasserie alsacienne au rez-de-chaussée.

Hôtel Edgar – *15 r. Jouallan - ✆ 02 96 60 27 27 - saint-brieuc-hotel.fr - 28 ch. 74 € - ☕ 10 € - ✕ 25/60 €.* C'est un bel hôtel particulier de granit qui accueille cette adresse confortable au cœur de la ville.

À proximité

POUR SE FAIRE PLAISIR

Hôtel du Commerce – *2 r. Rochonen - 22800 Quintin - ✆ 02 96 74 94 67 - www.hotelducommerce-quintin.com - 11 ch. 66/122 € ☕ - ✕ (fermé w.-end) 17/21 €.* Une restauration habile a doté cette demeure du 19e s. de tout le confort actuel, en préservant la rusticité du lieu. Chambres personnalisées. Restaurant aux tons boisés.

Chambre d'hôte Château de Bonabry – *22120 Hillion - ✆ 02 96 32 21 06 - www.bonabry.fr - fermé nov.-avr. - P ⊭ - 4 ch. 80/140 € ☕.* Le temps semble s'être arrêté dans ce noble château maritime. Ses suites, avec lits à baldaquin, tableaux de famille et cheminée, ouvrent sur le parc dont les allées vont à la plage.

La Maison du Phare – *93 r. de la Tour - 22190 Plérin - 5 km au nord - ✆ 02 96 33 34 65 - www.maisonphare.com - fermé 20 août-9 sept et 1er-15 janv. - 5 ch. 80/110 € - ☕ 8 €.* Des chambres aussi agréables que confortables donnant toutes sur la mer et le port, certaines dotées de balcons.

3

RESTAURATION

PREMIER PRIX

Salon de Thé Sucré Salé – *6 r. Jouallan - ✆ 02 96 68 34 22 - tlj sf dim.-lun. - fermé 3 sem. en août et 1 sem. en fév. - ♿ - 11,40/14,50 €.* Pour savourer tartes salées et gourmandises sucrées, poussez la porte de cet accueillant salon de thé. La jolie vitrine montre d'appétissantes pâtisseries maison et des boîtes à thé.

Le Koadenn – *9 r. St-Guillaume - ✆ 02 96 61 93 77 - tlj sf dim. midi - formules déj. 9,90/12,10 € - 30/35 €.* Cette ancienne écurie avec ses poutres et pierres apparentes s'avère être un cocon cosy surtout si un bon feu y crépite. Les grillades sortent tout juste de la cheminée tandis que les crêpes sont servies bien chaudes et copieusement garnies d'ingrédients de premier choix.

Crêperie des Promenades – *18 r. des Promenades - ✆ 02 96 33 23 65 - fermé dim.-lun. et mar.-jeu. le soir - 12/25 € -réserv. conseillée.* Cette adresse fait souvent salle pleine : on y déguste les traditionnelles galettes et crêpes, mais aussi un plat du jour et un plat végétarien. Les produits bio locaux sont privilégiés dans toutes les préparations.

BUDGET MOYEN

Ô Saveurs – *10 r. J.-Ferry - ✆ 02 96 94 05 34 - www.osaveurs-restaurant.com - fermé merc. soir, dim.-lun., 2 sem. en août et 2 sem. en fév. - formule déj. 15 € - 28/51 €.* Derrière la gare, ce restaurant affiche un cadre sobre, tout de noir et blanc, en accord avec les mets proposés. Carte de saison. Accueil et service charmants.

L'Arbalaise – *12 r. Michelet - ✆ 02 96 33 02 30 - www.larbalaise.fr - lun.-jeu. 10h-18h, vend.-sam. 8h-23h - 13/16 €.* Cuisine du marché sans prétention, sandwichs et tapas en salle ou en terrasse.

POUR SE FAIRE PLAISIR

Aux Pesked – *59 r. Légué - ✆ 02 96 33 34 65 - www.auxpesked.com - fermé sam. midi, dim. soir, lun., 2-16 janv., 29 avr.-6 mai et 20 août-8 sept. et - P - formule 23 €, menus 28 € (déj. sem.), 45/85 €.* Un chaleureux restaurant avec terrasse propose une fine carte du marché, mettant à l'honneur ormeaux et *pesked* (poissons en breton).

Youpala Bistrot– *5 r. Palasne-de-Champeaux - ✆ 02 96 94 50 74 - www.youpala-bistrot.com - fermé dim. et lun., 21 avr.-6 mai, 7-22 juil. et vac. de Toussaint - formule 23 €, menus 29 € (déj. sem.), 35/45 €.* Le chef créatif de ce bistrot rustique et coloré conçoit un menu unique surprise, en fonction des produits du marché, et met à l'honneur la marée bretonne. Cours de cuisine. Réservation recommandée.

À proximité

PREMIER PRIX

Le Bistrot à Moules – *Pl. de l'Église - 22120 Hillion ✆ 02 96 32 25 99 - 11,40/15,80 €.* Au cidre, au curry, à la marinière, à la provençale ou au lait de coco : la moule dans tous ses états avec cette moulerie-bar.

ACHATS

Marchés –*Marché dans le centre merc. et sam. mat., dim. à la Croix St-Lambert. Marché sur le port du Légué jeu. mat. l'été. Marché artisanal à la mi-août près de la cathédrale St-Étienne. Marché le mardi matin à Quintin.*

Foires – Elles sont très courues, notamment la foire de la St-Michel (vide-grenier, fripes, ferrailles, meubles) et la foire-exposition en septembre, où 50 000 m^2

sont réservés à l'habitat, au tourisme, à la gastronomie, à l'automobile et au bien-être.

La Duchesse de Rohan – *2 r. St-Gouéno - ✆ 02 96 33 36 27 - mar.-jeu. et vend. 9h-13h, 15h-19h15 ; merc. et sam. 8h30-13h, 15h-19h15 ; dim. et lun. 8h30-13h - fermé sept.* Au cœur du vieux St-Brieuc, une pâtisserie réputée pour son *kouign-amann*. À déguster sur place ou à emporter.

Maison Larnicol – *4 r. Jouallan - ✆ 02 96 62 36 54.* Avis aux gourmands : dans cette chocolaterie, vous trouverez de délicieux macarons et des *kouignettes* (*kouign-amann* miniatures).

BOIRE UN VERRE

Saint-Brieuc ne manque pas de cafés musicaux. Pour n'en citer que quelques-uns : **le Piano Bleu**, café-concert *(r. Fardel)*, **La Cave Chai Pierre**, apéro-concert *(8 r. Michelet)*, ou **Le Fût Chantant**, bar musical *(pl. du Chai)*.

Rollais – *26 r. du Gén.-Leclerc - ✆ 02 96 61 23 03 - tlj sf dim. et lun. 10h-0h - fermé 2 sem. en août.* Tenu de père en fils depuis 1912, un bar à vins mythique. Soirées littéraire et philosophique, concerts d'accordéon.

ACTIVITÉS

Aéroclub de St-Brieuc-Armor – *Aéroport de St-Brieuc - Le Plessis - 22440 Trémuson - ✆ 02 96 94 97 04 - acsba.nuxit.net - 9h30-19h, et vols de nuit.* Baptêmes de l'air (25 €/pers.) et promenades. Forfait découverte 100 €/pers.

Centre municipal de Voile de St-Brieuc – *27 bd de Cornouaille - 22190 Plérin - ✆ 02 96 74 51 59 - www.cmvsb.com - hors saison : tlj sf dim. 9h-12h, 14h-18h ; été : tlj sf dim. 9h-12h, 14h-19h - fermé 20 déc.-5 janv.* École de voile mettant à votre disposition dériveurs, catamarans, planches à voile, kayaks et canoës. Nombreuses formules découvertes.

Aquabaie – *R. Pierre-de-Coubertin - 22440 Ploufragan - ✆ 02 96 75 67 56 -www. saintbrieuc-agglo.fr/fr/aquabaie.php - juil.-août : 10h-20h (mar. et jeu. 22h), sam. 14h-20h, dim. 9h-19h ; reste de l'année : tlj horaires variables selon calendrier scolaire - 4,40 € (-18 ans 3,25 €).* Piscine olympique aux murs et au fond amovibles, bassins d'amusement intérieurs et extérieurs, fosse de plongée de 5 m, hammam, sauna, salles de fitness et de squash.

Saint-Brieuc Équitation – *Chemin du Petit-Pré - 22440 Ploufragan - ✆ 02 96 94 19 19 - st.brieuc.equitation.free.fr - 9h-19h - fermé dernière sem. août, jeu. sf vac. scol.* Poney-club, cours d'équitation, stages de perfectionnement, randonnées à la journée et balades dans la réserve naturelle depuis la grève des Courses.

AGENDA

Festival Art'Rock – *✆ 02 96 68 18 40 - www.artrock.org - 1er w.-end de juin.* « Le » moment fort de la vie culturelle briochine, avec concerts et animations en centre-ville.

Le Val-André

★

4 054 Pléneuviens – Côtes-d'Armor (22)

NOS ADRESSES PAGE 243

S'INFORMER

Office du tourisme de Pléneuf-Val-André – *1 r. Winston-Churchill - 22370 Pléneuf-Val-André - 02 96 72 20 55 - www.val-andre.org - juil.-août : 9h15-13h, 14h-19h, dim. et j. fériés 10h30-12h30, 15h-17h ; avr.-juin et sept. : tlj sf dim. 9h15-12h30, 14h30-18h ; reste de l'année : se rens. - fermé 1er janv., 1er et 11 Nov.*

Visites guidées – *02 96 72 20 55 - 5 € (7-14 ans 3 €).* L'office de tourisme propose en saison deux visites guidées : « La grande pêche au port de Dahouët », promenade sur le quai des terre-neuvas à la découverte de maisons d'armateurs et visite de l'atelier du patrimoine maritime ; « Le patrimoine balnéaire du Val-André », découverte des villas construites au début des années 1900 sur la digue promenade.

SE REPÉRER

Carte de microrégion C2 (p. 230-231) – *carte Michelin Départements 309 G3.*
À une vingtaine de kilomètres au nord-est de St-Brieuc, le Val-André annonce la Côte d'Émeraude, qui s'étend jusqu'à la pointe du Grouin. Toute cette côte est desservie par la D 786.

À NE PAS MANQUER

Poussez vos pas jusqu'à la pointe de Pléneuf et sur la promenade de la Guette pour admirer la baie de St-Brieuc.

ORGANISER SON TEMPS

Deux jours suffisent largement pour profiter de cette station, de ses plages, de ses activités nautiques et de ses alentours.

Station balnéaire réputée, nichée entre la baie de St-Brieuc et la Côte d'Émeraude, Pléneuf-Val-André – son nom officiel – possède l'une des plus belles plages de sable fin de la côte nord de la Bretagne. Elle jouit d'une ambiance animée et offre aussi la possibilité de belles balades le long du littoral.

Se promener Carte de microrégion

La station

Trois sites constituent cette jolie station : le **Val-André**, avec sa magnifique plage de sable fin créée en 1880 ; **Dahouët** *(voir ci-dessous)*, l'ancien port où étaient amarrés les bateaux des terre-neuvas, maintenant aménagé en port de plaisance ; et enfin **Pléneuf**, fondée au 5e s., aujourd'hui devenue le centre administratif.

La mer est au centre des loisirs offerts aux vacanciers : les multiples sports nautiques, les sorties en mer et les manifestations nautiques qui ponctuent l'année en témoignent. Pour varier les plaisirs, d'agréables randonnées de quelques heures sont possibles aux alentours. En été, les soirées jazz et le marché sont des rendez-vous très courus.

Le port d'Erquy.
ANP PHOTO/ ANP Photo / age fotostock

★ Pointe de Pléneuf C2

15mn à pied AR. Depuis le parking du port de Piégu démarre un sentier aménagé au pied de la falaise. Gravissez l'escalier qui conduit à la rue de la Corniche.
Cette promenade mène à un petit belvédère où l'on trouve un banc de repos, face à l'**îlot du Verdelet**, réserve ornithologique qu'il est possible de rejoindre à pied lors de certaines grandes marées *(se rens. au poste de secours, sur la digue ou à l'office de tourisme)*. En contournant la pointe de Pléneuf, le « sentier des douaniers » permet de gagner la grève des Vallées *(30mn à pied)* et celle de la Ville-Berneuf *(45mn)*.
Cette très belle promenade en corniche révèle des **vues★★** superbes sur le Val-André et la baie de St-Brieuc.

3

★ Du Val-André au port de Dahouët C2

1h à pied AR. À l'extrémité sud-ouest de la digue, à l'angle de la rue des Sablons, deux flèches indiquent le GR 34-Dahouët, le corps de garde et la batterie. Après avoir contourné l'anse du Pissot, on longe le corps de garde. Une **vue★** immense se découvre sur la baie de St-Brieuc. Au niveau de la statue de N.-D.-de-la-Garde, on descend vers **Dahouët**, port de pêche et de plaisance niché dans un joli site, à l'embouchure de la Flora. En 1509, les marins de ce port furent les premiers à pêcher à Terre-Neuve, île découverte seulement douze ans plus tôt par l'Italien Jean Cabot.
Suivez le quai des Terre-Neuvas et prenez, face à l'étang de Dahouët (plan d'eau aménagé en jardin nautique), le sentier du Mocquelet pour rentrer par les hauteurs.

Circuit conseillé Carte de microrégion

★★★ LA CÔTE D'ÉMERAUDE : DU VAL-ANDRÉ AU CAP FRÉHEL CD2

Circuit de 34 km tracé en rouge sur la carte p. 231 – environ 2h30. Longez la côte vers l'est.
La route touristique, serpentant dans la lande, offre des **vues★★** remarquables sur la mer, les falaises et les grèves blondes. Elle traverse un paysage de pinèdes.
De Pléneuf-Val-André, prenez la D 786 sur 4 km en direction d'Erquy.

Château de Bienassis D2

☎ 02 96 72 22 03 - www.chateau-bienassis.com - visite guidée de mi-juin à mi-sept. : 10h30-12h30, 14h-18h30, dim. 14h-18h30 ; 20 avr.-16 juin et 2e quinz. de sept. : dim., merc. et vend. 14h30-16h - 5 € (-12 ans 3 €).

Le mur crénelé témoigne de l'enceinte du 15e s. Les tours d'angle et les tourelles datent du 17e s. Au rez-de-chaussée, on contemple des porcelaines de Chine, du Japon et de Bayeux, ainsi que des meubles. La façade sur jardin a conservé deux tours du 15e s.

Reprenez la D 786.

Erquy D2

Office de Tourisme – *3 r. du 19-Mars-1962 - 22430 Erquy - ☎ 02 96 72 30 12 - www.erquy-tourisme.com - juil.-août : 9h30-13h, 14h-19h, dim. 10h-13h, 16h-18h ; avr.-juin : 9h30-12h30, 14h-18h, dim. 10h-12h30 ; 1re quinz. de sept. et vac. scol. (sf juil.-août) : tlj sf dim. 9h30-12h30, 14h-18h ; reste de l'année : se rens. - fermé 1er janv., 1er et 11 Nov.*

Au 19e s., la légende voulait qu'Erquy se situât à l'emplacement d'une cité romaine appelée « Reginea », autrement dit la reine (de la baie). Bien que cela soit probablement faux, les habitants d'Erquy ont gardé leur nom charmant de « Réginéens ». Dans un joli site de falaises, cet actif port de pêche côtière continue à prendre de l'extension et une agréable ambiance familiale y règne presque toute l'année.

Remarquez, en bordure de la route d'accès au cap, un petit corps de garde, vestige des défenses de Vauban, ainsi qu'un curieux et rarissime « **four à boulets** » (il en existe un autre au fort La Latte) qui permettait aux batteries de canons de tirer à boulets rouges sur les navires anglais au 17e s.

Parmi les nombreuses plages, la plus belle est celle de Caroual, au sud d'Erquy. Elle se distingue non seulement par sa vue sur la baie et le cap d'Erquy, mais aussi par une configuration qui assure aux enfants une sécurité totale.

★ **Cap d'Erquy** D2

Boucle de 2h30 à pied. Praticable pour tous. Depuis Erquy, direction cap d'Erquy, poursuivez la route jusqu'au dernier parking, celui de la pointe des Quatre Vents où vous laisserez votre voiture. Au terminus de la route, au niveau du parking, la vue s'étend sur la plage de Caroual, la grève des Vallées, la pointe de Pléneuf et l'îlot Verdelet ; au loin se dessinent la baie de St-Brieuc, la pointe de l'Arcouest et l'île de Bréhat. Depuis la pointe des Quatre Vents, un sentier serpente au milieu des bruyères et suit la face nord du cap. En contrebas, la plage du Lourtuais se dévoile. Vous pouvez vous y rendre en empruntant le sentier sur votre gauche qui y descend (naturisme autorisé). Poursuivez la balade en rejoignant le sentier jusqu'à la pointe de la Mare aux rets derrière laquelle se niche la plage du Portuais, puis celle du Guen. Remontez la route de la plage jusqu'au parking. À droite, le large chemin longe le camping. Au second croisement, prenez à droite sur la route du cap pour retrouver sur votre gauche le sentier balisé (rouge et blanc) qui redescend vers les Lacs bleus, témoins d'une ancienne carrière de grès rose. Longez-les jusqu'à la pointe des Trois Pierres, au bout du port de pêche. Pour rejoindre le parking, prenez sur votre droite.

Sortez d'Erquy par le nord-est, puis traversez le hameau Les Hôpitaux.

★ **Sables-d'Or-les-Pins** D2

La station fut créée en 1922, au bord de la grève de Minieu. Avec ses villas, et ses hôtels anglo-normands, elle connut un succès immédiat, grâce aux vedettes de l'époque. La Manche y apparaît à travers les fûts sombres des

LES MOUTONS D'ERQUY
En vous promenant dans les landes du cap d'Erquy, vous apercevrez quelques moutons paître paisiblement dans l'un des quatre enclos aménagés entre la plage de Lourtouais et celle du Portuais. Ils sont ainsi une soixantaine de Shetland à avoir été introduits afin de reconstituer des zones de végétation ouverte. Cette initiative fait l'objet d'un suivi scientifique. Notez néanmoins que de juin à septembre, ils quittent le secteur pour prendre leurs quartiers d'été à l'abri des estivants.

pins. Son immense **plage★** de sable fin, l'une des plus belles de Bretagne, regarde un ensemble d'îlots, en particulier celui de St-Michel, coiffé d'une chapelle.
Faites demi-tour et, à la sortie d'Erquy, prenez la direction du cap Fréhel par la D 34.

Pléhérel-Plage D2
La plage se trouve sur la droite, après les bois de conifères. Belle vue sur le cap Fréhel.
Prenez la D 34A.

★★★ **Cap Fréhel** D2 *(voir p. 182).*

NOS ADRESSES AU VAL-ANDRÉ

HÉBERGEMENT

BUDGET MOYEN
Hôtel de France – *4 r. Pasteur - ✆ 02 96 72 22 52 - www.pleneuf-hoteldefrance.com - fermé dim. soir et lun. hors saison, de mi-janv. à mi-fév. et 1er-15 nov. - 17 ch. 58/75 € - ☕ 8,50 € - ✕ 17/33 €.* Au centre de Pléneuf, cet établissement centenaire (exploité de père en fils depuis 1906 !) s'est offert une seconde jeunesse : réfection complète du restaurant, nouvelle terrasse installée dans la cour intérieure et jolies chambres à thème (nuptiale, plage, mauresque, etc.).

POUR SE FAIRE PLAISIR
Chambre d'hôte Villa Marguerite – *34 r. des Garennes - 22370 Pléneuf-Val-André - ✆ 02 96 72 85 88 ou 06 08 04 08 07 - www.villa-marguerite.fr - fermé de mi-nov. à fin mars sf sur réserv. hors saison - ⊄ - 4 ch. 65/70 € ☕.* Charmante villa au style balnéaire typique du 19e s. entourée d'un plaisant jardin, dans le centre de la station. Les chambres avec vue sur mer, à la fois sobres et coquettes, dominent la baie de St-Brieuc ; trois d'entre elles bénéficient d'un balcon. La salle des petits-déjeuners est agrémentée de jolis meubles chinés.

À proximité

BUDGET MOYEN
Chambre d'hôte La Crinière Manoir de la Ville Gourio – *22400 Morieux - RN 12 Rennes-St-Brieuc, sortie St-René-Pléneuf-Val-André, puis dir. Val-André par D 786 à 5 km - P - ✆ 02 96 32 72 60 - www.lacriniere.fr - fermé de mi-déc. à mi-janv. - 4 ch. 58/107 € - ☕ 9 € - repas 13 €.* Au milieu d'un golf de 9 trous, manoir breton du 17e s. où le confort d'aujourd'hui cohabite à merveille avec l'atmosphère d'hier. Les chambres soignées et dotées de meubles d'époque

3

profitent toutes de la vue sur le jardin et les greens. Pour la détente : restaurant, discothèque, club-house, golf, sentiers de randonnée pédestre.

Hôtel du Manoir St-Michel – *38 r. de la Carquois - 22240 Sables-d'Or-les-Pins - 1,5 km à l'est par D 34 - ✆ 02 96 41 48 87 - www.fournel.de - fermé 2 nov.-2 avr. - P - 20 ch. 50/110 € - ☕ 8,50 €.* Ancien manoir aux murs de grès rose agrémenté d'un grand jardin en surplomb de la mer et d'un plan d'eau où s'ébattent des canards. Chambres accueillantes. Duplex pour les familles.

POUR SE FAIRE PLAISIR

Hôtel du Manoir de la Salle – *R. du Lac - 22240 Sables-d'Or-les-Pins - 1 km au sud-ouest par D 34 - ✆ 02 96 72 38 29 - www.manoirdelasalle.com - fermé oct.-mars - P - 14 ch. 70 € - ☕ 7 €.* Cette demeure bretonne du 16e s. et ses trois dépendances sont entièrement rénovées. La salle des petits-déjeuners a préservé son cachet d'origine : pierres de taille, belle cheminée et poutres apparentes. Les chambres, quant à elles, sont modernes et fonctionnelles. Salle de jeux.

Chambre d'hôte Villa Nazado – *2 r. des Patriotes - 22430 Erquy - ✆ 02 96 63 67 14 ou 06 28 34 66 50 - 4 ch. 70/85 € ☕.* Au centre du village, une villa de caractère proposant des chambres pleines de charme.

RESTAURATION

POUR SE FAIRE PLAISIR

Au Biniou – *121 r. Clemenceau - ✆ 02 96 72 24 35 - fermé mar. et merc. sf juil.-août et vac. de fév. - formule 18 € - 28/37 €.* Au sein d'une petite maison du centre-ville, ce restaurant sert dans ses petites salles une cuisine goûteuse qui met en scène produits de la mer et recettes du cru revisitées par le chef.

À proximité

BUDGET MOYEN

Relais Saint-Aubin – *St-Aubin - 22430 Erquy - P - ✆ 02 96 72 13 22 - www.relais-saint-aubin.fr - fermé mar. hors saison et lun., 15 janv.-15 fév. et 15 nov.-15 déc. - 17/44 €.* Cet ancien prieuré, datant du 17e s., abrite une belle salle à manger rustique. Aux beaux jours, profitez de la terrasse et du ravissant jardin fleuri.

La Cassolette – *6 r. de la Saline - 22430 Erquy - ✆ 02 96 72 13 08 - fermé oct.-avr. - 19/42 €.* Si vous venez pendant la saison des coquilles Saint-Jacques, vous aurez le plaisir de déguster ici un menu entièrement consacré à cet exquis coquillage. Les autres mets sont tout aussi réussis, car ils sont toujours réalisés avec des produits locaux de première fraîcheur. Cadre agréable.

ACHATS

Marchés – *Mar. mat. à Pléneuf; vend. mat. au Val-André; sam. mat. à Erquy.*

Marché aux livres et cartes postales anciennes – *Au Val-André, juil.-août : jeu. 9h-18h30.*

Artisan'halles – *Juil.-août : lun. 18h-21h. Marché des artisans locaux à Erquy.*

EN SOIRÉE

Casino du Val-André – *1 cours W.-Churchill - P - 22370 Pléneuf-Val-André - ✆ 02 96 72 85 06 - www.casinovalandre.com - 10h-3h (vend. et sam. 4h).* Le casino abrite notamment une salle de cinéma Art et essai.

ACTIVITÉS

Randonnées

Le Syndicat mixte organise des sorties nature et patrimoine sur le territoire des caps d'Erquy et Fréhel. *Programme disponible auprès des commerces locaux et des offices de tourisme (Pléneuf-Val-André, Cap Fréhel) - ✆ 02 96 41 50 83 - de mi-juin à mi-sept. et vac. scol. - à partir de 6 € (6-12 ans 3 €) /j.*

Bien-être

Spa Marin du Val André – *✆ 02 56 57 50 09 - www.hmc-hotels.com - journée découverte 79 €.* 2 000 m² dédiés au bien-être avec piscine et bassin hydro-actif d'eau de mer chauffée, hammam, salle cardio-fitness, espace repos avec aérosols marins et tisanerie.

Activités nautiques

Centre nautique de Pléneuf-Val-André – *✆ 02 96 72 95 28 - www.cnpva.com.* Planche et char à voile, catamaran, dériveur et kayak : ce centre nautique accueille moussaillons et vieux loups de mer pour la pratique de sports toniques.

Maison de la Mer d'Erquy – *✆ 02 96 72 39 27.* Plongée, Jetski, flyboard, location de catamarans (30 €/h), planches à voile (15 €/h), dériveurs (20 €/h) et kayaks de mer (12 à 17 €/h). Également des balades à bord de la *Sainte-Jeanne*, réplique d'un caboteur de 1912 *(✆ 06 86 50 65 30 - www.saintejeanne.com).*

Golf

Golf Blue Green Pléneuf-Val-André – *R. de la Plage-des-Vallées - 22370 Pléneuf-Val-André - ✆ 02 96 63 01 12 - www.bluegreen.com - haute saison : 7h-21h ; printemps : 8h-20h ; hiver : 9h-18h - fermé 1er janv. et 25 déc. - 38/59 €.* Splendide links de 18 trous qui s'étend sur 63 ha en bordure de littoral. Le trou nº 11 est mondialement connu pour son dénivelé de 40 m et son magnifique panorama qui englobe le cap d'Erquy et l'île de Bréhat ! Attention, ce parcours est particulièrement technique.

Promenades en mer

La Pauline – *« Une chaloupe pour Dahouët », quai des Terre-Neuvas - 22370 Pléneuf-Val-André - ✆ 02 96 63 10 99 - www.lapauline.com - été : tlj suivant horaires de marée, se renseigner par tél.* Ce magnifique « lougre flambart » de Dahouët à coque noire et voile rouge vous emmènera sur les flots de la baie de St-Brieuc.

Vedettes d'Erquy – *Au port (parking 2 €) - ✆ 02 96 91 10 00 - www.armor-navigation.com.* Balade *(1h15)* le long de la côte de Penthièvre autour du cap d'Erquy, *14,50 € (-12 ans 9,50 €)* ; excursion au cap Fréhel *(2h15), 19,50 € (-12 ans 13,50 €).*

AGENDA

Manifestations tout au long de l'année : concerts classiques et de jazz, soirées théâtrales, régates, tournois de golf, de tennis, Fête de la mer (14 juil.) et rues en fête.

Saint-Quay-Portrieux

★

3 093 Quinocéens – Côtes-d'Armor (22)

NOS ADRESSES PAGE 249

S'INFORMER

Office de tourisme – *17 bis r. Jeanne-d'Arc - 22410 St-Quay-Portrieux - 02 96 70 40 64 - www.saintquayportrieux.com - juil.-août : 9h-19h, dim. et j. fériés 10h30-12h30, 15h30-18h ; avr.-juin et sept. : tlj sf dim. et j. fériés 9h-12h30, 14h-18h30 ; reste de l'année : tlj sf dim. et j. fériés 9h-12h30, 14h-18h - fermé 1er janv., 1er Mai, 1er et 11 Nov. - 2e bureau 20 quai de la République - 02 96 70 50 60.*

Visite du Port d'Armor – *02 96 70 40 64 - www.saintquayportrieux.com - juil.-août : merc. 15h30 ; vac. scol. (hors juil.-août) : sur demande préalable - 3,50 € (-15 ans 2,30 €).* Visite du port de pêche, présentation des bateaux et du matériel, fonctionnement de la criée et évocation de l'histoire de la coquille Saint-Jacques.

Visite « Sur les traces des peintres » au Portrieux – *02 96 70 40 64 - www.saintquayportrieux.com - été : jeu. 15h30 (RV au point I du port) ; vac. scol. (hors juil.-août) : sur demande préalable à l'office de tourisme - 3,50 € (-15 ans 2,30 €).* Plongée dans le passé du Portrieux au temps des peintres impressionnistes (Eugène Boudin, Berthe Morisot, Paul Signac).

SE REPÉRER

Carte de microrégion C2 (p. 230-231) – *carte Michelin Départements 309 F3.*
Depuis St-Brieuc (21 km au sud-est) ou Paimpol (25 km au nord-ouest), on gagne St-Quay par la D 786, ou par la D 9 si l'on vient de Guingamp (26 km au sud-ouest).

À NE PAS MANQUER

La visite de la chapelle de Kermaria-an-Iskuit pour ses fresques de la danse macabre et la Fête de la coquille Saint-Jacques en avril.

ORGANISER SON TEMPS

Pour profiter des plages, des activités nautiques et des balades, prévoyez 2 jours dans la capitale de la coquille Saint-Jacques.

AVEC LES ENFANTS

Rendez-vous à l'espace aquatique Goëlys.

St-Quay-Portrieux est une station balnéaire très appréciée pour ses trois belles plages : le Casino, le Châtelet et la Comtesse, abritées par une frange rocheuse appelée « roches de St-Quay ». Les gourmands lui trouvent un autre attrait : la coquille Saint-Jacques, qui fait partie des spécialités du cru et est fêtée durant tout un week-end au mois d'avril.

Se promener

Ports

Le port d'échouage, situé à Portrieux, armait autrefois pour Terre-Neuve. Quant au port d'Armor, c'est le premier port en eau profonde de la Bretagne Nord. D'une capacité de 1 030 anneaux, il peut accueillir jusqu'à une centaine

de bateaux visiteurs. Une flottille de pêche l'anime également (maquereaux, lieus, bars et, surtout, de novembre à avril, coquilles Saint-Jacques et crustacés)
Une liaison est assurée avec les îles Anglo-Normandes pendant la saison estivale ; possibilité d'excursions en bateau pour l'île de Bréhat (*voir p. 249*).

Chemin de ronde

1h30 à pied AR, à parcourir de préférence à marée haute.
Le sentier des douaniers part du port de Portrieux, au-delà de la mairie. Il longe la plage de la Comtesse, qui profite des marées pour se parer de cristaux d'ilménite noire. Il passe ensuite devant le sémaphore, offrant une belle **vue★** sur la baie de St-Brieuc. Il gagne la terrasse surplombant la plage du Châtelet *(table d'orientation)*, contourne la piscine d'eau de mer avant de déboucher près du casino. Vous pouvez poursuivre cette promenade jusqu'à la grève St-Marc *(environ 2h AR en plus)*.

À proximité Carte de microrégion

Étables-sur-Mer C2

3,5 km au sud.
Office de tourisme – *9 r. de la République - 22680 Étables-sur-Mer - 02 96 70 65 41 - www.etables-sur-mer.com - juil.-août : 9h-13h, 14h-18h30, dim. 9h-13h ; reste de l'année : tlj sf dim. 9h-12h30 - fermé 1er janv., 1er et 8 Mai, Jeu. de l'Ascension.*
Situé sur un plateau, le bourg domine la station familiale, à laquelle il est relié par une avenue bordée de villas. Les deux plages de sable fin, des Godelins et du Moulin, qui font la renommée d'Étables-sur-Mer, sont séparées par la pointe du Vau Burel. Beau parc municipal. La **chapelle N.-D.-de-l'Espérance**, construite après l'épidémie de choléra de 1850, se dresse sur la falaise d'Étables. Elle est ornée de vitraux (1972) aux belles tonalités de bleu signés Jean Michau et d'une tapisserie de Toffoli représentant la Vierge et l'Enfant.

3

★ Falaises de Plouha C2

7 km au nord par la D 786.
2h à pied AR. Attention, certains passages sont abrupts et caillouteux.
Les falaises de Plouha sont réputées être les plus hautes de Bretagne. Pour les découvrir, partez du Palus-Plage, une belle anse nichée au pied de ces falaises verdoyantes. À gauche de la plage, des marches taillées dans le roc conduisent à un sentier en corniche. Il vous mène jusqu'à la **pointe de Plouha**, point culminant du site (104 m). Jolies **vues★** sur la baie de St-Brieuc. Après un passage dans le vallon de Kerjean, vous atteignez la pointe de Beg-Hastel. Poursuivez jusqu'au petit port de **Gwin-Zégal**. Classé au Patrimoine maritime, il présente un type de mouillage insolite fait de troncs d'arbres plantés dans le sable.

Binic C2

7,5 km au sud.
Office de tourisme – *2 av. du Gén.-de-Gaulle - 02 96 73 60 12 - www.ville-binic.fr - juil.-août : 9h30-13h, 13h30-19h, dim. et j. fériés 10h-12h30, 14h-18h ; avr.-juin et sept.-oct. : tlj sf dim. 9h30-12h30, 14h-18h, sam. 10h-12h30, 14h-17h ; reste de l'année : tlj sf dim. 9h30-12h, 14h-17h30, sam. 10h-12h, 14h-17h.*
Le port de ce charmant centre balnéaire abritait autrefois, en hiver, des goélettes armées pour la pêche à la morue. De nos jours, la plaisance a pris la relève et sa plage de la Blanche s'anime dès les beaux jours. La plage de l'avant-port a, quant à elle, conservé son charme d'autrefois avec ses cabines en bois.

Musée des Traditions populaires – *☏ 02 96 73 37 95 - ♿ - juil.-août : 14h30-18h ; du w.-end de Pâques à fin juin et sept. : tlj sf mar. 14h30-18h - 3,50 € (-12 ans 1,50 €).* Il évoque la vie des anciens Binicains (collection de coiffes, costumes bretons, objets se rapportant à la vie maritime, métiers).

La **jetée Penthièvre** ferme l'avant-port. On y accède par les quais Jean-Bart et Surcouf. Du belvédère, à l'entrée du môle, jolie vue : d'un côté, sur la plage aux cabines surélevées, dominée par une butte couronnée de pins ; de l'autre côté, sur le port.

★ Chapelle de Kermaria-an-Iskuit B2

11,5 km au nord-ouest par la D 786, puis à gauche, par la D 21 jusqu'à Kermaria - Pour la visite, se rens. au presbytère au ☏ 02 96 20 21 31 ou à la mairie au ☏ 02 96 20 21 26.

La « maison de Marie qui conserve et rend la santé » est un but de pèlerinage fréquenté : un grand **pardon** s'y déroule le 3e dimanche de septembre. Au-dessus du porche sud de cette ancienne chapelle seigneuriale se trouve une salle des archives, clôturée par un petit balcon, qui servit de salle de justice au 16e s. Des **fresques★** (vers 1500) décorent les murs au-dessus des arcades. Celles figurant la danse macabre ont, paraît-il, inspiré le compositeur Camille Saint-Saëns. La Mort y figure sous les apparences de squelettes ou de cadavres. Ils dansent et entraînent une malheureuse ronde de vivants, du pape au laboureur. En France, on connaît sept représentations murales de danse macabre.

À voir aussi, dans le chœur, cinq **bas-reliefs★** en albâtre représentant des scènes de la vie de la Vierge, et, dans le transept, N.-D.-de-Kermaria-an-Iskuit (16e s.), Vierge allaitant étonnante : l'Enfant Jésus esquisse un geste de refus !

Plage Bonaparte C2

13 km au nord.

De cette plage, au fond de l'anse Cochat, que l'on atteint par un tunnel creusé dans la falaise, les aviateurs abattus sur le sol français réembarquaient en 1944 pour l'Angleterre. Une stèle rappelle ce souvenir : on peut l'atteindre à pied en empruntant l'escalier à droite du parking de la plage, puis par le sentier qui escalade la falaise. Du terre-plein, belle **vue** sur la baie de St-Brieuc et le cap Fréhel, l'anse de Port-Moguer à droite, la pointe de Minard à gauche.

★ Temple de Lanleff B2

23 km au nord-ouest en quittant St-Quay-Portrieux par la D 786. À Plouha, prenez la D 21 en direction de Kermaria. À la sortie de Pléhédel, prenez à gauche.

Dans le bourg, en retrait de la route, se dresse le **temple**. Ce curieux édifice circulaire, aujourd'hui en ruines, est une ancienne chapelle ou un baptistère bâti au 11e s. par les templiers sur le modèle du Saint-Sépulcre de Jérusalem. Douze arcades en plein cintre font communiquer la rotonde avec un bas-côté tournant. Sur les chapiteaux à la facture naïve alternent petits personnages, animaux, dessins géométriques et feuillages.

NOS ADRESSES À SAINT-QUAY-PORTRIEUX

HÉBERGEMENT

POUR SE FAIRE PLAISIR

Hôtel Gerbot d'Avoine – *Bd du Littoral - ☎ 02 96 70 40 09 - www.gerbotdavoine.com - P - 19 ch. 58/88 € - ☕ 10 € - ✕ (fermeture, se rens.) 18/55 €.* Cette maison au charme agréablement désuet se niche dans un jardin. Les chambres, rafraîchies, donnent pour certaines sur la Manche. Produits de la mer au restaurant.

UNE FOLIE

Ker Moor – *R. du Prés.-Le-Sénécal - ☎ 02 96 70 52 22 - www.ker-moor.com - P - 30 ch. 109/169 € - ☕ 14 €.* Cette villa centenaire d'inspiration mauresque est perchée au sommet d'une petite falaise. Les balcons des chambres ouvrent sur le large.

RESTAURATION

POUR SE FAIRE PLAISIR

À la Table de Margot – *7 pl. de l'Église - 22520 Binic - ☎ 02 96 73 35 56 - www.alatabledemargot.com - tlj sf lun., merc. et dim. soir - 24/37 €.* Cette belle adresse située dans la plus ancienne demeure binicaise (1679) propose une cuisine du terroir avec des produits locaux et de saison.

BOIRE UN VERRE

Bistrot La Marine – *38 quai de la République - ☎ 02 96 70 87 38 - www.bistrotlamarine.com - avr.-oct. : 9h-2h ; nov.-déc. : tlj sf lun., mar. soir et merc.* Ce restaurant propose aussi une formule bar à vins avec « tapas bretonnes » lors de soirées concerts.

ACHATS

Marchés – *Lun. mat. à St-Quay et à Portrieux.*

ACTIVITÉS

St-Quay port d'Armor – *Capitainerie, espace Éric-Tabarly - ☎ 02 96 70 81 30 - www.port-armor.com - fermé dim. hors saison.* Possibilité de partir pêcher tous les matins de 7h30 à 11h à bord d'un chalutier *(réserv. auprès de l'office de tourisme)*. Liaisons maritimes avec l'île de Bréhat en été, les mardis et jeudis.

Le Vieux Gréement – *Espl. du Port-d'Armor - ☎ 02 96 70 93 34 - www.snsqp.com.* Le *Saint-Quay* vous propose des sorties de la demi-journée à la semaine *(individuel, groupe ou famille)*. L'occasion de découvrir la voile traditionnelle. Au choix : naviguer en baie de St-Brieuc, vous aventurer dans l'archipel de Bréhat ou partir en croisière dans les îles Anglo-Normandes à bord d'un langoustier.

Goëlys – *R. Pierre-de-Coubertin - 22520 Binic - ☎ 02 96 69 20 10 - 4,30 € (enf. 3,20 €).* Piscine aqualudique avec toboggan, geyser, canon à eau mais aussi, pour les plus grands, sauna, hammam, jets massants, jacuzzi…

AGENDA

Fête de la coquille Saint-Jacques – *Dernier w.-end d'avr.* Expositions, dégustations, démonstrations de secours en mer par la SNSM, balades en mer, concerts… Cette fête a lieu tous les ans, à tour de rôle sur les trois ports coquilliers (St-Quay-Portrieux, Erquy et Loguivy-de-la-Mer). Programme à l'office de tourisme.

La Morue en fête – *À Binic, w.-end de l'Ascension.* Rassemblement de vieux gréements, exposition, activités nautiques, concerts… Et dégustation de morue !

Paimpol

★

7 634 Paimpolais – Côtes-d'Armor (22)

NOS ADRESSES PAGE 256

S'INFORMER

Office du tourisme de Paimpol-Goëlo – *Pl. de la République - 22500 Paimpol - ☎ 02 96 20 83 16 - www.paimpol-goelo.com - juil.-août : 9h30-19h30, dim. 10h-12h30, 16h-18h30 ; reste de l'année : tlj sf dim. 9h30-12h30, 14h-18h - fermé 1er janv., 1er Mai et 25 déc.*

Visites guidées – *Sur réserv. - tarif, se rens.* L'office de tourisme propose en saison plusieurs visites guidées sur le thème de la pêche, des métiers d'art ou encore à la découverte de la baie de Paimpol.

SE REPÉRER

Carte de microrégion B1 (p. 230-231) – *carte Michelin Départements 309 D2.* Paimpol est à 15 km à l'est de Tréguier. Pour rejoindre St-Brieuc (près de 50 km au sud), vous pouvez passer dans les terres ou prendre la D 786 qui longe la côte. Cette dernière est nettement plus jolie.

SE GARER

Évitez le centre-ville le mardi matin, jour de marché. Vous trouverez des parkings publics dans tout le centre, dont un place de la République (face à l'office de tourisme) et un autour du rond-point du Goëlo, tout proche.

À NE PAS MANQUER

L'ensemble des points de vue de la côte du Goëlo et la vision de Bréhat depuis la pointe de l'Arcouest.

ORGANISER SON TEMPS

Si vous allez en excursion à l'île de Bréhat, pensez aux horaires.

AVEC LES ENFANTS

Offrez-vous une croisière en barque électrique à Pontrieux ou un tour dans le train à vapeur du Trieux.

Investi aujourd'hui par les plaisanciers, le port de Paimpol reste marqué par les épopées, parfois tragiques, de la grande pêche à la morue du 19e s. Sa popularité est liée au roman « Pêcheur d'Islande » de Pierre Loti ou encore à la chanson « La Paimpolaise » de Théodore Botrel. Randonnées sur la côte du Goëlo, croisière sur le Trieux, sports nautiques et saveurs du terroir sont désormais les points forts de cette petite cité maritime très fréquentée en saison.

Se promener

La vie a bien changé depuis les pêcheurs d'Islande évoqués par Pierre Loti : la grande pêche *(voir p. 253)* a fait place à la pêche côtière et à la navigation de plaisance.

L'ostréiculture est devenue une des richesses de la région, Paimpol étant l'un des principaux centres ostréicoles de Bretagne Nord. La ville est aussi connue

L'abbaye de Beauport, qui constitua un important foyer spirituel au 13e s.
B. Gardel / hemis.fr

pour son marché de primeurs. Si elle doit une bonne part de son attrait et de son animation au port, les bateaux de plaisance ont depuis longtemps remplacé les goélettes. Tout proche, le cœur de la cité, réservé aux piétons, a conservé un certain charme.

Place du Martray

C'est la plus belle, car elle conserve des demeures du 16e s. Remarquez, à l'angle de la rue de l'Église, la maison à tourelle d'angle carrée où descendait Loti ; c'est ici qu'il a situé la maison de Gaud, héroïne de son roman.

Square Théodore-Botrel

Il abrite un clocher isolé (18e s.), vestige de l'ancienne église, et un monument en souvenir du poète-chansonnier.

Musée de la Mer

02 96 22 02 19 - www.museemerpaimpol.com - de mi-juin à fin août : 10h30-12h30, 14h-18h30 ; de mi-avr. à mi-juin et sept. : 14h-18h - 4 € (-18 ans 2 €) - gratuit J. du patrimoine.

Il évoque les activités maritimes de Paimpol, de la période islandaise à nos jours : maquettes, photos, instruments de navigation…

À proximité Carte La côte du Goëlo

Tour de Kerroc'h

2 km au nord, en direction de la pointe de l'Arcouest.

La tour se dresse dans un joli site boisé. De la première plate-forme, belle **vue★** sur la baie de Paimpol.

Ploubazlanec

3 km au nord, en direction de la pointe de l'Arcouest.

Haut-lieu de la grande pêche, ce village où Pierre Loti s'est installé auprès d'un marin du cru, Guillaume Floury, pour rédiger *Pêcheur d'Islande*, a payé un lourd tribut : entre 1852 et 1935, pas moins de 120 goélettes ont sombré, dont 70 perdues corps et bien. Au total, ce sont 2000 marins qui ont été engloutis par les flots *(voir ci-contre).*

Mur des Disparus – *Au cimetière.* Cet alignement de stèles, portant le nom de navires disparus année par année et le nombre de marins à bord, constitue un témoignage poignant de la dureté de la vie des pêcheurs.

Musée « Mémoire d'Islande » – *2 r. Joliot-Curie (derrière la mairie) - ✆ 06 82 02 62 28 - www.memoire-dislande-overblog.com - de mi-juil. à fin août : mar.-vend. 10h-12h, 14h30-18h30, sam.-lun. 14h30-18h30 ; reste de l'année sur RV - 2,50 € (-12 ans gratuit).* L'association Plaeraneg Gwechall s'est donné pour mission d'entretenir la mémoire de la grande pêche à Ploubazlanec en réunissant des souvenirs (objets, maquettes, livres de bord) de cette épopée.

Chapelle de Perros Hamon – *Suivez la signalisation depuis le musée (consultez les horaires d'ouverture au musée).* Cette modeste chapelle construite entre 1683 et 1728 abrite elle aussi des stèles à la mémoire des marins locaux, ainsi que des ex-voto.

Croix des Veuves – *Suivez la signalisation depuis la chapelle, puis 100 m à pied.* Ce calvaire est situé sur un promontoire d'où se découvre une **vue** admirable sur la mer et les îles. C'est ici que les femmes de pêcheurs hauturiers assistaient au retour d'Islande des bateaux… et pour certaines apprenaient leur condition de veuve.

★★ Pointe de l'Arcouest

5 km au nord.

La descente à la cale de l'Arcouest offre des **vues**, remarquables à marée haute, sur la baie et sur Bréhat.

Un monument à la mémoire de Frédéric et Irène Joliot-Curie, qui venaient souvent en Arcouest, est érigé à gauche de la route : deux blocs identiques de granit rose, dont les faces se regardant sont polies, se dressent côte à côte. Embarcadère pour l'**île de Bréhat★★** *(voir p. 259).*

Loguivy-de-la-Mer

5 km au nord.

Ce port de pêche a gardé son cachet d'antan. À marée basse, les barques s'y échouent encore. Du promontoire, belle vue sur l'embouchure du Trieux et sur Bréhat.

★ Pontrieux

17 km au sud-ouest.

Office du tourisme Pontrieux Communauté – *Maison de la Tour-Eiffel - pl. Le Trocquer - 22260 Pontrieux - ✆ 02 96 95 14 03 - www.tourisme-pontrieux-communaute.com - juil.-août : 10h-17h ; reste de l'année : se rens. - fermé certains j. fériés, se rens.*

Cette petite ville de fond d'estuaire offre de bien agréables surprises. La maison de la **Tour Eiffel** (appellation humoristique), du 16e s., ne passe pas inaperçue avec ses colombages bleus. Mais le trésor de la ville se trouve sur les rives du Trieux où s'alignent une cinquantaine de **lavoirs★** superbement restaurés.

Une **promenade en barque** électrique permet de découvrir ce rare patrimoine. Mais la découverte de la ville ne s'arrête pas là. Après avoir flâné dans le centre et découvert ses artisans, une petite halte s'impose au port où vous attendent un club nautique, le petit port de plaisance et le fameux train à vapeur, *La Vapeur du Trieux* (voir « Nos adresses »).

La geste héroïque des « Islandais »

Dès le 15e s., Paimpol s'affirme comme l'un des premiers ports de la côte nord de la Bretagne. Mais c'est en 1852 qu'un notable paimpolais arme une première goélette chargée d'aller traquer la morue sur l'Atlantique Nord au large de l'Islande. La grande pêche, c'est le nom qu'on lui donne, va dès lors (et jusqu'en 1935) faire la fortune de Paimpol, mais aussi semer le deuil parmi de nombreuses familles de pêcheurs des bourgs environnants.

UN ELDORADO

Chaque année, en février, plus d'une cinquantaine de goélettes avec 20 à 25 hommes à bord appareillaient pour de longues semaines dans les mers glacées du grand Nord, faisant de Paimpol le deuxième port « islandais » de France après Dunkerque. La petite cité devient alors prospère et ses armateurs exhibent leur opulence en faisant bâtir quelques demeures de prestige, dont certaines subsistent aujourd'hui le long des quais ou sur la place du Martray. Le port est agrandi. Chantiers navals et voileries se multiplient, les cordonniers conçoivent les sabots-bottes dont se chausseront les pêcheurs, les estaminets et bars à matelots se multiplient dans les ruelles du « quartier latin », comme la rue des 8-Patriotes...

DE DURES CAMPAGNES

Les marins quant à eux sont recrutés dans les villages voisins, tels que Bréhat, Loguivy ou Ploubazlanec. Ils sont certes assez convenablement payés, du moins si la pêche a été bonne. Mais en retour, que de sacrifices ! De longs mois d'absence, des mers glaciales et hostiles, des navires parfois vétustes, des conditions de vie et de travail éprouvantes. On ne compte plus les naufrages, les navires perdus, les matelots disparus durant ces quatre-vingts ans. Et l'on parle encore de cette terrible nuit de 1901 qui emporta cinq navires et leurs équipages. L'avènement du 20e s. voit le déclin de la grande pêche. En cause, les naufrages trop fréquents bien sûr, mais aussi les nouvelles législations, la Grande Guerre et le manque d'adaptation des armateurs aux temps nouveaux.

LE DEVOIR DE MÉMOIRE

Deux artistes vont faire connaître au grand public la dure réalité de la pêche à la morue. L'un est chansonnier et breton : c'est **Théodore Botrel**, auteur d'un véritable « tube », *La Paimpolaise*. L'autre est l'écrivain **Pierre Loti** qui, après avoir mené sur le terrain une enquête poussée, publie en 1886 *Pêcheur d'Islande*, qui devient aussitôt un véritable best-seller.

Un voile d'oubli menaçait en outre de tomber sur cette histoire tragique, avec la disparition de ses derniers protagonistes. C'est cet oubli que l'association **Plaeraneg gwenchall** (« Poubazlanec autrefois ») entend dissiper. Elle a ainsi réuni des descendants d'Islandais et regroupé dans un musée objets et documents témoignant de cette épopée. Elle entretient en outre les lieux de mémoire afin que la trace du sacrifice de milliers de pêcheurs perdure dans le souvenir des Paimpolais d'aujourd'hui.

Excursion Carte de microrégion B1

★ Estuaire du Trieux Carte de microrégion B1

La rivière du Trieux offre des rives tantôt abruptes, rocheuses et boisées, tantôt basses et cultivées. Admirez le joli site de Lézardrieux et son pont suspendu. La promenade en bateau mène ensuite au pied du château de la Roche-Jagu *(voir p. 266)* que l'on atteint par un sentier assez escarpé en sous-bois.
Voir « Nos adresses, p. 258 ».

Circuit conseillé Carte La côte du Goëlo

★ LA CÔTE DU GOËLO

Circuit de 60 km tracé en violet sur la carte ci-dessous – environ 4h. Prenez la D 786 (dir. St-Quay-Portrieux) et, à la sortie de Paimpol, tournez à gauche.

Pointe de Guilben

C'est la falaise chantée par Théodore Botrel. La géologie du site se caractérise par des laves en coussins qui témoignent d'un volcanisme sous-marin très ancien (640 millions d'années).
Belle vue sur la côte.
Après Kérity, une rue à gauche mène à l'abbaye de Beauport.

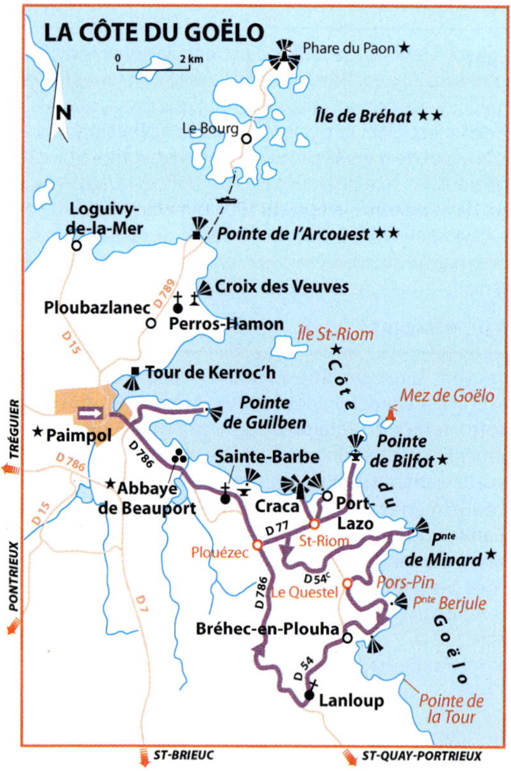

★ Abbaye de Beauport

☎ 02 96 55 18 55 - www.abbaye-beauport.com - ♿ - de mi-juin à mi-sept. : 10h-19h ; de mi-mars à mi-juin : 10h-12h30, 14h-18h ; reste de l'année : se rens. - fermé 1er janv. et 25 déc. - 6 € (-18 ans 3 €) - gratuit J. du patrimoine - possibilité de visite guidée (1h15).

Cette abbaye, fondée au 13e s. par des chanoines de l'ordre de Prémontré, a constitué un important foyer spirituel et économique dans le diocèse de St-Brieuc. De l'église élevée au 13e s., il reste la façade, la nef à ciel ouvert, le bas-côté nord et le bras gauche du transept. La longue salle capitulaire à abside polygonale est un beau témoignage de l'art gothique anglo-normand, dans la tradition du Mont-St-Michel. On visite le cloître et le vaste réfectoire (élégante entrée) qui s'ouvre sur la mer, ainsi que la cour basse, le bâtiment au Duc, hôtellerie destinée à l'accueil des pèlerins, le cellier situé sous le réfectoire, et l'aumônerie où les moines recevaient l'impôt sur le sel et les grains. Le Conservatoire du littoral, chargé de la protection des côtes et des rivages lacustres, a établi un programme de sauvegarde et d'animation sur l'ensemble du domaine abbatial, dont il s'est rendu propriétaire.

Regagnez la route de St-Quay-Portrieux, tournez à gauche et, après l'étang, tournez encore à gauche dans une route en montée.

Sainte-Barbe

À 250 m après la chapelle, laissez la voiture et empruntez un sentier à gauche qui mène à une table d'orientation.

On voit l'anse de Paimpol avec ses îles proches, la zone ostréicole, Port-Lazo et le phare de Mez de Goëlo.

Gagnez Plouézec où l'on tourne à gauche et, dans St-Riom, une nouvelle fois à gauche, direction « Moulin de Craca ». Garez-vous sur le parking à 100 m du moulin.

Moulin à vent de Craca

☎ 02 96 22 51 56 - www.moulin-de-craca.over-blog.net - de mi-juin à mi-sept. : h, se rens. - gratuit.

Ce moulin, restauré, produit encore de la farine. Il jouit d'un beau **panorama★** sur la baie de Paimpol, St-Riom et Bréhat.

Revenez sur la route principale et prenez à gauche la direction de Port-Lazo.

3

Port-Lazo

Au terminus de la route, vue sur l'anse de Paimpol.

Revenez à St-Riom et tournez à gauche.

★ Pointe de Bilfot

De la table d'orientation, la **vue** s'étend de l'île de Bréhat, au nord, au cap Fréhel, à l'est. Entre le petit phare de Mez de Goëlo, tout proche, et celui plus lointain du Paon à Bréhat, la baie est hérissée de rochers. Une stèle célèbre le cinquantième anniversaire de l'opération Fahrenheit : en novembre 1942, un commando britannique de onze hommes débarqua et attaqua le sémaphore occupé par les Allemands.

Faites demi-tour et prenez à gauche la D 54C à l'entrée de Plouézec.

★ Pointe de Minard

La **vue** s'étend ici sur la baie de St-Brieuc, le cap d'Erquy, l'anse de Paimpol et l'île de Bréhat.

Après un parcours pittoresque en bordure du littoral, on atteint Le Questel ; à la sortie de ce hameau, tournez deux fois à gauche. Après un crochet par Pors-Pin, revenez au premier carrefour et obliquez à gauche.

Dans un paysage aride, la route suit le bord de la falaise, puis débouche sur un vaste parking-belvédère : **vue★** sur le site de Bréhec-en-Plouha, la pointe de la Tour, les roches de St-Quay et, en face, du Val-André à Erquy.

Bréhec-en-Plouha

Ce petit port se love au fond d'une anse, fermée par les pointes de la Tour à droite et Berjule à gauche. C'est ici qu'abordèrent, au 5e s., saint Brieuc et les premiers émigrants venus de Grande-Bretagne.

Remontez le verdoyant vallon du ruisseau de Kergolo.

Lanloup

L'église (15e et 16e s.) possède un intéressant porche sud flanqué de contreforts à niches, avec saint Loup et saint Gilles au fronton. Dans le cimetière, tombe du compositeur Guy Ropartz (1864-1955) dont la famille habite encore actuellement le manoir.

Regagnez Paimpol par Plouézec.

NOS ADRESSES À PAIMPOL

HÉBERGEMENT

PREMIER PRIX

Hôtel Berthelot – *1 r. du Port - ☎ 02 96 20 88 66 - 12 ch. 36/46 € - ☕ 6 €.* Optez pour cet hôtel rénové et impeccablement tenu. Sept chambres avec douches et w.-c. ; les autres sont seulement pourvues d'un cabinet de toilette. Fenêtres à double vitrage. Prix tout doux et accueil charmant.

BUDGET MOYEN

Hôtel Goëlo – *Quai Duguay-Trouin - ☎ 02 96 20 82 74 - www.legoelo.com - 32 ch. 55/82 € - ☕ 9 €.* Bâtiment récent ancré sur les quais du port de plaisance. Presque toutes les chambres, petites mais confortables, ont bénéficié d'une rénovation (tons chauds et mobilier neuf).

À Ploubazlanec

BUDGET MOYEN

Les Agapanthes – *1 r. Adrien-Lebours - ☎ 02 96 55 89 06 - www.hotel-les-agapanthes.com - 21 ch. 45/97 € - ☕ 8,50 €.* Non loin du « mur des disparus », une adresse campagnarde qui décline confort et bon accueil. Beau jardin où, comme il se doit, les agapanthes abondent.

POUR SE FAIRE PLAISIR

Chambre d'hôte La Maison des îles – *29 rte de la Vieille-Côte, à la pointe de l'Arcouest - 3 km au nord-est de Ploubazlanec par D 789 - ☎ 02 96 55 87 01 - www.la-maison-des-iles.com - fermé de mi-nov. à déb. déc. et de déb. janv. à déb. fév. - 4 ch. 75 € ☕ et 1 gîte - table d'hôte le soir sur réserv. 25 €.* À deux pas de l'embarcadère, cette demeure en pierres apparentes a retrouvé une seconde jeunesse suite à une importante restauration intérieure. Décoration essentiellement contemporaine, émaillée dans les chambres de quelques meubles familiaux. Spécialités de l'océan (plateaux de fruits de mer et homards grillés sur commande) à la table d'hôte.

UNE FOLIE

Les Terrasses de Bréhat – *Route de l'Embarcadère - pointe de l'Arcouest - ☎ 02 96 55 77 92 - www.lesterrassesdebrehat.fr - 35 ch.*

114/154 € - ☕ 14 € - ✕ 16/72 €. Impossible d'être plus proche de l'embarcadère que dans cet hôtel-Spa raffiné aux chambres et aux coursives de bois précieux largement ouvertes sur la mer et Bréhat. Le restaurant, gastronomique, ne dépare pas et son « alliance bœuf-huître » (tartare aux huîtres) est à goûter.

RESTAURATION

PREMIER PRIX

Ty Krampoul (Crêperie Morel) – *11 pl. du Martray - ✆ 02 96 20 86 34 - fermé dim. en été, dim. et lun. hors saison - 8/25 €.* L'hospitalité chaleureuse des patrons vous donnera envie de revenir dans cette crêperie située en retrait du port, à l'orée de la vieille ville. Attrayant cadre rustique. Aux beaux jours, le couvert est dressé à l'extérieur.

BUDGET MOYEN

L'Islandais – *19 quai Morand - ✆ 09 96 20 93 60 - 18,50/38 €.* Le principal intérêt de cette crêperie bar et restaurant réside dans la décoration de sa salle à manger : en dehors du roulis et du tangage, on se croirait à bord d'une goélette en route pour l'Islande.

La Cotriade – *16 quai Armand-Dayot - ✆ 02 96 20 81 08 - www.la-cotriade.com - fermé sam. midi, dim. soir et lun. - formule 19 €, menu 25 € (déj. sem.).* Lumineuse salle à manger agrémentée de marines, terrasse dressée à même le port, accueil charmant et goûteuse cuisine de la mer mitonnée en fonction des arrivages.

POUR SE FAIRE PLAISIR

Hôtel de la Marne – *30 r. de la Marne - ✆ 02 96 16 33 41 - www.hoteldelamarne-paimpol.fr - fermé 3 sem. en janv., dim. soir (hors vac. scol.) et lun. - formule déj. en sem. 19 € - 28/57 €.* Le décor de ce restaurant proche de la gare a été rénové dans un style plus contemporain et les tables bénéficient d'une belle mise en place. Vous dégusterez ici une cuisine au goût du jour soignée, élaborée uniquement à base de produits frais. Intéressante carte des vins… et cours de cuisine pour les maîtres-queux en herbe.

La Vieille Tour – *13 r. de l'Église - ✆ 02 96 20 83 18 - fermé dim. soir, lun., merc. soir (sf juil.-août) et de mi-juin à déb. juil. - formulé déj. 18 € bc - 33/58 €.* Dans la grande rue piétonne de la ville, un restaurant proposant une cuisine de tradition ne manquant pas de créativité, dans un cadre classique.

BOIRE UN VERRE

Le Lutin Bleu – *9 r. Romsey - ✆ 02 96 20 41 43 - 9h30-12h15, 14h30-19h30 - fermé dim.-lun. hors saison.* Sur les étagères, les confiseries (dragées, pâtes de fruits, chocolats, etc.) côtoient les spécialités locales : caramels au beurre salé, galets en pâte d'amandes et truffes de caramel. Petit salon de thé (boissons uniquement).

Le Cargo – *15 r. des 8-Patriotes - ✆ 02 96 20 72 46 - fermé dim.-mar.* Un café-concert proposant en outre à ses hôtes livres, BD, fléchettes et jeux de société.

Le Balthazar – *26 r. des 8-Patriotes - ✆ 02 96 20 08 85 - 16h-1h - fermé dim.-lun.* S'enorgueillissant du label Café de pays, ce bar à vins (le Balto pour les intimes) propose en fin de semaine des formules « apéro-planche » à base de produits du terroir tels qu'andouille ou morue… *(9/10 €).*

ACHATS

Marché – *Mar. mat., pl. des Halles.* À ne pas manquer ! Alimentation, produits régionaux, artisanat local… Il y règne un joyeux brouhaha dans une odeur de crêpes et au son des binious.

Bon à savoir – La halle aux poissons où se tenait autrefois la criée a été transformée en un lieu d'exposition sous le nom de La Halle.

Fruits de mer

Établissement Le Mée – *1 chemin Traou-Hoat - 3 km au nord de Paimpol par D 789, puis dir. du port départemental de Pors-Even - 22620 Ploubazlanec - 02 96 55 82 28 - lun.-sam. 9h-12h, 14h-18h - fermé j. fériés.* Huîtres et moules.

Viviers Dauphin – *3 r. Port-Pors-Even - 3 km au nord de Paimpol par D 789, puis dir. du port départemental de Pors-Even - 22620 Ploubazlanec - 02 96 55 83 44 - lun.-vend. 8h-12h, 14h-18h, sam. 8h-12h.* Vente au détail d'huîtres, moules, coquillages et crustacés (homard, langouste).

Vêtements marins

La Maison du Kabic – *Quai Armand-Dayot - 02 96 55 12 38.* Dans un bâtiment évoquant un *rorbu* (maison de pêcheur islandais), une boutique de vêtements marins authentiques, fondée en 1922. On y trouvera cirés, cabans, duffle-coat et bien sûr les *kabic* de laine imperméables inventés à Paimpol.

ACTIVITÉS

La Vapeur du Trieux – *Gare de Paimpol - av. du Gén.-de-Gaulle - 22500 Paimpol - 02 96 20 52 06 - www.vapeurdutrieux.com - 8 Mai-15 sept. : 1 ou 2 dép./j. (sf certains lun. et mar.) - 23,50 € AR (-16 ans 12 €).* Excursion en train à vapeur de Paimpol à Pontrieux (4h30 AR). La vieille dame un peu suffocante (elle a près de 100 ans) ahane le long de l'estuaire du Trieux que l'on ne peut découvrir par la route. Une halte-dégustation est proposée sur l'un des trajets (cidre et crêpes). Réserv. obligatoire.

L'Eulalie – *Au départ de Paimpol et Lézardrieux - 02 96 55 99 99 ou 06 87 73 17 99 - www.eulalie-paimpol.com - juil.-août : 42 €/pers. la journée ; hors saison : 39 € (-14 ans 30 €).* Naviguez vers l'archipel de Bréhat à bord d'un sardinier plein de charme.

Promenades sur le Trieux

Promenade en barque – *Pl. de la Liberté - 22260 Pontrieux - 02 96 95 60 31 - www.ville-pontrieux22.fr - visite guidée (20mn) 10 juin-16 sept. : 11h30-18h - 4 € (-18 ans 2,50 €) - possibilité de promenade nocturne, se rens.*

Le Passeur du Trieux – *06 21 07 30 72 - www.lepasseurdutrieux.com.* Balades commentées sur la rivière du Trieux.

Vedettes de Bréhat – *02 96 55 79 50 - www.vedettesdebrehat.com - 23 € (enf. 14,50 €) - sur réserv.* Au départ de la pointe de l'Arcouest, embarquez pour une croisière (4h30) sur la rivière du Trieux. Escale d'1h30 pour la visite du château de la Roche-Jagu.

Pour la traversée vers l'île de Bréhat, *voir p. 262*.

AGENDA

Escales de nuit – *02 96 55 18 58 - merc. et dim. à 22h.* Déambulation nocturne dans les jardins illuminés de l'abbaye de Beauport.

Festival Beauport en Voix – *02 96 55 18 58 - 1 sem. en juil.* Concerts dans le cadre superbe de l'abbaye de Beauport.

Festival du chant de marin – *02 96 55 12 77 - www.paimpol-festival.fr - en août, les années impaires.*

Île de Bréhat

★★

421 Bréhatins – Côtes-d'Armor (22)

NOS ADRESSES PAGE 262

S'INFORMER

Syndicat d'initiative de l'île de Bréhat – *Le Bourg - 22870 Île-de-Bréhat - 02 96 20 04 15 - www.brehat-infos.fr - 10h-13h, 14h-16h30, j. fériés 10h-13h - fermé dim., lun. et 1 merc. sur 2 (apr.-midi), 1er janv., 1er et 11 Nov.*

SE REPÉRER

Carte de microrégion B1 (p. 230-231) – *carte Michelin Départements 309 D1.* Longue de 3,5 km et large de 1,5 km, Bréhat fait face à la pointe de l'Arcouest, au nord de Paimpol. Elle est constituée de deux îles, réunies au 18e s. par un pont dû à Vauban. Très découpée, sa côte est entourée de 86 îlots et récifs. Ses paysages sont sauvages au nord, plus souriants dans la partie sud.

À NE PAS MANQUER

Les côtes déchiquetées, Le Bourg, le phare du Paon et les verreries de Bréhat.

ORGANISER SON TEMPS

Bréhat vit au rythme des bateaux qui la desservent quotidiennement. L'affluence des nouveaux arrivants du matin coïncide avec le marché du Bourg. Une fois vos courses faites, vous pouvez alterner les longues balades avec de délassants bains de mer. Si vous restez uniquement le temps d'un week-end, n'hésitez pas à programmer le tour de l'île en bateau.

AVEC LES ENFANTS

Le tour de l'île en bateau ou les différentes balades organisées sur l'île.

La Bretagne a son paradis, cette petite île aux rochers roses, tellement agréable à parcourir à pied ou à vélo puisque les automobiles y sont interdites. En été, ces attraits valent à Bréhat un afflux touristique parfois trop important. Mieux vaut choisir le printemps pour visiter celle que l'on nomme aussi « l'île aux fleurs »…

Se promener Carte de l'île de Bréhat

SUR L'ÎLE

C'est dans l'anse de **Port-Clos** qu'accostent les vedettes.

Verreries de la Citadelle

Du débarcadère, suivez le chemin signalisé (15-20mn env.) - ateliers : tlj sf w.-end 10h-13h, 14h-16h45 ; boutique : tlj aux mêmes horaires - 2 € (déductibles des achats).

C'est un fort, construit sous Napoléon III sur la falaise, qu'a investi en 1998 cet atelier de verrerie. Avant de passer à la boutique, on visite les différents ateliers, à commencer par celui des souffleurs de verre, toujours spectaculaire, le tout agrémenté d'un instructif petit historique de cet art.

UNE ÎLE AU CŒUR DE L'HISTOIRE

Au Moyen Âge, un château fort fut édifié face à l'île Lavrec, puis détruit en 1409 par les Anglais. À cette occasion, ceux-ci pendirent des Bréhatins aux ailes du moulin de Crec'h ar Pot, dans l'île nord. Pendant les guerres de Religion, en 1591, le moulin de Crec'h Tarek, dans l'île sud, servit également de gibet. Jusqu'au 19e s., Bréhat fut un refuge pour de nombreux corsaires. Au siècle suivant, les amoureux de calme et de nature prirent le relais, et notamment les comédiens Madeleine Renaud et Jean-Louis Barrault.

De l'abri du canot de sauvetage, en contrebas, belle **vue★** sur le chenal du Kerpont, avec son impressionnant chaos à marée basse, et sur l'île Béniguet.

Grève du Guerzido

Un joli coin avec ses plages de galets roses et ses îlots colonisés par les pins et les oiseaux marins. École de voile *(voir « Nos adresses »).*

Le Bourg

Le village s'ordonne autour d'une placette ronde, ombragée de platanes. L'**église** des 12e et 18e s. présente un curieux clocher et abrite la maquette de la dernière frégate de Bréhat, celle de l'amiral Cornic. Elle accueille également un beau retable et la tombe de la famille d'un fameux corsaire.

Chapelle Saint-Michel

Ce sont 39 marches qui vous mèneront à cette chapelle bâtie sur un tertre rocheux de 26 m d'où l'on domine toute l'île. Depuis cet amer, vaste **panorama★** sur l'île sud, le chenal du Kerpont et l'île Béniguet, l'étang de Birlot et son moulin à marée, la baie de la Corderie et l'île nord. À l'ouest, on distingue au large le sillon de Talbert.

Croix de Maudez

Érigée en 1788, face à la mer, en pleine lande, elle évoque le souvenir du moine Maudez qui vint fonder un monastère sur une île voisine, en 570. La **vue★** est belle sur l'île Béniguet au sud, l'île Maudez au nord et les récifs.

La Corderie

Fermée par le pont ar Prat, appelé aussi « pont Vauban », cette immense baie, bordée de belles villas, sépare les deux îles.

En continuant vers le nord et en dépassant Ar Lenn, atteignez la **chaise de Renan**, une roche ainsi appelée, car l'auteur de l'*Histoire des origines du christianisme*, Ernest Renan (1823-1892), s'y serait assis.

UN MICROCLIMAT BIENFAISANT

À Bréhat, le climat est doux : 6 °C de moyenne en hiver. Ces températures permettent à une nature généreuse de se développer, surtout dans le sud de l'île. On y trouve des figuiers, des eucalyptus, des murets fleuris de mimosa, et des jardins aux énormes massifs d'agapanthes ou d'hortensias. À l'opposé, en remontant vers le nord, on découvre des vaches paissant dans les prés, des moutons dans la lande, et enfin des paysages sauvages et arides, balayés par des vents forts et salés qui empêchent la végétation de croître. Une austérité loin de l'évocation du nom celtique de Bréhat, *Breiz Coat*, qui signifie « Bretagne des Bois » ! Il lui aurait été donné par un moine irlandais qui débarqua sur l'île Lavrec, toute proche, en 470.

Les phares de l'île nord

Construit en pleine terre, le phare du **Rosédo** date de 1862. À la pointe extrême de l'île, le phare du **Paon★** (l'origine du mot est *penn*, qui signifie extrémité), détruit en 1944, et rebâti cinq ans plus tard, en porphyre rouge. De la plate-forme dallée, on domine une côte déchiquetée, la plus sauvage de l'île.

Saint-Riom

Ce village de la côte nord-est de Bréhat était autrefois voué aux lépreux, comme tout le nord de l'île. Il est aujourd'hui en ruine.

EXCURSION EN BATEAU

★★ Tour de l'île

Tour de l'île et excursions tte l'année (15 pers. mini). Excursion pour la journée, mai-sept. : dép. de Binic, St-Quay-Portrieux, Erquy au Pléneuf-Val-André, pointe de l'Arcouest. Vedettes de Bréhat au ✆ 02 96 55 79 50 - www.vedettesdebrehat.com - tour de l'île : 14,50 € (-11 ans 10,50 €) ; excursions : 32 € (-11 ans 23,50 €).

Cette promenade intéressante permet d'apprécier la variété des côtes, la beauté des rochers et des falaises du nord, le charme plus méditerranéen du rivage oriental, la couleur changeante des flots parfois très bleus. Vous pourrez aussi observer l'avifaune, notamment sur le littoral nord où goélands marins, cormorans, sternes caugeks et fous de Bassan gravelots ont élu domicile.

NOS ADRESSES SUR L'ÎLE DE BRÉHAT

TRANSPORTS

Accès

Vedettes de Bréhat – *02 96 55 79 50 - www.vedettesdebrehat.com - 9,50 € AR (-11 ans 8 €). Liaison régulière ttes les 45mn, dép. pointe de l'Arcouest.*

Accès à l'embarcadère depuis Paimpol-gare SNCF par le bus Tibus n° 2 (*0 810 22 22 22 - www.cotesdarmor.fr - 2 €).*

En voiture, parking à l'embarcadère de l'Arcouest – *02 96 55 71 98 ou 06 82 40 63 21 - www.parkingembarcadere.fr - 6 €/j.*

Sur place

Dès le port ou dans le bourg, officines de loueurs de vélos. Notez toutefois que l'affluence estivale en restreint l'intérêt, et que de nombreux sentiers sont interdits aux cyclistes.

HÉBERGEMENT

POUR SE FAIRE PLAISIR

Hôtel La Vieille Auberge – *Au Bourg - 02 96 20 00 24 - www.brehat-vieilleauberge.com - fermé nov.-Pâques - 14 ch. 79,50/120 € - 9,80 € - formule déj. 18 € - 28/33 €.* Une ravissante maison ancienne aux belles pierres apparentes abrite ce plaisant hôtel-restaurant tenu par une famille bréhatine. Avec un peu de chance, en vous attablant dans sa cour fleurie, vous goûterez aux doux rayons du soleil d'ici…

Bellevue – *Port-Clos - 02 96 20 00 05 - www.hotel-bellevue-brehat.com - 19 ch. 87/160 € - 11 € - formule déj. 16 € - 38/49 €.* Immanquable, puisque cet hôtel confortable (au nom nullement usurpé, bien au contraire) se trouve au débarcadère.

RESTAURATION

PREMIER PRIX

Les Pêcheurs – *Le Bourg - 02 96 20 00 14 - fermé de déb. déc. à mi-fév. - 20,50/22,50 €.* Menu express à 13,50 € ou au choix à 18,50 € : choucroute de la mer, couscous du pêcheur ou potée océane aux cocos de Paimpol.

Enez Vriard – *Le Bourg - 02 96 20 08 05 - 13/28 € - 4 ch. 40/60 €.* Seul restaurant de l'île de Bréhat ouvert toute l'année. Plats simples et chambres standard à l'étage ou dans une maison attenante.

ACTIVITÉS

Centre nautique Les Albatros – *Plage de Guerzido - 02 96 20 07 24 ou 06 77 98 00 42 - www.les-albatros.com - mars-nov.* Optimist, dériveur, planche à voile et plongée. Balade en kayak ou catamaran.

Bré-ânes – *Pierre-Yves Neveu, 06 78 42 82 66.* Balade en charrette tirée par un âne *(1h 10 €, -5 ans 5 €)*; circuit personnalisé demi-journée *(30/15 €).*

Balades-découvertes

Le Petit Train de Bréhat – *06 86 77 85 46.* Ce wagon tiré par un tracteur propose un circuit de 40mn env. *(9 €).*

Balades de Kérano – *Le Birlot - 02 96 20 06 75 - www.kerano.com - h, se rens. - 12/25 € sur réserv.* En vous joignant à un groupe, une équipe de comédiens et conteurs vous fait découvrir l'île au gré de ses légendes.

Tréguier

★★

2 723 Trégorrois – Côtes-d'Armor (22)

NOS ADRESSES PAGE 270

S'INFORMER
Office du tourisme du Pays de Tréguier – *Port de Plaisance - 22220 Tréguier - ✆ 02 96 92 22 33 - www.tregor-cotedajoncs-tourisme.com - juil.-août : 9h30-18h30, dim. et j. fériés 10h-13h, 14h-17h ; reste de l'année : tlj sf dim. 10h-12h30, 14h-18h, j. fériés 10h-13h - fermé 1er janv. 1er Mai, 1er et 11 Nov., 25 déc.*

SE REPÉRER
Carte de microrégion B1 (p. 230-231) – *carte Michelin Départements 309 C2.*
À la verticale nord de Guingamp (30 km par la D 8), Tréguier se situe entre Lannion (20 km à l'ouest) et Paimpol (16 km à l'est), sur la D 786.

À NE PAS MANQUER
Le cloître de la cathédrale St-Tugdual à Tréguier, le parc du château de la Roche-Jagu et les merveilleux jardins de Kerdalo.

ORGANISER SON TEMPS
La région de Tréguier, riche en presqu'îles et en recoins cachés, mérite deux jours d'exploration.

AVEC LES ENFANTS
Le château de la Roche-Jagu.

3

Lové au fond d'un estuaire des Côtes-d'Armor, Tréguier étage au flanc d'une colline sa cathédrale, ses ruelles et ses maisons à pans de bois. L'ancienne cité épiscopale forme un ensemble très séduisant, à quelques encablures d'une côte particulièrement belle et riche en patrimoine culturel, comme en excursions.

Se promener Plan de ville

Port

Ce magnifique plan d'eau est suffisamment profond pour recevoir des caboteurs de fort tonnage. Il réserve une place importante à la navigation de plaisance.
Laissez la voiture sur le parking du port et pénétrez dans la ville par la rue Ernest-Renan, bordée de hautes maisons à colombages.
Les deux tours carrées encadraient autrefois la porte de la ville.

Maison d'Ernest Renan

✆ 02 96 92 45 63 - http://maison-renan.monuments-nationaux.fr - juil.-août : 10h30-12h30, 14h-18h ; reste de l'année : tlj sf lun. et mar. 10h30-12h30, 14h-18h - fermé nov.-mars, dim. et lun. de Pâques, 1er Mai - 3 € (-26 ans gratuit) - gratuit 1er dim. du mois et J. du patrimoine.

Cette maison à colombages (16e s.) abrite des souvenirs et des documents concernant l'écrivain Ernest Renan (1823-1892). On voit sa chambre natale, une reconstitution de son cabinet de travail et de sa bibliothèque au Collège de France, ainsi que les deux pièces où, enfant, il aimait se retirer pour travailler. Après avoir fait des études au séminaire, Renan traversa une grave crise religieuse à 22 ans. Son ouvrage *Histoire des origines du christianisme* (1863-1882) eut une grande répercussion dans l'Europe du 19e s. pour son interprétation rationaliste de Jésus.

★★ Cathédrale Saint-Tugdual

☏ 02 96 92 30 51 - juil.-août : 10h-18h ; des vac. de Pâques à fin juin et sept. : 10h-12h, 14h-18h ; reste de l'année : 9h-12h, 14h-18h, merc. 9h-18h - gratuit - 2 € cloître, 2 € trésor (des vac. de Pâques à fin sept.).

Ce monument porte le nom du premier évêque qui occupa, au 6e s., l'un des sièges épiscopaux les plus importants de la Bretagne médiévale. Ce moine gallois avait fui les Pictes et les Saxons pour fonder un monastère dans la région. C'est pour l'honorer que les Trégorrois ont construit l'une des plus belles cathédrales bretonnes (14e-15e s.). Dans ses *Souvenirs d'enfance et de jeunesse*, Renan la qualifie de « paradoxe architectural » et de « chef-d'œuvre de légèreté, fol essai pour réaliser en granit un idéal impossible ».

Trois tours reposent sur le transept. Celle du croisillon sud (18e s.) s'élève à 63 m et s'ouvre par le « porche des Cloches » (1438), surmonté d'une belle **fenêtre★** flamboyante. Inachevée, la tour du Sanctuaire, gothique, occupe la croisée. La tour Hastings, romane, est le seul témoin de la cathédrale du 12e s.

Entrez par le porche de la façade ouest.

Avec ses arcades gothiques élégamment travaillées dans le granit, la **nef** paraît lumineuse. Une frise, sculptée en tuffeau plus tendre, court sous le triforium. Les voûtes nervurées « à la Tudor » sont éclairées par des fenêtres hautes. Les vitraux de Hubert de Sainte-Marie, maître verrier de Quintin, illustrent des thèmes bibliques (scènes de l'Ancien Testament à gauche, au nord, et de l'Évangile à droite, au sud).

Faites le tour par le bas-côté gauche.

Le **tombeau de saint Yves**, saint patron des avocats, date de 1890 : il reproduit le monument érigé au 15e s. par le duc de Bretagne Jean V – le gisant de Jean V, sculpté en 1945, se trouve dans la chapelle du Duc.

Le bras gauche du transept est limité par la tour Hastings. Les beaux arcs romans partent d'un lourd pilier accolé de colonnes aux chapiteaux sculptés. Dans la chapelle du Saint-Sacrement, on découvre le reliquaire du chef de saint Yves, une châsse en bronze doré du 19e s. Dans le déambulatoire, la 3e chapelle abrite un Christ du 13e s., en bois, dit « de Trémel ».

Le chœur contient 46 **stalles★** Renaissance aux miséricordes sculptées.

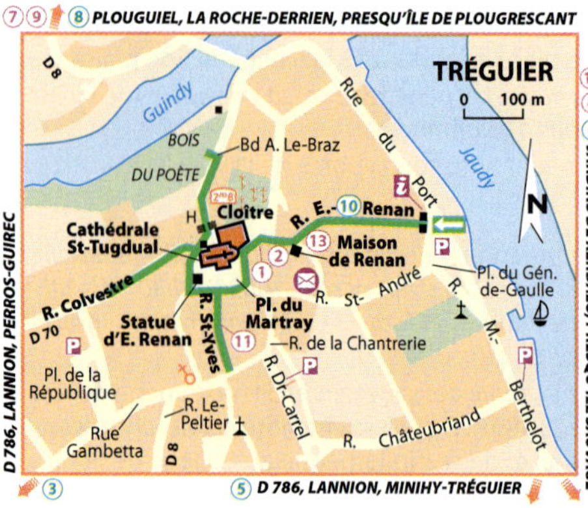

SE LOGER
- Château de Brélidy (Hôtel) 5
- Kastell Dinec'h (Hôtel) 3
- Maison Tara (Chambre d'hôte La) 10
- Manoir de Kergrec'h (Chambre d'hôte) 8
- Manoir de Troézel Vras (Chambre d'hôte) 1

SE RESTAURER
- Abri des Barges (L') 15
- Crustacé (Le) 9
- Halles (Crêperie des) 2
- J.-P. Moulinet (La Poissonnerie) 1
- Maison de Jeanne (La) 13
- Moulin à Mer (Crêperie du) 4
- Pesked (Café) 7
- Trégor (Auberge du) 11

Les dentelles du cloître de la cathédrale Saint-Tugdual.
Ch. Heeb / hemis.fr

Le bras droit du transept est magistralement éclairé par la **Grande Verrière★** : la vigne mystique se mêle aux fondateurs des sept évêchés bretons, aux saints du terroir et aux métiers bretons. Un intéressant **groupe en bois** du 15ᵉ s., *Saint Yves entre le riche et le pauvre*, se trouve près du porche sud. Dans le bas-côté droit, remarquez les **enfeus** sculptés de chevaliers en armures, du 15ᵉ s.

Trésor – *Dans la sacristie - ✆ 02 96 92 30 51 - ♿ - 9h-18h (sf pdt les offices) - 2 € (-12 ans gratuit) - 4 € billet combiné avec le cloître.* Il présente des pièces d'orfèvrerie et des ornements liturgiques, ainsi qu'un « chasublier », bel exemple de mobilier breton.

★ **Cloître** – Adossé à l'évêché, il forme un bel ensemble du 15ᵉ s. encadrant une croix de calvaire. Derrière ses 40 arcades flamboyantes en granit de l'île Grande et de Pluzumet, des voûtes à charpente boisée et sablière abritent des gisants (15ᵉ-17ᵉ s.) et des personnages sculptés. Sous l'Ancien Régime, les galeries étaient louées à des marchands ambulants à l'occasion des foires.

3

Place du Martray

Au cœur de la ville, sur cette place ombragée bordée de maisons anciennes, se dresse la **statue** d'Ernest Renan, par Jean Boucher. Cet hommage rendu au chantre de la religion « rationnelle » indigna tellement les catholiques qu'ils commandèrent une œuvre représentative de leur sentiment : le *Calvaire de la protestation*, œuvre du sculpteur Yves Hernot. Inaugurée en 1904, elle se dresse encore dans le jardin public de la rue Marcellin-Berthelot.

Rue Saint-Yves

Un petit tour dans cette rue piétonnière permet de voir **la Psalette** édifiée en 1447. C'est dans cette demeure que les petits chanteurs de la cathédrale répétaient.

Monument aux morts

Sur le flanc gauche de la cathédrale. C'est une œuvre sobre et émouvante, due au sculpteur breton **F. Renaud**, représentant la douleur d'une Bretonne en cape de deuil.

Presque en face, la **rue Colvestre** recèle de belles maisons anciennes, notamment la maison du duc Jean V, l'hôtel de Kermorvan et l'hôtel de Coetivy. *Revenez sur vos pas et descendez, en passant sous l'ancien évêché, vers le bois du Poète.*

Bois du Poète

Dominant le **Guindy**, il constitue une agréable promenade au cours de laquelle on découvre le monument funéraire de l'écrivain **Anatole Le Braz**.

À voir aussi Plan de ville

Minihy-Tréguier Hors plan

1 km au sud. Prenez la direction de La Roche-Derrien et, à la sortie de l'agglomération, tournez à gauche.

Minihy-Tréguier, village natal de saint Yves (*voir p. 48*), est le but du **pardon** du 3e dimanche de mai, dit « pardon des pauvres ». On dit « aller à St-Yves ». L'église (15e s.) est bâtie sur l'emplacement de l'ancienne chapelle du manoir de Ker-Martin où naquit et mourut **Yves Helouri** (1253-1303) ; elle abrite une toile peinte où figure, en latin, son testament. Au cimetière, face au porche ouest, un petit monument du 13e s. est percé d'une arcade sous laquelle les pèlerins passent agenouillés. Dénommé « **tombeau de saint Yves** », c'est sans doute l'autel de la chapelle primitive.

À proximité Carte de microrégion

★★ Jardins de Kerdalo B1

À l'est. À Trédarzec, prenez la D 20 vers Kerbors puis la première à gauche, et tournez deux fois à gauche - ✆ 02 96 92 35 94 - juil.-août : tlj sf dim. 14h-18h ; avr.-juin et sept. : sam. et lun. 14h-18h - 8 € (-18 ans 4 €).

Créés par le prince et peintre Peter Wolkonsky à partir de 1965, ces jardins botaniques imaginés dans un univers romantique font partie d'un domaine vallonné de 18 ha en bordure du Jaudy. Les sentiers serpentent au milieu des arbres majestueux, des bosquets et des massifs parfumés.

Terrasses fleuries, gazon délicatement bordé d'une dentelle de galets, grotte italienne, pagode chinoise… : c'est un enchantement pour la vue et l'odorat ! Des cascades dégringolent jusqu'au Jaudy en contrebas. Charmant **point de vue★** sur le port de Tréguier.

La Roche-Derrien B1

5 km au sud-ouest par la D 8.

Cette ancienne place stratégique a été le théâtre d'une importante bataille pendant la guerre de Succession de Bretagne en 1347. Elle a longtemps dû sa prospérité au négoce du lin et est aujourd'hui une agréable villégiature de la vallée du Jaudy (kayak).

L'**église** doit son plan inhabituel à l'ajout d'une grande chapelle par le seigneur Roland de Kersaliou en 1376. Un vitrail de 1927 illustre la célèbre bataille où Charles de Blois fut fait prisonnier.

★ Château de la Roche-Jagu B1

13 km au sud-est par les D 786 et D 787 - ✆ 02 96 95 62 35 - www.larochejagu.fr - juil.-août : 10h-13h, 14h-19h ; avr.-juin et sept.-oct. : 10h-12h, 14h-18h ; reste de l'année : se rens. - fermé mai, 1er janv. et 25 déc. - 5 € (-18 ans 3 €) - château, gratuit J. du patrimoine - accès libre au parc - possibilité de visite guidée sur demande (60mn).

Cet élégant château, construit au début du 15e s. au sommet des pentes abruptes et boisées qui forment la rive gauche du Trieux, constituaient un parfait point de vue pour surveiller les allées et venues sur la rivière.

Sa façade ouest a gardé les corbeaux qui supportaient le chemin de ronde. De belles cheminées, très ouvragées, surmontent l'édifice.
Au cours de la visite, on parcourt les nombreuses salles aux plafonds à la française, la petite chapelle et ses deux oratoires. On admire le travail exceptionnel réalisé par les compagnons charpentiers : dans les combles, véritable forêt de poutres et de piliers, mise en valeur par un bel éclairage.
Le chemin de ronde couvert qui subsiste sur la façade est permet de découvrir le magnifique **site** du Trieux.
★ **Le parc** – Après la terrible tempête de 1987, un parc contemporain de 30 ha a été créé par l'architecte-paysagiste Bertrand Paulet ; les paysages de Bretagne mais aussi un bois de camélias, une palmeraie et les vestiges de bassins de ruissage (travail du lin) invitent à d'agréables promenades. Ces jardins ont obtenu en 2005 le label national Jardin Remarquable.
Bon à savoir – Spectacles, concerts, expositions d'art contemporain, animations diverses : le château et son parc accueillent de nombreuses activités pour petits et grands. Programme complet sur le site Internet du château.

★ Église de Runan B2

13 km au sud par la D 8.
Situé sur un plateau du Trégorrois, Runan possède une importante **église** qui appartint aux Templiers, puis aux hospitaliers de St-Jean-de-Jérusalem. Élevée aux 14e et 15e s., elle est richement décorée.
Son côté sud présente quatre pignons, constellés d'armoiries martelées. Le pignon du porche est orné d'un linteau sculpté figurant l'Annonciation et la Descente de croix ; les douze apôtres superposés, en se réunissant, forment une clef de voûte.
À l'intérieur, les voûtes lambrissées reposent sur des sablières polychromes : à gauche de la nef, les signes du zodiaque ; à droite, des animaux. Datant du milieu du 15e s., le **retable**, situé dans la chapelle des fonts baptismaux, présente des personnages d'une rare élégance, taillés dans la pierre bleutée de Tournai. *02 96 95 62 87 - mai-sept. : 9h-18h - possibilité de visite guidée sur demande à l'église juil.-août.*

Circuits conseillés Carte Environs de Tréguier

PRESQU'ÎLE DE PLOUGRESCANT

Circuit de 37 km tracé en marron sur la carte p. 268 – environ 2h. Quittez Tréguier au nord et, dans Plouguiel, tournez à droite.
Office du tourisme Trégor-Côte d'Ajoncs – *13 pl. de l'Église - 22710 Penvénan - 02 96 92 81 09 - www.tregor-cotedajoncs-tourisme.com - juil.-août : 10h-12h30, 14h-18h, dim. et j. fériés 10h-13h ; reste de l'année : tlj sf dim. et lun. 10h-12h30, 14h-18h, sam. 9h30-12h30 - fermé nov.-fév. (sf vac. scol.), 1er janv., 1er et 8 Mai, 11 Nov., 25 déc.*

La Roche-Jaune

Dans ce petit port sur le Jaudy, les ostréiculteurs élèvent et affinent des huîtres creuses, dites fines du Trégor.

★ Chapelle Saint-Gonéry à Plougrescant

02 56 14 95 60 - http://lesamisdesaintgonery.blogspot.fr - fermé pour travaux. Réouv. prévue été 2014, se rens.
La chapelle est surmontée d'une flèche en plomb, de 1612, curieusement inclinée sur une tour du 10e s.

À l'intérieur, sur les voûtes en bois peint, sont représentés des épisodes de l'Ancien et du Nouveau Testament; ces **peintures** de la fin du 15e s., restaurées au 18e s. puis au 19e s., sont très intéressantes.

L'armoire aux reliques★ (16e s.) est située dans la chapelle à droite du chœur. Ce meuble à baldaquin est orné de panneaux : ils représentent saint Jean et un calice d'où s'échappe un serpent, sainte Marie-Madeleine et son pot d'onguents parfumés, saint Gonéry et sainte Barbe portant sa tour.

Dans la chapelle de gauche, on découvre le **mausolée★** d'un évêque de Tréguier (16e s.) dont le gisant repose sur une imposante dalle moulurée. Il est supporté par quatre lions, allusion aux armes des Halegoët qui portaient « d'azur à lion morné d'or ».

Pors-Hir

Ce petit port est bâti entre de gros rochers, près d'une anse. La route suit la côte dans un beau site; les maisons s'adossent à d'énormes rochers ou se faufilent entre de hauts blocs rocheux.

La **pointe du Château** est la pointe extrême de cette presqu'île : belles vues sur les îles d'Er, le phare des Héaux et les Sept-Îles.

Le Gouffre★ est une profonde entaille dans un chaos de rochers, où la mer déferle avec violence *(15mn à pied AR).*

Faites demi-tour (la route longe des lagunes), puis tournez trois fois à droite.

Du Roudour, on peut gagner l'**anse de Pors Scaff**, hérissée d'îlots rocheux, puis rejoindre **Buguélès**, centre balnéaire frangé d'îlots habités.

Port-Blanc

Ce petit port de pêche est aussi un lieu de séjour balnéaire. Sous les dunes de la grande plage, des dalles funéraires, actuellement recouvertes, laissent présumer l'existence d'une nécropole.

Gagnez l'esplanade en bordure de mer puis tournez à gauche avant un groupe de maisons bâties sur des rochers (parking). Dans l'angle gauche, empruntez un chemin en montée que prolonge un escalier de 35 marches.

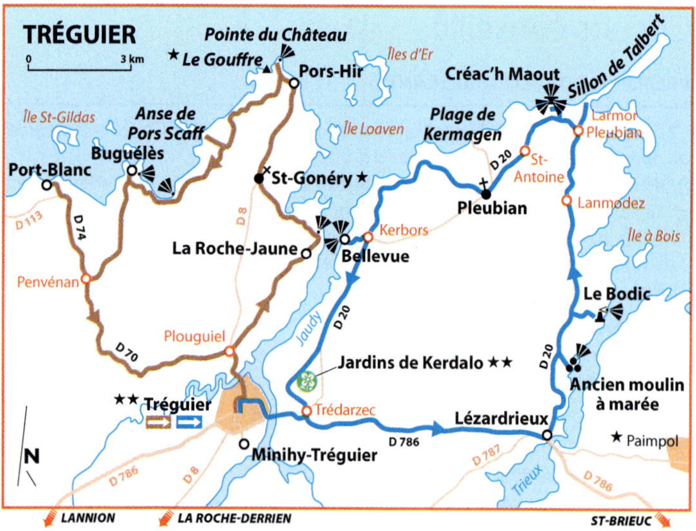

La **chapelle N.-D.-de-Port-Blanc** (16e s.) est couverte d'un toit qui descend jusqu'à terre.
Regagnez Tréguier en passant par Penvénan.

PRESQU'ÎLE SAUVAGE

Circuit de 49 km tracé en bleu sur la carte ci-contre – environ 3h. Quittez Tréguier en direction de Paimpol.

Lézardrieux

La ville est bâtie sur la rive gauche du Trieux qu'enjambe un pont suspendu. L'église du 18e s. possède un élégant clocher pignon flanqué de deux tourelles et coiffé d'un clocheton percé d'arcades, recevant les cloches. Ce type de clocher se retrouve pratiquement dans toute la presqu'île.
Prenez au nord la D 20 vers le sillon de Talbert. Longez le port de plaisance créé sur le Trieux. À 3 km, tournez à droite. Une route en descente mène à l'estuaire.

Ancien moulin à marée

Un bassin en amont retenait les eaux actionnant ce moulin, aujourd'hui ruiné.
Reprenez la direction du sillon de Talbert et tournez à droite.

Phare du Bodic

Ce petit phare commande l'entrée du Trieux. Un sentier, à gauche de cette construction, mène, à travers champs, vers une plate-forme d'où la **vue★** porte sur l'embouchure du Trieux et l'île à Bois au premier plan, et l'archipel bréhatin au large.
La route passe ensuite à proximité de la baie de Pommelin, traverse Lanmodez et Larmor-Pleubian.

Sillon de Talbert

Longue de 3 km, cette étroite langue, entourée de récifs, est formée de sable et de galets déposés par les courants du Trieux et du Jaudy. On y ramasse le goémon (la cueillette annuelle est de 8 000 à 10 000 t d'algues) qui est ensuite séché sur place avant d'être traité dans une usine proche du sillon de Talbert.

La Maison du littoral – *R. du Sillon - ☎ 02 96 16 54 67 - juil.-août : 14h-18h ; de mi-avr. à fin juin et de déb. à mi-sept. : tlj sf w.-end 14h-18h ; reste de l'année : merc. 14h-17h - possibilité de sortie thématique (5 pers. mini) sur demande à la maison du littoral ou à la maison du Sillon - 2 € (-18 ans gratuit) - chiens non admis de mi-avr. à déb. août.* Centre d'information et d'exposition pour comprendre le sillon de Talbert au travers de sa faune, sa flore et sa géomorphologie…
Revenez à Larmor-Pleubian et prenez à droite vers la plage de Pors-Rand.

Table d'orientation de Créac'h Maout

Située en avant d'un monument commémoratif et de l'ancien sémaphore. Vaste **panorama★** sur la pointe de l'Arcouest, Bréhat, le sillon de Talbert, le phare des Héaux (1839), d'une hauteur de 56 m et d'une portée moyenne de 35 km, la pointe du Château et l'embouchure du Jaudy.
Par St-Antoine, gagnez Pleubian. Peu avant Pleubian, tournez à droite.
De la **plage de Kermagen**, on aperçoit la pointe du Château et les îles d'Er, toutes proches.

Église de Pleubian

Sur le flanc gauche de l'église au clocher typique, se dresse une belle **chaire★** du 16e s. surmontée d'une croix. De forme ronde, elle présente une frise sculptée.

Dans Pleubian, prenez la direction de Kerbors par la côte. La route passe à proximité de l'allée couverte de Men-ar-Rompet, en partie enfouie dans la végétation, et de l'île à la Poule. Dans Kerbors, tournez à droite avant l'église.

Bellevue

Sur la rive du Jaudy, le regard se perd à droite sur l'embouchure de la rivière, à gauche sur la vallée et le site de Tréguier, dominé par les tours de la cathédrale. En face s'étage la Roche-Jaune. Sur le cours de la rivière, notez les élevages de truites et de saumons : l'aquaculture est une nouvelle ressource de cette région.
La route serpente ensuite parmi les champs de primeurs avant de redescendre vers la vallée du Jaudy et Tréguier.

NOS ADRESSES À TRÉGUIER

HÉBERGEMENT

BUDGET MOYEN

La Maison Tara – *31 r. Ernest-Renan - ✆ 02 96 92 15 28 - www.chambrestaratreguier.com - 5 ch. 62 €* ☕. Une des plus anciennes maisons de la ville, retapée avec amour (un travail de Titan !), et dotée d'un superbe jardin. Chambres confortables, certaines ayant pour tête de lit des « lits clos » traditionnels.

À proximité

POUR SE FAIRE PLAISIR

Hôtel Kastell Dinec'h – *Lieu-dit Le Castel, rte de Lannion- ✆ 02 96 92 92 92 - www.kastelldinech.com - fermé de mi-déc. à déb. mars -* P *- 16 ch. 60/110 € -* ☕ *13 €.* Ancienne ferme-manoir (17e s.) profitant du calme de la campagne… Chambres cosy, réparties dans la maison principale et ses dépendances. Restauration possible.

Chambre d'hôte Manoir de Troézel Vras – *22610 Kerbors - 9 km au nord-est de Tréguier rte de Paimpol, dir. Pleumeur-Gautier - www.troezel-vras.com - fermé de mi-oct. à fin mars -* P *- 5 ch. 85 €* ☕ *- ✕ 25 €.* Terre cuite au sol, murs travaillés à la chaux, gravures d'inspiration régionale, armoires anciennes et mobilier plus récent : voici planté le décor savamment éclectique, et très réussi, de ces jolies chambres aménagées dans un manoir du 17e s. Une adresse de charme.

UNE FOLIE

Hôtel Château de Brélidy – *22140 Brélidy - 19 km au sud de Tréguier par D 8 - ✆ 02 96 95 69 38 - www.chateau-brelidy.com - fermé de mi-déc. à fin janv. -* P *- 14 ch. 110/135 € -* ☕ *14 € - ✕ (dîner seult) 39 €.* Difficile de résister aux attraits de ce château du 16e s. : chambres personnalisées, salons cossus, salle à manger rustique, parc (parcours de pêche en rivière). Piscine couverte et chauffée, espace détente.

Chambre d'hôte Manoir de Kergrec'h – *22820 Plougrescant - 7 km au nord de Tréguier par D 8 - ✆ 02 96 92 59 13 - www.manoirdekergrech.com - fermé 10-30 janv. et 15 nov.-5 déc. -* P *- 11 ch. (dont 1 ♿ en rez-de-jardin) 120/170 €* ☕. Ancien manoir épiscopal (17e s.) au milieu d'un parc majestueux dégringolant jusqu'à la mer. Salon cossu, chambres dotées de meubles familiaux. Petit-déjeuner soigné (cheminée).

RESTAURATION

PREMIER PRIX

La Maison de Jeanne – *24 r. Ernest-Renan - tlj sf lun.-mar. 9h30-18h - galettes 4,50/5,80 €, crêpes 1,30/2,40 €.* À emporter ou à consommer sur place dans une maison qui vaut le coup d'œil.

BUDGET MOYEN

La Poissonnerie J.-P.-Moulinet – *2 r. Ernest-Renan - ✆ 02 96 92 30 27 - 6,50/38 €.* Adresse originale et sympathique qui, outre son activité traditionnelle, propose des dégustations de fruits de mer dans deux salles égayées de fresques marines *(avr.-oct.).*

Crêperie des Halles – *16 r. Ernest- Renan - ✆ 02 96 92 39 15 - fermé dim.-lun. en sept.-juin - galettes 7,90/11,50 €, crêpes 5,90/7,50 €.* Cette adresse propose crêpes et galettes de tradition, moules et autres plats simples.

Auberge du Trégor – *3 r. St-Yves - ✆ 02 96 92 32 34 - fermé dim. soir et lun. - 19/27 €.* Accueil charmant dans cette auberge sans chichis. Savoureuse cuisine du terroir.

À proximité

BUDGET MOYEN

Café Pesked – *21 r. du Port de la Roche-Jaune - 22220 Plouguiel - à 2 km - ✆ 02 96 92 01 82 - fermé Pâques-sept. : lun., mar. midi ; sept.-Pâques (sf le soir en fin de sem. et vac. scol.) - ♿ - 16,50/28,50 €.* Un café submersible en cas de grande marée ! La façade blanche de cette petite maison contraste avec le bleu du port où s'affairent les ostréiculteurs. Huîtres, moules, soupe de poissons, homard… et ambiance détendue. Beau choix de rhums parfumés.

Crêperie du Moulin à Mer – *1 r. du Moulin-à-Mer - 22740 Lézardrieux - 11 km à l'est de Tréguier par D 20, rte de Lanmodez, 2,5 km après le port de Lézardrieux - ✆ 02 96 20 19 49 - nicoleseite@cegetel.net - fermé de mi-sept. à Pâques et hors vac. scol. : lun.-sam. midi - P ⊄ - 15/30 €.* Ce manoir du 17e s., inscrit aux Bâtiments de France, abrite une crêperie recommandée par les locaux. Sa salle rustique a conservé ses poutres d'origine et sa grande cheminée en granit. À noter : les toilettes valent le coup d'œil.

Le Crustacé – *2 r. de la Poste - 22710 Penvénan - 8 km à l'ouest - ✆ 02 96 92 67 46 - fermé mar. soir (sept.-juin), dim. soir et merc. - 17/47 €.* En face de l'église, restaurant familial où l'on cultive le sens de l'accueil dans une salle rustique, simple et bien tenue. Cuisine de la mer.

POUR SE FAIRE PLAISIR

L'Abri des Barges – *Moulin du Carpont - 22220 Trédarzec - à 2,5 km - ✆ 02 96 40 04 04 - www.abridesbarges.com - fermé mar. et janv.-mars - 28/43 €.* Posé sur l'estuaire du Jaudy, cet ancien moulin à marée est un lieu d'expositions pour jeunes artistes, et un rendez-vous pour gourmets venus déguster une cuisine concoctée à partir de la pêche et du marché du jour… Accueil charmant et site enchanteur.

ACHATS

Marché – *Merc. mat.*

AGENDA

Pardon aux chevaux – *✆ 02 96 92 67 59 - fin mai ou déb. juin selon les marées.* Dans la petite île St-Gildas, au large de Port-Blanc. Aussi appelé pardon de St-Gildas.

Pardon des pauvres – *3e dim. de mai à Minihy-Tréguier (voir p. 266).*

Lannion

★

20 079 Lannionnais – Côtes-d'Armor (22)

NOS ADRESSES PAGE 276

S'INFORMER

Office du tourisme de la baie de Lannion – *2 quai d'Aiguillon - 22300 Lannion - 02 96 05 60 70 - www.bretagne-cotedegranitrose.com - juil.-août : 9h-18h30, dim. et j. fériés 10h-13h ; reste de l'année : tlj sf dim. 9h30-12h30, 14h-18h.*

Visites –Toute l'année, l'office de tourisme organise des visites guidées de la ville historique, ainsi que des visites audioguidées, des jeux de piste et des circuits de promenade (gratuit).

SE REPÉRER

Carte de microrégion A1 (p. 230-231) – *carte Michelin Départements 309 B2.* La ville est coupée par la D 786 qui relie Morlaix (38 km à l'ouest) et Paimpol (35 km à l'est), en passant par Tréguier (18 km à l'est).

SE GARER

Le parking de la gare est payant, mais le parking des Ursulines, proche du centre, est gratuit toute l'année.

À NE PAS MANQUER

Les remarquables maisons médiévales du centre-ville ; l'église de Brélévenez pour sa Mise au tombeau, le jubé de la chapelle de Kerfons et la pointe de Séhar pour le panorama sur la baie de Lannion.

ORGANISER SON TEMPS

Promenez-vous et déjeunez dans le vieux Lannion, avant de vous consacrer aux alentours l'après-midi. Pour ceux qui aiment les marchés, Lannion accueille chaque jeudi matin le plus important des Côtes-d'Armor.

Capitale du Trégor, Lannion est une cité active qui s'est spécialisée depuis les années 1960 dans les télécommunications et la téléphonie, d'où la présence du Cnet, Centre national d'études des télécommunications, au nord de la ville. L'élégant cachet de son vieux quartier baigné par le Léguer rappelle que la ville est longtemps restée une petite cité. C'est ce contraste entre modernité et « vieille Bretagne » qui en fait un agréable point de départ pour rayonner dans les environs.

Se promener

VISITE DE LA VILLE Plan de ville

★ Maisons anciennes

À colombages, à encorbellement ou recouvertes d'ardoise, les façades des maisons des 15e et 16e s. sont remarquables.

On les découvre principalement place du Gén.-Leclerc *(nos 23, 29, 31 et 33)*, rue des Chapeliers *(nos 1 à 9)*, rue Geoffroy-de-Pont-Blanc *(nos 1 et 3)* et rue

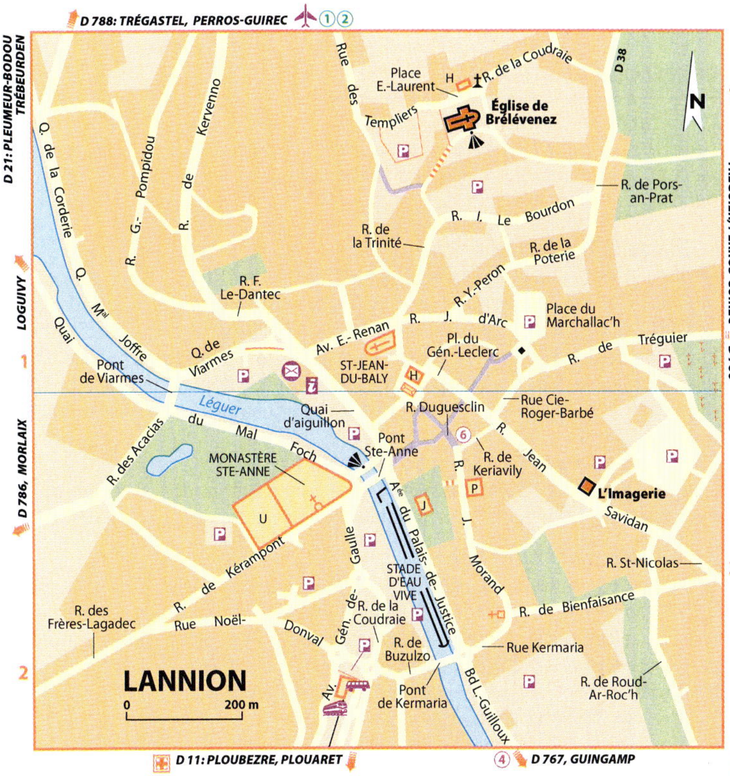

SE LOGER		SE RESTAURER	
Brit Hôtel Aux Hortensias	②	Temps des Cerises (Le)	④
Manoir du Launay (Chambre d'hôte)	①	Tire-Bouchon (Le)	⑥

Cie-Roger-Barbé (*n*[os] *1 et 7*). À l'angle de cette dernière rue, à gauche, une croix de granit a été scellée dans le mur à l'endroit où s'illustra le chevalier de Pont-Blanc, défenseur héroïque de la ville lors de la guerre de Succession. Plus loin au nº 19 de la rue Jean-Savidan, le couvent des Ursulines (17e s.) accueille **l'Imagerie**, dédiée à la photographie.

★ Église de Brélévenez

✆ 02 96 48 34 31 - ♿ - 10h-17h - gratuit - possibilité de visite guidée (60mn).
Édifiée sur la colline par les Templiers au 12e s., elle fut remaniée à l'époque gothique. Avant d'entrer dans l'église, il faut voir la curieuse **abside romane**, aux colonnes rondes engagées ornées de chapiteaux sculptés, et décorée de modillons. Le clocher à flèche de granit est du 15e s. Sa terrasse offre une jolie vue sur la ville et la vallée. Sous le chœur, une crypte romane remaniée au 18e s. abrite une superbe **Mise au tombeau★**. Les personnages, en pierre polychrome, sont grandeur nature (18e s.).

Circuits conseillés Carte Environs de Lannion

CHAPELLES ET CHÂTEAUX

Circuit de 50 km tracé en bleu sur la carte ci-dessous – environ 3h. Quittez Lannion par la D 11 (rte de Plouaret). 1,5 km après Ploubezre, à un embranchement où se dressent cinq croix de granit, tournez à gauche et, à 1,2 km, encore à gauche.

★ Chapelle de Kerfons

02 96 47 15 51 - www.ploubezre.fr - ♿ - juil.-août : 10h30-13h, 15h-19h ; 2e quinz. de juin et 1re quinz. de sept. : tlj sf mar. 10h30-12h, 14h-18h30, merc.-jeu. 10h30-12h, 14h-18h - fermé j. fériés - 2 € (-15 ans gratuit) - possibilité de visite guidée (30mn).
Entourée de châtaigniers, elle fut bâtie aux 15e et 16e s. Une corniche à modillons court sur le flanc droit et un clocheton décoré d'atlantes coiffe le pignon du bras droit du transept. Elle renferme un très beau **jubé★** en bois, sculpté à la fin du 15e s.
Faites demi-tour, puis prenez à gauche la D 31B.
La route descend en lacet dans la vallée du Léguer. Sitôt franchie la rivière aux eaux rapides et bruyantes, les ruines du château se dressent sur la gauche.

★ Château de Tonquédec

02 96 54 60 70 - www.tonquedec.com - 21 juin-21 sept. : 10h-19h ; 1er avr.-20 juin : 14h-18h ; oct. : w.-end et vac. de la Toussaint 14h-17h30 - 5 € (-12 ans 2,50 €).
Élevé au début du 13e s. sur un éperon rocheux, il a été démantelé sur ordre de Jean IV en 1395. Reconstruit au début du 15e s., il fut à nouveau détruit sur ordre de Richelieu en 1622. Avec ses 9 tours et ses 2 donjons, il constitue un bel exemple de système défensif.

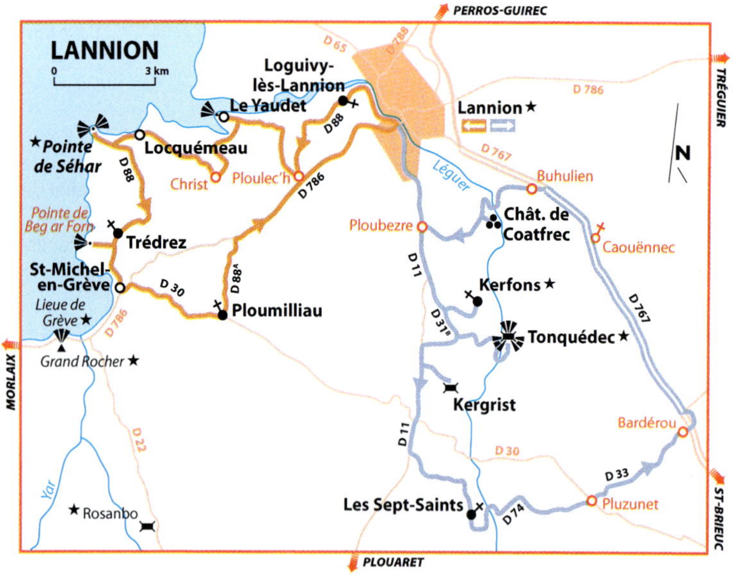

On pénètre dans une première cour fortifiée, puis, par une poterne, dans la deuxième cour. Un escalier de pierre *(70 marches)* conduit à la plate-forme du donjon aux murs de près de 4 m d'épaisseur : la vue permet de découvrir le plan du château et révèle la nature du pays trégorrois, vaste plateau horizontal coupé de profondes vallées en pente raide, pratiquement inhabitées.
Faites demi-tour et revenez à la D 11, prenez à gauche la route de Plouaret où vous tournerez encore à gauche. À 1 km, tournez de nouveau à gauche.

Château de Kergrist

✆ 02 96 38 91 44 - www.chateaudekergrist.com - visite guidée (60mn) appartements 1er juin-9 sept. : ttes les h à partir de 12h ; avr.-mai et 10 sept.-23 oct. : 17h ; reste de l'année : se rens. - 10 € (-16 ans 6 €) château + jardin, 6 € (-16 ans 4 €) jardin seul.
Un de ses principaux attraits réside dans la variété de ses façades. Gothique au nord, avec ses lucarnes à hauts gâbles flamboyants, le corps de logis a été bâti aux 14e et 15e s. Il présente à l'opposé une façade du 18e s., tandis que les ailes en retour, antérieures, sont classiques sur les jardins. Ces derniers, tracés à la française, s'allongent jusqu'à la terrasse qui surplombe un parc anglais et les bois. Salon de thé, expositions d'artistes et d'artisans.
Revenez sur la route de Plouaret et tournez à gauche. À 2,2 km, prenez à gauche.

Chapelle des Sept-Saints

Noyée dans la verdure, la chapelle des Sept-Saints (18e s.) est en partie édifiée sur un imposant dolmen. On y vénère les Sept Dormants d'Éphèse, culte venu d'Asie Mineure : selon la légende, sept jeunes chrétiens, emmurés vivants dans une caverne au 3e s., se sont réveillés au bout de deux siècles. Chaque année, un pèlerinage islamo-chrétien – ces chrétiens étant considérés comme des saints dans les deux religions – se déroule dans cette chapelle bretonne.
On accède à la crypte située sous le mégalithe, de l'extérieur, par une petite porte pratiquée dans le bras droit du transept.
Par Pluzunet et Bardérou, gagnez la route de Lannion où vous tournerez à gauche. Dépassez Caouënnec et continuez vers Lannion. Dans Buhulien, prenez à gauche la direction de Ploubezre. 100 m après la ferme de Pont-Keriel, tournez à gauche dans un chemin non revêtu qui s'enfonce dans le bois.

Château de Coatfrec

Il reste de belles ruines de cette imposante demeure du 16e s.
Gagnez Ploubezre où vous tournerez à droite pour revenir à Lannion.

PAYSAGES MARITIMES

Circuit de 32 km tracé en marron sur la carte ci-contre – environ 2h. Quittez Lannion par le quai du Mar.-Foch pour rejoindre la D 88.

Loguivy-lès-Lannion

Ce faubourg de Lannion s'étage à flanc de colline dans un cadre agréable. L'**église**, nichée dans un théâtre de verdure sur les bords du Léguer, date du 15e s. Un curieux escalier extérieur mène au clocher-mur construit en 1570. Dans la chapelle à droite du chœur, remarquez le **retable** de l'Adoration des mages en bois sculpté, du 17e s. Des bergers en costumes bretons y jouent du biniou et de la bombarde.
Dans le cimetière, sous des ifs plusieurs fois centenaires, **fontaine** en granit (1577).
Au-delà de Ploulec'h, la D 88 s'élève en direction du Yaudet.

Le Yaudet

Dans un site superbe de hautes falaises, ce hameau fut un siège épiscopal aux premiers siècles de notre ère, avant d'être détruit par les Danois vers 848. Il possède encore des vestiges de murs romains et une **chapelle**, dont le maître-autel affiche une curieuse Trinité : au-dessus de l'autel, la Vierge est couchée avec l'Enfant Jésus à ses côtés, Dieu le Père est assis dans l'alcôve, au pied du lit, et en haut apparaît la colombe du Saint-Esprit.

Du parking, le sentier du Corps de Garde mène à une plate-forme : jolie **vue** sur le Léguer.

Revenez au centre du Yaudet et tournez à droite. Dans Christ, prenez à droite vers Locquémeau.

Locquémeau

Le bourg domine la plage et le port de pêche. On y accède par la route en corniche qui s'embranche à gauche à l'entrée de la localité. Une école de voile et la récolte du goémon animent les lieux.

★ **Pointe de Séhar** – Laissez la voiture près du port de Locquémeau et gagnez la pointe. **Vue★** à l'ouest jusqu'à la pointe de Primel et, à l'est, jusqu'à Trébeurden.

Église de Trédrez

Saint Yves fut recteur de Trédrez de 1284 à 1292. Les environs sont riches en calvaires, manoirs et fontaines. L'**église Notre-Dame**, achevée en 1500, comporte un clocher-mur caractéristique de la région. Remarquez les fonts baptismaux en granit du 14e s. dont le baldaquin (1540) polychrome est un beau travail de sculpture sur bois.

Quittez Trédrez vers Kerbiriou et suivez la route menant à la pointe de Beg-ar-Forn.

On découvre, avant le parking, une belle vue sur la baie et la Lieue de Grève.

Faites demi-tour et, au 2e carrefour, prenez à droite vers St-Michel-en-Grève.

Saint-Michel-en-Grève *(voir Côte des Bruyères, p. 380)*

À la sortie de St-Michel-en-Grève, en direction de Lannion, tournez à droite.

Église de Ploumilliau

L'**église** du 17e s. possède, dans le bras droit du transept, treize **panneaux** en bois sculpté polychrome retraçant des épisodes de la vie du Christ. Sur le mur face à la porte de la sacristie, on découvre une curieuse représentation de l'**Ankou** (la Mort) que l'on retrouve si fréquemment dans les légendes bretonnes.

Rejoignez la route Morlaix-Lannion au nord et tournez à droite pour rentrer à Lannion.

NOS ADRESSES À LANNION

HÉBERGEMENT

BUDGET MOYEN

Brit Hôtel Aux Hortensias – *Rte de Perros-Guirec - ✆ 02 96 48 75 39 - www.hotelauxhortensias-lannion.com - ♿ P - 16 ch. 50/70 € - ☕ 7,20 €.* Ce petit hôtel propose, en plus d'un accueil sympathique, des chambres fonctionnelles et des studios équipés d'une cuisinette, très pratique pour les longs séjours. Situé sur la commune de Lannion, il est en réalité plus proche de la station balnéaire de Perros-Guirec, à seulement 5 km.

UNE FOLIE

Chambre d'hôte Manoir du Launay – *Chemin de Ker-Ar-Faout par D 21 rte de Pleumeur-Bodou - ☏ 02 96 47 21 24 - www.manoirdulaunay.com - P - 95/130 €*. L'origine de ce superbe petit manoir remonte au 17e s. Il a été entièrement reconstruit après la Seconde Guerre mondiale avec des matériaux d'origine. L'intérieur, très bien rénové, offre un cadre des plus agréables : beaux meubles chinés, cheminées préservées, chambres personnalisées par de jolies couleurs et de multiples détails, salles de bains contemporaines. Une adresse pétrie de charme !

RESTAURATION

BUDGET MOYEN

Le Tire-Bouchon – *8 r. Keriavily - ☏ 02 96 37 10 43 - fermé dim., lun. et jeu. soir, 1 sem. fin juin, 2 sem. fin oct. et 1 sem. à Noël - ♿ - formules déj. 9/14,50 € - 20/28 €*. Une adresse qui se targue de ne proposer « ni frites, ni ketchup »... mais une goûteuse cuisine traditionnelle. Les spécialités maison sont le bar ou la poêlée de Saint-Jacques. Décor chaleureux, miniterrasse-trottoir et service charmant.

À proximité

BUDGET MOYEN

Le Temps des Cerises – *Hameau de l'Hôtel - 22140 Tonquédec - à 4 km - ☏ 02 96 46 48 63 - mai-sept. : mar.-dim. 12h-14h, 19h-23h ; oct.-avr. : mar.-sam. 19h-23h - 16/25 €*. En pleine campagne, un restaurant-bouquinerie spécialisé dans les crêpes et plats (*kig ha farz*, pommes de terres au lard) préparés au feu de bois.

ACHATS

Marché – *Jeu. mat.*

Distillerie Warenghem – *Rte de Guingamp - ☏ 02 96 37 00 08 - www.distillerie-warenghem.com - de mi-juin à fin août : lun. 15h-18h, mar.-vend. 10h-12h, 15h-18h, sam. 10h-12h - fermé j. fériés*. Longtemps spécialisée dans la fabrication de crèmes et de liqueurs, cette entreprise centenaire s'est orientée depuis 1994 vers de nouveaux produits : L'Armorik, un whisky breton *(visite guidée de la distillerie, de l'orge malté au whisky vieilli)* et toute une gamme de bières. Boutique aménagée au sein de l'usine.

ACTIVITÉS

Club de Kayak – *R. St-Christophe - ☏ 02 96 37 43 90 - www.ville-lannion.fr - été : 9h-17h30 ; hors saison : sur réserv. - fermé certains w.-ends - 7,50 € tarif minimun location horaire*. Des stages en mer dans la baie de Lannion ou sur le Léguer sont organisés en juil.-août. Sorties rafting.

Golf de St-Samson – *Rte de Kérénoc - 22560 Pleumeur-Bodou - ☏ 02 96 23 87 34 - www.golfhotel-saint-samson.com - 7h30-20h - 35/45 € le greenfee*. À 9 km de Lannion, agréable parcours entre lande et pinèdes. De certains points, vue panoramique sur la côte.

AGENDA

Festival Vocce Humana – *Fin juil.-déb. août.*

Estivales photographiques du Trégor – *Juil.-oct.*

Tardives – *1 sem. fin juin, 2e et 3e sem. d'août*. Festival de contes, musiques et danses.

Perros-Guirec

★

7 511 Perrosiens – Côtes-d'Armor (22)

NOS ADRESSES PAGE 282

S'INFORMER

Office de tourisme – *21 pl. de l'Hôtel-de-Ville - 22700 Perros-Guirec - 02 96 23 21 15 - www.perros-guirec.com - juil.-août : 9h-19h, dim. et j. fériés 10h-12h30, 16h-19h ; reste de l'année : 9h-12h30, 14h-18h ou 18h30 - fermé 1er janv. et 25 déc.*

SE REPÉRER

Carte de microrégion A1 (p. 230-231) – *carte Michelin Départements 309 B2.*
Perros-Guirec est accessible depuis Guingamp par la D 767 (45 km au sud-est), puis la D 788 à partir de Lannion (13 km au sud). Tréguier est à 20 km à l'est par la D 6.

SE GARER

Le stationnement dans le centre-ville est aisé et gratuit. En saison, laissez votre voiture au parking et prenez le Macareux *(voir « Nos adresses »).*

À NE PAS MANQUER

Le sentier des douaniers à marée haute pour observer le fracas des vagues sur les falaises, et les rochers de granit rose de Ploumanach.

ORGANISER SON TEMPS

Renseignez-vous sur les horaires des vedettes en partance pour les Sept-Îles.

Bâti en amphithéâtre sur les falaises littorales, « Perros » domine le bassin à flot où se trouvent les ports de pêche et de plaisance. Cette situation géographique est à l'origine de son nom, qui signifie « tête de colline » en breton. Il faut donc descendre vers la mer pour profiter de ses deux plages, Trestraou et Trestrignel, dont le sable fin et la douceur climatique ont depuis longtemps conquis un public familial.

Se promener Plan de ville

Église Saint-Jacques B

02 96 23 21 64 - juil.-août : 9h-17h ; reste de l'année : 9h-12h, 14h30-17h30 - fermé dim. apr.-midi - gratuit - possibilité de visite guidée par les guides de la SPREV juil.-août.

Au puissant clocher du 14e s., coiffé en 1669 d'un dôme surmonté d'une flèche, est accolé un porche présentant une fine arcature trilobée. La **nef romane★** est un vestige de la première chapelle élevée en ce lieu : de massives colonnes, cylindriques à gauche, à colonnettes engagées à droite, supportent les chapiteaux historiés ou ornés de motifs géométriques. Remarquez la poutre de gloire, le bénitier en granit (12e s.) décoré de petits personnages et les nombreuses statues anciennes. Un petit porche en plein cintre s'ouvre sur le flanc droit.

Table d'orientation B

Vue★ sur la pointe du Château, la plage de Trestrignel, Port-Blanc, Trélevern, Trévou, l'île Tomé, les Sept-Îles et, en contrebas, les rochers.

Pointe du Château B

De ce belvédère escarpé se révèle une jolie **vue★** sur le site de Perros-Guirec, les Sept-Îles, l'île Tomé et la côte jusqu'à Port-L'Épine.

Musée de l'histoire et des traditions de Bretagne B

✆ 02 96 91 23 45 - http://cjain.free.fr/Perros/Contacts.htm - juil.-août : 9h30-19h ; vac. de fév., avr.-juin, sept. et vac. de la Toussaint : 10h-12h30, 14h-18h - fermé oct.-mars - 4 € (-14 ans 1,50 €) - possibilité de visite guidée (30mn).

Il reproduit des scènes historiques qui mettent en scène divers personnages, de La Chalotais à Auguste Renan. Il évoque également les deux guerres mondiales. Collection de coiffes de basse Bretagne.

À proximité

★ Chapelle Notre-Dame de La Clarté Hors plan par A

3 km à l'ouest.

La Clarté - ✆ 02 96 23 21 64 - http://perros-guirec.catholique.fr - 9h-18h - possibilité de visite guidée (30mn).

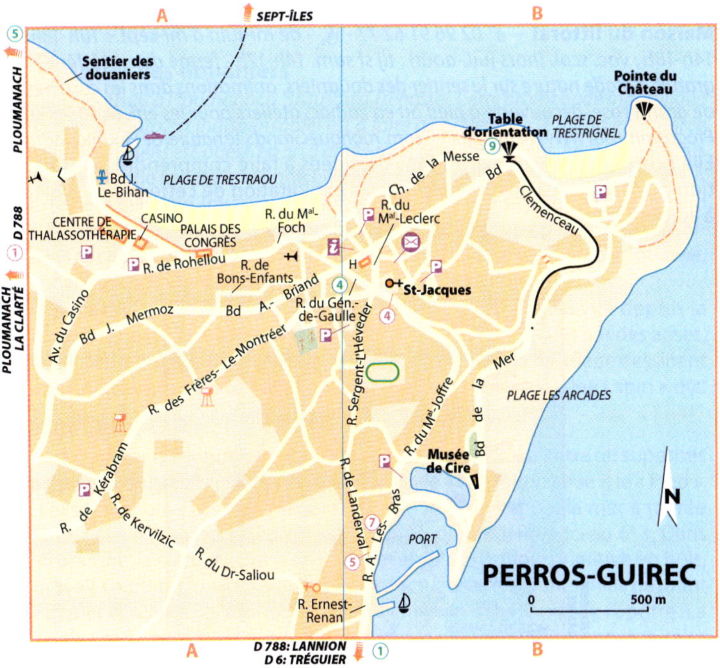

SE LOGER

- Castel Beau Site (Hôtel) ... 5
- Ferme de l'Étang (Chambre d'hôte La) ... 1
- Feux des Îles (Les) ... 9
- Hermitage (Hôtel) ... 4

SE RESTAURER

- Bon Accueil (Au) ... 5
- Clarté (La) ... 1
- Crémaillère (La) ... 4
- Vieux Gréements (Les) ... 7

Excursion Carte de microrégion

★★ LES SEPT-ÎLES A1

✆ 02 96 91 10 00 - www.armor-navigation.com - excursion de 2h : 17,50 € (enf. 11,50 €), excursion de 2h30 avec escale à l'île aux Moines : 19,50 € (enf. 13,50 €). Dép. à la j. vers Bréhat avr-sept. : 2 à 3 fois/sem. - activité pêche juil.-août.

Rouzic, Malban, les Costans, Bono, l'île aux Moines, l'île Plate et le Cerf constituent cet archipel déclaré **réserve ornithologique** en 1912. Avec environ 25 000 couples d'oiseaux marins, l'archipel des Sept-Îles est aujourd'hui la plus grande réserve naturelle de France. Un service de vedettes, partant de la gare maritime de Trestraou, permet de faire le **tour des îles**. Une escale sur l'île aux Moines ainsi que la vue sur la Côte de Granit rose et ses chaos granitiques peuvent être au programme de ces excursions.

Île Rouzic

Débarquement interdit.

Le bateau s'approche de cette île, appelée aussi île aux Oiseaux. Sur la face nord, de février à septembre, réside une impressionnante **colonie★** de fous de Bassan, le plus grand des oiseaux de mer d'Europe : aujourd'hui, ils sont plus de 38 000 à y nicher chaque année. Vous pouvez aussi les observer depuis la station ornithologique de l'île Grande *(voir p. 288)*, grâce à une liaison vidéo télécommandée. Parmi les autres espèces de l'archipel, des guillemots, des pingouins torda, des goélands bruns, argentés ou marins, des cormorans huppés, des macareux, des mouettes tridactyles, des huîtriers pie et quelques fulmars. Ils se reproduisent sur l'île en mars et la quittent fin juillet. Autre intérêt : la présence d'une colonie de phoques gris (une trentaine d'individus). Le bateau longe ensuite les **îles de Malban** et de **Bono**.

Île aux Moines

L'escale *(45mn environ)* permet de découvrir la poudrière, le **phare** (portée de 40 km) d'où se développe un beau panorama sur l'archipel et la côte, puis le fort, en partie ruiné, construit par Vauban à l'extrême pointe de l'île et, en contrebas, l'ancien monastère avec sa minuscule chapelle.

Au retour, on peut admirer du large l'extraordinaire chaos de rochers granitiques roses de la pointe de Ploumanach.

NOS ADRESSES À PERROS-GUIREC

TRANSPORTS

Le Macareux – *De juin à mi-sept. : tlj ; le reste de l'année : merc., vend. et sam. - 1 €/1h30 de trajet ; 9 €/sem. trajets illimités - se rens. à l'office de tourisme.* Ce service de bus pratique et peu onéreux permet de se déplacer dans la ville. 35 arrêts et 2 lignes relient les quartiers de La Rade à Ploumanach ou de la Clarté au centre.

HÉBERGEMENT

BUDGET MOYEN

Hôtel Hermitage – *20 r. des Frères-Le-Montréer - ✆ 02 96 23 21 22 - www.hotelhermitage-22.com - fermé oct.-mars - P - 20 ch. 60/70 € - ☕ 8 €.* Un grand hôtel du centre-ville, dans un jardin ombragé. Chambres assez petites, mais de bonne tenue. Les habitués viennent ici autant pour le cadre que pour l'ambiance familiale.

POUR SE FAIRE PLAISIR

Les Feux des Îles – *53 bd Clemenceau - ✆ 02 96 23 22 94 - www.feux-des-iles.com - 18 ch. 105/140 € - ☕ 12 € - ✕ formule 23 € bc - 35/53 €.* Dominant la mer du haut de la falaise et doté d'un magnifique jardin fleuri où abondent palmiers et lauriers roses, un hôtel raffiné, doté d'une salle à manger panoramique.

À proximité

PREMIER PRIX

Chambre d'hôte La Ferme de l'Étang – *Le Launay - 22660 Trélévern - 10 km à l'est - ✆ 02 96 91 70 44 - fermé oct.-Pâques - P - 3 ch. 55 € ☕.* Les canards s'ébattent dans l'étang ou se prélassent sur la pelouse devant les hôtes, qui apprécient le charme rustique de cette longère du 19e s., son calme, son vaste salon, sa collection de poupées et ses chambres non-fumeurs.

BUDGET MOYEN

Hôtel du Parc – *174 pl. St-Guirec - 22700 Ploumanach - ✆ 02 96 91 40 80 - http://hotel-duparc-perros.com - fermé mar., sam. midi et 11 Nov.-20 déc. - P - 10 ch. 64/89 € ☕ - ✕ 13/48 € et crêperie formule 11 € (fermé sam. midi et mar.).* Au centre du village, avec la plage et les célèbres rochers tout proches, une maison familiale en granit rose dotée d'un beau jardin. Chambres petites, mais bien tenues. Produits de la mer servis sur les grandes terrasses ou dans un cadre marin. Espace jeux pour les enfants.

UNE FOLIE

Hôtel Castel Beau Site – *22700 Ploumanach, plage St-Guirec - 5 km à l'ouest - ✆ 02 96 91 40 87 - www.castelbeausite.com - P - 32 ch. 160/350 € - ☕ 15 € - ✕ 38/58 € (soir seult).* Grande bâtisse en granit rose des années 1930 en bord de plage et presque les pieds dans l'eau. Les chambres rénovées offrent un bon confort et une vue sur la mer. Côté restaurant, la cuisine est élaborée à partir de produits de la mer et de saison.

RESTAURATION

PREMIER PRIX

Les Vieux Gréements – *Quai A.-Le Braz - ✆ 02 96 91 14 99 - crêpes de blé noir 7/12 €, au froment 2,80/9,50 €.* Face au port, une crêperie-moulerie au décor on ne peut plus marin installée dans une belle villa.

BUDGET MOYEN

La Crémaillère – *13 pl. de l'Église - ✆ 02 96 23 22 08 - lacremaillere488@orange.fr - fermé lun. midi sf j. fériés et merc. (sf vac. scol.) - ♿ - formule déj. 18,80 € - 23,90/43,20 €.* Accueillante maison régionale du 19e s. nichée au cœur de la station. Le chef y concocte une cuisine traditionnelle ensoleillée, assortie de grillades. Pierres apparentes et mobilier en fer forgé dans la salle à manger, également pourvue d'une mezzanine un peu plus feutrée.

La Clarté – *24 r. Gabriel-Vicaire, La Clarté - ✆ 02 96 49 05 96 - www.la-clarte.com - fermé merc. (15 déc.-5 fév.), dim. soir et lun. (avr.-sept.) - ♿ P - 27/75 €.* Cette jolie maison de granit rose, prisée des locaux, affiche fièrement son nouveau décor élégant et moderne, dans des tons lumineux. Appétissants menus de la mer.

Au Bon Accueil – *11 r. de Landerval (accès rest. quai A. Le Braz) - ✆ 02 96 23 24 11 - www.au-bon-accueil.com - formule déj. 15 € - 20/44 €.* Poissons et fruits de mer dans une élégante salle de restaurant dominant le port.

De l'autre côté de la rue, l'hôtel *(21 ch. 63/69 €, ☕ 9 €)* propose de petites chambres confortables.

ACHATS

Marché – *Pl. du Marché vend. mat.; à la Clarté, face à la chapelle, dim. mat.*
Marché d'art – *À Ploumanac'h sur le port, dim. mat.*

EN SOIRÉE

Casino – *Plage de Trestraou - ✆ 02 96 49 80 80 - www.lucienbarriere.com - juil.-août: 10h-3h; reste de l'année: lun.-vend. 10h-2h (w.-end 3h).* Établissement moderne et chaleureux: 98 machines à sous, une boule, une roulette et un black-jack *(ouverts seult le soir).*

ACTIVITÉS

Bon à savoir – Perros-Guirec a obtenu le Label Kid, récompensant la qualité de l'accueil réservé aux plus jeunes. La station compte un centre nautique, un espace multisport dédié à la glisse et 3 clubs de plage pour les enfants à partir de 3 ans.

Activités nautiques

Perros-Plongée – *1 bd Aristide-Briand - ✆ 02 96 23 22 13 - www.perros-plongee.fr - saison: tlj sf lun. 9h30-12h30, 14h-19h30 (hors saison: 14h30-19h), dim. 10h-12h30.* Des moniteurs diplômés d'État vous emmènent plonger.
Ponantshop – *2 r. du Mar.-Joffre - ✆ 02 96 23 18 38 ou 06 17 18 20 55 - P - www.ponantsurfschool.com.* Cette boutique *(annexe sur la plage de Trestraou en juil.-août ✆ 02 96 23 18 38)* spécialisée dans les sports de glisse propose (outre la location de matériel) des cours *(2h, 35 €)* et des stages *(3/5 j., 90/120 €)* de surf, kayak, skate, bodyboard.
Fillao (Centre Nautique) – *Plage de Trestraou - ✆ 02 96 49 81 21 - www.perros-guirec.com - 9h-19h - fermé de mi-déc. à mi-janv.* Une équipe dynamique anime ce club implanté au bout de la plage. Cours et location de catamaran, dériveur, planche et kayak. Sorties en mer sur un voilier traditionnel ou sur une goélette moderne *(à partir de 26 €).* Deux accompagnateurs sont spécialement formés à encadrer les personnes à mobilité réduite. Accueil des enfants dès 4 ans.

Promenades en mer

« Ar Jentilez » – *Plage de Trestraou - ✆ 02 96 49 81 21 - 35 € (1/2 j).* Jadis, ce flambart ramassait du goémon, aujourd'hui il vous promènera le long de la Côte de Granit rose.

Randonnées

De nombreux circuits de randonnée partent de Perros-Guirec, suivant la côte et ses chaos de granit rose, s'enfonçant dans les quartiers de la ville ou la vallée des Traouïero. Promenades à pied sur plus de 40 km balisés, mais aussi à cheval ou en VTT.

Bien-être

Thermes marins – *Bd Joseph-Le-Bihan - ✆ 02 96 23 28 97 - www.thermesmarins-perros.com.* 2 800 m² dédiés aux bienfaits du milieu marin. Piscine d'eau de mer chauffée à 33 °C et bassin à jets chauffé à 34 °C avec vue sur la plage de Trestraou. Hammam, bains hydromassants, enveloppements d'algues, fangothérapie (cure à base de boue chaude), douches à jets et douches à affusions (douche avec eau de mer chaude)…

AGENDA

Voir « Agenda » p. 32.

Côte de Granit rose

★★

Côtes-d'Armor (22)

NOS ADRESSES PAGE 289

S'INFORMER
Voir à Perros-Guirec et Trégastel-Plage.

SE REPÉRER
Carte de microrégion A1 (p. 230-231) – *carte Michelin Départements 309 A/B2.*
Même si l'usage lui adjoint parfois toute la côte, de la pointe de l'Arcouest à l'est (nord de Paimpol) à Trébeurden à l'ouest, la Côte de Granit rose correspond stricto sensu à la partie du littoral qui va de Ploumanach à l'île Grande, entre Perros-Guirec à l'est, et Trébeurden à l'ouest.

À NE PAS MANQUER
Les blocs de granit rose qui jalonnent le sentier des douaniers, surtout à la hauteur de Ploumanach et sur l'île Renote, à Trégastel.

ORGANISER SON TEMPS
Comptez entre 3 et 4h (AR) de marche pour suivre le sentier des douaniers entre Perros-Guirec et Trégastel.

AVEC LES ENFANTS
Découvrez la Cité des Télécoms, évadez-vous au Planétarium de Bretagne, faites un voyage dans le temps en vous rendant au Village gaulois et soignez les oiseaux à la station ornithologique de l'île Grande.

3

Cette côte accidentée a quelque chose de magique. La couleur bien sûr, mais surtout les formes étranges, fantasmagoriques et parfois amusantes, des rochers de granit qui émergent le long des grèves, des criques et des îlots composant ce rivage inoubliable. De nombreux sentiers permettent de les approcher : affûtez votre œil et laissez-vous enchanter !

Circuit conseillé Carte Côte de Granit rose

DE PERROS-GUIREC À LA POINTE DE BIHIT

Circuit de 29 km tracé en orange sur la carte p. 286 – environ 6h. Quittez Perros-Guirec vers l'ouest.

En 1887, **Joseph Le Bihan** quitte Paris, où il était maître d'hôtel, pour s'installer à Trestraou (une plage de Perros-Guirec conserve l'appellation du lieu-dit). Il y reçoit bientôt toutes les personnalités de l'époque : hommes politiques, artistes, écrivains… À l'exemple de la Côte d'Émeraude, la Côte de Granit rose est lancée…

★ **Chapelle Notre-Dame de La Clarté** *(voir Perros-Guirec, p. 279)* et ★★ **Ploumanach** *(voir Perros-Guirec, p. 280)*

★★ Trégastel-Plage *(voir p. 290)*

La D 788 passe en bord de mer. Le regard se porte sur une côte étrange, parsemée de nombreux îlots et récifs.

Au hameau de Penvern, après le café du Menhir, prenez à gauche vers Pleumeur-Bodou.

★ Menhir de Saint-Uzec

Ce beau menhir est surmonté d'une croix; des instruments de la Passion entourent l'effigie d'une femme en prière.

Par la chaussée en contrebas du menhir, gagnez la route de Pleumeur-Bodou, tournez à gauche et, 400 m plus loin, prenez encore à gauche.

Pleumeur-Bodou

Ce village est connu pour son impressionnant radôme – coupole servant à protéger une antenne des intempéries – de 64 m de diamètre auprès duquel s'est ouvert le **Parc du radôme**, qui regroupe plusieurs attractions.

★★ Cité des Télécoms – *02 96 46 63 80 - www.parcduradome.com - - juil.-août : 10h-19h ; juin : 10h-18h ; sept. : 10h-18h, w.-end 14h-18h ; reste de l'année : se rens. - possibilité de visite guidée, h se rens. - 2,80-7 €.* Inauguré en 1962, le Centre des télécommunications de Pleumeur-Bodou est le lieu historique de la première liaison transatlantique, par le satellite **Telstar**, entre la France et les États-Unis, le 11 juillet 1962.

Outre le radôme et le musée, le site est occupé par une quinzaine d'antennes géantes qui communiquent avec les cinq continents.

L'histoire passionnante du radôme s'illustre au travers d'un spectacle son et lumière qui donne toute sa dimension à l'antenne, unique au monde, classée Monument historique. Installé dans un gigantesque bâtiment en forme d'aile delta, le **musée** retrace un siècle et demi d'inventions, de progrès et de technologies. Plusieurs espaces thématiques présentent cette

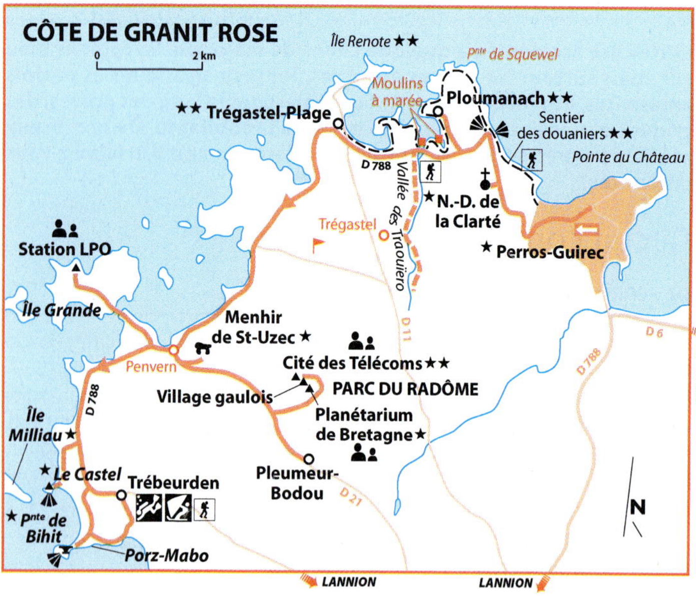

Menhir de Saint-Uzec.
F. Charton/ hemis.fr

évolution de plus en plus rapide : navire câblier *Agamemnon*, fusée *Ariane*, écran de l'AFP informant des derniers événements dans le monde, images de Météosat.

Le jardin des Sciences, dédié aux enfants de 6 à 12 ans, propose des animations et des expériences interactives en 3 et 4D.

★ **Planétarium de Bretagne** – *02 96 15 80 30 - www.planetarium-bretagne.fr - ♿ - séances d'astronomie (50mn), programme et h se rens. au 02 96 15 80 32 - fermé sam. (hors vac. scol.), janv., 24-25 et 31 déc - 7,50 € (-18 ans 6 €), 20,90 € billet famille (2 adultes + 2 enf.).* Sous une coupole de 20 m de diamètre, un simulateur émet l'image d'un ciel étoilé (projection en très haute définition sur un écran à 360°). Le spectateur est ensuite transporté en divers points de l'espace et du temps (différents thèmes sont abordés suivant les séances).

3

Le Village gaulois – *02 96 94 83 95 - www.levillagegaulois.org - ♿ - juil.-août : 10h30-19h ; avr.-juin et sept. : tlj sf sam. 12h-18h - 5 € (-14 ans 4 €).* Dans ce village gaulois reconstitué, les enfants sont invités à exercer leur adresse grâce à des jeux en bois pleins d'inventivité. Les panneaux pédagogiques leur rappellent les fondamentaux de la Préhistoire. Et l'Afrique est également mise à l'honneur avec la reconstitution d'un petit village et de son école.

Retournez à Penvern pour accéder ensuite à l'île Grande.

Île Grande

2h30 environ. Un sentier côtier permet de faire le tour de l'île (7 km). La côte nord y est violemment exposée à la houle du large, tandis que l'intérieur offre un paysage de landes, bordées de nombreuses grèves à l'est et au sud. Son granit bleuté a servi à des chantiers aussi divers que le viaduc de Morlaix, le boulevard Haussmann à Paris, des bâtiments de Londres ou d'Anvers. Les plages, dont celle de Toul Gwen, au sud-est, conservent un caractère sauvage qui fait leur charme. L'île possède également des vestiges mégalithiques, en particulier une allée couverte au nord-est du village.

UN GRANIT HAUT EN COULEUR
Les formes curieuses des énormes rochers de granit rose sont dues à l'érosion. Le granit est composé de quartz, de mica et de feldspath. Ce dernier se transforme en kaolin, qui est lessivé par l'eau, et le résidu des grains de quartz donne le sable que les pluies ou les vagues emportent. Peu à peu, la pierre se façonne et présente des aspects surprenants, dont des empilements à l'équilibre hardi et des pierres branlantes. Les imaginations locales n'ont pas manqué de baptiser certains de ces rochers : chapeau de Napoléon, gnome, sorcière, tête de mort, éléphant, baleine, bélier, cheval, fauteuil, parapluie, sentinelle, tire-bouchon, etc.

Station ornithologique – *02 96 91 91 40 - http://sept-iles.lpo.fr - - juil.-août : 10h-13h, 14h30-19h, w.-end 14h30-19h ; vac. de Pâques, juin et sept. : 14h-18h ; reste de l'année : se rens. - 4 € (-18 ans 3 €).* Adossée au centre de soins pour oiseaux sauvages, la Maison de la réserve naturelle des Sept-Îles présente une exposition sur les différentes espèces de l'archipel (guillemots, macareux, pingouins torda…). La vie des fous de Bassan est retransmise en direct par un système vidéo à faisceau hertzien. Sorties et excursions commentées.
Revenez à la route de corniche qui, à gauche, mène à Trébeurden.

Trébeurden

Cette station balnéaire a défrayé la chronique avec son nouveau port de plaisance, d'une taille imposante. Elle recèle plusieurs plages, bien exposées au sud. Les deux principales sont séparées par la presqu'île rocheuse du Castel : la plage de Pors-Terme est à droite de celle de Trozoul, qui constitue le port. La plage de Tresmeur est beaucoup plus vaste et très fréquentée.
Du marais aux menhirs – *Boucle de 2h30. Praticable pour tous. Garez-vous sur le parking face à la plage de Goas-Treiz.* Un pont de bois surplombant l'eau fait le tour du marais de Quellen peuplé de fougères et de saules cendrés. En début de parcours, un observatoire permet d'observer de nombreux amphibiens ainsi qu'une multitude d'oiseaux (fauvettes, bécassines…). À la sortie du marais, remontez la route sur votre droite pour rejoindre le GR 34 qui s'enfonce dans les bois. Suivez le circuit des mégalithes pour découvrir le menhir de Milin ar Lann. Revenez ensuite sur vos pas pour reprendre le sentier et rejoindre le littoral en passant par Larmor. Traversez la D 788 et continuez vers la mer jusqu'à l'allée couverte de Prat ar Min Hir. Revenez en longeant la côte où se dressent deux autres menhirs, Run ar Gam et Toëno.
★ **Le Castel** – *30mn à pied. Empruntez l'un des sentiers qui part du parking aménagé sur l'isthme séparant les plages de Trozoul et de Tresmeur.* De cet amas rocheux, le promeneur peut contempler une **vue**★ étendue sur la côte et les îles Milliau, Molène, Grande et Losquet.

★ Île Milliau

Accès à pied à marée basse à partir du Castel (voir ci-dessus). Se renseigner sur les heures à l'office du tourisme de Trébeurden. Gîtes d'étape dans les anciennes fermes du 16e s. Cette petite île verdoyante de 23 ha surprend par la richesse de sa flore qui ne compte pas moins de 280 espèces botaniques. Elle fut offerte par Maurice Brunau-Varilla, magnat de la presse, à sa belle mais exigeante maîtresse : Lucie U.-Lalès, dite **Mme Jourdan**. Celle-ci régna sur ce petit royaume de 1911 à 1942. Belle vue panoramique depuis les ruines de la maison « d'Aristide Briand », dressée à l'extrémité nord-ouest (l'homme politique, autre amant de la propriétaire, y séjourna de 1919 à 1932).

★ Pointe de Bihit

La route de Porz-Mabo domine la plage de Tresmeur et procure de belles vues sur les îles. Prenez le chemin sur la droite.

De la table d'orientation, une **vue★** panoramique dévoile la côte, de l'île de Batz et Roscoff à l'île Grande, en passant par le phare des Triagoz en mer.

La route, qui a effectué un quart de cercle, descend vers **Porz-Mabo** à la vaste plage de sable fin.

NOS ADRESSES SUR LA CÔTE DE GRANIT ROSE

Voir aussi « Nos adresses à Perros-Guirec » et « Nos adresses à Trégastel-Plage ».

HÉBERGEMENT

BUDGET MOYEN

Hôtel Toëno – *Rte de Trégastel - 22560 Trébeurden - ✆ 02 96 23 68 78 - www.hoteltoeno.com - P - 17 ch. 60/112 € - ☕ 11 €.* Construction moderne dont les chambres, lumineuses et fonctionnelles, sont sobrement décorées et équipées de balcons ou terrasses ; certaines ont vue sur la Manche.

RESTAURATION

BUDGET MOYEN

Le Quellen – *18 corniche de Goas-Treiz - 22560 Trébeurden - ✆ 02 96 15 43 18 - www.le-quellen.com - tlj sf mar. midi, dim. soir et lun. (juil.-août : ouv. lun. midi) - fermé 2e et 3e sem. de mars et de mi-nov. à déb. déc. - menu déj. 20 € - 30/60 € - hôtel : 6 ch. 50/65 € - ☕ 8 €.* Sur la traversée de Trébeurden, cet hôtel-restaurant tout blanc sert une cuisine traditionnelle dans un cadre néorustique lumineux. Collection de moulins à café en salle. Terrasse en bois. Chambres simples et fonctionnelles.

ACHATS

Marché – *Mar. mat. à Trébeurden.*

ACTIVITÉS

Centre Activités Plongée de Trébeurden – *13 corniche de Goas-Treiz - 22560 Trébeurden - ✆ 02 96 23 66 71 - www.plongeecap.com - mars-nov. - 45 € le baptême.* Depuis le baptême jusqu'à la formation professionnelle, ce centre, l'un des plus réputés de France, profite des fonds marins exceptionnels de la Côte de Granit rose.

École de voile de Trébeurden – *3 rte de Traou-Meur (plage de Tresmeur) - 22560 Trébeurden - ✆ 02 96 23 51 35 - www.ev-trebeurden.com.* Stages ou location de dériveurs, catamarans et planches à voile. Explorations et découvertes thématiques (sortie nocturne, découverte du voilier et de la gastronomie locale, aventure en catamaran…).

Trégastel-Plage

★★

2 440 Trégastellois – Côtes-d'Armor (22)

NOS ADRESSES PAGE 292

S'INFORMER

Office du tourisme de Trégastel – *5 pl. Ste-Anne - 22730 Trégastel - 02 96 15 38 38 - www.ville-tregastel.fr - juil.-août : 9h30-13h, 14h-19h, dim. et j. fériés 10h-12h30 ; avr.-juin et sept. : tlj sf dim. 9h30-12h, 14h-18h ; reste de l'année : tlj sf dim. 9h30-12h, 14h-17h30, sam. 9h-12h - fermé 1er janv., 1er Mai et 25 déc.*

SE REPÉRER

Carte de microrégion A1 (p. 230-231) – *carte Michelin Départements 309 B2.* À 13 km au nord de Lannion par la D 11, Trégastel-Plage touche la commune de Perros-Guirec.

À NE PAS MANQUER

Le sentier de la grève Blanche et le tour de l'île Renote pour ses rochers de granit rose.

ORGANISER SON TEMPS

Les balades alentour et les plages familiales de Trégastel vous retiendront au moins une journée.

AVEC LES ENFANTS

Découvrez l'aquafaune bretonne à l'aquarium marin puis plongez, à votre tour, à la piscine Forum de Trégastel.

Station balnéaire de la Côte de Granit rose, Trégastel séduit, tout comme sa voisine Ploumanach, par la beauté et l'étrangeté de ses rochers. Véritables merveilles naturelles, ces derniers font tout le charme de la destination. Les marcheurs apprécieront plus particulièrement le sentier de l'île Renote.

Se promener Plan de ville

Aquarium marin

02 96 23 48 58 - www.aquarium-tregastel.com - ♿ - juil.-août : 10h-19h ; mai-juin : 10h-18h, vend. et w.-end 14h-18h ; reste de l'année : se rens. - fermé 1er janv. - 7,80 € (-18 ans 5,40 €) - sorties extérieures sur l'estran et découverte des algues, ateliers matelotage, chasse aux œufs de raie, expositions temporaires. Aire de pique-nique, boutique et parking gratuit - possibilité de visite guidée (90mn).

Il est installé sous un amas de rochers surnommés les « Tortues », dans des grottes qui, au 19e s., abritaient une église. Ses 28 aquariums de 300 à 14 000 litres d'eau de mer présentent la faune des fonds sous-marins bretons (homard, coquette, bar, raie, congre…). Une maquette du littoral de Trégastel (30 m²) se couvre et se découvre au rythme des marées ; une exposition et une vidéo expliquent ce phénomène naturel qui est très impressionnant en Bretagne Nord.

À la sortie, un escalier de 28 marches conduit à une statue – naïve et étonnante – du « Père éternel » : belle vue sur le chaos de **rochers★★** de Trégastel et la Côte de Granit rose.

Plage de Coz-Porz

Cette plage de sable fin est bordée de rochers aux noms évocateurs. En dépassant sa jetée, à sa pointe nord, on gagne une grève où se dressent, à droite, la « **Tête de Mort** » et le « **Tas de Crêpes** », qui semble feuilleté : c'est un bon exemple d'érosion par le vent. Un banc de sable permet l'accès à un chaos de rochers où l'on reconnaît le « **Dé** ».

★ Grève Blanche

1h à pied. À partir de Coz-Porz, le sentier part à gauche et contourne en corniche un promontoire d'où l'on découvre la grève Blanche, l'île aux Lapins et les îles des Triagoz. Il passe ensuite au pied d'un rocher appelé le « **Tire-bouchon** », puis atteint la grève dominée par le « **Roi Gradlon** », qui a vaguement la forme d'une tête couronnée.

Table d'orientation

On bénéficie d'une **vue★** circulaire sur la côte et – fait plutôt rare – sur l'arrière-pays avec les bourgs de La Clarté, Pleumeur-Bodou et son radôme, Trébeurden.

★★ Île Renote

Un isthme sablonneux *(praticable en voiture)* relie Trégastel à cette île, devenue presqu'île. Constituée d'énormes blocs de granit, de landes et de pins, elle est réservée aux piétons.

Laissant sur la gauche la plage de Touldrez, le promeneur arrive près du Gouffre, au milieu de rochers : cette cavité est accessible seulement à marée basse.

En avançant parmi les rochers jusqu'à l'extrémité de la presqu'île, on découvre de magnifiques points de vue sur le large et les Sept-Îles au nord ; à l'est, la côte de Ploumanach ; au sud, la baie de Ste-Anne.

TRÉGASTEL-PLAGE

SE LOGER

Mer et de la Plage (Hôtel de la) 6

Résidence d'Arvor (Hôtel de La) 4

SE RESTAURER

Iroise (Crêperie L') 5

Triagoz (Les) 9

Trégastel-Bourg
3 km au sud vers Lannion.
L'église paroissiale remonte au 13e s. À droite du porche sud, un ossuaire (17e s.) est orné de balustres et coiffé d'une tourelle à dôme. Au fond de la nef, un curieux bénitier (14e s.) servait jadis de mesure à grain.
Un écrivain oublié, **Charles Le Goffic (1863-1932)**, auteur de *L'Âme bretonne*, est enterré dans le cimetière.

Vallée des Traouïero *(voir p. 281).*

NOS ADRESSES À TRÉGASTEL-PLAGE

HÉBERGEMENT

PREMIER PRIX

Hôtel de La Résidence d'Arvor – *52 rte des Traouïéros - ✆ 02 96 15 31 90 - www.residencedarvor.com - P - 9 ch. 51/61 € ☕.* Plusieurs formules : chambres rénovées, simples ou avec kitchenette, et maison meublée (idéal pour les longs séjours familiaux) ; toutes sont pratiques, agréables et fort bien tenues. Cuisine équipée à disposition des résidents et wifi.

BUDGET MOYEN

Hôtel de la Mer et de la Plage – *Plage du Coz-Pors - ✆ 02 96 15 60 00 - www.hoteldelamer-tregastel.com - fermé de mi-nov. à fin mars - 19 ch. 60/130 € - ☕ 9 €.* Superbement situé comme son nom l'indique, à deux pas du Forum et de la plage. Un bon hôtel à l'ancienne aux prix abordables, surtout hors saison. Vue fabuleuses depuis les chambres des étages.

RESTAURATION

PREMIER PRIX

Crêperie L'Iroise – *29 r. Charles-le-Goffic - ✆ 02 96 15 93 23 - raymond.drolez@wanadoo.fr - fermé jeu. hors vac. scol. et de mi-nov. à fin janv. - 10/14 €.* Outre les traditionnelles crêpes, cette adresse propose moules et recettes maison. Le bois domine dans la salle. Accueil charmant.

BUDGET MOYEN

Les Triagoz – *Forum de Trégastel, plage du Coz-Pors - ✆ 02 96 15 34 10 - www.brasserie-triagoz.com - fermé mar. et merc. midi sf juil.-août - ♿ - formule déj. 16 €, soir 19 € - 27/55 €.* Sur la terrasse au bord de la plage, face aux célèbres rochers, ou dans la salle aux larges baies vitrées, vous serez parfaitement installé pour admirer le coucher de soleil. Menus aux accents marins.

ACHATS

Marché – *Lun. mat.*

ACTIVITÉS

Les « découvertes nature » – Sorties proposées par l'aquarium, *voir p. 290.*

Le « Sant C'hireg » – *Pl. de Coz-Pors - ✆ 06 85 92 60 61 - www.santguirec.com - horaires variables selon marées - 30/42 € (-12 ans 20/28 €).* Réplique d'un langoustier camarétois des années 1920 qui vous emmène visiter l'archipel des Sept-Îles. Participation aux manœuvres. La sortie est animée par un biologiste de la mer. Prévoir pique-nique et vêtements chauds.

Forum de Trégastel – *Pl. du Coz-Pors - ✆ 02 96 15 30 44 - www.forumdetregastel.com - 8,80 € (enf. 6,20 €).* Ce complexe aquatique propose piscine d'eau de mer à 30 °C, jets massants, geysers, sauna, hammam, Jacuzzi…

Belle-Isle-en-Terre

1 072 Bellilois – Côtes-d'Armor (22)

S'INFORMER

Office du tourisme de Belle-Isle-en-Terre-Crec'h – *15 r. Crec'h-Ugen - 22810 Belle-Isle-en-Terre - ✆ 02 96 43 01 71 - www.ot-belle-isle-en-terre.com - juil.-août : 9h30-12h30, 14h-18h, dim. 9h30-12h30 ; mai-juin et sept. : tlj sf dim. 9h30-12h30, 14h-17h, sam. 9h30-12h30 ; reste de l'année : tlj sf w.-end 9h30-12h30, 14h-17h - fermé 1er janv., 1er et 8 Mai, Jeu. de l'Ascension, 1er et 11 Nov.*

SE REPÉRER

Carte de microrégion A2 (p. 230-231) – *carte Michelin Départements 309 B3.*
À 18 km à l'ouest de Guingamp, au croisement de la N 12 et de la D 33.

À NE PAS MANQUER

Le jubé de l'église de Loc-Envel et la « Vallée des Saints ».

ORGANISER SON TEMPS

Comptez une journée en voiture ou en vélo pour découvrir tout le patrimoine du pays de Belle-Isle-en-Terre.

AVEC LES ENFANTS

Participez à une balade à thème au Centre régional d'initiation à la rivière, puis promenez-vous sur le sentier de découverte du site de l'ancien barrage de Kernansquillec.

Comme l'indique le nom de ce vieux bourg, nous sommes ici au plus près de la Bretagne intérieure, belle région de forêts, de collines et de ravins. L'endroit est propice à la promenade, à la pêche et à la pratique du canoë-kayak. À ces attraits s'ajoutent ceux des chapelles et des églises, tapies à l'écart des grandes routes.

Se promener

Centre régional d'initiation à la rivière

✆ 02 96 43 08 39 - http://educatif.eau-et-rivieres.asso.fr - ♿ - juil.-août, vac. de Pâques et vac. de la Toussaint : 14h-18h ; mars-juin et sept.-nov. : merc.-jeu., w.-end et j. fériés 14h-18h - 3 € (-5 ans gratuit).

Le centre, installé dans le château de la « reine du nickel » *(voir encadré page suivante)* au centre du bourg, propose des balades à thèmes *(3h)* durant les vacances scolaires : le réveil des animaux, le saumon, les plantes médicinales et gastronomiques… L'aquarium de poissons de rivière de la source à la mer, très bien conçu pour les enfants, a récemment rouvert ses portes.

Locmaria

1 km au nord du bourg, fléchée depuis le centre de Belle-Isle.

La chapelle de Locmaria est dotée d'un beau **jubé★** du 16e s. en bois polychrome, soutenu par quatre colonnes torsadées et ornées de feuilles de vigne et de raisins. Sous les colonnes pendent sept anges portant des banderoles. Côté autel, la décoration est d'inspiration celtique. Côté nef, le jubé présente les apôtres.

UNE BRETONNE, FEMME DU ROI DU NICKEL
La folle vie d'aventure de **Marie-Louise Manach** (1869-1949) mériterait d'être contée. Enfant du pays partie travailler à St-Brieuc puis à Paris, elle épousa un marchand de primeurs et déménagea avec lui à Londres. Veuve, elle rencontra à l'hôtel Le Savoy l'infant d'Espagne, Antoine d'Orléans, dont elle devint la maîtresse. Ce n'est qu'en 1922 qu'elle épousa sir Robert Mond, roi du nickel. Elle se fit ensuite construire, en 1939, le **château** que l'on voit dans le bourg. Son mausolée se trouve dans le cimetière de **la chapelle de Locmaria** *(voir p. 331)*.

Fontaine de Pendréo

Visible de la route, sur la gauche en redescendant de Locmaria au centre du bourg.
Elle se trouve sur les hauteurs de la colline boisée qui surplombe le Léguer. On y accède par un escalier de 110 marches *(attention, moussues et glissantes)*. Jusque dans les années 1920, les mères y portaient leurs enfants souffrant de la coqueluche, pour passer sur leur front un peu de cette eau censée les guérir.

À proximité Carte de microrégion

Église de,75 Loc-Envel A2

4 km au sud. Prenez la D 33 en direction de Callac et, peu après, tournez à droite dans une route sinueuse.
De style gothique flamboyant, l'**église** de Loc-Envel s'élève sur un tertre dominant le village. À droite du clocher-porche, remarquez les trois petites ouvertures en arc de cercle par lesquelles les lépreux pouvaient assister aux offices. En entrant, on est frappé par le magnifique **jubé★** flamboyant et la riche ornementation de la **voûte★** lambrissée : sablières et entraits sculptés, blochets d'angle polychromes figurant les évangélistes.

Plougonver A3

7,5 km au sud par la D 33.
L'**église St-Pierre** abrite un intéressant baptistère à deux cuves (fin 15e s.) ornées de visages humains. Admirez le Christ aux outrages en bois polychrome (16e-17e s.), dont la raideur cadavérique est accentuée par des côtes saillantes. Un aigle-lutrin du 19e s. serre dans ses griffes un serpent représentant Satan. En sortant, voyez l'imposante **mairie** néoclassique. Construit en 1855 pour un notaire, l'édifice a servi de presbytère avant d'échoir à la République. Le pas de porte présente encore, gravé, le monogramme du Christ.

★ Ménez-Bré AB2

9 km au nord-est. Empruntez la D 712, route de Guingamp. 2,5 km après Louargat, prenez à gauche le chemin en forte montée (18 %).
Sur ce sommet isolé (alt. 302 m), la chapelle St-Hervé offre un beau **panorama★** sur le plateau du Trégorrois : au nord, le plateau s'abaisse lentement vers la mer; au sud, on aperçoit les collines et les vallées de la Cornouaille; au sud-ouest se détachent les monts d'Arrée.

Calvaire de Gurunhuel B2

9 km au sud-est par la D 22.
C'est un beau **calvaire** du 16e s. constitué de trois colonnes. Au centre figure le Christ en croix entre saint Jean et la Vierge, deux anges recueillant le sang de ses mains clouées. À sa droite, l'âme du bon larron est recueillie

par un ange ; à sa gauche, un démon se charge du mauvais larron. Au pied de la croix se trouve un Christ aux outrages avec saint Pierre et saint Paul. De l'autre côté du calvaire sont visibles une pietà et l'archange saint Michel terrassant le dragon.

Chapelle Saint-Fiacre B2

4 km par la D 31 en direction de Pont-Melvez, 4e route à droite.

Notez à son chevet la représentation de la vouivre, ancienne déesse des eaux ou, pour certains, de la fée Morgane. À l'intérieur de l'édifice, la nef et les transepts datent du 15e s., le chœur remonte au 16e s. et le clocher-mur, au 18e s. Vous verrez aussi une cheminée du 17e s. Elle permettait aux nécessiteux de se réchauffer en hiver, lors des veillées.

Vallée du Léguer A2

10 km au nord-ouest par la D 33, route de Guingamp. Accès fléché depuis Belle-Isle-en-Terre, Trégrom et Plounévez-Moëdec.

La vallée du Léguer renaît. En 1995, pour des raisons de sécurité, les pouvoirs publics décidaient de démanteler le **barrage hydroélectrique de Kernansquillec** qui, depuis 1920, fermait la vallée sur une largeur de 110 m et une hauteur de 15 m. Aujourd'hui, la nature a déjà repris ses droits et les parcelles anciennement immergées font place à des prairies.

L'ancien site industriel de la papeterie accueille désormais des expositions temporaires et des projets culturels. Les bâtiments ont été démantibulés, mais il reste des machines. Des panneaux expliquent leur fonctionnement et les différentes opérations nécessaires à la fabrication du papier.

Un **sentier d'interprétation** *(4 km, 1h30 AR, pensez aux chaussures de marche)*, balisé par 14 petits plots explicatifs, longe le Léguer.

Le **livret d'interprétation** disponible à l'office du tourisme de Belle-Isle-en-Terre *(2,30 €)* permet aux enfants de se transformer en enquêteurs et de comprendre l'histoire de la vallée à travers le paysage.

3

Église Notre-Dame-de-Pitié de La Chapelle-Neuve A3

12 km au sud-ouest par la D 33.

Trois tours accolées et fortifiées composent le chevet (16e s.) de **l'église N.-D.-de-Pitié**. Chacune est percée d'une meurtrière, sans doute pour défendre l'entrée du souterrain (aujourd'hui comblé), situé dans la crypte. Ce chemin secret conduisait au manoir des seigneurs de Kerméno tout proche. À l'intérieur, on peut admirer un beau **retable** en bois du 16e s. et des statues en bois polychrome de saint Nicolas (16e s.) et de saint Maudez (17e s.).

★ La Vallée des Saints à Carnoët

31 km au sud-ouest par la D 33, puis à droite par la D 787 dir. Callac-Carhaix et enfin la D 97 jusqu'à Carnoët. Suivez alors le fléchage.

Un rêve de granit et un projet fou ! Depuis 2009, une dizaine de sculpteurs font naître de blocs de granit des statues monumentales placées ensuite dans la campagne. Depuis août 2013, trente-six statues de trois mètres de haut et pesant une vingtaine de tonnes ont été installées. De styles très divers (l'art brut n'est pas loin, mais on pense aussi aux alignements mégalithiques), elles évoquent les saints fondateurs des pays bretons (Corentin, Tugdual, Samson, Brieuc…), chacun muni de ses attributs traditionnels.

Hâtez-vous d'aller voir ces sculpteurs sur granit au travail avant que le projet ne soit entièrement réalisé ; il est vrai que vous disposez d'un peu de temps puisque, selon Philippe Abjean, concepteur du projet, si celui-ci va à bon port, ce sont plusieurs centaines de statues-menhirs qui occuperont le site.

Guingamp

7 280 Guingampais – Côtes-d'Armor (22)

NOS ADRESSES PAGE 299

S'INFORMER

Office de tourisme – *Pl. du Champ-au-Roy - 22000 Guingamp - 02 96 43 73 89 - www.ot-guingamp.fr - juil.-août : 10h-12h30, 14h-18h, dim. 10h- 12h30 ; mars-juin et sept.-nov. : tlj sf dim. et lun. 10h-12h, 14h-18h ; reste de l'année : tlj sf dim., lun. et jeu. 10h-12h, 14h-18h.*

SE REPÉRER

Carte de microrégion B2 (p. 230-231) – *carte Michelin Départements 309 D3.* Guingamp est un carrefour routier desservant tout le nord du département. La cité est coupée par la N 12 qui relie St-Brieuc (32 km à l'est) à Morlaix (52 km à l'ouest). La côte la plus proche (environ 30 km) est celle du Goëlo, entre Paimpol et St-Quay-Portrieux.

SE GARER

La ville, traversée par le Trieux, s'est principalement développée sur la rive droite. Vous trouverez des parkings publics répartis partout dans le centre-ville.

À NE PAS MANQUER

En juillet, le Grand Pardon *(voir « Nos adresses »)* mérite le détour ; la basilique N.-D.-de-Bon-Secours.

ORGANISER SON TEMPS

La visite de Guingamp peut s'effectuer en une matinée.

AVEC LES ENFANTS

Rendez-vous à Armoripark.

Au carrefour de l'Armor et de l'Argoat, Guingamp s'impose comme l'une des rares villes bretonnes proches de la côte, à ne pas se nicher au fond d'une ria. Cette ville active, tournée vers les services et l'agro-industrie, a su mettre en valeur un patrimoine architectural très diversifié.

Se promener Plan de ville

Guen gamp, signifie « camp blanc » (« camp favorable »), nom qui évoque son emplacement dans une cuvette au doux climat marin, propice à la flânerie.

★ Basilique Notre-Dame-de-Bon-Secours B

Édifice gothique du 14e s. (vestiges romans à la croisée). Au 16e s., sa tour sud s'effondre et le côté droit de sa nef est abattu. Pour la reconstruction, la ville interroge plusieurs architectes. Un vieux maître présente un projet gothique ; le jeune Le Moal soumet des plans où prévaut le style Renaissance, encore peu connu en Bretagne. Contre toute attente, il remporte la palme. L'église est donc gothique du côté gauche, Renaissance du côté droit.

À l'intérieur, le grand nombre de piliers surprend. Dans la partie haute de la nef, le triforium présente une arcature trilobée avec balustrade à quadrilobes ; dans la partie basse, la décoration Renaissance est du plus bel effet.

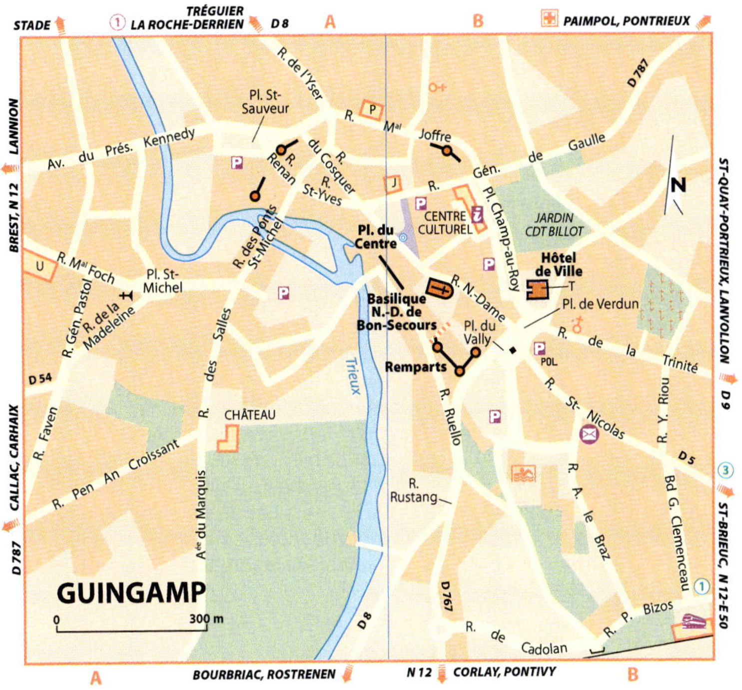

SE LOGER	SE RESTAURER
Arrivée (Hôtel de l')......... 1	Boissière (La)......... 1
Char à Bancs (Chambre d'hôte Au)........ 3	

Place du Centre AB

On y voit la fontaine Renaissance, dite « la **Plomée** » en raison de ses deux vasques en plomb surmontant une troisième en granit. Des maisons à colombages sont visibles aux nos 31, 33, 35, 39, 48 et à l'angle des rues St-Yves et du Cosquer.

Hôtel de ville B

02 96 40 64 40 - www.ville-guingamp.fr - ♿ - 8h30-12h, 13h30-17h30, sam. 8h30-12h - fermé dim. et j. fériés - possibilité de visite guidée (60mn).

Ancien hôtel-Dieu (1699), autrefois monastère des Augustines. On voit le cloître, l'escalier monumental et la chapelle de style italien (1709) qui, en saison, abrite des expositions. Toiles de **Paul Sérusier** et de l'école de Pont-Aven.

Remparts B

Sur la place du Vally sont visibles les vestiges du château fort élevé par Jean de Beuves entre 1438 et 1442. Des parties des fortifications qui enserraient la ville subsistent non loin de la rue du Mar.-Joffre et de la place St-Sauveur.

À proximité Carte de microrégion

Église Notre-Dame à Grâces B2

3,5 km à l'ouest. Quittez Guingamp par la D 54. À 2 km, tournez à droite.

02 96 40 21 21 - www.graces.fr - ♿ - 10h-17h - possibilité de visite guidée (30mn) par les guides de la SPREV juil.-août et J. du patrimoine.

Au centre du village, cette importante église fut jadis une chapelle de pèlerinage, probablement fondée par la reine Anne. Élevée au 16e s., elle fut légèrement modifiée au 17e s. et restaurée au 19e s. Au sud, les quatre pignons de son unique bas-côté lui donnent un profil en dents de scie. À l'intérieur, dans la nef, remarquez les entraits et les magnifiques **sablières★** (poutres horizontales) sculptées : satires de l'ivrognerie, scènes de chasse, monstres, et émouvante Sainte Face encadrée d'angelots.

Châtelaudren B2

16 km à l'est par la N 12.

Au fond de la vallée du Leff – aux truites renommées –, cette cité recèle de charmantes maisons, autour de l'église St-Magloire. Le plan d'eau, aménagé sur les anciennes fortifications, se prête à la promenade, au camping et à la pêche.

★ **Chapelle N.-D.-du-Tertre** – *À pied par la venelle Notre-Dame, ou en voiture à partir de la place des Sapeurs-Pompiers, par les rues Aribart et Notre-Dame - 02 96 74 10 38 - www.chatelaudren.fr - lun.-merc. 8h30-12h, 13h30-17h30, vend. 9h-12h, 13h30-17h30, sam. 9h-12h - se rens. à la mairie pour la clef - possibilité de visite guidée sur demande (2h).* Perchée sur une butte, la chapelle (début du 14e s. agrandie aux 16e et 17e s.) n'est pas de style homogène. Les **96 panneaux★** du 15e s. décorant la voûte du chœur, ensemble rare en France, évoquent l'Ancien et le Nouveau Testament. Au maître-autel, beau **retable★** en bois doré (1650).

Circuit conseillé Carte de microrégion

VALLÉE DU TRIEUX B2-3

Circuit de 39 km tracé en jaune sur la carte p. 230 – environ 2h. Quittez Guingamp par la D 8 vers Rostrenen.

Église de Bourbriac B3

Elle est dominée par son clocher de 64 m. Du premier édifice subsiste une crypte (10e ou 11e s.). De l'église romane, il reste le carré du transept. En 1535, on bâtit la tour ouest, où se mêlent les styles : le grand porche voûté d'ogives et l'étage inférieur sont de tradition flamboyante ; le reste de la tour est Renaissance. Et la flèche date de 1869 ! À l'intérieur, le sarcophage de saint Briac, invoqué pour la guérison des épileptiques, est d'époque mérovingienne.

Prenez la direction de Plésidy et dans le village, prenez à droite vers Étang-Neuf.

Étang-Neuf à Saint-Connan

On a du mal à imaginer que ce cadre idyllique (un étang entouré de forêts) ait pu être le théâtre d'âpres combats : ce fut pourtant le cas en 1944, comme l'évoque le musée installé dans un bâtiment surplombant l'étang.

Musée de la Résistance en Argoat – *02 96 47 17 66 - juin-sept. : 10h30-13h, 14h-19h sf juin et sept. : sam. mat. et lun. ; reste de l'année : merc. et vend. 14h-18h, dim. et j. feriés 10h30-13h, 14h-18h - 5 €, enf. 2,50 €.* Il évoque avec sensibilité la mémoire du maquis qui avait élu domicile ici même. Films, écrans interactifs et objets authentiques permettent de revivre cette épopée.

Revenez à Plésidy et poursuivez en dir. de St-Péver.

À 2 km, sur la gauche, en contrebas de la route, remarquez le **manoir de Toul-an-Gollet**, charmante demeure du 15e s. en granit. Une tourelle coiffée en poivrière et des fenêtres à meneaux agrémentent la façade.

Reprenez la route vers St-Péver et, avant le pont sur le Trieux, prenez une petite route à droite.

Chapelle Notre-Dame-de-Restudo B3

Cet édifice des 14e et 15e s. a conservé dans la nef et le chœur, séparés par un arc ogival, des traces de fresques du 14e s. On reconnaît la Cène et des épisodes de chevalerie. Un **pardon** a lieu le 30 juin, en l'honneur de saint Éloi.
Reprenez la D 767 vers Guingamp, dans la vallée du Trieux. À 2 km, tournez à droite vers Avaugour.

Chapelle d'Avaugour B3

Elle s'élève dans un joli site et abrite un beau sacraire (meuble) en bois sculpté du 16e s.
Rentrez à Guingamp par la D 767.

NOS ADRESSES À GUINGAMP

HÉBERGEMENT

BUDGET MOYEN

Hôtel de l'Arrivée – *19 bd Clemenceau - ☎ 02 96 40 04 57 - www.hotel-arrivee.com - ♿ - 27 ch. 57/80 € - ☕ 8 €.* Un hôtel pratique, près de la gare, avec des chambres petites mais bien rénovées.

À proximité

POUR SE FAIRE PLAISIR

Au char à bancs – *Moulin de la Ville-Geffroy - 22170 Plélo - 20 km au sud-est par N 12 - ☎ 02 96 74 13 63 - www.aucharabanc.com - fermé janv. - P - 5 ch. 88/108 € ☕ - ✕ 16/26 €.* Chambres cosy, logées sous des poutres séculaires, et salles de bains rétro. À l'auberge, accueil familial autour de la table en bois massif. La cuisine est concoctée avec les produits de la ferme (potée mijotée dans la cheminée, galettes).

RESTAURATION

POUR SE FAIRE PLAISIR

La Boissière – *90 r. Yser - ☎ 02 96 21 06 35 - www.restaurant-la-boissiere.com - fermé sam. midi, dim. soir, lun., de mi-fév. à mi-mars et 15 j. fin août - P - formule déj. 16 € - 38/56 €.* Maison de maître nichée dans son parc. Deux salles à manger bourgeoises, une terrasse et une cuisine de saison.

ACHATS

Marché – *Jeu., vend. et sam. mat.*

ACTIVITÉS

Armoripark – *22140 Bégard - 17 km au nord-ouest de Guingamp - ☎ 02 96 45 36 36 - www.armoripark.com - de mi-juin à fin août : 11h-19h - 11 € (enf. 10 €) ; de déb. avr. à mi-juin et 15 j. en sept. : merc., sam. et dim. 11h-18h (tlj vac. scol.) - 9 € (enf. 8 €), parc seult 7 € (6 €).* Complexe aquatique avec bassins intérieurs et extérieurs à 29 °C et toboggans géants. Activités de plein-air (luge d'été, pédalos, mini-golf, structures gonflables, bateaux tamponneurs, bowling, pentogliss 6 pistes). Animaux de la ferme.

AGENDA

Le Grand Pardon – *En juil.* Dédié à la Vierge noire, patronne de la basilique, il réunit des milliers de pèlerins. La procession se déroule la nuit, aux flambeaux. Après quoi, des feux de joie sont allumés sur la place du Centre, en présence de l'évêque.

Festival de la St-Loup – *1er dim. de juil. et une sem. autour du 15 août.* Il réunit place du Vally un millier d'enfants de toute la Bretagne pour le *Bugale Breizh*, grand rassemblement de danses bretonnes.

3

Rostrenen

3 307 Rostrenois – Côtes-d'Armor (22)

NOS ADRESSES PAGE 302

S'INFORMER

Office du tourisme du Kreiz Breizh – *6 r. de l'Abbé-Gibert - 21110 Rostrenen - 02 96 29 02 72 - www.tourismekreizbreizh.com - juil.-août : 9h30-12h30, 14h-18h, dim. et j. fériés 9h30-12h30 ; juin : tlj sf dim. et lun. 10h-12h30, 14h-17h30 ; du mar. de Pâques à fin mai et sept. : tlj sf dim. 10h-12h30, 14h-17h30, sam. 10h-12h30 ; reste de l'année : se rens. - fermé 1er Mai.*

SE REPÉRER

Carte de microrégion A4 (p. 230-231) – *carte Michelin Départements 309 C5.*
Rostrenen est un carrefour routier situé sur la N 164, reliant Carhaix-Plouguer (21 km à l'ouest) à Mûr-de-Bretagne (29 km à l'est).

À NE PAS MANQUER

Le cours tumultueux du Blavet dans les gorges de Toul Goulic.

ORGANISER SON TEMPS

Une demi-journée pour profiter des balades aux alentours du bourg est amplement suffisante.

AVEC LES ENFANTS

Retrouvez l'odeur de l'encre et de la craie d'une salle de classe d'antan au musée rural de l'Éducation.

Haut lieu de danse et de musique populaire, comme de marchés, Rostrenen est une ancienne bourgade située sur le flanc d'une colline du pays fisel. C'est d'ailleurs à ce monticule que la ville doit son nom, puisque « roz » signifie « colline » en breton. Vous ne trouverez pas meilleur point de départ pour arpenter la Bretagne intérieure ! Le canal de Nantes-à-Brest, tout proche, complètera votre programme de randonnées.

Se promener

Église Notre-Dame-du-Roncier

C'est l'ancienne chapelle du château, incendié pendant la Ligue en 1572. Construite au 14e s., remaniée aux 18e et 19e s., elle possède un beau porche faisant la transition entre le gothique et la Renaissance. Près de l'église, intéressante fontaine sacrée du 17e s.
Pardon le 15 août.

Circuits conseillés Carte de microrégion

PAYS FISEL AB 3-4

Circuit de 45 km tracé en rose sur la carte p. 230 - environ 3h. Quittez Rostrenen par la D 790 au nord-est en direction de St-Brieuc.
Le pays Fisel tire son nom de la coutume qu'avaient les hommes d'attacher leur chapeau derrière la tête avec un lacet ou une ficelle.

Saint-Nicolas-du-Pélem B3

Longez le flanc gauche de l'église pour découvrir la **fontaine** St-Nicolas, du 17e s., adossée à une maison. Dans l'**église** (15e et 16e s.) à chevet plat, remarquez deux beaux vitraux de 1470 illustrant la Passion.

Prenez au nord vers Lanrivain (D 5) et suivez « Musée-école de Bothoa ».

Musée rural de l'Éducation B3

Bothoa - 22480 St-Nicolas-du-Pélem - ✆ 02 96 29 73 95 - www.musee-ecole-bothoa.com - vac. de Pâques (zone A), 4 juil.-15 sept. et vac. de la Toussaint : 14h-18h ; mai-juin : dim. 14h-18h - fermé lun. - tarif, se rens.

Quoi de plus normal que de reconstituer une école rurale des années 1930 dans une ancienne école. Pupitres de bois cirés, plumes, encre violette… À l'angle de la cour se trouve la maison de fonction de la première institutrice qui habita les lieux de 1931 à 1947. Une seconde classe présente une exposition permanente sur l'école de Bothoa (photos de classe…). Expositions temporaires. En été, dictée le mardi à 15h.

Lanrivain B3

Le cimetière garde un ossuaire (15e s.) à arcades tréflées ; à droite de l'église, le calvaire (16e s.) est animé de personnages de grandes dimensions, en granit de Kersanton.

Chapelle N.-D.-du-Guiaudet – *1,5 km au nord sur la route de Bourbriac. À l'entrée du hameau du Guiaudet, prenez à droite une allée marquée par deux piliers.* Bâtie à la fin du 17e s., elle abrite, au-dessus du maître-autel, une sculpture représentant la Vierge couchée tenant l'Enfant Jésus dans ses bras. Dans le clocher, un carillon de 16 cloches sonne deux cantiques dédiés à Notre-Dame.

Revenez sur vos pas, prenez à droite la D 87 et, après 1,5 km, tournez à gauche.

★ Gorges de Toul Goulic B3

15mn à pied AR. Au fond du parking dominant la vallée boisée du Blavet, prenez le sentier en forte descente qui conduit au milieu de la perte du Blavet : la rivière a entièrement disparu et gronde sous des chaos de roches énormes.

Faites demi-tour et tournez à gauche vers Trémargat.

Kergrist-Moëlou A3

Sur ce site planté de beaux ifs séculaires se dresse le **calvaire** (1578) regroupant sur sa base une centaine de personnages en granit de Kersanton ; mutilés pendant la Révolution, ils ont été replacés sans ordre.

Par St-Lubin au sud, regagnez Rostrenen.

LE CANAL EN CHIFFRES

Le canal de Nantes-à-Brest est mis en service en 1842, après plus de trente ans de travaux exécutés dans des conditions épouvantables par des forçats et des prisonniers de guerre. Il constitue alors une voie d'eau de 360 km, ponctuée de 238 écluses (18 d'entre elles ont été englouties lors de la création du lac de Guerlédan) et ayant 555 m de dénivelé. Huit rivières au total furent canalisées.

Informations sur le canal : *www.smatah.fr ou Maison éclusière de Bizernig, 29520 Châteauneuf-du-Faou - ✆ 02 98 73 40 31. Un guide gratuit sur ce canal peut aussi être téléchargé sur www.tourisme-pays-redon.com ou demandé à la Maison du tourisme du pays de Redon, pl. de la République, à Redon.*

CANAL DE NANTES-À-BREST

Circuit de 20 km tracé en gris sur la carte p. 230 – environ 1h30. Quittez Rostrenen à l'ouest par la N 164 vers Carhaix-Plouguer et, à 4 km, tournez à gauche vers Gourin.

La route atteint le canal, construit de 1823 à 1834, au bief de partage, à une altitude de 184 m. À droite du pont, empruntez le chemin de halage qui conduit à la tranchée du canal : vous découvrirez une partie de l'escalier de 44 écluses rattrapant, en 17 km, jusqu'à Port-de-Carhaix, une dénivellation de 120 m.

Poursuivez jusqu'à la sortie de Glomel pour prendre à droite la route de Paule et, à 1,8 km, tournez encore à droite.

On arrive sur les bords du canal, dans un joli **site★**, à hauteur de l'ancienne maison de l'éclusier de St-Péran. Agréable promenade sur le chemin de halage.

Pour en savoir plus sur le canal, voir Le Guide Vert Bretagne Sud.

Continuez jusqu'à l'axe Brest-Rennes ; tournez à droite pour regagner Rostrenen.

NOS ADRESSES À ROSTRENEN

RESTAURATION

UNE FOLIE

L'Éventail des Saveurs – *3 pl. Bourg-Coz - ✆ 02 96 29 10 71 - www.restaurant-eventail-des-saveurs.com - fermé mar. soir de sept. à juin, dim. soir, lun. et merc. soir - formule déj. (en sem.) 13,90/14,90 € - 41/65 €.* Un bel éventail de savoureuses recettes régionales actualisées et, côté décor, une palette de couleurs assurent le succès de ce charmant restaurant.

ACHATS

Marché – *Mar. mat.*

ACTIVITÉS

Attelages du Kreiz Breiz – *À Guerlagadec - 22480 Lanrivain – ✆ 02 96 45 76 31 - www.attelages-k-b.com - de mi-juin à mi-sept. : mar. et jeu.* 4 circuits nature ou vieilles pierres (2h30), 20 € (enf. 9 €) ; journée à la ferme au rythme du cheval breton (prévoir bottes et pique-nique pour le midi) : 20 € (enf. 10 €).

AGENDA

Festival Fisel – *www.fisel.org - 1 sem. après le 15 août.* Concours de danse (la « gavotte fisel » accompagnée par un couple de chanteurs, le *kan ha diskan*, ou par un duo biniou-bombarde ou clarinette), *fest-noz* (traditionnel et contemporain), stages d'initiation et tournois de gouren (lutte bretonne).

Lac de Guerlédan

★★

Côtes-d'Armor (22) et Morbihan (56)

NOS ADRESSES PAGE 308

S'INFORMER

Office du tourisme de Guerlédan – *1 pl. de l'Église - 22530 Mûr-de-Bretagne - 02 96 28 51 41 - www.guerledan.fr - juil.-août : 10h-12h30, 14h-18h30, dim. et j. fériés 10h30-12h30 ; reste de l'année : tlj sf dim. 10h-12h30, 14h-17h, sam. et j. fériés 10h-12h30 - fermé 1er janv., 1er Mai, 1er et 11 Nov.*

SE REPÉRER

Carte de microrégion B4 (p. 230-231) – *carte Michelin Départements 309 D5.* Au bord de la forêt de Quénécan, le lac s'ouvre juste à l'ouest de Mûr-de-Bretagne *(3 km)*, au sud de la route de Rostrenen *(18 km à l'ouest par la N 164)*. Pontivy est 10 km plus au sud par la D 767.

À NE PAS MANQUER

Le plafond peint de la chapelle Ste-Suzanne à Mûr-de-Bretagne, et le spectacle des eaux vives dans les gorges du Daoulas.

ORGANISER SON TEMPS

Pensez à réserver un hébergement à l'avance pour les bords du lac, car les places en gîte sont chères en été. Pendant les vacances de Pâques, faites une halte à Loudéac le dimanche matin pour assister aux courses.

AVEC LES ENFANTS

Plongez dans le passé sidérurgique de la région en visitant le village incroyablement conservé des Forges-des-Salles avant de partir à la découverte des toiles de St-Thélo à l'âge d'or du lin.

Le lac de Guerlédan étend ses rives sinueuses et boisées au cœur de la pittoresque Argoat. Magnifique plan d'eau formé par la retenue du Blavet, il constitue l'un des plus beaux sites de la Bretagne intérieure. Pêche, voile et motonautisme sont au programme, à l'instar de ce qui est proposé sur le littoral. Mais l'endroit offre en plus la possibilité de belles excursions en forêt de Quénécan ou vers les gorges du Daoulas.

Circuit conseillé

TOUR DU LAC Carte Lac de Guerlédan

Circuit de 44 km au départ de Mûr-de-Bretagne tracé en rouge sur la carte p. 230 – environ 3h30.

Gwern signifie « aulne » en breton. La région était donc bien humide avant que le lac artificiel n'envahisse les lieux. Serpent d'eau de 12 km, ce dernier recouvre l'ancienne vallée des ardoisiers depuis les années 1920. Aux 18e et 19e s., l'extraction de l'ardoise comptait en effet parmi les principales activités économiques du secteur. Une bonne partie des carrières se trouve aujourd'hui au-dessous du niveau des eaux.

Mûr-de-Bretagne

Au nord du bourg, dans un très joli cadre de verdure qui inspira Corot, s'élève la **chapelle Ste-Suzanne** avec son élégant clocher-porche (1760). À l'intérieur se trouve un remarquable **plafond peint★** du 18e s.

Dans le bourg, qui compte parmi les plus animés de la Bretagne intérieure, une route mène au **rond-point du Lac** d'où la **vue★** est superbe.

Prenez la D 35 au sud-ouest. Après avoir franchi les deux ponts enjambant le canal et le Blavet, tournez à droite.

Saint-Aignan

Dans l'**église** (12e s.), à gauche du chœur, très belle représentation en bois sculpté de l'Arbre de Jessé et, à droite, de même facture, une Trinité entourée des évangélistes.

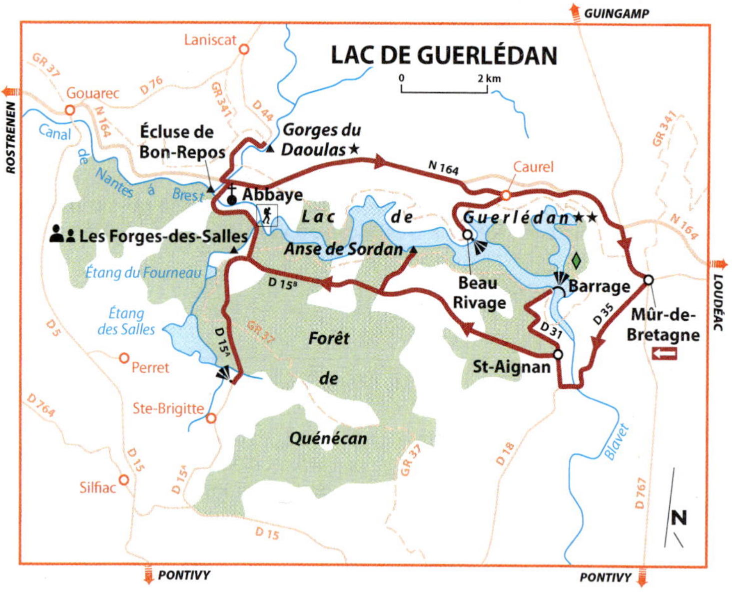

Le lac de Guerlédan recouvre d'anciennes ardoisières.
F. Guiziou/ hemis.fr

À la sortie du village, sur la gauche, l'**Électrothèque** évoque la construction du barrage de Guerlédan, ainsi que l'histoire de l'électricité. Possibilité de faire fonctionner certains appareils. *℘ 02 97 27 51 39 - de mi-juin à mi-sept. : 10h-12h30, 14h-18h30 - fermé dim. et j. fériés - 4 € (-18 ans 2,20 €) - possibilité de visite guidée (90mn).*
Suivez la D 31, direction « Barrage de Guerlédan ».

Barrage de Guerlédan

Un rond-point belvédère domine ce barrage haut de 45 m, long de 206 m à la crête et épais de 33 m à la base. Sa retenue de 55 millions de m³ se développe sur 12 km dans les gorges du Blavet. Arrêtez-vous : la **vue★** est magnifique.
Faites demi-tour, puis tournez à droite. À l'entrée de la forêt de Quénécan, prenez à droite.

Anse de Sordan

Agréable crique dans un joli site paisible où s'abritent de nombreux bateaux de plaisance. Possibilité de prendre un verre face au lac, au restaurant-bar.

3

Les Forges-des-Salles

℘ 02 96 24 90 12 - http://lesforgesdessalles.fr - juil.-août : 14h-18h30 ; du w.-end de Pâques à fin sept. : w.-end 14h-18h30 - 5 € (-10 ans gratuit) - possibilité de visite guidée (1h15).

Niché au fond d'un vallon boisé, le hameau des Forges est un ancien site sidérurgique des 18e et 19e s. témoignant d'un passé industriel révolu. Depuis la cessation de l'exploitation du minerai de fer en 1880, cet ensemble de constructions n'a pas été modifié.

Certains logements ont été réaménagés selon leur fonction d'origine : l'école, le bureau de paye, la cantine, la chapelle, une petite forge et la menuiserie.

À l'est du château, berceau des Rohan, s'étend un jardin d'agrément en terrasses, le **Thabor** : très belle vue sur les cours d'eau de la vallée.

Forêt de Quénécan

Située sur un plateau très accidenté dominant la vallée, cette forêt s'étend sur 2 500 ha. De belles futaies de hêtres et d'épicéas entourent l'étang du Fourneau et Les Forges-des-Salles.

Le GR 37 passe à proximité des Forges-des-Salles et traverse en diagonale la forêt, offrant de belles possibilités de balades.
Poursuivez en direction de Ste-Brigitte.

Ce petit détour permet de profiter de belles échappées sur l'étang des Salles.
Par Les Forges-des-Salles, regagnez le grand carrefour et prenez à gauche. Laissez la voiture au parc de stationnement avant le pont, à gauche.

Écluse de Bon-Repos

Située sur le Blavet, elle forme un charmant tableau, avec le vieux pont à corbeaux, l'ancienne maison de l'éclusier et le déversoir.
Franchissez le pont et, sur la droite, empruntez l'ancien chemin de halage.

Abbaye de Bon-Repos

✆ 02 96 24 82 20 - www.bon-repos.com - ♿ - de mi-juin à mi-sept. : 11h-19h ; de déb. avr. à mi-juin et de mi-sept. à fin oct. : tlj sf w.-end et j. fériés 14h-18h - 5 € (-18 ans 2,50 €) - 13 € billet famille (2 adultes + 3 enf.) - possibilité de visite guidée juil.-août : 11h, 14h30 et 17h.
Pillée et ruinée sous la Révolution, cette abbaye cistercienne fondée au 12e s. tomba en désuétude complète. Elle a été sauvée de justesse par une équipe d'artisans et de bénévoles passionnés qui s'attachent à lui rendre sa beauté et sa grandeur passée. La visite permet de découvrir les bâtiments conventuels et la vaste église. Intéressante programmation culturelle *(voir « Nos adresses »).*
Gagnez la N 164, tournez à gauche vers Gouarec et, sitôt franchi le pont, prenez à droite vers les gorges du Daoulas.

★ Gorges du Daoulas

Les eaux rapides du Daoulas coulent dans une vallée étroite et sinueuse, aux versants tapissés d'ajoncs, de genêts et de bruyères. C'est une véritable cluse, sciée par la rivière dans une bande de schiste et de quartzite pour rejoindre le Blavet – devenu le canal de Nantes-à-Brest *(voir p. 301)*. Les bancs de roches sont redressés presque verticalement ; quelques-uns se terminent en de curieuses aiguilles et en lames tranchantes.
À 2 km, faites demi-tour dans un chemin précédant deux maisons au lieu-dit Toulrodez. Sur la N 164 vers Loudéac, parcourez 5 km et prenez à droite.
Après une descente dans un boqueteau de pins, on apprécie la **vue★** qui s'ouvre sur le lac de Guerlédan.

Beau-Rivage

Ce village, qui possède une plage, est un petit havre pour la plaisance et le ski nautique *(voir « Nos adresses »).*
Gagnez Caurel et tournez à droite vers Loudéac. À 3,5 km, prenez à droite pour rejoindre Mûr-de-Bretagne.

À proximité Carte de microrégion

Loudéac C4

21 km à l'est de Mûr-de-Bretagne par la D 35, puis à droite par la N 164.
Office du tourisme du pays du Centre Bretagne – *1 r. St-Joseph - 22600 Loudéac - ✆ 02 96 28 25 17 - www.centrebretagne.com - juil.-août : 9h30-12h30, 13h30-18h30, sam. 9h30-12h30, 14h-17h ; reste de l'année : 9h-12h30, 13h30-17h - fermé dim. et j. fériés.*
Au cœur de la Bretagne intérieure, cette petite ville a su tirer parti de son environnement boisé et de ses rivières poissonneuses pour développer un tourisme « vert ». Randonnées à pied ou à cheval, vélo ou pêche à la mouche comptent ainsi parmi ses atouts.

Loudéac est aussi connue pour ses courses de chevaux. Au Moyen Âge, la maison de Rohan possédait ici un haras d'une centaine de têtes. La région offre de belles randonnées à cheval.

Hippodrome – *02 96 28 28 73 - ♿ - h, se rens. - gratuit - 06 78 70 38 77 - possibilité de visite guidée sur demande (30mn).* Aujourd'hui, la ville possède le deuxième hippodrome de l'Ouest et la région offre de belles randonnées à cheval.

Bon à savoir – Des courses de chevaux ont lieu le dim. 15 j. av. Pâques, dim. et lun. de Pâques, et dim. suivant.

Chapelle Notre-Dame de Querrien C4

11 km à l'est de Loudéac par la N 164, puis la D 14 sur la gauche après la forêt de Loudéac.

Lieu d'une apparition de la Sainte Vierge à une petite bergère au 17e s., le village accueille un pèlerinage annuel.

Musée régional à La Chèze C4

10 km au sud-est de Loudéac par la D 778. 02 96 26 63 16 - www.museedesmetierslacheze.jimdo.com - ♿ - juil.-août : 10h-12h, 14h-18h, dim. 14h-18h - fermé j. fériés et lun. - 3,60 € (-12 ans 2 €) - le musée accueille une antenne de l'office du tourisme de Loudéac (hébergement, loisirs, culture).

Il s'adresse aux amoureux des vieux métiers. On y découvre une machine à imprimer (1930) en état de marche. Le musée accueille une antenne de l'office du tourisme de Loudéac (hébergement, loisirs, culture).

★ Saint-Thélo C4

11 km au nord-ouest de Loudéac par la D 41, puis après Trévé prendre à gauche la D 69.

Cette agréable petite commune a connu une certaine prospérité grâce au travail et au commerce du lin.

★ **Maison des toiles** – *02 96 56 38 26 - www.laroutedulin.fr - ♿ - juil.-août : 10h30-12h30, 14h-18h, dim. et j. fériés 14h-18h ; reste de l'année : se rens. - fermé de déb. à mi-oct. - 5 € (-12 ans gratuit), gratuit J. du patrimoine.* Aménagée dans une ancienne maison de négociant (18e s.), elle retrace l'histoire des célèbres « Toiles Bretagne », qui débuta au 17e s., à l'âge d'or du lin. Elle décrit l'évolution de la petite fleur bleue, de la graine à la toile. Demandez à l'entrée la carte-jeu pour les enfants.

Voir aussi encadré ci-dessous.

LA ROUTE DU LIN

Dès le 17e s. et jusqu'au milieu du 20e s., le lin, de la culture à la fabrication, compte parmi l'une des activités importantes des Côtes-d'Armor. Tandis que le Trégor-Goëlo était dédié à sa culture, le centre Bretagne se consacrait au tissage et à la commercialisation des toiles de lin. La Roche-Derrien *(voir p. 266)* et son patrimoine linicole, St-Laurent qui abrite le dernier treillage de lin en Bretagne, Quintin et son musée dédié aux tisserands et enfin St-Thélo constituent les étapes de la Route du lin. Expositions, animations et balades guidées sur les différents sites. Se renseigner aux offices de tourisme *(voir aussi Quintin p. 234 et encadré p. 236).*

3

AUTOUR DU LAC DE GUERLÉDAN

HÉBERGEMENT ET RESTAURATION

PREMIER PRIX

Camping Nautic International – *Route de Beau-Rivage - 22530 Caurel - ✆ 02 96 28 57 94 - www.campingnautic.fr - 15 mai-25 sept. - réserv. conseillée - 100 empl (8/10 € ou 15 € selon surface et période).* Ce camping proche du lac est attrayant pour son parc locatif de mobile homes *(280/610 €/sem).*

POUR SE FAIRE PLAISIR

Hôtel Auberge Grand'Maison – *1 r. Léon-le-Cerf - 22530 Mûr-de-Bretagne - ✆ 02 96 28 51 10 - www.auberge-grand-maison.com - fermé mar. hors saison, dim. soir, lun., 1 sem. en janv., de fin fév. à mi-mars et 2 sem. en oct. - 9 ch. 60/98 € - ☕ 12 € - ✕ formule déj. 27 € (sem.) - 51/88 €.* Cette maison a préservé son caractère d'ancienne auberge bretonne tout en modernisant un rien sa salle à manger. Excellents produits au service d'une cuisine actuelle et créative. Chambres spacieuses et cosy.

Hôtel des Voyageurs – *10 r. Cadélac - 22600 Loudéac - ✆ 02 96 28 00 47 - www.hoteldesvoyageurs.fr - 30 ch. 72/82 € - ☕ 8,50 € - ✕ 15,50/45 €.* Hôtel aux chambres actuelles dotées d'un mobilier cérusé et cédées à prix souriant. Un double vitrage efficace atténue la rumeur de la rue commerçante. Ambiance brasserie chic dans une ample salle à manger au cadre classico-moderne ; carte traditionnelle.

Le Beau Rivage – *Au Lac - lieu-dit Beau-Rivage - 22530 Caurel - 2 km au sud-ouest de Caurel - ✆ 02 96 28 52 15 - le soir sur réserv. seult - fermé merc. midi - formule déj. 20 € - 31/45 € - 3 ch. 63 € - ☕ 8 €.* Cette maison récente ouvre les larges baies de sa salle à manger sur le lac ; terrasse panoramique. Outre la très jolie vue, vous pourrez y goûter une cuisine classique. Chambres sobrement décorées.

ACHATS

Marché – *Vend. mat. à Mûr-de-Bretagne.*

ACTIVITÉS

Randonnées

Bon à savoir – L'office de tourisme propose un guide « *Balade en pays de Guerlédan et d'Argoat* » (2,30 €). Il peut également organiser des randonnées autour du lac pour 2 à 4 pers. avec hébergement en chambre d'hôte.

Voie verte – Randonnées autour du lac en suivant notamment la voie verte V6. L'ancienne voie de chemin de fer a été réaménagée de Carhaix à Saint-Méen-le-Grand. Entre l'abbaye de Bon-Repos et Mûr-de-Bretagne, elle surplombe le lac. Vous pouvez poursuivre jusqu'à Saint-Caradec, pour longer la rigole d'Hilvern, bel ouvrage hydraulique qui servait à alimenter le canal de Nantes-à-Brest.

Activités nautiques

Ski Nautique Club de Guerlédan – *Beau-Rivage - 22530 Caurel - ✆ 02 99 21 11 00 - www.skiguerledan.fr - juil.-août : 9h-19h ; mai-juin et sept. : w.-end 10h-18h - fermé oct.-avr.* Ski nautique, wake board. Activités encadrées par des moniteurs diplômés d'État. Possibilité de stages avec hébergement en mobile home.

Baignade – *22570 Gouarec.* Que ce soit à Beau-Rivage ou à l'anse de Sordan, la baignade n'est pas surveillée.

Pédalos – *22530 Mûr-de-Bretagne.* Des bases de pédalos se trouvent à Beau-Rivage, à l'anse de Sordan et au rond-point du Lac à Mûr-de-Bretagne.

Bases de plein air

Base de plein air de Guerlédan – *22530 Mûr-de-Bretagne - ✆ 02 96 67 12 22 - www.base-plein-air-guerledan.com.* Canoë-kayak, voile, escalade, course d'orientation, tir à l'arc : activités encadrées par des moniteurs diplômés. Location de vélos.

Randos pédestres-VTT-vélo : nombreux circuits très bien balisés.

Base Sport Nature – *Site de Pont Querra - 22210 Plémet - 14 km à l'est de Loudéac - ✆ 02 96 25 97 22 - basesportsnature.blog4ever.com - juil.-août : 9h30-12h30, 13h30-18h ; sept.-juin : lun.-sam. 9h-12h30, 13h30-17h - location canoë-kayak 7,50 € (-18 ans 5 €) ; randonnées canoë-kayak 15 € (-18 ans 8 €).* Ce complexe touristique et sportif propose la location de canoës-kayaks pour descendre le Lié en toute liberté. Il organise aussi des randonnées nature en canoë, en VTT ou à cheval au pays de Loudéac.

Croisières

Les Vedettes de Guerlédan – *Lieu-dit Beau-Rivage - 22530 Caurel - ✆ 02 96 28 52 64 - www.guerledan.com - juil.-août : dép. 15h ; reste de l'année : se rens. - 9,50 € (enf. 6,50 €) - menus 38,50/59,50 €.* Découverte du lac de Guerlédan à bord du *Duc de Guerlédan II*, pour une croisière commentée (1h30), ou à bord du *Duc de Guerlédan I* pour un déjeuner-croisière (3h).

AGENDA

L'Association des compagnons de l'**abbaye de Bon-Repos** œuvre activement au renouveau de ce site historique. Les campagnes de restauration s'accompagnent d'une programmation culturelle de qualité et d'un important spectacle son et lumière *(5 soirées en août). ✆ 02 96 24 85 28 - www.bon-repos.com - 16 € (-11 ans 9 €), sans réserv. 19 € (-11 ans 11 €).*

Lamballe

12 098 Lamballais – Côtes-d'Armor (22)

NOS ADRESSES PAGE 314

S'INFORMER

Office du tourisme de Lamballe Communauté – *Pl. du Champ-de-Foire - 22400 Lamballe - ✆ 02 96 31 05 38 - www.lamballecommunaute-tourisme.com - de déb. juil. à mi-sept. : 10h-12h30, 13h30-18h, jeu. 10h-18h ; reste de l'année : tlj sf dim. 10h-12h, 13h30-17h30, lun. 13h30-17h30 - fermé 1er janv., 1er Mai et 1er nov.*

SE REPÉRER

Carte de microrégion C3 (p. 230-231) – *carte Michelin Départements 309 G4.* Lamballe se trouve à 20 km à l'est de St-Brieuc par la N 12, et à 12 km du Val-André *(au nord)* par la D 791.

À NE PAS MANQUER

Le haras national est un incontournable de la région, surtout pendant les concours hippiques du mois d'août. Quant au village médiéval de Moncontour, nul doute qu'il saura vous séduire !

ORGANISER SON TEMPS

De mi-juillet à fin août, les spectacles organisés au haras sont l'occasion d'y faire étape pour découvrir la région.

AVEC LES ENFANTS

Visitez le haras national, rendez-vous à la Ferme d'antan de St-Esprit-des-Bois-en-Plédéliac pour appréhender la vie rurale en Bretagne au début du 20e s., allez au château de la Hunaudaye ou participez aux jeux de piste organisés par la Maison pêche et nature de Jugon-les-Lacs.

Bâtie sur le flanc d'une colline couronnée par la collégiale Notre-Dame, Lamballe est l'ancienne capitale du duché de Penthièvre. Bénéficiant d'une certaine proximité avec la Côte d'Émeraude, elle reste néanmoins à l'écart des grands flux touristiques et constitue, de ce fait, une halte idéale pour les amateurs de calme et d'authenticité.

Se promener Plan de ville

Collégiale Notre-Dame B

De style gothique, elle présente des parties romanes. À l'intérieur, on verra un intéressant jubé en bois sculpté, de style gothique flamboyant. Sur le flanc droit de la collégiale, une terrasse a été construite au 19e s. Elle offre une jolie vue sur la ville et la vallée du Gouessant. À gauche de la collégiale, une très belle promenade ombragée a été aménagée à l'emplacement du château.

Place du Martray A

Cette petite place triangulaire est bordée de maisons anciennes à pans de bois ; parmi elles, la **maison du Bourreau**, du 15e s.

Musée du Pays de Lamballe – *Au rdc de la maison du Bourreau - pl. du Martray - ✆ 02 96 34 77 63 - www.alp22400.net - juin-sept. : 10h-12h, 14h30-18h - fermé*

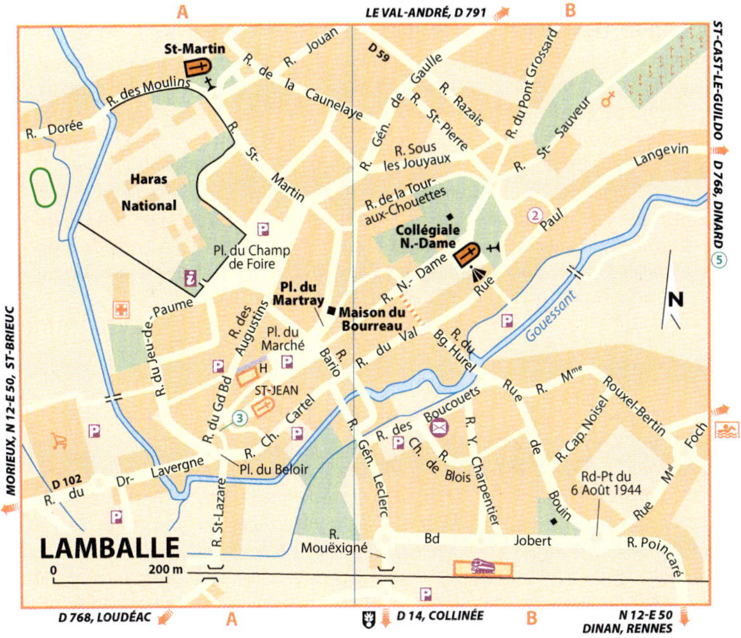

SE LOGER

Lion d'Or (Hôtel du) ③
Manoir des Portes (Hôtel) ⑤

SE RESTAURER

Connétable (Le) ②

dim. et lun. - 2 €. Ce musée des arts et traditions populaires expose poteries de Lamballe, gravures, coiffes et pièces de costumes de la région.

Musée Mathurin-Méheut – *02 96 31 19 99 - www.musee-meheut.fr - mai-sept. : 10h-12h, 14h-18h, j. fériés 14h-18h ; reste de l'année : 14h-17h - fermé dim. et lun., janv.-avr., 14 Juil. et 11 Nov. - 3 € (-18 ans 2 €) - gratuit Nuit des musées.* Exposition thématique des œuvres de Mathurin Méheut (1882-1958), peintre natif de Lamballe, dont l'œuvre constitue un témoignage incomparable de la vie quotidienne en Bretagne.

★ Haras national A

02 96 50 06 98 - www.haraspatrimoine.com - ♿ - visite guidée (1h30) h, se rens. - 6 € (-12 ans 3,50 €).

Ce haras fondé en 1825 héberge une soixantaine d'étalons (races de trait ou de sang). De début mars à la mi-juillet, ces étalons sont répartis dans les stations de monte des Côtes-d'Armor et du Nord Finistère. Un concours hippique a lieu en août, à l'issue duquel est présenté un **carrousel** des attelages. Au cours de la visite, on découvre les écuries et leurs hôtes, la forge, la remise des voitures hippomobiles, la sellerie d'honneur, le manège et la cour d'honneur.

Église Saint-Martin A

Ancien prieuré de l'abbaye de Marmoutier, cet édifice (15e-18e s.) comporte sur le flanc droit un porche original des 11e et 12e s., surmonté d'un auvent de bois datant de 1519. Beau clocher dont la flèche est du 18e s.

LA FIN TRAGIQUE D'UN NOM

Les Lamballe étaient l'une des plus puissantes familles de l'Ancien Régime. En 1767, le prince de Lamballe (c'est le titre qui a été donné à l'héritier du duché de Penthièvre) mène à 20 ans une vie si dissolue que son père, dans l'espoir de l'amender, le marie à une gentille princesse piémontaise de 17 ans. L'héritier ne se range pas et meurt, épuisé, trois mois après.

En 1770, Marie-Antoinette épouse le futur Louis XVI. Elle prend en amitié la jeune veuve. Quand éclate la tragédie révolutionnaire, la **princesse de Lamballe** reste courageusement auprès de la reine. Elle la précède d'un an dans la mort : lors des massacres de septembre 1792, des émeutiers lui coupent la tête qu'ils promènent au bout d'une pique.

À proximité Carte de microrégion

La Ferme d'antan à Saint-Esprit-des-Bois-en-Plédéliac D3

17 km à l'est. Quittez Lamballe par la D 14, puis prenez la N 12 sur 1 km avant de rejoindre la D 55. 02 96 34 80 77 - www.ferme-dantan22.com - juin-août : 10h-18h, dim., j. fériés et lun. 14h-18h ; reste de l'année : se rens. - fermé de mi-déc. à déb. janv. - 5 € (-16 ans 3 €) - gratuit J. du patrimoine de pays et des moulins (3e dim. de juin) - possibilité de visite guidée (90mn).

Elle offre l'occasion de visiter une exploitation, ses dépendances et son outillage. La pièce commune d'habitation a conservé le mobilier traditionnel breton. Un film illustre la vie quotidienne paysanne au début du 20e s.

★ Château de la Hunaudaye D3

15 km à l'est de Lamballe, par la D 28 en direction de Pléven et la D 28E à droite. 02 96 34 82 10 - www.la-hunaudaye.com - visite guidée (45mn) de déb. juil. à mi-sept. : 10h30-18h30 ; avr.-juin et 2e quinz. de sept. : 14h30-18h - 5,50 € (enf. 3,50 €) - spectacles, ateliers pour enf., expositions et conférences (en saison) sur demande préalable.

Cette ancienne forteresse s'élève dans un cadre boisé, à l'orée des forêts de St-Aubin et de la Hunaudaye. Construit en 1220, le château fut agrandi au 14e s. et embelli au début du 17e s. Il fut démantelé puis incendié sous la Révolution. Son plan dessine un pentagone irrégulier dont chaque angle est occupé par une tour. Deux d'entre elles, les plus petites, appartiennent à la première construction ; les trois autres furent édifiées aux 14e et 15e s. Un pont remplaçant l'ancien pont-levis donne accès à une grande porte en plein cintre surmontée d'un blason.

Après les vestiges des cuisines, on gagne la **tour de la Glacière** (15e s.), qui doit son nom à son orientation au nord. Un escalier à vis permet d'admirer l'élégante construction et les cheminées.

Le **logis seigneurial** (15e-16e s.) était un imposant manoir, orné d'un magnifique escalier Renaissance. Le **donjon seigneurial** (15e s.) est desservi par un escalier à vis de 73 marches. Remarquez les cheminées monumentales et les canonnières percées dans les murs pour assurer la défense.

L'été, de nombreux ateliers pédagogiques sont proposés aux enfants *(coût inclus dans la visite)*.

★ Moncontour C3

16 km au sud-ouest par la D 768.

Office du tourisme du pays de Moncontour – *4 pl. de la Carrière - 22510 Moncontour - 02 96 73 49 57 - www.tourisme-moncontour.com - de*

mi-juin à fin sept. : 10h-12h30, 14h-18h ; reste de l'année : tlj sf dim. et lun. 10h-12h, 14h-17h, jeu. 10h-12h - fermé j. fériés et 2 sem. en avr.
Cette petite cité bâtie au 11e s. sur un promontoire rocheux a perdu une partie de ses remparts en 1626, sur ordre de Richelieu. Elle ne manque pour autant ni d'allure ni de charme. Les portes taillées dans les courtines invitent à parcourir les pittoresques ruelles qui montent vers l'église.

Maison de la chouannerie et de la Révolution – Installée dans le même bâtiment que l'office de tourisme, cette maison illustre les heures dramatiques que connut Moncontour pendant cette période *(voir encadré ci-dessous). ✆ 02 96 73 49 57 - www.tourisme-moncontour.com - de mi-juin à mi-sept. : 10h-12h30, 14h-18h ; reste de l'année : tlj sf dim., j. fériés et lun. 10h-12h, 14h-17h, jeu. 10h-12h - 3 € (-18 ans 1 €).*

Église St-Mathurin – Édifiée au 16e s., profondément remaniée au 18e s., elle abrite de remarquables **vitraux★** du 16e s. : dans le bas-côté gauche, on découvre des épisodes de la vie de saint Yves, sainte Barbe et saint Jean Baptiste ; dans le bas-côté droit, l'Arbre de Jessé et saint Mathurin. Derrière le maître-autel en marbre (1768), la verrière, restaurée, évoque des scènes de l'enfance du Christ.

Théâtre du Costume – *✆ 06 81 87 33 40 - ♿ - de mi-juin à mi-sept. : 14h-18h - 3 € - possibilité de visite guidée (30mn).* Madame Morelle, costumière de théâtre passionnée, offre ici une saisissante illustration de l'histoire de France, des chevaliers du Moyen Âge à la mode 1900.

★ Église de Morieux C2

18 km au nord-ouest par la N 12, puis à St-René prenez à droite la D 786. ✆ 02 96 31 05 38 - www.lamballe-tourisme.com - visite guidée sur demande préalable (45mn) juil.-août - 3 € (-15 ans gratuit) - gratuit J. du patrimoine - se rens. à l'office du tourisme de Lamballe.

L'église **St-Gobrien**, l'une des plus anciennes des Côtes-d'Armor, abrite de remarquables **fresques** du 11e s., et surtout des 13e et 14e s. Exceptionnellement bien conservées, elles couvrent plus de 200 m² de murs. Remarquez le très beau Christ au-dessus de l'arc triomphal séparant la nef du chœur.

3

Jugon-les-Lacs D3

21 km au sud-est par la N 12, puis la N 176 en direction de Dinan.

Le bourg s'adosse à la digue qui retient les eaux de la Rosette et de la Rieule, formant le grand lac de Jugon. L'église, en partie reconstruite au 19e s., conserve un porche du 12e s. ainsi que la porte du bras droit du transept à sculptures stylisées. Dans la rue du Château, l'ancien **hôtel Sevoy** (1634) est bâti sur le roc.

MONCONTOUR ET L'HISTOIRE

Cette petite cité de caractère, qui fait désormais partie des « plus beaux villages de France », a conservé un centre historique digne de sa prospérité passée, malgré les aléas de l'histoire. Acquise aux Ligueurs sous le règne d'Henri IV, elle subit en effet l'attaque de l'armée royale qui la reprend en 1590. Un an plus tard, le 4 août 1591, François de La Nouë, dit **Bras-de-Fer**, meurt après avoir été grièvement blessé au service du roi lors du siège de Lamballe. Plus tard, sous la Révolution, Moncontour se trouve au cœur d'un pays particulièrement agité par la chouannerie. C'est entre ses murs, en 1795, que l'un des chefs chouans, Boishardy, signa une trêve avec Hoche, avant d'être tué peu de temps après dans une embuscade. Sa tête fut promenée au bout d'une pique dans les rues de la cité.

Église Saint-Gal à Langast C4

28 km au sud-ouest par la D 768, puis prenez à gauche la D 22.
De récentes découvertes donnent un intérêt nouveau à cet édifice dont l'origine remonterait aux 4e et 5e s. On peut admirer la maçonnerie en arêtes de poisson, de beaux vitraux du 16e s., dont une maîtresse vitre de 1508, mais aussi et surtout de très rares **fresques★** (9e-11e s.), peuplées d'étranges créatures qui suscitent encore bien des interrogations.

NOS ADRESSES À LAMBALLE

HÉBERGEMENT

BUDGET MOYEN

Hôtel du Lion d'Or – *3 r. du Lion-d'Or - ✆ 02 96 31 20 36 - P - www.leliondor-lamballe.com - 17 ch. 56/64 € - ☕ 8 €.* Cet hôtel poursuit sa cure de rajeunissement. Ses chambres, assez petites mais bien tenues, sont toutes différentes. Formule buffet au petit-déjeuner.

Hôtel Manoir des Portes – *À La Poterie, à 3,5 km à l'est - ✆ 02 96 31 13 62 - P - www.manoirdesportes.com - fermé vac. de Noël - 16 ch. 67/109 € - ✕ 19/27 €.* Ce manoir du 16e s. ouvre sur un agréable jardin fleuri, orné d'un verger et d'un potager. Les chambres, assez cosy, vous assurent des nuits paisibles. Dans une ambiance rustique (poutres, pierres, cheminée), une cuisine aux saveurs traditionnelles vous sera servie. Le manoir abrite un centre équestre *(voir « Activités » ci-après).*

RESTAURATION

POUR SE FAIRE PLAISIR

Le Connétable – *9 r. Paul-Langevin - ✆ 02 96 31 03 50 - www.leconnetable-lamballe.com - fermé dim. soir, lun., 2 sem. en mars et 2 sem. en oct. - formule déj. 16 € - 26/41 €.* Rien ne laisse deviner que cette demeure abritait jadis une forge. La salle, habilement redécorée dans des harmonies de brun-rouge, marie avec bonheur le moderne à l'ancien. Le service et l'accueil sont aimables. À table, on peut apprécier une cuisine du marché et du terroir.

À proximité

BUDGET MOYEN

Le Chaudron Magique – *1 pl. de la Carrière - 22510 Moncontour - ✆ 02 96 73 40 34 - www.le-chaudron-magique.com - fermé lun. (sf été), dim. et 1 sem. en sept. - 22/32 €.* Dans l'esprit médiéval de la cité, ce restaurant propose quelques spécialités venues du fond des âges, comme la joue de bœuf ou l'andouillette à la ficelle. Les vendredi et samedi soir *(et tlj en été)*, serveurs et clients revêtent un costume d'époque pour un repas original et convivial.

BOIRE UN VERRE

Le Contretemps – *2 porte d'En-Haut - 22510 Moncontour - ✆ 02 96 73 53 82.* Un « café de pays » aux murs de vieilles pierres, et au mobilier rustique, doté en outre d'une terrasse offr ant une vue imprenable sur les remparts. On y boit, mais on peut y déguster aussi des planches de tome de chèvre fermière locale *(5,20 €)*. Un lieu authentique et chaleureux.

ACHATS

Marchés – *Lun. mat. à Moncontour, jeu. mat. à Lamballe, vend. mat. à Jugon-les-Lacs.*

La Boutique Atelier – *15 r. Neuve*

- 22510 Moncontour - ✆ 02 96 73 49 61 - lun. 14h30-19h, mar.-sam. 10h30-12h30, 14h30-19h. Trois créatrices locales ont ouvert ce lieu en 2009 pour exposer leurs créations (bijoux en verre, vêtements et accessoires, poteries) et celles d'autres artisans. Petit rayon de produits gastronomiques bretons. Également stages et expositions. Une adresse qui mérite le détour.

ACTIVITÉS

Maison Pêche et Nature des Côtes-d'Armor – *2 r. des Grands-Moulins - 22270 Jugon-les-Lacs - ✆ 02 96 50 60 04 - www.maisonpechenature.com - de mi-juil. à mi-août : 10h-12h30, 14h30-17h30, w.-end 14h30-17h30 ; de déb. juin à mi-juil. et de mi-août à mi-sept. : tlj sf sam. 10h-12h30, 14h30-17h30, dim. 14h30-17h30 ; reste de l'année : se rens.* Espace d'information et d'exposition sur la pêche et les milieux aquatiques. Sont également organisées des sorties de découverte de la pêche et de la nature avec initiation à la pêche au coup et au leurre, jeux de piste au bord de l'étang ou en forêt, sorties crépusculaires, découverte des plantes comestibles...

La Poterie Équitation – *Manoir des Portes - ✆ 02 96 31 92 92 ou 06 88 12 07 86 - www.lamballe-equitation.com - 9h-18h.* Ce centre équestre propose des stages pour adultes et enfants : initiation, préparation à la compétition, promenade, poney-club à partir de 3 ans et montoir à cheval pour handicapés. Possibilité d'hébergement.

Centre nautique – *Station Sports Nature, Le Bocage - 22270 Jugon-les-Lacs - ✆ 02 96 31 67 04 - www.jugon-les-lacs.com - été : 9h-19h (hors saison : 17h) - fermé de déb. déc. au 1er mars.* La base nautique accueille de nombreuses activités sportives : catamaran, aviron, canoë, pédalo, VTT, équitation, tennis...

AGENDA

Fête des mille sabots – *Au parc équestre le dernier dim. de sept. - rens. à l'office de tourisme.* Grande fête du cheval réunissant néophytes et professionnels : parades d'éleveurs, défilés déguisés, spectacles...

Les Jeudis Lamballais – *www.lamballe-tourisme.com - de mi-juil. à mi-août.* Animations dans divers lieux de la ville, pendant la journée et en soirée : concerts, visites guidées, spectacle équestre, marché.

Médiévales de Moncontour – *www.moncontour-medievale.com - rens. auprès de l'office de tourisme - déb. août, tous les 2 ans.* Jongleurs, cracheurs de feu et tournois sont à l'honneur lors de cette fête médiévale costumée. Prochaine édition en 2015.

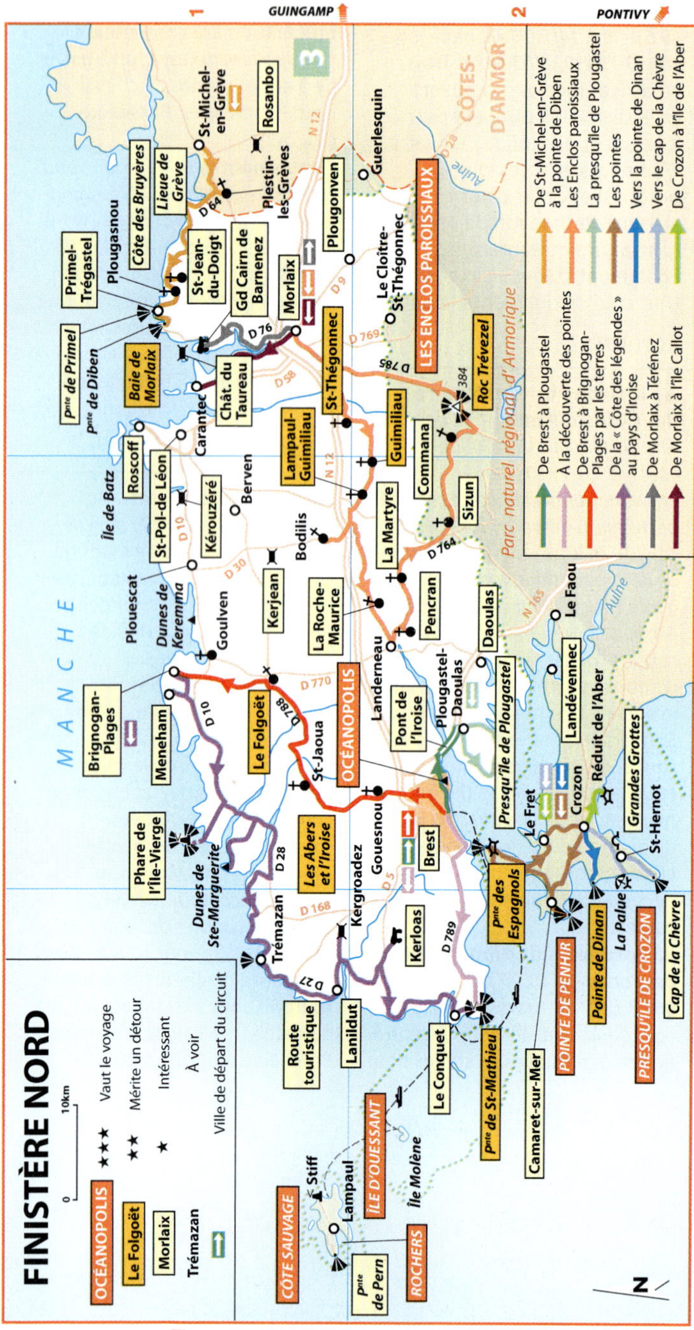
FINISTÈRE NORD
OCÉANOPOLIS ★★★ Vaut le voyage
Le Folgoët ★★ Mérite un détour
Morlaix ★ Intéressant
Trémazan À voir
Ville de départ du circuit
0 10km
De Brest à Plougastel
À la découverte des pointes
De Brest à Brignogan-Plages par les terres
De la « Côte des légendes » au pays d'Iroise
De Morlaix à Térénez
De Morlaix à l'île Callot
De St-Michel-en-Grève à la pointe de Diben
Les Enclos paroissiaux
La presqu'île de Plougastel
Les pointes
Vers la pointe de Dinan
Vers le cap de la Chèvre
De Crozon à l'île de l'Aber
GUINGAMP
PONTIVY
QUIMPER
MANCHE
CÔTES-D'ARMOR
Parc naturel régional d'Armorique
LES ENCLOS PAROISSIAUX
OCÉANOPOLIS
CÔTE SAUVAGE
ÎLE D'OUESSANT
ROCHERS
POINTE DE PENHIR
PRESQU'ÎLE DE CROZON
Pointe de Pern
Lampaul
Stiff
Île Molène
Le Conquet
Pointe de St-Mathieu
Camaret-sur-Mer
Pointe de Dinan
Cap de la Chèvre
La Palue
Pointe des Espagnols
Le Fret
Crozon
St-Hernot
Grandes Grottes
Réduit de l'Aber
Presqu'île de Plougastel
Landévennec
Le Faou
Plougastel-Daoulas
Daoulas
Pont de l'Iroise
Brest
Gouesnou
Kergroadez
Kerloas
Lanildut
Route touristique
Trémazan
Les Abers et l'Iroise
Dunes de Ste-Marguerite
Phare de l'Île-Vierge
St-Jaoua
Le Folgoët
Meneham
Brignogan-Plages
Goulven
Dunes de Keremma
Plouescat
Kerjean
La Roche-Maurice
Landerneau
Pencran
La Martyre
Bodilis
Lampaul-Guimiliau
Guimiliau
Commana
Sizun
Roc Trévezel
Berven
Kérouzéré
St-Pol-de-Léon
Île de Batz
Roscoff
Carantec
Château du Taureau
Baie de Morlaix
Pointe de Diben
Pointe de Primel
Primel-Trégastel
Plougasnou
St-Jean-du-Doigt
Gd Cairn de Barnenez
Morlaix
St-Thégonnec
Le Cloître-St-Thégonnec
Plougonven
Guerlesquin
Plestin-les-Grèves
Lieue de Grève
Côte des Bryères
St-Michel-en-Grève
Rosanbo
Aulne
N 12
N 165
D 10
D 30
D 58
D 76
D 769
D 785
D 764
D 770
D 788
D 28
D 168
D 789
D 27
D 5
D 9
D 64
384
A
B
C
1
2
3
N

+ d'adresses

Finistère Nord 4

Carte Michelin Départements 308 et 309 –
Finistère (29) et Côtes-d'Armor (22)

Brest

★

141 303 Brestois (agglomération : 210 055 habitants) – Finistère (29)

NOS ADRESSES PAGE 327

S'INFORMER

Office du tourisme de Brest Métropole océane – *Pl. de la Liberté - 29200 Brest - ✆ 02 98 44 24 96 - www.brestetvous.fr - juil.-août : 9h30-19h, dim. 10h-13h, j. fériés 10h-18h ; reste de l'année : tlj sf dim. 9h30-18h, j. fériés 10h-17h - fermé 1er janv., 1er Mai et 25 déc.*

SE REPÉRER

Carte de microrégion B2 (p. 316) – *carte Michelin Départements 308 E4.* Brest est la plus septentrionale des cités bretonnes. Capitale du Finistère Nord, elle jouit d'une position privilégiée face à sa rade, véritable mer intérieure dont la profondeur n'est jamais inférieure à 10 mètres. Seuls quelques kilomètres à vol d'oiseau la séparent de la presqu'île de Crozon.

SE GARER

Si vous voulez découvrir sereinement la ville de Brest, oubliez la voiture. Vous pouvez opter pour les parkings payants longue durée du centre-ville ou vous garer vers le port de commerce *(15mn à pied du centre-ville).*

À NE PAS MANQUER

Le quartier de Recouvrance pour son parfum d'antan, le musée des Beaux-Arts pour le fonds de l'école de Pont-Aven.

ORGANISER SON TEMPS

Pensez à réserver à l'avance pour la visite de la base navale et de l'arsenal.

AVEC LES ENFANTS

Ne manquez surtout pas la visite d'Océanopolis pour tout apprendre avec eux de la vie océane, allez admirer en famille les modèles réduits du musée de la Marine ou passez une journée au parc de loisirs La Récré des 3 Curés.

La majestueuse rade de Brest en dit long sur le mariage de la cité avec la mer : son port, consacré à la Marine nationale pendant des siècles, accueille aussi ferries et paquebots de croisière. Capitale de l'océanographie, ses instituts attirent 60 % des chercheurs de cette discipline, et son complexe Océanopolis accueille de nombreux touristes. Une belle revanche pour cette ville, qui avait été presque totalement détruite pendant la Seconde Guerre mondiale.

Découvrir Plan de ville

★★★ Océanopolis Hors plan par B2

Accès depuis le centre-ville : suivez la direction du port de plaisance du Moulin-Blanc ; en bus : ligne 7. - ✆ 02 98 34 40 40 - www.oceanopolis.com - ♿ - juil.-août : 9h-19h ; de mi-avr. à fin juin, sept. et vac. scol. : 9h30-18h ; reste de l'année : tlj sf lun. 10h-17h - fermé 1er janv. et 25 déc. - 17,75 € (enf. 12,10 €) - visite libre,

Une cité navale

SOUS LE FRACAS DES CANONS

Les appétits anglais

En 1341, pendant la guerre de Succession, **Montfort** confie Brest à ses alliés anglais. Devenu duc de Bretagne, il tente en vain de chasser les intrus... En 1397, le roi Charles VI obtient une faveur du souverain d'Angleterre, dont il vient d'épouser la fille : Brest est restitué au duc.

Le 10 août 1512, la flotte anglaise attaque Brest. En ce jour de la Saint-Laurent, 300 invités dansent sur la *Belle Cordelière*, cadeau d'Anne de Bretagne à son duché. Pris dans le combat contre le *Régent*, principal navire de la marine ennemie, le vaisseau prend feu. Et son commandant, **Hervé de Primauguet**, crie à l'équipage et aux invités, pour les exhorter à bien mourir : « Nous allons fêter saint Laurent qui périt par le feu ! » Les deux nefs sautent ensemble...

La flotte du Grand Siècle

Secrétaire d'État à la Marine à partir de 1669, **Colbert** fait de Brest la capitale navale du royaume. Pour s'assurer de bons équipages, il crée l'Inscription maritime, qui subsiste encore, et installe un collège de gardes-marine, des écoles de canonnage, d'hydrographie et de génie. Brest hérite d'une flotte magnifique : les vaisseaux atteignent 5 000 t et portent jusqu'à 120 gros canons. Duquesne améliore l'arsenal, entoure la ville de remparts et organise la défense du goulet. En 1694, Vauban complète ces travaux.

Capitaine courage

En 1799, un capitaine britannique parie qu'aucune frégate française ne pourra résister à son *Québec*. **Du Couëdic**, qui commande *La Surveillante*, relève le gant et rencontre l'Anglais près d'Ouessant. Le *Québec* brûle et saute avec son parieur. Quant à Du Couëdic, avec deux balles dans la tête, une dans le ventre et le bras fracassé, il refuse de quitter la dunette : « Laissez donc, il y a deux heures que je suis mort ! » Remorqué à Brest, son navire reçoit un accueil triomphal.

Souviens toi, Barbara...

En juin 1940, à l'annonce de l'arrivée des Allemands, la Marine française évacue le port, détruisant ponts et installations. Les forces d'occupation construisent à Laninon – un faubourg de Brest – un abri bétonné pour les sous-marins, véritable menace pour les Alliés naviguant entre l'Amérique et la Grande-Bretagne. Cette situation vaut à Brest quatre ans de bombardements. En septembre 1944, quand les Américains pénètrent dans la ville après 43 jours de siège, elle n'est plus que ruines.

COQUES ET VOILES

En 1999, le *Charles-de-Gaulle*, premier porte-avions nucléaire français, sort des chantiers navals pour prendre la relève du *Clemenceau*. Mais Brest doit sa réputation au **rassemblement de vieux navires, « Tonnerres de Brest »,** qui attire, tous les quatre ans, une foule considérable. En 2008, quelque 2 000 bateaux traditionnels ont paradé dans la rade, offrant le spectacle inoubliable d'une forêt de mâts et de cordages, entourée d'une myriade de voiles multicolores et de coques, de toutes tailles et de formes variées. Succès renouvelé en 2012 pour le 20ᵉ anniversaire de la manifestation.

compter au moins une ½ j. - possibilité de visite guidée.

Vaste bâtiment aux allures de crabe géant, Océanopolis, installé à proximité du port de plaisance, est une superbe vitrine de la vie dans les océans. Il s'est considérablement développé en l'an 2000 : au pavillon tempéré, entièrement rénové, sont venus s'adjoindre un pavillon tropical et un pavillon polaire. Dans ce lieu « vivant », qui abrite 10 000 animaux de 1 000 espèces différentes, des aquariums géants reconstituent, de façon spectaculaire, la diversité propre à chaque milieu naturel. À la beauté de ces décors sous-marins, soumis aux houles et aux marées recréées, s'ajoute la richesse de l'information dispensée. Bornes interactives, maquettes, films et animations mettent à la portée de chacun l'histoire des océans, et leur gestion par l'homme.

TONNERRE DE BREST !
Cette exclamation évoque le bruit des canons qui tonnaient autrefois lors de l'évasion d'un bagnard. Aujourd'hui, ceux-ci n'annoncent que le départ d'une régate.

Pavillon tempéré – Un « engin de plongée » simule la descente vers une base sous-marine, au large des **côtes de Bretagne**. Chaque aquarium présente un milieu caractéristique : fonds de pêche du plateau continental, vasière des langoustines, paroi rocheuse, forêt de laminaires livrées à l'ondulation des algues, tombant rocheux où passent le saint-pierre et la roussette…

À ne pas manquer : la chorégraphie des poissons de banc, la beauté de l'aquarium à méduses et le **bassin des phoques veaux marins** (300 m³). L'étoile de mer et l'oursin sont les pensionnaires d'un **mini-laboratoire★** : on peut les manipuler, sous l'œil attentif d'un animateur. Une salle multimédia permet de comprendre la genèse des vagues et des courants. Un **film en 3D** présente l'écosystème breton sous un jour insolite.

Pavillon tropical – Dans un décor de palmiers évoquant la Polynésie française, on accède au **bassin des requins** (1 000 m³) où évoluent plusieurs espèces : pointe noire, taureau, requin nourrice, zèbre. L'exposition consacrée à ce prédateur fait la chasse aux idées reçues. Le requin est une proie… pour l'homme, car ses ailerons sont très prisés sur le marché asiatique. La traque de l'animal menace même l'existence de certaines espèces ! Une exposition a trait aux atolls. Dans les aquariums chatoient les poissons de la Grande Barrière de corail de l'océan Indien et des Caraïbes. Le parcours s'achève dans une **mangrove★** et dans une forêt tropicale.

Bon à savoir – Pour les gourmands : le self Atlantic Express offre une vue imprenable sur la rade ; le restaurant Vent d'Ouest donne sur le bassin des phoques.

Pavillon polaire – Un spectacle multimédia introduit à l'histoire de l'Arctique et de l'Antarctique. Le **bassin des manchots★** accueille 40 animaux facétieux – royaux, papous et gorfous sauteurs – sur la neige et des falaises. Le **bassin des phoques** (1 000 m³) recrée une banquise où s'ébrouent trois espèces : barbus, annelés et phoques du Groenland.

Autre attraction inédite : un aquarium à krill présente ces minuscules crevettes, premier lien de la chaîne alimentaire des océans. La **station de recherche Concordia**, en forme d'igloo géant, explique la formation des glaces et leur intérêt pour comprendre l'histoire du climat.

À voir encore : les maquettes (éléphants de mer, orques, etc.) et, surtout, le film tourné en Antarctique sur la vie sous-marine dans les glaces.

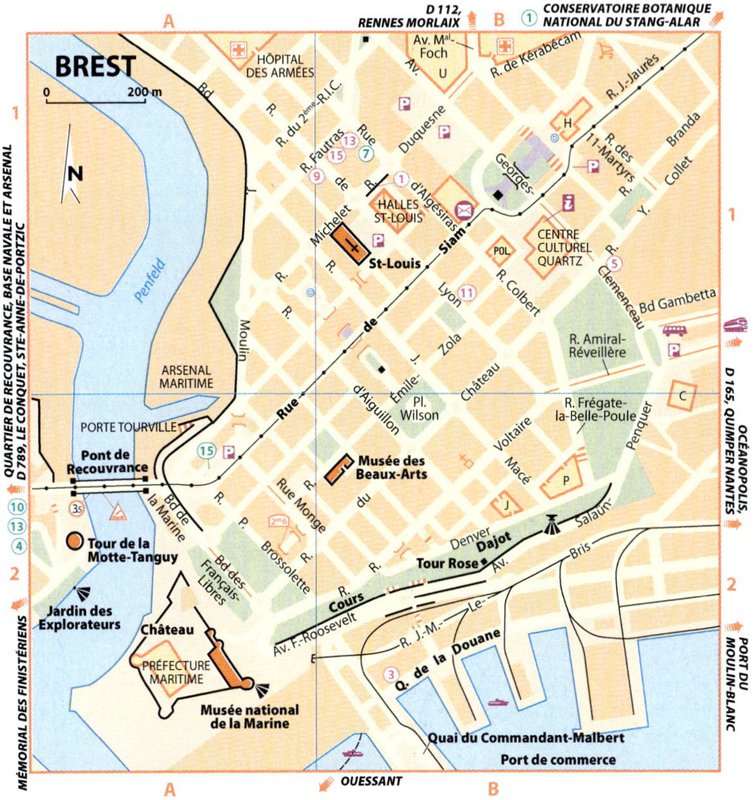

SE LOGER

- Châtaigneraie (Chambre d'hôte La)............ 1
- Goulet (Camping Le)............ 4
- Paix (Hôtel La)............ 7
- Pointe-St-Mathieu (Hostellerie de la)............ 10
- Questel (Hôtel Du)............ 13
- Rade (Hôtel de la)............ 15

SE RESTAURER

- Amour de Pomme de terre............ 1
- Armen (L')............ 11
- Crêperie Moderne............ 13
- Imaginaire (L')............ 15
- Maison de l'Océan (La)............ 3
- Potager de Mémé (Le)............ 9
- Ruffé (Le)............ 5

Se promener Plan de ville

LE CENTRE-VILLE AB1-2

Circuit de 1h.

Éloquent témoignage de l'urbanisme d'après-guerre, avec son plan géométrique en damier, le centre s'ordonne autour de la **rue de Siam** où rien ne subsiste de la ruelle évoquée par Jacques Prévert dans l'un de ses plus célèbres poèmes, *Barbara*. Le nom de cette artère fait allusion aux trois ambassadeurs du roi de Siam qui débarquèrent à Brest le 18 juin 1686 pour se rendre à la cour de Louis XIV avec leur suite. Leur passage éblouit tellement les habitants qu'ils rebaptisèrent la voie en leur honneur.

On peut faire un détour jusqu'à l'**église St-Louis**, inspirée en 1957 par les conceptions architecturales de Le Corbusier : clocher de ciment, édifice de pierres brutes. Au nord, la place de la Liberté est dominée par le vaste centre culturel du **Quartz** *(voir « Nos adresses »)*.

★ Musée des Beaux-Arts B2

☏ 02 98 00 87 96 - www.musee.brest.fr - ♿ - 10h-12h, 14h-18h, dim. 14h-18h - fermé lun. et certains j. fériés (se rens.) - 4 € (-18 ans gratuit) - gratuit 1er dim. du mois et J. du patrimoine - possibilité de visite guidée (60mn).

Ses collections recèlent un grand nombre de toiles illustrant le courant symboliste, surtout l'école de Pont-Aven : *Bord de mer en Bretagne* d'Émile Bernard, *Les Blés verts au Pouldu* de Paul Sérusier, *Jour de septembre* de Maurice Denis. Les tableaux des 17e et 18e s. appartiennent aux écoles italienne, française et hollandaise, dont *Le Port de Brest* (1774) par Van Blarenberghe. À voir encore : les *Deux perroquets* de Manet, diverses marines et des œuvres orientalistes.

Château A2

Unique témoin de l'histoire du vieux Brest, il apparaît au 11e s. sur un site déjà fortifié par les Romains. À cette époque, Vauban modernise le système de défense, avec la transformation des terrasses à canons. Le château, qui a été restauré après la dernière guerre, abrite notamment la préfecture maritime.

★ **Musée national de la Marine** – *☏ 02 98 22 12 39 - www.musee-marine.fr - avr.-sept. : 10h-18h30 ; reste de l'année : 13h30-18h30 - 6 € (-26 ans gratuit) - visite libre 9,50 € (-26 ans gratuit) - possibilité de visite guidée à la tombée de la nuit (1h30) juil.-sept. : h se rens.* Annexe du musée de la Marine à Paris, il présente l'histoire de l'arsenal et l'apogée de la marine à voile au 18e s. : précieux **modèles réduits** de navires, instruments de navigation, tableaux, maquettes… Il évoque aussi le bagne de Brest, construit au 18e s. et qui fut évacué en 1858. Au pied de la terrasse sont exposés un sous-marin de poche S622 et une embarcation de boat people, recueillie en mer de Chine par le navire-école *Jeanne d'Arc* en 1988. La visite permet également d'admirer de majestueuses **figures de proue** sculptées par des artisans anonymes ou par des artistes réputés comme Antoine Coysevox (1640-1720), portraitiste de Louis XIV. Des remparts, vue panoramique sur la ville (*voir page suivante*).

Port du Château B2

Ce deuxième port de plaisance, après celui du Moulin-Blanc *(voir p. 325)* a été mis en service en 2009. Il compte 750 places dont 150 sont réservées au centre nautique de la Marine nationale. La nouvelle capitainerie abrite l'**espace Bernard-Giraudeau**. Constitué d'un club-house et d'une salle de réception de 165 m², le lieu rend hommage à l'auteur et comédien qui s'était engagé dans la Marine nationale à l'âge de 16 ans, avant de bifurquer vers deux nouvelles voies, la comédie et la littérature.

Seconde étape du projet d'aménagement du port, les **Docks du château** : depuis janvier 2013, les anciens garages de la Marine se reconvertissent en restaurants, commerces et bureaux.

Cours Dajot AB2

Sur les remparts, cette promenade, édifiée en 1769 par des forçats, porte le nom de l'ingénieur qui établit les plans. La **tour Rose**, construite par l'American Battle Monuments, commémore l'accueil des Brestois aux Américains lors de la Grande Guerre. Détruite en 1941, rebâtie à l'identique en 1958, elle bénéficie toujours de l'extraterritorialité.

Le quartier de Recouvrance : les anciennes halles de fonderies et le plateau des Capucins.
F. Guiziou/ hemis.fr

★★ **Vue sur la rade** – Ouverte sur l'Océan par un goulet de 1,5 km, la rade est vaste (150 km²) et profonde (12 à 20 m sur de grandes étendues). Cela explique l'importance militaire qu'elle conserve depuis deux mille ans. Depuis la table d'orientation située à l'est du cours, la vue se déploie de l'embouchure de l'Élorn à la pointe de Portzic.
Au premier plan s'étend le port de commerce. En face, sur la rive sud de la rade, l'**École navale** est installée à Lanvéoc. À côté, en direction de l'ouest, l'**île Longue** abrite la base des sous-marins nucléaires. Au-delà, on distingue la presqu'île de Crozon, qui s'achève par la pointe des Espagnols. En face, sur la rive de Brest, se trouvent le fort du Portzic et la rade-abri, située en avant du château. La rade est délimitée par des digues et sert de mouillage à la flotte de guerre française.

4

Port de commerce B2

En 1861, l'embouchure de la Penfeld ne suffisait plus aux marines militaire et marchande. On créa donc ce port, dont le trafic commercial atteint aujourd'hui les 3 000 000 t par an. C'est aussi un centre de réparation navale, qui abrite la plus grande forme de radoub du monde (420 m de long, 80 m de large). Ce bassin à sec accueillant les bateaux pour entretien ou réparation peut notamment héberger des plates-formes pétrolières de forage (plus de 500 000 t).
Une promenade sur le **quai des Douanes** et sur la digue La Pérouse permet d'observer toutes ces activités liées à la mer et procure de beaux points de vue sur la rade et le château. On pourra aussi y voir l'aviso-goélette *La Recouvrance* (*voir « Nos adresses »*).

LE QUARTIER DE RECOUVRANCE Hors plan par A2

▷ *Circuit d'environ 1h30. Empruntez le pont de Recouvrance, qui part du bas de la rue de Siam et permet de traverser la Penfeld, au nord du château.*
Une promenade dans ce quartier épargné par les bombardements de 1944 donne une idée de l'ambiance du Brest d'avant-guerre, par exemple à l'**église**

St-Sauveur.
Maison de la Fontaine – *18 r. de l'Église - ✆ 02 98 05 45 89 - 14h30-17h30 - fermé dim. et j. fériés - gratuit.* Autre témoignage du passé, datée du 18e s., c'est aujourd'hui un lieu d'expositions temporaires.
Tandis que la **rue St-Malo** retrouve vie et s'anime aujourd'hui de festivités culturelles sous l'impulsion d'une association, de grands projets urbains se dessinent sur la rive droite de Brest. En surplomb de la Penfeld, le **plateau des Capucins** verra naître à l'horizon 2014 un nouveau quartier. L'architecte Bruno Fortier a pour ambition de transformer cette ancienne friche militaire de 16 ha, qui abritait notamment des ateliers de construction de machines à vapeurs, en un pôle d'activités économiques, d'équipements culturels et de logements.

Pont de Recouvrance A2

Inauguré en 1954, c'est le plus important pont levant d'Europe (87 m de portée). Il enjambe la rivière Penfeld, au-dessus de la partie la plus ancienne de l'arsenal. Il atteint sa position haute en 2mn30s. En amont du pont, sur la rive est, se trouve un canon de 380 mm, provenant du cuirassé *Richelieu*.

Tour Tanguy A2

Située face au château, sur l'autre rive de la Penfeld, l'ancienne bastille de Quilbignon (14e s.) domine l'arsenal.
Musée du Vieux Brest – *✆ 02 98 00 88 60 - www.brest.fr - juin-sept. : 10h-12h, 14h-19h ; vac. scol. (zone A) : 14h-18h ; reste de l'année : w.-end 14h-18h, merc.-jeu. 14h-17h - fermé 1er janv., 1er Mai et 25 déc. - gratuit.* Il est consacré à la cité d'autrefois, dont rien ou presque n'a subsisté depuis la dernière guerre : collection d'armoiries, plans de la ville, dioramas, maquettes.

Jardin des Explorateurs A2

Sur les bords de la Penfeld, du même côté que la tour Tanguy. Accès par la rue de l'Église.
Traditionnel dans un port qui devait acclimater des plantes exotiques, ce petit jardin tout en longueur rappelle les principales expéditions (Bougainville, Commerson, La Billardière, Raoul) et présente des variétés plus connues sous d'autres latitudes : palmiers, fougères arborescentes, lin de Nouvelle-Zélande, anémone du Japon... La passerelle offre une belle vue sur le château et l'arsenal. Face à l'entrée du jardin se trouve la « maison de la Fontaine ».

★ Base navale et arsenal Hors plan par A2

En 1631, Richelieu décide la création du port de Brest. Un demi-siècle plus tard, Colbert développe ses installations sur les rives de la Penfeld, dont l'estuaire encaissé et sinueux protège parfaitement des tempêtes les petits navires de l'époque. Puis, de 1740 à 1790, Choquet de Lindu entreprend la construction d'un véritable arsenal. Et, à la fin du 19e s., une digue est érigée, délimitant une vaste rade-abri. Détruite par les bombardements, elle est reconstruite après la Seconde Guerre mondiale.
Sur cette longue **jetée**, deux épis permettent l'accostage des grandes unités. Les **bassins** 8 et 9 sont de dimensions suffisantes (environ 320 m sur 50 m) pour accueillir les plus grands vaisseaux de la flotte française. Le **quai de l'Armement** est utilisé pour la maintenance des navires. Le **quai des Flottilles** concentre la majeure partie des unités de combat de la flotte de l'Atlantique.
Arsenal – *✆ 02 98 22 06 12 - visite guidée (120mn) juil.-août : 10h-16h - fermé w.-end et j. fériés - gratuit - les appareils photo et les animaux sont interdits - visites susceptibles d'être suspendues en raison de l'application du plan Vigipirate. Pièce*

d'identité exigée pour les ressortissants des États membres de l'Union européenne et de l'Otan (pour les ressortissants d'autres pays, sur demande préalable). On y découvre la base sous-marine construite en cinq cents jours par les Allemands pendant la Seconde Guerre mondiale (65 859 m²). Malgré 10 impacts de bombes de 6 t au cours du bombardement du 5 août 1944, l'ensemble est resté intact. Dans ses alvéoles, on répare aujourd'hui les navires de faible tonnage. En fonction des disponibilités à quai, vous pourrez éventuellement voir un bâtiment de guerre de la Marine nationale.

À voir aussi Plan de ville

Mémorial des Finistériens Hors plan par A2

Allée de Bir-Hakeim - ☏ 02 98 05 39 46 - www.brest.fr - 9h-12h, 14h-18h - fermé j. fériés - 5 € (-16 ans 3 €).

Le fort Montbarey, construit en 1784 sous Louis XVI, porte le nom d'un de ses ministres. Aujourd'hui, il commémore le souvenir du Finistère sous l'Occupation : matériel militaire, exposition sur les évasions vers la Grande-Bretagne, wagon de la déportation, photos de Brest en ruine en 1944… Dans la crypte se déroule la liste des Finistériens « morts pendant et à cause de la guerre », du 3 septembre 1939 au 19 décembre 1946 (date du retour des volontaires de la lutte contre le Japon).

★★ Conservatoire botanique national du vallon du Stang-Alar Hors plan par B1

☏ 02 98 41 88 95 - www.cbnbrest.fr - ♿ - serres tropicales de déb. juil. à mi-sept. : 14h-17h30 ; avr.-juin et de mi-sept. à mi-nov. : merc., w.-end et j. fériés 14h-17h30 - jardin été : 9h-20h ; reste de l'année : 9h-18h - 5 € (-16 ans 3 €) - serres tropicales, jardin gratuit - possibilité de visite guidée (60mn).

Ce prestigieux conservatoire botanique se voue aux plantes menacées d'extinction : il assure leur conservation et tente de les réintroduire dans leur milieu naturel. C'est ainsi qu'il a sauvegardé le *Ruizia cordata*, arbuste des zones tropicales sèches dont il ne subsistait que peu de spécimens à La Réunion.

Vous pourrez également admirer la spectaculaire floraison du géranium de Madère, originaire des îles subtropicales. Son **parc paysager** (22 ha) recèle en outre des plantes ornementales courantes : magnifiques magnolias, nombreux camélias. Les **serres** (1 000 m²) se répartissent quant à elles en divers milieux exotiques : l'étage montagnard tropical, les îles subtropicales, les zones tropicales sèches et les forêts tropicales humides.

Port du Moulin-Blanc Hors plan par B2

Poursuivez après le port de commerce en suivant la route du Vieux-St-Marc.

Avec près de 1 500 places, le port du Moulin-Blanc est le lieu de rendez-vous des plaisanciers brestois, mais aussi le port d'attache de grands navigateurs à l'instar d'Olivier de Kersauson qui y a établi un bar-restaurant Le Tour du Monde. Point de départ de grandes courses nautiques, le port s'anime également au rythme des grands rassemblements de vieux bateaux.

Circuits conseillés Carte de microrégion

DE BREST À PLOUGASTEL-DAOULAS

▶ Circuit de 56 km tracé en vert sur la carte p. 316 - environ une demi-journée. Quittez Brest à l'est par la N 165 en direction de Quimper.

On laisse sur la gauche la route menant au **Relecq-Kerhuon**, station située sur la rive droite de l'Élorn.

Les ponts sur l'Élorn

Le **pont Albert-Louppe** *(interdit aux voitures)*, inauguré en 1930 par le président Doumergue, franchit l'estuaire de l'Élorn, qu'il domine de 42 m. Long de 880 m, il compte trois arches de 186 m. Quatre statues du sculpteur Quillivic veillent à ses extrémités. Depuis l'inauguration du pont de l'Iroise, l'ouvrage est réservé aux cyclistes et piétons, qui peuvent ainsi profiter de la très belle **vue★** sur la vallée de l'Élorn et la rade de Brest.

Le **pont de l'Iroise★**, ouvrage des architectes Le Friant et Terzian, s'enorgueillit d'un record du monde : la portée par nappe axiale, avec une travée centrale de 400 m. Contrairement au pont de Normandie, les haubans des deux immenses pylônes sont fixés sur le terre-plein central et non sur la chaussée. Inauguré en 1994, ce pont assure la continuité routière entre Brest et Quimper. Il est le premier maillon, côté français, du grand axe de trafic international E 60 qui reliera Brest à la mer Noire (via la Suisse, l'Autriche et la Hongrie).

1 km après le pont, tournez à droite vers Plougastel-Daoulas. Suite de l'excursion décrite à Plougastel-Daoulas (voir p. 396).

À LA DÉCOUVERTE DES POINTES

Circuit de 56 km tracé en rose sur la carte p. 316 – environ 2h. Quittez Brest à l'ouest par le pont de Recouvrance pour gagner la route de la Corniche. Continuez tout droit aux Quatre-Pompes. À l'entrée de Cosquer, tournez à gauche.

Sainte-Anne-du-Portzic

Au fond de l'anse de Ste-Anne, au bord de la plage, une courte promenade offre de belles vues. Une montée conduit à la pointe du Diable, face au goulet. Lové dans ce site extraordinaire, qui domine l'entrée de la rade, le **technopôle Brest-Iroise** rassemble des établissements d'enseignement supérieur, des entreprises et des centres de recherche comme l'Institut français pour l'exploitation de la mer (Ifremer). Autres points forts : les biotechnologies, l'agro alimentaire, les télécommunications et l'informatique.

Gagnez la D 789.

La route longe la plage de Trez-Hir (vue sur l'anse de Bertheaume), puis traverse Plougonvelin.

Fort de Bertheaume

✆ 02 98 48 35 19 - 5 juil.-2 sept. et J. du patrimoine : 11h-18h - fermé w.-end et j. fériés - 2,50 € (-12 ans gratuit) - animations en saison.

Fortifié par Vauban, à l'entrée du goulet de Brest, cet ouvrage défensif est l'occasion d'une promenade sur le sentier côtier.

★★ Site de la pointe Saint-Mathieu *(voir p. 340)*

Au retour, à 300 m de St-Mathieu vers Plougonvelin, à gauche, deux **stèles** gauloises sont surmontées d'une croix et appelées le Gibet des Moines.

Voir Les abers et l'Iroise, p. 330, pour la suite du circuit, à savoir la pointe des Renards et Le Conquet que l'on rejoint par la corniche. Ensuite, regagnez Brest par la D 789.

NOS ADRESSES À BREST

TRANSPORTS

Bus et tramway – *33 av. Georges-Clemenceau - ✆ 02 98 80 30 30 - www.bibus.fr - le ticket à l'unité (1,40 €), valable 1h, s'achète auprès du conducteur; le ticket journée (3,80 €) s'achète auprès du conducteur ou au point d'accueil bibus.*

Liaisons avec les îles

Avec Ouessant et Molène – *Voir p. 354.*

Avec Sein – *Voir* Le Guide Vert Bretagne Sud.

VISITE

Greeters – *✆ 02 98 44 24 96 - greeters@brestetvous.fr - réserv. au mini 10 j. av. votre arrivée.* Faire découvrir aux visiteurs le Brest des Brestois, tel est l'objectif de ces guides bénévoles. Passionnés par leur ville, ils proposent des visites gratuites (2h) dans des lieux qui leur tiennent à cœur. Fondé à New York en 1992, ce concept est particulièrement bien structuré à Brest et soutenu par l'office de tourisme.

HÉBERGEMENT

PREMIER PRIX

Hôtel Du Questel – *120 r. F.-Thomas - ✆ 02 98 45 99 20 - www.hotel-du-questel.fr - P - 36 ch. 60/70 € - ☕ 8,50 €.* Un hôtel récent très pratique, car situé à proximité de la rocade Nord (mais au calme). Chambres fonctionnelles bien tenues, prix tout doux et, sur demande, petit service snack.

Hôtel de la Rade – *6 r. de Siam - ✆ 02 98 44 47 76 - www.hoteldelarade.com - 48 ch. 60/74 € - ☕ 8 €.* Un hôtel pimpant, lumineux et confortable au bas de l'artère principale de la ville. Idéal pour aller découvrir le pont de Recouvrance au petit matin.

BUDGET MOYEN

Hôtel La Paix – *32 r. Algésiras - ✆ 02 98 80 12 97 - www.hoteldelapaix-brest.com - fermé 19 déc.-3 janv. - 29 ch. 69/180 € - ☕ 12 €.* Ce petit hôtel du centre-ville a été entièrement redécoré dans un style moderne épuré. Belles chambres neuves, bien équipées et insonorisées. Copieux buffet au petit-déjeuner.

À proximité

PREMIER PRIX

Camping du Goulet – *Au lieu-dit Lanhouarnec - 6 km à l'ouest par D 789 rte du Conquet, puis à gauche rte de Ste-Anne-du-Portzic - ✆ 02 98 45 86 84 - www.campingdugoulet.com - tte l'année - ♿ - réserv. conseillée - 155 empl. 13,50/21,50 €.* Entre campagne et océan, ce camping permet de sillonner les environs de Brest en toute simplicité. Partie réservée aux tentes bien tenue ; locations de mobile homes. Le lieu inclut un espace aquatique avec « balnéo », une salle de jeux, un terrain de pétanque et un snack.

Chambre d'hôte

La Châtaigneraie – *R. du Keravelloc - 29490 Guipavas - à 11 km au nord-est de Brest - ✆ 02 98 64 20 20 - www.lachataigneraie.voila.fr - P 🚭 - 3 ch. 55 € ☕.* Cette grande demeure des années 1970 perchée sur les hauteurs du Stang-Alar jouit par beau temps d'une vue étendue sur la rade de Brest. Ses chambres, spacieuses et de bon confort, profitent de la tranquillité du parc. Cuisine équipée, salon-bibliothèque, salle de jeux et piscine couverte (de mai à sept.).

UNE FOLIE

Hostellerie de la Pointe St-Mathieu – *29217 La Pointe St-Mathieu. Voir « Nos adresses dans les abers et l'Iroise », p. 342.*

RESTAURATION

PREMIER PRIX

Le Potager de Mémé – *44 r. de Lyon - ✆ 09 51 44 14 78 - www.lepotagerdememe.com - fermé le soir lun.-jeu. et dim. - 13,50/15,50 €.* Petite restauration sur place ou à emporter avec des plats et des desserts maison, le tout à base de produits frais et de saison. Une jolie mise à l'honneur, tout en simplicité, des petites productions biologiques, artisanales ou équitables.

Crêperie Moderne (maison Boënnec) – *34 r. Algésiras - ✆ 02 98 44 44 36 - fermé dim. midi - ♿ - autour de 15 €.* Si la longévité est un gage de qualité, cette maison-là décroche la palme. Fondée en 1922, elle continue de faire courir les Brestois qui la fréquentent avec assiduité, ne se lassant pas d'admirer la dextérité des crêpières sur leurs douze *biligs*. Le service gagnerait toutefois à être un tantinet plus souriant.

BUDGET MOYEN

Amour de Pomme de Terre – *23 r. des Halles-St-Louis - ✆ 02 98 43 48 51 - www.amourdepommedeterre.fr - fermé 1er janv. et 25 déc. - 21/25 €, grillades 14,90/27,90 €.* Dans cette petite salle souvent bondée où la convivialité est de rigueur, la pomme de terre se décline sous toutes les formes. Également sur la carte : pierrades, grillades, recettes savoyardes, périgourdines et bretonnes.

La Maison de l'Océan – *2 quai de la Douane, port de commerce - ✆ 02 98 80 44 84 - www.maisondelocean.com - formule déj. 14,50/15,50 € - 23,90/34 €.* L'Océan célébré dans le décor – banc d'écailler, mobilier et bibelots – et dans l'assiette (produits de la mer) : cette adresse du port compte bon nombre de fidèles.

Le Ruffé – *1 bis r. Yves-Collet - ✆ 02 98 46 07 70 - www.le-ruffe.com - fermé dim. soir et lun. - formule déj. 14,90/15,90 € (en sem.) - 23,90/34 €.* Situé en plein centre-ville, ce restaurant propose une excellente cuisine entre terre et mer, élaborée à partir des produits du terroir. Une démarche volontariste de soutien aux agricultures locales.

POUR SE FAIRE PLAISIR

L'Armen – *21 r. de Lyon - ✆ 02 98 46 28 34 - www.armen-restaurant.fr - fermé dim.-lun. et 31 juil.-15 août - formule déj. 28 € - 34/95 €.* Ancienne pâtisserie dont on a conservé les peintures murales (1953), avec boiseries et miroirs. Cuisine classique et fine sur de beaux produits, signée par un chef formé à l'école des grands.

L'Imaginaire – *23 r. Fautras - ✆ 02 98 43 30 13 - www.imaginaire-restaurant.blogspot.com - fermé lun., merc. soir, dim. soir, 3 sem. en août et 15 j. en janv. - formule déj. 20 € - 41/66 €.* Cuisine du marché, souvent inventive comme le nom du restaurant le laisse espérer. Belle carte de vins, souvent peu connus.

ACHATS

Marchés – *Tous les mat. aux Halles St-Martin et aux Halles St-Louis ; mar. et vend. mat. aux Halles du Pilier Rouge.*

EN SOIRÉE

Le Quartz – *Sq. Beethoven - 60 r. du Château - ✆ 02 98 33 95 00 - www.lequartz.com - fermé dim., lun. et j. fériés.* La scène nationale de Brest propose toute l'année des spectacles de renommée nationale et internationale (danse, théâtre, concerts, etc.).

ACTIVITÉS

La Récré des 3 Curés – *29290 Milizac, 12 km au nord-ouest de Brest - ✆ 02 98 07 95 59 - www.larecredes3cures.fr - juin-août et vac. scol. (zone A) : 11h-19h ; mai et sept. : merc. et w.-end 11h-18h30 ; hors saison : merc. et w.-end 14h-18h - 16 € (-12 ans 14 €).* Ce parc de loisirs est situé dans un cadre de verdure de 15 ha. Des dizaines d'attractions sont au programme dans l'eau, sur terre ou dans les airs : grand huit, grande roue, toboggans aquatiques…

Activités nautiques

Les Crocodiles de l'Élorn – *Port du Moulin-Blanc - ✆ 09 62 32 57 03 - www.crocos.org - vac. scol. : tlj sf sam. mat. et dim. 9h30-12h, 14h-17h30 ; hors vac. scol. : mar., jeu. et vend. 14h-17h, merc. et sam. 9h30-12h, 13h30-17h30 - 130 € stage de planche à voile.* Les Crocodiles de l'Élorn ont été élus premier club de Windsurf de l'année 2010. Avec un encadrement par des moniteurs diplômés, stages permettant d'acquérir les bases dès 7 ans, perfectionnement et initiation à la compétition.

Station Nautique Rade de Brest – *Centre nautique de Brest - port du Moulin-Blanc - ✆ 02 98 34 64 64 - www.station-nautique.com/station/rade-de-brest.htm - 8h30-18h - fermé vac. de Noël.* Activités nautiques variées, pour tous âges et niveaux : catamaran, planche, kayak, aviron, plongée, etc. Location de supports.

Promenades en mer

Sopab « La Recouvrance » – *✆ 02 98 33 95 40 - www.larecouvrance.com - 9h-18h ; billetterie 9h30-12h, 14h-18h30 ou réserv. en ligne - 98 € (adulte)/50 € (enf.) pour sortie journée avec déj.* Véritable réplique d'un navire militaire du 19e s., cette aviso-goélette de 42 m de long embarque pour des croisières – *de 2 à 6 j. (dates fixes) avr.-oct.* – ou pour des sorties à la journée. Découverte de différentes zones maritimes : de Brest à La Trinité via les îles de Bretagne Sud, en mer d'Iroise, de Concarneau à Brest.

Compagnie maritime Penn Ar Bed – *Port de Commerce 1er éperon - ✆ 02 98 80 80 80 - www.pennarbed.fr.* Traversée de la rade en été : Brest-Camaret *(voir Presqu'île de Crozon p. 403)*- dép. supplémentaires en saison, réservation obligatoire.

Les vedettes Azénor – *Port de Commerce 1er bassin ou port de plaisance du Moulin-Blanc, face à Océanopolis - ✆ 02 98 41 46 23 - www.azenor.com.* Croisières déjeuner ou dîner en rade de Brest jusqu'à la presqu'île de Plougastel *(départs 12h30 et 20h)* ; liaisons avec la presqu'île de Crozon *(avr.-sept. - 7,50 €, -17 ans 5,50 €).*

AGENDA

Les « Jeudis du port » – *Juil.-août : jeu. 19h30-minuit.* Animations de rues et concerts gratuits sur le port de commerce.

4

Les abers et l'Iroise

★★

Finistère (29)

NOS ADRESSES PAGE 341

S'INFORMER

Office du tourisme du pays des abers – *La Gare - 29870 Lannilis - ☏ 02 98 04 05 43 - www.abers-tourisme.com - juil.-août : 9h30-12h30, 14h30-18h30, dim. et j. fériés 10h30-12h30 ; 20 avr.-30 juin et sept. : tlj sf w.-end et j. fériés 9h30-12h, 14h-17h, jeu. 9h30-12h, vend. 9h30-12h, 14h-17h30 ; reste de l'année : se rens. - fermé 1er janv., 1er Mai, 1er et 11 Nov.*

Pays d'Iroise – *Zone de Kerdrioual - 29290 Lanrivoaré - ☏ 02 98 84 28 65 - www.vacances-en-iroise.com - les bureaux ne sont pas ouverts au public.*

SE REPÉRER

Carte de microrégion AB1-2 (p. 316) – *carte Michelin Départements 308 C/E-2/4.* La « Côte des Légendes » s'étend environ de Brignogan-Plages, au nord, à Lampaul-Ploudalmézeau, à l'ouest. Au-delà, on pénètre dans le pays d'Iroise qui fait face à Ouessant et à Molène.

À NE PAS MANQUER

La balade sur les dunes de Ste-Marguerite, la vue époustouflante sur la côte depuis le phare de l'île Vierge et la basilique du Folgoët pour ses formes atypiques et son jubé sculpté dans le granit.

ORGANISER SON TEMPS

Privilégiez un départ le matin, afin de profiter des marchés locaux. Si vous êtes dans la région à la fin de l'été, faites le détour pour voir le grand pardon du 1er dimanche de septembre à la basilique du Folgoët.

AVEC LES ENFANTS

La Maison de l'algue à Lanildut, les jardins du château de Kergroadez à dos d'âne.

La côte nord-ouest du Finistère, de Brignogan à la pointe St-Mathieu, offre le spectacle magnifique d'un littoral sauvage, encore intact par endroits, souvent rude, entaillé par de profonds abers où se nichent ports de pêche ou de plaisance. Elle plaira aux amoureux de panoramas romantiques, de sentiers côtiers et d'odeur de goémon brûlé.

Circuits conseillés Carte Les abers et l'Iroise

Si vous partez de Brest, vous traverserez d'abord l'intérieur des terres, riche en chapelles et autres monuments, et vous rejoindrez la côte à Brignogan- Plages.

DE BREST À BRIGNOGAN-PLAGES PAR LES TERRES

Circuit de 50 km tracé en rouge sur la carte p. 332-333 – comptez 4h avec la visite de la basilique de Folgoët et celle du musée du Léon. Quittez Brest au nord par la D 788 vers Roscoff.

Le petit port de pêche du Conquet à marée basse, vers la pointe St-Mathieu.
C. Moirenc / hemis.fr

Église de Gouesnou

Visite guidée (1h) juil.-août : mar.-jeu. 14h-18h - gratuit.

De style gothique et Renaissance, l'**église** (17ᵉ s.) présente un chevet polygonal surmonté de trois frontons élancés. À l'ouest, en contrebas de l'église, une fontaine Renaissance, dotée d'un autel, est ornée de la statue de saint Gouesnou.

Prenez la direction de Lannilis (D 13) et, dans Bourg-Blanc, prenez à droite la D 38 en direction de Plouvien.

Chapelle Saint-Jaoua

Au centre d'un vaste enclos ombragé, cette chapelle (début 16ᵉ s.) abrite le tombeau avec gisant de saint Jaoua. Les lambris polychromes viennent d'être restaurés.

4

Église de Plouvien

Dans l'**église paroissiale**, tombeau (1555) en granit de Kersanton : le gisant est soutenu par seize religieux figés dans des attitudes de prière, de lecture ou de méditation.

Quittez Plouvien à l'est par la route de Lesneven.

Chapelle de Saint-Jean-Balanant

La **chapelle** du 15ᵉ s. était une fondation des chevaliers de St-Jean-de-Jérusalem dépendant de la commanderie de la Feuillée, dans les monts d'Arrée. Au tympan, le bas-relief représente le baptême du Christ. *La clef est disponible à la maison derrière la chapelle.*

À droite de la chapelle, une fontaine et ses bancs.

Continuez en direction de Lesneven et, au quatrième carrefour, tournez à droite vers Locmaria.

Chapelle de Locmaria

Précédée d'une **croix★** à deux traverses ornée de personnages, cette chapelle des 16ᵉ et 17ᵉ s. possède un clocher-porche carré.

Par Le Drennec, gagnez Le Folgoët.

★★ Le Folgoët

★★ **Basilique** – La basilique a une forme en équerre inhabituelle : du chœur se détache la chapelle de la Croix dont le mur oriental prolonge le chevet plat. Cette chapelle a un beau **porche**★ orné des statues des apôtres. La fontaine de Salaün, où viennent boire les pèlerins, se trouve contre le mur du chevet, à l'extérieur de l'édifice *(faites le tour de l'église)*. Elle est alimentée par la source située sous l'autel. L'intérieur abrite un chef-d'œuvre de l'art breton du 15e s. : le **jubé**★★, admirablement sculpté dans le granit. De belles roses du 19e s. ornent la chapelle de la Croix et l'abside. La statue de N.-D.-du-Folgoët date du 15e s. *(voir encadré p. 334)*. À gauche en sortant de la basilique, le **manoir du Doyenné** (15e s.) forme un bel ensemble avec l'église et l'auberge des pèlerins.

Musée du Folgoët – *☏ 02 98 21 11 18 - http://les-amis-du-folgoet.pagesperso-orange.fr - ♿ - juil.-août : 10h30-12h30, 14h-18h30 ; 7 avr.-30 juin et sept. : 14h-18h - tarif, se rens.* Installé dans l'auberge, il regroupe des statues (15e-17e s.), des archives, un mobilier qui servit à la reine Anne lors de ses deux pèlerinages au Folgoët et une maquette de la basilique.

Dirigez-vous vers le nord-est en direction de Lesneven.

Lesneven

Office de tourisme Lesneven - Côte des Légendes - *Pl. des Trois-Piliers - ☏ 02 98 83 01 47 - www.tourisme-lesneven-cotedeslegendes.fr.*

Fondée au 5e s. par le chef breton Even, Lesneven conserve de vieilles maisons en granit des 15e et 16e s.

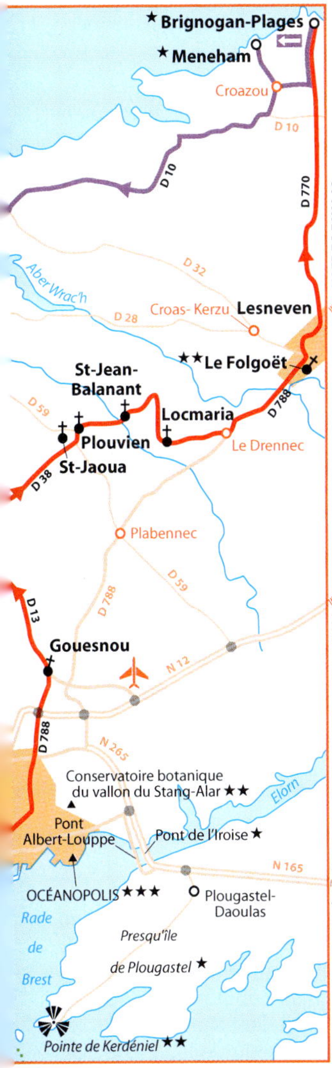

Musée du Léon – *☏ 02 98 83 01 47 - ♿ - été : 9h30-12h, 14h-18h ; reste de l'année : tlj sf dim. et j. fériés 9h30-12h, 14h-18h - 3 € (-14 ans gratuit) - gratuit Nuit des musées.* Aménagé dans l'ancienne chapelle du couvent des Ursulines (début 18e s.), il donne un bon aperçu de l'histoire de la région. On y remarque l'ordonnance signée par Louis XIV autorisant l'installation des ursulines.

Prenez la D 770 jusqu'à Brignogan-Plages.

★★ DE LA « CÔTE DES LÉGENDES » AU PAYS D'IROISE

Circuit de 170 km tracé en violet sur la carte ci-contre – comptez une journée.

★ Brignogan-Plages *(voir p. 345)*

De Brignogan-Plages, prenez la D 770 vers Le Folgoët, tournez à droite vers le Croazou et poursuivez jusqu'à Meneham.

★ Meneham

Maison de site et espace muséographique juil.-août : 10h-12h30, 13h30-19h ; avr.-juin, sept. et vac. de la Toussaint : tlj sf jeu. 10h-12h, 14h-18h, dim. 14h-18h ; reste de l'année : tlj sf jeu. 10h-12h, 14h-17h, dim. 14h-17h - gratuit - possibilité de visite guidée juil.-août : mar. 17h, se rens. à l'office du tourisme de Kerlouan au ☏ 02 98 83 95 63.

Situé sur la côte derrière d'impressionnants blocs de granit, ce hameau de **goémoniers** a été restauré et témoigne de ce que fut l'habitat traditionnel de ces travailleurs de la mer. En 1685, un corps de garde dissimulé dans les rochers avait été construit pour surveiller la côte. Plus tard s'y ajoutèrent quelques maisons abritant des douaniers. Ces derniers cédèrent au

L'ORIGINE DE LA BASILIQUE DE FOLGOËT

Au milieu du 14e s., un pauvre innocent nommé Salaün vit dans un bois, près d'une source située aux environs de Lesneven. Il ne connaît que quelques mots qu'il murmure sans cesse : « *Itron Gwerc'hez Vari* » (Dame Vierge Marie). Après sa mort, un lys pousse sur sa tombe ; le pistil dessine en lettres d'or : « Ave Maria ». En creusant la terre, on s'aperçoit que la plante sort de la bouche de Salaün.

On se trouve alors en pleine guerre de Succession. Le prétendant Montfort fait le vœu, s'il triomphe, d'élever à la Vierge une somptueuse chapelle. Après sa victoire d'Auray, il fait bâtir l'édifice : l'autel sera placé au-dessus de la source où buvait le fol. Les travaux sont terminés en 1423. La chapelle est saccagée à la Révolution. Pour la sauver de la pioche des démolisseurs, douze paysans se cotisent et l'achètent. Rendue au culte à la Restauration, elle a été peu à peu remise en état.

fil des années leur place aux goémoniers qui ramassaient les algues aux alentours. En 1975, le site est classé et, en 1989, la commune de Kerlouan en fait l'acquisition pour le réhabiliter.

Les maisons, de nouveau couvertes de toits de chaume ou d'ardoise, ont trouvé une nouvelle vocation comme auberge, gîte d'étape, échoppes pour des artisans et espaces d'exposition (Maison du site, Maison du pays pagan) évoquant le mode de vie des goémoniers-cultivateurs.

De Meneham, revenez à Kerlouan et prenez la D 10 jusqu'à Plouguerneau.

Plouguerneau

Office de tourisme - *Pl. de l'Europe - 29880 Plouguerneau - 02 98 04 70 93 - www.abers-tourisme.com - de mi-juil. à mi-août : 9h30-12h30, 14h30-18h30, dim. et j. fériés 10h30-12h30, 14h-17h ; 1re quinz. de juil. et 2e quinz. d'août : 9h30-12h30, 14h30-18h30, dim. et j. fériés 10h30-12h30 ; de mi-avr. à fin juin et sept. : tlj sf merc. et dim. 9h30-12h, jeu.-sam. 9h30-12h, 14h-17h ; reste de l'année : se rens. - fermé 1er janv., 1er Mai et 11 Nov.*

L'**église** renferme, à gauche en entrant, près du baptistère, une intéressante collection de statuettes en bois du 17e s. appelées « les petits saints ». Autrefois promenées en procession, ces statuettes résultent d'un vœu fait par les habitants qui avaient échappé à la peste.

Par la D 32, prenez la direction de St-Michel.

Écomusée des Goémoniers – *02 98 37 13 35 - www.ecomusee-plouguerneau.fr - ♿ - de mi-avr. à mi-mai et de mi-juin à fin sept. : 14h-18h ; de mi-mai à mi-juin et oct. : w.-end 14h-18h - fermé mar. - 4 € (-7 ans gratuit) - possibilité de visite guidée juil.-août : mar. 14h.* Situé à la sortie du village sur la droite, ce petit musée explique les techniques du métier à travers les âges ainsi que l'utilisation du goémon aujourd'hui dans de nombreux produits que l'on utilise quotidiennement, du flan au produit de beauté.

Prenez au nord la D 32.

Ruines d'Iliz-Koz

02 98 04 71 84 - www.iliz-koz.fr - ♿ - visite guidée (60mn) de mi-juin à mi-sept. : 14h30-18h ; reste de l'année : dim. et j. fériés 14h30-18h - 3 € (-12 ans gratuit).

L'église médiévale avait disparu sous le sable au début du 18e s. lors de grandes tempêtes. Les habitants des environs s'étaient alors servis de ses pierres comme d'une carrière, faisant totalement disparaître le lieu. Des fouilles

entreprises dans les années 1970 ont mis au jour les ruines de l'église, du cimetière et du presbytère de l'ancienne paroisse de Tremenac'h. L'ensemble découvert se présente comme un témoin exceptionnel de l'art funéraire en Bretagne à la fin du Moyen Âge. Un petit **musée** explique l'histoire du site et expose quelques vestiges trouvés lors des fouilles.
Tout près, belle **plage** de sable fin dans les rochers.

★ Phare de l'île Vierge

02 98 37 13 35 - www.plouguerneau.fr/les-phares.htm - visite guidée (30mn) avr.-oct. : h, se rens. (en fonction des marées) - 2,50 € (-12 ans 2 €) - accès sur l'île avec les vedettes des Abers - www.vedettes-des-abers.com. Si vous avez le temps, nous vous conseillons de partir de l'Aber-Wrac'h car la remontée de l'Aber est particulièrement spectaculaire. Ce remarquable phare en pierre est le plus haut d'Europe (82,50 m). Du sommet *(397 marches)*, on découvre un vaste **panorama★** sur la côte finistérienne.
Suivez la côte jusqu'à la plage de St-Cava d'où l'on peut atteindre à pied à marée basse le phare de l'Aber-Wrac'h.

Phare de l'île Wrac'h

02 98 04 70 93 - www.ippa29.fr/IleWrach1.htm - espace muséographique de mi-juin à fin sept. : tlj - accès libre.
Plutôt un feu qu'un phare, ce gardien de l'aber du même nom se trouve dans un site remarquable offrant des panoramas de tous côtés, entre autres sur le phare de l'île Vierge. *Comptez 1h AR.* On ne peut s'y rendre qu'à marée basse à partir de la plage de St-Cava et c'est l'occasion d'une très belle promenade.
Revenez à Plouguerneau et prenez la direction de Lannilis (D 13).
À 2 km, l'ancien tracé de la route forme un belvédère (petit calvaire) et offre une belle **vue★** sur l'Aber-Wrac'h.
Dans Lannilis, tournez à droite.

L'Aber-Wrac'h

Avec son important centre de voile, c'est un port de plaisance très fréquenté. Une école d'apprentissage maritime, dont le bâtiment surplombe le bourg, anime ce lieu de séjour balnéaire. La route en corniche longe la baie des Anges (ruines du couvent de N.-D.-des-Anges).
Prenez à droite vers les dunes de Ste-Marguerite, puis encore à droite vers le fort Cézon.
De la plate-forme aménagée en bout de route, **vue** sur l'estuaire et, perchées sur une île, les ruines du fort Cézon qui en commandait l'entrée, ainsi que sur le phare de l'île Vierge.
Faites demi-tour et, à la sortie de Poulloc, tournez à droite vers les dunes.

LES ABERS, DES VALLÉES FLUVIALES

Les abers se distinguent des estuaires par le fait qu'ils ont été creusés en amont, par une petite rivière, et non par un fleuve côtier. En aval, leur sillon est moins profond et leurs pentes sont moins raides. On n'y trouve pas de ports importants en tête d'estuaire, comme Morlaix ou Dinan, car leur cours d'eau n'est pas assez puissant pour frayer un chenal dans l'embouchure. En revanche, ils subissent, comme les estuaires, le mouvement des marées et, à marée basse, se découvrent de grandes étendues de vase.

Dunes de Sainte-Marguerite

Des sentiers pédestres permettent de découvrir de belles vues. Sur les dunes sèche le goémon qui, après deux ou trois jours d'exposition au soleil, est expédié vers les usines de traitement.

Gagnez la chapelle de Brouënnou où vous tournerez à gauche vers le passage St-Pabu. Par Landéda, rejoignez Lannilis et empruntez la D 28 vers Ploudalmézeau.

Aber Benoît

Après avoir franchi cet aber, la route le longe pendant quelques kilomètres et permet d'en apprécier la belle situation.

À 5 km de Tréglonou, tournez à droite vers St-Pabu que vous traversez et suivez le fléchage du camping pour gagner les dunes de Corn-ar-Gazel.

Dunes de Corn-ar-Gazel

Elles offrent une belle **vue** sur la presqu'île de Ste-Marguerite, l'aber Benoît et son chapelet d'îlots.

Des chemins escaladent les dunes de Corn-ar-Gazel et conduisent aux immenses plages de sable blanc, comme celle des Trois-Moutons et sa base de chars à voile.

Maison des abers - Ti An Aberiou à Saint-Pabu

R. Tariec - ☏ 02 98 89 75 03 - www.maisondesabers.infini.fr - ♿ - juil.-août : 15h-19h ; 2e quinz. de juin et 1re quinz. de sept. : w.-end 15h-19h - 3 € (-16 ans 2 €) - sorties nature et patrimoine en juil.-août, se rens.

Lieu d'expositions et d'animations consacré à la découverte des trois abers.

Faites demi-tour et suivez à droite la route qui serpente dans les dunes et offre de belles échappées sur la côte.

Église de Lampaul-Ploudalmézeau

L'**église** de ce modeste village est un témoin de la Renaissance en Bretagne : voyez le porche nord, un magnifique **clocher-porche★** coiffé d'un dôme surmonté de trois lanternons.

Portsall

Ce petit port est établi dans une anse très fermée. C'est au large, sur une chaîne d'écueils – les roches de Portsall –, que le pétrolier *Amoco Cadiz* vint s'échouer en 1978. Sur le môle, l'une de ses deux énormes ancres (20 t) perpétue le souvenir du naufrage.

Kersaint

À la sortie du village, sur la gauche en direction d'Argenton, se dressent les ruines du **château de Trémazan** (13e s.). Attention ! Ces ruines sont très dangereuses. Un belvédère permet cependant d'admirer la majesté du lieu.

Trémazan

Du parc de stationnement, au-delà du village, une immense **vue★** se dégage sur l'île Verte, les roches de Portsall et le phare de Corn Carhai.

★ Route touristique

Tracée en corniche, elle permet de découvrir une côte frangée de rochers d'où se détache la **pointe de Landunvez**, en dents de scie. La route traverse de petites stations balnéaires : Argenton, **Porspoder** où aurait débarqué au 6e s. saint Budoc, évêque de Dol-de-Bretagne, puis Melon. On s'arrêtera à la **chapelle St-Samson** pour admirer le site et les perspectives sur la mer d'Iroise.

À l'entrée de Lanildut, tournez à droite.

Le phare de l'île Vierge, le plus haut phare d'Europe.
B. Stichelbaut/hemis.fr

Aber Ildut

C'est au niveau de l'aber Ildut qu'est fixée la séparation théorique entre la Manche et l'Atlantique. Commandant l'étroit goulet de l'**aber Ildut**, le **rocher du Crapaud** offre de belles vues sur le port et l'aber, accessibles aux bateaux quelle que soit la marée. La rive nord est boisée ; au sud s'étendent dunes et plages.

★ **Lanildut** – Il s'agit du premier port goémonier d'Europe et, de mai à octobre, on peut y voir les bateaux décharger leur récolte dans les camions. Il faut se promener dans le quartier de **Rumorvan** qui regroupe de belles **maisons** (17e et 18e s.) de capitaines.

Maison de l'algue – *Quai Cambarell - ✆ 02 98 48 12 88 - juil.-août : 9h30-12h30, 14h-18h30, j. fériés 9h30-12h30, 15h-18h30 ; de mi-avr. à fin juin et de fin août à mi-sept. : tlj sf dim. et j. fériés 10h-12h, 14h-17h, lun. 14h-17h ; reste de l'année : se rens. - gratuit.* Situé dans le même bâtiment que l'office de tourisme, ce centre d'interprétation de l'algue présente au travers de films et panneaux pédagogiques les différentes familles d'algues, leurs zones de récolte et leurs applications.

Sur les traces des goémiers – *Boucle de 2h30. Quelques croisements de route imposent la vigilance, surtout avec des enfants, mais la promenade reste accessible pour toutes les jambes.* Du parking du rocher, ralliez le **sentier littoral** pour remarquer le rocher du Crapaud qui tire son nom de sa forme insolite. Longez la côte en suivant le sentier parsemé de trous creusés dans le sol. Ce sont d'**anciens fours** dans lesquels le **goémon** était brûlé pour fabriquer des pains de soude qui servaient ensuite de combustible. Après l'ancienne carrière de granit de Kerzéven, poursuivez jusqu'à **Melon** où vous traverserez la route pour prendre en face à droite. Continuez jusqu'au second croisement. À droite, la route principale mène au village d'où part un chemin balisé en jaune. Il vous conduit à la **chapelle St-Ourzal**, entièrement restaurée, et à sa fontaine antique. Le retour peut s'effectuer par le même itinéraire ou par les petites routes qui serpentent dans les terres.

La route longe l'aber jusqu'à Brélès où la D 27, puis la D 268 à gauche, mènent à Kergroadez.

Château de Kergroadez

✆ 02 98 32 43 93 - www.kergroadez.fr - visite guidée juil.-août : tlj sf lun. 11h, 14h, 15h, 16h et 17h ; de mi-avr. à fin juin, sept.-oct. et vac. scol. : jeu. et dim. 15h30 - 4,50 € (enf. 2,50 €) - visite spéciale enf., se rens.

Cette demeure de granit, construite au début du 17e s. par François III de Kergroadez, écuyer d'Henri IV, a l'allure d'une forteresse médiévale mâtinée d'influence Renaissance.

Sa cour d'honneur, fermée par une galerie crénelée, est entourée par un sévère corps de logis flanqué de deux tours rondes. La visite comprend notamment la chapelle, les écuries et les pièces du logis seigneurial.

Les Jardins de Kergroadez – *Juil.-août : tlj sf lun. 10h30-12h, 14h-18h ; de mi-avr. à fin juin, sept.-oct. et vac. scol. (hors juil.-août) : w.-end et jeu.-vend. 14h-18h - 2 € (-18 ans 1,50 €) - possibilité de visite guidée (60mn).* Dans le parc, où croissent rhododendrons, hortensias et camélias, se déclinent jardin des plantes médicinales, jardin de Marie ou encore jardin des jeux. Une promenade sur cette étendue de 22 ha invite à la découverte de la biodiversité entre vivier et paysages marécageux.

Revenez à Brélès et, par la D 28, rejoignez Plouarzel. Traversez le bourg en direction de St-Renan et, environ 1 km après la sortie, tournez à droite vers le menhir de Kerloas.

★ Menhir de Kerloas

Du haut de ses 9,50 m et de ses quelque 5 000 ans d'âge, le plus haut menhir de France encore debout fait forte impression. Surnommé « Le Bossu » *(An Tor)* à cause de ses deux bosses, il a naturellement inspiré bien des légendes. Une curieuse tradition du 19e s. attirait les jeunes époux qui venaient nus se frotter sur ses bosses : le mari pour avoir des héritiers mâles, la femme pour avoir autorité dans la maison.

Poursuivez la D 5 jusqu'à St-Renan.

Saint-Renan

Office de tourisme – *Pl. du Vieux-Marché - 29290 St-Renan - ✆ 02 98 84 23 78 - www.saint-renan.fr - juil.-août : 9h-12h30, 14h-18h30 ; reste de l'année : tlj sf lun. et j. fériés 9h30-12h30, 14h-17h30, sam. 9h-12h15 - fermé dim.*

Fondée vers l'an 500 par saint Ronan, ermite irlandais, cette petite ville a gardé de son passé de cour de justice ducale, puis royale, et de pays de foires, quelques belles façades à pans de bois et un marché réputé *(voir « Nos adresses »)*. Des panneaux en lave émaillée disséminés dans l'ensemble de la ville racontent son riche passé.

Musée d'Histoire locale – *✆ 02 98 32 44 94 - www.musee-saint-renan.net - de fin juin à déb. sept. : 15h-18h, sam. 10h30-12h - fermé j. fériés, dim. et lun. - 2 € (-12 ans gratuit).* Il présente des costumes, coiffes et mobilier du Léon. Il retrace également l'histoire de la mine d'étain qui avait été découverte en 1957 et fut exploitée une quinzaine d'années, laissant dans les alentours des carrières transformées en lacs.

Revenez à Plouarzel et prenez la VC 4 vers Trézien.

Impossible de manquer, au passage, le **parc éolien** aménagé en 2000 ; il est composé de grandes éoliennes de 60 m de haut avec d'impressionnants rotors de 47 m de diamètre. Panneau explicatif sur place.

Continuez vers Trézien qu'il faut traverser.

Phare de Trézien

✆ 02 98 89 69 46 - www.tourismeplouarzel.fr - juil.-août : 14h30-18h, dim. 10h30-12h30, 14h30-18h - 2 € (-10 ans 1,50 €) - possibilité de visite guidée (20mn).

Bâti en 1894, ce phare, haut de 37 m, a une portée moyenne de 35 km.

Les trésors de la mer d'Iroise

300 km de côtes entre dunes, falaises et landes, des fonds marins rocheux et sédimentaires parsemés d'îles et d'archipels… La mer d'Iroise concentre tous les atouts d'une mer refuge et nourricière pour de nombreuses espèces parmi lesquelles certaines sont protégées, à l'instar du phoque gris ou du requin pèlerin. Ses baies peu profondes sont également propices au développement des algues, véritable atout économique de ce territoire du bout du monde.

UN PARC NATUREL MARIN POUR PRÉSERVER LA BIODIVERSITÉ

Depuis 2007, le **Parc naturel marin de l'Iroise**, qui couvre 3 550 km² essentiellement marins, s'étend du sud de l'île de Sein au nord de l'île d'Ouessant. Le but de ce parc est avant tout de **protéger le milieu naturel** et de mettre en valeur la vie dans les îles. Parmi la faune et la flore remarquables, la mer d'Iroise abrite le plus grand champ d'algues marines d'Europe. De même, on y recense plus de 120 espèces de poissons et un quart de la population française de mammifères marins dont plusieurs colonies de phoques et de dauphins. Cependant, face à la pression touristique et démographique sur le littoral, face aussi à la densité du trafic maritime sur cette zone de pêche, l'évolution des populations de poissons ou encore la qualité des eaux marines réclament un traitement plus écologique. Loin de transformer la mer d'Iroise en un sanctuaire, le Parc a pour vocation de préserver l'équilibre entre la protection des richesses naturelles et le développement raisonné des activités qui en dépendent. Engagé pour **sensibiliser le public**, il est cosignataire de nombreuses manifestations et expositions sur le milieu maritime et le patrimoine de l'Iroise.

Parc naturel marin d'Iroise - pointe des Renards - 29217 Le Conquet - 02 98 44 17 00 - www.parc-marin-iroise.fr.

RICHE GOÉMON

Toute cette côte basse et rocheuse, semée d'îlots, recèle en abondance du goémon de diverses variétés. Le Parc naturel marin d'Iroise dénombre ainsi plus de **300 espèces d'algues**. À la différence des autres végétaux, l'algue n'est pas constituée d'une tige mais d'un stipe, ni de racines mais de crampons, ni enfin de feuilles mais de thalles.

Depuis Colbert, la **récolte** des algues est strictement **réglementée** et seuls les goémoniers patentés peuvent l'exploiter. Autrefois, ils récoltaient les algues à marée basse à l'aide de grands râteaux, les mettaient à sécher sur la plage, puis les brûlaient pour en faire des pains de soude et de l'iode. Ces produits étaient utilisés pour la fabrication du verre, mais aussi de colloïdes et de gélifiants. D'autre part, on en faisait des paillasses.

Aujourd'hui, les laminaires sont récoltées directement par des bateaux équipés du scoubidou – un engin équipé d'un crochet qui arrache et récupère les algues – et déchargées à Lanildut sur les camions qui les transportent jusqu'aux usines de traitement. Là, elles sont transformées en nourriture pour le bétail ou en engrais. Mais depuis les années 1970, et l'engouement pour le végétarisme, les algues servent aussi à des fins alimentaires. Leurs **qualités diététiques** sont en effet hors du commun et supérieures à bien des végétaux : riches en calcium, en acides aminés, minéraux et oligoéléments. Aujourd'hui, l'algue se retrouve dans des recettes gastronomiques *(voir aussi p. 52)*.

Continuez en direction de la grève de Porsmoguer. Tournez à droite.
La route longe la station du **Cross Corsen** (Centre régional opérationnel de surveillance et de sauvetage installé sur la pointe de Corsen). Elle rejoint ensuite une maison en ruine sur la falaise.
Le *Cross Corsen,* bateau du même nom, a pour mission le sauvetage en mer, la surveillance de la navigation, la diffusion d'informations concernant la sécurité des navires et la surveillance des pollutions en mer.

Pointe de Corsen

Cette falaise, haute de 50 m, est le point situé le plus à l'ouest de la France continentale. **Vue** intéressante sur la côte et les îles.
Par la grève de Porsmoguer, gagnez Ploumoguer où vous prendrez vers Le Conquet. À 5 km, tournez à droite vers la pointe de Kermorvan.

Pointe de Kermorvan

En son centre, elle se réduit à un isthme d'où l'on découvre une jolie **vue★** : à droite, la belle plage des Blancs Sablons; à gauche, le site du Conquet. La passerelle du Croaë permet aux piétons de gagner la pointe; à son extrémité, à gauche de l'entrée du phare, le chaos rocheux forme un remarquable belvédère.

★ Le Conquet

Office de tourisme – *Parc de Beauséjour - 29217 Le Conquet - ☏ 02 98 89 11 31 - www.tourismeleconquet.fr - juil.-août : 9h30-13h, 14h30-19h, dim. et j. fériés 10h-13h; avr.-juin, sept. et vac. scol. (hors juil.-août) : tlj sf dim. et lun. 10h-12h30, 14h30-18h; reste de l'année : tlj sf dim. et lun. 10h-12h30.*
Dans un joli site, ce petit port de pêche est un point d'embarquement pour les îles d'Ouessant *(voir p. 348)* et de Molène *(voir p. 353)*. On peut y voir quelques maisons anciennes en suivant le parcours touristique ponctué de panneaux en lave émaillée.
La corniche du Port, les chemins piétonniers qui bordent le littoral et la pointe de Kermorvan sont des promenades agréables qui offrent de belles vues sur le port, le chenal du Four et, au large, l'archipel d'Ouessant et les nombreux phares.
Poursuivez par la D 85 jusqu'à la pointe St-Mathieu.

★★ Site de la pointe Saint-Mathieu

Cette pointe battue par les flots fut habitée depuis des temps lointains. Sur ce très beau site, on trouve un ensemble de bâtiments intéressants : l'ancienne abbaye, un phare, un musée, un sémaphore occupé par l'armée, un monument aux marins morts en mer représentant une femme en coiffe de deuil et, enfin, un cénotaphe dédié aux morts en mer lors de combats. Vous aurez une superbe vue aérienne de cet ensemble en montant au sommet du phare.
Phare – *☏ 02 98 89 00 17 - www.vacances-en-iroise.com - visite guidée (20mn) juil.-août : 10h-19h30; 1re quinz. de sept. : 10h-12h30, 14h-18h30; vac. de Pâques et 2e quinz. de sept. : tlj sf mar. 14h-18h30; reste de l'année : se rens. - fermé 1er janv. - 3 € (-10 ans 1 €) - billet combiné avec le musée de l'abbaye.* Haut de 37 m et élevé en 1835, il a une portée de 50 km. Une fois gravies les 163 marches, on est récompensé par le superbe **panorama★★**. De gauche à droite : l'entrée du goulet de Brest, la presqu'île de Crozon, la pointe du Raz, l'île de Sein, l'île de Beniguet, Molène et Ouessant.
Derrière Beniguet, on distingue parfois le phare de la Jument, situé à 30 km.
L'abbaye, aujourd'hui en ruine, avait été construite par des bénédictins à partir du 11e s. Selon la légende, elle abritait comme relique la tête de saint

Mathieu, rapportée d'Égypte par des marins du pays. On y reconnaît le chœur (13e s.) flanqué d'une tour carrée, la nef, aux piliers ronds ou octogonaux. Les moines, qui avaient le droit de bris (ramassage des bois rapportés par la mer), entretenaient un fanal (lanterne servant à baliser la côte) sur la tour aujourd'hui tronquée.
Le **musée**, à côté du phare, raconte l'histoire du site et de ses monuments à travers des archives, un film et la maquette de l'abbaye.
Cénotaphe – *✆ 02 98 89 00 17 - www.vacanceseniroise.com - juin-sept. : 10h-18h30 - reste de l'année : w.-end, j fériés et vac. scol.* Il a été aménagé dans un fortin érigé sous le Second Empire. Dans la crypte sont rassemblées les photos des marins disparus en mer pendant les guerres.
Le circuit s'arrête ici, mais vous pouvez rallier Brest par la D 85 puis la D 789 et visiter en chemin le fort de Bertheaume (voir p. 326) et Ste-Anne-du-Portzic (voir p. 326).

NOS ADRESSES DANS LES ABERS ET L'IROISE

HÉBERGEMENT

BUDGET MOYEN

Chambre d'hôte Saint-Alphonse – *Rte de Plouguernau - 29870 Lannilis - ✆ 02 98 04 14 13 - http://gites.chambresdhotes.free.fr - P - 3 ch. 50/53 €* . Les chambres sont aménagées dans une dépendance attenante à la maison des propriétaires. Variant en confort et en taille, elles sont cependant toutes pratiques et dotées de meubles de famille ou chinés ici et là. Les hôtes vous reçoivent chez eux à l'heure du petit-déjeuner et une cuisine équipée est à disposition. Jardin arboré et fleuri.

Chambre d'hôte Le Clos d'Ildut – *13 rte de Mézancou - 29840 Lanildut - ✆ 02 98 04 43 02 - http://leclosdildut.free.fr - fermé 15 nov.-Pâques - P - 3 ch. 58 €* . Au cœur d'un grand jardin tranquille, une demeure du 17e s. au sol d'ardoise et à la décoration délicate. Chambres de styles différents, dont une dans une dépendance.

Hôtel Le Week-end – *Pont-du-Châtel - 29260 Plouider - 4 km au nord-est du Folgoët par D 110 et rte de Tréflez - ✆ 02 98 25 40 57 - www.hotelrestaurantweekend.com - P - 13 ch. 50/65 € - 8 € - ✕ 17/34 € (fermé dim. soir et lun. midi)*. Dans un hameau tranquille, cet hôtel-restaurant abrite des chambres simples et très bien tenues, ainsi qu'un salon-bibliothèque idéal pour une pause au calme.

POUR SE FAIRE PLAISIR

Chambre d'hôte Le Nid d'Iroise – *4 Hent-Kergaradoc - 29840 Lanildut - ✆ 02 98 04 38 41 - www.hebergement-nature-bretagne.com - 3 ch., 1 gîte et 2 cabanes 75/110 €* . À côté de la belle longère 1800 abritant 3 chambres coquettes d'inspiration marine, a été construit un joli gîte en bois, où sont aménagées des chambres spacieuses et zen, ainsi que deux cabanes dans les arbres *(110 €)*. La vue sur les environs est superbe depuis le jardin paysager. Un sauna, des massages et des cours de yoga sont proposés aux clients.

Chambre d'hôte La Demeure Océane – *20 r. Bar-Al-Lan - 29830 Portsall - ✆ 02 98 48 77 42 - P - www.demeure-oceane.fr - fermé de déb. nov. à mi-janv. - 7 ch.*

75 €. Les chambres, très agréables, ont pour la plupart une vue donnant sur le port en contrebas. Deux d'entre elles sont en duplex, ce qui est particulièrement adapté aux familles. L'accueil est chaleureux. Le petit-déjeuner est servi dans la salle à manger en bow-window.

Hôtel Auberge de Keralloret – *29880 Guissény Sud - 3 km par D 10 et rtes secondaires - ✆ 02 98 25 60 37 - www.keralloret.com - fermé janv. - P - 11 ch. 67/79 € - ☕ 9 € - ✕ menu du jour 14/18 € - 24/29 €.* Goûtez au charme et à la tranquillité de cette vieille ferme joliment rénovée. Le décor contemporain des chambres, réparties dans plusieurs maisons de granit, s'inspire de la région. Au restaurant, cuisine traditionnelle et chaleureuse atmosphère rustique.

La Butte – *10 r. de la Mer - 29260 Plouider - ✆ 02 98 25 40 54 - www.labutte.fr - 24 ch. 70/129 € - ☕ 16 € - ✕ formule déj. 19 € bc - 44/84 € (fermé lun. midi).* Design raffiné et volupté : tels sont les maîtres-mots qui président aux destinées de cet hôtel-Spa quasi historique (le lieu fut fondé en 1952) complètement rebâti fin 2012. La cuisine du restaurant est à la hauteur et revisite avec bonheur les recettes du terroir. Quant à la partie Spa, elle donne envie de prolonger son séjour. Bref, un lieu à ne manquer sous aucun prétexte.

Hôtel de La Vinotière – *1 r. du Lieutenant-Jourden - 29217 Le Conquet - ✆ 02 98 89 17 79 - www.lavinotiere.fr - ♿ - 10 ch. 90/130 € - ☕ 10 €.* Dans cette belle demeure du 16e s., en plein centre du Conquet, un magnifique escalier de pierre mène aux chambres tout confort, décorées dans un style design. Jacuzzi au 2e étage.

Chambre d'hôte Auberge de Bel Air – *Rte de Lanildut - 29810 Brélès - ✆ 02 98 04 36 01 ou 06 68 85 26 65 - www.restaubergedebelair.com - fermé dim. soir-lun., janv. et de fin oct. à déb. nov. - P - 3 ch. 74/78 € ☕ - ✕ 18/57 €.* Redonner son éclat originel à cette demeure alors qu'elle n'était que ruines constitue un tour de force… On l'apprécie d'autant plus quand on goûte au confort des chambres superbement aménagées, ou que l'on savoure les bons petits plats préparés par un véritable chef.

UNE FOLIE

Hostellerie de la Pointe St-Mathieu – *29217 La Pointe-de-St-Mathieu - ✆ 02 98 89 00 19 - www.pointe-saint-mathieu.com - fermé de mi-fév. à mi-mars - 23 ch. 110/260 € - ☕ 13 € - ✕ 31/88 €.* Cet hôtel-restaurant, voisin du phare et des ruines de l'abbaye, occupe une maison ancienne agrandie d'une aile récente où de confortables chambres, élégamment décorées de façon design, donnent sur la campagne ou la mer. Son restaurant est réputé et vous vous régalerez dans sa salle à manger voûtée. Bar lounge, piscine, Jacuzzi et sauna.

Hôtel Spa Baie des Anges – *350 rte des Anges - 29870 Landela - ✆ 02 98 04 90 04 - www.baie-des-anges.com - fermé 26 janv.-14 fév. - 18 ch. et 2 suites 128/268 € - ☕ 15/17 €.* Face à la baie des Anges, cette demeure du 19e s. offre un séjour raffiné et élégant. Décoration bord de mer pour des chambres spacieuses dont la plupart donnent sur la mer. Piscine, Spa, sauna et hammam donnent le ton d'un séjour bien-être.

RESTAURATION

BUDGET MOYEN

Crêperie à la ferme Manoir de Trouzilit – *Rte de Ploudalmézeau - 29870 Tréglonou - ✆ 02 98 04 01 20 - www.manoir-trouzilit.com - fermé lun.-jeu. hors saison -* ♿ 🅿 *- 15 € - 5 ch. 48 €* ☕. L'adresse mérite le détour pour son emplacement : la crêperie est aménagée dans un grand manoir veillant sur un domaine de 30 ha (centre équestre, nombreuses activités de loisirs, gîtes dont un pour personnes à mobilité réduite). La salle à manger est chauffée par deux imposantes cheminées. Vous aurez l'embarras du choix parmi 150 galettes différentes.

Auberge de Meneham – *29217 Kerlouan - ✆ 02 98 83 90 26 - www.aubergedemeneham.com - 10h-23h - fermé lun. et mar. soir hors vac. scol. -* 🅿 *- 26,50/33,50 €.* À l'entrée du hameau, cette auberge coiffée d'un toit de chaume propose une cuisine traditionnelle, raffinée et originale. Possibilité d'une restauration rapide l'été, sur les tables à l'extérieur, et brunch tous les dim. *(15,50 €)*. Crêpes, galettes et huîtres.

Ferme de Keringar – *Lochrist - 29217 Le Conquet - ✆ 02 98 89 09 59 - www.keringar.fr -* ♿ 🅿 *- 19/50 € - 12 ch. 75 € -* ☕ *7,50 €.* Ce domaine de 4 ha est le lieu idéal pour un séjour en famille. La cuisine exalte les recettes et les produits locaux (*jag ha farz* le jeu., cotriade le vend.). Quant à la ferme pédagogique, elle fait le bonheur des enfants. Tout cela à 500 m de la plage. Chambres spacieuses et décorées avec goût.

Le Chenal – *13 r. du Port - 29840 Porspoder - ✆ 02 98 89 54 36 - www.lechenal.fr - fermé lun.-merc. sf vac. scol. et juin-sept. - formule déj. 12 € - 19/25 €.* Merveilleusement situé au bord de la mer, ce restaurant composé de salles spacieuses et de vastes terrasses est idéal pour les repas en famille. Les enfants peuvent s'amuser dehors sous le regard des parents. Côté carte, la variété est au rendez-vous, tant du point de vue des plats que des prix.

Relais du Vieux Port – *1 quai du Drellac'h - 29217 Le Conquet - ✆ 02 98 89 15 91 - www.lerelaisduvieuxport.com - 15/40 € - 8 ch. 49/68 € -* ☕ *7,50 €.* Maison du 15e s. Côté restaurant : crêpes, poissons, coquillages et fruits de mer *(sur réserv.)*, servis dans un décor d'inspiration marine mariant la pierre et le bois. Côté hôtel : réveil assuré par les mouettes, dans cinq chambres portant le nom d'îles bretonnes et jouissant de la vue sur le port.

ACHATS

Marché hebdomadaire de St-Renan – *Pl. du Vieux-Marché, sam. tte l'année.* Des centaines de producteurs et d'intermédiaires prennent possession du quartier médiéval pour vendre les spécialités locales (*kig ha farz* et son sac de toile, saucisse de Molène, etc.) et les produits courants. Étape incontournable : **La Veuve Pochard**, une taverne bretonnante installée dans une bâtisse du 15e s. *(1-3 r. de l'Église)*.

Autres marchés : Lesneven *(lun. 9h-17h)*, Lannilis *(merc. matin)*, Plouguerneau *(jeu. 8h-13h et dim. 8h-13h en juil.-août)* et Tréglonou *(manoir de Trouzilit, mar. à partir de 17h en juil.-août)*.

ACTIVITÉS

Centre de voile de l'Aber-Wrac'h – *4 port de l'Aber-Wrac'h - 29870 Landéda - ✆ 02 98 04 90 64 - www.cvl-aberwrach.fr - tlj* *sf dim. hors saison 9h-18h - fermé vac. scol. de Noël.* Découvrez la région des abers par la mer grâce à ce centre de voile : balade sportive ou promenade familiale en naviguant, avec ou sans moniteur, à bord de catamarans, dériveurs, petits bateaux de croisière ou en kayaks de mer (24/35 €)... Tout dépend de vos envies. Également des stages et location de matériel : voir tarifs sur le site Internet.

Centre Hippocampe Évasion – *Bd de la Mer - 29217 Plougonvelin.* Les animateurs proposent des sorties de plongée sous-marine et des balades palmées, pour les adultes et les enfants.

Compagnie maritime Penn Ar Bed – *✆ 02 98 80 80 80 - www.pennarbed.fr.* En été, liaisons vers les îles de Molène et Ouessant *(voir p. 354)* au départ de Lanildut.

Ferme équestre Manoir de Trouzilit – *Rte de Ploudalmézeau - 29870 Tréglonou - ✆ 02 98 04 01 20 - www.equitation-trouzilit.com.* Cette école d'équitation propose également du tourisme équestre avec des promenades et randonnées aux alentours de Tréglonou.

AGENDA

Le Folgoët

Le pardon de la Saint-Christophe – *Dernier dim. de juil.* Bénédiction des voitures. Après la messe, défilé de voitures pour recevoir la bénédiction et la prière de saint Christophe, patron des automobilistes.

Le grand pardon – *Déb. sept.* Quelques milliers de personnes assistent, début sept., au **grand pardon**. La veille du 1er dim. de sept. à partir de 18h et le jour même se déroulent les cérémonies.

Art contemporain et patrimoine religieux dans les chapelles du Léon – *Rens. www.artetchapellesduleon.net - de mi-juil. à mi-août : tlj sf mar. 14h30-18h30 - gratuit.* Sculptures, peintures, photographies, calligraphies et gravures contemporaines sont à l'honneur dans 14 chapelles du Léon. Ateliers créatifs (1h) pour les enfants le merc. sur réserv.

Le phare de Pontusval sur la pointe de Beg-Pol.
Sime / Cogoli Franco/Simeone/Photononstop

Brignogan-Plages

★

813 Brignoganais – Finistère (29)

NOS ADRESSES PAGE 347

4

S'INFORMER
Accueil touristique de Brignogan – *7 av. du Gén.-de-Gaulle - 29890 Brignogan-Plages - ✆ 02 98 83 41 08 - www.tourisme-lesneven-cotedeslegendes.fr - juil.-août : 9h30-12h30, 14h30-18h30, dim. et j. fériés 10h-12h30 ; reste de l'année : lun. 9h30-12h, 14h-17h30, sam. 9h30-12h.*

SE REPÉRER
Carte de microrégion B1 (p. 316) – *carte Michelin Départements 308 F3.*
Brignogan-Plages est à 11 km du Folgoët par la D 770, soit 30 km au nord de Brest, et à 23 km à l'ouest de St-Pol-de-Léon par la D 10. Sans véritable centre, la station dispose de plusieurs plages dispersées.

À NE PAS MANQUER
Une balade jusqu'à la pointe de Pontusval, en particulier pour voir le menhir de Men Marz.

ORGANISER SON TEMPS
Deux heures suffisent à faire le tour de Brignogan. Prévoyez des chaussures de marche pour arpenter les falaises.

En 1936, à l'occasion des premiers congés payés, Brignogan s'est vu adjoindre le substantif « Plages ». Une façon de valoriser, à juste titre, la vocation de cette station balnéaire, joliment située au fond de l'anse de Pontusval. Sur ses plages de sable fin, surgissent ici ou là quelques beaux menhirs et autres vestiges de la Préhistoire.

Se promener

Jadis, la côte était habitée par des paysans pêcheurs très pauvres. On dit qu'ils jouaient les naufrageurs en allumant des fanaux sur les dunes, afin de tromper les vaisseaux croisant au large, et qu'ils pillaient ensuite les bateaux échoués.

Plages

Les baigneurs ont le choix entre les plages du Garo et du Lividic à l'est, du Crapaud, du Petit Nice, des Chardons Bleus et du Phare à l'ouest.

Pointe de Pontusval

D'énormes blocs granitiques se dressent au ras des maisons ou dans les champs. Avec plus de 8 m de haut, le **menhir christianisé** (surmonté d'une croix) de **Men Marz**, qui signifie « pierre du prodige », compte parmi les plus hauts menhirs de Bretagne.

Chapelle Pol

Cette chapelle du 19e s. forme un charmant ensemble avec le calvaire et la petite tour de guet, construite sur deux rochers.

À proximité Carte de microrégion

Église de Goulven B1

7,5 km au sud-est. Prenez la direction de la plage du Lividic ; longez par la côte l'anse de Goulven. Dans Plounéour-Trez, tournez à gauche aussitôt après l'église.

Bâtie aux 15e et 16e s., l'église de Goulven possède un **clocher★** Renaissance qui compte parmi les plus beaux de Bretagne. À l'intérieur, on découvre un monumental bénitier Renaissance et la tribune d'orgues (16e s.), qui est un ancien jubé transformé. Le maître-autel en granit de Kersanton est précédé d'un petit autel, décoré de six panneaux illustrant les miracles de saint Goulven. En été, deux belles bannières brodées du 17e s. sont exposées dans le chœur.

Dunes de Keremma B1

10,5 km au sud-est, route de Plouescat.

Cette bande dunaire de 5 km de long est fortement intéressante en matière de biodiversité. Sa flore et son avifaune comptent près de 600 espèces variées parmi lesquelles la précieuse orchidée Liparis de Loesel ou encore les barges rousses et les pluviers argentés. Ces oiseaux, hivernants ou migrants, peuplent en nombre les vasières et prés envahis par la mer de la baie de Goulven.

Maison des dunes – *À l'est de la ville par la r. Jean-Jaurès, puis par la rte de Quimper - ✆ 02 98 61 69 69 - www.maisondesdunes.org - ♿ - juil.-août et vac. scol. : h, se rens.* Ce centre d'interprétation apprend à connaître ce milieu fragile pour mieux le protéger.

Bon à savoir – Sentier pédagogique *(accès libre)*, sorties nature et ornithologiques en été et, toute l'année, randonnées pédestres accompagnées *(4,50 €, -12 ans gratuit) - possibilité de visite guidée (2h).*

TÉMOINS DE LA PRÉHISTOIRE

Le territoire de Plouescat compte quelques intéressants vestiges de l'ère préhistorique. L'allée couverte de Guinirvit (4 500 ans av. J.-C.) s'étend sur 10 m de long à même la plage. Malgré l'absence de sa dalle de couverture, elle représente un intérêt précieux en tant qu'indicateur du niveau de la mer depuis le néolithique, une remontée des eaux évaluée à 7 m environ. À quelques encablures de là, se dresse également l'impressionnant menhir de Cam Louis (7 m), ou encore celui de Cougn an Dre qui forme un ensemble avec l'allée couverte de Creac'h ar Vren. Situé au point culminant de Plouescat, ce site témoigne de la présence forte de populations préhistoriques.

Plouescat

18 km à l'est par la D 10 qui longe la côte.

Office de tourisme – *5 r. des Halles - 29430 Plouescat - 02 98 69 62 18 - www.tourisme-plouescat.com - juil.-août : 9h-18h45, dim. et j. fériés 10h-14h ; reste de l'année : tlj sf dim. et j. fériés 9h-12h30, 13h30-17h - fermé Vend. saint et 26 déc.*

Cette petite station balnéaire abrite des **halles** de la fin du 15e s. *(pl. du Gén.-de-Gaulle)*, mais elle est surtout connue pour ses **plages**, tantôt étendues, tantôt circonscrites à des criques. Certaines sont de sable fin, comme Porsmeur ou la baie du Kernic, idéale pour le char à voile et le kitesurf. D'autres présentent un aspect plus rocheux comme Menfig et Poulfoën, les plus courues.

Bon à savoir – La plage de Porsmeur propose aux personnes à mobilité réduite des « fauteuils hippocampes » permettant un déplacement sur le sable et dans la mer.

4

NOS ADRESSES À BRIGNOGAN-PLAGES

HÉBERGEMENT

UNE FOLIE

Chambre d'hôte La Terre du Pont – *La Terre-du-Pont - 02 98 83 58 49 ou 06 32 26 85 56 - www.terredupont.com - fermé de déb. nov. à Pâques - réserv. obligatoire - P - 1 ch. 110 €, 1 gîte 2 pers. 380/560 €, 1 gîte 4 pers. 800/1 000 €.* À proximité du grand menhir Men Marz, cette très belle chaumière du 15e s., entièrement rénovée, est entourée d'un joli jardin. Piscine (d'avr. à oct.) et sauna. Premier prix Finistère maison et jardin fleuri 2012.

ACTIVITÉS

Centre nautique de Brignogan-Plages – *Plage des Crapauds - 02 98 83 44 76 - www.cn-brignoganplages.fr.* Location, activités pour les enfants dès 3 ans, plongée et randonnées subaquatiques, kayak et voile.

AGENDA

Courses hippiques – *Hippodrome marin de la baie du Kernic - en août.*

Île d'Ouessant

★★★

848 Ouessantins – Finistère (29)

NOS ADRESSES PAGE 354

S'INFORMER

Office du tourisme de l'île d'Ouessant – *Pl. de l'Église - bourg de Lampaul - 29942 Ouessant - ☏ 02 98 48 85 83 - www.ot-ouessant.fr - 10h-12h, 14h-18h, dim. et j. fériés 10h-12h - fermé 1er janv. et 25 déc.*

SE REPÉRER

Carte de microrégion A1 (p. 316) – *carte Michelin Départements 308 A4.* Ouessant se rallie depuis Brest ou Le Conquet. Lampaul, le seul village de l'île, est logé au fond d'une crique bien protégée de la houle. Les autres bourgs sont disséminés sur l'île et reliés au village par de petites routes.

À NE PAS MANQUER

Flânez sur la côte sauvage en faisant escale à l'écomusée de l'île ; visitez le musée des Phares et Balises du phare du Créac'h.

ORGANISER SON TEMPS

Choisissez les marées hautes pour vous aventurer sur les côtes : le spectacle y est exceptionnel. Mieux vaut donc programmer votre séjour sur l'île pendant les grandes marées !

AVEC LES ENFANTS

Visitez le hameau de Niou Uhella pour ses deux habitations traditionnelles avec mobilier en bois d'épaves.

Bout de terre le plus occidental de la Bretagne, donc de France métropolitaine, Ouessant est un vrai « finistère ». Pour mériter cette île située au point de rencontre de l'Atlantique et de la Manche, il faut traverser une mer souvent houleuse, d'où l'adage : « Qui voit Ouessant voit son sang. » Vous découvrirez alors le caractère de cette contrée, protégée depuis 1969 par le Parc naturel régional d'Armorique.

Le phare du Créac'h.
B. Stichelbaut/hemis.fr

Se promener Carte de l'île

Bon à savoir – L'excursion en bateau à Ouessant est du plus haut intérêt : elle permet de voir le goulet de Brest, la pointe St-Mathieu, le chenal du Four et, à gauche, le fameux écueil des Pierres-Noires, les îles de Beniguet et Molène *(voir p. 353)* ainsi que le passage du Fromveur.

L'arrivée à Ouessant se fait dans la baie du Stiff, protégée par une grande jetée en béton. Du débarcadère, vous pouvez gagner le bourg de Lampaul *(à 4 km)*, qui regroupe tous les commerces, soit par une navette, soit en louant un vélo au port.

Des routes au départ de Lampaul mènent ensuite aux sites les plus remarquables de l'île. De nombreux chemins et sentiers permettent de la parcourir en tous sens, rejoignant de belles falaises ou d'agréables criques.

Lampaul

La **capitale de l'île** se distingue par ses maisons anciennes très bien entretenues, assorties de volets peints en bleu ou vert, couleurs traditionnelles de l'île. Son église (1860) arbore un clocher offert par la Couronne britannique en remerciement aux Ouessantins qui se dévouèrent lors du naufrage du *Drummond Castle*, en 1896. Le port exigu, uniquement utilisable à marée haute et par mer calme, regarde vers l'ouest. À proximité s'étend la vaste plage de sable de Corz.

Crique de Porz Yusin

Quittez Lampaul au nord par la rue qui passe devant la centrale électrique alimentant l'île.

On traverse plusieurs hameaux, aux maisons blanches et volets colorés, entourées de jardinets, avant d'arriver au joli site rocheux de Porz Yusin, un des rares abris de la côte nord.

DICTONS

« Qui voit Ouessant voit son sang », dit le proverbe, allusion aux naufrages qui ont fait, dans le passé, la mauvaise réputation de l'île. Ses sœurs bretonnes ne sont guère mieux loties. On dit ainsi : « Qui voit Molène voit sa peine », « Qui voit Groix voit sa croix » et « Qui voit Sein voit sa fin ». Reste une île, moins difficile d'accès, et plus immédiatement séductrice : « Qui voit Belle-Île voit son île. »

Presqu'île de Feunteun-Velen

Dans Lampaul, empruntez la rue qui longe le cimetière.

On passe à proximité du petit port de Lampaul. Derrière sa jetée, les barques des pêcheurs viennent trouver un abri sûr. La route contourne la baie profonde de Lampaul, bordée par les **plages** de Corz et du Prat. En son milieu se dressent les rochers du Grand Truk et Youc'h Corz. Puis on descend doucement vers la pointe de Porz Doun. Sur la gauche, la pyramide blanche du Runiou sert d'amer pour la navigation, c'est-à-dire de point de repère.

Pointe de l'extrême sud de l'île, la **pointe de Porz Doun** est bordée par des falaises. Elle offre une belle **vue** sur Lampaul, la pointe de Pern et le **phare de la Jument**. Ce dernier, construit en mer de 1904 à 1912, culmine à 42 m et abrite une corne de brume.

Phare du Stiff

Quittez Lampaul par la rue qui longe le flanc gauche de l'église.

La route atteint doucement le point culminant de l'île, 60 m à la **pointe de Bac'haol**. Le plus ancien phare d'Ouessant, construit par Vauban en 1695, comprend deux tours accolées ; l'une abrite l'escalier à vis *(126 marches)*, l'autre trois petites chambres superposées. Le feu porte à environ 50 km grâce à une lampe de 1 000 W halogène donnant une puissance de 600 000 candelas. Du sommet, un vaste **panorama★★** se développe sur les îles et le continent, du phare de l'île Vierge à la pointe du Raz.

À proximité du phare se dresse la nouvelle tour-radar (à 140 m de hauteur), équipée pour surveiller la route maritime passant au large de l'île.

Des sentiers mènent à la pointe de la **presqu'île de Cadoran** d'où l'on jouit d'une jolie vue sur la baie de Beninou et sur l'île de Keller, propice à la nidification des oiseaux. Une petite colonie de phoques évolue parfois sur la presqu'île.

Crique de Porz Arlan

Quittez Lampaul par la rue qui longe le cimetière, puis tournez à gauche.

La route laisse sur la droite la chapelle N.-D.-d'Espérance (1863) et, sur la gauche, l'aérodrome. Elle oblique sur la droite pour atteindre Porz Arlan.

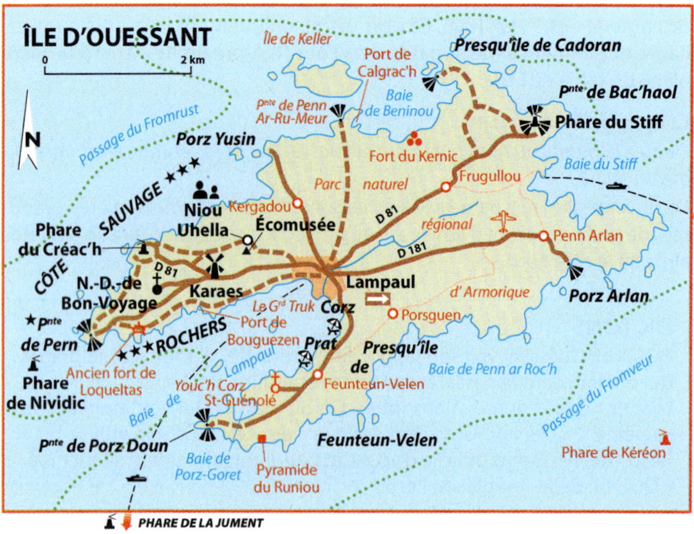

Une sentinelle en mer

Longue de 7 km, large de 4 km, l'île d'Ouessant domine la mer de 60 m en sa partie la plus élevée. Son nom vient de cette altitude, puisqu'au 4e s. elle s'appelait *Ouxisamé*, superlatif du *ux* gaulois, haut, c'est-à-dire la très haute. De la même façon, Ouessant s'écrit en breton **Enez Eusa** (*enez* : île), ce qui signifie « l'île la plus haute ».

COURANTS, RÉCIFS ET TEMPÊTES

Dans les annales maritimes, l'île est connue pour les difficultés de navigation qu'offrent ses parages, à cause de la brume fréquente, des innombrables récifs et des courants violents. Les plus connus sont le **Fromrust**, au nord-ouest, et le **Fromveur**. Chanté par Henri Queffélec, celui-ci est la ramification du Gulf Stream, au sud-est, et c'est l'un des plus rapides d'Europe (13 km/h). En hiver, le vent règne en maître et pousse, sur les côtes rocheuses et déchiquetées, les flots qui déferlent rageusement. Le brouillard se mêle aux lugubres avertissements des sirènes et aux mugissements du vent. Ces tempêtes peuvent se prolonger dix jours. L'été ramène le calme et une atmosphère plus sereine, analogue à celle des côtes de Bretagne. On réalise alors plus facilement combien le climat de l'île est doux.

ÉLEVEURS ET PÊCHEURS

Les femmes et les retraités de la marine constituent l'essentiel de la population dont les activités principales restent l'élevage et la culture vivrière. Bon nombre d'hommes travaillent sur le continent (région brestoise) ou en mer : pêche hauturière, lointaine ou côtière et plates-formes pétrolières.

Dans les enclos fort bien entretenus d'Ouessant, poussent légumes et pommes de terre. Les céréales, cultivées sur de plus grandes parcelles, servent à l'alimentation des volailles et bêtes d'élevage, des **moutons**, pour l'essentiel. Ils broutent une herbe maigre, mais chargée de sel, qui leur donne une chair aussi appréciée que les prés-salés de la baie du Mont-St-Michel.

Le premier jeudi de février donne lieu à une **grande foire**. Enfin, la culture des algues et l'élevage des moules tendent à développer une aquaculture très prometteuse.

LA PROTECTION DU MILIEU NATUREL

Ouessant est, depuis 1988, classée **Réserve de la biosphère de la mer d'Iroise** par l'Unesco. L'île a en effet conservé une très vaste zone naturelle propice à l'observation de la flore et des oiseaux migrateurs. Sur les 500 plantes recensées, certaines sont protégées comme l'isoète, une petite fougère, la centaurée maritime ou l'ophioglosse du Portugal. La faune d'Ouessant diffère de celle du continent. On n'y trouve aucun carnivore (ni renard, ni belette) et aucun serpent. Ceci s'explique par l'isolement précoce d'Ouessant, dont la séparation du continent est bien plus ancienne que celle de l'Angleterre. Elle remonte à la fin de la dernière glaciation : il y a 11 000 ans. Seules les espèces qui volent ont pu coloniser l'île après l'ère glaciaire. Ouessant accueille ainsi chaque année 400 espèces d'oiseaux, dont le rare crave à bec rouge, des oiseaux sibériens, tels le pipit richard ou le pouillot à grands sourcils, sans oublier les incontournables goélands, les fulmars, les cormorans huppés ou les huîtriers pie.

LE RAIL D'OUESSANT

En 1978, l'échouage dans cette zone de l'*Amoco Cadiz*, un pétrolier libérien chargé de 227 000 t de brut, provoqua sur le littoral breton la plus grande marée noire jamais enregistrée. Suite à cette catastrophe, il fut décidé de mettre en place une réglementation du trafic maritime obligeant les navires à passer sur une autoroute de la mer, appelée le « rail d'Ouessant ». En partie modifié à la suite du naufage de l'*Erika* (1999), ce rail comporte deux voies de navigation : l'une pour les bateaux qui montent vers la Manche, l'autre pour ceux qui en descendent, ces deux voies ne se croisant pas. Chaque jour, 150 à 200 bateaux, dont au moins huit transportent des produits jugés dangereux, passent au large d'Ouessant.

Dans cette crique charmante se sont nichés une minuscule plage de sable et un petit port abrité par une jetée. Belle **vue** sur la côte rocheuse, le Fromveur et le phare de Kéréon et, derrière, sur l'île de Bannec.

★★★ CÔTE SAUVAGE

Quittez Lampaul à l'ouest par une rue en montée. À 500 m, tournez à droite.

Écomusée de l'île d'Ouessant

Niou-Uhella - ✆ 02 98 48 86 37 - juil.-août : 10h30-18h ; avr.-juin, sept. et vac. scol. : 11h-17h, j. fériés 11h-18h ; reste de l'année : tlj sf lun. 13h30-17h30 - fermé 1er janv. - 3,50 € (-14 ans 2,40 €).

Au hameau de **Niou Uhella**, deux habitations traditionnelles, aménagées par le Parc naturel régional d'Armorique, retracent la vie ouessantine à travers diverses collections (costumes, outils agraires et domestiques, géologie de l'île). L'une de ces maisons comporte un mobilier typique d'Ouessant. Il est fabriqué avec du bois provenant d'épaves et peint en bleu, symbole de la protection de la Vierge.

Poursuivez en direction de la côte.

Moulin de Karaes

C'est le dernier moulin en bois de l'île. Bien campé sur sa base cylindrique en pierre, il servait à moudre grossièrement le seigle avec lequel les Ouessantins confectionnaient leur pain au début du 20e s.

Phare du Créac'h

Il indique, avec le phare britannique de Lands End, l'entrée de la Manche. Le feu est constitué de quatre lampes offrant une puissance lumineuse de 20 millions de candelas et une portée moyenne dépassant 60 km.

Musée des Phares et Balises – *✆ 02 98 48 80 70 - ♿ - juil.-août et vac. scol. : 10h30-18h ; avr.-juin et sept. : 11h-17h, j. fériés 11h-18h ; reste de l'année : tlj sf lun. 13h30-17h30 - fermé 1er janv. - 4,30 € (-14 ans 3 €) - possibilité de visite guidée (60mn).* Installé dans l'ancienne salle des machines, il présente turbine, lentilles, lampes et réflecteurs, et relate la fonction ainsi que la vie de gardien. Il retrace l'histoire de ces tours à feu depuis l'Antiquité jusqu'à nos jours – à l'origine, l'éclairage des phares consistait à faire brûler du charbon, du bois ou de l'huile dans un récipient placé au sommet d'une tour.

Centre d'étude du milieu d'Ouessant

✆ 02 98 48 82 65 - www.cemo-ouessant.fr.

Non loin du phare se trouve le CEMO, la seule station permanente d'observation des oiseaux migrateurs en France : *✆ 02 98 48 82 65 - www.cemo-ouessant.*

LE RAGOÛT D'AGNEAU : UNE CUISSON INATTENDUE

Vu la rareté des arbres, on utilisait pour combustible les ajoncs ou les mottes prélevées sur les pelouses littorales. La tradition se perpétue aujourd'hui pour la cuisson du ragoût d'agneau, grande spécialité d'Ouessant. Viande, carottes, oignons et pommes de terre sont disposés en couches successives dans une marmite en fonte que l'on dépose sur des mottes chaudes et que l'on recouvre entièrement d'autres mottes avant de laisser mitonner doucement le plat durant 4 heures.

fr - juil.-août et vac. de Pâques - 4 € (enf. 2,50 €) - 10 € billet famille. Il propose des sorties-nature thématiques : oiseaux marins, évolution du paysage et flore de la côte nord, faune et flore de la côte sud, algues et animaux du bord de mer, oiseaux migrateurs du littoral (2h). Également des sorties-nature et des sorties-marées spéciales enfants.

Contournez le phare par la droite afin de découvrir la côte.

Extraordinairement déchiquetés et continuellement battus par les flots, cette côte et ses **rochers★★★** offrent un spectacle hors du commun. Une passerelle située en avant du phare permettait autrefois d'accéder à la pointe du Créac'h, où se trouvait la sirène de brume. Les cargos et les pétroliers animent l'horizon ; des centaines de bateaux empruntent chaque jour le « rail d'Ouessant », surveillé nuit et jour par des patrouilleurs de la Marine nationale *(voir encadré p. 352)*.

Faites demi-tour, puis prenez à droite vers la pointe de Pern.

Chapelle Notre-Dame-de-Bon-Voyage

Située près de la pointe de Pern, cette chapelle appelée aussi St-Gildas, en souvenir de ce saint venu de Grande-Bretagne au 5e s., a été édifiée vers la fin du 19e s. Les gens d'Ouessant y viennent tous les ans, en pèlerinage, le 1er ou le 2e dimanche de septembre, jour du pardon de l'île.

La **Pointe de Pern★**, extrémité ouest de l'île, se prolonge par des rochers et récifs sur lesquels vient écumer la houle.

Au large, le petit **phare de Nividic** fonctionne automatiquement, de même que celui de la Jument, au sud-ouest de l'île.

À voir aussi Carte de microrégion

Molène

Souvent juste aperçue lors de la traversée vers Ouessant, la petite île (800 m x 1,2 km) doit sa réputation à l'habileté et au courage de ses marins. C'est à pied que l'on découvre le village et le sentier côtier ; excepté à côté du port, les plages sont couvertes de gros galets et la baignade est dangereuse à cause des courants. Les musées, très modestes, rappellent le dur travail des goémoniers, le courage des sauveteurs aux temps héroïques des canots à rame, et un drame qui a fortement marqué l'île : le naufrage du paquebot anglais *Drummond Castle*, le 16 juin 1896 *(voir p. 85)*.

NOS ADRESSES SUR L'ÎLE D'OUESSANT

ARRIVER/PARTIR

En bateau

Compagnie maritime Penn Ar Bed – *29229 Brest - ✆ 02 98 80 80 80 - www.pennarbed.fr - liaisons maritimes assurées tlj, tte l'année - juin-sept. : 29,90 € (-12 ans 17,90 €) ; oct.-mai : 19,70 €, w.-end 25,40 € (-12 ans 11,80/15,20 €).* Départ toute l'année de Brest et de Conquet vers Molène et Ouessant. Liaison estivale au départ de Camaret *(tlj en juil.-août ; jeu. en juin et sept.).* Réserv. obligatoire.

En avion

Finist'air – *Aérodrome de Brest - 29490 Guipavas - ✆ 02 98 84 64 87 - www.finistair.fr - dép. de Brest : 8h30 et 16h45 ; dép. d'Ouessant : 9h et 17h15 - fermé j. fériés - 66,20 € AS.*

TRANSPORTS

En voiture

Pour être autorisé à transférer une voiture sur Ouessant, il faut résider sur l'île au moins 2 mois par an.

À vélo

Bon à savoir – Les sentiers côtiers sont interdits aux vélos. Trois **loueurs de vélos** vous attendent en saison au port du Stiff et au bourg de Lampaul. En haute saison, mieux vaut réserver à l'avance.

Ouessantcycles – *✆ 02 98 48 83 44 ou 06 81 89 11 41.*

Cycle Évasion – *✆ 02 98 48 85 15.*

La Bicyclette – *✆ 02 98 48 81 34.*

En transport en commun

Des navettes relient le port du Stiff au bourg *(2 €/AS, 3,50 €/AR).*

Cars et taxis-navettes – Visites commentées *(13 €/pers.)* :

- **Mme Quantin** – *✆ 06 33 41 64 38.*
- **M. Quantin** – *✆ 06 07 90 07 36 ou 02 98 48 85 95.*
- **Taxi Blanc** – *✆ 06 07 90 07 36.*
- **Taxi Mauve** – *✆ 06 07 90 07 62.*

VISITE

Kalon Eusa – *✆ 06 07 06 29 02 - www.kalon-eusa.com - visite guidée 10 €/pers (5-14 ans 5 €), balade thématique nocturne et animation 16 € (5-14 ans 10 €).* Vous pouvez faire appel à Ondine Morin, une native de l'île aux talents de conteuse. Visite du bourg, du site néolithique de Mez Notariou et des sites remarquables de l'île. Plus insolite, l'île à la tombée de la nuit, à la découverte des phares, bouées et balises.

HÉBERGEMENT

PREMIER PRIX

Chambre d'hôte Ar Keo – *✆ 06 12 22 92 73 - http://lekeo.sopixi.fr/ - fermé janv.-fév. - 4 ch. 42 € - ☕ 6 €.* À la fois café, bouquinerie et boutique déco présentant le travail de créateurs d'inspiration celtique, cette grande maison au cœur de Lampaul recèle aussi 4 chambres douillettes se partageant 3 salles de bains. Petits-déjeuners et thé de l'après-midi se prennent dans la salle aux murs recouverts de boiseries 1900 et entourée de livres.

BUDGET MOYEN

Hôtel Le Roc'h Ar Mor – *Baie de Lampaul - ✆ 02 98 48 80 19 - www.rocharmor.com - avr.-nov. - ♿ - 15 ch. 60/89 € - ☕ 9,80 € - ✕ formules déj. 13/15 € - 18/30 €.* Le dernier hôtel avant l'Amérique ! Ambiance familiale et chambres sobres parfois dotées d'un balcon tourné vers la baie de Lampaul. Bar-brasserie pour ceux qui souhaiteraient dîner sur place.

POUR SE FAIRE PLAISIR

Hôtel Ti Jan Ar C'Hafé – *Kernigou - ✆ 06 60 89 29 23 - www.tijan.fr - fermé du 11 Nov. à fin mars sf pdt fêtes de fin d'année - 8 ch. 79/119 € - ☕ 10 €.* À l'entrée du bourg de Lampaul, ce petit hôtel de charme réserve un accueil convivial. Salle des petits-déjeuners lumineuse, terrasse et chambres avenantes.

RESTAURATION

PREMIER PRIX

Crêperie Ti A Dreuz – *À Lampaul, bas du bourg - ✆ 02 98 48 83 01 - avr.-sept. et vac. scol. - fermé dim. soir et lun. sf juil.-août - 2/7,50 €.* Ancienne maison où se retrouvent depuis des lustres les amateurs de crêpes. Une des deux salles ouvre sur un jardin fleuri.

BUDGET MOYEN

Hôtel Le Fromveur – *À Lampaul, r. du Fromveur - ✆ 02 98 48 81 30 - www.hotel-fromveur.fr - fermé de mi-nov. à mi-déc. et janv. - ♿ - 14 ch. 48/85 € ☕ - ✕ 11h30-14h, 19h-21h - 13,50/44 €.* Un petit hôtel familial, aux chambres simples, mais correctes. Menus copieux et accueil aimable.

Ty Korn – *Au bourg de Lampaul - ✆ 02 98 48 87 33 - fermé dim.-lun., 3 sem. en janv. et 3 sem. en nov. - formule déj. 15 € - menu soir 31 € - 37/48 €.* La meilleure adresse de l'île : accueil, ambiance et qualité, tout y est. Déco amusante en proue de bateau, avec la mer des deux côtés (peinte à la fresque par beau temps et par tempête). Spécialité de fruits de mer et poissons de ligne.

ACHATS

« **Ar Gwasked** » **L'Abri du mouton** – *À Lampaul, pl. de l'Église - ✆ 06 73 96 91 55.* Des babioles en laine de mouton : mobiles, boucles d'oreille, chaussons, cartes postales… Les rideaux « brise-bise » sont la spécialité de ce magasin unique en son genre créé par Isabelle Patard.

ACTIVITÉS

Centre nautique du Kornog – *À Lampaul - ✆ 06 30 78 79 86 - www.cnkornog-ouessant.com - juil.-août : 9h-12h, 14h-17h - fermé dim. mat.* Installé au port de Lampaul, ce centre nautique propose des stages et la location de matériel aux adeptes de voile, planche à voile, Optimist, kayak de mer…

Calèches du Ponant – *Attelage et équitation - Le Goubars - ✆ 02 98 48 89 29 ou 06 85 03 17 29 - www.cheval-cdp-29.fr.* Balades en calèche ou à cheval avec accompagnateur.

Breizh Kayak Evasion – *Le Port - 29259 Molène - ✆ 06 47 48 23 60 - www.bke29.com - de déb. avr. à fin sept. - pratique encadrée (1 à 3h) 15/35 € (enf. 10/13 €).* Le kayak de mer permet de découvrir l'archipel de Molène et s'approcher au plus près de sa faune. Sorties autour des îlots de Balaneg, Ledenez, Litiry, Béniguet ou encore Triélen où se niche une colonie de phoques.

AGENDA

Salon du Livre insulaire – *Association CALI - village de Toulalan - BP 10 - 29242 Ouessant - ✆ 06 81 85 41 71 - www.livre-insulaire.fr. 4e w.-end d'août.* Rencontres, conférences et animations.

Pardon de l'île – *1er ou 2e dim. de sept.*

Roscoff

★

3 626 Roscovites – Finistère (29)

NOS ADRESSES PAGE 360

S'INFORMER

Office de tourisme – *Quai d'Auxerre - 29680 Roscoff - ☏ 02 98 61 12 13 - www.roscoff-tourisme.com - juil.-août : 9h-12h30, 13h30-19h, dim. et j. fériés 10h-12h30, 14h30-19h ; reste de l'année : 9h15-12h, 14h-18h, Jeu. de l'Ascension et 8 Mai 10h-12h30 - fermé 1er janv., 1er Mai, 1er et 11 Nov.*

« Têtes en l'air sur les pas de Lilas » – *Circuit de 1h30 environ - gratuit.* L'office de tourisme propose un livret-jeu d'accompagnement dans la découverte du patrimoine de la ville pour les 7-10 ans.

SE REPÉRER

Carte de microrégion C1 (p. 316) – *carte Michelin Départements 308 H2.* Roscoff est située à 25 km au nord de la baie de Morlaix (empruntez la D 58) et à 25 km également de Landivisiau par la D 69.

À NE PAS MANQUER

Admirez le clocher de l'église N.-D.-de-Croaz-Batz, magnifiquement ouvragé, puis flânez parmi les 3 000 plantes australes du Jardin exotique en profitant de la vue panoramique sur la baie de Morlaix.

ORGANISER SON TEMPS

Prévoyez la visite de l'île de Batz l'après-midi, pour ne pas manquer le jardin Georges-Delaselle, ou passez-y la journée en profitant de ses plages.

AVEC LES ENFANTS

Le circuit d'interprétation « Têtes en l'air sur les pas de Lilas ».

Difficile de ne pas tomber amoureux de ce petit port où les nobles maisons d'armateurs alignent fièrement leurs façades de granit le long des ruelles. Que l'on y vienne pour profiter d'une thalasso à base d'algues, pour embarquer vers Plymouth ou Cork ou pour partir à la découverte de l'ambiance rurale de la tranquille île de Batz, on est immédiatement séduit par cette cité au charme un tantinet mystérieux empreint d'embruns.

Se promener Plan de ville

Maisons anciennes 1

Roscoff recèle de belles demeures en granit des 16e et 17e s. : place Lacaze-Duthiers et rue de l'Amiral-Réveillère. Dans cette dernière, remarquez la maison dite de Marie Stuart, à l'élégante façade ornée d'accolades.

★ Église Notre-Dame-de-Croaz-Batz 1

Cette église gothique (1545), remarquable pour son superbe **clocher★** Renaissance, fut financée par les armateurs et les marchands de la ville. Les murs extérieurs et la tour présentent, de ce fait, des caravelles sculptées en ex-voto.

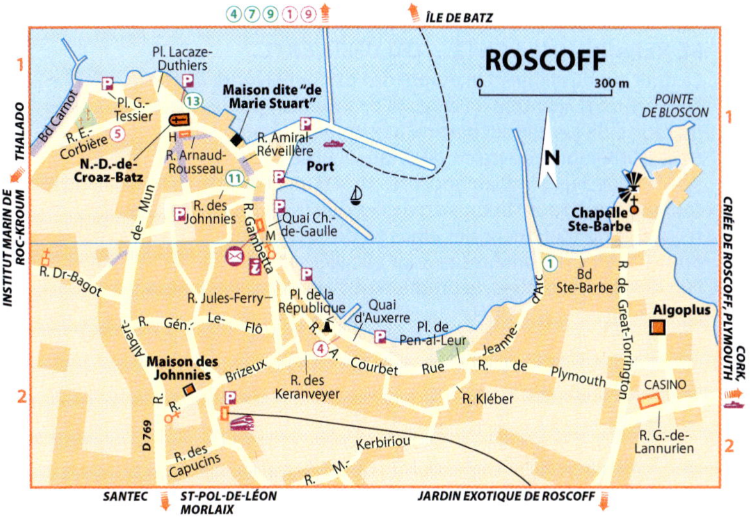

SE LOGER

- Bellevue (Hôtel Le) ... 1
- Centre (Hôtel du) ... 11
- Grand Hôtel Morvan ... 4
- Herbes Folles (Hôtel Les) ... 9
- Talabardon (Hôtel) ... 13
- Ti Va Zadou (Chambre d'hôte) ... 7

SE RESTAURER

- Cassonade (La) ... 1
- Couleurs du Temps (Crêperie Les) ... 9
- Écume des Jours (L') ... 4
- Moule au Pot (La) ... 5

À l'intérieur, sur le retable de l'autel du Sacré-Cœur *(bas-côté droit)*, remarquez quatre bas-reliefs en **albâtre★** du 16e s., dus à l'atelier de Nottingham : ils représentent la Flagellation, la Crucifixion, l'Ascension et la Pentecôte. Le **retable** du maître-autel (17e s.) à six colonnes torses est richement décoré de statues des évangélistes, d'angelots et de pampres. Dans l'enclos se trouvent deux **chapelles-ossuaires**.

Chapelle Sainte-Barbe 1

Préférez la marée haute pour vous y rendre. Contournez le port de pêche et laissez la voiture au parking sur la gauche.

Au milieu d'un joli jardin, trône la minuscule chapelle dédiée à sainte Barbe, dont les murs blancs servent encore d'amer aux marins. Belle **vue** sur la ville, le port, l'île de Batz, la pointe de Primel et le port en eau profonde de Bloscon.

MARINS ET PAYSANS

Port d'armateurs et de corsaires au 16e s., Roscoff est la vitrine commerciale du pays de Léon, celle par laquelle transitent les produits de l'arrière-pays, dont les fameux oignons, cultivés dès le 17e s. pour nourrir les équipages et commercialisés au 19e s. en Angleterre par les « Johnnies » *(voir p. 358)*. La construction d'un port en eau profonde et la création d'une relation maritime transmanche régulière au début des années 1970 ouvrent de nouveaux marchés pour l'agriculture léonaise : oignons, choux-fleurs, artichauts, qui prospèrent sur le terroir de la « ceinture dorée ». En parallèle, Roscoff a toujours conservé sa tradition de pêche et demeure aujourd'hui un important port crabier (lotte, sole et turbot en sus). Cela dit, le port de Bloscon voit avant tout transiter 650 000 passagers par an.

SE REFAIRE UNE SANTÉ… OU UNE VERTU

La douceur du climat et la pureté de l'eau ont favorisé dès la fin du 19e s. l'ouverture de centres de cures, à commencer par le sanatorium de la marquise de Kergariou, destiné aux enfants tuberculeux. Un centre de thalassothérapie s'ouvre en 1899. En parallèle se développe la recherche scientifique avec l'implantation dès 1872 d'un centre de biologie marine, toujours actif. Sous l'impulsion de ces deux secteurs, des entreprises de récolte et de traitement des algues à destination des industries cosmétiques et agroalimentaires se sont installées au 20e s., faisant de Roscoff l'un des grands centres de production d'algues du Finistère Nord.

Lorsque Sœur Anne Marie Madeleine de la Pénitence s'éteint le jour de Noël 1950, bien peu parmi les Roscovites se rappellent qu'il s'agit d'une des plus célèbres estivantes de la station. Connue à la Belle Époque sous le nom de **Liane de Pougy**, cette « cocotte », rivale de la Belle Otéro, et qui défraya la chronique lors de sa romance avec Nathalie Clifford Barney, fit du Clos Marie, sa résidence estivale de 1903 à 1926, un petit nid d'amour. Elle y recevait (entre autres) nombre d'artistes et d'écrivains, parmi lesquels le poète (né à Quimper) Max Jacob.

★ Jardin exotique de Roscoff Hors plan par 2

02 98 61 29 19 - www.jardinexotiqueroscoff.com - juil.-août : 10h-19h ; avr.-juin et sept.-oct. : 10h30-12h30, 14h-18h ; reste de l'année : 14h-17h - 5 € (-10 ans gratuit) - 6,50 € visite guidée - possibilité de visite guidée sur demande préalable lun.-jeu.

Cet extraordinaire jardin, qui a obtenu le label Jardin Remarquable, s'enroule autour du rocher de Roch-Hievec. Trois mille espèces de plantes subtropicales fleurissent et fructifient ici (entre autres, protéacées d'Afrique du Sud, eucalyptus, espèces d'Australie, du Chili et de Nouvelle-Zélande). Un escalier conduit au sommet du rocher (18 m), d'où l'on domine toute la baie de Morlaix, Roscoff, Carantec et le château du Taureau.

Maison des Johnnies et de l'oignon de Roscoff 2

02 98 61 25 48 - ♿ - visite guidée saison : 11h, 15h et 17h, jeu. 9h30, merc. 15h et 17h ; vac. scol. : lun.-mar. et jeu.-vend. 15h ; reste de l'année : mar., jeu. et vend. 15h - fermé w.-end (sf Fête de l'oignon en août et J. du patrimoine) - 4 € (-18 ans 2,50 €).

Les Johnnies : tel est le surnom donné par les Anglais aux Roscovites qui, à partir de 1828 et 1940, embarquaient chaque année à la fin juillet à bord de gabarres vers la Grande-Bretagne pour vendre leurs oignons. D'abord à pied puis sur leurs vélos, chargés de tresses d'oignons, ils sillonnaient pendant cinq à neuf mois les rues en faisant du porte-à-porte. Photos et témoignages retracent l'épopée de ces hommes passionnés et aventureux : il en reste une vingtaine aujourd'hui alors qu'on en comptait plus de 1 500 en 1929. Cultivé à Roscoff depuis le 17e s., l'oignon rosé de Roscoff a obtenu en 2009 son appellation d'origine contrôlée (AOC) et possède même une confrérie.

Excursion Carte de microrégion

ÎLE DE BATZ CB 1

Embarquement au vieux port de Roscoff : à marée basse au bout de la passerelle, à marée haute dans le port lui-même. Traversée : 15mn. Une vingtaine d'AR quotidiens en saison (attention aux horaires qui peuvent être modifiés en cas de grande marée). Les billets sont vendus au kiosque proche de l'embarcadère de

marée haute : 8,50 € AR (enf. 4,50 €), vélo 8,50 €. Trois compagnies fonctionnent de concert tte l'année sur les liaisons directes et sur les excursions :
Cftm - *02 98 61 78 87 - www.cftm-vedette-ile-de-batz.fr ;* **Armein** - *02 98 61 75 47 - www.armein.fr ;* **Armor Excursions** - *02 98 61 79 66 - www.vedettes.armor.ile.de.batz.fr.*
Outre la traversée, les compagnies assurent également des visites de la baie de Morlaix (au départ de Roscoff : 16 €, enf. 10 €) et des tours de l'île de Batz (1h avec arrêt sur l'île, 13 €, enf. 9 €).
Office de tourisme – *Au débarcadère - 02 98 61 75 70 - www.iledebatz.com - juil.-août : lun.-sam. 10h-12h30, 14h-16h.* Très utile si vous souhaitez séjourner sur l'île, car il peut vous aider à trouver un hébergement.
À 2 km du continent, l'île de Batz (prononcez Ba) est accessible par un étroit bras de mer où règnent de violents courants. Le bateau accoste dans la baie de Kernoc'h, autour de laquelle se concentrent le bourg et la station de sauvetage, très moderne. Le meilleur moyen pour partir à sa découverte est de louer un vélo sur l'île.
Longue de 4 km et large de 1 km, l'île est entourée au nord par une ceinture de récifs et jouit d'un climat très doux qui lui vaut le maintien d'une quinzaine d'exploitations agricoles, spécialisées dans les primeurs *(voir encadré p. 360)*.
L'île compte une vingtaine de plages et criques. Celle de la **Grève blanche** est l'une des plus remarquables. Au nord-est, vous trouvez les plages les plus abritées des courants grâce à la barrière d'écueils. Au sud-ouest, entre l'ancien fort et le bourg, les plages en contrebas du phare offrent un cadre agréable. On prend plaisir à déambuler dans les ruelles du bourg parmi les maisons de granit, la plupart agrémentées de jardins abondamment fleuris, le tout donnant envie de jouer les insulaires, l'espace de quelques jours.

Église

Au centre du bourg, elle a été construite en 1873. Son chœur abrite une statue en bois (17e s.) de saint Pol Aurélien, mort sur l'île en 573 *(voir encadré p. 366)*. Dans le bras gauche du transept, un tissu oriental appelé « étole de saint Pol » (8e s.) aurait appartenu à ce saint.

PETIT BRÉVIAIRE DE PÊCHE

Les **hauturiers** (qui ont trait à la haute mer) mesurent entre 18 et 27 m de long. Ils partent au-delà de 20 milles nautiques (environ 37 km) des côtes pour 14 jours au maximum. Composés d'un équipage de cinq hommes, ces bateaux en acier travaillent au chalut de fond et pêchent essentiellement lotte, raie, limande, roussette, cabillaud, émissole, merlan, saint-pierre, langoustines. Ces espèces sont conservées dans de la glace.
Les **bateaux côtiers** (entre 12 et 15 m de long) s'éloignent à moins de 20 milles des côtes pour une durée entre 24 et 96 h (selon un arrêté de 1973). La langoustine pêchée sur la grande vasière au nord du golfe de Gascogne est la cible de cette pêche qui est réfrigérée et non congelée ou salée comme la grande pêche.
La **petite pêche** est le monopole des petits bateaux (entre 6 et 12 m de long) dirigés par une seule personne. Ils sortent généralement pour la journée, le long des côtes. Ils pêchent à la ligne, au casier, à la palangre (lignes hérissées d'hameçons).

UN BOURG DE CAMPAGNE… EN MER

Sur l'île de Batz, les tracteurs rivalisent avec les bateaux de pêcheurs ! Le climat exceptionnellement doux et stable, grâce à l'influence du Gulf Stream, permet une production de primeurs avec parfois plus d'un mois d'avance sur les exploitations du continent. Fenouil, tomates, choux-fleurs, oignons, persil et autres salades, le tout cultivé en agriculture biologique. En effet, l'engrais utilisé est le goémon, algue collectée dans la mer alentour.

Phare

À l'ouest de l'île. ✆ 02 98 61 77 76 - accès au sommet (210 marches) juil.-août : tlj 11h-17h30 ; mai-juin et 1er -15 sept. : w.-end 14h-17h - 2,20 € (enf. 1,20 €).
Haut de 44 m, il se dresse au point le plus élevé de l'île (23 m).

Trou du Serpent

Au-delà du phare, gagnez la maison en ruine sur la dune et prenez le sentier à droite.
Une roche allongée, à quelques mètres de la côte, marque le lieu où saint Pol-Aurélien aurait précipité dans les flots, à l'aide de son étole, le dragon qui ravageait l'île.

Chapelle Sainte-Anne

À l'est de l'île.
Cette chapelle romane ruinée se dresse à l'emplacement du monastère fondé par saint Pol-Aurélien.

Jardin Georges-Delaselle

À l'est de l'île - ✆ 02 98 61 75 65 - www.jardin-georgesdelaselle.fr - avr.-oct. : 14h-18h - fermé mar., Vend. saint, dim. et lun. de Pâques - 5 € (-17 ans 2,50 €) - gratuit J. du patrimoine - possibilité de visite guidée sur demande (45mn).
Discrètement ceinturé de pins maritimes, ce beau jardin colonial fut créé en 1897 par Georges Delaselle, un amoureux de l'île. Longtemps abandonné après le décès de son créateur, il a retrouvé vie en 1987 lorsque le Conservatoire du littoral l'a pris en charge. Planté de palmiers, il recèle quelque 1 500 espèces de plantes, pour la plupart originaires de l'hémisphère Sud. Des sculptures contemporaines ponctuent la visite du jardin.

NOS ADRESSES À ROSCOFF ET SUR L'ÎLE DE BATZ

VISITE

Thalado-Centre de Découverte des Algues – *5 r. Victor Hugo - ✆ 02 98 69 77 05.* Pour en savoir plus sur les algues, passez dans ce centre : expositions, films et conférences y précéderont une sortie-terrain ; à la même adresse, **Le Comptoir des Algues** *(voir aussi « Achats »).*

Algoplus – *Z.A. du Bloscon - ✆ 02 98 61 14 14 - www.algoplus-roscoff.fr - visites juil.-août : lun.-vend. sf j. fériés 11h, 15h, 16h et 17h - gratuit.* Monique Poulet et Michel Perzinsky se sont lancés dans l'aventure de l'algue alimentaire en 1993. Récoltants et transformateurs, ils proposent une visite pédagogique de leur conserverie artisanale. Ils ont également ouvert une boutique sur le port *(voir « Achats »)*.

HÉBERGEMENT

Roscoff

BUDGET MOYEN

Hôtel Le Bellevue – *Bd Ste-Barbe - ✆ 02 98 61 23 38 - www.hotel-bellevue-roscoff.fr - de mi-mars à mi-nov. et 25 déc.-3 janv. - 18 ch. 60/69 € - ☕ 8,50 € - ✕ 19/29 €.* Échappée sur la mer depuis la salle du petit-déjeuner et de la plupart des chambres, un peu exiguës mais bien tenues. Les autres regardent un patio fleuri. Bar-pub attenant.

POUR SE FAIRE PLAISIR

Hôtel du Centre – *R. Gambetta, sur le port - ✆ 02 98 61 24 25 - www.chezjanie.fr - 16 ch. 59/99 € - ☕ 9,50 €.* Cet immeuble où jadis les « Johnnies » signaient leur contrat en vue de leur expédition annuelle a été reconverti en hôtel de charme. Vous trouverez d'agréables chambres où une attention extrême a été portée à la décoration, magnifiée par des vers de poètes bretons. Largement ouvert sur le port, le restaurant-bar à tapas **Chez Janie** propose une cuisine locale.

UNE FOLIE

Hôtel Talabardon – *27 pl. Lacaze-Duthiers - ✆ 02 98 61 24 95 - www.hotel-talabardon.com - de mi-fév. à déb. nov. - 37 ch. 95/189 € - ☕ 13 € - ✕ formule déj. 19 € - 35/63 €.* C'est une noble demeure d'armateur, située entre église et mer, qui accueille cet hôtel régi depuis 1890 par la famille Talabardon et dont le charme n'a d'égal que le confort. Une institution ! Le restaurant **(L'Espadon)** est réputé pour ses plateaux de fruits de mer.

Île de Batz

BUDGET MOYEN

Grand Hôtel Morvan – *Pors Kernoc - ✆ 02 98 61 78 06 - fermé déc.-janv. - 12 ch. 65 € - ☕ 7 €.* Seule l'annexe de l'hôtel, située en retrait du front de mer, est aujourd'hui ouverte à la clientèle et propose des chambres très simples. En revanche, c'est dans le bâtiment principal, et sa salle à manger au mobilier breton pleine de cachet, que l'on prend le petit-déjeuner.

Chambre d'hôte Ti Va Zadou – *Au bourg - ✆ 02 98 61 76 91 - www.tivazadou-iledebatz.fr - fermé 15 nov.-1er fév. - 4 ch. 65 € ☕.* Gaieté et art de vivre règnent en maîtres dans cette demeure en pierre aux volets bleus, dont l'enseigne signifie « la maison de mes pères ». Les chambres, coquettement décorées, jouissent d'une belle vue sur le port et un chapelet d'îlots. Location de vélos.

POUR SE FAIRE PLAISIR

Hôtel Les Herbes Folles – *Au débarcadère - ✆ 02 98 61 78 28 - www.hotel-iledebatz.com - 10 ch. 90/105 € - ☕ 9 € - ✕ 19,50/25 €.* Coup de cœur pour cet hôtel charmant qui vous attend à la sortie du débarcadère. Chambres personnalisées, décorées avec goût, certaines (sur l'arrière) dotées d'un petit jardin-terrasse privatif, et salon-bibliothèque collectif constituant un véritable belvédère donnant sur le port. Au restaurant, menu établi en fonction des arrivages.

RESTAURATION

Roscoff

BUDGET MOYEN

La Moule au Pot – *13 r. Édouard-Corbière - ✆ 02 98 19 33 60 - avr.-oct. - 12/25 €.* Accueil chaleureux et cadre agréable pour ce petit restaurant situé (un peu) à l'écart des sentiers battus, doté en outre sur l'arrière d'un jardin sous véranda. Au programme, des moules bien entendu, mais aussi des produits locaux tels que l'oignon rosé de Roscoff servi en compote sur une tartine : avec un petit verre de vin blanc bien frais, un régal !

POUR SE FAIRE PLAISIR

L'Écume des Jours – *Quai d'Auxerre - ✆ 02 98 61 22 83 - www.ecume-roscoff.fr - fermé 15 déc.-31 janv., mar. et merc. sf juil.-août - formule déj. 20 € - 31/54 €.* La salle principale de cette ancienne maison d'armateur (16e s.) a conservé ses deux cheminées. Terrasse face au port et cuisine régionale soignée.

Île de Batz

PREMIER PRIX

Crêperie Les Couleurs du Temps – *Au débarcadère - ✆ 02 98 61 75 75 - galettes 7,80/8,80 €, crêpes 2,20/6,80 €.* Crêperie salon de thé, installée dans une villa précédée d'un agréable petit jardin. On y privilégie les produits locaux qu'il s'agisse de poissons ou de légumes.

BUDGET MOYEN

La Cassonade – *Au débarcadère - ✆ 02 98 61 75 25 - www.lacassonade.fr - fermé mar. (juin), janv. et mars (sf vac. scol.) - ♿ - 12/25 €.* La cassonade est la spécialité sucrée, à base de pommes, de cette chaleureuse crêperie située près du débarcadère. Autre recette maison : la Batz Tate, assiette de pommes de terres bio cuites au four sur la terrasse (dans un vénérable « four communal » importé de Grande-Bretagne), et garnies de charcuterie et salade. Terrasse d'été au port et lumineuse salle à manger.

BOIRE UN VERRE

Sur l'île de Batz

Le Bigorneau langoureux – *Au débarcadère - ✆ 02 98 61 78 28.* Bar à vins et salon de thé (également petite épicerie fine) de l'hôtel des Herbes Folles *(voir « Hébergement »).* Idéal pour guetter, de l'air langoureux qui convient, l'arrivée de la vedette de Roscoff.

ACHATS

Marché – *Merc. mat.*

La Maison du kouign-amann – *18 r. Armand-Rousseau - ✆ 02 98 69 71 61 - 8h30-19h30 ; hors saison : tlj sf merc. 8h45-12h30, 14h-19h - fermé de déb. déc. à Pâques (sf vac. scol.).* La première chose que l'on voit en pénétrant dans ce lieu est la profusion de pâtisseries bretonnes, toutes plus appétissantes les unes que les autres. Le *kouign-amann* tire bien sûr avantage de sa notoriété, mais vous apprécierez tout autant le far et les gâteaux bretons nature ou aux pommes.

Le Comptoir des Algues – *Thalado - 5 r. Victor Hugo - ✆ 02 98 69 77 05 - www.algopole.fr et www.comptoir-des-algues.fr (vente en ligne).* Vente de produits cosmétiques à base d'algues.

Algoplus – *Quai Charles-de-Gaulle - lun.-sam. 10h30-12h30, 14h-19h, dim. 14h-19h.* Vous pourrez vous y procurer entre autres « persil de la mer », conserveries artisanales à base d'algues ou cosmétiques.

EN SOIRÉE

Casino Roscoff Loisirs – *Port de Bloscon - ✆ 02 98 69 75 84 - www.groupetranchant.com - 10h-2h du mat., w.-end et j. fériés 10h-3h.* Espace aéré, décoration chaleureuse et confort ouaté vous attendent dans ce casino pourvu d'un restaurant, d'un bar « lounge », de 90 machines à sous, d'une table de roulette anglaise, d'une de black-jack et d'une de Texas Hold'em poker.

ACTIVITÉS

Piscine – *R. Victor-Hugo - ✆ 02 98 29 20 20 - www.thalasso.com - 12h30-15h, 17h-19h45 (sam. 19h15), dim. 9h30-12h, 15h-19h15 - 13 € (-16 ans 10 €).* Piscine d'eau de mer chauffée (avec Jacuzzi et hammam).

Institut Marin Rockroum – *16 r. Victor-Hugo - ✆ 02 98 75 55 55 - www.thalasso.com - fermé 3 sem. en déc.* Berceau de la thalassothérapie au 19e s., Roscoff dispose toujours d'un établissement posté entre les plages de Rockroum et St-Luc, qui perpétue la tradition établie par le docteur Bagot. Le temps d'une journée ou d'un w.-end, vous pourrez découvrir l'enveloppement d'algues ou les soins par douches et jets, mais surtout la spécialité du centre : le massage selon la technique du « palper-rouler », autre invention roscovite (de 1933). Différentes formules avec hébergement possible.

Centre nautique de Roscoff – *Quai Charles-de-Gaulle - ✆ 02 98 69 72 79 - www.roscoff-nautique.com - saison : 8h30-12h, 13h30-18h30 ; reste de l'année : 8h30-12h, 13h30-16h - fermé dim. - 121/162 €/sem. navigation en voile légère (catamaran, déclic, caravelle) - 4 ans 105 € : stage jardin des mers, découverte ludique du milieu marin tout au long de la semaine.* Outre les activités nautiques de voile et de kayak, ce club initie et forme à la croisière côtière et hauturière. Pour l'une, le stage dure une semaine et mène à Paimpol ou vers les îles Anglo-Normandes. Pour l'autre, les destinations deviennent plus lointaines (Maroc, Portugal, Irlande) et plus longues (15 j. ou davantage). Bateau fillao, un voilier dériveur de 9 m, pour sortie avec les personnes à mobilité réduite. Cabotage à la journée.

Centre de Glisse de Santec – *Plage du Dossen - 29250 Santec - ✆ 02 98 29 40 78 - www.revesdemer.com - été : 9h-19h.* Accueil niché à l'abri d'une dune, ce petit club propose, en plus du char à voile, des cours de surf, kayak, bodyboard, waveski, ainsi que des stages de découverte des activités à la semaine.

Sur l'île de Batz

Roulez Jeunesse – *Au débarcadère - ✆ 02 98 61 76 91.* Location de vélos : 1h/3 €, 3h/7 €, 1/2 j/8 €, journée/10 €.

Excursion au château du Taureau

Vedettes de l'île de Batz – *✆ 02 98 61 78 87 - www.cftm-vedette-ile-de-batz.fr - h et tarif, se rens. - sur réserv.* L'excursion comprend la traversée, la visite du château et la découverte de la baie de Morlaix (3h). Les horaires changent en fonction de la marée *Voir p. 376.*

AGENDA

Fête de l'oignon rosé – *En août.* Sous l'égide de la noble confrérie de ses adorateurs, deux journées consacrées au seigneur de la table roscovite : marché, banquet où l'on déguste l'oignon sous toutes ses formes (en tarte, en soupe, en compote) et animations diverses.

Saint-Pol-de-Léon

★

6 904 Saint-Politains – Finistère (29)

NOS ADRESSES PAGE 368

S'INFORMER

Office de tourisme – *Pl. de l'Évêché - 29250 St-Pol-de-Léon - 02 98 69 05 69 - www.saintpoldeleon.fr - juil.-août : 9h-12h, 14h-19h, dim. et j. fériés 10h-12h ; reste de l'année : tlj sf dim. 9h-12h, 14h-18h - fermé 1er janv., 1er et 8 Mai, Jeu. de l'Ascension, 1er et 11 Nov.*

SE REPÉRER

Carte de microrégion C1 (p. 316) – *carte Michelin Départements 308 H2.* À 6 km au sud de Roscoff, St-Pol-de-Léon est accessible depuis Morlaix (20 km au sud-est) par la D 58.

À NE PAS MANQUER

L'ancienne cathédrale et la chapelle du Kreisker.

ORGANISER SON TEMPS

Une journée suffit à arpenter la ville et ses environs.

AVEC LES ENFANTS

Participez à une chasse au trésor au château de Kerjean.

Avec son ancienne cathédrale, ses clochers et ses belles maisons anciennes, celle dont Mérimée disait au 19e s. : « Toute la ville est une immense église », règne toujours sur le Léon. Quelques excursions en dehors de ses murs vous dévoileront les manoirs et les paysages policés de ce pays, sévère mais attachant, depuis toujours consacré à la culture légumière.

Se promener Plan de ville

★ Chapelle du Kreisker

Son magnifique **clocher★★**, haut de 78 m, fait sa célébrité. Il est inspiré de la flèche de St-Pierre de Caen, mais l'édifice breton, réalisé dans le granit, surpasse son modèle. Vauban a dit son admiration en le désignant comme « cette merveille d'équilibre et d'audace ». La partie haute, avec sa flèche, relève du style normand alors que la partie basse, avec le quadrillage de ses meneaux et la balustrade de son balcon en surplomb, témoigne du style perpendiculaire anglais.

À l'intérieur, l'église est couverte de berceaux de bois ; la seule voûte de pierre réunit les quatre énormes massifs qui soutiennent le clocher, dans le carré du transept.

On peut monter à la tour *(169 marches)*. De la plate-forme se dégage un très beau **panorama★★** sur la ville, l'île de Batz, la côte et les monts d'Arrée.

Rue du Général-Leclerc

Une succession de belles maisons anciennes se présente des deux côtés de la rue. Tout d'abord, au n° 9, une façade en bois est habillée d'ardoise. Puis, au n° 12, une demeure Renaissance est ornée d'une tourelle en encorbellement. Enfin, au n° 30, une maison datant de 1680 s'orne d'un beau porche et de lucarnes ouvragées.

★ Ancienne cathédrale

Les fondations datent du 12e s.; la nef, les collatéraux, la façade et les tours des 13e et 14e s.; les chapelles latérales, le chœur et l'abside des 15e et 16e s. Les architectes se sont inspirés de la cathédrale de Coutances et ont employé du calcaire normand pour la nef; le reste est en granit. La marque bretonne se retrouve dans les clochetons à la croisée du transept ainsi que dans les porches. Du côté nord, entre l'église et les bâtiments de l'ancien évêché *(mairie)*, un jardin public permet de voir le mur du transept nord avec des éléments d'époque romane. Le flanc sud possède un beau porche; au-dessus de la rosace, on aperçoit une sorte de chaire d'où étaient lues les sentences d'excommunication.
La **façade** est dominée par deux tours hautes de 50 m. De la terrasse qui surmonte le porche se donnait la bénédiction épiscopale. La petite porte, sous la tour de droite, était réservée aux lépreux.
Remarquez, à l'**intérieur**, un sarcophage roman qui sert de bénitier, un vitrail de 1560, la grande rosace du 15e s., les tombeaux d'évêques du Léon et deux retables du 17e s. Mais ce sont les **stalles★** (16e s.) sculptées du chœur qui retiennent l'attention. Au-dessus des enfeus contre le chœur, à droite dans le déambulatoire, 34 « boîtes à chef » en bois abritent des crânes exhumés de l'église ou du cimetière.

Maison prébendale

Datant du 16e s., c'est l'ancienne maison des chanoines du Léon. Un blason est le seul ornement de la façade.

Champ de la Rive Hors plan

Accès par la rue de la Rive. Agréable promenade ombragée. Par l'allée revêtue, à droite, gagner le haut du tertre couronné par un calvaire récent.
De la table d'orientation, beau point de **vue** sur la baie de Morlaix.

ST-POL-DE-LÉON

SE LOGER

Coz-Milin Mme Moysan (Chambre d'hôte) .... (2)
France (Hôtel de) .... (4)

SE RESTAURER

Kreiz Kastell (Crêperie-restaurant) .... (8)
Chalet sur la Plage (Le) .... (10)
Pomme d'Api (Auberge La) .... (6)

Îlot Sainte-Anne Hors plan

Accès par les rues de la Rive et de l'Abbé-Tanguy.

Au cours de la descente, la **vue★** embrasse toute la baie de Morlaix, parsemée d'îlots. Une digue permet d'accéder au rocher Ste-Anne et au port de la Groux, réservé à la plaisance. Le rocher, aménagé avec des bancs de repos, constitue un remarquable belvédère.

UN NOM DE PAYS

Le pays de Léon, territoire qui couvrait le nord du Finistère actuel jusqu'à Brest, avait pour capitale et évêché la ville de St-Pol-de-Léon, dont le premier évêque au 6e s. fut saint Pol Aurélien. Il a donné son nom à la ville, Kastell-Paol, devenue ensuite St-Pol.

À proximité Carte de microrégion

Plage du Dossen BC1

À Santec, à 4 km au nord-ouest par la D 75.

Longue de près de 1,5 km, cette plage est l'une des plus fréquentées de Bretagne Nord par les adeptes de sports nautiques. Sa côte, très découpée et battue par les vents et les marées, en fait le paradis de ceux qui pratiquent le surf, le kitesurf, le cerf-volant ou le char à voile.

★ Château de Kérouzéré B1

8 km à l'ouest. Quittez St-Pol-de-Léon par la D 788 en direction de Lesneven, puis suivez la route de Plouescat. Dans Sibiril, tournez à droite vers Moguériec et, à 500 m, à gauche vers l'entrée du château - ☏ 02 98 29 96 05 - visite guidée de mi-juil. à fin août : 14h30, 16h et 17h30 ; de déb. à mi-juil. et de mi-sept. à fin oct. : dim. et merc. 17h ; mai-juin : merc. 17h - 4 € (-18 ans 2 €) - parc gratuit.

Ce château féodal, en granit, est un intéressant témoignage de l'architecture militaire du début du 15e s. Il conserve trois puissantes tours d'angle à mâchicoulis. Le bel escalier dessert les étages où les vastes salles, les profondes embrasures des fenêtres bordées de bancs de pierre, le chemin de ronde et la tour du guetteur plongent le visiteur dans une atmosphère militaire.

Manoir de Tronjoly B1

10 km à l'ouest par la D 10. À la sortie de Cléder, prenez à droite ; deux piliers de granit marquent l'entrée de l'allée menant au château. ☏ 02 98 69 43 01 - www.cleder-tourisme.com - extérieurs (parc, chapelle et cour d'honneur) juil.-août : h, se rens. - gratuit - possibilité de visite guidée (45mn) des extérieurs en été, se rens. à l'office de tourisme.

Ce gracieux manoir, construit entre les 16e et 17e s., est orné de hautes lucarnes Renaissance. Une grosse tour carrée occupe l'un des angles de la cour d'honneur, qu'entourent le logis et une terrasse clôturée par une balustrade de pierre.

Berven B1

14 km au sud-ouest par la D 788.

La porte triomphale donnant accès à l'enclos paroissial est un bel exemple de l'art Renaissance, avec ses trois arcs en plein cintre et ses pilastres à chapiteaux.

★ **Chapelle Notre-Dame** – *☏ 02 98 69 98 18 - gratuit - se rens. à la mairie pour la clef.* La façade de cet édifice du 16e s. est surmontée d'une tour carrée que couronne un dôme à lanternons, orné de balustrades. Premier du genre en Bretagne (1573), il servit souvent de modèle.

Un jubé de bois précède la très belle **clôture★** du chœur, décorée de colonnettes cannelées en granit sur le devant et en bois sur les côtés. Dans le chœur, les belles stalles datant du 17e s. comportent des accoudoirs en forme de cariatides ailées.

★ Château de Kerjean B1

20 km au sud-ouest de St-Pol-de-Léon par la D 788 puis la D 30. ☏ 02 98 69 93 69 - www.cdp29.fr - juil.-août : 10h-19h ; avr.-juin et sept. : tlj sf mar. 14h-18h ; reste de l'année : se rens. - fermé 1er janv., 11 Nov. et 25 déc. - 6 € (-17 ans 1 €) - gratuit RV aux jardins (mai-juin) - possibilité de visite guidée (60mn).

Mi-forteresse, mi-palais Renaissance, ce château s'élève au centre d'un vaste parc. Vers 1550, Louis Barbier hérita de son oncle, le richissime abbé de St-Mathieu, et fit construire ces bâtiments protégés par un fossé. Il fit également élever une enceinte fortifiée dont les murs atteignent 12 m d'épaisseur. L'accès au château ne pouvait alors s'effectuer qu'en empruntant les deux ponts levants.

La cour d'honneur est ornée d'un beau **puits** Renaissance, entouré de trois colonnes corinthiennes. L'aile des remises, à droite, abritait autrefois les réserves, une forge et les logements des domestiques. De nos jours, elle accueille un diaporama qui raconte l'histoire de Kerjean.

On ne sait quel événement entraîna la ruine d'une bonne partie du logis principal qui abritait les appartements des seigneurs. La partie conservée constitue un musée d'art breton présentant un beau **mobilier** des 17e et 18e s. : lits clos, bahuts, coffres à grains.

Les cuisines, vastes pièces de plus de 6 m de hauteur, ont conservé deux cheminées monumentales et une imposante batterie de cuivres.

Une large **terrasse** dallée, soutenue par huit arcades, relie le pavillon de l'Horloge à la chapelle ; une occasion d'avoir une belle vue d'ensemble sur la cour d'honneur et les bâtiments qui l'entourent. La **chapelle** est coiffée d'une belle voûte en bois (1580) en forme de carène renversée, avec poutres et sablières sculptées.

Autour du château, le **parc** fait l'objet d'une ambitieuse campagne de restauration. Il est agrémenté d'une charmante **fontaine** Renaissance et d'un colombier de 9 m de diamètre.

Des expositions et animations (chasses au trésor, ateliers) sont proposées pendant l'année.

NOS ADRESSES À SAINT-POL-DE-LÉON

HÉBERGEMENT

BUDGET MOYEN

Hôtel de France – *29. r. des Minimes - ✆ 02 98 29 14 14 - www.hotel-saint-pol.com - fermé 3 sem. en janv. - 22 ch. 60/72 € - ☕ 8 €.* Dans une rue tranquille à deux pas du centre et du Kreisker, cet hôtel agréable dispose d'un vaste jardin fleuri, insoupçonnable depuis la rue. Accueil agréable.

À proximité

Chambre d'hôte Coz-Milin Mme Moysan – *Coz-Milin - 29233 Cléder - 10 km à l'ouest - ✆ 02 98 69 42 16 - www.gites-finistere.com/gites/cozmilin - 🅿 🚭 - 2 ch. 55 € ☕.* Cette demeure en pierre coiffée d'un beau toit d'ardoise est entourée d'un jardin fleuri. Ses chambres *(réservées aux non-fumeurs)* mêlent avec brio l'ancien et le contemporain. Le rez-de-chaussée se partage entre un élégant salon et la salle du petit-déjeuner.

RESTAURATION

BUDGET MOYEN

Kreiz Kastell – *12 r. aux Eaux - ✆ 02 98 69 15 83 - galettes 9/13 €, crêpes 4,60/7,40 €, grandes assiettes garnies 18/20 €.* Dans une belle maison du vieux Saint-Pol, une crêperie-restaurant conviviale proposant à ses hôtes des portions généreuses. Accueil très aimable et souriant.

Le Chalet sur la Plage – *Plage Sainte-Anne - ✆ 02 98 29 08 09 - tlj en juil.-août ; reste de l'année : fermé sept.-juin : mar. soir, merc. et dim. soir et déc.-janv. - formule déj. 11/12,50 € - 17,50/26,80 €.* Les pieds dans l'eau ou presque, au début de la jetée conduisant à l'îlot Sainte-Anne, ce « chalet » du littoral de Saint-Pol propose un menu où l'on choisira entre poissons de la criée et produits de la grande pêche. Salades composées pour les petits appétits.

POUR SE FAIRE PLAISIR

Auberge La Pomme d'Api – *49 r. Verderel - ✆ 02 98 69 04 36 - www.aubergelapommedapi.com - fermé dim. soir et lun. (seult lun. midi en juil.-août) - formule déj. 18/25 € bc - 40/75 €.* Poutres, pierres et cheminée monumentale font le cachet rustique de cette maison bretonne du 16e s. Cuisine « terre-mer » mêlant produits du terroir, épices et saveurs exotiques.

ACHATS

Marché – *Mar. mat. pl. du Parvis.*

Livres in Room – *R. du Gal-Leclerc.* Une librairie papeterie salon de thé sur le chemin allant de la cathédrale à la chapelle du Kreisker.

AGENDA

La cité connaît, de janvier à septembre, une animation extraordinaire durant la saison des choux-fleurs, artichauts (Fête de l'artichaut 1re semaine de juillet), oignons et pommes de terre. Il s'agit des productions traditionnelles du pays de Léon, connu pour son agriculture.

Baie de Morlaix

★★

Finistère (29)

NOS ADRESSES PAGE 377

S'INFORMER

Maison du tourisme baie de Morlaix monts d'Arrée – *Parvis St-Melaine - 29600 Morlaix - ✆ 02 98 62 14 94 - www.tourisme-morlaix.fr - juil.-août : 9h-19h, dim. et j. fériés 10h-12h30, 15h-18h ; juin et sept. : tlj sf dim. 9h-12h30, 14h-18h30 ; reste de l'année : tlj sf dim. 9h-12h30, 14h-18h - fermé 1er janv., 1er Mai, 1er et 11 Nov., 25 déc - 2e bureau au Pavillon de la Randonnée - pl. des Otages - ✆ 02 98 63 87 92.*

SE REPÉRER

Carte de microrégion C1 (p. 316) – *carte Michelin Départements 308 H2.* La baie s'ouvre plein nord à partir de Morlaix, jusqu'à Plougasnou à l'est, et Roscoff à l'ouest. La ville de Morlaix est traversée au nord par la N 12, qui vient de Guingamp (57 km à l'est) et file vers Brest (58 km au sud-est en passant par Landivisiau). La rive gauche de la baie est longée par une route magnifique, la D 769, qui se transforme en D 73. On accède à la rive droite par la D 76.

À NE PAS MANQUER

La visite du vieux Morlaix pour ses maisons à lanterne ; l'excursion au château du Taureau ; à Carantec, la vue imprenable sur toute la baie de Morlaix depuis la pointe de Pen-al-Lann.

ORGANISER SON TEMPS

Comptez une journée pour le tour de la baie. Vous pouvez finir la journée sur les plages de Carantec.

AVEC LES ENFANTS

Découvrez la vie rurale d'autrefois à l'écomusée de la Métairie à Plouigneau, partez sur les traces du loup au Cloître-St-Thégonnec et embarquez pour découvrir le château du Taureau.

Cette baie est l'une des plus belles de France. Un site enchanteur qu'il faut découvrir lorsque le crépuscule d'été y jette ses derniers feux. Tout au fond de l'estuaire, à cheval sur le Léon et le Trégor, se niche Morlaix, ville active et discrètement touristique qui conserve un beau quartier ancien.

Se promener Plan de ville

★ VIEUX MORLAIX AB 1-2

Avec la fin de la guerre de Cent Ans (1475) et la reprise du commerce avec les Anglais, Morlaix devint le grand port de commerce de la Manche. En outre, sa région produisait du lin, très recherché à cette époque, ce qui permit à nombre de nobles morlaisiens de s'enrichir, après avoir mis entre parenthèses leurs quartiers de noblesse. Prospère, la ville fit des envieux, tout particulièrement chez les voisins d'outre-Manche. Ainsi, certaines des demeures du Vieux Morlaix ont connu le pillage anglais de 1522, qui a valu à la ville une devise plutôt originale. L'histoire raconte en effet que les soldats britanniques s'étaient attardés dans les celliers. Les Morlaisiens, revenus dans leur cité, leur taillèrent alors des croupières. Après cet événement, ils ajoutèrent à leurs armes un lion faisant face à un léopard anglais, avec la devise : « S'ils te mordent, mords-les ! » Pour se protéger d'une nouvelle attaque, les Morlaisiens construisirent en 1542 le château du Taureau à l'entrée de la rade *(voir p. 376)*.

★ Viaduc AB1

Cette impressionnante construction à double étage et quatorze arches mesure 58 m de haut sur 285 m de long. Elle permet aux trains de franchir la vallée, une fonction primordiale pour une cité commerciale qui a dû batailler ferme pour obtenir le passage de la voie ferrée au 19e s. Le 1er étage est accessible aux piétons en empruntant la venelle de la Roche.

Rue Ange-de-Guernisac B1-2

Elle est bordée de belles maisons à encorbellement, à pans de bois : l'hôtel du Relais de France, au no 13, et les demeures des nos 9, 6 et 5. Au passage, jetez un coup d'œil dans les venelles du Créou et au Son.

Grand'Rue B2

Réservée aux piétons.

Des demeures du 15e s. sont ornées de statuettes de saints et de grotesques ; certaines boutiques basses prennent jour par une large fenêtre, l'étal, en particulier aux nos 8 et 10. La plus connue de ces constructions d'époque porte le no 9 : il s'agit de la **maison à pondalez** qui abrite un musée.

★ **Musée de Morlaix - Site de la maison à pondalez** – *✆ 02 98 88 68 88 - www.musee.ville.morlaix.fr - juil.-sept. : 10h-12h30, 14h-18h ; reste de l'année : tlj sf dim., j. fériés et lun. 10h-12h, 14h-17h, 1er dim. du mois 14h-17h - 4,50 € (-12 ans gratuit) - billet combiné avec le site du couvent des Jacobins.* Complètement restaurée, cette ancienne maison à pondalez est une des rares rescapées de la ville. Les pièces présentent l'organisation de ces maisons et l'évolution de la ville au cours des siècles. La salle du deuxième étage est dédiée à une exposition par roulement d'une ou plusieurs œuvres issues de la collection permanente du musée de Morlaix *(voir aussi le site du couvent des Jacobins, p. 372)*.

Maison « de la Reine-Anne » B2

9 r. du Mur - ✆ 02 98 88 23 26 - www.mda-morlaix.com - mai-sept. : 11h-18h - fermé dim. et certains j. fériés (se rens.) - 1,80 € - gratuit J. du patrimoine - possibilité de visite guidée (30mn).

Cette maison de trois étages en encorbellement (16e s.) est certainement le plus bel exemple encore visible de « maison à pondalez » *(voir encadré ci-dessous)*. La façade est ornée de statues de saints et de grotesques. L'**intérieur★** a gardé son magnifique décor sculpté dont on ne peut manquer d'admirer la patine. On voit une cour close éclairée par des verrières. Dans l'un des angles,

LES MAISONS À PONDALEZ

Les « maisons à lanterne », ou « à pondalez » (15e et 16e s.), sont une exclusivité morlaisienne. Elles s'organisent autour d'un grand espace central, une cour aveugle avec puits et cheminée, qui s'élève sur au moins trois niveaux, avec un escalier à vis en chêne orné d'un poteau d'angle sculpté et des galeries ou « ponts d'allée » desservant les étages.

SE LOGER

- Europe (Hôtel d')................................ 3
- Manoir de Coat Amour (Chambre d'hôte)................................ 1
- Manoir de Lanleya (Chambre d'hôte)................................ 5
- Port (Hôtel du)................................ 11
- Puits de Jeanne (Chambre d'hôte Auberge Le)................................ 9

SE RESTAURER

- Ar Bilig................................ 1
- Bains Douches (Les)................................ 4
- Cabestan (Le)................................ 6
- Estaminet (L')................................ 8
- Grange de Coatélan (La)................................ 10
- Hermine (Crêperie)................................ 13
- Terrasse (La)................................ 15
- Viaduc (Le)................................ 17

un très bel escalier à vis, colonne de 11 m faite d'une seule pièce, dessert les galeries des étages. Le pilier est orné de statues de saints, sculptées dans la masse. Entre le 1er et le 2e étage, remarquez une belle sculpture représentant un acrobate sur un tonneau.

En continuant vers la rue Haute, un escalier sur la droite conduit vers le **square du Château** qui offre de belles **vues★** sur la ville et l'aqueduc.

Église Saint-Mathieu B2

℘ 02 98 88 05 65 - www.tourisme.morlaix.fr - 14h-17h - fermé dim. et j. fériés - possibilité de visite guidée sur demande à l'office de tourisme.

Reconstruite en 1824, excepté la tour (16e s.), elle renferme, à gauche du maître-autel, une curieuse statue en bois de la **Vierge★** ou Vierge ouvrante, datant peut-être du 14e s. Fermée, elle représente la Vierge allaitant l'Enfant Jésus ; ouverte, elle abrite une Sainte-Trinité.

★ **Musée de Morlaix - Site du couvent des Jacobins** B2
Pl. des Jacobins - ✆ 02 98 88 07 75 - www.musee.ville.morlaix.org - juil.-sept. : 10h-12h30, 14h-18h ; reste de l'année : tlj sf dim., j. fériés et lun. 10h-12h, 14h-17h - 4,50 € (-12 ans gratuit) - billet combiné avec le site de la maison à pondalez.
Le lieu correspond à l'ancienne église des Jacobins, qui conserve au chevet une très belle **rosace★** du début du 15e s. Côté programmation, deux expositions temporaires par an alternent avec des présentations thématiques des collections permanentes *(voir aussi le site de la maison à pondalez, p. 370).*

À voir aussi Plan de ville

Manufacture des tabacs Hors plan par A1
Quai de Léon. Le corps principal de ce bel ensemble a été édifié entre 1736 et 1740 par Jean-François Blondel. Jusqu'au milieu du 20e s., plusieurs campagnes de construction lui ont donné son visage actuel. À l'arrêt depuis 1997, la manufacture retrouve une nouvelle vie avec un projet qui associe habitat, culture (Espace des sciences du pays de Morlaix), enseignement et entreprises. Quelques ateliers d'artistes y ont élu domicile.

À proximité Carte de microrégion

Ploujean C1
4 km au nord-est par la D 76.
Au nord de Morlaix, la commune de Ploujean *(rive droite de la baie)* est la patrie du poète **Tristan Corbière** (1845-1875) et de **Jean-Loup Chrétien**, premier spationaute français (le 24 juin 1982).

★ **Plougonven** C1
11 km au sud-est par la D 9, route de Callac.
Situé au pied des monts d'Arrée, ce bourg conserve un **calvaire★★** élevé en 1554. La croix à deux branches porte, en haut, les statues de la Vierge et de saint Jean ; au-dessous, deux gardes ; de chaque côté, les croix des larrons. Au pied de la croix principale, Descente de croix. Sur la plate-forme et autour du socle, plusieurs scènes de la vie du Christ. L'**église** (1523) est coiffée d'un élégant clocher à balcon avec tourelle d'escalier ; voyez aussi les gargouilles, véritable bestiaire où se reconnaissent chiens, lions et sangliers.
Manoir de Mézédern – *Sur la commune de Plougonven - ✆ 02 98 78 64 90 - visite guidée sur demande préalable à M. Meyer juin-sept. : 14h-18h - fermé lun. - 3 € (-18 ans gratuit) - 15-20 pers. mini - entrée libre parc.* Cet harmonieux ensemble des 15e et 16e s. est ordonné autour d'une cour intérieure autrefois complètement fermée. Ici, la demeure seigneuriale est située au-dessus de la grande porte cochère et piétonnière, d'où son nom de logis-porche. À l'intérieur, collections hétéroclites (ferronneries, serrures, costumes, vaisselle, etc.) reflétant les passions des propriétaires des lieux. Dans le parc, chapelle du 17e s.

Plouigneau C1
12 km à l'est par la N 12.
Le village breton, écomusée de la Métairie – *✆ 02 98 79 85 80 - www.levillagebreton29.wordpress.com - ♿ - avr.-oct. : 10h-12h, 14h-18h, dim. 14h-18h - fermé sam. et j. fériés - 4,90 € (-12 ans gratuit) - gratuit J. du patrimoine.*
Trois espaces – la maison d'habitation, le hangar des machines agricoles et la rue des métiers – retracent un siècle d'histoire d'un village du Trégor, de 1870

Le viaduc enjambe la ville de Morlaix.
B. Gardel / hemis.fr

à 1970. Un tracteur américain de 1916, une épicerie des années 1950, l'atelier du sabotier où l'on fabrique encore des sabots, le bourrelier qui travaille le cuir, la forge et la reconstitution des intérieurs ruraux vous transporteront à travers le temps !

Le Cloître-Saint-Thégonnec C2

13 km au sud par Plourin-lès-Morlaix, puis la D 111.

Musée du Loup – *02 98 79 73 45 - www.museeduloup.fr - - juil.-août : 14h-18h ; avr.-juin et sept.-nov. : dim. 14h-18h (vac. scol. : merc. 14h-18h) - 3,50 € (-12 ans 2,50 €).* Dans l'ancienne école du bourg, le musée évoque les mœurs de cette espèce, la longue lutte des habitants de la région pour s'en débarrasser (la dernière prime allouée pour un loup tué dans les monts d'Arrée fut versée en 1885 à un habitant de la commune) et l'importance mythique d'un animal qui disparut de Bretagne au début du 20e s.

Le musée met à disposition des enfants un questionnaire à remplir après la visite et qui complète leur connaissance du loup.

Réserve des landes du Cragou – *02 98 79 71 98 - www.bretagne-vivante.org - juil.-août : lun. et vend. 15h-17h30 - 5 € (-12 ans gratuit) - sortie nature à la découverte des landes de Cragou (2h), dép. du parking face au musée du Loup. Se munir de vêtements appropriés à des sorties tous terrains et tous temps.* Les busards, dont le busard St-Martin, règnent sur ce territoire qui accueille de nombreux oiseaux et plantes rares (orchidées, fougères primitives, etc.).

Guerlesquin C2

26 km à l'est de Morlaix par la N 12. À Plouégat-Moysan, prenez la D 42.

Office de tourisme – *Pl. du Présidial - 29650 Guerlesquin - 02 98 72 84 20 - www.guerlesquin.fr - juil.-août : 10h-13h, 14h-18h, lun. 10h-18h ; reste de l'année : se rens. à la mairie - 2e bureau pl. Martray - 02 98 72 81 79.*

Cette petite cité de caractère est l'une des portes d'entrée du Parc naturel régional d'Armorique. Tout en longueur, elle concentre depuis des siècles ses activités commerciales autour de sa place principale : la ville est connue pour son marché au cadran, celui aux bovins du lundi matin et celui des veaux du mardi après-midi *(se renseigner au ✆ 02 98 72 84 20)*. Elle perpétue en cela une longue tradition de lieu de **foires et de marchés**, dont elle a su tirer profit, comme en témoigne son riche patrimoine architectural.

Ne manquez pas la chapelle St-Jean (fin 17e s.), vestige du couvent des Dames Paulines, l'église St-Ténéran, qui a gardé son clocher du 16e s. (le reste a été reconstruit en 1859), l'ancienne prison seigneuriale (1640), dite « Le Présidial », de style Renaissance, les halles de granit de la fin du 19e s. et les demeures de granit autour de la place du Martray, dont certaines datent du 16e s., comme la Maison de la Tourelle.

Circuits conseillés Carte Baie de Morlaix

★ DE MORLAIX À TÉRÉNEZ

Circuit de 19 km tracé en gris sur la carte ci-contre. Quittez Morlaix au nord par la D 76.

La route longe en corniche la rivière de Morlaix (port de plaisance et port sablier).

Passé le pont, on gagne le petit port ostréicole de **Dourduff**, où s'abritent les bateaux des mareyeurs. On découvre ensuite la belle route bordée d'arbres de la vallée du Dourduff. Le parcours en bord de mer procure de belles **échappées★** sur la baie de Morlaix, le château du Taureau et la presqu'île abritant le cairn de Barnenez.

★ Grand Cairn de Barnenez

✆ 02 98 67 24 73 - http://barnenez.monuments-nationaux.fr - ♿ - mai-août : 10h-18h30 ; reste de l'année : tlj sf lun. 10h-12h30, 14h-17h30 - fermé 1er janv., 1er Mai, 1er et 11 Nov., 25 déc - 5,50 € (-26 ans gratuit) - possibilité de visite guidée sur demande (45mn).

Sur la presqu'île de Kernéléhen, prolongée par l'îlot de Stérec, cet imposant tumulus à gradins de pierres sèches, appelé **cairn**, domine la baie de Térénez et l'estuaire de la rivière de Morlaix. À la suite de fouilles (1955-1968), onze chambres funéraires furent découvertes sous des tables de pierre. Leurs entrées sont orientées au sud, précédées chacune d'un couloir de 7 à 12 m. D'après la couleur des pierres, on distingue deux étapes de construction. Le premier cairn (4 600 av. J.-C.) est en dolérite, roche verte du pays. Le second cairn, vers la pente, est plus jeune de deux siècles : il se reconnaît au granit clair, dont le gisement le plus proche se trouve dans l'île Stérec.

Faites demi-tour et tournez à gauche à la sortie de St-Gonven.

Térénez

Très agréable petit port typiquement breton. Centre de voile.

★★ DE MORLAIX À L'ÎLE CALLOT

Circuit de 14 km tracé en rouge sur la carte ci-contre. Quittez Morlaix par la D 73 en direction du nord.

La D 73 longe la rive gauche de la rivière de Morlaix. Deux points de **vue★** avant d'arriver à Carantec permettent de découvrir l'estuaire s'ouvrant au fur et à mesure sur la baie, parsemée d'écueils et d'îlots. Le spectacle est particulièrement superbe à marée basse.

Carantec

Office de tourisme – *4 r. Pasteur - 29660 Carantec - ✆ 02 98 67 00 43 - http://tourisme-morlaix.fr/Office-de-tourisme-de-Carantec.html - juil.-août : 9h30-19h, dim. et j. fériés 9h30-12h30, 14h30-17h30 ; avr.-juin et sept. : tlj sf dim. 9h30-12h30, 14h30-17h30, j. fériés 10h-12h30, lun. 14h-17h30 ; reste de l'année : tlj sf dim. et lun. 9h30-12h30, 14h-17h30 - fermé 1er Mai, 1er et 11 Nov., 25 déc.*

Située sur une presqu'île, entre l'estuaire de la Penzé et la rivière de Morlaix, Carantec est une station balnéaire familiale, aujourd'hui labellisée « Famille Plus », déjà prisée dès les années 1900 comme en témoignent les élégantes villas qui s'élèvent sur sa côte. Les plages les plus importantes sont celles de la grève Blanche et de la grève du Kélenn, la plus étendue.

Carentec abrite également la **réserve ornithologique de la baie de Morlaix**. Ricard, Beclem et l'île aux Dames comptent parmi les îlots où viennent hiverner près de 60 000 oiseaux. L'église moderne de Carantec présente dans l'abside une belle **croix de procession★** (1652) en argent.

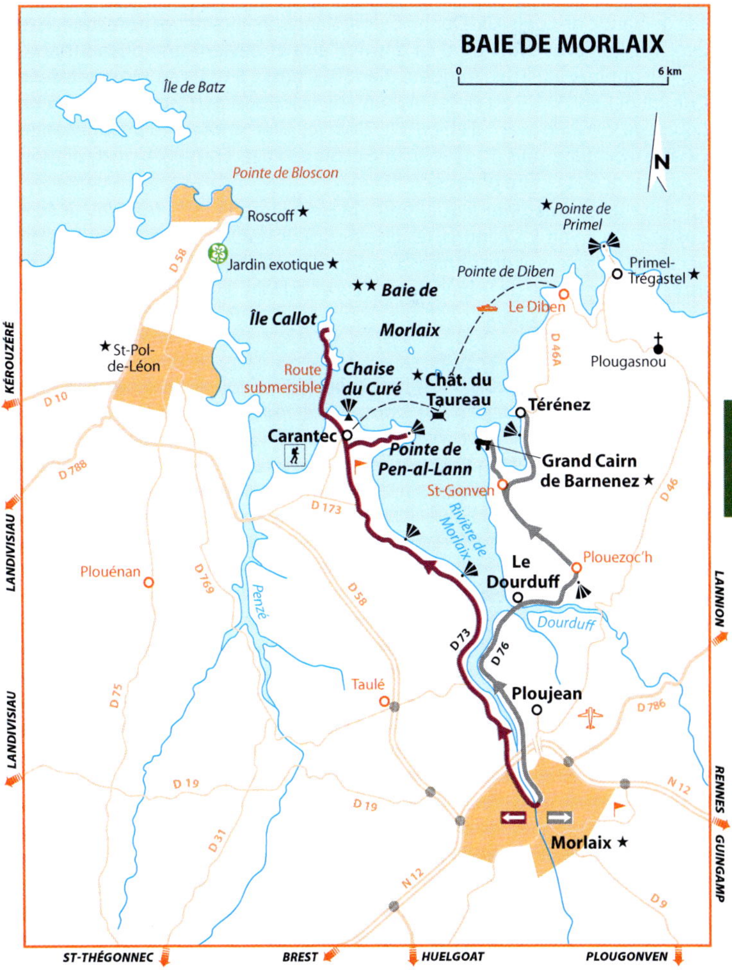

Musée maritime – *☏ 02 98 67 00 43 - de mi-juin à mi-sept. : 14h30-18h30 ; reste de l'année : se rens. - fermé lun., 1er janv. et 25 déc. - 3 € (-18 ans 1,50 €) - gratuit J. du patrimoine - possibilité de visite guidée (90mn).* La vie maritime régionale y est évoquée : ostréiculture, flore et faune de la baie de Morlaix, ramassage du goémon.

★★ Excursion au château du Taureau

☏ 02 98 62 29 73 - www.chateaudutaureau.com - visite guidée avr.-sept. : en fonction des marées, 2 départs de Carantec et Plougasnou, se rens. car les horaires changent en fonction de la marée - sur réserv. - 13,50 € (enf. 6,50 €) - la visite comprend le trajet en vedette et la visite du fort. Les départs en vedette se font à partir de Carantec (plage de Kelenn) et de Plougasnou (Port du Diben) : compter 2h dont 1h de visite ; également une excursion à partir de Roscoff (voir p. 363).

L'arrivée sur le **château du Taureau★**, un fort de granit doré au milieu des flots, est impressionnante.

Un fort fut élevé ici en 1542 pour protéger Morlaix des attaques des Anglais attirés par ce riche port. Il fut remanié quelques années plus tard par Vauban à la demande de Louis XIV. Quand Colbert lance une politique protectionniste avec les Anglais, le fort perd sa raison d'être et devient une prison (parmi les prisonniers illustres, Auguste Blanqui y passa 6 mois au moment de la Commune). En 1914, il est classé Monument historique, puis loué par la mère de Louise de Vilmorin avant d'être occupé par les Allemands pendant la Seconde Guerre mondiale, puis de devenir une école de voile. En 1996, sa restauration a commencé et a duré dix ans.

Sa visite laisse imaginer à quel point la vie à l'intérieur du fort devait être austère. On y voit les canons, les citernes pour l'eau douce et les pièces où vécurent militaires et prisonniers. Des terrasses, on bénéficie de magnifiques **vues** sur l'ensemble de la baie de Morlaix et, au loin, sur les tours de la cathédrale de St-Pol-de-Léon.

Île Callot

Une chaussée submersible, mais praticable par les voitures à mi-marée, relie le port de la grève Blanche à l'île (parc de stationnement à l'entrée). Surveillez l'heure de la marée si vous ne souhaitez pas dormir sur l'île... 2h suffisent pour la parcourir. Cet excellent lieu de pêche abrite les deux charmantes **plages** de Park an Iliz et de Park an Aod.

Randonnée

Vers la pointe de Pen-al-Lann

2h30 à pied. Praticable pour tous.

Empruntez la rue du port pour rejoindre le sentier côtier qui conduit au site de la **Chaise du Curé**. On raconte que pendant la Première Guerre mondiale, le curé de Carantec venait y lire son bréviaire, assis sur cette plate-forme rocheuse d'où la **vue★** se développe, à gauche, sur la grève de Porspol et la grève Blanche ; au loin, sur St-Pol-de-Léon et Roscoff ; à droite, sur la pointe de Pen-al-Lann. Pour la rejoindre, continuez sur le sentier qui croise les plages du Kerlen et celle du Penker. Appréciez le côté sauvage de la pointe du Cosmeur avant d'arriver à celle de Pen-al-Lann. La **vue★★** s'étend sur la côte depuis la pointe de Bloscon, à l'ouest, jusqu'à celle de Primel, à l'est. En face, se dresse le **château du Taureau**. Retrouvez la route à droite. Le parc Claude-Goude offre une halte agréable à l'ombre de son arboretum avant de rejoindre la plage du Kerlen par la rue de Crantok.

NOS ADRESSES DANS LA BAIE DE MORLAIX

VISITE

« Le Léon à fer et à flots » – *02 98 62 07 52 - www.aferaflots.org - avr.-sept. : sur demande préalable - 29 € (-11 ans 15 €).* Une journée complète de découverte guidée à pied, en train et en bateau de Morlaix, sa baie et les paysages du Léon, St-Pol-de-Léon, Roscoff…

HÉBERGEMENT

Morlaix

POUR SE FAIRE PLAISIR

Hôtel du Port – *32 quai de Léon - 02 98 88 07 54 - www.lhotelduport.com - 25 ch. 60/82 € - 8,50 €.* Face au port de plaisance, un hôtel sympathique et sans prétention aux chambres dotées de doubles vitrages.

Hôtel d'Europe – *1 r. d'Aiguillon - 02 98 62 11 99 - www.hotel-europe-com.fr - fermé 17 déc.-3 janv. - 59 ch. 66/120 € - 9,50 €.* De belles boiseries sculptées du 17e s. ornent le hall et l'imposant escalier de cet édifice bicentenaire. Préférez les chambres refaites, plus joliment décorées. Accueil aimable.

Sur les rives de la baie

POUR SE FAIRE PLAISIR

Chambre d'hôte Auberge Le Puits de Jeanne – *Lieu-dit Penn-An-Nec'h - 29650 Plouegat-Moysan - 02 98 79 20 15 - www.lepuitsdejeanne.com - P - 6 ch. 77 € - 18/21 €.* C'est dans cette ancienne étable (poutres et pierres apparentes) que vous dégusterez le *kig ha farz* et le *bara kig*, fameuses spécialités locales servies sur des plateaux en bois. Soirées à thèmes. Chambres d'hôte harmonieusement décorées et gîtes installés dans une maison indépendante entièrement rénovée.

Chambre d'hôte Manoir de Coat Amour – *Rte de Paris - 02 98 88 57 02 - www.gites-morlaix.com - P - 6 ch. 89/122 € - table d'hôte 38/54 € bc.* Sur les hauteurs de Morlaix, ce manoir du 19e s. appartient aujourd'hui à un couple d'Anglais fort accueillant. Les chambres spacieuses, donnant sur le parc, sont décorées de meubles anciens. Table d'hôte certains soirs sur réservation.

Chambre d'hôte Manoir de Lanleya – *Au bourg de Lanleya - 29610 Plouigneau - 02 98 79 94 15 - www.manoir-lanleya.com - P - 5 ch. 81 €.* Vu la remarquable restauration, on a du mal à croire que ce manoir du 16e s. fut sauvé in extremis de la ruine. Les chambres sont de véritables petits bijoux ; la plus réussie adopte le style Louis XV. Le jardin fleuri longé par une rivière est délicieux.

RESTAURATION

Morlaix

PREMIER PRIX

Ar Bilig – *6 r. au Fil - 02 98 88 50 51 - fermé dim.-lun. hors saison et lun. midi en juil.-août - - 9 €.* Les habitués ne s'y trompent pas : on ne vient pas ici pour admirer le décor, mais pour faire bombance de crêpes copieusement garnies de produits recueillis quotidiennement dans une ferme voisine. Un régal.

BUDGET MOYEN

Crêperie Hermine – *35 r. Ange-de-Guernisac - 02 98 88 10 91 - www.restaurantmorlaix.com - menu déj. 12 € bc (sem.) - 14/25 € - ouv. tlj tte l'année, juil.-août accueil des clients jusqu'à 22h (reste de* *l'année seult vend.-sam.).* Poutres, tables en bois ciré et objets campagnards composent le décor de cette sympathique crêperie bordant une rue piétonne. Spécialités de galettes aux algues fraîches.

La Terrasse – *31 pl. des Otages - ✆ 02 98 88 20 25 - www.laterrasse-morlaix.com - fermé dim. - 14/35 €.* Dans un cadre prestigieux datant de 1885, en plein centre de Morlaix, les jeunes propriétaires proposent une cuisine de brasserie variée et inventive.

Les Bains Douches – *45 allée du Poan-Ben - ✆ 02 98 63 83 83 - fermé lun. soir, sam. midi et dim. - formules déj. 10,80/17 € - 24,50/28,50 €.* Il vous faudra franchir la passerelle enjambant le Jarlot pour accéder à ce restaurant original, installé dans les murs des anciens bains municipaux (1904). Intérieur façon bistrot parisien, avec carrelages et verrière rescapés de l'ancienne structure. Plats traditionnels.

Le Viaduc – *3 rampe Ste-Mélaine - ✆ 02 98 63 24 21 - fermé dim. soir et lun. (sf juil.-août) - formule déj. 16 € - 26/58 €.* Spécialités de viandes, mais aussi charcuteries de tradition, *kig ha farz* et huîtres de Carantec au programme !

POUR SE FAIRE PLAISIR

L'Estaminet – *23 r. du Mur - ✆ 02 98 88 00 17 - www.restaurant morlaix.com - 28/45 €.* Dans une rue piétonne sympatique du vieux Morlaix, restaurant à deux visages : bistrot-bar à vins en façade, esprit lounge sur l'arrière. Bon accueil et cuisine traditionnelle.

En dehors de Morlaix

POUR SE FAIRE PLAISIR

Le Cabestan – *Au port - 29660 Carantec - ✆ 02 98 67 01 87 - fermé lun.-mar. et 5 janv.-6 fév. - 22/40 €.* On vient ici pour déguster des plats de type brasserie, orientés produits de la mer. À l'étage, beau panorama sur l'île Callot.

La Grange de Coatélan – *Coatélan - 29640 Plougonven - ✆ 02 98 72 60 16 - www.lagrangedecoatelan.com - ⊠ - sur réserv. - menu 23 € - 5 ch. 49/59 € - ☕ 7 €.* Cet ensemble du 18e s. composé de trois charmantes maisons de tisserand a beaucoup d'allure. Le restaurant, habillé de bois blond et agrémenté d'un bar en forme de coque de bateau, est convivial. Les chambres, décorées avec goût, ouvrent sur la campagne.

BOIRE UN VERRE

Martin – *29 pl. des Otages - 29600 Morlaix - ✆ 02 98 88 01 65 - mar.-sam. 9h-12h30, 14h-19h30, dim. 9h-13h, 14h30-19h - fermé 2 sem. fin janv., dern. sem. de juin et 2 sem. déb. sept.* Cette pâtisserie-salon de thé est reconnaissable à sa singulière façade et à ses deux anges datant de 1830. La famille Martin officie avec brio depuis quatre générations. La spécialité de la maison : la galette bretonne et le russe, une pâtisserie avec crème et biscuit aux amandes.

À la Lettre Thé – *9 pl. des Viarmes - ✆ 02 56 45 54 06 - www.alalettrethé.blogfspot.fr.* Une maison avec « pignon sur rue », où l'on peut consulter les livres en dégustant un Rooibos Bissup à la fleur d'hibiscus, ou un Oloong de Maïkaburi. Rencontres littéraires.

ACHATS

Bon à savoir – La rue Ange-de-Guernisac à Morlaix est la rue des arts, des artistes et des artisans. Ici se succèdent peintre, céramiste, sculpteur, couturier, ébéniste…

Marchés – *Sam. mat. à Morlaix pl. des Otages et pl. Allende ainsi que Grand-Rue; lun. mat. à Guerlesquin.*

Domaine de Kervéguen – *29620 Guimaëc - ✆ 02 98 67 50 02 - www.kerveguen.fr - juil.-août : tlj sf dim. et j. fériés 10h30-18h30; avr.-juin, sept. et vac. scol. : tlj sf dim. et j. fériés 14h30-18h; oct.-mars (sf vac. scol.) : sam. 14h30-18h ou sur RV.* Ce producteur de cidre breton artisanal, élevé en fûts de chêne, vous ouvre sa cave *(visites gratuites)* et vous expose les secrets de son savoir-faire. Sa cuvée Prestige « Carpe Diem » fut choisie par l'Élysée en 1997. Dégustation de cidre à l'ancienne, pommeau et fine.

ACTIVITÉS

Visite de la baie – Croisière au départ de Roscoff *(voir p. 359)*.

Activités nautiques

Carantec Nautisme – *Plage du Kelenn - 29660 Carantec - ✆ 02 98 67 01 12 - www.carantec-nautisme.com - juil.-août : 9h-19h; de mi-mars à fin-juin et de sept. à mi-nov. : lun.-sam. 9h30-12h, 14h-17h30.* La plage du Kelenn est le point de départ pour des sorties nautiques en tous genres (dériveur, catamaran, planche à voile, kayak, etc.) au cœur de la baie de Morlaix. Location, cours particuliers et stages.

Cyclotourime

Pavillon de la Randonnée – *Pl. des Otages - 29600 Morlaix - ✆ 02 98 63 87 82 - VTC adultes ou vélo électrique (à l'heure 5/10 €), à la demi-journée (8/16 €) ou à la journée 12/24 €.* Le Pavillon de la Randonnée, situé au pied du viaduc, propose un service de location de vélos. Des circuits sont proposés pour sillonner les venelles ou rejoindre la voie verte vers Carhaix ou l'itinéraire Vélodyssée vers Roscoff.

EN SOIRÉE

Bon à savoir – Morlaix est la ville aux établissements centenaires, tels le Café de l'Aurore, La Cabane et la pâtisserie Martin. À noter également, la brasserie Coreff (premier fabricant de bières bretonnes), et La Maison des Vins dans une belle maison à pendule du 16e s.

Le Tempo – *Cours Beaumont - 29600 Morlaix - ✆ 02 98 63 29 11 - tlj sf dim. et j. fériés 10h-1h, sam. 17h-1h.* Coloris vifs et métal composent le décor de ce bar-restaurant situé sur le port de plaisance. Bon choix de vins au verre et de bières régionales, restauration (traditionnelle le soir, plats du jour et grillades à midi). Belle terrasse au bord de l'eau. Expositions mensuelles et soirées musicales.

AGENDA

Entre Terre et Mer (ou « quand les paysans invitent les marins ») – *29600 Morlaix - dernier w.-end de juin.* Vieux gréements, village de pêcheurs et marché de produits du terroir.

Festival des arts dans la rue – *29600 Morlaix - ✆ 02 98 46 19 46 - www.artdanslarue.com - de mi-juil. à mi-août, merc. à partir de 19h30.* Un périmètre piétonnier est livré aux comédiens et au public pour un vaste théâtre convivial.

Côte des Bruyères

★

Finistère (29) Côtes-d'Armor (22)

NOS ADRESSES PAGE 384

S'INFORMER

Office du tourisme de Locquirec – *Port - 29241 Locquirec - ☎ 02 98 67 40 83 - http://tourisme-morlaix.fr/Office-de-Tourisme-de-Locquirec.html - juil.-août : 9h30-18h30, sam. 9h30-12h30, 14h-18h30, dim. et j. fériés 10h30-12h30, 14h-17h ; juin et sept. : tlj sf dim. 9h-12h30, 14h-18h ; avr. et mai : tlj sf dim. 9h-12h30, 14h-17h30 ; reste de l'année : tlj sf dim. et lun. 9h-12h30, 14h-17h30 - fermé 1er janv., 1er Mai, 1er et 11 Nov., 25 déc.*

SE REPÉRER

Carte de microrégion C1 (p. 316) – *carte Michelin Départements 308 I/K 2/3.*
La Côte des Bruyères s'étend de la baie de Plestin-les-Grèves, en baie de Lannion, jusqu'à la pointe de Diben, en bordure de la baie de Morlaix. On y accède à partir de Morlaix et de Lannion par la D 786 ou par la N 12 (sortie Plouégat-Moysan).

À NE PAS MANQUER

L'enclos paroissial de St-Jean-du-Doigt et la côte tourmentée de la corniche de l'Armorique.

ORGANISER SON TEMPS

Entre la visite des églises et l'exploration des criques, la Côte des Bruyères vous retiendra une bonne journée. Pensez à consulter les horaires des marées pour jouir du spectacle dans des sites comme la Lieue de Grève.

À l'écart des grandes voies de communication, cette partie tourmentée du littoral, à l'est de la baie de Morlaix, recèle des criques et de très belles plages, idéales pour la baignade en famille. Des sentiers sillonnent les falaises pour relier les pointes escarpées d'où vous aurez une vue splendide sur les baies environnantes et sur la Manche.

Circuit conseillé Carte Côte des Bruyères

DE SAINT-MICHEL-EN-GRÈVE À LA POINTE DE DIBEN

Circuit de 38 km tracé en marron clair sur la carte p. 382 – environ 4h.

Saint-Michel-en-Grève

Dédié à l'archange saint Michel, ce petit centre balnéaire possède une église joliment située au bord de la mer.
Prendre la D 786 en direction de l'ouest.

★ Lieue de Grève

Cette magnifique plage, longue de 4 km, occupe le fond de la plus grande baie des Côtes-d'Armor. À marée basse, elle se découvre sur près de 2 km. Des ruisseaux, où l'on pêche la truite, y rejoignent la mer par des vallons verdoyants. Nombreux sentiers aux alentours.

À Primel-Trégastel, la pointe de Primel et ses rochers roses.
R. Mattes / hemis.fr

La route, très pittoresque, suit la côte boisée et contourne la masse du Grand Rocher.

★ **Montée au Grand Rocher** – *45mn à pied AR. La route à gauche, juste avant le Grand Rocher, permet d'accéder à un parking.* Du belvédère de 80 m, très belle **vue**★ sur la Lieue de Grève. À marée haute, et surtout en hiver par vent de nord-ouest, les rouleaux d'écume déferlant contre le brise-lames expriment de façon spectaculaire le fonctionnement du ressac.

Saint-Efflam

Sur la plage qui porte son nom, l'ermite Efflam, cousin du roi Arthur venu d'Irlande, débarqua en 470 avec ses sept compagnons. À côté de la chapelle St-Efflam, nichée dans la verdure, coule une fontaine surmontée d'un dôme massif, que saint Efflam aurait fait jaillir pour désaltérer son cousin.

Tournez à gauche vers Plestin.

4

Église de Plestin-les-Grèves

L'église marie les styles gothique et Renaissance. Elle abrite le tombeau de l'ermite Efflam, qui s'installa ici, fonda un monastère et y mourut en 512. Son gisant est vêtu en roi (1576). Vitraux modernes d'un atelier de Quintin.

Revenez à la route côtière.

★ Corniche de l'Armorique

Entre St-Efflam et Locquirec, la route suit une côte accidentée. Après la pointe de Plestin, belle vue à marée haute sur l'anse de Locquirec et sa pointe. Le port de Toul-an-Hery se niche à l'embouchure du Douron. À l'est, on découvre le début de la Côte de Granit rose jusqu'à Trébeurden.

Locquirec

Voir « S'informer ».

Lancée par Pierre Zaccone (1817-1895), auteur de romans populaires qui eut son heure de gloire, la station compte plusieurs plages très agréables.

Sa jolie **église St-Jacques★** à clocher Renaissance conserve, au niveau du chœur et du transept, des voûtes lambrissées recouvertes de peintures du 18e s. Au maître-autel, **retable★** du 16e s. en haut-relief figurant des scènes de la Passion, de facture naïve.

★ **Pointe de Locquirec** – *30mn à pied AR.* Cette promenade, s'amorçant près de l'église, fait le tour de la pointe : belles vues sur la baie de Lannion.

Après Moulin-de-la-Rive, prenez à droite la route de la corniche surplombant la mer.

Table d'orientation de Marc'h Sammet

Érigée sur une avancée rocheuse, elle offre de remarquables **vues★** : à l'est, sur les plages du Moulin de la Rive et des Sables Blancs, la pointe du Corbeau et ses rochers ; au nord, sur l'île de Losquet qui se signale par le pylône du Cnet. À l'ouest s'étend la plage de Poul Rodou *(accès : 800 m plus bas).*

Gagnez Christ et tournez à droite. Suivez les panneaux directionnels menant à la route touristique.

Serpentant sur le plateau, cette route en corniche permet d'apprécier la côte, de la pointe de Trégastel à la pointe de Primel.

À la plage de St-Jean-du-Doigt, prenez à gauche.

★ Saint-Jean-du-Doigt

L'**enclos paroissial** s'ouvre par une porte triomphale du 16e s. À gauche, la haute **fontaine★** Renaissance (socle en pierre et vasques en plomb) est dominée par Dieu le Père bénissant le baptême de son Fils par saint Jean Baptiste.

★ **Église** – Le doigt de saint Jean Baptiste, apporté vers 1420 à la chapelle St-Mériadec qui s'élevait jadis en ce lieu, fit des miracles. Les pèlerins affluèrent… En 1440, on décida l'édification d'une grande église, réalisée

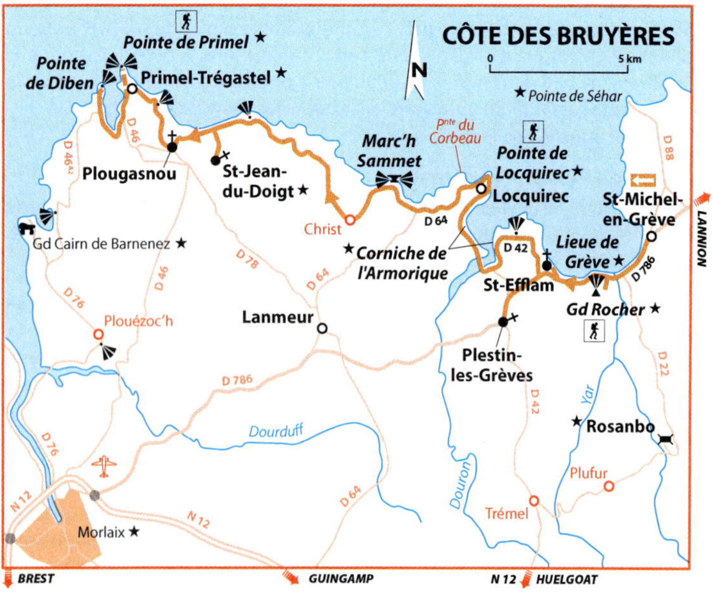

en style flamboyant et achevée en 1513. À la base du clocher, adossés aux contreforts, se trouvent deux petits ossuaires ; celui de droite est gothique, l'autre, Renaissance.
Le **trésor★★** comprend plusieurs reliquaires, des calices, une croix processionnelle en argent doré et un tube en cristal, antérieur au 16e s., renfermant la première phalange de l'index de saint Jean Baptiste.

Plougasnou

Au centre de cette modeste bourgade, l'**église**, en majeure partie du 16e s., s'ouvre sur la place par un porche Renaissance.
À 300 m du bourg, par la rue au chevet de l'église, gagnez l'**oratoire N.-D.-de-Lorette**. Ce monument de granit (1611) présente un toit de pierre ; deux atlantes en gardent l'entrée.
De Plougasnou, on peut prendre le bateau et se rendre en excursion au château du Taureau *(voir Baie de Morlaix, p. 369)*.
Passez devant le syndicat d'initiative et, au 3e carrefour, tournez à droite et traversez Ste-Barbe.

★ Primel-Trégastel

Sa plage de sable fin profite d'un beau site, près de rochers comparables à ceux de Ploumanach et de Trégastel.

★ Pointe de Primel

30mn à pied AR. La pointe est un véritable chaos de **rochers** roses. Du mamelon central, le **panorama** s'étend de la baie de St-Pol-de-Léon à la côte de Trébeurden ; au large, on distingue le phare de l'île de Batz et l'île aux Moines (Sept-Îles). Son extrémité est séparée du reste de la presqu'île par une crevasse, qui ne peut être franchie qu'à marée basse et dans le creux de laquelle se trouve une grotte.
À 1 km, tournez à droite ; la route passe à proximité de viviers. Dans le village de pêcheurs Le Diben, tournez à droite, direction Les Viviers-Le Port ; 100 m après, prenez en face, vers le port, la route qui mène à une digue. Un peu avant de parvenir à cet ouvrage d'art, prenez à gauche le sentier qui conduit à la pointe de Diben.

Pointe de Diben

Belle **vue** sur toute la baie et la pointe de Primel.

À proximité Carte de microrégion

★ Château de Rosanbo C1

8,5 km au sud de St-Michel-en-Grève par les D 786 et D 22. 02 96 35 18 77 - www.rosanbo.net - ♿ - juil.-août : 11h-18h30 ; avr.-juin et sept.-oct. : 14h-18h - 10 € (-6 ans gratuit) - possibilité de visite guidée (55mn).
Le château s'élève sur les fondations d'un vieux castel du 14e s. dominant la vallée du Bô, d'où son nom breton qui signifie « rocher sur le Bô ». L'édifice actuel englobe, à l'ouest, le manoir du 15e s. Agrandi au 17e s. (toits à la Mansart) et au 18e s., il a été restauré au 19e s. Les salles ouvertes au public sont meublées et décorées avec raffinement. Des documents d'archives ont permis la reconstitution des deux pièces les plus authentiques de la demeure : la salle à manger et le salon du 18e s. La **bibliothèque**, qui donne sur une terrasse agrémentée d'un vaste bassin, est riche de plus de 8 000 volumes.

Un magnifique **jardin** à la française, œuvre d'Achille Duchêne, paysagiste de renom du 19e s., borde le flanc nord-est du château.
Remarquez les **charmilles**, longues de près de 2 500 m, et les « salles de verdure » (petites clairières dans les bosquets) dont chacune avait sa fonction : manège d'équitation, aire d'entraînement, tennis…

Lanmeur C1

15 km à l'ouest de St-Michel-en-Grève par la D 786.
Cette petite localité du plateau trégorrois se situe au cœur de cultures maraîchères.
Son **église**, reconstruite en 1904, a conservé un clocher et une **crypte**★ d'origine *(accès à gauche du maître-autel)*. Cette dernière, préromane, remonterait au 8e s. : c'est l'un des plus anciens monuments religieux de Bretagne. Huit piliers cylindriques massifs, dont deux portent un décor sculpté, soutiennent la voûte. Une fontaine jaillit à droite de l'entrée. À l'occasion de fouilles, deux figurines sculptées, datant probablement du 6e s., y ont été découvertes.
Dans l'enclos du cimetière, l'imposante **chapelle de Kernitron** comprend une nef et un transept du 12e s., ainsi qu'un chœur du 15e s.
Dans la chapelle face à l'entrée, vous verrez une statue de N.-D.-de-Kernitron *(pardon le 15 août)* et, à sa droite, au fond d'une petite chapelle, une étonnante statue de sainte Anne accompagnée de Marie.

NOS ADRESSES SUR LA CÔTE DES BRUYÈRES

HÉBERGEMENT

BUDGET MOYEN

Hôtel Les Panoramas – *Rte de la Corniche - 5 km au nord de Plestin-les-Grèves par D 42 - ☎ 02 96 35 63 76 - www.lespanoramas.fr - fermé de mi-nov. à mi-mars - P - 13 ch. 54/60 € - ☕ 7 €.* L'hôtel domine la plage de St-Efflam, à proximité des sentiers de la Côte des Bruyères. Les chambres sont fonctionnelles et sobres. Choisissez-les côté mer.

UNE FOLIE

Grand Hôtel des Bains – *15 r. de l'Église - 29241 Locquirec - ☎ 02 98 67 41 02 - www.grand-hotel-des-bains.com - P - 36 ch. 164/256 € ☕ - ✕ 41/60 €.* C'est ici que fut tourné le film de Michel Lang *L'Hôtel de la Plage*, en 1978… Dans un jardin au bord de la mer, derrière une façade du début du 20e s., son décor rénové et le luxe discret de ses chambres le classent parmi les étapes de charme. Spa et espace détente.

RESTAURATION

BUDGET MOYEN

La Presqu'Île – *7 pl. du Port - 29241 Locquirec - ☎ 02 98 79 34 27 - fermé lun. en saison, lun. et sam. hors saison - 💳 - 19,50/32 €.* Agréable terrasse sur le port pour des moules frites ou un menu de la mer plus élaboré.

POUR SE FAIRE PLAISIR

La Maison de Saint-Efflam – *St-Efflam - ☎ 02 96 35 09 93 - fermé mar. soir et merc. soir - 39/54 €.* Une terrrasse (couverte) dominant la plage et le golfe sert de cadre élégant à ce restaurant où est proposée une cuisine raffinée et volontiers inventive, portant une attention particulière à la qualité des produits.

Les Enclos paroissiaux

★★★

Finistère (29)

NOS ADRESSES PAGE 393

S'INFORMER

Office du tourisme du pays de Landivisiau, des Enclos et des monts d'Arrée – *Zone de Kerven - r. Robert-Schuman - 29400 Landivisiau - ✆ 02 98 68 33 33 - www.ot-paysdelandivisiau.com - 9h-12h, 14h-17h - fermé w.-end et j. fériés.*

Voir aussi la Maison du tourisme à Morlaix, p. 369.

SE REPÉRER

Carte de microrégion BC2 (p. 316) – *carte Michelin Départements 308 F/I 3/4.*
Ce circuit, qui emprunte la vallée de l'Élorn et les contreforts des monts d'Arrée, permet de découvrir les enclos les plus représentatifs.

À NE PAS MANQUER

Les trois enclos emblématiques du circuit : St-Thégonnec, Guimiliau et Lampaul-Guimiliau, auxquels s'ajoutent ceux de La Roche-Maurice et de La Martyre.

ORGANISER SON TEMPS

Prévoyez au minimum une journée pour ce circuit, surtout si vous décidez d'aller vous promener dans les landes des monts d'Arrée.

AVEC LES ENFANTS

Visitez l'écomusée des Monts d'Arrée pour tout savoir du travail des meuniers et la Maison de la rivière pour découvrir le monde de la pêche.

4

Caractéristiques de basse Bretagne où ils sont d'une richesse incroyable, les enclos paroissiaux sont une réalisation originale de l'art breton. Très spectaculaires, ils séduisent par l'élégance des portes triomphales et des ossuaires, la profusion de détails des calvaires, la splendeur des retables et des décors polychromes des églises. Ils témoignent de la ferveur religieuse et de la prospérité des ports bretons du 15e au 17e s.

Circuit conseillé Carte Les enclos paroissiaux

Circuit de 130 km tracé en orange sur la carte p. 387. Quittez Morlaix en prenant la N 12 vers l'ouest. Après 9 km environ, prenez à gauche la D 118.

★★ Saint-Thégonnec

Office de tourisme – *✆ 02 98 79 67 80 (tte l'année) - www.tourisme-morlaix.fr - juin-sept. Visite guidée de l'enclos par guides de la SPREV : juil.-août 10h-13h, 15h-18h sf sam. et dim. matin - ✆ 02 98 64 58 81. Il est préférable d'entrer dans l'enclos par la place de l'Église, côté sud.*

★ **Porte triomphale** – En plein cintre, elle est couronnée de lanternons superposés (1587).

★ **Chapelle funéraire** – Souvent appelée ossuaire, elle fut construite de 1676

DES COMPOSITIONS ARCHITECTURALES UNIQUES
Les enclos paroissiaux sont les ensembles monumentaux les plus typiques que l'on rencontre dans les bourgs bretons. Autour de l'église, dans l'espace clos du cimetière, on retrouve généralement un ossuaire, un calvaire à personnages, une sacristie extérieure et, souvent, une porte monumentale dite « triomphale ».
Voir « Arts et culture » p. 59.

à 1682. Dans la crypte, sous l'autel, **saint sépulcre★** à personnages sculptés dans le chêne et peints (1699-1702), œuvre du Breton Jacques Lespaignol. Au fond de l'ossuaire, le trésor comporte des pièces d'orfèvrerie, dont une croix processionnelle en vermeil (1610).

★★ **Calvaire** – Il fut élevé en 1610. Sur le socle, des groupes de personnages figurent des scènes de la Passion. Au-dessous, une niche abrite la statue de saint Thégonnec (selon la légende, ce disciple de Pol Aurélien serait venu du pays de Galles, dans le but d'évangéliser l'Armorique au 6e s. apr. J.-C.) avec le loup qu'il attela à sa charrette, après que son âne eut été dévoré par une meute. La légende dit que c'est cet attelage inhabituel qui charria les pierres nécessaires à la construction de l'église. La plate-forme est surmontée d'une croix à deux traverses portant des personnages et de deux croix plus simples pour les larrons. Remarquez les anges qui recueillent le sang s'écoulant des plaies du Christ.

★ **Église** – *02 98 79 61 06 - www.tourisme-morlaix.fr - ♿ - 9h-18h - visite en dehors des offices - possibilité de visite guidée, se rens. à l'office de tourisme.* Le seul vestige de l'église d'origine est le clocher (1563) du pignon situé à gauche de la tour Renaissance couronnée d'un dôme. Au-dessus du porche, une statue de saint Thégonnec, moine originaire du pays de Galles qui s'installa en Armorique au 6e s. et légua son nom à la bourgade. Dans les niches des contreforts d'angle, des statues figurent l'Annonciation, saint Jean et saint Nicolas. Sous le porche, il reste quatre statues d'apôtres.

L'intérieur, en partie ravagé par un incendie en juin 1998, a été magnifiquement restauré. La **chaire★★** est l'un des chefs-d'œuvre (1683) de la sculpture bretonne. Les angles de la cuve sont ornés des vertus cardinales (prudence, tempérance, force, justice). Sur les quatre panneaux figurent les évangélistes. Sur le médaillon du dossier, Dieu donne à Moïse les Tables de la Loi.

L'abside et les deux bras du transept sont couverts de **boiseries★** des 17e et 18e s. ; celles du **retable du Rosaire★**, à gauche, représentent : au centre et en bas, la Vierge et l'Enfant remettant le rosaire à saint Dominique et à sainte Catherine ; au-dessus, la Vierge et saint Laurent présentant au Christ une âme délivrée des flammes du purgatoire.

Poursuivez sur 8 km vers le sud par la D 118 en direction de Ste-Brigitte.

Le Kanndi du Fers

Entrée libre et gratuite.

Kanndis signifie « maisons du lavage » en breton. Le mot désigne les lavoirs dans lesquels on travaillait le lin à l'époque où la production de toiles était florissante dans le Léon (15e-18e s.).

Ces petites buanderies, situées au bord des ruisseaux, étaient équipées de différentes auges, d'une cheminée et d'un aqueduc en granit, et l'on y blanchissait le fil. La région de Morlaix en comptait des centaines. Aujourd'hui, celle du Fers est l'une des dernières encore debout.

Reprenez la D 118 puis suivez la direction de Guimiliau.

★★ Guimiliau

★★ Calvaire – Il date de 1581-1588 et comprend plus de 200 personnages. Sous une grande croix portant la Vierge, saint Jean, saint Pierre et saint Yves, on remarque 25 scènes de la Passion, très expressives, et un motif illustrant l'histoire de **Katell-Gollet** – Catherine la perdue –, au-dessus de la Cène. Aux extrémités des contreforts se trouvent les évangélistes. Quant aux personnages de la frise, particulièrement nombreux et de facture naïve, ils composent, sans ordre chronologique, les épisodes de la vie de Jésus.

★ Église – ✆ *02 98 68 75 06 - 9h-18h - gratuit - possibilité de visite guidée par les guides de la SPREV juil.-août, h se rens.* Cet édifice du 16e s. a été agrandi dans le style Renaissance au début du 17e s. Les voussures du **porche méridional★★** constituent une intéressante imagerie de la Bible et de l'Évangile. Au-dessus du fronton surmontant le porche, remarquez la statue de saint Miliau, patron du lieu. L'intérieur du porche offre un bel exemple de décoration fréquente en Bretagne : au-dessous des statues des apôtres, la frise est décorée de rosaces, de tresses et de scènes de l'Ancien Testament.

On peut voir du côté gauche, près de la date 1606, la *Création de la femme*.

À l'intérieur, à gauche de l'entrée, se trouve un magnifique **baptistère★★** baroque, en chêne sculpté (1675). À la **tribune d'orgue**, trois **bas-reliefs★** du 17e s. : face au baptistère, le *Triomphe d'Alexandre* ; du côté de la nef, *David jouant de la harpe* et *Sainte Cécile à l'orgue*. La **chaire★** (1677) est ornée, aux angles, des statues de quatre sibylles. Le chœur, dont le vitrail central date de 1599, est fermé d'une balustrade du 17e s. On trouve de droite à gauche : le **retable de saint Joseph**, avec saint Yves, patron des avocats, entre le riche et le pauvre, et saint Hervé, accompagné de son loup ;

SAINT MILIAU

Guimiliau a hérité son nom du breton *gwik*, bourg, et de Miliau, le saint patron local. Ce dernier, prince de Cornouaille, fut décapité par son frère au 6e s. Il est très souvent représenté avec un sceptre, l'épée dont il fut victime, et parfois même sa tête.

L'ORGUEIL DE L'ENCLOS

Entre le 16e et le 18e s., l'âge d'or des enclos paroissiaux se joue à coup de rivalité entre les villages du Finistère Nord. Le développement très important du commerce maritime international se conjugue à l'essor du lin et du chanvre utilisés notamment pour les voiles et les cordages. Les revenus permettent alors la construction d'enclos paroissiaux. Ce fut le cas dans les deux villages voisins, Guimiliau et Lampaul-Guimiliau, ou encore à St-Thégonnec où les habitants, qui avaient fait fortune dans l'élevage de chevaux et la manufacture de toile, ont favorisé l'implantation d'artisans spécialisés dans la réalisation d'ouvrages religieux. Pendant deux siècles, du 15e au début du 18e s., ils n'auront de cesse d'enrichir leur enclos pour en faire l'un des plus imposants de Bretagne.

le **retable de saint Miliau** ; le **retable du Rosaire aux quinze mystères** en médaillon, surmonté d'une Trinité.

Chapelle funéraire – *9h-18h - possibilité de visite guidée juil.-août.* De style Renaissance, elle date de 1648 et possède une chaire extérieure situé dans une fenêtre.

Prenez la D 111 sur 3,5 km.

★★ Lampaul-Guimiliau

Récemment restauré, l'**enclos paroissial★** recèle une **porte triomphale** en plein cintre, surmontée de trois croix (1669). L'ancien ossuaire appelé **chapelle funéraire** (1667) est accolé à l'arc et possède des contreforts couronnés de lanternons. À l'intérieur, on peut voir l'autel de La Trinité, les statues de saint Roch, de saint Sébastien, de saint Pol et de son dragon. Plus ancien, le **calvaire** date du début du 16e s.

★★ **Église** – Saint Pol-Aurélien, premier évêque du Léon *(voir encadré p. 366),* trône sur son pignon. L'abside et la sacristie, ajoutée en 1679, forment un bel ensemble où se mêlent les styles gothique et classique. Sur le flanc droit, statues des douze apôtres. Notez aussi la tour-clocher du 16e s., dont la flèche a été tronquée par la foudre en 1809.

En entrant dans l'église, on remarque les entraits sculptés (restaurés), mais aussi et surtout la très belle **poutre de gloire★** du 16e s. qui traverse la nef ; elle porte un crucifix, entre les statues de la Vierge et de saint Jean. Les faces sont ornées de sculptures : côté nef, épisodes de la Passion ; côté chœur, notez la présence de douze sibylles (prêtresses d'Apollon qui auraient annoncé la venue d'un Sauveur), séparées par le groupe de l'Annonciation. Au bas du bas-côté droit, observez le **baptistère★** (1651), et, plus haut, à droite du retable de saint Laurent (il tient le gril de son martyre, instrument servant au supplice par le feu), un **bénitier** (17e s.) représentant deux diables se débattant dans l'eau bénite !

Mais ce qui frappe le plus dans l'église est certainement la présence de six **retables** dont les plus importants et les plus riches sont placés de chaque côté du chœur. Il faut prendre un peu de temps pour détailler les scènes de ces véritables livres illustrés. À droite, l'**autel de saint Jean Baptiste★** est décoré de bas-reliefs racontant la vie du prophète, fils de sainte Élisabeth. La plus belle scène représentée, sur la gauche, rappelle l'épisode de la Chute des anges (une scène inspirée de Rubens) que domine un saint Michel terrassant le dragon. À gauche du chœur, l'**autel de la Passion★★** est orné d'un retable d'inspiration flamande (16e s.) où l'on voit, dans les huit compartiments, des tableaux eucharistiques composés de personnages en haut-relief d'un réalisme saisissant de vie. Deux panneaux encadrent l'autel. Ils évoquent, à gauche la Nativité de la Vierge – scène rare en Bretagne – et à droite, le Martyre de saint Miliau : ce roi de Cornouaille eut la tête tranchée par son frère, jaloux du trône. Les quatre autres retables sont dédiés respectivement à sainte Anne, saint Mathurin, sainte Marguerite et saint Laurent.

Dans le bas-côté gauche se tient une remarquable **pietà** du 16e s. dont les six personnages sont taillés dans un seul bloc de bois. Une vitrine abrite les bannières exhibées lors du pardon de Lampaul, en mai, et du pardon de Ste-Anne, en août. Remarquez la bannière de velours du 17e s., brodée au fil d'argent.

À voir aussi : la touchante **Mise au tombeau★** (1676) en tuffeau polychrome, due à un sculpteur de la Marine, Anthoine (Antoine de Chavagnac) ; remarquez particulièrement l'expression du Christ. Le buffet d'orgue est du 17e s.

Maison du patrimoine – *✆ 02 98 68 64 47 - ♿ - juil.-août : 10h-13h30, 14h30-18h, dim. 15h30-18h ; 2e quinz. de juin et 1re quinz. de sept. : 14h30-18h, dim. 15h30-18h - gratuit - possibilité de visite guidée (45mn).* Face à l'enclos, cette vieille demeure bretonne comporte un petit musée présentant des mannequins en costumes du pays et des meubles anciens. En haute saison, elle accueille également des expositions de sculptures et de photos.

Chapelle Ste-Anne – *Environ 3 km au sud.* Cette petite chapelle (17e s.) est dédiée à sainte Anne *(voir p. 49)*, avec pas moins de trois représentations bien différentes (dont une sainte Anne trinitaine restaurée en 2005). Elle accueille aussi un rare Christ en robe rouge sur la croix.

Prenez la D 11 sur 4 km.

Landivisiau

Église St-Thivisiau – Cette église moderne, de style gothique, conserve le clocher et le très beau **porche★**, en pierre de Kersanton, d'un édifice du 16e s.

Chapelle Ste-Anne – Ancien ossuaire du 17e s. déplacé au centre du cimetière. Sa façade est ornée de six cariatides ; celle qui est située à gauche de la porte d'entrée figure l'Ankou (la Mort).

Lambader – *À 8 km au nord de Landivisiau par la D 69. www.plouvorn.com - 8h-19h.* La **chapelle Notre-Dame** (15e s.) abrite un très beau **jubé★** gothique flamboyant (1481), en bois, portant les statues de la Vierge et des apôtres.

De retour à Landivisiau, suivez la direction de Landerneau, puis tournez à droite (D 30), pour passer par l'échangeur de la Croix-des-Maltotiers.

★ Église de Bodilis

L'**église** (16e s.) est précédée d'un clocher flamboyant percé à la base de trois ouvertures. Sa toiture en forme de carène renversée, sa corniche richement décorée et ses contreforts ornés de niches lui confèrent une grande élégance. Un beau porche s'ouvre sur le côté droit. L'intérieur frappe par sa riche **décoration★** sculptée : sablières, entraits et têtes de blochets, retables dorés, statues anciennes. Le baldaquin des fonts baptismaux est en kersantite ; au revers du porche, Mise au tombeau polychrome en haut-relief.

Revenez sur la route de Landerneau (D 712) et tournez à droite.

Moulin de Brézal

En contrebas d'un étang, le moulin s'orne d'une porte flamboyante. De l'autre côté de la route se dressent les ruines de la chapelle de Pont-Christ (1533).

À 3,5 km en direction de Landerneau, prenez à gauche vers La Roche-Maurice.

★ La Roche-Maurice

Le village, situé à flanc de coteau et dominé par les ruines d'un château, possède un bel **enclos paroissial★**. Trois croix portant le Christ et les larrons en marquent l'entrée.

Église – Le **porche sud★** (16e s.) est finement sculpté de grappes de raisin et de statuettes de saints. À l'intérieur, le **jubé★** Renaissance est orné, côté nef, de 12 statues en ronde-bosse (9 apôtres, 3 papes) ; côté chœur, de figures de saints en bas-relief. Derrière le maître-autel, grand **vitrail★** (1539) illustrant la Passion et la Résurrection du Christ.

★ **Ossuaire** – C'est l'un des plus importants de Bretagne (1640). Au-dessus du bénitier extérieur, l'Ankou menace de petits personnages qui représentent différentes classes de la société : un paysan, une femme, un homme de loi, un évêque, saint Yves, un pauvre et un riche. Une inscription laconique l'accompagne : « Je vous tue tous. »

Continuez 5 km sur la D 712.

Landerneau

Office du tourisme du pays des rives d'Armorique – *9 pl. du Gén.-de-Gaulle - 29800 Landerneau - 02 98 85 13 09 - www.rives-armorique.fr - juil.-août : 10h-19h, dim. 10h-13h, 14h-18h ; reste de l'année : tlj sf dim., lun. et j. fériés 10h-13h, 14h-17h - fermé Vend. saint et 26 déc.*

★ **Pont de Rohan** – Le pont de Rohan (1510) est l'un des derniers ponts habités d'Europe. Il accueille notamment l'office de tourisme. Si l'on se place devant l'hôtel de ville *(un peu en amont sur la rive droite)*, on apprécie l'aspect pittoresque du pont, avec ses maisons à encorbellement aux façades recouvertes d'ardoise.

Maisons anciennes – Située à l'angle du pont de Rohan et du quai de Cornouaille, la **maison dite des Rohan** (1639) comporte un cadran solaire. D'autres demeures anciennes se blottissent sur la rive droite de l'Élorn. Dans le prolongement du pont, gagnez la place du Gén.-de-Gaulle *(pl. du Marché)* : au n° 9, la **maison dite de la Duchesse Anne** (1664) comporte une tourelle. À voir encore, en poursuivant dans la même direction : le n° 4 de la rue de la Fontaine-Blanche et le n° 5 de la rue du Commerce *(première à gauche sur la partie piétonne de la rue de la Fontaine-Blanche)*, une maison de 1667 avec tourelle et lucarnes ouvragées.

Église St-Houardon – Construit en pierre de Kersanton, le porche servit de modèle aux bâtisseurs des enclos paroissiaux de la vallée de l'Élorn.

Gagnez la rive gauche.

Église St-Thomas-de-Cantorbéry – Cet édifice du 16e s. possède un clocher-porche de 1607 à trois balcons superposés. En face de l'église a été construite en 1635 une **chapelle-ossuaire**, qui dépendait du sanctuaire.

Fonds Hélène et Édouard Leclerc pour la culture – *Ancien couvent des Capucins - 02 29 62 47 78 - www.fonds-culturel-leclerc.fr - mar.-dim. 10h-18h (19h l'été) - 4 € (-18 ans gratuit).* C'est à la famille du célèbre épicier, qui a commencé sa carrière à Landerneau avant d'essaimer dans la France entière, que l'on doit cet espace privé de 1 000 m², qui propose deux à trois expositions par an, dédiées à la création contemporaine.

Quittez Landerneau par le sud-est en direction de Pencran.

« CELA VA FAIRE DU BRUIT DANS LANDERNEAU »

Cette expression évoquait autrefois le charivari que faisaient les Landernéens aux veuves qui se remariaient. Aujourd'hui, ce joyeux vacarme a été remplacé par celui des visiteurs venus admirer le site d'exception que la petite ville portuaire occupe sur l'estuaire de l'Élorn. Cette rivière, riche en saumons et en truites, traverse l'ancienne capitale du Léon, toujours réputée pour ses marchés. Ce n'est sans doute pas un hasard si l'enseigne Leclerc y a ouvert son premier magasin en 1949.

★ Pencran

Situé sur la rive gauche de l'Élorn, au versant d'une colline boisée, ce bourg possède un enclos paroissial du 16e s. Son nom en breton signifie « tête du bois ».

Porte triomphale – Ornée de trois lanternons, elle fut ajoutée au 17e s.

★ **Calvaire** – Cette grande croix à deux traverses, qu'encadrent les croix des larrons, s'élève dans le mur de clôture, à droite.

Église – Elle possède un élégant clocher à double balcon et un **porche★** (1553), dont les voussures sont parées d'anges adorateurs et musiciens. Aux piliers, des statuettes figurent des scènes de l'Ancien Testament ; sous les riches dais sculptés, les statues des apôtres. Dans le chœur, à gauche du maître-autel, admirez la remarquable **Descente de croix** d'influence flamande (1517).

Quittez Pencran en direction de Kermaria, puis à droite vers Le Queff pour rejoindre la D 35.

★ La Martyre

Cet **enclos paroissial★**, le plus ancien du Léon, s'ouvre par une porte triomphale surmontée d'une balustrade flamboyante et d'un petit calvaire. L'ossuaire (1619), adossé au porche et au clocher, est orné d'une curieuse cariatide et de motifs évoquant la Mort. L'église (14e-16e s.) possède, sur le flanc sud, un **porche★** historié (vers 1450), et son chœur est éclairé par un bel ensemble de **vitraux★** (16e s.) représentant la Passion, la Crucifixion et la Résurrection. Intéressantes sablières sculptées.

Poursuivez sur la D 35.

Ploudiry

Ce village, qui fut la plus vaste paroisse du Léon, possède un enclos intéressant. L'ossuaire (1635) présente une façade où la Mort frappe des hommes de toutes catégories sociales. Reconstruite au 19e s., l'église a conservé, au flanc sud, un **porche★** de 1665.

À 8 km par le Traon au sud, rejoignez la route D 764 qui mène à Sizun.

★ Sizun

★ **Enclos paroissial** – *Visites guidées organisées par la SPREV, se rens. à l'office de tourisme - ✆ 02 98 68 80 13.* Les parties les plus intéressantes sont la triple **porte triomphale★** et la **chapelle-ossuaire★** à triple arcature, avec sa façade au décor hétéroclite. Ces deux monuments datent de 1585-1588. L'ossuaire abrite un musée consacré aux traditions locales.

L'**église** du 16e s., remaniée aux 17e et 18e s., est reliée par un passage à la sacristie, petit édifice isolé de la fin du 17e s. À l'intérieur, la voûte lambrissée offre une belle ornementation : sablière sculptée agrémentée, dans le transept et le chœur, d'anges présentant les instruments de la Passion, entraits en forme de caïmans. Le buffet d'orgue, le maître-autel et les retables sont du 17e s., de même que le baldaquin des fonts baptismaux. Le trésor d'**art religieux** est le plus important de Bretagne : ciboires, ostensoirs, reliquaires, statues…

Maison de la rivière au moulin de Vergraon

1 km à l'ouest de Sizun - ✆ 02 98 68 86 33 - www.maison-de-la-riviere.fr - 10h-12h, 14h-17h - fermé w.-end - tarif, se rens.

Installé dans le moulin, ce centre de découverte propose des expositions sur l'importance de l'eau, la vie des poissons et la pêche. Description du matériel : cannes, moulinets, étapes de la fabrication d'une mouche pour la pêche au saumon, aquariums et films.

Située au cœur du Parc naturel régional d'Armorique, la Maison de la rivière organise des balades accompagnées pour découvrir les monts d'Arrée, les sources de l'Élorn, le lac du Drennec ou la tourbière du Mougau…
Revenez sur Sizun pour prendre la D 764 en direction de Carhaix-Plouguer.

Moulins de Kerouat

02 98 68 87 76 - www.ecomusee-monts-arree.fr - juil.-août : 11h-19h ; reste de l'année : tlj sf sam. 11h-18h, dim. 14h-18h - fermé de mi-oct. à fin mars - 4,50 € (-18 ans 2,50 €) - possibilité de visite guidée (60mn).

Propriété du Parc naturel régional d'Armorique, un village du 19e s. a été réhabilité sous la forme d'un **écomusée des Monts d'Arrée**. Il retrouve une seconde vie, avec ses deux moulins dont l'un remonte au 17e s., sa maison d'habitation, ses dépendances et son four à pain. On découvre ainsi le fonctionnement d'un moulin à eau, le travail du meunier, son mode de vie et ses objets familiers. Des expositions temporaires sont également organisées.
Continuez vers Carhaix-Plouguer. 1 km après Ty Douar, tournez à gauche.

★ Église de Commana

Le village est bâti sur un mamelon isolé, au pied de la montagne d'Arrée. L'église (16e-17e s.) recèle trois retables intéressants : celui de l'**autel Ste-Anne★★**, daté de 1682, est le plus remarquable. On peut voir, sur un pilier du transept, à droite, un Ecce homo en bois. Les fonts baptismaux sont ornés des statues des Vertus.

Mougau-Bihan

À la sortie de ce hameau, à droite, s'étire une **allée couverte★**, longue de 14 m. Certains supports sont gravés, à l'intérieur, de lances et de poignards.
Revenez à la D 764 puis prenez à droite. À 1 km, tournez à droite (D 11) ; arrivé à la route de Morlaix, tournez à gauche (D 785).

★★ Roc Trévezel

Cet escarpement rocheux (384 m) fait saillie sur la crête et occupe une situation pittoresque, dans un décor de véritables montagnes.
La route passe non loin de la tour-relais de Roc-Trédudon : au cours de la descente, belles **vues** sur le pays de Léon.
À Plounéour-Ménez, tournez à droite.

Abbaye du Relec

02 98 78 05 97 - www.cdp29.fr - organisations musicales juin-sept. : 10h-12h30, 13h30-18h ; reste de l'année : merc.-dim. 14h-18h - accès libre pour les randonnées-découvertes.

Dans ce vallon subsistent les ruines d'une abbaye cistercienne : bâtiments conventuels, et église des 12e et 13e s. avec une façade du 18e s. Aujourd'hui, ce lieu revit à travers des manifestations artistiques, notamment musicales, et une exposition permanente « Ma parole ! L'abbaye du Relec au 20e s. »
Faites demi-tour, puis prenez à droite vers Morlaix.

Église de Pleyber-Christ

Dans ce petit enclos paroissial, l'église, gothique et Renaissance, est précédée d'une porte triomphale élevée en 1921 et consacrée aux morts de la guerre de 1914-1918. À l'intérieur, de belles sablières et de remarquables poutres engoulées (dont les extrémités sont dans des gueules d'animaux), ainsi que des stalles anciennes.
Continuez vers Ste-Sève. À 3,5 km, la D 712 à droite ramène à Morlaix.

NOS ADRESSES AUTOUR DES ENCLOS PAROISSIAUX

HÉBERGEMENT

Saint-Thégonnec

BUDGET MOYEN

Chambre d'hôte Ar Presbital Koz – *18 r. Lividic, près de la maison de retraite Ste-Bernadette - ✆ 02 98 79 45 62 - www.ar.presbital.koz.free.fr - ⊭ P - 4 ch. 60 € ☕ - ✕ 25 €.* Des chambres spacieuses et personnalisées ont été aménagées dans ce presbytère du 18e s., caché derrière un rideau de cyprès. À la belle saison, vous profiterez du jardinet du potager à la table d'hôte. Jetez un coup d'œil à la collection de canards rapportés du monde entier.

POUR SE FAIRE PLAISIR

Auberge St-Thégonnec – *6 pl. de la Mairie - ✆ 02 98 79 61 18 - www.aubergesaintthegonnec.com - fermé 20 déc.-20 janv. - P - 19 ch. 88/98 € ☕ - ✕ formule déj. 13/25 € - 22,50/47 €.* Face à l'église et son célèbre enclos, maison en pierres de taille aux aménagements intérieurs contemporains. Chambres spacieuses s'ouvrant côté jardin. Au restaurant, cadre confortable et soigné, agrémenté de cuivres et tableaux (scènes et paysages bretons) ; carte à l'accent bigouden.

Guimiliau

BUDGET MOYEN

Chambre d'hôte Ty-Dreux – *29410 Loc-Eguiner-St-Thégonnec - 3,5 km au sud-est de Guimiliau par D 111, rte de Plouneour-Menez - P - ✆ 02 98 78 08 21 ou 06 67 30 87 37 ou 06 18 01 37 66 - http://tydreux.com - ⊭ - 6 ch. 51/85 € ☕ et 3 gîtes (540/580 € par sem. en haute saison).* En pleine campagne, ferme laitière dont l'enseigne signifie « la maison du tisserand », en référence au passé du lieu. Vous y dormirez dans des chambres rénovées, dont une familiale *(4 pers.)*. Petits-déjeuners devant une jolie cheminée du 18e s. Également trois gîtes ruraux. Classé « gîte de pêche » et « gîte de chasse », l'établissement vous offre la possibilité de pratiquer la pêche à la truite, sur la Penzé, et au brochet, sur le lac de Brennilis.

Landivisiau

BUDGET MOYEN

Hôtel de L'Avenue – *16 av. Coat-Meur - 29400 Landivisiau - ✆ 02 98 68 11 67 - fermé 3 sem. fin août et 1 sem. entre Noël et 1er janv. - P - 17 ch. 45/55 € - ☕ 10,80 € - ✕ formule déj. 11/13,50 € - 20/25 € (fermé vend. soir, sam. soir et dim.).* En centre-ville, cet hôtel dispose de 17 chambres dont 12, en annexe, rénovées *(3 ch. familiales)*. Le restaurant propose une cuisine traditionnelle et de terroir. À noter la situation à proximité du champ de foire où a lieu, chaque année, la traditionnelle foire aux chevaux du lundi de Pentecôte.

Sizun

BUDGET MOYEN

Hôtel des Voyageurs – *2 r. de l'Argoat - ✆ 02 98 68 80 35 - www.hotelvoyageur.fr - fermé vend. soir, sam. et dim. soir (oct. à juin), et 12 sept.-5 oct. - P - 22 ch. 60 € - ☕ 8,50 € - ✕ 14/40 €.* Près de l'enclos paroissial, une halte sans prétention : cet hôtel familial rénové est simple mais agréable. L'annexe propose quelques chambres plus petites

4

et moins chères qui conviendront aux budgets serrés. Cuisine traditionnelle servie près de la cheminée.

Pleyber-Christ

BUDGET MOYEN

Hôtel de la Gare – *2 r. Parmentier - ✆ 02 98 78 43 76 - www.hotel-pleyber.com - 8 ch. 59/65 € - ☕ 8 € - ✕ menu déj. 14 € - 21/43 € (fermé sam. midi et dim.).* Cet hôtel familial propose de sympathiques petites chambres. Cuisine généreuse.

RESTAURATION

Saint-Thégonnec

PREMIER PRIX

Crêperie Steredenn – *6 r. de la Gare - ✆ 02 98 79 43 34 - fermé janv. - crêpes au blé noir 5,30/7,90 €, au froment 4,30/5,90 €.* On vient de toute la région pour déguster les délicieuses crêpes au blé noir ou au beurre salé, dans une ambiance chaleureuse, au coin du feu.

La Roche-Maurice

PREMIER PRIX

Crêperie Milin An Elorn – *✆ 02 98 20 41 46 - tlj sf lun. 12h-14h, 19h-22h - P - 2/8 €.* Arrêtez-vous dans cet ancien moulin au bord de l'eau pour déguster, dans un cadre rustique fait de pierres apparentes et de bois, les traditionnelles crêpes de blé noir arrosées de bon cidre breton. Également, bien sûr, crêpes au froment salées ou glacées et petite carte grill.

Landerneau

BUDGET MOYEN

Les Caps Horniers – *13 r. du Commerce - ✆ 02 98 21 32 38 - lun.-merc. midi, jeu.-sam. midi et soir - 16/30 €.* Tajine de lotte, marmite de pétoncles, tournedos de bœuf au pain d'épice ou croustillant de poires au roquefort : ce sont quelques-unes des recettes qui font courir le tout Landerneau vers ce lieu chaleureux niché dans les rues piétonnes sur la rive droite de l'Élorn.

ACHATS

Landerneau

Marché – *Pl. du Gén.-de-Gaulle - mar., vend. et sam. (sf j. fériés).*

AGENDA

Sizun

Pardon – *Dernier dim. de juil.* Cette procession costumée attire une foule nombreuse jusqu'à la chapelle de Loc-Ildut *(3 km de Sizun)* qui a été construite au 15e s.

Landivisiau

Concours de la Pentecôte – *Lun. de Pentecôte.* Défilé d'attelage.

Landerneau

Festival Kann al Loar – *Mi-juil. (5 jours).* À terre, chants de marins, spectacles et défilés, *fest noz*, feu d'artifice. Sur l'eau, remontée de l'Élorn par une trentaine de vieux bateaux.

Fonds Hélène et Édouard Leclerc pour la culture – *Juin-nov.* Grandes expositions d'art contemporain et conférences *(voir p. 390)*.

Le calvaire de Plougastel-Daoulas et ses 180 personnages.
J.-D. Sudres / hemis.fr

Presqu'île de Plougastel

★

Finistère (29)

NOS ADRESSES PAGE 398

4

S'INFORMER

Bureau touristique de Plougastel – *6 r. de l'Église - 29470 Plougastel-Daoulas - ✆ 02 98 40 34 98 - www.brestetvous.fr - juil.-août : 9h30-12h30, 14h-18h30, dim. 10h-12h ; reste de l'année : tlj sf w.-end et lun. 9h30-12h30, 14h-17h30 - fermé j. fériés.*

SE REPÉRER

Carte de microrégion B2 (p. 316) – *carte Michelin Départements 308 E4.*
Accédez à la presqu'île par la N 165, qui rejoint Brest (5 km à l'ouest). La D 29, qui traverse toute la presqu'île du sud-ouest au nord-est, mène à Landerneau (12 km au nord-est).

À NE PAS MANQUER

Le calvaire de Plougastel-Daoulas pour sa foule de personnages, l'ancienne abbaye de Daoulas et le circuit de la presqu'île pour les panoramas qu'il offre sur le goulet de Brest et la presqu'île de Crozon.

ORGANISER SON TEMPS

Essayez d'être à la pointe de Kerdéniel en fin de journée pour voir le soleil se coucher sur la rade de Brest.

Entre les rias Élorn et Daoulas, cette presqu'île plante sa dent de terre dans la rade de Brest. Le paysage y est bien plus découpé que dans le proche pays du Léon. À l'écart des grandes routes, c'est encore la campagne traditionnelle : un pays bocager où l'on rencontre peu de maisons, car tout ici paraît se cacher.

Se promener

PLOUGASTEL-DAOULAS

★★ Calvaire

Construit de 1602 à 1604 après la peste de 1598, il est plus harmonieux que celui de Guimiliau, mais les attitudes de ses 180 personnages semblent plus figées. Encadrant la grande croix à double traverse, les larrons (absents à Guimiliau) portent sur leur gibet un ange ou un démon. Dans le socle massif, un autel est creusé sous un portique, dominé par la haute statue de Jésus. L'**église**, en granit et béton, est décorée dans les tons bleu, vert, orange et violet.

Musée de la Fraise et du Patrimoine

☎ 02 98 40 21 18 - www.musee-fraise.net - ♿ - juil.-août : 10h-19h, w.-end 14h-19h ; juin et sept. : tlj sf lun. 10h-12h30, 14h-18h, w.-end 14h-18h ; avr.-mai : tlj sf sam. et lun. 10h-12h30, 14h-18h, dim. 14h-18h ; reste de l'année : se rens. - fermé 1er Nov. - 5 € (-18 ans 3 €) - gratuit Nuit des musées, 12 € billet famille (2 adultes + 3 enf.) - possibilité de visite guidée (60mn).

Il relate l'histoire, les traditions et l'ethnologie locales. On y évoque plus particulièrement la culture du lin, celle de la fraise et l'activité maritime liée à l'exportation de ces cultures, ainsi que le dragage de la coquille Saint-Jacques en baie de Brest.

À proximité

Chapelle Saint-Jean Carte Presqu'île de Plougastel

▶ À 4,5 km au nord-est. Prenez la D 29 en direction de Landerneau et, après avoir franchi la voie express Brest-Quimper, tournez à gauche, puis à droite.

Cette chapelle (15e et 17e s.) s'élève dans un **site★** charmant, au milieu de la verdure et au bord de l'Élorn.

Daoulas Carte de microrégion B2

▶ À 10 km à l'est par la N 165.

Autrefois rattaché à l'abbaye voisine, le village conserve de son passé de nombreux témoignages artistiques, dont les maisons des 15e et 17e s. qui subsistent dans la rue de l'Église.

★ **Ancienne abbaye** – *☎ 02 98 25 84 39 - www.cdp29.fr - ♿ - de mi-juin à mi-sept. : 10h30-19h ; de fin mars à mi-juin et de mi-sept. à mi-nov. : 13h30-18h30 - 7 € (-7 ans gratuit) - gratuit RV aux jardins (mai-juin) - possibilité de visite guidée (60mn).*

LE « JARDIN DE BREST »

La presqu'île de Plougastel est surnommée « jardin de Brest » dans la région. Hormis quelques hameaux groupés autour de simples chapelles, tout semble se dissimuler derrière les haies et les talus. Dans ce décor bucolique, de grandes surfaces vitrées protègent légumes et fleurs, rappelant que, depuis 1870, Plougastel-Daoulas doit sa renommée à la **fraise**. Aujourd'hui, la production baisse, mais la récolte de ces fruits, en mai et juin, suscite toujours une grande animation.

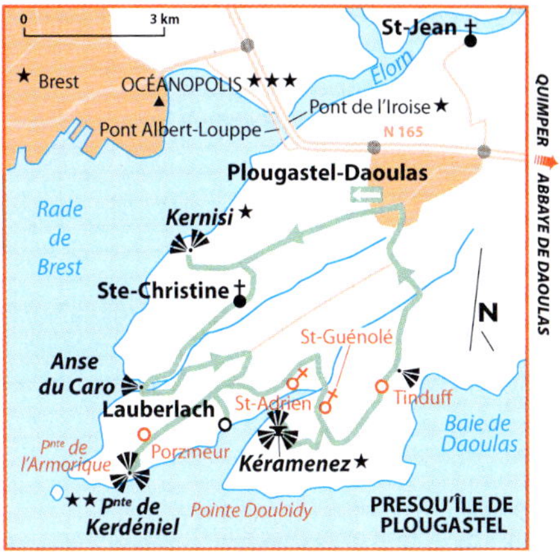

De l'an 500, date approximative de la fondation de l'abbaye, jusqu'au 10e s., les moines eurent un rôle prépondérant dans l'histoire de Daoulas. Après le passage dévastateur des Vikings, les chanoines de l'ordre de St-Augustin rebâtirent l'abbaye au 12e s., assurant à ces lieux une grande prospérité jusqu'à la Révolution. Domaine départemental depuis 1984, l'abbaye est devenue un Centre culturel international d'expositions et de rencontres des civilisations. Son **cloître★** roman, bâti de 1167 à 1173, est le seul exemple de ce type encore visible en Bretagne. Sa décoration alterne dessins géométriques et motifs de feuillages. Au-dessus du cloître, un petit détour s'impose dans le **jardin médicinal★** qui s'étage sur deux grandes terrasses : il y en a pour tous les maux et, si certaines plantes comme l'œil-de-Dieu ou les larmes-de-Job ont de bonnes références, d'autres, comme la mandragore, doivent aux sorcières une bien mauvaise réputation. Un sentier mène à un frais vallon où se trouve une fontaine datant de 1550. En retrait se dresse l'**oratoire N.-D.-des-Fontaines**, élevé au 16e s. et enrichi au 19e s. de quelques vestiges de l'abbatiale.

Enclos paroissial – Pratiquement en face des anciens bâtiments abbatiaux, un **porche★** du 16e s. tient lieu de clocher et ouvre sur le cimetière : son architecture et sa décoration, constituée de nombreuses statues et d'une remarquable vigne sculptée où foisonnent personnages et petits animaux, mêlent les styles gothique et Renaissance.

Ancienne abbatiale, l'**église** a gardé de l'époque de sa construction (12e s.) le portail ouest, la nef et le bas-côté gauche.

Circuit conseillé Carte Presqu'île de Plougastel

★ LA PRESQU'ÎLE DE PLOUGASTEL

Circuit de 35 km tracé en vert sur la carte ci-dessus – environ 3h. Quittez Plougastel-Daoulas par la rue à droite de l'église ; l'accès vers Kernisi est fléché.

★ Panorama de Kernisi

À l'entrée du hameau de Kernisi, laissez la voiture et gagnez le tertre rocheux.

On découvre Brest et son avant-port, une partie de la rade, l'estuaire de l'Élorn et le pont Albert-Louppe.

Faites demi-tour et, au deuxième grand carrefour, prenez à droite vers Langristin.
On dépasse la **chapelle Ste-Christine** (16e s.) et son petit calvaire (1587). Bonne vue sur Brest et la pointe des Espagnols depuis l'**anse du Caro**.
Remontez vers Plougastel-Daoulas et, à 3 km, tournez à droite.

★★ Pointe de Kerdéniel

15mn à pied AR. Laissez la voiture dans le bas de Kerdéniel, gagnez le groupe de maisons, tournez à droite, puis empruntez le chemin de gauche (accès fléché). Gagnez la plate-forme du blockhaus.
De gauche à droite, la vue porte sur la pointe Doubidy, la pointe de Lagonna, l'estuaire du Faou, l'embouchure de l'Aulne, le Ménez-Hom, l'île Longue, la côte nord de la presqu'île de Crozon jusqu'à la pointe des Espagnols, et le goulet de Brest.

Lauberlach

Dans une belle anse s'abrite ce petit port de pêche, devenu centre nautique. La route à droite mène à St-Adrien et sa chapelle (1549). On tourne ensuite à droite vers St-Guénolé. À Pennaster, on contourne le fond de l'anse de Lauberlach.
Au premier carrefour après St-Guénolé, tournez à droite, dans la montée encore à droite et immédiatement à gauche dans un chemin caillouteux.

★ Table d'orientation de Kéramenez

Panorama sur la presqu'île de Plougastel et la partie sud de la rade de Brest.
Regagnez Plougastel par le port de pêche de Tinduff, Lestraouen et Lanriwaz.

DANS LA PRESQU'ÎLE DE PLOUGASTEL

HÉBERGEMENT

PREMIER PRIX

Hôtel Le Kastel Roc'h – *29470 Plougastel-Daoulas - à l'échangeur de la D 33A - ✆ 02 98 40 32 00 - www.hotel-kastelroch.com - fermé sam. et dim. soir (janv.-juin) - 28 ch. 35/55 € ☕ - ✕ 14/20 €.* Une nouvelle direction dynamique a offert à cet hôtel un brin « rétro » un souffle de fraîcheur bienvenu. Belles chambres au confort actuel avec salles de bains. Côté restauration, formule grill assortie de quelques spécialités de la mer.

RESTAURATION

PREMIER PRIX

Kertanguy – *22 r. du Champ-de-Foire - 29470 Plougastel-Daoulas - ✆ 02 98 40 33 48 - fermé dim. midi - 10,80/11,50 €.* Un accueil chaleureux, une ambiance conviviale et surtout un choix de plus de 100 sortes de crêpes dans une salle à manger au décor typiquement breton. Au premier rang des spécialités, la crêpe aux fraises de Plougastel, bien sûr !

ACHATS

Marché – *Pl. du Calvaire - 29470 Plougastel-Daoulas - jeu.*
Foire - *Dernier jeu. du mois.*

AGENDA

Fête des fraises – *Le 2e dim. de juin.* Plougastel célèbre la fraise blanche, découverte au Chili par le bien nommé Amédée François Frézier. Exposition au musée du Patrimoine, visite en car des lieux de production, défilé costumé et dégustation.

Le pont de Térénez.
F. Tanneau/ AFP Creative / Photononstop

Landévennec

★

346 Landévenneciens – Finistère (29)

NOS ADRESSES PAGE 401

4

S'INFORMER
Syndicat d'initiative de Landévennec – *R. St-Guénolé - 29560 Landévennec - ✆ 02 98 27 78 46 - juil.-août : 10h-12h30, 15h-18h30; reste de l'année : se rens. à la mairie - fermé j. fériés.*

SE REPÉRER
Carte de microrégion B2 (p. 316) – *carte Michelin Départements 308 F5.* On y accède par la D 60 qui se greffe à la D 791 reliant Le Faou à Crozon. Une forte descente mène à la localité. Si vous venez de Daoulas (au nord de la presqu'île) via la D 770, à Hôpital-Camfrout, prenez la route en descente. Le belvédère aménagé sur la droite offre une belle **vue★** sur le village, le méandre de l'Aulne avec l'île de Térénez et le cimetière des bateaux de guerre, la presqu'île de Landévennec et la rivière du Faou.

À NE PAS MANQUER
Le tour du bourg du Faou pour en admirer le site.

ORGANISER SON TEMPS
Une ou deux heures suffisent pour découvrir Landévennec. Il vous en faudra plus si vous souhaitez rayonner sur Crozon ou les monts d'Arrée.

AVEC LES ENFANTS
La Maison des vieux métiers vivants et le Parc de jeux bretons à Argol.

Petite station estivale entourée d'eau et de bois, Landévennec est campée sur une jolie presqu'île postée à l'embouchure de l'Aulne, aux portes de la presqu'île de Crozon. Ici, tout respire la douceur de vivre : n'y voit-on pas une végétation méditerranéenne et des camélias y fleurir jusqu'au cœur de l'hiver ?

Se promener

Nouvelle abbaye bénédictine Saint-Guénolé

Prenez à droite, à mi-pente, une allée bordée d'arbres et suivez la signalisation.
Dans cette nouvelle abbaye, une quarantaine de bénédictins perpétuent une tradition monastique vieille d'un millénaire et demi. Très sobre, l'église renferme une statue de saint Guénolé en bois polychrome (15e s.). L'autel est constitué d'un bloc monolithe en granit rose. On peut assister aux offices.

Ruines de l'ancienne abbaye

Entrée 200 m plus bas à droite, au centre du bourg - ✆ 02 98 27 35 90 - www.musee-abbaye-landevennec.fr - juin.-sept. : 10h30-19h ; avr.-mai : 10h30-18h ; de fin fév. à fin mars et 1er oct.-11 Nov. : tlj sf sam. 14h-17h - fermé 21 déc.-3 janv. et 1er Mai - 5 € (-18 ans 4 €) - gratuit J. du patrimoine - possibilité de visite guidée (75mn).
Fondée à la fin du 5e s. par saint Guénolé, et maintes fois remaniée, l'abbaye disparaît à la Révolution. Les ruines de l'église romane permettent d'en découvrir le plan : nef de six travées avec bas-côtés, transept et chœur à déambulatoire sur lequel s'ouvraient trois chapelles rayonnantes. À l'entrée du bras droit du transept, un monument carré serait le tombeau du roi Gradlon.
Un **musée** de conception très moderne expose les objets exhumés lors des fouilles, dont un sarcophage en bois antérieur au 10e s., ainsi que des maquettes situant les différentes étapes de construction de l'abbaye.

Église Notre-Dame

10h18h - gratuit.
L'église Notre-Dame (17e s.) renferme d'intéressantes statues et des **tableaux★** classés du 17e s.

À proximité Carte de microrégion

Argol B1

▶ *6 km au sud-ouest de Landévennec par la D 60.*
Argol signifie en breton « en danger de périr ». Ce serait là en effet que Dahut, fille de Gradlon, disparut lors de l'engloutissement de la ville légendaire d'Ys.
Enclos paroissial – Église datant de 1576 avec un calvaire de 1593. L'arc de triomphe à l'entrée arbore une statue équestre de Gradlon.
★ **Maison des vieux métiers vivants** – *✆ 02 98 27 79 30 - www.argol.fr - ♿ - juil.-août : 14h-18h ; avr.-juin et sept. : dim., mar. et jeu. 14h-17h30 - 5 € (-15 ans 2,60 €).* Des bénévoles présentent les métiers ruraux et maritimes d'autrefois : vannier, bourrelier, sabotier, scieur de long, fileuse, dentellière, fabricant de jouets… En été, des animations (cerclage de roues, fête de la moisson, battage au fléau, tonte des moutons, etc.) complètent la visite. Programme disponible sur demande.
Parc de jeux bretons – *À 200 m de la Maison des vieux métiers vivants - ✆ 02 98 27 79 30 - ♿ - juil.-août : 14h-18h ; avr.-juin et sept. : mar., jeu. et dim. 14h-17h30 - gratuit.* Cette annexe du musée offre l'occasion de s'initier

Presqu'île de Crozon

★★★

Finistère (29)

NOS ADRESSES PAGE 408

NOS ADRESSES PAGE 408

S'INFORMER

Office du tourisme de Crozon – *1 bd de Pralognan - 29160 Crozon - ✆ 02 98 27 07 92 - www.tourisme-presquiledecrozon.fr - juil.-août : 9h30-13h, 14h-19h, dim. et j. fériés 10h-13h ; reste de l'année : tlj sf dim. 9h30-12h, 14h-18h - fermé 1er janv. et 1er Mai.*

SE REPÉRER

Carte de microrégion AB2 (p. 316) – *carte Michelin Départements 308 E5.* À l'ouest du Parc régional d'Armorique, la presqu'île est accessible par les D 791 et D 887. Elle dévoile d'extraordinaires panoramas : au nord, de l'autre côté du Goulet, sur les découpures de la rade de Brest ; au sud, depuis le cap de la Chèvre, sur la baie de Douarnenez. Entre les deux se profilent les pointes déchiquetées de Penhir et de Dinan.

À NE PAS MANQUER

Les pointes et le retable de l'église de Crozon.

ORGANISER SON TEMPS

Entre balades sur les pointes et moments de détente à la plage, vos journées seront bien occupées. Notez que le vélo constitue un excellent moyen de locomotion, idéal pour éviter les bouchons estivaux.

AVEC LES ENFANTS

La visite des grandes grottes de Morgat.

La croix de la presqu'île de Crozon étend ses deux bras face au grand large, séparant la rade de Brest de la baie de Douarnenez. Nulle part ailleurs, si ce n'est à la venteuse pointe du Raz, la côte et la mer n'atteignent à plus de sévère beauté. On y contemple avec fascination l'à-pic vertigineux des falaises, la coloration des rochers et la violence des lames qui se brisent éternellement sur les récifs.

aux jeux traditionnels : galoche, boulten, jeux de quilles ou de pal fournies sur place.

Pont de Térénez B1

9,5 km au sud par la D 60, puis à gauche par la D 791.

Lancé sur l'Aulne, cet élégant ouvrage courbé et à haubans a été en 2011 en lieu et place du pont de 1952. Il a une portée de 285 m. fort belle sur la vallée.

Le Faou C1

20 km à l'est par la D 60, puis à gauche par la D 791.

Le bourg, autrefois riche cité portuaire, occupe, à l'origine de l'es Faou, un **site★** qui prend beaucoup de caractère à marée haute (l d'ailleurs classée « petite cité de caractère »).

Sa rue principale est bordée de belles maisons anciennes en grani étages sont en encorbellement, et les façades, recouvertes d'ardoi

Église St-Sauveur – *Juin-sept. : lun.-vend. 10h-18h - on peut emprun au presbytère - ✆ 02 98 81 90 55.* du 16e s., qui se dresse en bordure de présente quant à elle un élégant clocher à dôme du 17e s., un double un chevet à pans coupés et une cuve baptismale (16e s.) remarqua sculptée.

NOS ADRESSES À LANDÉVENNEC

HÉBERGEMENT ET RESTAURATION

À proximité

POUR SE FAIRE PLAISIR

Hôtel de Beauvoir – *11 pl. de la Mairie - 29590 Le Faou - ✆ 02 98 81 90 31 - www.hotel-beauvoir.com - fermé 15-29 déc. et dim. soir (fin sept.-fin mai) - 32 ch. 80/95 - menu déj. 17 € - 26/53 €.* Un hôtel classique pour prolonger votre séjour dans cette belle cité. Tout aussi classique, le restaurant (La Vieille Renommée) est réputé pour sa carte de vins.

Voir aussi « Nos adresses dans la presqu'île de Crozon », p. 408.

ACHATS

Écomusée de l'Abeille – *Ferme apicole de Térénez - 29590 Rosnoen - ✆ 02 98 81 06 90 - www. ferme-apicole-de-terenez.co 9h-20h.* Installé au bord d'u grève parmi des bosquets, jeune couple d'apiculteurs vous présente son métier e ses produits. Vous pourrez voir du matériel professionn et déguster du miel, du pain d'épice, de l'hydromel et de bonbons maison. Sont aussi récoltés du pollen, de la gel royale et de la cire.

ACTIVITÉ

Au fil de l'Aulne maritime – *Vedettes Rosmeur - au départ de la cale de Landévennec - ✆ 06 98 11 99 33 - avr.-sept. - 1h20, 17 €, -12 ans 11 €.* Excursio proposée (« Rivière, patrimoin naturel ») : l'abbaye, le cimetièr des bateaux, le pont de Térénez l'anse de Trégarvan.

Ajoncs et bruyère colorent les falaises.
R. Mattes / MICHELIN

Circuits conseillés Carte Presqu'île de Crozon

★★★ LES POINTES

Circuit de 45 km tracé en marron sur la carte p. 404 –environ 2h30.

Crozon

Son existence est attestée dès le Moyen Âge puisque, en 1162, les documents parlent de Crozon sous la forme de *Crahaudon*, composé de *cravo* (lieu pierreux en celtique) et de *dunon* (colline fortifiée en gaulois).

Aujourd'hui, le bourg qui a vu naître Louis Jouvet (1887-1951) est le rendez-vous des habitants et des touristes, surtout en été. L'**église**, moderne, renferme un **retable★** polychrome (1602). Il représente d'une manière naïve le martyre des 10 000 soldats nouvellement convertis, qui furent crucifiés au mont Ararat, en Arménie, sous le règne de l'empereur Hadrien (117-138).

Quittez Crozon à l'ouest par la D 8 en direction de Camaret-sur-Mer.

★ Camaret-sur-Mer

Office de tourisme – *15 quai Kléber - 29570 Camaret-sur-Mer - 02 98 27 93 60 - www.camaretsurmer-tourisme.fr - juil.-août : tlj sf dim. 9h-12h30, 14h-19h, j. fériés 10h-12h ; reste de l'année : 9h-12h, 14h-18h, dim. 10h-12h - fermé 1er janv., 1er Mai, 1er et 11 Nov.*

Face au goulet de Brest, cette tranquille station balnéaire se situe à deux pas d'immenses falaises escarpées, couvertes d'une multitude de bruyères et d'ajoncs. Ses maisons peintes de couleurs gaies donnent sur le port et sur une digue naturelle, le « sillon », au bout de laquelle se dresse la tour Vauban.

★ **Tour Vauban** – *02 98 27 94 22 - www.camaret-sur-mer.com - 5 € (-12 ans 3 €) - fermé pour travaux de restauration, réouv. et h, se rens.* Construite de 1693 à 1696 par l'illustre ingénieur, elle a retrouvé toute sa superbe avec son nouvel enduit rouge qui était celui d'origine. Tendant vers l'orange sous les rayons du soleil, il lui a valu le surnom de « tour dorée ». La tour est entourée d'une batterie prévue pour 11 canons et d'un fossé. Inscrite au Patrimoine mondial de l'Unesco depuis 2008, elle accueille à présent des expositions temporaires portant sur le patrimoine.

Maison du patrimoine maritime – *15 quai Kléber (à côté de l'office de tourisme) - juil.-août : 14h30-18h30 - fermé lun. - gratuit.* Son objectif est ici d'initier les enfants à l'univers maritime (outils, techniques de pêche, etc.) spécifique à Camaret.

À côté de la tour Vauban se trouve la **chapelle N.-D.-de-Rocamadour**, (Roch a Ma Dour, du breton « roc au milieu des eaux ») sanctuaire du 17e s. qui doit son origine aux pèlerinages de Rocamadour, en Quercy. Les fidèles, venus par mer des pays nordiques, faisaient escale à Camaret.

Le quartier St-Thomas, appelé désormais le quartier des artistes, héberge une quinzaine de galeries d'art et d'ateliers.

Dans le cimetière de Camaret repose le poète Paul-Pierre Roux (1861-1940), dit **Saint-Pol-Roux**. Marseillais d'origine mais Camarétois d'adoption, il achète une maison de pêcheur au-dessus de la plage de Pen-Hat (entre Lagatjar et l'Océan) qu'il transforme en manoir. Le manoir du Boultous (baudroie en breton) pillé en 1940 par les Allemands ne résistera pas aux bombardements de 1944. Restent de magnifiques ruines.

Enfin, ne manquez pas les **alignements de Lagatjar**, bel ensemble mégalithique (143 menhirs relevés au début du 20e s.) dont le nom signifie « œil de la poule ».

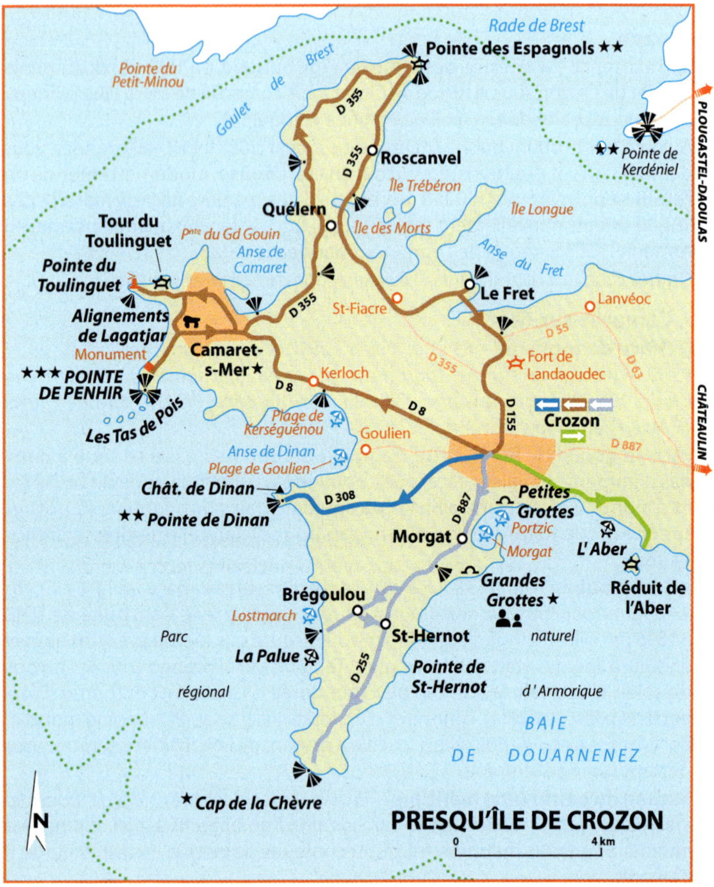

Un isthme bordé par la plage de Pen-Hat mène à la **pointe du Toulinguet**, coiffée d'un sémaphore de la Marine nationale, et d'où la vue porte au sud. La **tour du Toulinguet** est un bel exemple de l'architecture militaire du 19e s.
Revenez à l'entrée de Camaret et tournez à droite.

★★★ Pointe de Penhir

Un monument à la gloire des Bretons des Forces françaises libres a été érigé sur la falaise, à 150 m de la route. C'est la plus belle des quatre pointes de la presqu'île de Crozon, avec son à-pic de 70 m et son **panorama** : en contrebas, les trois formidables rochers isolés sont appelés les **Tas de Pois** ; à gauche, la pointe de Dinan, à droite, la pointe de St-Mathieu et celle du Toulinguet avec son petit phare ; en arrière, le Ménez-Hom ; par temps clair, on distingue la pointe du Raz et l'île de Sein à gauche, l'île d'Ouessant à droite.
Un sentier descend à gauche de la plate-forme. À mi-hauteur de la falaise, on domine une petite anse. Prenez le sentier, sur la gauche, qui s'élève vers une anfractuosité couverte d'un rocher, au-delà de laquelle il débouche dans la **Chambre verte**, au terre-plein gazonné. De là, vue très originale sur les Tas de Pois et la pointe de Penhir.
Reprenez la route de Camaret ; à 1 500 m, une rue à droite vers Crozon permet d'éviter le bourg. Prenez ensuite vers Roscanvel une ancienne route stratégique.
La route franchit l'enceinte qui fermait la presqu'île de Roscanvel, en avant de **Quélern** ; ces fortifications datent de Vauban et du Second Empire. On remarque bientôt le contraste qui oppose les deux versants de la presqu'île : à l'ouest, face au large, ce ne sont que lande et végétation rase, à l'est, des arbres et des prairies.

★★ Pointe des Espagnols

Au printemps 1594, une garnison d'Espagnols alliés de la Ligue entreprit la construction d'un fort pour contrôler le trafic maritime dans la rade de Brest. Six mois après leur arrivée, les troupes d'Henri IV les passèrent tous par les armes.
De la pointe, **panorama★★** sur le goulet dominé par le port et la ville de Brest, l'estuaire de l'Élorn, le pont Albert-Louppe, le pont de l'Iroise, la presqu'île de Plougastel et sur le fond de la rade. On y voit la tour et l'enceinte fortifiée du 19e s. appelée fortin de la Pointe des Espagnols.

Roscanvel

Dans l'église, beaux vitraux sombres d'Auguste Labouret et *Chemin de croix* en terre cuite de Claude Gruher. Remarquez les curieuses clôtures de jardin faites de haies de fuchsias. La route qui borde le fond de la rade offre de jolies vues sur l'île Longue, base de sous-marins nucléaires *(accès interdit)*, et sur les deux îles de Trébéron et des Morts. On sort de l'enceinte de la presqu'île de Roscanvel en traversant de nouveau les fortifications ruinées. Là, on peut s'arrêter devant le réduit de Roscanvel (19e s.), qui abrite aujourd'hui une école de voile.
500 m après St-Fiacre, prenez à gauche.

Le Fret

Ce petit port est relié à Brest par des services de bateaux.
Suivez ensuite la digue qui borde l'anse du Fret.
À une bifurcation, laissez à gauche la route de Lanvéoc menant aux installations de l'École navale et tournez à droite pour regagner Crozon.
On profite d'une dernière vue sur la rade de Brest.

« LA ROUTE DES FORTIFICATIONS »

La presqu'île de Crozon possède un patrimoine militaire remarquable. Près de 150 ouvrages y ont été élevés, notamment pour surveiller le goulet qui mène à la rade de Brest, haut lieu stratégique. On y trouve des ouvrages datant de la Préhistoire, comme l'éperon barré de Lostmarc'h, jusqu'aux réalisations du mur de l'Atlantique exécutées par les Allemands pendant la Seconde Guerre mondiale.

Mais la plupart ont été érigées au 17e s. sous Louis XIV lorsque Brest est devenu un important arsenal. Vauban fut alors chargé de la stratégie de défense et ordonna la construction de nombreux ouvrages dont la fameuse tour qui porte son nom à Camaret.

Les sites les plus remarquables se trouvent sur la pointe de Roscanvel qui donne sur le goulet, mais ils ne sont pas tous accessibles, car propriété de la Marine nationale. Il est plus facile de voir ceux établis sur la pointe des Espagnols ou sur la pointe de la Chèvre.

Bon à savoir – Pour vous aider à découvrir les fortifications, une brochure *La Route des fortifications* est disponible dans les offices de tourisme. Et pour en savoir plus, nous vous conseillons *Le Guide du patrimoine bâti de la presqu'île de Crozon* aux Éditions Buissonnières *(12 €)*. Sur place, des panneaux en lave émaillée montrent le plan des différents ouvrages.

★★ VERS LA POINTE DE DINAN

Circuit de 6 km tracé en bleu foncé sur carte ci-contre – environ 2h. Quittez Crozon à l'ouest par la D 308.

Des landes arasées par le vent succèdent à des pinèdes.

★★ Pointe de Dinan

Laissez la voiture au parking et prenez le chemin à gauche pendant environ 500 m.

Du bord de la falaise, beau **panorama** : à gauche, le cap de la Chèvre, la côte de la Cornouaille et la pointe du Raz ; à droite, la pointe de Penhir et les Tas de Pois. En longeant la falaise par la droite, on découvre le **« château » de Dinan**, énorme masse rocheuse reliée à la pointe par une arche naturelle.

30mn à pied AR en terrain rocailleux. En empruntant le sentier qui passe sur l'arche naturelle, on peut parcourir ce rocher ruiniforme.

★ VERS LE CAP DE LA CHÈVRE

Circuit de 11 km tracé en bleu clair sur la carte p. 404 – environ 2h. Quittez Crozon au sud-ouest par la D 887 en direction de Morgat.

Morgat

Sa grande plage est encadrée, au sud par une pointe couverte de pins, Beg-ar-Gador, au nord par un éperon rocheux qui la sépare de la plage du Portzic. À Morgat, les amateurs de pêche sportive en mer ont la possibilité de pratiquer différentes pêches auxquelles se prête la faune locale.

★ **Grandes grottes** – *Quai Kador - vedettes Rosmeur Croisières - 06 85 95 55 49 - http://grottes-morgat.fr - visite guidée (45mn) avr.-sept. : dép. tte la j. selon les marées - 13 € (-12 ans 9 €).* La grotte Ste-Marine et la Chambre du Diable, percée d'une cheminée, sont situées au-delà de Beg-ar-Gador, les autres étant à l'opposé de la baie. La plus belle est la grotte de l'Autel (80 m de profondeur, 15 m de haut).

Petites grottes – Elles sont accessibles à pied à marée basse, au pied de l'éperon qui sépare les plages de Morgat et du Portzic.
La route traverse un paysage de landes rabougries, soumises aux vents du large. De petits hameaux semblent s'abriter dans les replis de terrain. Environ 500 m après **Brégoulou**, laissez la voiture sur le parc de stationnement : jolie vue sur les Tas de Pois et la pointe du Raz.

Plage de la Palue

Cette plage offre de belles vues sur cette côte rocheuse. Elle est splendide, mais les bains y sont interdits à cause de fortes lames.

Saint-Hernot

Maison des minéraux – *02 98 27 19 73 - www.maison-des-mineraux.org - ♿ - juil.-août : 10h-19h ; reste de l'année : tlj sf sam. 10h-12h, 14h-17h, dim. et j. fériés 14h-17h - fermé 1er janv.-11 fév. - 4,80 € (-18 ans 3,50 €).* Installée dans l'ancienne école, cette maison expose plus de 500 pièces qui témoignent des richesses géologiques de la presqu'île. On y découvre l'histoire géologique de cette partie du Massif armoricain.

★ Cap de la Chèvre

De l'ancien poste d'observation allemand, on a une jolie vue sur le large et les pointes avancées du Finistère : de droite à gauche, la pointe de Penhir et les Tas de Pois, l'île de Sein, le cap Sizun et ses « finistères », la pointe du Van et la pointe du Raz qui limitent au sud la baie de Douarnenez. Un monument, représentant une aile d'avion plantée dans le sol, est dédié au personnel navigant de l'Aéronautique navale, décédé ou disparu lors d'un service aérien dans l'Atlantique et les régions nordiques.
Balades sonores – *Téléchargement sur www.territoires-sonores.net - 4 €/pers.*
Vous avez désormais la possibilité de sillonner le cap de la Chèvre muni de baladeurs qui permettent, au gré des balises ponctuant la randonnée, de mieux comprendre et appréhender les milieux traversés. Récits, anecdotes et témoignages d'historiens enrichissent deux balades sonores : celle de l'Iroise *(au départ du sémaphore - 4,3 km, env. 2h)* et celle de l'île Vierge *(au départ de la Maison des minéraux - 5,5 km, env. 2h30).*

DE CROZON À L'ÎLE DE L'ABER

Circuit d'environ 4 km tracé en vert sur carte p. 404. De Crozon, prenez la route de Postolennec et suivez la côte jusqu'au parking de l'île de l'Aber.
L'anse de Morgat est bordée de magnifiques grèves, dont la **plage de l'Aber** vaste et sauvage. Au bout de celle-ci se dresse l'île de l'Aber.
À marée basse, on peut aller à pied sur l'île, but d'une agréable promenade *(comptez 30mn aller-retour).* Sur l'île, on découvre le **réduit de l'Aber** construit en 1846. Cette île avait déjà été fortifiée précédemment par Vauban et fut réinvestie par les Allemands pendant la Seconde Guerre mondiale.

NOS ADRESSES DANS LA PRESQU'ÎLE

HÉBERGEMENT

PREMIER PRIX

Hôtel Le Styvel – *2 quai du Styvel - 29570 Camaret-sur-Mer - ✆ 02 98 27 92 74 - P - 13 ch. 39/59 € - ☕ 7,50 € - ✕ menu 15 € - 20/43 €.* Ce petit hôtel familial est chaleureux. Les chambres ouvrent presque toutes sur le port et la tour de Vauban. Le restaurant (3 salles), joliment décoré, propose une carte traditionnelle. Produits de la mer, râgout de homard mais aussi viandes.

Hôtel Vauban – *4 quai du Styvel - 29570 Camaret-sur-Mer - ✆ 02 98 27 91 36 - www.hotelvauban-camaret.fr - P - 16 ch. 35/60 € - ☕ 8 € - ✕ menu déj. 13 € - 23/35 € (fermé vac. scol. de Noël et de fév.)* Belle adresse animée par des hôtes conviviaux. Les chambres simples mais soignées donnent soit sur le jardin (avec barbecue pour faire griller le produit de sa pêche), soit sur le front de mer.

BUDGET MOYEN

Maison d'hôte Les Capucins – *Hameau du Keravres - Roscanvel 29570 Camaret-sur-Mer - ✆ 02 98 26 26 09/06 - www.gite-presquile-crozon.fr - ♿ P - 6 ch. 60/70 € ☕ - table d'hôte certains soirs (sur réserv.).* Aménagées dans une ancienne ferme, les chambres de cette maison d'hôte sont simples et plaisantes. Sa situation en plein cœur du Parc naturel d'Armorique en fait une adresse idéale pour découvrir la presqu'île côté nature (balades sur le sentier côtier, activités variées et nombreuses).

Hôtel de France – *19 quai Gustave-Toudouze - 29570 Camaret-sur-Mer - ✆ 02 98 27 93 06 - www.hotel-france-camaret.com - fermé de mi-déc. au 5 janv. - 65/120 € - ☕ 9,50 € - ✕ formule 15 € - menu 24/58 € (avr.-nov.).* Les chambres, assez simples mais bien tenues et insonorisées, bénéficient du bon air marin ; celles sur l'arrière sont plus petites. Le restaurant, qui porte le label maître-restaurateur, est réparti sur deux étages. Vous pourrez y déguster ses spécialités de fruits de mer (langouste, homard) avec le port en toile de fond.

Hôtel de la Presqu'île – *Pl. de l'Église - 29160 Crozon - ✆ 02 98 27 29 29 - www.hotel-lapresquile.fr - fermé dim. soir et lun. (hors saison), 8-31 mars et 27 sept.-20 oct. - ♿ - 13 ch. 55/87 € - ☕ 11 €.* L'ancienne mairie abrite aujourd'hui des chambres insonorisées et décorées avec goût dans un style qui panache des touches actuelles et l'esprit breton. Boutique de vins et produits régionaux.

Hotel Julia – *43 r. de Treflez - 29160 Morgat - ✆ 02 98 27 05 89 - www.hoteljulia.fr - P - 18 ch. 52/210 € - ☕ 11 € - ✕ 23/34 €.* Situé en retrait du front de mer (300 m) auquel on accède par une petite sente, cet hôtel en pleine rénovation peut s'avérer très agréable en haute saison. Belle salle de restaurant où défilent des plats régionaux.

Hostellerie de la Mer – *11 quai du Fret - 29160 Le Fret - 5,5 km au nord de Crozon par D 155 et D 55 - ✆ 02 98 27 61 90 - www.hostelleriedelamer.com - fermé janv.-avr. - 24 ch. 58/105 € - ☕ 11 € - ✕ formule déj. 19 € - 27/75 €.* Agréable ambiance de pension familiale pour cet hôtel regardant la rade de Brest. Petites chambres simples mais bien tenues (certaines profitent de la vue). Au restaurant, mobilier breton, beau panorama et cuisine honorant la mer.

RESTAURATION

Voir aussi les restaurants des hôtels Le Styvel et de France ci-contre.

BUDGET MOYEN

Ferme-auberge du Seillou – *Au Seillou - 29590 Rosnoen - 20 km à l'est de Crozon par D 791 - ✆ 02 98 81 92 21 - www.fermeaubergeduseillou.com - fermé 3 sem. de fin sept. à déb. oct. - ♿ P - 17/21 € - 5 ch. 50 € ☕.* Vieilles pierres et bons produits de la ferme (viandes, cidre artisanal et spécialité de *kig ha farz*) entretiennent l'image de marque de cette maison nichée au milieu d'une exploitation agricole. Pimpantes chambres mansardées. Circuit pédestre à proximité.

POUR SE FAIRE PLAISIR

Saveurs et marées – *52 bd de la Plage - 29160 Morgat - ✆ 02 98 26 23 18 - fermé nov.-mars - formule 14 € - 25/44 €.* En salle ou en terrasse, l'ambiance est chaleureuse et l'accueil sympathique. Produits de la mer frais et goûteux, mais pas toujours très copieux.

Le Mutin Gourmand – *Pl. de l'Église - 29160 Crozon - ✆ 02 98 27 06 51 - fermé 8-31 mars, 27 sept.-20 oct., dim. soir et mar. midi (hors saison), lun. (sf le soir en saison) - 25/52 €.* Décor contemporain, pierres apparentes, aquarelles et vivier de homards en cette accueillante maison bretonne. Cuisine régionale soignée ; vins du Languedoc et de la Loire.

ACHATS

La Biscuiterie de Camaret – *Rte de Crozon - 29570 Camaret-sur-Mer - P - ✆ 02 98 27 88 08 - www.biscuiteriedecamaret.com - été : 9h-19h ; reste de l'année : 9h-12h30, 14h30-18h30.* Votre visite de Camaret passera obligatoirement par ici. Parmi les produits du terroir, le far aux pruneaux et le fameux *kouign-amann*, de fabrication maison, attireront l'attention des gourmands. Dégustation gratuite de cidre, galettes et autres spécialités.

ACTIVITÉS

Sortie en vieux gréement – *29570 Camaret-sur-Mer - juin-août : sur la* Belle Étoile *(dundee langoustier camarétois). Sorties j. ou 1/2 j et campagne de pêche au thon en octobre selon calendrier, avec participation aux manœuvres - se renseigner à l'OT.*

Balades et pêches en mer d'Iroise – *29570 Camaret-sur-Mer - ✆ 06 48 96 71 64 - www.les-virees-du-bout-du-monde.com - avr.-oct. - pêche : 1/2 j. mat. et soir. 45 € ; promenades en mer à bord de* l'Ae Vaz *: 15 € - réserv. obligatoire - billetterie quai Tiphany 10h-12h30, 14h30-18h30.*

Centre nautique de Crozon-Morgat – *Port de plaisance - 29160 Morgat - ✆ 02 98 16 00 00 - www.cncm.fr.* Stages et balades nautiques en kayak.

Océan Pirogues – *Port de plaisance - 29160 Morgat - ✆ 06 61 92 64 35 - www.oceanpirogue.com.* Pour découvrir la presqu'île en pirogue hawaïenne *(24 €/pers.) en demi-journée* ou en *stand up paddle* (sport se pratiquant debout avec une pagaie, *26 €*).

AGENDA

Le pardon de N.-D.-de-Rocamadour – *À Camaret - 1er dim. de sept.* Un pardon, suivi de la bénédiction de la mer.

Le festival du Bout du Monde – *Autour du 10 août.* Ce festival de musique qui attire de grandes vedettes a lieu autour du fort de Landaoudec au nord de Crozon.

L'Aventure Michelin

Tout commence avec des balles en caoutchouc ! C'est ce que produit, vers 1880, la petite entreprise clermontoise dont héritent André et Édouard Michelin. Les deux frères saisissent vite le potentiel des nouveaux moyens de transport.

L'invention du pneumatique démontable pour la bicyclette est leur première réussite. Mais c'est avec l'automobile qu'ils donnent la pleine mesure de leur créativité. Tout au long du 20e s., Michelin n'a cessé d'innover pour créer des pneumatiques plus fiables et plus performants, du poids lourd aux voitures de course, en passant par le métro et l'avion.

Très tôt, Michelin propose à ses clients des outils et des services destinés à faciliter leurs déplacements, à les rendre plus agréables... et plus fréquents. Dès 1900, le guide MICHELIN fournit aux chauffeurs tous les renseignements utiles pour entretenir leur automobile, trouver où se loger et se restaurer. Il deviendra la référence en matière de gastronomie. Parallèlement, le Bureau des itinéraires offre aux voyageurs conseils et itinéraires personnalisés.

En 1910, la première carte routière MICHELIN remporte un succès immédiat ! En 1926, un premier guide régional touristique invite à découvrir les plus beaux sites de Bretagne. Bientôt, chaque région de France a son Guide Vert. La collection s'ouvre ensuite à des destinations plus lointaines de New York en 1968... à l'Islande en 2012.

Au 21e s., avec l'essor du numérique, le défi se poursuit pour les cartes, les guides et les services numériques MICHELIN qui continuent d'accompagner le pneumatique. Aujourd'hui comme hier, la mission de Michelin reste l'aide à la mobilité, au service des voyageurs.

MICHELIN AUJOURD'HUI

- 69 sites de production dans 18 pays
- 113 400 employés de toutes cultures, sur tous les continents
- 6 000 personnes dans le centre de Technologie Michelin
- Une présence commerciale dans plus de 170 pays

Avancer monde où la

Mieux avancer, c'est d'abord innover pour mettre au point des pneus qui freinent plus court et offrent une meilleure adhérence, quel que soit l'état de la route.

LA JUSTE PRESSION

- Sécurité
- Longévité
- Consommation de carburant optimale

- Durée de vie des pneus réduite de 20% (- 8000 km)

- Risque d'éclatement
- Hausse de la consommation de carburant
- Distance de freinage augmentée sur sol mouillé

ensemble vers un mobilité est plus sûre

C'est aussi aider les automobilistes à prendre soin de leur sécurité et de leurs pneus. Pour cela, Michelin organise partout dans le monde des opérations **"Faites le plein d'air"** pour rappeler à tous que la juste pression est vitale.

L'USURE

COMMENT DETECTER L'USURE ?

Vos pneus MICHELIN sont munis d'indicateurs d'usure : ce sont de petits pains de gomme moulés au fond des sculptures et d'une hauteur de 1,6mm.
Lorsque la profondeur des sculptures est au même niveau que les indicateurs, les pneus sont usés et doivent être remplacés.

Les pneus constituent le seul point de contact entre le véhicule et la route, un pneu usé peut être dangereux sur chaussée mouillée.

PNEU NEUF

PNEU USÉ
(1,6 mm de sculpture)

Ci-contre, la zone de contact réelle photographiée sur chaussée mouillée.

Mieux avancer,
c'est développer une mobilité durable.

INNOVATION ET ENVIRONNEMENT

Chaque jour, Michelin innove pour réduire la quantité de matières premières utilisée dans la fabrication des pneumatiques, et 99,8% des pneus produits dans le Groupe le sont dans des usines certifiées ISO 14001. La conception des pneus MICHELIN permet déjà d'économiser des milliards de litres de carburant, et donc des millions de tonnes de CO_2.

De même, Michelin choisit d'imprimer ses cartes et guides sur des « papiers issus de forêts gérées durablement ». L'obtention de la certification ISO 14001 atteste de son plein engagement dans une éco-conception au quotidien.

Un engagement que Michelin confirme en diversifiant ses supports de publication et en proposant des solutions numériques pour trouver plus facilement son chemin, dépenser moins de carburant.... et profiter de ses voyages !

Chattez avec Bibendum

Rendez-vous sur : www.michelin.com

Découvrez l'actualité des produits et services et l'histoire de MICHELIN.

QUIZZ

Michelin développe des pneumatiques pour tous les types de véhicules. Amusez-vous à identifier le bon pneu...

Résultat : A-6 / B-4 / C-2 / D-1 / E-3 / F-7 / G-5

Notes

Notes

Notes

Notes

Notes

Notes

INDEX GÉNÉRAL

Saint-Malo : villes, curiosités et régions touristiques.
Du Guesclin, Bertrand : noms historiques ou termes faisant l'objet d'une explication.
Les sites isolés (châteaux, abbayes, grottes, etc.) sont répertoriés à leur propre nom.
Nous indiquons par son numéro, entre parenthèses, le département auquel appartient chaque ville ou site. Pour rappel :
22 : Côtes-d'Armor
29 : Finistère
35 : Ille-et-Vilaine
50 : Manche

A

B

INDEX GÉNÉRAL

C

O

P

Q

R

S

T

U – V

W – Y

CARTES ET PLANS

CARTE GÉNÉRALE

Premier rabat de couverture

CARTES DES RÉGIONS

PLANS DE VILLE

PLANS DE MONUMENTS

CARTES THÉMATIQUES

CARTES DES CIRCUITS

De Saint-Malo au Mont-Saint-Michel

Pays de Saint-Brieuc et Trégor

Finistère Nord

Collection Le Guide Vert sous la responsabilité de Philippe Orain

Édition
Catherine Guégan, L'ADÉ L'Atelier d'édition

Rédaction
Pierre Plantier, Magali Triano, Aymar de la Brestesche, Véronique Moulin, Philippe Orain, Béatrice Brillion, Aulde Moreau, Thierry Théault, Michel Bonduelle, Marylène Duteil, Thérèse de Chérisey

Cartographie
Stéphane Anton, Michèle Cana, Marie-Christine Defait, Cristina Ferecatu, Mirela Bunea

Relecture
Agnès Jeanjean

Remerciements
CDT des Côtes-d'Armor, du Finistère et d'Ille-et-Vilaine ; Didier Broussard, Maria Gaspar

Conception graphique
Christelle Le Déan

Régie publicitaire et partenariats
business-solutions@tp.michelin.com
Le contenu des pages de publicité insérées dans ce guide n'engage que la responsabilité des annonceurs.

QR Codes
QR Code est une marque déposée de Denso Wave Incorporated.

Contacts
Michelin
Guides Touristiques
27 cours de l'Île-Seguin, 92100 Boulogne-Billancourt
Service consommateurs : tourisme@tp.michelin.com
Boutique en ligne : www.michelin-boutique.com

Écrivez-nous

Parution 2014

Michelin Travel Partner
Société par actions simplifiées au capital de 11 288 880 EUR
27 Cours de l'Ile Seguin - 92100 Boulogne Billancourt (France)
R.C.S. Nanterre 433 677 721

Dépôt légal : 12 2013 – ISSN 0293-9436
Compograveur : Nord Compo, Villeneuve d'Ascq
Imprimeur : La Tipografica Varese, Varese (Italie)
Imprimé en Italie : 12 2013

Usine certifiée 14001
Sur du papier issu de forêts gérées durablement (100 % PEFC)